선교하는
제자 공동체

해미국제성지 신앙문화연구원 번역총서 01

선교하는 제자 공동체

초판 1쇄 인쇄 | 2025년 9월 12일
초판 1쇄 발행 | 2025년 9월 26일

지은이 | 스티븐 베반스
옮긴이 | 권영파
발행인 | 한명수
편집자 | 이향란 이현아
발행처 | 흐름출판사
디자인 | 이선정
주　소 | 전북 전주시 덕진구 정언신로 59
전　화 | 063-287-1231
전　송 | 063-287-1232
홈페이지 | www.heureum.com
이 메 일 | hr7179@hanmail.net

ISBN 979-11-5522-416-8 94230
ISBN 979-11-5522-415-1 (세트)

출판 승인: 천주교 대전교구, No.2015-10

값 50,000원

선교하는 제자 공동체

계속되는 교회의 창조

Community of Missionary Disciples

The Continuing Creation of the Church

스티븐 베반스 지음

권영파 옮김

흐름

미국선교학회 시리즈에 대한 서문

선교학은 교회의 전 세계적인 선교를 연구하는 학문이다. 그러나 선교학은 이와 같은 선교학의 기본 정의를 넘어서, 생동하는 신앙과 문화의 교차점을 탐구하는 데로 나아간다. 이러한 이유로 선교학은 하느님과 하느님의 활동에 참여하는 교회 및 세계 각국의 문화 간의 상호작용을 이해하려는 사람들에게 귀중한 자원을 제공할 수 있는 위치를 차지한다. 미국선교학회 책 시리즈는 이러한 자원을 출판하여 전 세계 교회에 보다 광범위하게 제공하기 위해 노력한다.

선교학은 학제 간, 문화 간, 국제간의 연구를 기반으로 성립된다. 미국선교학회American Society of Missiology(ASM)도 신학자, 사회과학자, 역사학자, 언어학자 등 다양한 전문 분야의 학자들이 모여 학회를 형성했다. 이들 모두는 각자가 속한 전통과 풍부한 문화적 배경에서 출발하여, 세상 속에서 드러나는 하느님의 구원 활동으로 해석될 수 있는 문제에 대해 고찰한다. 선교학회 시리즈는 이들의 목소리를 세상에 전하여 교회를 쇄신하고 세상을 변화시킴으로써 하느님께 영광을 돌리고자 한다.

한편, 선교학이 이론적인 동시에 실천적인 면을 지니는 점에서 선교학을 인간행위학praxiology이라고 말할 수 있다. 브라질의 교육자 파울루 프레이리Paulo Freire는 “실천praxis”을 “세상을 변화시키기 위한 행동과 성찰”로 정의한 바 있다. 이를 선교학에 적용한다면, 선교는 선교 중인 교회를 위한 학문이며, 반대로 세상에서 교회의 실천은 그 어떤 것보다 선교 학문에 봉사한다. 많은 선교단체의 임원, 선교사, 활동가들도 학회에 속해 있다. ASM은 선교 연구의 학문적 분야뿐만 아니라 복음을 전하는 이들이 선교를 위해 피, 땀, 눈물을 바치는 현장에도 기여하려는 학문 실천 공동체이다.

오르비스북스Orbis Books와의 협력으로, ASM 도서 시리즈는 학자와 실천가 모두에게 관련 자원을 제공하고자 한다. 여러분의 참여와 피드백을 환영하며, 이 시리즈에 기여하고자 하는 열정이 솟아나서 원고를 제출하고자 한다면 이 역시 환영하는 바이다.

알 티존Al Tizon, ASM 시리즈 편집장

다렐 와이트먼Darrell Whiteman, ASM 출판인

감사의 말

다른 모든 책과 마찬가지로 훌륭하고 지혜로운 수많은 사람들의 지원이 없었다면 이 책을 쓸 수 없었다. 먼저 교회론, 사목 신학, 그리고 삼위일체로서의 하느님의 선교적 본성에 관한 수업을 수강한 많은 학생들에게 감사를 표한다. 그들의 인내와 열정, 제안과 비판은 50여 년에 걸쳐 이 책이 완성되기까지 매우 귀중한 역할을 했다. 또한, 이 책의 집필과 편집 과정에서 인내와 지혜를 발휘해 준 오르비스북스의 편집자들과 직원들, 특히 로버트 엘즈버그Robert Ellsberg와 톰 허먼스-웹스터Tom Hermans-Webster에게 감사를 드린다. 그리고 항상 친절하게 도와준 가톨릭신학연합Catholic Theological Union의 폴 베크톨트Paul Bechtold 도서관 직원들, 특히 찾기 어려운 자료들을 찾아 준 분들께 감사한다. 또한 많은 동료들과 친구들에게 깊은 감사의 마음을 전한다. 로저 슈뢰더Roger Schroeder(SVD), 반탄 응우옌vanThanh Nguyen(SVD), 바바라 리드Barbara Reid(OP), 로버트 슈라이터Robert Schreiter(CPPS), 길버트 오스트딕Gilbert Ostdiek(OFM), 안토니오 시슨Antonio Sison(CPPS), 로빈 라이언Robin Ryan(CP), 로리 브링크Laurie Brink(OP), 마크 프랜시스Mark Francis(CSV), 캐머런 난코Carmen Nanko, 버네사 화이트Vanessa White, 다이앤 베르간트Dianne Bergant(CSA), 에드워드 폴리Edward Foley(OFM Cap), 지나 울프Gina Wolfe, 던 노스웨어Dawn Nothwehr(OSF), 리처드 가일라데츠Richard Gaillardetz, 에드워드 하넨버그Edward Hahnenberg, 캐슬린 카할란Kathleen Cahalan, 마크 슈람Mark Schramm(SVD), 스탠 우로다Stan Uroda(SVD), 안토니오 페르니아Antonio Pernia(SVD), 애덤 세트마이어Adam Setmeyer, 폴 콜만Paul Kollman, 존 마키John

Markey(OP), 크리스토퍼 시먼Kristopher Seaman, 카탈리나 타하아페 윌리엄스Katalina Tahaafe Williams와 그녀의 남편 앤드루 윌리엄스Andrew Williams, 마리 안나 아우비넨Mari Anna Auvinen, 미카Mika와 아우리 배해칸가스Auli Vähäkangas, 롭 헤이Rob Hay, 보르드 멜란Bård Maeland, 캐시Cathy와 스티브 로스Steve Ross, 조니 베이커Jonny Baker, 주디 보처스Judy Borchers, 팻시 크로울리Patsy Crowley(OSB), 주디Judy와 에드 로그Ed Logue 등에게 감사를 전한다. 약 40년 전 논문 지도교수였던 토머스 오마라Thomas O'Meara(OP)는 나의 교육과 집필에 있어 항상 격려와 지지를 보내주셨다.

뉴질랜드 출신의 신학자 친구 수전 스미스Susan Smith(RNDM)와 닐 다라Neil Darragh는 이 책의 각 장이 쓰일 때마다 기꺼이 읽고 비판해 주었으며, 그들의 재치와 지혜 덕분에 나의 교회론을 더욱 날카롭고 깊이 있게 다듬을 수 있었다. 데이나 로버트Dana Robert는 몇 개의 장을 보스턴 대학교의 선교학 세미나에서 박사 과정 학생들과 공유하였고, 그들과 함께 귀중한 조언과 사려 깊은 비판을 제공했다. 내 친구 조아키노 캄페세Gioacchino Campese와 윌 슈타인바허Wil Steinbacher는 작성 중인 원고를 읽고 통찰력 있는 비평과 필요한 지원을 제공했다. 수전, 닐, 조아키노, 윌, 데이나와 그녀의 학생들에게 깊은 감사를 표한다.

특별히 감사드리고 싶은 분은 이 책의 표지를 장식한 이미지를 그려 준 전 제자이자 재능 있는 예술가인 존 크리스먼John Christman(SSS)이다. 그가 그린 바야니한Bayanihan 이미지-필리핀의 공동체 협력과 축하라는 관습과 가치를 담고 있는 이미지-는 선교적 교회가 될 수 있는 모습에 대한 풍부하고 적합한 표현이다. 영국의 목사이자 시인인 고드프리 러스트 Godfrey Rust에게도 감사드린다. 그는 서론 앞에 수록된 그의 멋진 시 "교회는 동사다Church Is a Verb"를 사용하는 것을 기꺼이 허락해 주었다. '신학은 예술이고 예술은 신학'이라는 것을 존과 고드프리가 증명해 주었다!

2014년부터 2022년까지 나는 세계교회협의회WCC 세계선교및복음화위원회CWME의 위원으로 임명되는 영광을 누렸고, 이 임명은 교황청 그리스도인일치촉진평의회에 의해 이루어졌다. 위원회의 위원들, 의장 기바르게세 쿠릴로스Geevarghese Coorilos 주교와 부의장 재닛 콜렛 Janet Corlett, 전 CWME 이사 금주섭Jooseop Keum 박사와 그의 후임 리스토 유코Risto Jukko, 위원회 위원들, 그리고 CWME 직원들은 교회의 일치에 대한 더욱 열정적인 헌신을 향해 나아가도록 지속적으로 영감을 주었으며, 이 책의 내용에도 영향을 주었다. 일리노이주 오크파크에 있는 세인트 자일스 가톨릭교회St. Giles Catholic Church를 맡고 있는 칼 모렐로Carl Morello와 세인트 자일스 가족미사공동체 전체는 내가 그들 가운데서 20년 동안 사목하면서 표현할 수 있었던 것보다 많은 영감을 주었다. 그들은 선교하는 제자들의 교회가 단지 환상적인 비전이 아니라 현실임을 확신하게 해 주었다. 또한 2014년부터 내가 살고 있는 시카고의 신언회신학원Divine Word Theologate과 SVD 공동체의 지원과 동료애도 큰 영감을 주었다.

이 책은 클레멘스 제드마크Clemens Sedmak 교수와 그의 아내 마리아

Maria, 그리고 그들의 세 자녀 막달레나Magdalena, 가브리엘Gabriel, 늦둥이 아들 요나탄Jonathan에게 헌정한다. 1994년부터 알고 지내 온 클레멘스와 그와 결혼한 후 알게 된 마리아, 그리고 그 자녀들과의 인연은 내가 가족을 가진 것에 가장 가까운 경험이었다고 자주 말하곤 한다. 그들이 내게 베푼 사랑이 항상 보답받았기를 소망한다. 그 사랑에 나는 영원히 감사할 것이다. 교회 자체처럼 그들과 나누는 킨십kinship은 하나님의 "킨덤kin-dom"의 성사와도 같다.

Stephen Bevans, SVD

Louis J. Luzbetak, SVD Professor of Mission and Culture, Emeritus

Catholic Theological Union, Chicago

한국어판 서문

한국어 번역판의 서문을 작성하게 되어 대단히 기쁘고 영광스럽게 생각합니다. 이 책, 『선교하는 제자 공동체-계속되는 교회의 창조』의 한국어 번역을 위해 많은 페이지와 주석을 헌신적으로 번역해 주신 권영파 박사님께 깊은 감사를 드립니다. 저는 이 책의 번역 작업이 방대한 과업이라는 점과 제 작업에 대한 깊은 관심과 교회에 대한 깊은 사랑으로 이루어졌음을 알고 있습니다.

서문에서 언급했듯이, 선교적 교회론을 다루는 이 책은 신학자로서 그리고 사목자로서의 제 삶 전체를 통해 집필된 결실입니다. 50년 전, 저는 필리핀 일로코스 수르Ilocos Sur주의 비간Vigan에 있는 대교구 신학교에서 교회론을 가르치기 시작했습니다. 그리고 세월이 흐를수록 점차 제2차 바티칸공의회의 "순례하는 교회는 그 본질상 선교적이다"라는 선언이 얼마나 근본적이고 급진적인지 깨닫게 되었습니다. 교회의 선교적 본성을 인식하는 것은 우리가 교회를 이해하고 교회에 참여하는 모든 방식을 변화시킵니다. 이는 교회를 우선적으로 위계적 구조를 가진 제도로 이해하는 시각에서 벗어나, 항상 움직이고 미래를 지향하며 하느님의 통치와 창조의 완성을 위해 헌신하는 순례하는 백성으로서 교회를 이해하도록 이끌어줍니다. 이 책의 서두에 있는 러스트Rust의 시가 선언하듯이, 교회는 동사입니다. 교회는 인류와 모든 창조물을 섬기는 동사이며, 하느님의 사랑과 선교를 섬기는 동사입니다.

교회의 선교적 본성과 이것이 그리스도인으로서 우리의 삶에 가져오는 변화를 저는 1975년에 작성된 바오로 6세 교황의 사도적 권고 [현대의 복음 선교]에서 다시금 깨닫게 되었습니다. 비록 교황은 예수님의 하느님 나라에 대한 헌신으로 그의 성찰을 시작하며, 제2차 바티칸공의회의 선교 활동에 관한 문서의 강한 삼위일체적 관점을 따르지 않았지만, 이 권고에서 그는 교회의 깊은 선교적 본성을 강조합니다. 그는 복음화를 교회의 "가장 깊은 정체성"이라고 말합니다. 수년 후, 프란치스코 교황은 그의 사도적 권고 [복음의 기쁨]에서, 분명히 바오로 6세의 이전 문서를 모델로 하여, 교회를 "선교하는 제자 공동체"로 언급하였고, 저는 이 문구를 책의 제목으로 사용하였습니다. 이 책에서 제가 시도한 것은 이러한 강력하고 근본적인 문구들을 풀어내어 완전한 선교적 교회론으로 통합하는 것입니다.

오늘날 한국 교회는 번영하고 있으며, 지난 10년간 여러 차례 한국을 방문하면서 깊은 영감을 받았습니다. 한국 교회는 외국 선교사들에 의해 복음화된 것이 아니라, 진리를 모색하던 한국 유학자들이 그리스도교 복음의 메시지에서 그들의 삶의 의미를 발견한 유일한 아시아 국가로서 그 기원을 자랑스럽게 생각합니다. 한국 교회는 거룩한 순교자들의 피와 한국전쟁 이후 정치적 억압 아래 한국이 완전한 민주주의로 나아가기 위해 애쓴 많은 세월 동안 교회가 취한 예언자적 태도에서 자양분을 얻었습니다. 저는 이 책을 통해 한국 교회가 국내외에서 선교적 열정으로 성장하고, 그리스도인들의 근본적인 세례 정체성에 기반한 시노달리타스 안에서 성장하는 데 필요한 영양분을 계속해서 공급받고 도전하기를 바랍니다.

저는 한국에 친구가 많습니다. 그들 중 일부는 천주교인이고, 다른 일부는 개신교 신자입니다. 이 서문을 쓰면서 그들 모두를 깊은 애정과 감사의 마음으로 떠올립니다. 그들의 지원과 관심이 없었다면, 이 책의 번역은 결코 빛을 보지 못했을 것입니다. 그들의 지원이 없었다면 제 삶은 훨씬 덜 풍요로웠을 것이며, 제 세계는 훨씬 더 작았을 것입니다. 그들은 더 넓은 선교하는 제자들의 공동체에서 소중한 자매이자 형제입니다. 또한 하느님 나라로 나아가는 여정에서 성령이 이 공동체를 계속 창조하시는 동안 그들은 이 공동체를 계속 섬기고 있습니다. 이 훌륭한 친구들에게 이 책을 헌정합니다.

스티븐 베반스, SVD

복되신 동정 마리아 탄생 축일과

말씀의선교수도회 창립 150주년을 기념하며

간행사

해미순교자국제성지는 우리나라 다른 성지와는 그 성격에 있어서 차이가 있다. 한국교회에서 일반적으로 성지라 할 경우에는 특정 순교자를 중심으로 하여 기억되고, 그가 살아서 보여주었던 신앙과 덕행을 따르고 기념하고자 하는 특별한 장소이다. 그러나 해미의 경우에는 이곳에서 순교한 대부분의 순교자들이 자신의 이름마저도 밝히지 않고 순교를 선택하며, 세상 사람들은 볼 수 없는 하늘의 명부名簿에만 이름을 올린 사람들이다. 설령 그 이름이 밝혀진 사람이 있다 하더라도 이곳에서 순교한 거의 모든 사람들은 평범한 농사꾼 같은 19세기 조선의 일반 민중들이었다.

해미성지에서 순교한 사람들 모두는 큰 임금이오 어버이신 하느님의 평등한 자녀임을 자각했으며, 따뜻한 형제애를 가지고 그 평등을 실천해 가던 사람들이었다. 그들은 이 새로운 삶의 소중함을 깨달았으며, 자유롭게 믿고 실천하기를 염원했다. 그들은 신앙에 자부심을 가졌고, 신앙을 지키고자 목숨을 바쳤다.

오늘날 교회는 하느님 나라의 완성을 향해 가는 백성 모두에게 신앙에 스며든 현세의 삶이 소중함을 말해 준다. 그리고 하느님 백성 모두가 그 평범과 비범을 가리지 않고 자신의 신앙을 고백하고 실천하도록 요청하고 있다. 해미는 오늘의 우리들에게 평범했던 순교자들이 보여준 자기 결단을 되새기며 기억하고, 이를 본받아 실천하도록 일깨워주는 터전이다.

로마 교황청은 해미 순교지를 순교자국제성지로 지정했다. 이에

천주교 대전교구 해미순교자국제성지는 신앙문화연구원을 설립하여 순교자의 믿음과 삶을 연구하는 기관으로 자리매김했다. 해미순교자국제성지 신앙문화연구원은 해미를 비롯한 우리나라 보통의 순교자들이 믿고 실천했던 신앙의 근본을 이해하는 자료들을 정리 역주하고 이를 현대어로 번역해 나가겠다. 또한 오늘을 사는 신자들과 연구자들이 지난날 순교자들이 믿고 따랐던 그 신앙의 정수精髓에 접근할 수 있는 자료를 제공하고자 한다.

지난날의 역사적 사실을 아는 데에는 당시 상황을 파악할 수 있는 자료에 대한 접근이 먼저 요청된다. 그리고 자료를 정확히 이해하기 위해서는 자료의 의미를 일깨워주는 여러 이론들에 대한 충분한 접근이 필요하다. 신앙문화연구원은 역사적·교회사적 자료들을 해석하여 설명해 낼 수 있는 교회사학 내지 신학이나 종교학적 이론들에 관한 최근의 연구서들도 이 번역총서 안에 포함시켜 간행하고자 한다. 신앙문화연구원은 해미순교자국제성지가 수행할 순교의 역사를 신학화神學化하는 작업에 기초적 자료들을 제공해 나가겠다. 이번 번역총서를 통해서 한국 교회가 수행하고 있는 순교 신심과 순교자 연구가 한 걸음 더 나아갈 수 있기를 간절히 기원한다.

조 광

해미순교자국제성지 신앙문화연구원 원장

추천의 글 1

교회는 누구인가? 라는 질문은 신학자의 화두와 같습니다. 이 질문 안에 구원과 은총, 창조와 종말에 관한 주요 논고가 얽혀있기 때문입니다. 말씀의선교수도회 소속 사제이자 일평생 교의신학자로서 괄목할만한 업적을 이룩한 베반스 신부님의 이 책은 이 화두를 새로운 방향에서 접근합니다. "교회는 동사이다"라는 시로 시작하고 끝을 맺는 이 책을 통해 저자는 세례받은 신자들의 공동체가 어떤 활동을 통해 스스로를 교회로서 드러내는가를 우리에게 묻습니다.

저는 수년 전부터 베반스 신부님의 상황화신학Contextual Theology을 주목하며, 오랜 기간 동안 다양한 각도로 하나의 주제를 체계적이고 심도 있게 접근하여 정리하는 노력에 마음 깊은 곳으로부터 존경의 마음을 품었습니다. 그리고 최근에 성사된 몇 차례의 만남에서 책을 통해 접했던 깊이와 포용력이 삶 자체로부터 우러나옴을 확인할 수 있었습니다. 이 책에서 확인하는 예언자적인 목소리에 선교사로서 그리고 신학자로서 투신한 기나긴 삶에서 우러나오는 진정함이 배어 있음을 보았습니다.

베반스 신부님은 토착화신학 분야에서도 널리 알려져 있습니다. 부끄럽게도 한국 가톨릭 신학자보다 더 많은 관심을 보여준 개신교 신학자들의 번역으로 소수의 책이 국내에서 출판되었습니다. 그에 비해 이 책은 가톨릭신학자에 의해 번역되어 그지없이 반가운 마음을 전해 줍니다. 무엇보다 교회 일치에 주력하는 저자의 노력에 부응하기 위해 개신교와 가톨릭 독자들에게 도움이 될 주석을 충실하게 달아준 노고를 귀하게 생각합니다.

"교회는 동사이다"라는 시로 시작하고 끝을 맺는 이 책을 통해 베반스 신부님은 무엇을 행할 때 신자들의 공동체가 교회로서 스스로를 드러내는가를 우리에게 묻습니다. 이 질문 앞에 한국 천주교회를 떠올리는 많은 수식어구를 잠시 내려놓습니다. 선교사의 선교 활동이 펼쳐지기 이전에 신앙을 받아들인 교회, 순교자의 피로 세워진 교회, 어둠을 밝히며 민주주의 성장에 기여한 교회가 그것입니다. 그리고 우리는 한국 천주교회의 역사 안에 이 저서와 놀랍도록 공명하는 장면, 곧 교회 구성원이 하나되어 하느님 나라를 지금 여기에 드러낸 장면을 발견하게 됩니다.

교회가 처한 위기 국면에서 한국 교회의 역할과 비중이 그 어느 때보다 크게 다가옵니다. 이 임무는 외화내빈의 모습을 탈피하고 교회란 무엇인가라는 본질적 질문을 철저히 숙고하며 섬김과 나눔을 실천하는 예언자적 교회로 다가서는 가운데 실천할 수 있을 것입니다. 이런 의미에서 베반스 신부님의 이 저서가 교단에 서는 신학자뿐 아니라 참다운 제자로서 교회를 살아내려는 구도자적 신앙인 모두에게 밝은 지침서로 읽혀지기를 기대합니다.

심상태 몬시뇰

추천의 글 2

선교학은 이론인 동시에 실천입니다. 선교 경험에 발 딛지 않은 선교 이론은 성립 불가능하다 해도 과언이 아닙니다. 선교학 저서에 저자 자신의 삶과 신앙의 모든 이력이 담기기에 선뜻 저술할 용기를 내기 어렵습니다. 이런 점에서 선교사로서 살아온 시간과 학문적 성실함을 온전히 담아낸 이 저서는 비단 그 분량과 깊이뿐 아니라 베반스 신부님의 학문적 결실을 아낌없이 드러낸다고 말할 수 있습니다.

베반스 신부님은 선교학뿐 아니라 토착화이론 분야에서도 탁월한 입지에 서는 분입니다. 특히 세계선교학회 회원들에게 베반스 신부님은 큰 사랑과 존경을 한 몸에 받는 학자이자 선교사입니다. 자상하면서도 원칙을 충실히 지키도록 이끌어주고, 늘 타인의 말에 귀와 마음을 기울이며, 청자를 배려한 화법으로 자신의 의견을 표현하는 그의 인품에 감동하지 않을 수 없습니다. 그를 직접 대면하지 않았던 독자라도 이 저서에서 깊이와 온기, 성실함과 열정을 고스란히 느끼실 수 있으리라 확신합니다.

많은 선교학 저서는 선교 활동의 성과에 초점을 맞추어 선교 환경과 성장 역사를 집약합니다. 이러한 서술에서 교회는 누구인가라는 질문은 큰 고민으로 다루어지지 않습니다. 특히 교회 직제간의 계층적 구분을 강조하지 않는 개신교 분파에서 더욱 그러합니다. 이는 세례받은 이라면 누구나 구원을 선포하고 교회를 세우는 사업에 투신하는 분위기에서 교회란 누구이며, 선교는 무엇인가라는 질문을 다시 정리할 필요를 느끼지 못하기 때문입니다.

급작스러운 사고로 우리 곁을 떠난 데이비드 보쉬David Bosch의 저서, 『변화하는 선교Transforming Mission』가 패러다임 전환의 역사로 평가되는 이유도 거기 있습니다. 보쉬는 전교에서 그치는 선교를 넘어 주변 현실을 변혁시키는 교회의 활동을 강조하였고, 진리를 손에 쥔 승리자로서 죄인을 구원하는 교회의 모습을 뛰어넘었습니다. 참된 봉사와 정의justice, 치료, 화해, 평화, 교제를 강조한 그의 목소리가 선교현장의 물길을 바꾸었다고 해도 과언이 아닙니다.

베반스 신부님의 이번 저서는 보쉬와 맥락을 공유하면서도, 교회일치운동을 향하는 점에서 선교학의 진보를 보여줍니다. 무엇보다 국내 신학계에 아직까지 명확히 정리되지 않은 가톨릭교회의 선교신학과 교회론을 역사적 맥락 안에서 분명하게 밝혀주어 신학적 의미가 더욱 돋보입니다. 호수 위 백조처럼 평온해 보이는 신학계의 이면에서 전개되는 첨예한 갈등을 아는 이라면 베반스 신부님의 세심한 노력을 알아볼 수 있을 것입니다.

이 저서가 어두운 시대에 빛을 밝히는 교회의 본연적 임무 수행에 큰 디딤돌이 되어주기를 기대합니다. 오직 예수의 삶과 가르침, 삶과 죽음과 부활을 바라보는 그리스도인에게 교회의 의미를 비추어 가다듬는 맑은 거울이 되리라 믿습니다.

박보경

세계선교학회IAMS 회장, 장로회신학대학교 교수

번역서를 출간하며

번역과 반역의 엄청난 간극을 끊임없이 인식하며 2024년을 이 책의 번역에 매달렸다. 2024년 5월에 출판된 책을 부둥켜안고 무언가에 홀리듯 시작한 번역 작업으로 인해 고된 시간을 보내며, 왜 번역을 하고 있는지를 자문했고 그 답을 베반스 신부님에 대한 존경과 응원의 마음에서 발견했다. 참으로 선교적인 분이라는 표현이 어울리는 베반스 신부님의 일생을 담은 이 책을 정성껏 번역함으로써 비록 작은 소리로나마 박수를 보내드리고 싶었기에 번역을 포기하지 않았다. 그리고 이 시간 동안 나는 상황을 직시하고, 문제를 다듬고 방법을 모색하여 꾸준한 연구로 구성하며 독자를 배려한 글로 풀어가는 저자를 만날 수 있었다.

베반스 신부님은 대단히 많은 수의 논문과 저술로 널리 알려진 신학자이지만, 국내 가톨릭 신학계에서 큰 관심을 받았다고 말하기 어렵다. 데이비드 보쉬의 명저와 더불어 선교학을 집대성한 책으로 꼽히는 *Constants in context*와 *Models of Contextual Theology* 등이 한국말로 번역되었지만, 그 사실조차 널리 알려지지 않은 분위기이다. 다행스럽게도 2011년에 출판된 *Prophetic Dialogue: Reflections on Christian Mission Today*가 최근에 동아시아복음화연구원에서 『선포하는 기쁨-대화와 예언』으로 번역·출판되었기에 기쁜 마음 가득하다.

베반스 신부님을 대표하는 저서는 *Models of Contextual Theology* (1992)라고 말할 수 있다. (그러나 본인은 이번 책과 *An Introduction to Theology in Global Perspective*(2009)를 당신의 신학적 견해를 가장

분명하게 드러내는 책으로 꼽는다.) 그와 함께 활동했던 신학자들이 발표한 서평에서 이 책의 무게를 가늠할 수 있다. 아시아 토착화신학으로 유명한 피터 판 교수는 이 책이 출판 즉시 고전이 되리라고 언급했고, 캐서린 교수는 시노드대의원이라면 이 책을 반드시 읽어야 한다는 서평을 남겼다. 이는 이 책 안에 현대 가톨릭교회가 직면한 문제를 해결하는 데 도움이 될 내용이 담겨 있음을 시사한다.

저자의 신학 노정은 *Models of Contextual Theology*에서 시작된다고 말할 수 있다. 이 책의 내용을 기틀로 삼아 그는 역사신학자인 로저 슈뢰더와 함께 연구한 결실을 2004년에 *Constants in Context*로 발표했다. 여기서 저자들은 역사를 통해 전개된 선교 신학을 세 그룹-영혼 구원과 교회 확장으로서의 선교, 진리 발견으로서의 선교, 해방과 변혁에 대한 헌신으로서의 선교-으로 구분하고, 이러한 선교 양상이 그리스도론, 교회론, 종말론, 구원관, 인간관, 문화에 대한 태도 등과 어떻게 맞물리며 교회 활동으로 드러났는지를 정리한다.

이처럼 교회 역사를 신학과 선교 활동이 상호작용한 결과로 성찰한 베반스는 20년이 지난 시점에 교회와 선교의 본질적인 연결점에 입각하여 교회론적 선교학인 동시에 선교론적 교회론을 제시하는 저서, 『선교하는 제자들의 공동체』를 출판했다. 따라서, 베반스의 삶과 신학 여정을 집대성한 이 책의 곳곳에 상황신학의 모델이나 2002년 저서의 내용이 감지되는 것은 당연하게 받아들여질 수 있다.

이 책이 큰 비중을 두는 영역은 교회 일치이다. 미국선교학회의 대표를 역임하고 세계선교학회의 핵심 성원으로 활동한 삶을 드러내는 대목이기도 하다. 이를 참작하여, 개신교와 천주교를 포함한 다양한 배경의 독자를 위해 특정 사건이나 용어, 문헌과 인물에 대한 역자주를 별도로 작성하였다. 또한 가톨릭교회가 현재 사용하는 성경과 크게 다르지 않은 한, 성서 번역은 공동번역의 번역을 사용했음을 밝혀두고자 한다.

역자로서 가장 큰 고민은 kingdom of God과 kindom/kinship의 번역이었다. 전자는 하느님 '나라(왕국)'로 너무나 깊숙하게 사용되고 있다. 그러나 널리 알려진 바와 같이 그 원문은 왕국이라는 번역보다 하느님의 '다스리심'에 더 가깝다. "하느님 나라가 오시며"라고 기도하며 하느님께서 우리를 다스리시기를 바라는 마음을 담는다는 점을 반영하여, 번역에서는 하느님 나라(왕국)를 그대로 사용했다. 무엇보다 이 문제가 영어에서도 존재하고 이 점을 저자가 본문에서 설명하고 있기에, 내용을 꼼꼼히 읽는 독자라면 하느님의 다스리심으로 읽으리라 기대했다. 또한 두터운 친분을 강조하기 위해 저자가 사용한 어휘 kindom/kinship은 오랜 고민 끝에 킨덤kindom 또는 킨십kinship으로 남겨두었다. 친족이나 친밀함이라는 번역으로는 담을 수 없는 저자의 의도가 있다고 보았기 때문이다.

마지막으로 교회문헌의 번역은 한국천주교주교회의의 번역보다는 역자의 번역을 주로 사용했음을 밝혀둔다. 저자가 강조하는 내용과 강조점이 이미 발표된 번역으로는 충분히 전달되지 않는 경우가 많았기에, 영어본과 이탈리아어본에 큰 차이가 없는 이상 저자가 사용한 영어본을 한글로 번역하였다.

반역이 아닌 번역문을 내고자 나름대로 최선을 다했으나 역시나 부족한 점만 가득한 책을 출판하게 되어 이루 말할 수 없는 큰 죄송함을 저자와 독자에게 빚처럼 지고 책을 출판한다. 많이 부족하지만 그나마 이만큼 나올 수 있게 된 가장 큰 공은 흐름출판사에서 편집 책임을 맡은 보석 같은 이현아 선생님에게 돌린다. 공역이라 해도 결코 부족하지 않을 만큼 원문과 대조하여 독자가 읽기에 어색하거나 다듬을 내용을 꼼꼼히 지적해 준 집중력과 끈기에 감사와 존경의 마음을 전한다.

번역을 허락해 주신 베반스 신부님, 번역을 독려해 주시며 그 의미를 가리켜 주신 심상태 몬시뇰 님, 번역 과정을 꼼꼼히 챙겨 주시고 시도 때도 없이 많은 질문을 하는 역자를 넉넉한 마음으로 가르쳐 주신 조광 교수님, 추천의 글을 서슴없이 전해 주신 장로교신학대학의 박보경 교수님, 어려운 상황에서도 이 책의 출판을 기꺼이 맡아 주신 흐름출판사의 한명수 사장님께 감사의 인사를 드린다. 이 책이 그리스도인으로서 기쁨을 누리며 그리스도를 따르려는 모든 분들께 작으나마 빛과 힘을 전달하기를 소망한다.

권영파

차례

약어표

AA Apostolicam Actuositatem 사도직 활동 | 제2차 바티칸공의회, 평신도 사도직에 관한 교령

AAS Acta Apostolicae Sedis 사도좌공보

ACD The Arusha Call to Discipleship 제자도를 향한 아루샤 부르심

AD Aparecida Document 아빠레시다 문헌 | 제5차 라틴아메리카 및 카리브해 주교총회 최종 문서

AG Ad Gentes 만민에게 | 제2차 바티칸공의회, 선교 활동에 관한 교령

AL Amoris Laetitia 사랑의 기쁨 | 프란치스코, 사도적 권고

AM Antiquum Ministerium 오래된 직무 | 프란치스코, 자의교서

BEM Baptism, Eucharist, and Ministry 세례, 성찬, 직제 | 신앙과직제위원회 문서

CCC Catechism of the Catholic Church 가톨릭교회 교리서

CD Christus Dominus 주님이신 그리스도 | 제2차 바티칸공의회, 주교직의 사목적 임무에 관한 교령

CDF Congregation for the Doctrine of the Faith 신앙교리성

CELAM Consejo Episcopal Latinoamericano 라틴아메리카주교회의연합

CF Christifideles Laici 평신도 그리스도인 | 요한 바오로 2세, 사도적 권고

COEPAL Comisión Episcopal de Pastoral 아르헨티나주교사목위원회

CWME Commission on World Mission and Evangelism 세계선교및복음화위원회 | WCC 산하 위원회

CWVL Co-Workers in the Vineyard of the Lord 주님 포도밭의 동역자 | 미국가톨릭주교회의

DEV Dominum et Vivificantem 생명을 주시는 주님 | 요한 바오로 2세, 회칙

DH Dignitatis Humanae 인간 존엄성 | 제2차 바티칸공의회, 종교 자유에 관한 선언

DI Dominus Iesus 주님이신 예수님 | 신앙교리성, 선언문

DP Dialogue and Proclamation 대화와 선포 | 교황청 종교간대화평의회·인류복음화성

DV Dei Verbum 하느님의 말씀 | 제2차 바티칸공의회, 하느님의 계시에 관한 교의헌장

EA Ecclesia in America 아메리카 교회 | 요한 바오로 2세, 시노드 후속 사도적 권고

EG Evangelii Gaudium 복음의 기쁨 | 프란치스코, 사도적 권고

EN Evangelii Nuntiandi 현대의 복음 선교 | 바오로 6세, 사도적 권고

ES Ecclesiam Suam 주님의 교회 | 바오로 6세, 회칙

FT Fratelli Tutti 모든 형제들 | 프란치스코, 회칙

GCGI The Gifts and Calling of God Are Irrevocable (Rom 11:29) 하느님의 은사와 소명은 돌이킬 수 없다 (Rom 11:29) | 유대인과의종교관계위원회

GE Gravissimum Educationis 교육의 중대성 | 제2차 바티칸공의회, 그리스도인 교육에 관한 선언

GEx Gaudete et Exultate 기뻐하고 즐거워하여라 | 프란치스코, 사도적 권고

GS Gaudium et Spes 기쁨과 희망 | 제2차 바티칸공의회, 현대 세계에 대한 사목헌장

IA Inaugural Address 아빠레시다 회의 개회 연설 | 베네딕토 16세

IM Inter Mirifica 놀라운 기술 가운데에서 | 제2차 바티칸공의회, 매스 미디어에 관한 교령

IMC International Missionary Council 국제선교평의회

ITC International Theological Commission 국제신학위원회

LEM Lay Ecclesial Ministry 평신도 교회 사목 | 평신도사목소위원회

LG Lumen Gentium 인류의 빛 | 제2차 바티칸공의회, 교회 헌장

LS Laudato Si' 찬미받으소서 | 프란치스코, 회칙

MCC Mystici Corporis Christi 그리스도의 신비체 | 비오 12세, 회칙

MOCTW The Mission of the Orthodox Church in Today's World 오늘날 세계에서 정교회의 사명 | 동방정교회 공식 문서

MQ Ministeria Quaedam 일부 직무 | 바오로 6세, 자의교서

MV Misericordiae Vultus 자비의 얼굴 | 프란치스코, 교황 칙서

NA Nostra Aetate 우리 시대 | 제2차 바티칸공의회, 비그리스도교와 교회의 관계에 대한 선언

NALM National Association for Lay Ministry 전미평신도사목협회

NIV New International Version (of the Bible) 새국제역 (성경)

NRSV New Revised Standard Version (of the Bible) 새개정표준번역 (성경)

OE Orientalium Ecclesiarum 동방 교회 | 제2차 바티칸공의회, 동방 교회에 관한 교령

OT Optatam Totius 온 교회의 열망 | 제2차 바티칸공의회, 사제 양성에 관한 교령

PC Perfectae Caritatis 완전한 사랑 | 제2차 바티칸공의회, 수도 생활의 쇄신에 관한 교령

PDV Pastores Dabo Vobis 현대의 사제 양성 | 요한 바오로 2세, 시노드 후속 사도적 권고

PE Praedicate Evangelium 복음을 선포하여라 | 프란치스코, 교황령

PG Patres Graeci 그리스 교부 | Migne 편집

PL Patres Latini 라틴 교부 | Migne 편집

PO Presbyterorum Ordinis 사제품 | 제2차 바티칸공의회, 사제의 교역과 생활에 관한 교령

PT Pacem in Terris 지상의 평화 | 요한 23세, 회칙

QA Querida Amazonia 사랑하는 아마존 | 프란치스코, 사도적 권고

RCM Reflections on Covenant and Mission 언약과 선교에 관한 성찰 | 미국가톨릭주교회의·미국시나고그전국협의회

RH Redemptor Hominis 인간의 구원자 | 요한 바오로 2세, 회칙

RM Redemptoris Missio 교회의 선교 사명 | 요한 바오로 2세, 회칙

SC Sacrosanctum Concilium 거룩한 공의회 | 제2차 바티칸공의회, 거룩한 전례에 관한 헌장

SD Spiritus Domini 주님이신 성령 | 프란치스코

ST Summa Theologiae 신학대전 | 토마스 아퀴나스 저

TCC The Cape Town Commitment 케이프타운 서약 | 세계복음화를위한로잔운동

TCTCV The Church: Toward a Common Vision 교회: 공동의 비전을 향하여 | WCC/신앙과직제위원회

TTL Together Towards Life: Mission and Evangelism in Changing Landscapes 함께 생명을 향하여: 변화하는 환경 속에서의 선교와 전도 | WCC/CWME

UR Unitatis Redintegratio 일치의 재건 | 제2차 바티칸공의회, 일치 운동에 관한 교령

USCCB United States Conference of Catholic Bishops 미국가톨릭주교회의

UUS Ut Unum Sint 하나되게 하소서 | 요한 바오로 2세, 회칙

VC Vita Consecrata 봉헌 생활 | 요한 바오로 2세, 시노드 후속 사도적 권고

WCC World Council of Churches 세계교회협의회

Church Is a Verb*

by

Godfrey Rust

Church mice,
church music
and church history
all try to tell us it's an adjective.

Others have chiseled
or boxed it into a noun—
a building or a social club.

But don't be fooled:
church is a verb.

It's something that we do.
It won't work in the singular.
I can't church,
you can't church
he, she and it can't church.
It only takes the plural: even God

교회는 동사다

고드프리 러스트

교회 음악

교회 역사

교회 쥐

이 모든 예시는 우리에게 말하려 한다.

교회는 형용사라고.

다른 이들은

건물, 혹은 사회적 모임과 같이

교회를 조각하거나

상자 속에 넣어

명사로 만들려 한다.

그러나 속지 말자.

교회는 동사다.

교회는 우리가 행하는 그 무엇이다.

혼자서는 교회할 수 없다.

내가 홀로 교회할 수 없고

당신도 혼자서는 교회할 수 없다.

그도 그리고 그녀도 홀로이 교회할 수 없다.

can't church alone.
We church
(*and they* can do it too,
whatever we may think of what they do).

It works best in the present tense
and not with a prefix like un- or re-.
Don't say *Let's church again,*
like we did last summer.
It happens now, not then.

It's not a complicated verb.
It comes in simple sentences
like *How are you?*
and *Can I help?*
and *Let us pray.*

It's often passive, and just sits and listens.

It's a highly irregular verb
and won't do what it's told.
It turns up anywhere
with the most unlikely subjects.

It can be said

교회는 오직 복수형만 가능하다.
심지어 하느님도
혼자서는 교회할 수 없다.
우리가 교회한다.
(또한 저들도 교회할 수 있다.
그들이 하는 방식을 우리가 어떻게 생각하든 간에)

교회는 현재형일 때 가장 잘 작동한다.
비非나 재再와 같은
접두사는 교회에 어울리지 않는다.
"지난 여름에 했던 것처럼 다시 교회하자"라고 말하면 안 된다.
교회는
그때가 아니라
지금 일어나는 것이다.

교회는 복잡한 동사가 아니다.
"잘 지내시나요?"
"도와드릴까요?"
"함께 기도합시다."
교회는 이렇듯 간단한 문장에서 나온다.

교회는 때로 수동태로
그저 가만히 앉아서 듣기도 한다.

교회는 매우 불규칙한 동사여서

in any language
or in none.

We can't easily go
to look at church.
We only find the evidence
that church has happened somewhere.
Something broken has been mended.
Someone is alive.
Two are at one.
More is here now
than there was before.

In one case only,
this verb is transitive:
God churches us
and also churches through us.
When we ask Christ
to be among us
or make him known to someone
it's then that we are churching.

There will come a time
for church to get dressed up
ready for its marriage,

말하는 대로 움직이지 않는다.
교회는 어디서든
가장 뜻밖의 주어들과 함께 나타날 수 있다,

어떤 언어로든,
혹은 언어 없이도
교회를 말할 수 있다.

교회를 쉽게
보러 갈 수는 없다.
우리가 발견하는 것은
무너진 무언가가 다시 이어지고,
누군가 생명을 얻고,
둘이 하나가 되고,
전에 없던 것이 지금 여기에 있는 그 흔적일 뿐이다.
다만 교회가 어디선가 일어났다는 흔적일 뿐이다.

오직 하나의 경우에만
교회는 타동사가 된다.
'하느님이 우리를 교회하신다.
그리고 우리를 통해 교회하신다.'

우리가 그리스도께
우리 가운데 계시기를 청할 때,
누군가가 그리스도를 알 수 있도록

ready to settle down and become a noun,

but until then church is the living Word

spoken in verbs.

우리가 노력할 때,

그 순간, 우리는 교회한다.

언젠가

교회가 단장하고

혼인을 준비하며,

정착하여 명사가 될 것이다.

그러나 그날이 오기까지,

교회는 살아 있는 말씀이다.

교회는 동사로 말해지는 말씀이다.

선교하는 제자 공동체

계속되는 교회의 창조

Community of Missionary Disciples

The Continuing Creation of the Church

서론

순례하는 교회는 그 본성상 선교하는 교회다.

— [만민에게] 2항

복음 선포는 교회가 받은 소명이고 은총이며 교회의 가장 심오한 정체성이다.

— [현대의 복음 선교] 14항

출발하는 교회는 선교하는 제자들의 공동체이다.

— [복음의 기쁨] 24항

이 책은 철저히 선교적인 교회신학을 발전시키려는 나름의 도전이다. 즉 하느님의 삼위일체적이며 선교적인 본성에 뿌리를 두고 세례를 통해 그 본성에 참여하는 신학을 발전시키려는 시도라고 할 수 있다. 이 책의 목적은 위에서 인용한 제2차 바티칸공의회 문헌과 현대 세계의 복음화에 관한 교황 바오로 6세의 획기적인 권고 및 복음의 기쁨에 대한 프란치스코 교황의 기념비적인 권고를 꼼꼼하게 살펴보는 데 있다.

이 책을 완성하기까지 오랜 시간이 걸렸다. 나는 50년 전 필리핀에서 젊은 신학 교수로서 교회론을 가르치기 시작했다. 그때 제2차 바티칸공의회의 선교 교령인 [만민에게Ad Gentes]가 지닌 중대한 의미를 깨닫게 되었다. 이 문헌은 공의회 기간의 후반부에 발표되었기 때문에 당시에 획기적인 발언으로 인식되지 못했다. 그러나 이후 몇 년 동안 계속해서 교회론을 가르치고 선교 신학 분야에서 연구하고 출

관하면서 이 문헌의 중요성에 대한 깨달음이 점점 깊어졌다. 선교 신학자들이 주장하는 바와 같이, 선교는 교회가 하는 일 중 하나에 불과한 것이 아니라 교회를 존재하게 하는 활동이며, 교회에 가장 "깊은 정체성"을 부여한다. 선교가 없으면 교회가 더 이상 존재할 수 없다.[1] 재세례파Mennonite 선교학자 윌버트 쉥크Wilbert Shenk가 말하는 대로, 선교는 교회보다 우선한다.[2]

선교는 하느님의 활동이다. 이 활동은 은총 가득하며, 우리를 치유하고 해방시키며, 생명을 주고 용서하며 변화시킨다. 선교는 "우리에게 맡겨진"(2코린 5,19) 화해의 일이다. 선교는 무엇보다 앞서 하느님의 선교이다. 하느님의 선교 안에서 삼위일체 삶의 완벽한 주고받음이 창조주 성령과 신성한 말씀의 능력을 통해 우주 창조로 넘쳐나게 된다. 선교는 "모든 사람에게 복이 될"(창세 12,2) 백성을 선택하는 하느님이 하는 일이다. 선교는 하느님의 말씀이 육신이 되어 나자렛 예수로 나시고 예수가 성령을 기름부음 받음이다. 선교는 예수에게 기름 바른 바로 그 성령이 예수의 죽음과 부활 이후에 제자들에게 기름을 바르며 예수의 성령으로 영감받은 일을 "땅 끝까지"(사도 1,8) 이어 가도록 명령하고 능력을 주는 것이다. 예수의 제자들이 이제 자신들이 예수의 사명을 공유하고 이어 가야 한다는 것을 깨닫게 되면서 교회가 생겨났다. 따라서 교회는 "본질적으로 선교적"(AG 2)이다. 교회는 본질적으로 선교와 사명의 공동체인 "선교적 제자들의 공동체"(EG 24)

---

1 다음 자료를 참고하라. Darrell Guder, ed., *Missional Church: A Vision for the Sending of the Church in North America* (Grand Rapids, MI: Eerdmans, 1998); Cheryl M. Petersen, *Who Is the Church? An Ecclesiology for the Twenty-First Century* (Minneapolis: Fortress Press, 2013). 이 문헌이 지닌 의미에 관한 나의 첫 직관은 다음 논문으로부터 받았다. Roger D. Haight, SJ, "Mission: The Symbol for the Understanding of the Church Today," *Theological Studies* 37, no. 4 (December 1976): 620-49.

2 Wilbert R. Shenk, *Changing Frontiers of Mission* (Maryknoll, NY: Orbis Books, 1999), 7.

이다. 엄밀히 말하면 교회는 사명을 가지지 않는다. 사명이-곧 하느님의 선교가- 교회를 가진다. 그리고 그 교회가 성령의 인도를 받으며 하느님의 선교에 참여함으로써 교회는 지속적으로 창조된다.

전 캔터베리 대주교 로완 윌리엄스Rowan Williams의 말을 인용하자면, 선교는 삼위일체 하느님이 어디에서 일하고 있는지 알아내어 함께하는 것이다.[3] 선교는 창조를 완성하기 위해 하느님과 함께 파트너로서 일하는 것이다. 선교는 단순히 지역적이거나 지리적인 개념을 넘어선다. 앞에서 살펴본 시가 우리에게 말해 주는 바와 같이, 선교는 "세계 여기저기, 거리마다across the world, across the street"[4] 발생한다. 선교는 개인과 공동체가 예수 그리스도와 그의 복음과의 친밀한 관계 속에서 살아갈 때 완전하게 드러나는 치유와 해방, 온전함을 위해 노력하는 것이다. 그러나 이러한 선교는 명시적인 그리스도교 신앙의 범위를 벗어난 곳에서 발견될 때에도 그 복음의 존재와 협력하는 것이다. 선교는 그리스도교 공동체가 그 어떤 사람이나 장소도 하느님의 현존과 사랑으로부터 배제하지 않겠다는 약속이다. 또한 선교는 교회로 하여금 그들이 머무는 안락한 지역 밖으로 이끌며 항상 새롭게 창조되도록 이끄는 성령에 의해 움직이며 그에 투신할 뿐 아니라 그 활동에 놀라게 되리라는 것을 의미한다. 선교는 교회를 교회로서 존재하도

3 Rowan Williams, "Fresh Expressions" website; Kirsteen Kim, *Joining in with the Spirit: Connecting World Church and Local Mission* (London: Epworth Press, 2010), 1쪽을 보라. 그러나 나는 이와 유사한 표현을 성공회 주교이자 전 교회선교협회(CMS) 비서였던 존 V. 테일러John V. Taylor가 훨씬 이전에 사용했다는 것을 발견했다. 테일러의 표현은 다음과 같다. "선교란 하느님이 어떤 상황에서 무엇을 하고 계시는지를 보고 하느님과 함께 그것을 하려고 노력하는 것이다." *CMS Newsletter* 382호(1974년 6월)를 참조하라. 이 뉴스레터 모음집은 영국 옥스퍼드에 있는 교회선교협회 본부의 맥스 워런Max Warren 컬렉션에 보관되어 있다. 이 문구는 캐시 로스Cathy Ross와 조니 베이커Jonny Baker의 *Imagining Mission with John V. Taylor* (런던: SCM, 2020), xi에서 인용되었다.

4 Fred Pratt Green (text), "The Church of God in Every Age," Hope Publishing Co., 1971 rev.

록 부르며, 성령이 끊임없이 초대하는 자리로, 곧 교회가 스스로 변화되고 또한 변화시키는 예수의 제자로 더 깊이 참여하도록 부른다. 오랜 기간을 거치며 나는 선교가 삼위일체 하느님과 협력하여 하느님의 전체 창조물을 완성하는 활동임을 깨달았다.

선교는 계속해서 교회를 존재하게 하며, 그로 인해 교회를 계속해서 창조해 나간다. 이것이 바로 이 책의 부제인 "계속되는 교회의 창조The Continuing Creation of the Church"가 의미하는 바이다. 하느님의 선교가 예수님을 그의 세례에서 선교로 부르신 것처럼, 그리스도의 영이 예수님의 제자들을 불러 예수님의 선교를 지속하도록, 그리하여 그들이 교회가 되도록 하셨다. 이와 같이 그리스도의 영은 끊임없이 교회를 선교로, 그리고 존재로 부르고 계신다. 교회는 예수님의 소환과 하느님의 통치reign of God인 "혁명적 친밀감"[5]을 구현하고embody, 보여 주며demonstrate, 선포하라proclaim는 성령의 능력에 의해 지속적으로 창조되고 있다.

선교적 교회론

교회의 선교적 본질에 대한 깊은 깨달음 때문에, 나는 그리스도인들이 가르치고 저술하고, 궁극적으로 실행해 온 교회론에 대해 점점 더 많은 불만을 가지게 되었다. 교회론이 충분히 선교적이지 않았기 때문이다. 지난 십여 년 동안 몇몇 예외가 있긴 했지만,[6] 대부분의 교회론, 특

---

5 Willie James Jennings, *Acts* (Nashville, TN: Abingdon, 2017), 29.

6 예를 들어, Craig van Gelder, *The Essence of the Church: A Community Created by the Spirit* (Grand Rapids, MI: Baker Books, 2000); Guder, *Missional Church;*Richard R. Gaillardetz, *Ecclesiology for a Global Church: A People Called and Sent,* rev. ed. (Maryknoll, NY: Orbis Books, 2023); Neil Ormerod, *Revisioning the Church: An Experiment in Systematic-Historical Theology* (Minneapolis: Fortress Press, 2014); World Council of Churches, Commission on Faith and Order, *The Church: Toward a Common Vision*

히 로마 가톨릭 교회론은 선교를 사유와 실천의 끝에 부가적으로 덧붙이는 방식으로 다루며, 사고와 실천의 시작에 두거나 선교가 전체 프로젝트를 형성하도록 하지 않는다.[7] 이러한 교회론은 훌륭한 학문이 될 수 있지만, 내 생각에는 교회가 무엇인지에 대한 역동적인 중심에는 도달하지 못한다.

반면에 교회의 선교를 연구하고 성찰하는 사람들, 즉 선교학자들은 충분히 교회론적이지 않은 것으로 보였다. 지난 한 세기 동안 발전하여 독립적인 신학 분야로 자리 잡은 선교학은 특히 역사학, 인류학, 사회과학의 영향을 많이 받았다. 물론 이러한 학문들이 중요하지 않다는 것은 아니지만, 이들 학문은 교회의 역사적 발전이나 선교사들이 국경을 넘는 사목을 어떻게 진행해야 하는지에 초점을 맞추고, 교회 자체의 선교적 본질을 다루지 않았다. 또한, 선교학의 대부분은 개혁주의, 복음주의, 그리고 지난 수십 년 동안은 오순절 사상가들에 의해 개척되었기 때문에 가톨릭이 지닌 높은 교회론에 대한 감각이 부족할 때가 있다.[8]

(Geneva: WCC Publications, 2013); Peterson, *Who Is the Church;* Richard R. Gaillardetz and Edward P. Hahnenberg, eds., *A Church with Open Doors: Catholic Ecclesiology for the Third Millennium* (Collegeville, MN: The Liturgical Press, A Michael Glazier Book, 2015); Michael W. Goheen, *The Church and Its Vocation: Lesslie Newbigin's Missionary Ecclesiology* (Grand Rapids, MI: Baker Academic, 2018); Lalsangkima Pachuau, *God at Work in the World: Theology and Mission in the Global Church* (Grand Rapids, MI: Baker Academic, 2022).

7 예를 들어, Peter C. Phan, ed., *The Gift of the Church: A Textbook on Ecclesiology* (Collegeville, MN: The Liturgical Press, A Michael Glazier Book, 2000); Thomas P. Rausch, *Toward a Truly Catholic Church: An Ecclesiology for the Third Millennium* (Collegeville, MN: The Liturgical Press, A Michael Glazier Book, 2005); Walter Kasper, *The Catholic Church: Nature, Reality, and Mission* (London: Blooms-bury, 2015); John Fuellenbach, *Church: Community for the Kingdom* (Maryknoll, NY: Orbis Books, 2002); Paul Collins, "Ecclesiology and World Mission/Missio Dei," *The Routledge Companion to the Christian Church*, ed. Gerard Mannion and Lewish S. Mudge (New York: Routledge, 2010), 623-36.

8 다음에 소개할 책은 최근에 발표된 개혁주의와 복음주의 전통의 선교학 도서이다. 이 책들은

이 작품에서 제시하려고 한 것은 선교적 교회론 또는 교회론적 선교학이다. 나는 지금이 이것을 다룰 적기라고 믿는다. 제2차 바티칸 공의회의 [선교 활동에 관한 교령Decree on the Church's Missionary Activity]에서 "본질적으로 선교적인 교회"(AG 2)로 언급된 단호한 구절에도 이러한 내용이 예견되어 있다. 또한 바오로 6세의 [현대의 복음 선교Evangelii Nuntiandi]에서 복음화가 하는 중요한 역할을 언급하는 부분에서도 이 점이 예견되어 있다. 또한 프란치스코 교황의 교회를 위한 "'선교적 선택'에 대한 꿈"은 이러한 입장을 강력하게 드러낸다. "교회의 관습과 행동 양식, 시간과 일정, 언어와 모든 교회 구조가 자기 보전보다는 오늘날 세계의 복음화를 위한 적절한 경로가 될 수 있기를 바랍니다."(EG 27) 이는 또한 2019년 범아마존 시노드 참가자들이 '외부로 나아가는 선교적 교회'[9]의 중요성을 강조하는 데서 표현된 바 있다. 더 나아가 교회가 자신의 사명을 보다 분명하게 발견하기 위해서 친교와 참여 안에서 자신을 쇄신해야만 한다는 인식을 보여 준 2021-24 시노달리타스를 위한 시노드의 주제에서도 이를 감지할 수 있다.[10]

2022년 3월, 프란치스코 교황은 그의 교황직의 주요 과제 중 하나

매우 아름다운 책으로 암묵적인 교회론으로 가득 차 있지만 교회에 온전히 초점을 맞추고 있다고 보이지는 않는다. 그럼에도 불구하고 이 책들은 선교학 영역의 필독서라 말할 수 있다. Alexander Forsyth, *Mission by the People: Rediscovering the Dynamic Missiology of Tom Allan and His Scottish Contemporaries* (Eugene, OR: Pickwick Publications, 2017); Al Tizon, *Whole and Reconciled: Gospel, Church, and Mission in a Fractured World* (Grand Rapids, MI: Baker Academic, 2018); Samuel E. Ewell III, *Faith Seeking Conviviality: Reflections on Ivan Illich, Christian Mission, and the Promise of Life Together* (Eugene, OR: Cascade Books, 2019). Cathy Ross, Jonny Baker, *Imagining Mission with John V. Taylor*는 교회론에 다소 중점을 두고 있지만 성공회 복음주의 전통을 따른다.

9 *The Amazon: New Paths for the Church and for an Integral Ecology: Final Document*, October 26, 2019, 20-40.

10 Synod of Bishops, *For a Synodal Church: Communion, Participation, Mission: Preparatory Document*, 2021.

였던 로마 꾸리아 개혁을 시작하는 문서를 발표했다. 이 문서의 제목은 [복음을 선포하여라Praedicate Evangelium]이며 이는 교회의 이해에 있어 중요한 방향 전환을 의미한다. 이제 선교와 복음 전파가 명확히 그 중심에 자리 잡고 있기 때문이다. 이처럼 강조점이 변화된 상징적인 예는, 교황청의 주요 부서 목록에서 복음화 부서Dicastery for Evangelization가 첫 번째로 나열되었다는 사실이다.[11] 이전까지는 신앙교리성이 목록의 맨 위에 있었다. 목록의 순서와 제시는 항상 신학적으로 중요한 의미를 갖기 때문에,[12] 이 새로운 순서는 교리가 선교를 돕는 역할을 하게 되었음을 미묘하게 나타낸다.[13] 그뿐만 아니라 교황 자신이 이 복음화성을 직접 이끈다는 점이 중요하다. 이 과정은 -적어도 공식적으로 그리고 이론적으로는- 이제 완성되었다. 교회론 연구자인 리처드 R. 가일라데츠Richard R. Gaillardetz의 적절한 표현을 빌리자면, "선교적 공의회가 선교적 교황에게 영감을 주어 선교적 교회를 만들게 했다."[14]

11 (붉은 색은 역자 주: 이하 같음)문헌에 포함된 가장 중요한 혁신 가운데 하나는 교황청 인류복음화성과 교황청 새복음화촉진평의회를 하나로 합쳐 '복음화 부서(Dicastero per l'Evangelizzazione)'로 통합한 일이다. 새 부서의 책임자(Prefetto)는 교황이며, 인류복음화성 장관과 새복음화촉진평의회 의장은 새 부서의 책임자인 교황을 대행(pro-Prefetto)한다. 실제로 새 교황령에도 "복음화 부서는 교황이 직접 주재한다"고 명시돼 있다.

12 예를 들어 다음 자료를 보라. Richard R. Gaillardetz's discussion of the revision and reordering of the chapters of Vatican II's document on the church in The *Church in the Making: Lumen Gentium, Christus Dominus, Orientalium Ecclesiarum* (Mahwah, NJ: Paulist Press, 2006), 8-27.

13 이 문헌은 2022년 3월 19일에 출판되었다. *The Apostolic Constitution Preach the Gospel, Praedicate Evangelium* (Collegeville, MN: The Liturgical Press, 2022); Austen Ivereigh, "Rome on Mission: Pope Francis Reforms the Curia," *Commonweal* 149, no. 2 (May 2022): 10-12를 참조하라.

14 Richard R. Gaillardetz, "Francis Wishes to Release Vatican II's Bold Vision from Captivity," *NCR Online* (September 25, 2013).

선교하는 제자 공동체

여러 해 동안 나는 교회를 선교-하는-공동체(또는 친교)로 생각하는 것이 가장 좋은 방법이라고 확신했다. 교회에 대한 이 설명의 가장 중요한 부분은 하이픈이다. 왜냐하면 공동체와 선교는 서로 분리할 수 없이 연결되어 있으며 서로에게 질서를 부여하기 때문이다. 기쁜 점은 프란치스코 교황이 사도적 권고인 [복음의 기쁨Evangelii Gaudium]에서 2007년에 라틴아메리카 주교단이 발표한 아빠레시다Aparecida 문헌을 인용하며 교회를 "선교하는 제자들의 공동체"[15]로 묘사했다는 사실이다.

나는 교회에 대한 이러한 기술이 정확하다고 믿었고, 그래서 이 표현에 대한 지속적인 성찰을 하나의 책으로 구성하는 것이 훌륭한 방법이 되리라는 느낌을 갖게 되었다. 이에 따라, 나는 이 책을 세 가지 주요 부분으로 나누었는데, 각 부분은 프란치스코 교황과 아빠레시다가 교회를 "선교하는 제자 공동체"로 묘사하는 것을 참조한다.

이 책의 1부에서는 우선 교회의 **본질**이 "선교하는 제자 공동체"라는 점을 살펴본다. 이어지는 2부에서는 "선교하는 제자 공동체"라는 관점에서 교회의 **신비**를 중심적으로 정리한다. 마지막 3부는 교회의 **구조**를 "선교하는 제자들의 공동체"로 성찰한다. 각 부분에서 교회의 필수적 본질인 선교가 교회를 이해하는 렌즈가 된다. 1부는 성령과 신성한 말씀의 선교를 통해 창조 행위 안에 넘쳐나는 하느님의 삼위일체적 선교적 본성으로 시작한다. '빅뱅'의 첫 순간부터 현존하는

---

15 Aparecida Document, CELAM website, 443, 449; EG 27, 120. 프란치스코 교황은 당시 Jorge Mario Bergoglio로서 아빠레씨다 문헌의 주요 저자였다. 흥미로운 점은 이 문헌에 가장 많이 등장하는 구문이 '선교적 제자'가 아니라 '제자와 선교사들'이라는 점이다. 그러나 [복음의 기쁨] 120항에서 교황은 "우리는 더 이상 우리가 제자와 선교사가 아니라 언제나 선교하는 제자라고 말합니다"라고 분명하게 말한다.

성령은 이스라엘 역사에서 작용하며 나자렛 예수에게 부어져 예수가 하느님 나라를 증언하고 섬기며 전파할 때-이 책에서 사용하는 용어로 표현하자면, 하느님 나라를 구현하고, 증명하고, 선포할 때-그리고 그의 죽음과 부활 이후에 제자들과 함께 그 사명을 나눌 때 부어진다.

2부는 교회가 하느님의 선교를 함께하는 자로서, 단순히 인간의 모임이 아니라 "하느님의 숨겨진 현존으로 충만한"[16] 실재임을 강조한다. 먼저, 교회를 하느님의 백성, 몸, 성전(성령의 창조물) 등으로 묘사하는 고전적인 교회 이미지를 역동적인 선교 이미지로 살펴본다. 그런 다음, 교회의 이러한 교회론의 고전적 차원 또는 표식을 동사verb로 성찰하려 한다. 이때 나는 교회의 사도성을 가장 먼저 다루어, 이전까지 교회론이 다루던 방식과 반대 순서로 접근하려 한다. 세 번째이자 마지막인 3부에서는 교회의 구조가 선교를 수행하는 데 봉사해야 한다고 주장한다. 교회의 구조는 세례로부터 비롯된 제자로서의 기본적 평등에 기초하며, 교회의 그 어떠한 구조도 그 제자로서의 성장, 지도, 형성을 위해 존재하며, 제자들이 예수의 선교를 이어받아 하느님의 선교에 참여하기 위해 더욱 완전하고 의식적으로 참여할 수 있도록 한다고 역설한다. 여기서는 "세례받은 선교사 제자도baptismal missionary discipleship", "사목하는 선교사 제자도ministerial missionary discipleship", "서품받은 선교사 제자도ordained missionary discipleship"에 대해 이야기할 것이다.

이 책을 읽는 독자들은 이 책의 삼중 구조가 한스 큉Hans Küng의

---

16 Paul VI, Opening Address of the Second Session of Vatican II, *Enchiridion Vaticanum* (Bologna: Edizioni Dehoniane, 1968), 97.

1967년 책 『교회The Church』[17]의 삼중 구조와 흡사하다는 점을 알아차릴 수 있다. 이는 의도된 결과이다. 큉의 책이 출판된 지 이미 반세기가 넘는 시간이 지났고, 그 책의 일부 내용이 여전히 다소간 논란의 여지가 있음에도 불구하고(예: 교회 구조와 교황 직분을 다루는 방식), 나는 여전히 그의 작품을 1965년 제2차 바티칸공의회 이후에 쓰인 가장 철저하고 중요한 교회론 저술로 받아들인다.

이 책은 큉의 전개를 그다지 세밀하게 따르지 않고, 그보다 훨씬 더 선교에 초점을 맞춘다. 그럼에도 불구하고, 나는 큉의 저서가 보여 준 구성이 교회론에 대한 정확한 접근 방식이라고 믿는다. 교회론은 예수 자신이 말씀과 행동으로 증언한 하나님의 통치 또는 "킨덤kin-dom"과 예수가 가장 완전하게 수행한 하나님의 선교에 뿌리를 둔다. 교회가 단순히 인간의 자발적인 사회가 아니라는 것은 신앙에 확고한 근거를 두고 있다. 제2차 바티칸공의회가 강조한 대로, 교회는 무엇보다도 신비이며, 다시 한번 바오로 6세를 인용하자면 "하느님의 현존으로 충만한 실재"[18]이다. 궁극적으로 교회의 구조는 "차선적이고 심지어 3차적인 중요성"[19]을 갖는다. 그렇지만 그 구조는 하느님의 백성으로서, 그리스도의 몸으로서, 그리고 세상 속 성령의 현존으로서 존재한다. 교회는 이 구조를 통해 세계를 사도적 사명에 부름으로써 다양성 속에 일치하고 친교 안에서 일치하며, 거룩함 안에서 하느님과 창조세계에 헌신하도록 이끈다.

---

17 Hans Küng, *The Church* (New York: Sheed and Ward, 1967).

18 Paul VI, *Opening Speech of the Second Session of Vatican II*, 97.

19 Küng, *The Church*, 363.

작업 정의working definition

서론에서 이 책의 전체 내용을 통해 내가 사용하는 교회에 대한 작업 정의를 제시하는 것은 매우 중요하다. 이 정의는 서론의 초입에서 제시했던 세 문장들 즉, 제2차 바티칸공의회 선교 교령과 [현대의 복음 선교] 및 [복음의 기쁨]의 각 문장을 해석하면서 풀어낼 것이다. 물론, 교회는 결코 충분히 정의될 수 없다. 제2차 바티칸공의회가 가르친 대로, 교회는 신비이다. 다시 말해 교회는 그리스도인들이 교회 생활에 참여함으로써 알게 되는 실재로서 정확한 정의를 거부한다. 그럼에도 불구하고, 나는 독자들이 이 책의 내용을 이해하고 이후 내용을 위한 일종의 기준점 역할을 할 수 있는 실용적인 정의를 다음과 같이 제시할 수 있다고 생각한다.

> 교회는 순례하는 하느님의 백성이며, 성령의 부름을 받고 다양한 모습으로 함께 모인 공동체이다. 교회는 부활하신 그리스도에 대한 믿음 안에서, 예수 안에서 그리고 그를 통해 시작되었다고 믿는 하느님의 나라를 구현하고, 보여 주며, 선포하기 위해 존재한다. 교회는 예수의 사명을 함께 나누고 계속 수행하며, 교회 내부와 세상 속에서 이 사명을 이어 간다. 또한 교회는 말씀과 성사 안에서 예수의 사명을 기념하고, 말씀과 성사로부터 양육받아 선교적 삶을 살아간다.

교회에 대한 위와 같은 정의는 필리핀의 제자들과 친구들, 호주와 시카고의 가톨릭신학연합Chicago Theological Union, 그리고 전 세계에서 온 헤스버그 지속적인 사목을 위한 프로그램Hesburgh Program for Continuing Ministry 참가자, 가톨릭신학연합 종교형성연구소Institute of Religious Formation 학생들 덕분에 해가 갈수록 깊어지고 정밀해졌다. 주목할 점은 예수와 교회의 사명의 세 가지 측면의 순서이다. 먼저 구현embodiment이나 증인으로 시작하여, 그다음에 구현된 봉사나 증명demonstration 그리고 마지막으로 말로 강론하거나 또는 선포proclamation하는 것이다. 처음에는 증언witness to, 섬김serve, 전도preach라는 용어를 사용했지만, 구현, 증명, 선포가 교회의 사명을 더 생동적이고 이해하기 쉽게 표현한다고 생각하게 되었다. 이는 제2차 바티칸공의회가 모든 그리스도교인이 세례를 통해 참여해야 한다고 강조한(LG 10-12; AA 3; PO 2 참조)[20] "그리스도의 세 가지 직분(왕직, 사제직, 예언직-역자)"을 더 선교적인 방식으로 표현하는 나의 방법이다. 비슷한 방식으로 교회의 전례적이며 기념적인 본질이 이처럼 깊은 통찰력을 지닌 학생들로부터 처음 제기되었다. 그들의 소중한 반응과 관찰에 대해 깊은 감사를 표한다. 교회 자체처럼, 이 정의는 아마도 계속 대화하는 사람들에 의해 지속적으로 형성되는 가운데 성장하고 변화될 것이다.

작업 정의를 제시한 이번 절의 각 구문은 매우 중요한 의미를 지닌다. 무엇보다 우선하여 교회는 백성, 곧 하느님의 백성이다. 다시 말해 우선 교회는 계급이 아니라 공동체이다. 교회는 조직된 백성이지만 세례라는 "위대한 존엄성"(EG 104)과 성령이 부여하는 은사의 분배에 뿌리를 둔 백성이다. 그 성령이 교회를 모은다. 교회는 사람들이 자신의 주도로 선택하여 결성한 자발적 사회가 아니다. 다시 말해, 교회의 구성원이 되는 것은 인간의 자발적 선택에서 비롯되지 않고, 하느님의 은총과 그분의 주도권 및 초대에 대한 개인적인 응답을 의미한다. 교회 사목 담당자의 선교 활동의 큰 부분은 이러한 은총의

20 Amanda C. Osheim, "The Christian Faithful," *The Cambridge Companion to Vatican II*, ed. Richard R. Gaillardetz, 211-31 (Cambridge: Cambridge University Press, 2020), 222-24.

선택을 인식하고 그리스도인들의 선교에 대한 헌신을 심화하는 데 있다. 물론 레슬리 뉴비긴Lesslie Newbigin이 지적한 대로, 이러한 선출은 특권을 위한 것이 아니라 선교mission와 봉사service를 위한 것이다.[21]

교회는 순례하는 백성이다. 이 책의 부제가 강조하는 대로, 교회는 결코 완성되지 않고, 우리를 모아들이는 성령에 의해 완전하게 만들어지지 않는다. 교회는 순례자이며, 곧 그 "본질상 선교적"(AG 2)이다. 프란치스코 교황이 서술한 바와 같이, 교회는 "삼위일체에 뿌리를 둔 신비"이지만 "구체적인 역사 안에서 순례하고 복음을 선포하는 백성으로 존재한다."(EG 111) 교회는 역사를 여행하고, 그 과정에서 새로운 아이디어와 현실을 만나면서 변화하고 성장하며 그 메시지와 구조도 변화를 겪는다. 이 책의 서론 앞부분에 나오는 시에서 고드프리 러스트Godfrey Rust가 묘사한 것처럼 교회는 항상 "움직이는"(TTL 55-79) "동사"이다.

그러한 초대는 부활한 그리스도에 대한 믿음으로의 초대이다. 교회의 구성원이 되는 것은 죽은 자로부터 부활하고 지금 그의 제자들 가운데 살아계신 그리스도의 종 주권Lordship[22]에 헌신하는 것을 의미한다. 모든 사람들은 "하느님 백성이라는 보편적 일치의 일부로 부름 받았다."(LG 13) 그러나 선의를 가진 모든 사람이 교회의 구성원이 되

21 Lesslie Newbigin, *The Gospel in a Pluralist Society* (Grand Rapids, MI: Eerdmans, 1989), 80-88.

22 주권Lordship은 아래에서 성찰할 나라kingdom 또는 통치reign와 마찬가지로, 오늘날의 세계에서 의미를 전달하기 어려운 단어이다. 그 이유는 우리 시대에 모든 형태의 패권, 계층 구조, 가부장제가 합리적으로 의심받고 있기 때문이다. 나는 이 단어가 가진 불충분함과 심지어 위험성을 인식하면서, 이 지점과 또한 이 책의 다른 부분에서 이 단어를 사용한다. 나는 이 단어가 그리스도와의 사랑 안에서 형성되는 깊은 관계를 나타낸다고 확신한다. 이는 칼 라너가 표현한 의식의 역설에서도 잘 나타난다. 즉, 하느님과 함께할 때, 관계 속에서 자신을 더 많이 내어줄수록 자아와 정체성 및 진정한 자유를 더 많이 경험하게 된다는 것이다. Karl Rahner, "On the Theology of the Incarnation", *Theological Investigations* IV (Baltimore: Helicon Press), 117.

는 것은 아니다. 사람을 교회의 구성원으로 만드는 것은 그리스도 예수에 대한 신앙을 -지성적, 감성적, 행동적 차원에서[23]- 충실히 따르는 데 있다.

물론 이러한 내용은 하느님의 성령과 부활하신 주님이 교회라는 경계 밖에서 존재하고 활동하며, "모든 사람에게 파스카 신비에 동참할 가능성을 제공하신다"(GS 22)는 것을 부정하는 것은 아니다. 제2차 바티칸공의회가 우리에게 상기시키듯이, 교회의 구성원이 된다고 해서 구원이 보장되는 것은 아니지만, 이 책에서 나는 교회가 최소한 객관적으로 구원의 충만함에 도달하는 가장 좋은 수단(공동체, 전통, 성사)을 제공한다고 주장하려 한다(LG 14 참조). 그럼에도 불구하고, 천년 전에 성 아우구스티누스가 말한 대로, "밖에 있는 것처럼 보이는 많은 사람들은 실제로 안에 있지만, 안에 있는 것처럼 보이는 많은 사람들은 실제로 밖에 있다."[24]

교회의 목적은, 적어도 첫 번째 목적은 구원을 얻거나 영원한 벌을 피하는 데 있지 않다. 오히려 교회는 하느님의 통치(또는 "킨덤")를 구현하고, 증명하며, 선포하기 위해 존재한다. 교회는 하느님과 함께 세상의 변화와 하느님의 창조를 완성하는 데 기여한다. 바로 이러한 자기희생 속에서 인간은 생명의 충만함, 즉 구원을 찾을 수 있다(EG 10 참조). 다시 말해, 교회는 "본질적으로 선교적인"(AG 2) 성격을 가진 선교하는 제자들의 공동체로 존재한다. 교회의 존재는 말 없는 진실한 증언(구현), 자기를 내세우지 않고 자신을 희생하는 섬김(증명), 그리고 나자렛 예수에 관한 복음을 분명하고 자신감 있으면서도 겸손하게

23 Stephen Bevans, *An Introduction to Theology in Global Perspective* (Maryknoll, NY: Orbis Books, 2009), 29-31.

24 Augustine, *On Baptism: Against the Donatists, Book V,* Chapter 27, paragraph 38.

선포하는 데에 달려 있다.

여기서 구현과 증명 그리고 선포의 순서가 중요하다. 교회는 먼저 그 구성원들에게 기쁨, 치유, 그리고 온전함을 **구현**해야 한다. 이는 그리스도교 공동체의 일원이 되는 결과로 나타난다. 교회는 이를 인류와 모든 창조물에 대한 실제적인 **봉사**의 표현으로 나타내야 하며, 적절한 때에 그리고 "하느님이 말씀의 문을 열어 주실 때"(AG 13) 교회는 교회에게 맡겨진 예수 그리스도와 복음을 겸손하고 대담하게[25] **선포**해야 한다. 우리가 표현하는 바와 같이 선교는 "예언적 대화" 속에서 이루어진다.[26]

그러나 구현하고 증명하며 선포하는 교회의 임무는 그 자체로 교회에 관한 것이 아니다. 교회는 "궁극적으로 중요하지 않다."[27] 교회는 하느님의 나라·통치·영역(또는 "킨덤")을 증언하고, 섬기고, 선포하기 위해 존재한다. '나라kingdom'라는 용어는 한편으로는 남성 중심적인 용어이고, 다른 한편으로는 더 동적인 하느님의 통치보다는 보다 영토적인 의미를 지닌다는 단점이 있다. 이 실재는 이미 시작되었으나 아직 완전히 성취되지 않았으며, 교회는 이미 존재하면서도 아직 완전히 성취되지 않은 이 실재를 가리키는 성사이다. 이는 장소라기보다는 전적으로 세상적인 실재이므로 전통적인 용어 '나라'는 원래 그리스어 단어 바실레이아basileia의 적절한 번역이 아니다. 예수는 생명을 주고 생명을 유지하는 관계를 구현하고, 증명하며, 선포하며, 이

25 "겸손하고 대담하게Humbly and boldly"라는 표현은 다음 저술에서 참고했다. David J. Bosch, *Transforming Mission: Paradigm Shifts in Theology of Mission* (Maryknoll, NY: Orbis Books, 1991), 489.

26 Stephen Bevans and Roger Schroeder, *Constants in Context: A Theology of Mission for Today* (Maryknoll, NY: Orbis Books, 2004), 348-52.

27 Bevans and Schroeder, *Constants in Context*, 7.

는 '통치reign'라는 번역이 더 잘 설명할 수 있는 현실이다. 그러나 이 용어조차도 원래의 바실레이아나 그 히브리어 등가어 말쿠트malkuth에 존재하는 지배의 함의가 있다. 일부 사람들은 공동복리commonweal나 공동체commonwealth라는 번역을 제안하지만, 이 둘 모두 직접적인 번역은 아니다.[28]

아마도 더 의미심장한 용어는 '킨덤kin-dom'이라는 용어일 것이다.[29] 삼위일체를 다루는 신학자들은 삼위일체의 관계를 끝없는 세계를 포용하는 춤으로 설명하기 위해 페리코레시스perichoresis를 활용한다. 이와 유사하게 킨덤은 하느님이 제시하고 세계에서 이루고 있는 킨십kinship의 가능성을 가리킨다. 이는 전 세계 모든 민족과의 킨십일 뿐만 아니라 창조 자체와의 킨십을 의미한다. 그레고리 보일Gregory Boyle은 로스앤젤레스 동부 갱들과의 활동을 다룬 그의 대중적인 책들에서, 그리스도인들이 모든 사람들 사이에서 "급진적인 킨십radical kinship"을 인정하고 발전시켜야 한다고 이야기한다.[30]

아프리카계 미국인 신학자 윌리 제닝스Willie Jennings는 사도행전을 주석하면서 복음의 메시지를 "혁명적 친밀감revolutionary intimacy"이라는 용어로 표현한다.[31] 테런스 틸리Terrence Tilley는 남부의 저명한 성서학자

28 commonwealth라는 표현의 한계에 관해서는 Neil Darragh, *But What Is the Church For?* (Eugene, OR: Wipf and Stock, 2021), 29-30쪽을 참조하라.

29 kin-dom이라는 언어유희는 아다 마리아 이사시-디아스가 도입했다고 알려졌다. Ada María Isasi-Díaz, "Solidarity: Love of Neighbor in the 1980s", *Lift Every Voice: Constructing Christian Theologies from the Underside*, ed. Susan Brooks Thistlethwaite and Mary Potter Engel, 31-40 (San Francisco: Harper, 1998), 32, 306n8.

30 Gregory Boyle, *Tattoos on the Heart: The Power of Boundless Compassion* (New York: Free Press, 2010), 187-212; *Barking to the Choir: The Power of Radical Kinship* (New York: Simon and Schuster, 2017); *The Whole Language: The Power of Extravagant Tenderness* (New York: Avid Reader Press, Simon and Schuster, 2021).

31 Jennings, *Acts*, 29.

클래런스 조던Clarence Jordan이 그리스어 basileia를 "하느님 운동"으로 번역했다고 지적한다.[32] 아일랜드의 신학자이자 윤리학자인 엔다 맥도나Enda McDonagh는 예수가 사용한 basileia tou theou의 실재를 식별하는 또 다른 흥미로운 표현을 제시한다. 맥도나는 그리스도교의 목표를 샬롬(풍부한 의미의 히브리어 단어로서 평화 등을 뜻함)의 확립으로 보고, 이를 영어로 "공동체에서의 번영flourishing in community"이라고 표현한다.[33] 뉴질랜드 신학자 닐 다라Neil Darragh는 "하느님의 영역realm of God"이라는 용어를 제안하며, 이를 "세상이 자비로운 하느님의 뜻에 부합한다면 어떤 모습일지"라고 설명한다. 그는 이를 "웰빙"이라고 부르며, 이미 오늘날 존재하면서 완성을 향해 나아가는 역동적인 상태로 설명한다.[34] 이 책에서 내가 제안하는 해결책은 이러한 모든 단어들을 상황에 따라 사용하거나, 문장 내에서 어떻게 들리는지에 따라 서로 병치시켜 다양한 표현을 제공하는 것이다. 어떤 단어도 완벽하지 않으며, 이 모든 단어를 사용한다면 그 개념의 풍부함에 어느 정도 접근할 수 있을 것이다. 이는 제1장에서 설명하듯이, 정의보다는 예수의 이야기story of Jesus를 통해 더 잘 드러난다.

이러한 킨십은 이미 예수에 의해 그리고 예수 안에서 시작되었다. 자비와 정의, 포용 및 치유를 지향하는 예수의 사명은 이러한 새로운 가능성의 질서가 이미 시작되었다는 신호였다. 오리게누스Origen의 유명한 묘사처럼 예수 자신이 아우토바실레이아autobasileia(자체적으로 통치

---

32 Terrence W. Tilley, *The Disciples' Jesus: Christology as Reconciling Practice* (Maryknoll, NY: Orbis Books, 2008), 1n1.

33 Enda McDonagh, "From Shoah to Shalom: The Case for Abolishing War in the Twenty-First Century," *Vulnerable to the Holy: In Faith, Morality, and Art*, 127-36 (Dublin: The Columba Press, 2004), 133.

34 Darragh, *But What Is The Church For?*, 40. 다라는 이 책 4장 41~51쪽에서 웰빙이라는 개념을 발전시킨다.

하는 자-역자)로서 하느님이 성령의 능력으로 세상에서 이루고자 했던 새로운 킨십의 완전한 표현이었다.[35]

이 책의 중심 주제는 교회가 그 사명을 공유하고 이어 간다는 것이다. 성령강림 때 제자들은 예수가 세례를 받을 때에 받은 것과 같은 성령으로 세례를 받았다. 사도행전은 제자들이 세상에서 예수의 자리를 대신하여 예수의 사명을 계속 이어 가야 한다는 점을 상세히 보여 준다. 특히 바오로는 그리스도교 세례의 의미를 설명하기 위해 많은 이미지를 선택하는 과정에서 이러한 현실을 인식하고 있다. 예를 들어, 양자 된 아들과 딸로서의 신분, 세상에서 그리스도의 몸으로서의 정체성, 그리스도를 닮아 가는 것, 그리스도를 입는 것 등이 그러하다.

교회는 자신 안에서 그리고 세상 속에서 예수 그리스도의 사명을 나누고 이어 간다. 한편, 교회 자신의 복음화도 필요하다. 교회 자체가 복음화되지 않으면 안 된다(EN 15). 이는 용서, 정화, 영감, 그리고 형성을 요청한다. 그러나 교회가 복음화 사명을 수행하는 것-이것이 교회 사목 활동의 과제이다-은 단순히 자신을 완벽하게 만들거나 "구원할 가치가 있는" 존재로 만들기 위해서가 아니다. 교회의 활동은 증언의 신뢰성과 하느님 영토의 새로운 킨십을 위한 열정으로 세계를 복음화하는 데 목적을 둔다. 이러한 깊은 지식과 심오한 영성이 교회가 자신에게 주어진 사명을 수행하도록 영감을 준다.

마지막으로, 교회의 선교적 투신과 삶은 말씀과 성사를 통해 전례적으로 기념되고 실현된다. 교회의 전례를 통해, 특히 말씀을 주의 깊게 읽고 묵상할 때 교회는 '사목의 리허설'을 경험하고, '전례 후 전

---

35 Origen, *Commentary on Matthew, Book XIV.7* (commentary on Matt 18:23). Fred Sanders, "The Kingdom in Person," *The Scriptorium* (July 28, 2015).

례'[36]를 준비한다. 예배 중인 교회는 특히 성찬례를 통해 가장 완전하게 교회가 되며, 그 절정은 세상 속에서 "너희의 삶으로 하느님을 영화롭게 하라"[37]고 보내는 것이다. 실제로 전례는 선교적 행위로서, 교회의 선교적 삶을 양육하고, 그리스도인들을 그들의 삶으로서 복음을 전파하도록 보낸다.

이 책에서 교회의 의미

이 책에서 '교회'는 무엇을 의미하는가? 무엇보다도 이 책에서 교회는 보편 교회를 구성하는 지역 교회의 전 세계적 공동체부터 예수의 이름으로 모여 기도하거나 증거하고 삶을 나누거나 사도적 활동을 하는 "두 사람이나 세 사람"(마태 18,20)까지, 즉 크기와 상관없는 모든 그리스도교 신앙 공동체를 의미한다. 제2차 바티칸공의회는 교회의 실재를 "신자들의 모든 합법적 지역 집회에 존재하며 자기 목자들과 결합되어 있는 회중"이라고 말한다. 이들은 '개별 교회'라고 말할 수 있다. 달리 말하면 이들은 교구나 본당(영역별 또는 기타의 형태로), 지난 50년 동안 전 세계적으로 생겨난 기본 교회/선교 공동체나 작은 그리스도교 공동체, 다양한 형태의 축성 생활을 하는 남성과 여성 공동체, 또는 말씀과 성찬의 성찬례를 중심으로 모인 모든 공동체, 그리고 "가끔은 작고 가난하거나 흩어져 사는"(LG26) 공동체일 수도 있다.

우리는 가족을 "가정 교회"(LG 11) 또는 "에클레시올라ecclesiola"로 언급할 수도 있다. 이 경우, 가정은 부모가 자녀들의 최초의 복음 전도자가 되는 곳이다. 영국 성공회 신학자 마이클 모이나Michael Moynagh는

36 Bevans and Schroeder, *Constants in Context*, 362-66.

37 Dismissal Rite, *Revised Roman Missal*. Gregory Augustine Pierce, *The Mass Is Never Ended* (Notre Dame, IN: Ave Maria Press, 2007) 참조.

"새로운 교회 공동체"에 대해 말한다. 그에 따르면, 성공회와 전 세계 다른 교회에서 "신선한 표현fresh expressions" 운동의 결과로 작은 공동체가 생겨났다.[38] 또 다른 영국 성공회 신학자인 피트 워드Pete Ward는 이러한 교회론적인 혁신을 '유동적 교회liquid church'로 일컬으며, 이에 대한 신학적 성찰을 '유동적 교회론liquid ecclesiology'이라고 칭한다.

영국 성공회 신학자들의 이러한 언급은 교회 일치ecumenical 문제를 제기한다. 이 책이 발 디딘 로마 가톨릭교회의 에큐메니칼 관점에서 볼 때, 동방정교회는 독립된 교회로 간주하고, 이외의 그리스도교 신앙 공동체(예: 성공회, 루터교, 감리교, 복음주의 공동체, 그리고 오순절 공동체)를 '교회' 또는 '교회 공동체'로 지칭할 수 있다. 이때 이 모든 공동체는 '교회 자체를 구성하고 생명을 부여하는 가장 중요한 요소들을 일부 또는 상당 부분 갖추고 있는 교회'로 간주된다(UR 3, 18, 19).[39] 2022년 세계교회협의회WCC 총회에서 브라이언 패럴Brian Farrell 주교는 가톨릭 교회가 단순한 "관찰자observer"를 넘어서 진정한 파트너로서 WCC의 형제자매 교회의 진정한 동반자가 되었다는 감명 깊은 연설을 했다.[40]

따라서 이번 책에서 교회에 대해 이야기할 때, 나는 이 모든 그리스도교 공동체를 포함하고자 한다. 비록 나는 로마 가톨릭교회의 입장에 서서 이 책을 쓰지만 가능한 한 철저히 교회 일치 정신으로 쓰고 싶다. 이 책에서 내가 교회에 대해 말하는 모든 내용은 위에서 언

---

38 Michael Moynagh, *Church in Life: Innovation, Mission, and Ecclesiology* (Eugene, OR: Cascade Books, 2018); Pete Ward, *Liquid Church* (Peabody, MA: Hendrickson, 2002), and *Liquid Ecclesiology: The Gospel and the Church* (Leiden: Brill, 2017).

39 Gaillardetz, *Ecclesiology for a Global Church*, 108-19.

40 WCC 11th Assembly, Karisruhe Report, "Ecumenical Leaders Reflect on Steps to Unity and Common Witness," The Fig Tree (February 2023).

급한 공동체적 그리스도교 신앙의 표현들 중 일부 또는 모두를 상황에 맞게 적용한 것이다.

로마에서 이 책의 계획을 내가 소속된 수도회의 동료들에게 발표했을 때, 인도인 동료가 나에게 물었다. 이 책에서 교회를 언급할 때 인도를 포함한 기타 일부 지역에 살면서 비록 세례는 받지 않았지만 그리스도를 믿는 공동체 성원을 포함시키려 하는가?[41] 여러 이유로(특히 가족의 배척 또는 박해 등으로 인해) 많은 사람들이 명시적으로 그리스도교적이지 않은 신앙의 삶을 살고 있지만, 그들의 삶은 예수 그리스도에 대한 개인적인 신앙에 기반을 두고 있다. 이들은 힌두교, 이슬람교, 불교의 많은 관습과 전통을 유지하면서 예수님을 향한 개인적인 신앙을 바탕으로 명시적으로 그리스도인이 아닌 신앙생활을 하고 있다. 이 책에서 이들 또한 교회의 의미 안에 포함시키려는지가 질문의 요지였다.

이러한 질문은 내가 답하기는 어려운 문제지만, 매우 흥미로운 문제이기도 하다. 제2차 바티칸공의회는 카테쿠멘catechumen을 교회에 "결합된" 것으로 인정하고 있다. 전통은 항상 "열망의 세례"를 인정해왔다. 세례성사는 분명히 "마법의 의식"이 아니라 신앙의 성사이다. 이러한 확신들은 나를 이끌어 이러한 "교회 없는 그리스도교" 운동의 참여자들이 어떤 식으로든 교회의 일원이며, 확실히 아직 완전히 그리고 성사적으로 편입되지는 않았더라도 어느 정도 교회의 일원이라고 말할 수 있는 기반을 제공한다(LG 14-15 참조).

---

41 이 문제와 관련된 문헌의 예로는 Jonas P. Adelin Jørgensen의 *Jesus Imandars and Christ Bhaktas: Two Case Studies of Interreligious Hermeneutics and Identity in Global Christianity* (Frankfurt am Main: Peter Lang, 2008)와 Dasan Jeyaraj의 Followers of Christ: *Outside the Church in Chennai, India. A Socio-Historical Study of a Non-Church Movement* (Utrecht: Utrecht University Press, 2009)를 참조하라.

청사진 교회론

20년 전 영국 가톨릭 신학자 니콜라스 힐리Nicholas Healey는 교회론자들에게 "청사진 교회론"을 만들지 말라고 경고하면서 실천적이고 예언적인 교회론을 개발하기를 촉구했다. 이러한 방식으로 교회론은 교회의 구체적인 생활에서부터 즉, "아래로부터" 이루어져야 한다.

나는 확실히 교회론에 대한 이러한 문화기술지학적ethnographic 접근이 매우 중요하고 가치 있는 것으로 믿지만, 이 책은 아마도 "청사진 교회론" 범주에 속할 것이다.[42] 이 책에 담긴 내용은 "하느님의 존재로 스며든 신비"로서, 믿음의 신성한 공동체로서, 여기서 쓴 이상적인 교회는 교회가 그 깊은 본성과 진정한 본질에 충실하기 위해 가져야 할 모습이라고 믿는 확신에서 나온 것이다. 그러나 선교를 교회를 이해하는 렌즈로 삼는 입장에서, 나는 어떤 추상적인 현실이 아니라, 하느님의 예언적 행동을 계속해서 규명하고 대응하며, 따라서 끊임없이 변화하고 움직이는 공동체를 옹호한다. 이런 의미에서 나는 청사진을 제시하기보다 세상에서 자신의 길과 정체성을 찾기 위해 순례하는 교회에게 나침반을 제공하고자 한다. 교회가 자신의 사명에 충실하면, 삼위일체 하느님이 부르신 교회가 될 것이다.

42 Nicholas M. Healy, *Church, World and the Christian Life: Practical-Prophetic Ecclesiology* (Cambridge: Cambridge University Press, 2000); Roger Haight, *Christian Community in History*, 3 vols. (New York: Continuum, 2004, 2005, 2008); Edward P. Hahnenberg, "A Theologian's Perspective on Priesthood and Religious Life", *Priesthood in Religious Life: Searching for New Ways Forward*, ed. Stephen Bevans and Robin Ryan, 77-90 (Collegeville, MN: The Liturgical Press, A Michael Glazier Book, 2018), 86-87.

선교하는 제자 공동체

계속되는 교회의 창조

Community of Missionary Disciples

The Continuing Creation of the Church

1부

교회의 본질

선교하는 제자들의 공동체

도입

교회는 **선교하는** 제자들의 공동체이다. 이 책에서 교회에 대한 성찰은 교회의 선교적 본성을 탐구하는 것으로 시작된다. 교회는 하느님의 사명에 참여함으로써 본질을 얻는다. 이 사명은 창조의 첫 순간부터 시작되었으며, 그때부터 하느님의 영과 말씀이 빅뱅 이후 결정적인 순간에 활동하고 존재했다. 현대 과학이 표현하는 대로, 빅뱅과 그 이후 모든 순간에도 계속되어 왔다. 하느님의 영과 말씀은 일종의 신성한 춤으로 이스라엘 역사에서도 활동하고 존재했으며, "때가 차서"(갈라 4,4) 말씀이 육신이 되어 하느님의 사명을 구체화하기 위한 임무를 받았다. 예수는 그의 활동을 통해 하느님의 창조의 꿈을 구현하고 증명하고 선포했다. 예수는 이를 유대 문화와 전통과 조화를 이루며 하느님의 통치 또는 하느님의 나라라고 불렀다.

예수는 로마 점령군과 유대 협력자들에 의한 그의 죽음을 예견했다. 그럼에도 불구하고 예수는 생명의 하느님을 신뢰하며 지상에서의 그의 시간이 끝난 후에 제자들의 공동체가 나타날 수 있도록 기초를 마련했다. 예수는 이 공동체에 자신의 영을 전했고, 그의 제자들은 예수의 사명을 이어갈 자신의 사명을 점차 깨닫게 되었다. 그들은 땅 끝까지, 모든 문화와 나라에 이르러 창조가 완성될 때까지, 사명을 수행하도록 부름받았다. 지금도 그리스도의 영은 교회를 인도하며, 오늘날 세계의 다양한 맥락에서 교회를 불러내고 있다. 예수는 영을 통해 교회를 계속해서 창조하고 있다. 제1부의 처음 두 장은 교회의 기원 이야기를 전한다.

이어지는 세 개의 장은 교회의 본질적인 복음화적 본성에 대한 확신을 심화시킨다. 복음서들이 모두 동의하는 바와 같이, 예수의 사명은 하느님 나라를 구현하고, 증명하고 선포하는 데 있었다. 교회는 예수가 행한 구현과 증명, 선포를 이어 가면서 부름 받는다. 이것이 3장의 요지이다. 교회는 하느님의 사명에 담긴 다양한 측면에 참여하는 과정에서 부름 받는다. 다시 말해 교회 자신이 복음화되고 세상을 복음화시키는 과정에서, 사목적 돌봄이라는 영역에서, 일치를 위한 활동에서, 재-복음화의 여정뿐 아니라 아직 기쁜 소식을 듣지 않거나 응답하지 않은 지역 및 사람들을 복음화하는 과정에서 하느님 사명에 동참한다. 교회는 증거하고, 선포하며, 기도하며, 정의를 위해 일하며, 대화하는 가운데, 그리고 복음을 뿌리내리고 화해하는 과정에서 선교를 수행한다. 이에 대한 성찰을 4장에 담았다. 마지막으로 교회는 예수와 성령 안에서 하느님의 사명을 하느님이 선교하는 방식으로 공유하고 계속해 나간다. 이는 예언적 대화의 영성과 실천을 통해서이다. 이것이 5장의 과제이다.

1장

예수와 성령 그리고 교회의 기초

예수가 교회를 세웠다는 점은 그리스도교 신앙의 중요한 부분이다. 그러나 이게 정확히 무엇을 의미하는지는 우리에게 제공된 역사적 자료를 고려하여 신중히 숙고해야 한다. 이번 장에서는 창조의 첫 순간부터 이스라엘 역사 전체를 통해 전개된 하느님의 사명이라는 보다 넓은 맥락 속에 예수와 그의 사명을 위치시킨다. 예수의 선교는 로마의 점령 기간 동안 이스라엘에서 언약 갱신을 요구하는 것이었다. 예수가 실현하고, 증거하며 또한 선포했던 선교 주제는 하느님의 나라, 하느님의 통치 (또는 "킨덤kin-dom")이다. 이 상징은 성서 안에 풍부하게 담겨 있다. 예수는 제자들을 모으고 이스라엘 열두 지파의 모임에 기반한 구조를 세웠으며, 제자들에게 자신을 기념하는 식사를 지키라고 명했다. 그러나 예수는 처음부터 이스라엘과 대립하거나 이스라엘을 초월하는 공동체를 세우려고 의도하지는 않았다. 그러한 공동체의 가능성은 예수가 그의 활동에 대한 저항을 점점 더 많이 겪으면서 나타나기 시작했다. 이는 예수의 십자가 처형과 부활 이후 그의 제자들이 성령의 영향을 받아 예수의 사명을 공유하고 이어 나가야 한다는 것을 깨닫게 되면서 완전히 드러났다. 이 장에서는 예수를 교회의 창립자로 어떻게 이야기할 수 있는지, 그리고 그것을 어떻게 신중하고 세밀한 방식으로 설명할 수 있는지를 탐구한다.

하느님의 선교

처음부터 전개된 하느님의 선교

나자렛 예수의 하느님, 즉 교회가 뿌리를 내리고 그의 생애와 사명에 참여하는 하느님은 선교하는 하느님이다. 신학적으로 말하면, 하느님은 선교 사명을 갖지 않는다. 하느님은 오히려 선교 자체이다. 이는 모든 존재가 하느님의 안에 "참여하고, 움직이며, 자신의 존재를 하느님 안에서 갖기"[1] 때문이다. 하느님은 어떠한 것에도 제한되지 않고 사방으로 날아오른다. 하느님은 "에너지와 역동성"[2]이라고 레오나르도 보프Leonardo Boff는 쓴다. 토마스 아퀴나스는 하느님을 순수한 행위, 순수한 활동actus purus으로 설명한다.[3] 아퀴나스와 동시대 신학자인 보나벤투라의 유명한 문구에 따르면 "하느님은 자기를 넘치게 하며 자기를 비

1 Elizabeth A. Johnson, *She Who Is: The Mystery of God in Feminist Discourse* (New York: Crossroad, 1992), 239; Elizabeth A. Johnson, *Ask the Beasts: Darwin and the God of Love* (London: Bloomsbury, 2014), 144. 우리는 그분 안에서 살고 움직이며 존재합니다(사도 17,28).

2 Leonardo Boff, *Come Holy Spirit: Inner Fire, Giver of Life and Comforter of the Poor* (Maryknoll, NY: Orbis Books, 2015), 47.

3 Thomas Aquinas, *Summa Theologiae*, I, 2-3.

우는 사랑"[4]이다. 중세 신비주의자 마그데부르크의 메히틸데Mechtilde of Magdeburg는 하느님을 "흐름"으로 이야기하며, "멈추지 않고 노력 없이 항상 흐르는" 것으로 설명한다.[5] 제2차 바티칸공의회에서는 그 흐름이 하느님의 심연 속에서 시작되는 "사랑의 샘"에서 비롯되어 말씀과 성령을 낳아 내며 창조의 행위로 **넘치는** 신성한 흐름으로 발산한다고 설명한다(AG 2 참조).

하느님의 선교에 있어서 첫 번째 활동은 창조 활동이다. 이는 삼위일체 하느님이 유한한 존재자인 우리 우주를 위한 "자리를 만들기" 위해 자신을 비움으로써 모든 활동이 시작되었기 때문이다.[6] 우리 우주의 역사가 펼쳐짐에 따라 우리는 그 창조의 완성을 위해 일하는 하느님의 사명을 이해하게 된다. 성서학자 크리스토퍼 라이트Christopher J. H. Wright는 "창조는 우리 성서적 하느님의 첫 번째 사명 선언이다"[7]라고 말한다. 이스라엘, 나자렛 예수, 교회의 예수의 제자들, 그리고 모든 선의의 사람들은 그 사명에서 하느님과 협력할 기회를 갖는다.

유대교와 그리스도교 신학의 렌즈로 보자면, 하느님의 이러한 첫 번째 사명은 창세기의 첫 구절에서 설명된다. "한처음에 하느님께서 하늘과 땅을 창조하셨다. 땅은 아직 꼴을 갖추지 못하고 비어 있었는데, 어둠이 심연을 덮고 하느님의 영이 그 물 위를 감돌고 있었다. 하느님께서 말씀하시기를 '빛이 생겨라.' 하시자 빛이 생겼다."(창세 1,1-3a)

---

4 Ilia Delio, "Bonaventure's Metaphysics of the Good," *Theological Studies* 60 (1999): 228-46.

5 Mechthild of Magdeburg, The Flowing Light of the Godhead, Book 7, Chapter 55, *Classics of Western Spirituality* 91, trans. Frank Tobin (New York: Paulist Press, 1998).

6 Denis Edwards, *The God of Evolution: A Trinitarian Theology* (Mahwah, NJ: Paulist Press, 1999), 30-32.

7 Christopher J. H. Wright, *Knowing the Holy Spirit through the Old Testament* (Downers Grove, IL: InterVarsity Press, 2006), 96.

새개정표준번역NRSV은 주석에서 이 구절에 나타나는 "바람"이라는 단어를 하나님의 영으로 번역될 수도 있다고 제안한다. 크리스토퍼 라이트와 데니스 에드워즈Denis Edwards, 엘리자베스 존슨Elizabeth Johnson 같은 신학자들도 이 번역을 선택한다. 라이트는 이 구절이 단순히 "시작할 때 조금 바람이 불었다"는 의미가 아님을 강조한다. 대신 그는 새국제역 성경NIV의 '맴돌다hover'라는 단어를 사용하며, 하나님의 강력한 영이 행동할 준비가 된 채로 맴돌고 있음을 의미한다고 설명한다. 히브리어에서 '맴돌다hovering'라는 단어는 하늘을 나는 독수리를 가리키며, 준비된 상태에서 경계하고 주의 깊게, 즉각적으로 새끼들을 보호하기 위해 행동할 준비가 된 것을 의미한다.[8] 그 후 하나님이 말씀하시고, 우리가 아는 우주가 형성되기 시작한다. 라이트는 성령과 하나님의 말씀 사이의 "밀접한 연결"을 강조하며, 성령과 말씀 모두가 강력하고 창조적이며 생명을 주는 하나님의 말씀word을 나타낼 수 있다고 언급한다.[9] 책 초반에 인용한 [만민에게] 2항에서 볼 수 있듯이, 그리스도인들은 창조의 일을 삼위일체 하나님의 일, 즉 성령과 말씀의 "춤dance" 안에서 이루어진 하나님의 첫 번째 사명 작업으로 인식한다.

데니스 에드워즈와 엘리자베스 존슨은 많은 현대 신학자들과 함께 현대 천체물리학 및 진화론의 관점에서 창조를 해석한다. 이들의 주장에 따르면, 창조 과정의 주체는 창조주 영, 즉 하나님의 숨결이다. 이러한 창조주 영은 137억 년의 창조 역사 전체에 걸쳐 존재하고 활동했으며 지금도 창조 외부가 아니라 창조 내부에서 창조와 함께 일하고 있다. 존슨이 말했듯이, 성령의 활동적인 현존은 군주로서의

8 Wright, *Knowing the Holy Spirit through the Old Testament*, 14.
9 Wright, *Knowing the Holy Spirit through the Old Testament*, 14.

현존이 아니라 연인의 현존이다.[10] 창조세계에 자유를 선물하는 것이 성령의 활동의 핵심이다. 하느님의 선교는 결코 조작적이거나 강제적인 것이 아니라 항상 피조물과 인간의 자유를 불러일으킨다. 존슨이 장난스럽게 표현한 것처럼 말이다. "잠시 상상력을 발휘해 보면, 마치 빅뱅 당시 성령이 자연계에 '가서 모험을 즐겨라, 무엇이 될 수 있는지 보라. 그리고 그 모든 과정에서 내가 함께할 것이다'라고 말씀하신 것과 같다."[11]

데니스 에드워즈는 성령이 "미리 정해진 길이나 '설계'에 따라 일하시는 것이 아니라 역동적이고 개방적인 방식으로 일하신다"고 말한다.[12] 성령의 활동적인 현존은 빅뱅 이후 가스가 만들어지고, 분자가 형성되며 은하계와 수십억 개의 행성이 만들어지는 과정을 인도하고, 설득하고, 영감을 주었다. 이 성령이 우주 내의 모든 풍성한 생명을 불러일으키고, 자의식과 자유의지가 있는 인간이 등장하면서 이기심과 죄로 인해 깨어진 것을 치유하고 화해시키는 데 헌신하며, 모든 문화와 종교 사이에서 (AG 9가 말한 대로) '비밀의 존재'로 살아간다.[13]

이스라엘에서 하느님의 선교

이러한 문화와 종교 중 하나는 결국 이스라엘 백성이 된 사람들의 문화와 종교였다. 이들은 "세상의 모든 종족"(창세 12,3)에게 축복을 가져다

10 Johnson, *Ask the Beasts*, 159.

11 Johnson, *Ask the Beasts*, 156.

12 Denis Edwards, *Breath of Life*: A Theology of the Creator Spirit (Maryknoll, NY: Orbis Books, 2004), 34.

13 Edwards, *Breath of Life*, 171-72. AG 9는 '하느님의 은밀한 현존'에 대해 언급하지만, 나는 여기서 이를 성령의 현존으로 해석하는 것이 정당하다는 입장을 견지한다.

주기 위해 하느님의 동반자로서 특별히 선택되었다.[14] "이스라엘은 다른 민족을 **거슬러**against 선택된 것이 아니라 **다른 민족을 위해**for the sake of 선택되었다."[15] 성서에 기록되고 반영된 이스라엘의 역사에서 하느님의 영은 (이미 살펴본 것처럼) 날아오르는 새, 숨, 바람, 기름, 불, 물, 지혜의 여인으로 이미지화되어 하느님께서 이스라엘과 함께 그리고 이스라엘 안에서 신성한 사명을 추구하는 방식에서 중요한 역할을 담당한다. 히브리인의 상상력에서 "영은 생명을 주는 신성한 존재와 가장 자주 연결된다. 세상을 가득 채우고 있는 영은 모든 사물에 존재감을 부여하고, 그것을 불러내고 붙잡아 두는 역동적인 생명력이다."[16]

하느님의 숨결인 성령은 "땅의 피조물"(히브리어로는 ha adam-창세 2,7)에게 생명을 불어넣는다. 욥은 "하느님의 영이 저를 만드시고 전능하신 분의 입김이 제게 생명을 주셨답니다"라고 고백한다(욥 33,4). 히브리어로 같은 단어(ruach)인 숨과 바람은 에제키엘서의 마른 뼈 골짜기에 새 생명을 불어넣는 서사적 장면에서 함께 작용한다(에제 37,1-14). 에제키엘이 예언하자, "서로 부딪히며 살을 입히고 생명의 숨결을 불어넣는"[17] 뼈들이 "큰 소리로 덜컹거리며 재조립되었다."[18] 이는 정복당한 민족의 삶이 새롭게 될 것이라는 멋진 예언적 상징이다. "숨[19]에게 예언하여라. 사람의 아들아, 예언하여라. 숨에게 말하여라. 주 하느님이 이렇게 말한다. '너 숨아, 사방에서 와 이 학살된 이들 위로 불어서, 그

---

14 Christopher J. H. Wright, *The Mission of God: Unlocking the Bible's Grand Narrative* (Downers Grove, IL: InterVarsity Press, 2006), 191-221쪽을 보라.

15 Wright, *Knowing the Holy Spirit through the Old Testament*, 100.

16 Johnson, *Ask the Beasts*, 129.

17 Johnson, *Ask the Beasts*, 135.

18 Elizabeth A. Johnson, *Creation and the Cross: The Mercy of God for a Planet in Peril* (Maryknoll, NY: Orbis Books, 2018), 78.

19 NRSV의 각주는 '숨'을 '바람'뿐 아니라 '영'과도 연결시킨다(Ezek 37,9, p, q, r, and s).

들이 살아나게 하여라.'"(에제 37,9) 하느님이 예언자에게 말씀하신 이 내용은 생명을 주는 하느님 사명의 표징이다. "내 백성아, 내가 이렇게 너희 무덤을 열고, 그 무덤에서 너희를 끌어 올리면, 그제야 너희는 내가 주님임을 알게 될 것이다. 내가 너희 안에 내 영을 넣어 주어 너희를 살린 다음, 너희 땅으로 데려다 놓겠다."(에제 37,13-14) 영과 말씀의 '춤'은 계속된다.

하느님의 영은 이스라엘 백성에게 주님의 말씀을 전하는 예언자와 이스라엘의 보호자라는 사명을 부여하기 위해 역사하신다. 사무엘기 상권 1장에서는 사무엘이 사울에게 기름을 부어 왕으로 세운 다음, 하느님의 영이 그에게 임하여 예언하게 하시고 그를 다른 사람으로 만드신다는 이야기를 읽는다. 그리고 그렇게 되었다(1사무 10,1-10 참조). 사울이 하느님의 신뢰를 배신하고 사무엘이 그를 대신해 다윗에게 기름을 부었을 때, "그러자 주님의 영이 다윗에게 들이닥쳤다."(1사무 16,13) 이사야서의 세 번째 책에서 예언자는(아마도 대부분은 메시아적인 '종'의 이름으로 말했을 것이다)[20] 다음과 같이 선언한다.

> 주님께서 나에게 기름을 부어 주시니
> 주 하느님의 영이 내 위에 내리셨다.
> 주님께서 나를 보내시어
> 가난한 이들에게 기쁜 소식을 전하고,
> 마음이 부서진 이들을 싸매어 주며,
> 잡혀간 이들에게 해방을,
> 갇힌 이들에게 석방을 선포하게 하셨다. (이사 61,1)

---

20 Wright, *Knowing the Holy Spirit through the Old Testament*, 93-112.

물론 이 말씀은 이 장에서 전개되는 예수의 사명을 설명하는 데 중심이 될 것이다.

불의 이미지는 구약보다 신약에서 더 두드러지지만, 이스라엘 경전에서 불은 종종 하느님의 인도와 구속의 현존을 의미하므로 하느님의 강력하면서도 암시적인 영과 같은 방식으로 기능한다. 모세는 불로 타오르지만 소멸되지 않는 떨기나무에서 하느님의 음성을 듣는다. "모세는 그곳에서 사람들을 노예 상태에서 건져내라는 자비로운 부르심을 듣고, 해방이 앞에 있다는 약속을 받는다."(탈출 3,7-14)[21] 시나이산에서 언약의 하느님은 산이 "연기에 싸여 있었으니 이는 주님께서 불 가운데서 내려오셨기 때문이다"(탈출 19,18)라는 말씀으로 신성한 현존을 나타내셨다. 이스라엘이 광야를 여행할 때 하느님은 낮에는 구름기둥으로, 밤에는 불기둥으로 현존하셨고, "백성 앞"을 떠나지 않았다(탈출 13,21-22 참조). 엘리야가 바알 예언자들과의 대결할 때 하느님의 불이 하늘에서 내려 엘리야의 제물을 삼켜 이스라엘의 하느님이 이스라엘이 따라야 할 하느님임을 백성에게 증명했다(1열왕 18,20-40).

영은 일반적으로 개인 또는 사람들에게 "부어지는" 것으로 묘사된다. 이사야는 다음과 같이 예언한다.

> 내가 목마른 땅에 물을
> 메마른 곳에 시냇물을 부어 주리라.
> 너의 후손들에게 나의 영을
> 너의 새싹들에게 나의 복을 부어 주리라. (이사 44,3)

---

21 Johnson, *Ask the Beasts*, 137.

에제키엘은 하느님께서 이스라엘에 깨끗한 물을 뿌리시고, 돌 대신 육신의 마음을 주시며, 하느님의 영을 백성 안에 두시리라는 새로운 언약을 예언한다(에제 36,22-32). 사도행전에서 베드로의 담화에 다시 등장하는 요엘의 장엄한 예언에서는 하느님이 "나는 모든 사람에게 내 영을 부어 주리라. 그리하여 너희 아들딸들은 예언을 하고, 노인들은 꿈을 꾸며, 젊은이들은 환시를 보리라. 심지어 남녀 종들에게도 내 영을 부어 주리라"(요엘 3,1-2)라고 하신다. 에제키엘의 놀라운 비전에서 성전 오른쪽에서 나오는 물은 하느님의 영의 역사를 영광스럽게 그린다. 이 물은 강물을 맑게 하고, 동물과 물고기를 풍부하게 하며, 나뭇잎이 시들지 않고 과일도 끊이지 않게 하며, 다달이 새 과일을 맺게 한다. 그 과일은 양식이 되고 잎은 약이 된다(에제 47,1-12).

잠언서, 집회서, 지혜서에 등장하는 지혜 여인과 영의 지혜와 역사 사이에도 유사점이 있다. 창조 과정에서 지혜가 존재하며 그것을 기쁘게 여기는 것이 지혜이다(잠언 8,22-31). 집회서는 지혜를 "가장 높으신 분의 입에서" 오는 하느님의 숨 같다고 설명하며, 창조 전체에 존재한다고 한다(집회 24,1-7). 지혜는 사람들에게 이해력을 주는데, 그것은 영의 선물이기 때문이다(지혜 9,17). 지혜는 "하느님의 능력의 숨"이며 "그의 선하심의 형상"이다(지혜 7,25-26). 지혜는 도시를 돌아다니며 사람들을 회개하도록 부른다(잠언 1,20-33).

물론, 구약성서에서 지혜는 하느님의 말씀과 많은 면에서 유사했다. 또한 구약성서에서 창조 작업 중에 활동했던 영과 말씀 사이의 연결을 다시 볼 수 있다. 레이먼드 브라운Raymond Brown은 이스라엘 성서에서 지혜와 말씀 사이의 강력한 유사점을 언급한다.[22] 창조 작업

22 Raymond E. Brown, *The Gospel according to John, I-XII* (New York: Doubleday and Company, 1966), 522.

에서 함께 일하는 것 외에도, 지혜는 말씀처럼 여자와 남자의 빛과 생명이다. 우리는 또한 이사야가 하느님의 말씀이 모든 땅을 지나가고 헛되이 되돌아오지 않는다고 말하는 것을 알 수 있다(이사 55,11). 마찬가지로 지혜도 우주를 관통하며, "하늘 궁창으로부터 심연의 바닥까지 거닐며" 다닌다(집회 24,1-6).[23] 브라운은 제4복음서 서문에서 로고스logos라는 용어가 헬레니즘적 배경보다는 근본적으로 셈족의 배경을 가지고 있으며, 따라서 지혜wisdom와 동등하다고 결론짓는다. 그러나 그것이 그리스어로 번역될 때 (Sophia가 아니라) 로고스가 선택된 이유는 헬레니즘적 맥락에서의 공감대 때문이었다.[24] 지혜처럼, 영처럼, 로고스는 헬레니즘적 상상 속에서 우주에 퍼졌다. 엘리자베스 존슨은 "그리스어 로고스에 대한 모든 구절 뒤에는 지혜의 이야기가 있다"고 말한다.[25] 영과 말씀은 계속해서 얽혀 있다.

예수 안에서 일어난 하느님의 선교God's Mission in Jesus

"때가 차서"(갈라 4,4), 하느님의 영을 통해 전부 스며든 활동적인 하느님의 존재는 인간의 얼굴을 취한다. 창조의 첫 순간에 발화된 말씀(로고스-위쪽 참조)은 육체가 되어 우리 가운데 한 사람으로 거하셨다(요한 1,14). 엘리자베스 존슨의 아름다운 표현에 따르면, 나자렛 예수의 역사에서 "우주에 스며드는 영이 그 일부 속에서 구체적으로 나타난다."[26] 교회 초기 신학자들은 이스라엘의 역사를 교회를 위한 준비로 보며, 그들은 심지어 아벨로부터의 교회ab Abel,[27] 즉 인류의 초기 시절부터 존재하는 교회라고

23 Johnson, *Ask the Beasts*, 141.

24 Brown, *The Gospel according to John*, 519-20.

25 Johnson, *Creation and the Cross*, 170.

26 Johnson, *She Who Is*, 150.

말한다. 그러나 교회의 역사는 예수로부터 시작되며, 예수는 "사랑과 선물, 친구로 다가온 1세기 유대 목수 출신 예언자"이다.[28] 이러한 예수 안에서 그리고 성령이 인도하는 예수의 선교 안에서 우리는 교회의 근간을 찾을 수 있다.

나자렛 예수의 선교

예수와 성령

나자렛 예수는 성령으로 충만한 분으로, 성령의 인도로 선교를 살아냈다. 말씀과 성령 사이의 상호작용은 예수의 삶 속에서 계속해서 펼쳐졌다. 예수의 사명은 창조의 첫 순간부터 시작된 성령의 사명을 이어갔다. 예수가 잉태됨은 마태오 복음서(1,20)와 루카 복음서(1,35)에서 읽을 수 있듯이 성령으로 이루어졌다. 엘리사벳은 마리아가 자신을 방문했을 때 인사를 듣고(아마도 가족 중 사랑받고 지혜로운 어른의 조언을 구하려고 왔을 것이다)[29] 성령으로 충만해졌다(루카 1,41). 그리고 마리아의 대답은 분명히 성령으로 충만했다(루카 1,46-55). 율법을 준수하기 위해 부모가 아기

---

27 준비 과정으로서의 이스라엘 이해는 다음을 보라. Cyprian, *Epist.*, 64, 4, PL 3, 1017; Hilary of Poitiers, *In Matth.* 23, 6, PL 9, 1047 - 이는 LG 2n5에서 언급되었다. *ecclesia ab Abel에 대해서는* Gregory the Great, Hom. In Evang. 19.1, PL 76, 1154B; Augustine, Sermo 341, 9, 11, PL 39, 1499; John of Damascus, *Adv. Iconocl.* 11, PG 96, 1357을 참조하라. - 모두 LG 2n6에서 언급되었다. Yves Congar, "Ecclesia ab Abel," in *Abhandlungen über Theologie und Kirche: Festschrift für Karl Adam*, ed. M. Reding, 79-108 (Düsseldorf: Patmos-Verlag, 1952)도 참조하라.

28 Johnson, *She Who Is*, 150.

29 Barbara E. Reid, *Abiding Word: Sunday Reflections for Year C* (Collegeville, MN: The Liturgical Press, 2012), 7; Barbara E. Reid and Shelly Matthews, *Luke 1-9*, Wisdom Commentary, vol. 43A (Collegeville, MN: The Liturgical Press, A Michael Glazier Book, 2021), 35-37.

예수를 성전에 데리고 들어왔을 때, 시메온은 성령의 인도로 성전에 오게 되었고, 그의 예언과 안나의 예언도 성령으로 충만한 것처럼 보인다(루카 2,25-38). 이처럼 예수의 탄생 주변에는 성령이 등장한다.

네 권의 복음서는 모두 요한이 요르단에서 예수에게 세례를 베푼 후 (또는 그 직후에) 성령이 내리는 것을 증언한다(마태 3,16-17; 마르 1,9-11; 루카 3,21; 요한 1,31-33). 그중 성령의 역사를 주요하게 다루는 복음서인 루카복음에서는 예수와 성령의 관계가 특히 생생하게 묘사된다.[30] 루카는 예수가 세례를 받은 후 성령이 내린 것을 서술한 직후(3,22), 예수의 족보를 설명한다. 이때 루카 복음서는 마태오복음(1,1-17)과 달리 아브라함을 넘어 "아담"까지 거슬러 올라간다. 이로써 하느님이 아담의 코에 생명의 숨을 불어넣었던 것을 상기시킨다(루카 3,23-38; 창세 2,7). 그런 다음, 루카는 예수를 "성령으로 가득 찬 분"이라 묘사하며, "성령에 이끌려" 광야로 들어가 시험을 받았으나 악마를 물리쳤다고 기술한다(4,1-12). 그 후 복음서 저자는 예수를 "성령의 능력으로 충만한 분"이라 묘사하며, 그가 갈릴리로 돌아가 그 곳의 회당에서 설교했다고 기록한다(4,14-15).

그리고 이 모든 것이 절정에 이르자 예수는 고향 나자렛에 다다라 회당에서 이사야 예언서 61장을 읽는다(루카 4,16-17). 이제 우리는 성인이 된 예수가 처음으로 선포하는 목소리를 듣게 된다.

> 주님께서 나에게 기름을 부어 주시니
> 주님의 영이 내 위에 내리셨다.
> 주님께서 나를 보내시어

---

30 Young Lu, "The Holy Spirit according to the Gospel of Luke," *Theologia I Człowiek* 42, no. 2 (2018): 53-60, 특히 53쪽 참조.

가난한 이들에게 기쁜 소식을 전하고

잡혀간 이들에게 해방을 선포하며

눈먼 이들을 다시 보게 하고

억압받는 이들을 해방시켜 내보내며

주님의 은혜로운 해를 선포하게 하셨다. (루카 4,18-19)

이 구절들은 예수의 사명을 요약한 것으로, 성령에 이끌리고 충만한 그의 삶이 무엇을 의미하는지를 보여 주는 일종의 선언이다. 예수의 사명은 예언적이며 종말론적 전통 속에 있다.[31] 이사야의 말씀은 하느님께서 특별히 선택하여 하느님 약속의 충만함을 선포하고 시작할 종을 암시하며, 그가 이 사명에 충실하기 위해 겪게 될 고난을 예고한다.[32] 하느님의 종이 갖는 사명의 고통스러운 측면은, 나자렛 사람들이 예수를 거부하며 그를 절벽에서 떨어뜨리려고 하는 장면(루카 4,22-30)에서 예고된다.

예수와 하느님의 다스림

마르코 복음서에 따르면 예수의 사명과 사명에 따른 직무는 간결하게 요약되어 있다. 마르코 복음서는 비록 예수의 실제 말이 아닐지라도 그의 메시지의 핵심을 표현한다.[33] "때가 차서 하느님의 나라가 가까이 왔다. 회개하고 복음을 믿어라."(1,15) 하느님 나라 혹은 하느님의 다스림("킨덤")이라는 상징은 예수의 중심적인 메시지를 이해하는 열쇠이

---

31 Wright, *The Mission of God*, 309; John Fuellenbach, *The Kingdom of God: The Message of Jesus for Today* (Maryknoll, NY: Orbis Books, 1995), 68-69.

32 Wright, *Knowing the Holy Spirit through the Old Testament*, 112-20.

33 Walter Kasper, *Jesus the Christ* (New York: Paulist Press, 1976), 72.

다. 예수는 이 메시지를 말과 행동으로 전달했고 (우리가 보게 될 것처럼), 말과 행동이 서로를 해석해 주었다(DV 2 및 17 참조).[34] 예수의 사명은 다가오는 임박한 현실인 "혁명적 친밀함"과 "공동체 안에서의 번영"에 관한 것이었다.

예수의 사명은 자신에 관한 것이 아니었다. 예수의 사명은 새로운 종교를 창시하려는 것도 아니었고, 심지어 교회에 관한 것도 아니었다. 그러나 우리가 보게 될 것처럼, 예수의 사명과 메시지는 교회가 출현한 배경을 형성했다. 혼 소브리노Jon Sobrino에 따르면, "예수의 설교 주제는 자신에 대한 것도, 단지 하느님에 대한 것도 아니었다. 예수의 설교는 세상과의 관계 안에서 하느님에 관하여 말해 준다."[35] 예수의 "불타는 비전"[36]은 "근본적인 킨십",[37] "공동체 안에서의 번영",[38] "새로운 가족",[39] "평등한 제자 공동체"[40]였다. 예수의 길은 하느님의

---

34 Willie James Jennings, *Acts* (Nashville, TN: Abingdon, 2017), 29; Enda McDonagh, "From Shoah to Shalom: The Case for Abolishing War in the Twenty-First Century," *Vulnerable to the Holy: In Faith, Morality, and Art, 127-36* (Dublin: The Columba Press, 2004), 133.

35 Jon Sobrino, "Jesús el reino de Dios significado y objectivos últimos de su vida," *Christus* 45 (1980): 18; Fuellenbach, *The Kingdom of God*, 4.

36 vanThanh Nguyen, "Preaching in the New Testament," *A Handbook for Catholic Preaching*, ed. Edward Foley (Collegeville, MN: The Liturgical Press, A Pueblo Book), 42-43.

37 Reta Halteman Finger, "From Kingdom to Kin-dom–and Beyond," *CFT* (Christian Feminism Today), September 25, 2023; Gregory Boyle, *Tattoos on the Heart: The Power of Boundless Compassion* (New York: Free Press, 2010), 187-212; *Barking to the Choir: The Power of Radical Kinship* (New York: Simon and Schuster, 2017); *The Whole Language: The Power of Extravagant Tenderness* (New York: Avid Reader Press, Simon and Schuster, 2021).

38 McDonough, "From Shoah to Shalom," 133.

39 Francis Schüssler Fiorenza, *Foundational Theology: Jesus and the Church* (New York: Crossroad, 1984), 135.

40 Elisabeth Schüssler Fiorenza, *In Memory of Her: A Feminist Reconstruction of Christian Origins* (New York: Crossroad, 1983).

길처럼 "우리의 길이 아니지만, 분명히 그렇게 될 수 있다."[41] 엘리자베스 존슨은 "여기 하느님의 사랑으로 불타는 신비가이자, 하느님 나라의 도래를 고통받는 이들에게 축복으로 전파한 예언자가 나타나 깊은 인상을 남겼다"[42]라고 쓴다.

예수는 관습적인 유대인으로서[43] 이스라엘의 전통과 성서에 깊이 뿌리를 두었다. 예수가 하느님의 나라kingdom 또는 다스림reign이라는 용어를 사용하는 것은 이스라엘의 과거에 기반한다. 실제로, 존 마이어John P. Meier가 지적한 대로, "하느님의 나라"라는 구절이 불러일으키는 신화적 이야기는 성경의 첫 페이지부터 마지막 페이지까지 이어진다.[44] 발터 카스퍼Walter Kasper는 하느님 나라의 성서적 역사를 간략하게 요약하면서, 탈출기에서 하느님은 "길을 아시는 인도자, 절대적으로 신뢰할 수 있는 주님, 권능에 한계가 없는 주님"[45]으로 경험된다고 설명한다. 왕정시대에는 인간 왕이 대리로서 다스리지만, 이스라엘의 참된 왕은 하느님이라는 사실이 분명해진다. 시편 전체에서 야훼는 자주 왕으로 불리며 이스라엘에 현존하시며, 특히 구원자로 나타난다. 포로 생활 시기에는 이 용어가 종말론적으로 변모했고, 어느 정도 내면화되었다. 예수의 출현 직전 세기에는 이 상징이 묵시론적 의미를 띠게 되었다. 이제 이스라엘에서 하느님의 다스림이 회복되기보다는, 이스라엘의 적들이 파괴되고 "새 하늘과 새 땅"(이사 65,17-25)이

41 Boyle, *Tattoos on the Heart*, 155.

42 Johnson, *Creation and the Cross*, 80.

43 Terrence W. Tilley, *The Disciples' Jesus: Christology as Reconciling Practice* (Maryknoll, NY: Orbis Books, 2008), 34; Amy-Jill Levine, *The Misunderstood Jew: The Church and the Scandal of the Jewish Jesus* (New York: HarperOne, 2006), 17-52.

44 John P. Meier, *A Marginal Jew: Rethinking the Historical Jesus, vol. 2: Mentor, Message, and Miracles* (New York: Doubleday, 1994), 241.

45 Kasper, *Jesus the Christ*, 74-75.

시작될 것이라는 전망이 부각되었다. 마이어는 이러한 개념이 이스라엘 성서에 자주 등장하지 않으며, 예수가 비교적 새로운 표현 방식을 채택하거나 심지어 이 개념을 스스로 만들어냈을 가능성이 있다고 제안한다.[46]

카스퍼는 예수가 하느님의 다스림이 정확히 무엇인지 결코 정의하지 않았다고 말한다.[47] 그는 단지 그것이 "가까이 왔다"고만 말할 뿐이다. 예수에게는 미래가 이미 도래했으며, 그가 보기에 때가 다가왔고 곧 완전히 이루어질 것이었다.[48] 이스라엘의 모든 희망이 이제 성취될 것이며, 에드바르트 스힐레벡스Edward Schillebeeckx가 말한 대로 구원은 "하느님으로부터 오는 길에 있었다." 기대감은 높았으며, 복음서와 예수 시대의 다양한 움직임에서 알 수 있듯이, 세례자 요한은 임박한 심판을 전파하고 있었다.[49] 세례자 요한은 제자들을 예수에게 보내어, 예수가 정말 "오실 분인지, 아니면 다른 분을 기다려야 하는지"(마태 11,2-6) 확인하고자 했다. 요한과 예수의 시대는, 푸엘렌바흐Fuellenbach의 설명대로 국가적이며 정치적인 기대와 종말론적 기대 및 윤리적 기대가 넘쳐났다. 그중 가장 널리 퍼진 것은 첫 번째였다.[50] 스힐레벡스는 그러한 기대가 요한과 예수 시대의 유대교에 내재되어 있었다고 지적한다. 예수 자신도 그러한 기대에 사로잡혀 있었다는 사실을 부인하는 것은 "비역사적이며 예수의 진정한 인간성에 대한

46 Meier, *A Marginal Jew*, 244.

47 Kasper, *Jesus the Christ*, 72.

48 Edward Schillebeeckx, *Jesus: An Experiment in Christology* (New York: Crossroad, 1991), 115.

49 Schillebeeckx, *Jesus*, 126-36.

50 Fuellenbach, *The Kingdom of God*, 25-53.

오판"[51]일 것이다.

예수는 물론 옳기도 하고 그르기도 했다. 그는 하느님 나라가 이미 존재한다는 점에서 옳았다. 그의 존재 안에서, 그가 주변에 모은 제자 공동체 안에서, 그가 전파한 복음 속에서, 그리고 그가 이룩한 놀라운 치유와 귀신 쫓기에서 그 나라가 이미 나타났다.

그러나 인간이기도 했던 예수는 틀리기도 했다. 예수는 로마 제국의 군대가 점령한 땅에서 자신의 "불타는 비전"을 선포하고 실천했다. 로마 제국은 카이사르 이외의 왕에 대한 충성을 언급하는 어떠한 움직임도 경계했으며, 다른 점령 세력처럼 반란으로 이어질 수 있는 모든 움직임을 두려워했다. 폴라 프레드릭센Paula Fredriksen은 이 상황을 "불씨 상자"로 묘사한다.[52] 이전에도 이런 일이 있었다. 몇 년 전에 나자렛과 가까운 도시 세포리스에서 반란이 일어났고, 약 2,000명의 반군이 십자가에 못 박혀 잔인하게 진압되었으며, 나머지 인구는 노예로 팔렸다.[53] 예수는 아마도 이에 대해 들었을 것이고, 그가 전한 새로운 시작, 회개, 그리고 공동체의 메시지가 위험을 수반한다는 것을 분명히 알고 있었을 것이다. 게다가, 우리는 복음서에서 예수의 비전이 로마의 통치에 복종하는 데 자신의 권력을 의존하는 유대 지도자들에 의해 반대받았다는 것을 읽을 수 있다.[54]

예수가 그의 사명에 따른 활동을 계속할 때, 하느님의 움직임에서

---

51 Schillebeeckx, *Jesus*, 125.

52 Paula Fredriksen, *From Jesus to Christ* (New Haven, CT: Yale University Press, 2000), 125.

53 Jennifer Glancy, *Slavery as Moral Problem in the Early Church and Today* (Minneapolis, MN: Fortress Press), 5; M. Shawn Copeland, *Knowing Christ Crucified: The Witness of African American Religious Experience* (Maryknoll, NY: Orbis Books, 2018), 50; Josephus, *Antiquities*, XVII.10.9; Josephus, *The Wars of the Jews* II.5.1, gutenberg.org.

54 Tilley, *The Disciples' Jesus*, 57; Johnson, *Creation and the Cross*, 93.

뿜어 나오는 급진적인 킨십kinship이 이제 드러나고 있음이 분명해졌다. 그러나 이는 거의 불가능해 보이는 상황 속에서 완전히 개시되어야 했다. 예수의 사명 이야기는 그러한 불가능해 보이는 상황들이 예수를 이긴 것처럼 보이지만, 결국 하나님의 전능한 사랑에 의해 그렇지 않았음을 보여 준다. 이 실패와 궁극적인 성공의 이야기 속에 교회의 기초와 기원이 있으며, 그 이야기와 사명을 끝까지 이어 가기 위해 창립된 교회가 있다.

하느님 나라를 구현하고, 증명하고, 선포하기

신약학자 존 마이어는 "하느님 나라는 명확한 정의를 가지고 있지 않지만, 이야기를 전달한다"고 지적한다.[55] 예수는 개인적인 증언을 통해 자신의 몸으로 하느님 나라를 구현했다. 예수는 고통받는 사람들을 섬기면서 치유와 구마 의식을 통해 그 의미를 보여 주었다. 또한, 예수는 자신의 가르침과 특히 비유를 통해 그 메시지를 선포하고 전파했다.

하느님 나라를 구현하기: 급진적인 킨십에 대한 증거

예수는 자신의 존재 자체로 하느님 나라를 구현하고 증언했다. 영국 신학자 마크 오클리Mark Oakley가 사랑스럽게 표현한 대로, 예수는 "하느님의 신체 언어"였으며, 프랑스 성서학자 제라르 로세Gérard Rossé의 강렬한 표현대로 "하느님의 해석자"였다.[56] 예수는 자신의 문화와 시대에서 가장 바람직하지 않은 사람들, 즉 조니 베이커Jonny Baker가 묘사한 "이방

---

55 Meier, *A Marginal Jew*, 241.

56 Mark Oakley, *The Collage of God*, 2nd ed. (Norwich, UK: Canterbury Press, 2012), 205; Gérard Rossé, *The Spirituality of Communion: A New Approach to the Johannine Writings* (Hyde Park, NY: New City, 1998), 11.

인, 변두리 사람들"과 교제하셨다.[57] 이들에는 로마 세금 징수 체계에 협력한 사람, 점령군의 구성원, 거친 어부, 창녀, 혁명가(열심당원), 가난한 과부, 그리고 나병 환자도 포함되었다. 그러나 예수는 이들이야말로 하느님께 가장 가까운 사람들이라고 말했다. 그 이유는 이들이 하느님 나라에 대한 개방성과 용서와 수용에 대한 갈망을 가지고 있었기 때문이다(마태 21,31 참조). 이들은 예수께서 자신을 그들과 동일시하심으로써 보여 주신 하느님의 자비와 사랑을 기꺼이 받아들였다. 그레고리 보일 Gregory Boyle은 예수가 "버림받은 사람들에게 직접 다가갔으며, 그들을 통해 아직 도착하지 않은 사랑이 있는 곳으로 가는 길을 선택했다"[58]고 썼다. 예수는 "사회에서 철저히 멸시받고 그 생활에서 격리된 사람들 가운데 있었다."[59] 모든 사람이 환영받았다. 어느 누구도 계급, 성별 또는 국적 때문에 배제되지 않았다. 다만, 예수가 이러한 점을 상기하게 된 것은 아주 영리하고 "시끄러운" 그리고 신앙이 가득 찬 시리아-페니키아/가나안 여인에 의해서였다(마르 7,24-30; 마태 15,21-28).[60]

예수가 의심스러운 사람들과 단지 함께 지냈다고 말할 수 없다. 예수는 실제로 그들과 함께 식사도 했다. J. 램지 마이클스J. Ramsey Michaels에 따르면, 위에서 언급된 사람들 외에도 "로마 군인, 목자, 사마리아인들이 포함되었을 가능성"[61]이 있다고 한다. 예수는 세리인 레

57 Jonny Baker, "Leap over the Wall or Perish," *Imagining Mission with John V. Taylor*, ed. Cathy Ross and Jonny Baker, 3-22 (London: SCM, 2020), 13.

58 Boyle, *Tattoos on the Heart*, 155.

59 Jon Sobrino, *Christology at the Crossroads: A Latin American Approach* (Eugene, OR: Wipf and Stock, 2002). Original: Maryknoll, NY: Orbis Books, 1978, 47.

60 인도 달리트 관점에서 이 인용구를 의미심장하게 해석한 내용은 다음을 참조하라. Surekha Nelavala, "Dare Not! Or Fear Not! Reimagining the Story of the Canaanite-Noisy Woman (Matthew 15)," *Mission in Context*, ed. Jione Havea (Lanham, MD: Fortress Academic, 2020), 111-22.

61 J. Ramsey Michaels, *Servant and Son: Jesus in Parable and Gospel* (Atlanta: John

위(루카 5,29-30)와 자캐오(루카 19,5-6)의 집에서 식사했다. 바리새인들이 "저 사람은 죄인들을 받아들이고 또 그들과 함께 음식을 먹는군"(루카 15,2)이라고 불평한 것으로 보아, 이것은 예수의 통상적인 행동이었을 것이다. 안토니오 페르니아Antonio Pernia가 언급한 바와 같이, "예수가 하느님 나라를 설명할 때 사용한 주요 이미지는 식탁 교제table fellowship였다. 이 이미지를 통해 예수는 하느님이 예외 없이 모든 사람을 자신과의 친교로 초대한다고 선포했다."[62] 흑인 해방 신학자 제임스 콘James Cone은 예수가 "세리와 죄인들과 함께 식사하는 것은 하느님의 존재 자체를 표현하는 것이며, 따라서 예수가 태어난 목적의 일부"라고 극적으로 표현했다.[63]

예수는 분명히 자신을 따르는 남녀 제자들의 지도자였다. 그러나 엘리자베스 쉬슬러 피오렌자Elisabeth Schu¨ssler Fiorenza의 말을 인용한 테런스 틸리Terrence Tilley의 표현에 따르면, 예수는 "평등한 제자들" 사이에서 "첫째 되는 자"로서 이끌었다.[64] 이러한 평등은 아마도 요한복음에 나오는 최후의 만찬에서 예수가 제자들의 발을 씻기시는 장면(요한 13,20)에 가장 잘 드러나 있을 것이다. 마이클 J. 고먼Michael J. Gorman은 바오로가 필리피서(2,6-11)에서 "진정한 신성의 성품"을 드러내는 위대한 찬송가를 인용하며 그 의미를 포착했다고 말한다.[65] 예수가 구현

Knox, 1981), 207; Terrence W. Tilley, *The Disciples' Jesus: Christology as Reconciling Practice* (Maryknoll, NY: Orbis Books, 2008), 177.

62 Antonio M. Pernia et al., *The Eucharist and Our Mission, Following the Word 7* (Rome: SVD Publications, 1996), 38.

63 James H. Cone, *A Black Theology of Liberation: Fortieth Anniversary Edition* (Maryknoll, NY: Orbis Books, 2010), 115.

64 Tilley, *The Disciples' Jesus*, 123. Elisabeth Schüssler Fiorenza, *Memory of Her: A Feminist Reconstruction of Christian Origins* (New York: Crossroad, 1983).

65 Michael J. Gorman, *Becoming the Gospel: Paul, Participation, and Mission* (Grand Rapids, MI: Eerdmans, 2015), 107n6. 세족식과 필리피서 찬송 간의 유사점은 Gorman,

한 하느님 나라는 평등과 참여 및 완전한 포용, 즉 급진적 킨십의 공동체에 관한 것이었다.

복음서에는 이스라엘에서 선교 활동을 하던 예수의 사랑과 연민을 보여 주는 놀라운 힌트들이 있다. 마태복음 8,1-4에서 예수는 한 나병 환자를 치유하기 위해 손을 뻗어 그를 만지는데, 그 방식은 분명히 조심스럽지는 않지만 분명히 부드럽고, 따뜻하며, 강했다. 이와 같은 맥락에서 프란치스코 교황은 예수가 나인이라는 고을에서 과부의 아들의 관을 만지셨을 때(루카 7,11-17)뿐만 아니라, "분명히, '울지 마라'라고 말했을 때 그 과부도 만졌을 것"이라고 언급했다. "그것은 일종의 어루만짐이었다. 이는 예수의 마음이 움직였기 때문이다. 그러고 나서 예수는 기적을 행했다."[66]

마르코복음 6,30-44에서는 제자들이 돌아와 자신의 가르침과 치유 경험에 대해 열심히 이야기한 후, 예수가 그들에게 외딴곳으로 함께 가자고 요청하는 장면이 나온다. 제자들이 돌아왔을 때, 예수는 치유 활동에 너무 바빴고 그들이 식사할 시간조차 없었다(6,30). 그래서 그들은 군중을 피해 갈릴리 호수를 건넜지만, 반대편에서 그들을 만나기 위해 서둘러 걸어온 똑같은 군중을 마주하게 된다. 그러나 예수는 짜증을 내는 대신, 군중을 보고 "가엾은 마음이 들어" 오천 명을 먹였다. 모두가 배불리 먹고도 음식 바구니가 남았다. 여기서 우리는 프란치스코 교황이 묘사한 것처럼 예수 안에서 "자비의 얼굴"[67]을 본다.

Abide and Go: Missional Theosis in the Gospel of John (Eugene, OR: Cascade Books, 2018), 87 and 107n310에 언급되었다. 고먼은 이러한 연결의 깊은 가부장적 뿌리에 주목한다.

66 Pope Francis, *Morning Meditation*, "For a Culture of Encounter," September 13, 2016.

67 Pope Francis, *Misericordiae Vultus*, April 11, 2015.

예수는 무엇보다도 하느님의 성품을 보여 주고, 하느님의 "신체 언어body language"를 드러내며, 가난한 사람들과 동일시함으로써 자비의 "얼굴"을 나타낸다. 요아힘 예레미아스Joachim Jeremias는 예수가 행한 설교의 "매우 핵심"이 "가난한 사람들에게만uniquely to the poor 속한다"고 강조한다.[68] 현대 학문의 연구 자료에 따르면, 가난한 사람들은 정복당한 점령지에 사는 사람의 대다수를 차지했다. 션 코플랜드Shawn Copeland가 쓴 바와 같이, "예수는 로마 제국의 지배 아래 태어나고 죽었다." 예수는 "난민 신분, 점령 및 식민 지배"[69]의 경험을 익히 알고 있었다. 예수의 사명은, 앞서 언급한 대로, 로마의 억압과 하느님의 평등과 자유의 비전 사이에서 긴장을 형성하는 것으로 이해될 수 있다. 예수의 죽음은, 우리가 보게 될 것처럼, 그 사명에 충실했기 때문에 일어난 결과였다.[70] 예수가 자신의 몸으로 구현한 나라는 하느님의 나라였으며, 카이사르의 나라가 아니었다.

예수의 하느님 경험은 하느님과의 깊은 친밀함을 나타내는 것으로, 제자들에게도 드러났다. 스힐레벡스와 다른 학자들은 이를 그의 "아빠Abba 경험"이라 부르며, 예수가 하느님을 "사랑스러운 아버지"로 경험했다고 말한다.[71] 이처럼 하느님의 사랑은 풍성하고 관대하며 자비롭고 친밀하다. 이 사랑은 예수의 치유와 가르침, 예수의 빈번한 기도와 그 기도의 친밀함에서 분명히 나타난다(마태 14,23; 마르 1,35; 루카 6,12; 루카 9,28; 루카 11,1; 마태 12,25-27; 마태 26,39, 42; 요한 17,1-26). 그러나 현대

---

68 Joachim Jeremias, *Théologie du Nouveau Testament I. La Prédication de Jésus* (Paris: Les Éditions du Cerf, 1973), 140, 150; Jon Sobrino, *Jesus the Liberator: A Historical-Theological View* (Maryknoll, NY: Orbis Books, 1993), 79.

69 Copeland, *Knowing Christ Crucified*, 63.

70 Copeland, *Knowing Christ Crucified*, 61, 64.

71 Schillebeeckx, *Jesus*, 256-69; Jacob Kavunkal, *The "Abba" Experience of Jesus: Model for Mission in Asia* (Indore, India: Satprakashan Sanchar Kendra, 1995).

학문은 하느님의 아버지성에 대해 또 다른 해석을 제시하는데, 그에 따르면 하느님의 아버지성은 예수가 살았던 로마 점령 지역의 맥락과 매우 관련이 있다. "땅에서 아무도 아버지라고 부르지 마라. 너희에게 하늘에 계신 아버지 한 분만 있기 때문이다."(마태 23,9) 로마 황제의 칭호 중 하나는 '아버지-Pater Patriae(국가의 아버지)'였다. 예수의 요점은 하느님이라는 그의 아버지 외에는 절대적인 충성을 보낼 수 있는 존재가 없다는 것이었다. 따라서 친밀하고 아버지 같은 사랑의 하느님에 대한 믿음은 단순한 종교적 헌신이 아니라, 깊이 있는 정치적 헌신이었다. 여기서 다시 한번 알 수 있는 바와 같이, 예수는 카이사르의 나라가 아니라 하느님의 나라를 구현했다.[72]

예수의 증인으로서의 마지막 측면은, 위르겐 몰트만Jürgen Moltmann의 표현을 빌리자면, "기쁨의 전령"[73]이다. 예수의 메시지는 회개하고 복음을 믿으라는 내용을 담는다. 예수는 아이들과 함께하는 것을 즐겼던 사람으로 보인다. 어린이의 순수함과 호기심 속에서(마태 18,1-5; 마르코 10,13-16; 루카 18,15-17)뿐만 아니라, 틸리가 모든 종류의 사람들과 함께 식사하는 것에 대해 언급한 것처럼, "즐겁게 했다." 결국, 그 식사는 하느님 나라의 넘치는 기쁨을 미리 맛보는 축제였다. "하느님의 나라basilea tou theou에서의 연회가 무엇이든, 그것은 풍성했고, 모두 함께 누렸다."[74] 스힐레벡스의 말처럼, "예수와 함께하면서 슬픔을 느끼는 것

72 Mary Rose D'Angelo, "Abba and Father: Imperial Theology and the Contexts of Jesus and the Gospels," *The Historical Jesus in Context*, ed. AmyJill Levine, Dale C. Allison Jr., and John Dominic Crossan (Princeton, NJ: Princeton University Press, 2006), 64-78; Tom Stevenson, "Acceptance of the Title Pater Patriae in 2BC," *Antichthon* 43 (2009): 97-108.

73 Jürgen Moltmann, *The Church in the Power of the Spirit: A Contribution to Messianic Ecclesiology* (Minneapolis, MN: Fortress Press, 1993; original English edition London: SCM, 1977), 76-78.

74 Tilley, *The Disciples' Jesus*, 177, 182.

은 존재적으로 불가능하다." 이는 제자들이 금식하지 않는다는 사실에서 확인된다.[75] 스힐레벡스는 또한 예수의 시장에서 노래 부르는 아이들에 관한 비유에서 세례자 요한과 예수를 감동적으로 대조했다. "세례자 요한이 일종의 장송곡처럼… 사람들에게 엄숙한 금욕주의자로 다가갔다면… 예수는 노래처럼 다가왔다!"[76]

하느님 나라를 보여 주기: 고통받는 이들을 치유하기

우리는 이미 하느님의 권능과 자비를 드러내는 예수의 치유 행위에 대해 언급했다. 예수는 "삶의 부정적인 면을 주목하는 자"로 기억되며, "고통받는 이들에게 주목했다."[77] 예수는 병자를 치료했고(마르 6,53-56; 마태 8,1-4), 죽은 자를 일으켰으며(마태 9,18-25; 루카7,11-17), 굶주린 무리에게 음식을 주었고(마르 6,30-34; 요한 6,1-14), 악한 영의 지배로부터 사람들을 해방시켰다(마르 5,1-20). 이러한 행위들은 "역사적 예수의 활동에서 처음으로 크게 부각되었기 때문에 네 복음서에서 중요하다."[78] 후에 베드로가 코르넬리우스와 그 집안에 전도할 때, 예수를 "성령과 힘을 받아 두루 다니시며 좋은 일을 하시고 악마에게 짓눌리는 이들을 모두 고쳐 주신 분"(사도 10,38)으로 전한다.

신학자들과 성서 해석가들이 예수의 치유 행위를 기적으로 여겼던 때도 있었다. 이들에게 계시는 예수의 신성을 의심할 여지 없이 증명하는 것으로 간주되었다. 그러나 예수가 행한 치유는 어느 정도 여전히 사실이지만, 그 의미는 훨씬 깊다.[79] 오늘날 학자들은 예수의

---

75 Schillebeeckx, *Jesus,* 201.

76 Schillebeeckx, *Jesus,* 139.

77 Roger Haight, *Jesus: Symbol of God* (Maryknoll, NY: Orbis Books, 1999), 82.

78 Meier, *A Marginal Jew,* 1044; Tilley, *The Disciples' Jesus,* 137.

강력한 행위를 징표, 상징으로 보며, 그것들이 하느님 나라의 가까움과 그 의미를 드러내는 행동 속의 비유라고 생각한다.[80] 세례자 요한이 제자들을 예수에게 보내어 "오실 분이 선생님이십니까?"(마태 11,2-6)라고 묻자, 예수는 맹인과 절름발이, 나병 환자와 귀먹은 이들의 치유를 가리키며, 자신이 그분이며 하느님 나라가 다가오고 있다고 말한다. 그리고 예수가 벨제붑과 연합하고 있다는 비난을 받을 때, 그는 "하느님의 나라가 이미 너희에게 와 있음을 알리는 표적"(마태 12,22-28)이라고 주장한다.

예수가 행한 치유는, 그야말로, 행위 안에 담긴 비유였다. 예를 들어, 마르코복음 2장 1-12절에 나오는 중풍 병자의 치유는 긍휼이 넘치는 하느님의 나라를 보여 주며, 죄를 용서하고 사람들이 "그분의 길로 걷게 하는" 것을 의미한다(예: 미카 4,2; 시편 119,3; 이사 35,8). 예수가 맹인 바르티매오를 주목한 것은 고통받는 모든 이들에 대한 하느님의 긍휼을 나타낸다(마르 10,46-52). 예수가 시리아-페니키아/가나안 여인의 딸을 위해 그녀의 요청을 받아들인 것(마르 7,24-30; 마태 15,21-28)은 하느님의 나라가 모든 민족을 포함하며, 이는 "모든 민족과 종족과 백성과 언어권에서 나온"(묵시 7,9) 사람들이 모인 새로운 급진적 킨십의 공동체임을 암시한다.[81] 무리들에게 음식을 나누어 준 사건(네 복음서 모두에 나온다)은 예언자들의 환상 속에서 보이는 하느님 나라의 풍요로움을 가리킨다(예: 이사 25,6-9; 아모 9,13-15). 하느님 나라의 풍요로움뿐

---

79 Reginald H. Fuller, Interpreting the Miracles (London: SCM, 1963), 11-15.

80 Schillebeeckx, *Jesus*, 179-200; Sobrino, *Jesus the Liberator*, 88-90.

81 Nelavala, "Dare Not! Or Fear Not!," 113; Adriana Carla Milmanda, "The Intercultural Journey of Jesus," *Engaging Our Diversity: Interculturality and Consecrated Life Today*, ed. Maria Cimperman and Roger P. Schroeder (Maryknoll, NY: Orbis Books, 2020), 65-76.

만 아니라 그 기쁨과 새로운 생명도, 가나의 혼인 잔치에서 물이 포도주로 변한 표징의 의미이다(요한 2,1-11). 나병 환자의 치유(루카 17,11-19)와 마귀 추방(마태 17,14-21)은 모든 이들을 포함하고 모든 민족을 화해시키는 "킨덤"이 다가오고 있다는 것을 나타낸다.

마르코복음 5,1-20의 게라사인들의 지방에서 더러운 영을 물리친 일에 대해 테런스 틸리는 "고통받는 이의 치유가 공동체에 미친 영향이 핵심이다. 그것은 화해의 수단이었다. 이것은 기적을 부리는 마술사의 속임수가 아니라 예수 운동이 하느님 나라를 실현하는 실천이었다"고 기술한다.[82] 이것은 이 운동에 이방인이 최종적으로 포함됨을 암시할 뿐만 아니라 "로마 제국의 점령 세력에 대한 반대"를 암시하기도 한다.[83] 이 악령 추방은 이방인 지역인 데카폴리스에서 일어났으며, 귀신들은 자신들을 "군대"라고 불렀고, 돼지 떼는 점령자들의 눈에 띄는 소비를 상징했다. 예수의 능력 행위는 하느님 나라가 영적이거나 저세상적인 실제가 아니라, 온전함, 치유, 복지, 그리고 인간을 비인간화하고 억압하는 모든 것으로부터의 해방을 포함한다는 것을 시사한다. 예수의 사명은 고통받는 인류를 섬긴다. 또한, 예수의 활동은 예수가 구현하고 사랑으로 증명한 새로운 공동체가 약속한 번영을 보여 준다. 스힐레벡스는 예수의 활동–특히 그의 치유 활동–을 아름답게 요약한다.

> 예수가 인간과 그 고통의 기록, 세리와 죄인들, 가난한 이들, 절름발이와 소경, 억압받는 이들, 그리고 '악령'에 시달리는 이들을 위해 보여 주는 배려 속에서, 예수는 하느님의 살아 있는 비유이다. 즉, 그것이 하느님이

---

82 Tilley, *The Disciples' Jesus*, 142-43.

83 Tilley, *The Disciples' Jesus*, 142.

인간을 돌보시는 방식이다. 예수의 이야기에는 하느님의 이야기가 담겨 있다.[84]

하느님 나라를 선포하기: 사랑, 포용, 그리고 자비 전파

"하느님의 나라가 가까이 왔다. 회개하고 복음을 믿어라."(마르 1,15) 이미 언급했듯이, 이 문구는 예수의 메시지의 본질을 포착하고 있다. 이 구문은 예수의 설교와 선포의 내용을 요약하지만, 상징적이고 맥락화된 방식으로 이루어진다. 또한 예수가 역사 속으로 새롭게 뚫고 들어오는 사고, 생활, 행동 방식에 대한 깊은 확신을 가지고 있음을 나타낸다. 예수는 '산상수훈'(마태 5-7장)과 루카복음의 '평지수훈'(6,17-49)에서 지혜의 언어로 설교한다. 이 두 설교의 중심과 기초는 진복beatitudes의 목록이며, 예수는 제자들에게 그들의 세상과 삶을 '뒤집고 새롭게 하라'고 초대한다.[85] 예수가 행한 설교의 핵심에는 인간적 논리의 역전과 깊은 모순이 있다. 예를 들어, '밀알이 죽지 않으면 열매를 맺을 수 없다'(요한 12,24)거나 '어린아이와 같이 되지 않으면 하느님 나라에 들어갈 수 없다'(마태 18,3)는 가르침이 그러하다.

소설가 루디 위베Rudy Wiebe는 이를 시적으로 강력하게 표현한다.

당신은
사람들을 신뢰함으로써 지혜를 나타내며
섬김으로 지도력을 발휘하며
용서로 범죄자를 대하며

---

84 Schillebeeckx, *Jesus*, 159.

85 Dianne Bergant, Richard Fragomeni, *Preaching the New Lectionary, Year A* (Collegeville, MN: The Liturgical Press, 2001), 455.

돈을 나눔으로써 재물을 다루며

고통을 받아들임으로써 폭력에 맞서십니다

You show wisdom, by trusting people;

you handle leadership, by serving;

you handle offenders, by forgiving;

you handle money, by sharing; . . .

and you handle violence, by suffering.

실상, 당신은

모든 것과 모든 사람에 대해

새로운 태도를 가지셨습니다

그리고 당신은

단지 나쁜 기분을 느낌으로써가 아니라

다르게 생각하고 행동함으로써

회개를 이루십니다[86]

In fact, you have a new attitude toward everything,

toward everybody ⋯

and you repent, not by feeling bad, but by thinking, and

acting, differently.

예수의 가르침은 에이미-질 레빈Amy-Jill Levine이 지적하듯이, 완전히 독창적인 것은 아니다. 이러한 가르침은 다른 유대교의 자료뿐만 아니라 복음서와 예수의 말씀 모음에서도 찾아볼 수 있다. "기본적인

86 Rudy Wiebe, *The Blue Mountains of China* (Toronto: McClelland and Stewart, Canadian Library Edition, 1995), 258.

유대교 가르침과 예수 간의 연결이 지속된다." 결국 레빈이 강조하듯이, "예수가 모든 경우에 독창적일 필요는 없지만, 예수는 여전히 깊이 있는 가르침을 전할 수 있다."[87] 그럼에도 불구하고, 테런스 틸리는 가장 중요한 것은 "예수의 금언이 전달하는 내용이 아니라, 제자가 되는 방법을 말하고 보여 주는 것이다. 그들은 제자로서의 은혜로운 삶의 방식을 전달한다"라고 서술한다.[88] 가장 중요한 것은 하느님의 "킨덤"의 새로운 생활 방식, 즉 "혁명적 친밀함"을 드러내는 제자로서의 삶이다.

예수는 급진적이고 도전적인 가르침을 전하기 위해 이야기를 사용했다. 그 이야기들은 매혹적이고 놀라움을 자아내며, 때로는 충격을 주었다. 푸엘렌바흐는 이러한 예수의 비유를 "하늘의 의미를 지닌 지상의 이야기"로 정의한다. 비유를 통해 가르치는 것은 예수만의 독창적인 방식은 아니었다.[89] 예언자 나탄은 가난한 이의 어린 양을 탐욕스러운 부자가 빼앗아간 이야기를 통해 다윗과 바세바의 죄를 지적하였고(2사무 12,1-15), 이사야는 포도원의 비유를 노래했다(이사 5,1-7). 비유는 랍비 전통에서도 흔히 사용되던 방식이었다.[90] 예수가 비유를 사용했다는 사실은 그 자체로 독특한 것은 아니다. 그렇지만 비유는 예수의 가르침과 설교 방식의 핵심을 이루었으며, 예수는 이를 매우 생생하고 효과적으로 전달했다. 이에 대해 C. H. 도드C. H. Dodd는 "그 비유들에는 강한 개성적인 지문이 남아 있다"[91]고 평가했다. 한편 푸

87 Levine, *The Misunderstood Jew*, 23.

88 Tilley, *The Disciples' Jesus*, 160.

89 Fuellenbach, *The Kingdom of God*, 71; Nguyen, "Preaching in the New Testament," 42-43.

90 Levine, *The Misunderstood Jew*, 34-41.

91 C. H. Dodd, *The Parables of the Kingdom* (London: Fontana Books, 1961), 13.

엘렌바흐는 "예수의 비유는 우리를 [예수의] 마음과 무엇보다도 그의 상상력과 연결시켜 준다"[92]고 말한다.

예를 들어, 루카복음 15장에 등장하는 세 가지 비유는 예수의 전체 메시지를 한 곳에 담아낸 것이다. 신약학자 존 도나휴John Donahue는 이러한 비유들을 "복음 안의 복음"이라 표현하며, 요아힘 예레미아스가 예수의 자비에 관한 비유가 "좋은 소식 그 자체를 담고 있다"고 한 말을 인용한다.[93] 루카는 "이 사람이 죄인을 환영하고 함께 식사를 한다"는 불평을 제기한 이들에 대한 예수의 응답을 강조하기 위해 이 비유들을 수집했다(루카 15). 이야기 속 인물들로는 길 잃은 양 한 마리를 찾기 위해 아흔아홉 마리를 남겨 두고 떠나는 목자, 소중한 동전을 찾기 위해 집 안을 샅샅이 뒤지는 여인, 자기중심적인 아들과 사랑이 넘치는 아버지 그리고 의무감에 사로잡힌 엄격한 형이 있다. 도나휴는 이 세 비유의 핵심이 위험과 인내, 기쁨, 그리고 사랑과 용서에 있어서의 과도함, 심지어는 어리석음이라고 말한다.[94] 목자는 길 잃은 한 마리 양을 위해 전체 무리의 안전을 위태롭게 한다. 여인은 동전의 가치 이상으로 많은 비용을 들여 그것을 찾아낸 기쁨을 나눈다. 아버지는 중동의 가부장적 체면을 모두 버리고, 유산을 탕진하기 위해 자신을 죽이려 했던 아들을 환영하며, 아버지의 선함을 모욕하는 화난 큰아들에게도 인내를 보인다. 바버라 리드Barbara Reid는 이 큰아들이 "돌아온 동생만큼이나 길을 잃었다"고 썼다.[95]

92 Fuellenbach, *The Kingdom of God*, 70.

93 John R. Donahue, *The Gospel in Parable: Metaphor, Narrative, and Theology in the Synoptic Gospels* (Philadelphia: Fortress Press, 1988), 147; Joachim Jeremias, *Rediscovering the Parables* (New York: Charles Scribner's Sons, 1966), 97.

94 Donahue, *The Gospel in Parable*, 150.

95 Barbara E. Reid, *Parables for Preachers*, Year C (Collegeville, MN: The Liturgical Press, 2000), 63.

이 비유들(루카 15,7, 10, 22-24)에서 드러나는 기쁨은 세라 램피어Sarah Lamphier의 성경 묵상에서 아름답게 표현된다. 램피어는 일주일 전 어린 아들이 유아용 식탁의자에서 시리얼을 먹다가 하나를 무릎에 떨어뜨린 이야기를 적었다. 아이는 "어-어" 소리를 내더니, "실종된 시리얼 한 조각을 찾기 위해 쟁반 아래를 정신없이 뒤지기 시작했다." 그 어머니는 걱정하지 말라고 했지만, 아이는 그 말을 무시한 채 계속 찾았다. 그리고 마침내 아이는 기쁨에 찬 소리를 내지르더니 환한 미소와 함께 되찾은 그의 보물을 보여 주었다. 램피어는 "아마도 하느님께서 우리 '작은 자'들을 사랑하시는 방식도 이와 같을 것"이라며, "하느님은 우리가 길을 잃더라도, 비합리적으로, 부당하게, 기쁘게 사랑하신다"고 설명한다.[96] 로저 헤이트Roger Haight는 사랑 많은 아버지의 비유를 다음과 같이 요약하며, 이 요약이 다른 두 비유에도 적용된다고 언급한다.

> 이 비유는 예수가 죄인들을 위해 하느님의 나라에 쉽게 접근할 수 있도록 제안함으로써, 의롭다고 여겨지는 이들이 느낄 수 있는 불만을 반영할 수 있다. 그러나 이 비유의 더 깊고 넓은 의미는 잃어버림과 찾음, 죽음과 생명으로의 회복 간의 대조에서 드러난다. 이 대조를 놓치지 않도록 두 번이나 강조하는 것은, 바로 하느님의 단순하고 직접적이며 넘쳐흐르는 자비와 용서를 담은 사랑이 생명과 죽음을 가르는 차이를 만든다는 점이다. 이 경우 하느님의 아버지 되심은 사랑과 돌봄을 가리킨다. 이러한 하느님의 사랑은, 형이 그랬듯이, 인간적인 기준으로 측정하려고 하면 충격적으로 보일 수 있다. 여기서 예수가 묘사한 하느님은 인간의 논리를 초월하는 사랑

96 Sarah Lamphier, Gospel Reflection from Notre Dame, December 11, 2012.

을 보여 준다.[97]

마태복음 20,1-16에 나오는 자비로운 포도원 주인의 비유 역시 인간의 논리를 초월한다. 이 비유는 흔히 '포도원에서 일하는 일꾼들의 비유'로 불리지만, 사실 이 이야기의 초점은 일꾼들보다는 자비로운 포도원 주인에게 맞춰져 있다. 이 비유는 앤드루 그릴리Andrew Greeley가 적절하게 표현한 대로 하느님의 '상식을 뛰어넘는insane 관대함'을 보여 준다.[98] 하느님은 사람들이 그 사랑을 받을 자격이 없다고 해도, 관대하시고 사랑으로 가득하고 자비로우시다. 그릴리는 이 비유에서 하느님의 자비로움이 단순히 자격 없는 사람에게 많은 돈을 주는 것이 아니라, '서명된 빈 수표가 가득한 수표책'[99]을 주는 것과 같다고 설명한다. 닐 피셔Neal Fisher는 비슷한 맥락에서 이 비유에 대해 '은총에 놀라다'라는 제목으로 해설을 덧붙였다.[100] 로저 헤이트는 "이 비유의 핵심은 그 불일치성에 있으며, 사람들이 당연히 묻게 될 질문-이 시나리오에서 포도밭 주인이 법적으로는 아니라 하더라도 인간적으로는 정말 불공평하지 않은가-에서 드러난다"고 설명한다. "이 비유는 '동일 노동 동일 임금'이라는 사회의 기본 질서에 가장 강력하게 도전하는 이야기다."[101]

바바라 리드는 이 비유를 설명하면서 성경 공부 워크숍에 참여한

---

97 Roger Haight, *Jesus, Symbol of God* (Maryknoll, NY: Orbis Books, 1999), 104-5.

98 Andrew M. Greeley, *The Jesus Myth* (New York: Doubleday and Company, 1971), 46.

99 서명된 빈 수표가 가득한 수표책은 미국 등에서 사용되는 수표책에서 유래한 표현으로, 수표에 서명만 되어 있고 금액은 기입되지 않아 수취인이 원하는 만큼 금액을 기입할 수 있는 상태를 의미한다. 즉 제한 없는 관대함을 상징하는 표현으로 볼 수 있다.

100 Neal Fisher, *The Parables of Jesus: Glimpses of God's Reign* (New York: Crossroad, 1990), 86.

101 Haight, *Jesus, Symbol of God*, 104.

한 여성의 이야기를 전한다. 이 여성은 남편이자 아이들의 아버지에게 버림받은 후, 세 아이를 부양하기 위해 고군분투하던 시기에 이 비유를 다르게 해석했다. 지역 취업 사무소에서 매일 줄을 서서 일자리를 간절히 기다리던 자신의 경험을 떠올리며, 이 여성은 시장에서 하루 종일 기다리던 사람들이 결코 게으른 이들이 아니라는 것을 직감적으로 이해했다. 그들은 어떤 일이든 얻을 수 있다면 기뻐했을 것이다. 비유의 결말을 곱씹으며 그녀는 만약 마지막 순간에 간신히 고용된 노동자에게 그 노동량에 비례하는 임금을 준다면 정의는 실제로 이루어질 수 없다는 결론에 다다랐다. 왜냐하면 그 임금을 받고 집에 돌아간다면 아이들을 먹일 수 없을 것이기 때문이다. 그에 비하면 하루 종일 태양 아래에서 일한 사람들은 그들이 받을 임금으로 가족들에게 충분한 음식을 제공할 수 있으리라는 만족감을 느꼈을 것이다. 그녀는 이 비유의 의미가 "하느님 나라에서의 정의는 하루가 끝나면 각자의 일하는 능력에 상관없이 모두가 먹을 수 있게 되는 것"이라고 제안한다. 그녀는 "하느님의 정의는 자신의 노력으로 얻을 수 없으며, 얼마나 일했느냐에 따라 달라지지 않는다"라고 주장한다.[102]

하느님 나라는 이 해석에서 볼 수 있듯이 그리고 엔다 맥도나Enda McDonagh가 설명한 것처럼 진정한 "공동체에서의 번영"을 의미한다. 이는 테런스 틸리가 전한 인상적인 이야기에서 더욱 명확하게 드러난다. 이 이야기는 중국으로 돌아온 한 선교사가 중국인들에게 천국과 지옥을 어떻게 설명했는지를 담고 있다. 그는 "지옥은 모든 사람이 스스로 먹을 수 없도록 네 발 길이의 젓가락을 받는 대규모 연회와

102 Barbara E. Reid, *Abiding Word: Sunday Reflections for Year A* (Collegeville, MN: The Liturgical Press, 2013), 105.

같고, 천국은 모든 사람이 네 발 길이의 젓가락을 받아 서로를 먹여 주는 대규모 연회와 같다"고 대답했다. 틸리는 하느님 나라에서는 "모든 것이 풍성하고 나눔이 일어난다"고 말한다.[103]

무자비한 종의 비유(마태 18,23-35)는 예수의 비유와 그 비유들이 묘사하는 번영하는 공동체가 사회적, 정치적 측면도 지니고 있음을 보여 준다. 다시 말해, 하느님 나라는 지금까지 살펴본 이야기에서 드러난 하느님의 은총에 대한 여성과 남성의 응답으로 이루어진다. 교황 프란치스코는 [자비의 얼굴Misericordiae Vultus]에서 "자비는 하느님 아버지께서 베푸시는 것일 뿐 아니라, 참된 하느님 자녀의 식별 기준이 된다"(9항)고 언급했다. 하느님 나라는 용서받고 용서하는 공동체의 창조와 관련이 있다. 예수는 제자들에게 "저희에게 잘못한 이를 저희도 용서하였듯이 저희 잘못을 용서하시고"(마태 6,12)[104]라는 기도를 전해 주며, "너희가 다른 사람들의 허물을 용서하면, 하늘의 너희 아버지께서도 너희를 용서하실 것이다"(마태 6,14)라고 가르쳤다.

틸리는 선한 사마리아인의 비유(루카 10,25-37)를 "길가에 버려진 여행자"의 이야기라고 언급한다[105] 이 비유에서 가장 도발적인 부분은, 이야기 속 종교적 인물들이 다친 여행자를 외면한 반면, 유대인들에게 비천하고 부정한 사람으로 간주된 민족이 실제로 율법("네 이웃을 네 몸과 같이 사랑하라")을 실천하여 궁핍한 사람을 불쌍히 여기고, 심지어 낭비적일 정도로 그를 돌보았다는 점이다. 예수는 우리가 거부할 수 있는 사람들이 실제로 우리의 구원의 열쇠를 쥐고 있을 수 있다는 점

---

103 Tilley, *The Disciples' Jesus*, 182.

104 한국천주교 성경에서는 "저희에게 잘못한 이를 저희도 용서하였듯이 저희 잘못을 용서하시고"로 번역되었으나, 영어 성경과 이 책의 원문에서는 "And forgive us our debts, as we forgive our debtors"로 나타난다.

105 Tilley, *The Disciples' Jesus*, 154-60.

에 다시 한번 주목하고 있다.[106] 노먼 페린Norman Perrin은 예수가 "청자聽者로 하여금 불가능하고 모순된 두 개의 단어를 한 사람에게 결합시키라는 도전을 내건다"고 설명한다. 이 도전은 이몬 브레딘Eamonn Bredin의 말처럼 내 목구멍을 막히게 하며, "말할 수 없는 것을 말하도록 강요하고 동시에 자유롭게 만든다."[107]

예수 비유에 담긴 이와 같은 급진적인 도전은 이 비유를 오늘 우리 시대에 적용하여 해석한 에이미-질 레빈의 설명에서 잘 드러난다. "구덩이에 빠진 사람은 이스라엘 유대인이다. 한 랍비와 이스라엘 크네세트Knesset의 유대인 구성원은 부상당한 사람을 돕지 않았지만, 하마스의 한 구성원이 그에게 동정심을 보여 준다. 만약 중동에서 누군가가 이러한 상황을 상상할 수 있다면, 아마도 평화에 대한 희망이 더 커질지도 모른다."[108] 예수는 우리에게 "다르게 생각하고", 하느님의 "혁명적 친밀함"이 세상에 어떻게 들어오는지 상상하라고 도전한다.

예수의 복음 선포에서 마지막으로 언급할 비유는 부당한 재판관

---

106 Norman Perrin, *Jesus and the Language of the Kingdom* (Philadelphia: Fortress Press, 1976), 164; Tilley, *The Disciples' Jesus,* 157.

107 Eamonn Bredin, *Rediscovering Jesus: Challenge of Discipleship* (Dublin: Columba Press, 1985), 36; Fuellenbach, *The Kingdom of God,* 75.

108 Levine, *The Misunderstood Jew,* 149. 내 친구인 존 프라이어는 2020년 5월 조지 플로이드George Floyd의 죽음 이후 런던에서 열린 시위에서 있었던 패트릭 허치슨의 인상적인 실제 이야기를 들려주었다. 허치슨은 폭력으로 시위를 방해하려 했던 한 남성을 구출했는데, 그 남성은 분노한 시위대에게 둘러싸여 머리에 부상을 입은 상태였다. 비록 그 부상당한 남성은 "적"이었지만, 허치슨은 그를 들어 올려 안전한 곳으로 옮겼다. 이 사건에 관한 자세한 내용은 "BLM Supporter Speaks Out after Carrying Counter-Protester to Safety," *The Guardian,* June 14, 2020에 실려 있다. 이와 유사한 내용은 트라피스트 수사 크리스토프 르브르통이 작성한 티브히린 일기Tibhirine Journal에서도 볼 수 있다. 르브르통은 1990년대 내전으로 분열된 알제리에서 일어난 유사한 영웅적 행위에 대해 기록했다. 그는 이 전쟁에서 순교했다. 그가 남긴 이야기는 "선한 사마리아인"이 되는 일이 얼마나 위험한지를 부각시킨다. '보로기네에서 한 경찰관이 테러리스트의 총격에 부상을 입고 길 한가운데 누워 있었다. 누군가 이 경찰관을 차에 태워 병원으로 데려가 그의 목숨을 구했다. 그리고 그 자신은 일주일 후 살해되었다.' Christophe Lebreton, *Born from the Gaze of God: The Tibhirine Journal of a Martyr Monk (1993-1996)* (Collegeville, MN: The Liturgical Press, Cistercian Publications, 2014), 68.

이야기이다. 바버라 리드가 “끈질긴 과부”(루카 18,1-8)의 비유라고 부르는 이 이야기이다.[109] 일반적으로, 부당한 재판관은 끈질긴 기도로 다가가야 하는 하느님의 이미지로 여겨지거나, 또는 그 재판관을 하느님의 자비와 대조시키는 이야기로 해석된다(이 두 해석은 모두 루카 복음 1절과 7절의 편집에 따른 것이다). 그러나 리드는 이러한 해석이 하느님을 매력적이지 않게 그려낸다고 주장한다. 리드의 제안에 따르면 이 내용은 원래 기도에 대한 비유가 아니라, 하느님의 끈질긴 정의 추구에 관한 비유이다. 여기서 하느님은 여성으로 불의는 재판관으로 묘사된다. 이 해석에 따르면, “이 비유는 비범한 등장인물들과 놀라운 결말을 통해 청중을 새로운 시각으로 이끌며, 하느님 나라에서의 정의가 어떻게 보이고 달성되는지에 대한 고정관념을 버리도록 요구한다. 또한 이 비유는 현재와 미래의 하느님 나라를 이루기 위해 정의를 추구하는 삶을 살아가도록 초대한다.”[110] 하느님 나라는 그 급진적인 킨십과 정의를 추구하는 여정을 결코 포기하지 않으며, 우리 모두를 그 여정에 참여하도록 초대한다.

예수의 죽음과 부활

하느님 나라를 구현하고 섬기며 선포한 예수의 이야기는 이스라엘의 새로운 시작을 위한 그의 ‘불타는 비전’을 형성한 급진적인 킨십의 이야기이다. 이러한 예수의 사명이 교회를 통해 공유되고 계승됨에 따라, 우리는 교회의 사명이 얼마나 광범위한지를 알 수 있다(이 주제는 4장에서 다룬다). 예수의 사명은 처음에는 성공을 약속했지만(마태 4,23-35; 마르 1,28; 루카 4,14-15; 요한 2,11), 얼마 지나지 않아 지역 종교 지도자의 반대를 받고

109 Reid, *Parables for Preachers, Year C,* 227-36.

110 Reid, *Parables for Preachers, Year C,* 233.

이후에는 예루살렘 종교 지도자들의 반대를 직면하게 되었다. 마르코 복음 3장은 일찍부터 "바리사이들은 나가서 곧바로 헤로데 당원들과 더불어 예수님을 어떻게 없앨까 모의를 하였다"(3,6)고 기록한다. 라틴계 신학자 비르질리오 엘리존도Virgilio Elizondo는 "그는 누구에게도 분개하지 않음으로써 모두를 분개하게scandalized 했다"고 날카롭게 지적한다. "아마도 그를 십자가에 가장 빨리 올리게 한 것은 누구와도 즐거운 시간을 보낼 수 있는 그의 의지와 능력이었을 것이다."[111]

이러한 행동은 로마 제국의 점령 아래 있는 이스라엘에서 강력한 정치적 함의를 가지고 있었다. 엘리자베스 존슨은 예수의 하느님 나라 전파가 로마에 대한 공개적인 혁명을 직접적으로 요구하지는 않았지만, 그렇다고 해서 예수의 개인적인 행동과 치유 활동 및 전복적인 가르침이 위험하게 인식되지 않았던 것은 아니라고 지적한다. 오히려 "하느님 나라가 오리라는 희망을 전파함으로써 새로운 평화와 정의의 질서를 가져오리라는 메시지가 현존하는 질서를 위협했다"고 말한다.[112] 틸리는 예수와 바리사이들, 사두가이들, 서기관들, 그리고 사제들 간의 논쟁이 내부적인 종교적 논쟁이었다고 말한다. 그러나 "당시 종교적 반대는 오늘날과 달리 정치적, 사회적, 경제적 반대와 분리될 수 없었으므로, 이러한 담론과 실천은 분리될 수 없었다"고 말한다.[113]

자신의 사명이 점점 더 많은 반대를 마주할 때마다, 그리고, 아마도 동시에. 더 많은 지지를 얻을 때마다, 예수가 앞으로 다가올 자신

111 Virgilio Elizondo, *A God of Incredible Surprises: Jesus of Galilee* (Lanham, MD: Rowman and Littlefield, 2003), 85, 92.

112 Johnson, *Creation and the Cross*, 93.

113 Tilley, *The Disciples' Jesus*, 57.

의 운명을 점점 더 자각했으리라고 추정하는 데 무리가 없다. 예루살렘에 입성하는 그의 모습은(마태 21,1-11; 마르 11,1-11; 루카 19,28-38; 요한 12,12-19) 사람들이 그를 혁명적 지도자로 여기는 것을 분명히 보여 주는 사건이었다. 엘리자베스 존슨은 "사람들은 예수를 기다려온 메시아로 환영했다. 이는 제국의 지배에 대한 도전이었다.… 어떤 로마의 식민지 총독이라도 그 가능성을 억제하고 싶어 할 것이다"라고 기술한다.[114]

여기서 감지할 수 있는 바와 같이 예수는 '화약고tinderbox'와 같은 상황에 처해 있었다. 이러한 상황에서 예수를 제거하기 위해 '로마는 신중하게 대응'했으리라고 추정할 수 있다.[115] 유대인 지도자들도 '온 민족이 멸망하는 것보다 한 사람이 백성을 위하여 죽는 것이 여러분에게 더 낫다'(요한 11,50)고 판단했다. 그들은 예수를 처형함으로써 자신들의 영향력과 부를 보호할 수 있으리라는 점도 깨달았다.[116] 역사적으로 '예수는 그가 끝까지 충실하게 지켰던 사명의 결과로 죽었다'고 말할 수 있다.[117] 예수 시대의 부패한 유대 지도자들은 그의 죽음을 계획하고, 예수의 제자 중 한 명을 배신하도록 유도했으며, 예수를 로마 정부에 넘겨 십자가형에 처하게 했다.

2012년 성금요일, 〈시드니 모닝 헤럴드Sydney Morning Herald〉는 호주의 인기 만화가 마이클 루니그Michael Leunig의 만화를 게재했다. 그림에는 갈보리의 세 개의 십자가가 있었고, 예수는 가운데에 매달려 있었다. 전경에는 두 명의 로마 병사가 있었다. 한 병사가 다른 병사에게 말

114 Johnson, *Creation and the Cross*, 91.

115 Fredricksen, *From Jesus to Christ*, 125.

116 Johnson, *Creation and the Cross*, 90; Tilley, *The Disciples' Jesus*, 57.

117 Johnson, *Creation and the Cross*, 86.

했다. "저걸 봐. 훌륭해! 지도자를 죽이면, 그 운동 전체를 근절할 수 있어."[118]

하지만 그리스도교 신앙은 이와 정반대의 일이 일어났다는 것을 알고 있다. 전체 운동이 절망 속에 무너지는 대신, 그리스도 예수의 부활로 운동은 새로운 생명을 얻었다. 스힐레벡스가 설명한 것처럼, 예수의 체포와 십자가형은 제자들을 흩어지게-몇몇 충실한 여성을 제외하고- 했지만, 며칠 후 그들은 다시 서로를 찾기 시작했다. 아마도 베드로나 마리아 막달레나가 서로에게 예수가 더 이상 죽어 있지 않고 살아 있다는 것을 조심스럽게, 때로는 믿지 못하며 이야기했기 때문일지도 모른다.[119] 엘리자베스 존슨은 빈 무덤이 어떤 방식으로든 예수가 죽은 자 가운데서 부활했음을 보여 주는 증거였다고 말한다. 그녀는 또한 제자들의 변모가 훨씬 더 설득력이 있다고 말한다. "슬픔에서 기쁨으로, 두려움에서 용기로 변화하면서, 그들은 사명을 가진 공동체로 다시 모였다.… 역사적으로 확인 가능한 것은 제자들의 신앙이다."[120]

신학자들이 지적했듯이, 예수의 부활은 단순히 시체의 소생이 아니었다.[121] 칼 라너Karl Rahner의 주장을 인용해 존슨은 "예수께서 죽음에서 그냥 말을 바꾸어 타고 간 것처럼 된 것은 아니다"[122]라고 말한다. 오히려 부활은 예수께서 죽음을 통과하여 우리의 상상을 초월하

---

118 "Good Friday, Jesus, and the Crucifixion by Michael Leunig," christianfunnypictures.com.

119 Schillebeeckx, *Jesus*, 328-29, 385-90.

120 Johnson, *Creation and the Cross*, 95.

121 Johnson, *Ask the Beasts*, 207.

122 Johnson, *Creation and the Cross*, 101; Karl Rahner, *Foundations of Christian Faith* (New York: Seabury, 1978), 264-84.

는 새로운 삶의 방식으로 들어가셨음을 의미한다. 존슨은 부활을 "예수께서 무無로 돌아가지 않고, 생명을 주시는 형언할 수 없는 하느님의 품으로 돌아가셨다"는 믿음으로 설명한다.[123] 예수의 사명과 번영하는 새로운 공동체에 대한 그의 메시지 측면에서 볼 때, 부활은 "이스라엘의 하느님이 이 예언자와 그가 말하고 행한 것을 지지하셨다는 것을 보여 주는 사건이었다."[124] 이 하느님은 자비롭고 관대한 하느님이며, 치유하기 위해 신성한 손을 기꺼이 더럽히시는 하느님, 사람들이 어찌해 볼 수 없는 힘으로부터 그들을 해방시키는 하느님, 가난하고 소외된 사람들과 당신을 동일시하며, 모든 사람을 환영하는 하느님이다.

예수의 부활은 그의 사명이 깊이 진실하고 옳았다고 하느님이 보증했음을 보여 주는 사건이다. 부활은 또한 예수의 사명이, 다시 모이고 용서받은 제자들의 공동체에서 계속될 것임을 확증했다. 예수는 요한복음 13장부터 17장까지의 "작별 설교"에서 이미 제자들의 사명에 대해 말했다. 이를 두고 마이클 J. 고먼은 예수의 "사명 설교"[125]라고 부른다. 부활 후, 요한복음에서 예수는 제자들을 아버지의 이름으로 보내며 "아버지께서 나를 보내신 것처럼 나도 너희를 보낸다"(요한 20,21)고 말씀하신다. 예수는 이를 성령의 능력으로 행하며, 이는 루카가 사도행전 2장에서 기록한 성령강림 사건을 예고한다. 요한의 기록은 또한 다른 복음서에서 제자들이 예수의 증인이 되기 위해 전 세계로 보내진다는 선교 명령을 예견한다(마태 28,17-20; 마르 16,15; 루카 24,47-49; 사도 1,7-8). 예수의 부활은 성령의 능력으로 교회를 통해 하느

123 Johnson, *Ask the Beasts*, 208.
124 Johnson, *Creation and the Cross*, 105.
125 Gorman, *Abide and Go*, 77.

님 나라를 구현하고, 보여 주며, 선포하는 그의 사명이 계속될 것임을 나타내는 사건이다.

예수와 교회의 기초

이 장의 처음에서 예수가 그리스도교 교회의 창립자라는 점이 그리스도교 신앙에서 근본적essential이라고 언급했다. 하지만 이제 이 지점에서 이 주장이 무엇을 의미하는지를 검토해야 한다.

1985년에 국제신학위원회가 발표한 문서는 더 전통적인 답변을 반영했다. "그리스도교 역사는 자신의 교회를 세우기 위한 그리스도의 의지와 뜻에 기초한다founded on."[126] 하지만 이 문서에서도 "기초foundation"라는 표현은 "교회의 모든 제도적 측면"을 직접적으로 세웠다는 의미로 사용된 것이 아니라, 보다 간접적이고 일반적인 방식으로 이 측면들을 확립했다는 의미로 사용되었다. 수년 후인 1992년, 『가톨릭교회 교리서Catechism of the Catholic Church』는 아마도 더 섬세한 접근 방식을 제시했다. 교리서의 접근 방식을 다음과 같이 한 문장으로 요약할 수 있다. "그리스도가 모든 행동으로 교회를 준비하고 세운다."(CCC 765) 이 진술과 문서의 맥락은, 예수가 교회를 창설했는지에 대한 현대 학계의 합의를 반영하고 있다. 리처드 가일라데츠Richard Gaillardetz는 "충실한 유대인"으로서 예수는 결코 "새로운 종교를 세우려 한 것이 아니다"라고 말한다. 그러나 예수가 유대교 내에서 종교적 혁명가였다는 주장은 과언이 아니다. 예수는 제자들에게 자신의 사명에 동참하도록 초대하고 그들을 선교에 파견했다. 그의 메시지 전반에서 우리는 예수가 죽은 후에도 하느님 나라를 위한 일이 계속

126 International Theological Commission, "The Consciousness of Christ Concerning Himself and His Mission" (3.2).

되기를 의도했음을 추정할 수 있다.[127]

닐 오머로드Neil Ormerod도 이 관점을 강조하고 있다. "비판적 역사학은 예수의 의도에 대해 여전히 논의의 여지를 남겨 두고 있지만, 신앙인이라면 아마도 교회의 존재가 예수의 의도와 완전히 일치한다고 확신할 수 있다. 교회의 출현은 예수의 사명이 끝난 후의 우연한 결과가 아니다."[128]

그렇다면 우리는 어떻게 예수를 교회의 창립자로 언급할 수 있을까? 40년 전, 가톨릭 신학자 프란시스 쉬슬러 피오렌자Francis Schüssler Fiorenza는 그의 저서 『기초 신학Foundational Theology』[129]의 중요한 한 장에서, 예수가 어떻게 실제적이고도 섬세한 방식으로 교회를 창설했는지를 이해할 수 있는 중요한 관점을 제시했다. 내 판단으로, 이 에세이는 시대를 초월해 여전히 유효하며, 그리스도교 신앙의 요구와 역사적 정확성을 모두 만족시키는 방법을 제공하는 데 유용하다. 쉬슬러 피오렌자의 관점은 "의미는 회고적이다meaning is retrospective"라는 확신에 기초하고 있다.[130] 즉, 사건의 전체 의미가 항상 즉시 드러나지 않는다는 것이다. 어떤 사건의 중요성은 그 사건이 발생한 후, 때로는 몇 년이 지난 후에야 명확해질 수 있다. 처음에는 매우 중요해 보였던 사건이, 시간이 지나면서 그 중요성이 달라질 수 있다. 마치 인생의 "그 사람"을 만났다고 생각했지만 그렇지 않았던 경우나, 주식 시

127 Richard R. Gaillardetz, *Ecclesiology for a Global Church: A People Called and Sent*, rev. ed. (Maryknoll, NY: Orbis Books, 2023), 18, 19.

128 Neil Ormerod, *Re-Visioning the Church: An Experiment in Systematic Historical Ecclesiology* (Minneapolis, MN: Fortress Press, 2014), 105.

129 Francis Schüssler Fiorenza, "A Reconstructive Hermeneutic of the Church's Foundation," *Foundational Theology: Jesus and the Church* (New York: Crossroad, 1984), 108-54.

130 Francis Schüssler Fiorenza, *Foundational Theology*, 111-12.

장의 일시적인 하락처럼 말이다. 이 장의 초고는 2020년 4월부터 6월 사이에 작성되었다, 이는 코로나19 팬데믹과 조지 플로이드George Floyd 사건의 여파가 있던 시기였다. 시간이 지나야 이 사건들이 얼마나 중요한지 알 수 있을 것이다. 현재로서는 이 사건들이 의료 접근성의 개선과 반인종주의에 대한 헌신을 이끌어내는 중요한 변화의 신호가 되기를 바랄 뿐이다.

그러나 어떤 사건들은 당시에는 사소해 보였지만, 시간이 흐른 후 역사 속에서 그 중요성이 커진 경우도 있다. 이러한 사건들의 의미는 그 사건을 일으킨 사람들의 의도나 그 당시 사람들이 부여한 의미와는 별개일 수 있다. 그러나 궁극적으로는, 그 사건들은 그 당시 그 어느 누가 예상했던 것보다 훨씬 더 큰 중요성을 가지게 된다. 예를 들어, 1955년 12월 1일에 앨라배마주 몽고메리의 버스에서 자리를 양보하지 않은 로자 파크스Rosa Parks는 그 사건이 아프리카계 미국인들의 거대한 인권 운동을 촉발하고 마틴 루터 킹 주니어Martin Luther King Jr. 박사의 활동을 이끌어내리라고는 상상하지 못했다. 마찬가지로, 1914년 6월 28일에 오스트리아의 프란츠 페르디난트Franz Ferdinand 대공을 암살한 세르비아인과 보스니아인들은 그들이 제1차 세계대전이라는 "쓸모없는 학살useless slaughter"(교황 베네딕토 15세의 표현)의 촉매제가 될 것이라고는 생각하지 못했다.[131] 프란시스 쉬슬러 피오렌자는 이에 대해 다음과 같이 말한다. "최초 사건의 주체들은 그것들을 제1차 세계대전의 시작으로 이해하지 못했다. 개별 사건의 의미는 각 사건이 연속적인 서사의 일부로 이해될 때에만 회고적으로 파악될 수

---

131 Benedict XV, Apostolic Exhortation Dès le Début," August 1, 1917, AAS (1917), 423. This document is otherwise known as "The Peace Note"; Benedict XV, *Lenten Letter to Cardinal-Vicar Pompili*, March 4, 1916, *New York Times*, March 6, 1916.

있다."[132]

이 원리를 교회의 설립 문제에 적용해 보면, 우리의 질문은 (구신학과 국제신학위원회의 문서가 주장하는 바처럼) 예수가 직접적으로 교회를 세우려는 의도가 있었는지intended가 아니라, 교회가 예수님에 의해 세워졌다고 믿는 우리의 신앙이 사후적으로 정당한 해석인지를 묻는 데 있음을 알 수 있다. 프란시스 쉬슬러 피오렌자가 말하는 "회고적 추론"에 따라, 의미가 어떻게 회고적으로 형성되는지를 고려하면, 예수님은 자신의 사명이 처형으로 끝날 것을 예견하면서, 자신의 사명이 죽음 이후에도 지속될 수 있도록 특정한 "구조"를 개발했음을 알 수 있다.[133] 예수의 부활 이후, 특히 성령-창조의 시작부터 이스라엘의 역사를 거쳐 요한에게 세례를 받은 이후 예수 자신의 삶에서 활동하셨던 그 성령-의 영향 아래 교회는 모든 사람과 모든 창조물 사이의 급진적 킨십의 혁명을 위한 예수님의 사명, 곧 하느님의 사명을 공유하고 이어 가는 공동체로서 등장하기 시작했다.

복음서에서 보듯이, 예수의 사명은 처음에 상당히 큰 성공을 거둔 것으로 보인다. 만약 배경음악이 흘러나온다면, 그것은 아마도 장조major key일 것이다. 마태복음은 이사야의 말씀인 "어둠 속에 앉아 있는 백성이 큰 빛을 보았다"(마태 4,16; 참조: 이사 9,2)를 인용하며 예수의 초기 활동을 설명한다. 예수가 갈릴리 전역을 다니시며 복음을 전파하고 사람들의 질병을 고쳐 준 결과로 "그의 소문이 시리아 전역에 퍼졌고," "갈릴리, 데카폴리스, 예루살렘, 유대, 요단강 건너편에서" "큰 무리"가 그를 따랐다는 사실을 이야기한다(마태 4,23-25 참조). 이 구절들은 5장에서 7장까지 이어지는 위대한 "산상수훈"의 무대를 마련한다. 다

132 Francis Schüssler Fiorenza, *Foundational Theology*, 112.
133 Francis Schüssler Fiorenza, *Foundational Theology*, 306-10.

른 복음서들도 비슷한 성공 이야기를 담고 있다. 마르코복음 1장, 루카복음 4장의 대부분(예수가 고향 사람들에게 거절당한 4,22-30 구절을 제외하고), 그리고 요한복음 2장이 그 예이다.

그러나 초기의 성공 이후, 배경음악은 빠르게 단조minor key로 변한다. 마르코복음 2장에서는 이미 예수가 서기관들(마르 2,6)과 바리새인들(마르 2,16, 24)의 의심과 반대에 부딪히는 모습을 볼 수 있으며, 이는 마르코복음 3장 6절에서 정점에 이른다. "바리새인들이 나가서 곧바로 헤로데 당원들과 더불어 예수를 어떻게 없앨까 모의를 하였다"는 기록이 그 증거다. 내가 루카복음 4장에서 언급한 것처럼, 예수는 처음에 존경을 받다가 점차 의심을 받고, 마침내는 증오와 살해의 위협을 받게 된다.

요한복음 6장에서는 예수의 사명에서 또 다른 전환점을 볼 수 있다. 이 장은 사람들이 예수에게 몰려드는 모습으로 시작하지만, 점차 적대적인 태도로 변하며, 이스라엘 백성이 모세와 아론에게 불평했던 것처럼 예수에게 불평을 제기한다(6,41; 참조: 민수 14,2; 시편 95,7b-9). 그리고 마침내 사람들은 예수를 떠나고, 심지어 제자들까지도 그를 버리게 된다(6,66). 예수에 대한 질문과 의심, 음모는 배신과 그의 죽음에 이르기까지 계속된다. 앞서 언급한 바와 같이, 배신과 체포와 죽음은 로마에 점령된 이스라엘의 복잡한 상황 속에서 발생한 결과이다. 이는 자신들의 영향력과 로마군의 보복을 걱정한 유대 지도자들에 의해 부추겨진 예수의 처형으로 이어졌다.

"예수는 어리석지 않았다"라고 엘리자베스 존슨은 쓴다. "그 시기는 매우 위험했다. 예언자들의 운명은 유대인들의 수사학에서 반복되는 주제였다. 예수는 자신에게 영향을 미친 세례자 요한의 강력한 설교를 알고 있었고, 요한이 현재는 머리 없이 묻혀 있는 것을 알고 있었다."[134] 예수는 점점 커져 가는 자신에 대한 반대가 결국 체포와 사형으로 이어질 것을 분명히 인식하고 있었다. 그러나 이전의 예언자들처럼, 그리고 오늘날의 현대적 예언자들, 예를 들어 시리아의 '국경없는의사회', 아마존 열대우림의 도로시 스탕Dorothy Stang, 남아프리카의 스티븐 비코Stephen Biko, 나치 독일의 디트리히 본회퍼Dietrich Bonhoeffer, 엘살바도르의 오스카르 로메로Óscar Romero와 동료들, 콜롬비아의 욜란다 세론 델가도Yolanda Cerón Delgado처럼, 예수도 자신의 사명에 대해 열정적이었다. 예수는 위험을 무릅쓰고 "예루살렘으로 향했다."(루카 9,51)[135]

그러나 예수는 자신의 사명이 계속되기를 원했던 것으로 보인다. 아마도 그는 자신이 완전히 신뢰하는 하느님께서 자신을 버리거나 그의 일을 중단시키지 않을 것이라는 직감을 가지고 있었을지도 모른다. 그는 이미 동등한 제자들로 이루어진 "새롭고 급진적인 가족"을 이루고 있었고, 예수는 "동등한 자들 가운데 첫째"였다.[136] 예수가 설립한 "열두 사도"는 원래 이스라엘의 열두 지파를 상징적으로 재구성한 것이었으며,[137] 이 공동체가 미래에도 지속될 수 있는 구조를 갖출 가능성을 열어 주었다. 마태오복음 16,13-20에 나타나는 베드로의 사명의 정확한 성격을 두고 학계에서 많은 논의가 있지만, 예수가 어느 시점에 베드로를 제자들, 특히 열두 사도 내에서 일종의 지도자로 임명했다는 점에는 의심의 여지가 없다. 그러나 오늘날 학계의 합의는, 마태오복음에 나오는 베드로의 사명 장면이 "부활 후의 신앙

---

134 Johnson, *Creation and the Cross*, 87.

135 Johnson, *Creation and the Cross*, 87.

136 Francis Schüssler Fiorenza, *Foundational Theology*, 135; Elisabeth Schüssler Fiorenza, *In Memory of Her*; Tilley, *The Disciples' Jesus*, 123.

137 Gaillardetz, *Ecclesiology for a Global Church*, 18.

고백을 예수의 생애 이야기로 소급해서 삽입한 것"으로 보는 것이다.[138] 그럼에도 불구하고 복음서들은 베드로를 열두 사도의 대변자로 묘사하고 있다(마태 18,21; 마르 8,29, 9,5; 요한 6,67-69 참조). 베드로는 항상 열두 사도 명단에서 가장 먼저 언급되며(마태 10,1-4; 마르 3,13-19; 루카 6,12-16), 예수의 활동에서 중요한 순간마다, 야고보, 요한과 함께 예수와 동행했다(예를 들어, 마르코복음 9,2-8의 영광의 변모 사건과 마르코복음 14,33의 겟세마네 동산 사건). 확실히 성령강림 이후와 사도행전에서도 베드로는 초기 교회의 지도자였다(예를 들어, 사도행전 2,14-36, 3,11-26).

또한 중요한 점은, 예수가 자신을 기념하기 위해 제정한 식사가 있다는 것이다. 복음서들은 예수가 죽기 전날 밤 제자들과 특별한 식사를 했다는 강력한 증언을 전하며, 이 증언은 바오로의 고린도전서(1고린 11,23-25)와 세 개의 공관 복음서 모두에 포함되어 있다(마태 26,26-29; 마르 14,22-25; 루카 22,14-20). 비록 요한복음에서는 이 명령이 등장하지 않지만, 예수가 제자들에게 서로의 발을 씻으라고 명한 것은 명백히 성찬의 의미를 상기시키는 장면이다.[139] "나를 기념하여 이를 행하라"는 말씀은 당시 제자들에게는 큰 의미가 없었을지도 모르지만, 예수가 부활한 후, 빵을 떼는 것은 예수를 알아보는 방법이 되었고(루카

---

138 M. Eugene Boring, "The Gospel of Matthew: Introduction, Commentary, and Reflections," *The New Interpreter's Bible: A Commentary in Twenty Volumes*, vol. 8, ed. Leander E. Keck et al., 87-505 (Nashville, TN: Abingdon, 1995), 344n354. 전통적인 교회론 자료로는 Raymond E. Brown, Karl P. Donfried, and John Reu*men, eds., Peter in the New Testament* (Minneapolis, MN: Augsburg, 1973)를 참조하라. 틸리는 마르코복음 8,27-30의 이야기를 다루는 가운데 마태오와 루카복음의 비유(루카 9,18-21)를 언급한다. 이에 관해서는 Tilley, *The Disciples' Jesus*, 79-81쪽 참조.

139 Francis J. Moloney, "'He Loved Them to the End': Eucharist in the Gospel of John," *Johannine Studies* 1975-2017, Wissenschaftliche Untersuchen zum Neuen Testament 372 (Tübingen: Mohr Siebeck, 2017), 427-50; Sandra M. Schneiders, "The Foot Washing (John 13,1-20): An Experiment in Hermeneutics," *Catholic Biblical Quarterly* 43 (1981): 81n22; Ronald Rolheiser, "The Eucharist as Washing Each Other's Feet," April 1, 2001.

24,13-35), 성령강림 체험 이후에는 예수 운동에 참여한 사람들을 구별하는 중요한 표식이 되었다(사도 2,42, 20,7).

예수의 죽음은 예수 운동에 종지부를 찍은 것처럼 보였다. 제자들은 실망하여 예루살렘을 떠나고 있었다. 우리는 이 장면을 루카복음 24장의 엠마오로 가는 두 제자나 요한복음 21장의 "고기를 잡으러" 간 일곱 제자에게서 확인할 수 있다. 그런데 제자들은 점차 예수가 죽은 것이 아니라 살아 있다는 사실을 깨닫게 되었다. 이에, 제자들은 다시 모이기 시작했고, 특유의 지도력을 갖추며 부활한 예수의 존재를 상기시키는 공동체가 되었다. 예수는 실로, 이후 서서히 성장하여 교회가 될, 이 공동체를 위한 기초를 놓고 씨앗을 심었다. 이렇게 탄생한 공동체는 예수의 "타오르는 비전"을 이어받아 인류와 하느님 사이, 인류와 모든 창조물 사이, 그리고 지구의 모든 민족 사이에 새로운 킨십을 구축할 것이다. 교회는 세상에서 정의를 증언하고 실현하려 하는 공동체, 지구 끝까지 하느님의 자비를 증언하고 전파하는 공동체, 하느님이 모든 인간과 모든 창조물에게 제공하는 치유와 온전함을 증언하고 전파하는 공동체가 될 것이다.

그러나 이 공동체가 언제나 항상 창립자의 이상을 실현한다고 말할 수 없다. 때로는 그의 비전을 거의 완전히 배신할 수도 있다. 여성을 주변화하거나, 다른 문화와 종교 신념을 가진 사람들을 배척하거나 심지어 박해할 수도 있으며, 엄격한 계급제와 윤리규범을 수립할 수도 있다. 심지어 자신을 하느님 나라와 동일시할 수도 있다. 우리는 여기서 하느님 나라는 이 공동체가 구현하고, 증명하고, 전파할 실재라는 점을 짚어두어야 한다. 하지만 중요한 것은 "지옥의 문the gates of Hades"이 이 공동체를 이기지 못할 것이라는 점이다. 이 공동체는–물론 완벽하지는 않겠지만–하느님의 특별한 백성으로서, 이 세상 안에서 창립자의 지속적이고 적극적인 현존이 될 것이다. 또한 이들은 성령의 위로와 깨우침, 놀라움과 도전을 선사하는 존재가 될 것이다. 이 공동체는 죄인이면서도 거룩한 제자들의 공동체, 분열되어 있으면서도 세례를 통해 통일된 공동체가 될 것이며, 다양성을 즐기면서도 종종 다양성을 의심하게 될 것이다. 교회는 사도적 정체성에 뿌리를 두고 있으며, 이 세상에서 삼위일체 하나님의 사명을 나누고 이어 나갈 것이다.

이스라엘 내의 한 파벌이었던 예수 운동은 유대교 내에서 독특한 분파가 되어, 유대교의 뿌리에 깊이 연결되면서도 구별된 실체가 될 것이다.[140] 그러나 그 성장은 예수의 부활 이후 나타난 공동체가 성령의 기름부음을 받았을 때, 그리고 그 성령이 점진적이지만 확고하게 유대교를 넘어 보편적 선교로 나아가게 되었을 때에만 이루어질 것이다. 한스 큉Hans Küng은 이 장을 요약하면서 "교회의 기원은 부활절 이전의 예수의 의도와 메시지에만 있는 것이 아니라, 예수의 삶과 활동의 전체 역사에 있다. 즉, 예수 그리스도 안에서 일어난 하나님의 모든 활동, 예수의 탄생, 그의 활동과 제자들의 부르심, 그의 죽음과 부활, 그리고 부활의 증인들에게 성령을 보내신 사건에 있다"[141]고 썼다.

이제 우리는 그 증인들에게 성령을 보내시는 사건으로 돌아가서, 부활하신 그리스도와 함께 계속 일하시는 성령이 어떻게 마르틴 루

---

140 John H. Elliott, "The Jewish Messianic Movement: From Faction to Sect," *Modelling Early Christianity: Social Scientific Studies of the New Testament in Context,* ed. Philip Francis Esler (London: Routledge, 1995), 75-95; Bruce J. Malina, "Early Christian Groups: Using Small Group Formation Theology to Explain Christian Organizations", in Esler, *Modelling Early Christianity,* 96-113.

141 Hans Küng, *The Church* (New York: Sheed and Ward, 1967), 76.

터Martin Luther의 표현처럼 "교회를 만드는 일"을 시작하셨는지, 성령이 역사 전반에 걸쳐 해 오신 그 창조의 과정을 살펴보려고 한다.[142]

142 Martin Luther, *Katechismuspredigen*, D. Martin Luthers Werke, Kritischegesamtausgabe, 11. Band (Weimar: Hermann Böhlaus Nachfolde, 1900), Weimar Aufgabe 11, 53.

2장

그리스도의 영과 교회의 탄생

1장에서 우리는 교회가 예수 그리스도의 사명에 뿌리를 두고 형성되었음을 보았다. 예수 자신이 하나님의 사명에 뿌리를 두고 성령의 인도를 받았음을 알 수 있었다. 또한 우리는 교회가 예수에 의해 창립했다고 말할 수 있지만, 이는 매우 섬세한 의미에서만 성립한다는 점을 살펴보았다. 이후의 내용에서 이 섬세한 이해를 더욱 깊이 있게 다룰 것이다. 이 장에서는 선교하는 공동체로서의 교회를 이해하는 데 중요한 개념을 다룬다. 교회는 경계를 넘어 이동하고 선교에 참여함으로써 비로소 교회로서 존재하게 된다. 성서학자 마르틴 켈러Martin Kähler는 20세기 초반에 선교가 '신학의 모태mother'라고 지적했다. 그러나 로저 슈뢰더Roger Schroeder와 나는 우리의 책 『Constants in Context』에서 선교를 "교회의 모태"로 이해할 수도 있다고 제안한다.[143]

143 Martin Kähler, *Schriften zur Christologie und Mission* (Munich: Chr. Kaiser Verlag, 1971; originally published in 1908), 190; David J. Bosch, *Transforming Mission: Para-*

사도행전

신약성경에서 특히 사도행전은 교회가 자기정체성을 이해하는 과정에서 중요한 발전 단계를 추적하며, 교회의 본질에 대한 역사적 기초를 마련하는 가운데 교회가 "본질적으로 선교적인 교회"(AG 2)임을 명시한다.[144] 현대 주석가들은 루카가 저술한 두 권으로 이루어진 작품의 목적이, "예수가 하느님의 통치를 구현하고 증명하며 선포했던 그 사명을 예수의 죽음과 부활 이후에 생겨난 공동체가 진정으로 공유하고 지속했음을 보여 주는 것"이라고 말한다. 로버트 월Robert Wall이 주장하듯이, 사도행전에 등장하는 교회 구성원들은 "예수와 같은 예언자prophets-like-Jesus"로 묘사된다.[145]

---

digm Shifts in Theology of Mission (Maryknoll, NY: Orbis Books, 1991), 16; Stephen B. Bevans and Roger P. Schroeder, *Constants in Context: A Theology of Mission for Today* (Maryknoll, NY: Orbis Books, 2004), 11.

144 이 장에서 이어지는 내용은 2004년에 로저 슈뢰더와 함께 쓴 책 *Constants in Contex*의 1장을 개정하고 업데이트한 버전이다. 원래 이 장의 '주 저자'는 나였지만, 책의 모든 부분에서 그랬듯이 우리 둘 다 각 장에 중요한 영향을 미쳤고, 거의 20년이 지난 지금은 누가 무엇을 기여했는지 기억하지 못한다. 나는 로저의 허락을 받아 이 사도행전에 대한 성찰을 수정했지만, 내용의 변경이나 오류에 대한 모든 책임은 전적으로 나에게 있다.

145 Robert W. Wall, "The Acts of the Apostles: Introduction, Commentary, and Reflection," *The Interpreter's Bible: A Commentary in Twelve Volumes*, vol. 10, ed. Leander E. Keck et al. (Nashville, TN: Abingdon, 2002), 18, 31-32, 38; Carroll Stuhlmueller and Donald Senior, *The Biblical Foundations for Mission* (Maryknoll, NY: Orbis Books, 1983), 255-56; Mark Allan Powell, *What Are They Saying about Acts?* (Mahwah, NJ: Paulist Press, 1991), 47; Gerhard Krodel, *Acts* (Minneapo-lis: Augsburg, 1986); Luke Timothy Johnson, *The Acts of the Apostles*, Sacra Pagina 5 (Collegeville, MN: The Liturgical Press, 1992), 1; Jacques Dupont, *The Salvation of the Gentiles* (New York: Paulist Press, 1979), 9. 사도행전의 첫 구절들(특히 1,3 참조)은 예수가 제자들에게 '하느님의 나라에 관하여' 말씀하시는 장면을 서술한다. 또한 마지막 구절은 로마에서 바오로가 '하느님의 나라를 선포하며 주 예수 그리스도에 대해 거리낌 없이 담대하게 가르치는' 모습을 묘사한다. 교회는 핍박 속에서도 예수가 행한 일을 계속해 나간다. vanThanh Nguyen, "The Acts of the Apostles," *The Jerome Biblical Commentary for the Twenty-First Century*, ed. John J. Collins, Gina Hens-Piazza, Barbara Reid, and Donald Senior, 3rd fully rev. ed. (London: T. & T. Clark, 2022), 1455.

사도행전은 그리스도교 **선교**mission의 기원에 대한 주요 정보원으로 인정받고 있다. 그러나 로저 슈뢰더와 나는 사도행전이 교회가 스스로를 **교회로서**as church 이해하기 시작한 최초의 신약성서 자료이기도 하다고 주장한다.[146] 성서학자이자 오랫동안 인도에서 선교사로 활동한 뤼시앵 르그랑Lucien Legrand은 "루카에게 있어 교회를 교회답게 만드는 것은 선교이며, 교회의 중심에 있는 실체는 말씀을 확장하려는 성령의 추진력이다"[147]라고 말한다.

물론 사도행전은 신약성서 신학과 선교 신학의 한 갈래일 뿐이다. 이 책에서 당연시되는 많은 부분을 보다 자세히 다루는 방대하고 풍부한 문헌이 존재한다.[148] 또한 현대 학자들이 지적하듯이, "로마 제국으로의 선교가 예수 운동이 초기 확장된 유일한 방향은 아니었으며, 그 선교가 취한 유일한 신학적 방향도 아니었다."[149] 이러한 다른

---

146 Wall, "The Acts of the Apostles," 9; Justo L. González, *Acts: The Gospel of the Spirit* (Maryknoll, NY: Orbis Books, 2001), 7-8; Lucian Legrand, *Unity and Plurality: Mission in the Bible* (Maryknoll, NY: Orbis Books, 1990), 91; Stuhlmueller and Senior, *The Biblical Foundations of Mission*, 255; John Stott, *The Spirit, the Church, and the World: The Message of Acts* (Downers Grove, IL: InterVarsity Press, 1990), 5.

147 Legrand, *Unity and Plurality*, 92.

148 Bosch, *Transforming Mission*, 56-122; Stuhlmueller and Senior, *The Biblical Foundations of Mission*; William J. Larkin Jr. and Joel F. Williams, *Mission in the New Testament: An Evangelical Approach* (Maryknoll, NY: Orbis Books, 1998); Johannes Nissen, *New Testament in Mission: Historical and Hermeneutical Perspectives* (Pieter-len/Bern, Switzerland: Peter Lang, 2006); Teresa Okure, *The Johannine Approach to Mission: A Contextual Study of John 4.1-42.* Wissenschaftliche Untersschungen zum Neuen Testament 2/31 (Tübingen: Mohr Siebeck, 1988); vanThanh Nguyen, "The Final Testimony of Missio Dei: A Missiological Reading of Revelation", *Christian Mission, Contextual Theology, Prophetic Dialogue*, ed. Dale T. Irvin and Peter C. Phan (Maryknoll, NY: Orbis Books, 2018), 3-16; John Deane, "The New Song, the New Creation and the New City: The Missional Perspective of Revelation", PhD diss., University of Divinity, Melbourne, Australia, 2020.

149 Samuel Hugh Moffett, *A History of Christianity in Asia*, vol. 1: *Beginnings to 1500*, 2nd ed. (Maryknoll, NY: Orbis Books, 1998); Dale T. Irvin and Scott W. Sunquist, *A History of the World Christian Movement: Earliest Christianity to 1453* (Maryknoll, NY:

선교 노력은 분명히 이방인들의 개종을 포함했지만, 적어도 결국 예수를 따르는 동방 시리아의 선교사들은 소아시아와 유럽에서 바오로가 전도한 공동체들보다 훨씬 더 유대-그리스도교적이었다. 사도 토마스로부터 시작된 인도에서의 초기 선교 노력은 아마도 그 지역의 유대 상인들을 대상으로 한 선교 활동이었을 것이다.[150]

그러나 신약성경이나 다른 어떤 초기 그리스도교 자료도, 초기 교회가 성령의 인도 아래 어떻게 '편안한 영역comfort zone'을 벗어나 모든 민족과 문화 및 삶의 형태를 포용하게 되었는지를 사도행전만큼 생생하게 묘사하지 않는다. 쿠바계 미국 학자 후스토 곤잘레스Justo González의 매력적인 주석의 부제처럼, 사도행전은 참으로 "**성령의 복음**The Gospel of the Spirit"이다. 아프리카계 미국 신학자 윌리 제닝스Willie Jennings는 이렇게 말한다. "사도행전 이야기에서 중심인물은 단 하나다. 바로 하느님, 성령이다… 이것은 하느님의 드라마, 하느님의 완전한 드러냄이다. 카드는 모두 테이블 위에 놓여 있고, 커튼은 벗겨졌으며… 이 모든 것은 돌이킬 수 없는 방식으로 진행된다."[151]

사도행전은 루카가 작성한 간결하고, 다소 '일직선적'이며,[152] '주의 깊게 구성된',[153] 이상화되고 체계화된[154] 신학적이고 변론적인[155] 역사

Orbis Books, 2001); Vince L. Bantu, *A Multitude of All Peoples: Engaging Ancient Christianity's Global Identity* (Downers Grove, IL: IVP Academic, 2020).

150 Bevans and Schroeder, *Constants in Context*, 75, 79.

151 González, *Acts, 8; Willie James Jennings, Acts* (Louisville, KY: Westminster John Knox, 2017), 1.

152 Martin Hengel, *Acts and the History of Earliest Christianity* (Philadelphia: Fortress Press, 1980), 126.

153 Johnson, *The Acts of the Apostles*, 16.

154 Stephen G. Wilson, *The Gentiles and the Gentile Mission in Luke-Acts* (Cambridge: Cambridge University Press, 1963), 261-62.

155 Wall, "The Acts of the Apostles," 18; Jennings, *Acts*, 2; Nguyen, "The Acts of the

이다. 이는 그리스도교 공동체의 초기 몇 년, 몇 달, 몇 주에 관한 것이다. 루카는 역사학자로서 대체로 신뢰할 만하다고 여겨지지만, 비판적인 시각으로 읽어야 한다는 의견도 있다. 사도행전에서 이방인 선교를 연구한 스테파노 G. 윌슨Stephen G. Wilson은 다음과 같은 결론을 맺는다.

> 루카는 비록 항상 성공하지는 못하더라도, 좋은 역사를 쓰고자 한다.… 루카는 분명히 사건에 대한 자신만의 해석을 명확히 했지만, 독자 자신의 해석을 구성할 수 있도록 충분한 공백과 미완의 부분을 남겼다. 이는 그의 기본적인 정직성을 잘 보여 준다. 세심하고 비판적인 독자라면, 사도행전이 역사적 가치가 매우 높은 자료임을 알 수 있다.[156]

루카가 작성한 역사 서술은 신학적이다. 베벌리 가벤타Beverley Gaventa는 "루카의 신학은 그가 전하는 이야기와 복잡하게 얽혀 있으며, 이 둘은 분리될 수 없다"[157]고 말한다. 사도행전에는 역사적 정확성이 포함되어 있을 수 있다. 그렇지만 루크 티머시 존슨Luke Timothy Johnson이 주장하는 바와 같이, 보다 중요한 점은 루카가 역사를 사용하여 "신학적 비전에 문학적 형태를 부여하는 방법"[158]이다. 제닝스는 루카의 신학을 오늘날의 신학적 논의와 연결시킨다. "그는 독자들이 과거를 통해 미래를 보게 하고, 현재를 이해할 수 있도록 하고 싶어한다. 이 면에서 그의 역사는 지금이다. 성령이 왔고, 루카는 하나님의 움직임

Apostles," 1448.

156 Wilson, *The Gentiles and the Gentile Mission in Luke-Acts*, 267.

157 Beverley R. Gaventa, "Toward a Theology of Acts: Reading and Rereading," *Interpretation* 41 (1988): 150; Wall, "The Acts of the Apostles," 18.

158 Johnson, *The Acts of the Apostles*, 1.

을 어떻게 인식하는지를 서술할 것이다. 이것이 그의 아젠다이다."[159] 루카의 신학은 성령의 신학이다. 성령은 공동체를 그들 자신도, 아마도 신실한 유대인인 예수조차도 상상하지 못했을 사고와 행동의 방식으로 끊임없이 부드럽게 이끌어간다. 성령은 창조의 시작부터 작용해 온 것처럼 사도행전에서도 미션을 수행한다. 바로 이 동일한 움직임과 부드럽지만 끈질긴 현존이 오늘날 그리스도인들이 경험하는 것이며, 성령은 새로운 시대와 새로운 상황에서 교회를 부르고 있다.

루카의 이야기는 교회의 의식 발전을 매우 체계적으로 서술한다. 그의 복음서에서 사건의 흐름은 예루살렘을 향하며, 예수는 그곳에서 죽임을 당하고 부활하신 존재로 경험된다(마태복음이나 요한복음서와 달리, 루카는 갈릴리에서의 부활 장면을 서술하지 않고 예루살렘에서 일어난 부활 장면만 서술한다). 사도행전에서는 사건이 예루살렘에서 유대와 사마리아로, 그리고 '땅 끝까지'(사도 1,8 참조) 확장된다. 미션이 형성되면서 교회도 형성되었다. 이것은 당시에도 사실이었고, 제닝스가 말한 것처럼 지금도 마찬가지이다.

이번 장에서 사도행전을 살펴보며, 우리는 루카의 탁월한 신학적 이야기 속에서 여덟 가지 뚜렷한 단계를 찾아볼 수 있다.[160] 각 단계는 공동체가 자신의 사명을 이해하고 교회로서의 정체성을 확립하는 과정에서 특정한 순간을 나타낸다. 이 발전 과정을 통해 보여 주고자 하는 것은 교회가 본래부터 "본질적으로 선교적"(AG 2)이라는 점이다. 다시 말해, 선교는 교회에 앞서 존재했을 뿐만 아니라, 교회의 존재 자체를 구

---

159 Jennings, *Acts*, 2.

160 *Constants and Context*에서 슈뢰더와 나는 사도행전에서 일곱 가지 발전 단계를 파악했다. 이후 몇 년간 나는 한 가지 단계를 더 발견했고 이를 원래의 체계에서 4단계와 5단계 사이에 추가했다.

성하는 요소다.

제1단계: 오순절 전 예수의 제자들

사도행전의 첫 구절은 예수, 즉 부활하신 그리스도와 성령을 다시 한 번 연결한다. 예수는 '자신이 택한 사도들에게 성령을 통해 지시를 내리신다'(1,2)고 한다. 곤잘레스는 루카 복음서와 사도행전이 얽혀 있다고 지적한다. 그는 "첫 번째 책에서는 예수가 육체적으로 존재했을 때 성령이 그를 통해 작용했고, 두 번째 책에서는 승천 후 예수가 성령을 통해 계속해서 활동할 것이다"[161]라고 말한다. 예수의 가르침은 당연히 하느님 나라에 관한 것이지만, 이 시점에서 예수는 제자들에게 예루살렘에서 머무르며 "며칠 뒤에"(1,5) 성령이 임할 때를 기다리라고 말씀하신다. 예수가 이 말씀을 전하자, 열두 제자는 이것이 하느님 나라가 "지금"(1,6) 시작된다는 의미인지 묻는다. 이는 성령이 곧 임할 것이라는 기대다. 예수는 정확한 시기는 그들이 알 바가 아니라고 답하며, 성령이 내리시면 그들이 힘을 받아 "예루살렘과 온 유대와 사마리아, 그리고 땅 끝에 이르기까지"(1,8) 예수의 증인이 될 것이라고 말씀하신다.

예수의 이 지시는 사도행전의 전개 과정을 잘 설명해 준다. 루카는 성령이 공동체를 선교와 정체성으로 인도할 방법을 묘사하고 있다. 그러나 이 명령이 역사적 사실과 일치한다고 믿기는 어렵다. 윌슨은 루카가 부활한 예수의 입을 빌려 이러한 말씀을 하게 한 것은 루카와 초기 공동체가 이방인을 향한 선교와 교회의 출현이 실제로 예수에 의해 명령되었다고 믿었음을 반영한다고 설명한다. 그러나 이후의 서사가 시사하는 바는, 이 시점의 공동체가 예수로부터 받은 그

161 González, *Acts*, 15; Nguyen, "The Acts of the Apostles," 12.

러한 명확한 지시를 전혀 인식하지 못하고 있었다는 것이다.[162] 루카는 이방인 선교가 본격화되고 예루살렘이 파괴된 시점인 80년대에 이 글을 쓰며, 교회의 출현이 하느님의 뜻에 따라 성령의 능력으로 이루어진 것임을 확신하고 있었다. 윌슨에 따르면, 예수의 이 말씀은 사도행전의 서술과 모순되는 부분이 있지만, "이방인 선교가 초기 교회의 번뜩이는 아이디어에서 비롯된 것도 아니고, 우연히 발생한 것도 아니라는" 루카 시대 공동체의 확신을 강조하고 있다. 이방인 선교는 예수님의 말씀에 뿌리를 두고 있으며, 그의 지상 활동에서 약속으로, 부활 후에는 명령으로 주어졌다[163]

제자들이 하느님 나라의 시작에 대해 묻는 것은 그들이나 예수 자신이 이 사건이 곧 일어날 것으로 기대했음을 보여 준다. 이후 제자들의 행동이 이를 뒷받침한다. "흰옷을 입은 두 사람"(1,10)은 놀란 제자들에게 예수가 하늘로 올라가신 모습 그대로 다시 오실 것이라고 말한다(1,11). 그러나 윌슨이 '강렬한 종말론적 기대'[164]라고 부르는 분위기가 사도행전의 초기 절과 장에 내포되어 있음에도 불구하고, 제자들은 즉시 "유대, 사마리아, 땅 끝까지"로 나아가지 않는다. 대신 예수가 그들 눈앞에서 사라진 후, 그들은 예루살렘으로 돌아가 예수의 재림을 기다린다.

이러한 임박한 종말에 대한 기대를 보여 주는 또 다른 징후는 열두 사도의 수를 채우기로 한 결정과 그 후 마티아를 선출한 것이다(1,15-26). 1장에서 언급된 것처럼 열두 사도의 제정은 이스라엘의 열두 지파가 온전하게 회복되면서 하느님 나라가 지금도 인간 역사에 침

---

162 Wilson, *The Gentiles and the Gentile Mission in Luke-Acts*, 258.

163 Wilson, *The Gentiles and the Gentile Mission in Luke-Acts*, 243.

164 Wilson, *The Gentiles and the Gentile Mission in Luke-Acts*, 257.

투하고 있음을 선언하는 상징적인 행동이었다.[165] 이스라엘의 "회복restoration" 개념은 예수 시대의 종말론적/메시아적 기대의 중요한 부분이었으며, 이는 루카의 신학에서 중요한 주제로 등장한다.[166] 이제 예루살렘에서 종말을 기다리며, 열두 사도는 유다의 배신과 죽음 이후 다시 구성되었고, 새로 선택된 마티아가 예수의 부활을 증언할 자격을 갖추었는지 확인했다("주 예수님께서 우리와 함께 지내시는 동안 줄곧 우리와 동행한 이들 가운데에서, 곧 요한이 세례를 주던 때부터 시작하여 예수님께서 우리를 떠나 승천하신 날까지 그렇게 한 이들 가운데에서 한 사람[1,21-22]"). 예수는 열두 사도가 이스라엘의 열두 지파를 심판하기 위해 옥좌에 앉을 것이라고 말씀하셨다(루카 22,30; 마태 19,28). 마티아를 선출한 것은 모든 그 옥좌가 차 있도록 보장하기 위한 것이었다![167] 마티아 선출의 중요성을 보여 주는 또 다른 징후는, 나중에 헤롯이 야고보(요한의 형제이자 제베대오의 아들)를 처형했을 때(12,1-2), 열두 사도 중 한 명을 대신 선출하려는 시도가 없었다는 점이다. 이 시점에서 공동체는 이스라엘의 민족적 회복이 더 이상 그들의 미래가 아님을 인식하게 되었고, 따라서 열두 사도가 가진 상징적 의미와 종말론적 긴박함은 중요성을 잃어 갔다.

그러나 이제 그들은 기다리고 있었다. 제임스 G. 던James G. Dunn은 "부활한 예수의 체험과 예수의 하느님 나라에 대한 가르침"이 제자들

---

165 Hans Küng, *The Church* (New York: Sheed and Ward, 1967); Lode Wostyn, *Doing Ecclesiology: Church and Mission Today* (Quezon City, Philippines: Claretian Publications, 1990); R. Collins, "The Twelve," *The Anchor Bible Dictionary*, ed. D. N. Freedman (New York: Doubleday, 1992).

166 David L. Tiede, "The Exaltation of Jesus and the Restoration of Israel, Acts 1," *Harvard Theological Review* 75 (1986): 278-86; Arthur M. Wainwright, "Luke and the Restoration of the Kingdom to Israel," *Expository Times* 89 (1977-78): 76-79.

167 David Stanley, "Kingdom to Church," *The Apostolic Church in the New Testament* (Westminster, MD: The Newman Press, 1966), 8.

로 하여금 "이스라엘에 왕국이 곧 회복될 것이라고 믿게 했다"[168]고 말한다. 이러한 기대는 이스라엘 예언자들의 희망과 완전히 일치하는 것이었다. 그러나 기도하며 기다리던 이 시기에는 "불확실성, 어색함, 그리고 무력감"이 존재했으며, 이는 오순절에 성령이 강림함으로써 해결될 문제들이었다.[169]

제2단계: 오순절과 그 이후의 예수의 제자들

"오순절이 되었을 때"(사도 2,1), 공동체는 분명히 종말론적 성취를 경험했지만, 그 성취는 그들이 예상했던 것과는 많이 달랐다. 제닝스는 많은 해설자들과 함께 이 구절에서 "교회의 탄생"을 목격한다고 주장한다.[170] 나는 제닝스의 이러한 주장이 완전히 정확하지는 않다고 주장하려 하지만 그럼에도 불구하고 "이 아이this child는 예상되지 않았다"[171]는 제닝스의 주장은 옳다. 예상되었던 메시아 시대의 극적인 개시는 예수의 재림이 아닌 성령의 강림을 통해 이루어졌다. 예수가 요한에게 세례를 받은 후에 임했던 것처럼 성령은 공동체에 예언의 은사를 부여했고,[172] 베드로는 이 새롭게 은사를 받은 공동체의 대변인이 되었다. 베드로는 그의 연설(2,14-40)에서 루카가 편집한 요엘 예언서의 구절을 인용하는데[173] 인용한 구절에서 요엘은 종말론적 시대에 모든 인류에

---

168 James G. Dunn, *The Acts of the Apostles* (Peterborough, UK: The Epworth Press, 1996), 10.

169 Dunn, *The Acts of the Apostles*, 18.

170 이는 분명한 공통 견해이다. 예를 들어 Jennings, *Acts*, 32; Nguyen, "The Acts of the Apostles," 1459.

171 Jennings, *Acts*, 32.

172 Yves Congar, *I Believe in the Holy Spirit*, vol. 1, *The Experience of the Spirit* (New York: The Seabury Press, 1983), 19; Nguyen, "The Acts of the Apostles," 1460.

173 Wall, "The Acts of the Apostles," 64.

게 성령이 부어질 것이라고 예언한다(2,17). 베드로는 부활한 예수를 주님과 동일시하며 사람들에게 주님의 이름을 부르라고 권고한다.

오순절의 경험은 공동체가 예상했던 것과는 달랐지만, 그것은 여전히 유대교의 맥락에서 해석될 수 있는 사건이었다. 사도행전의 이야기가 전개되면서 "교회"로 불리게 될 공동체는 아직 완전히 태어난 것은 아니었지만, 예루살렘 공동체는 작지만 중요한 한 걸음을 내디뎠다. 오순절에 일어난 일은, 공동체의 새로운 이해에 따르면, 최종 종말이 아니라 예수 운동에 참여했던 제자들이 이스라엘의 "복원된 남은 자가 되는" 성취였다.[174] 예수 공동체는 이제 이스라엘이 (지도자들의 손에 의해) 예수를 메시아로 받아들이지 않은 것을 거부했던 것을 넘어, 이스라엘에게 두 번째 기회를 주기 위해 자신들이 선택되었다고 생각하기 시작했으며,[175] "이 부패한 세대"로부터 구원을 받기 위해(사도 2,40) 노력했다. 데이비드 스탠리David Stanley는 오순절의 격렬한 사건 이후 공동체에 드리워진 이해를 설명한다. 그들이 이 시점에서 깨달은 것은 다음과 같다.

> "마지막 시대last age"가 두 가지 순간으로 이루어져 있다는 것이었다. 첫 번째는 준비의 시간으로, 이 기간 동안 보이지 않는 주님은 성령을 통해 공동체와 함께 일하며 영적 왕국을 세워 나간다. 따라서 이 기간 동안 그들의 역할은 이스라엘 전체를 새로운 신앙으로 이끄는 것이었다. 두 번째 기간은 그리스도의 재림으로 특징지어질 기간으로, 이때 예수는 "새로운 시대의 생기"와 "만물의 복원"을 가져올 것이었다(사도 3,20-21). 제자들은 이 재림Parousia의 날짜를 알지 못했지만, 그들은 주님의 재림이 이스라엘의

---

174 Johnson, *The Acts of the Apostles*, 45; Stanley, "Kingdom to Church," 10.

175 Johnson, *The Acts of the Apostles*, 60, 62-63.

회개에 달려 있다(사도 3,19)는 것을 확신했다.[176]

오순절 서사는 아침에 베드로의 설교를 들은 사람들이 전 세계에서 온 사람들이었음을 상세히 설명한다. "파르티아 사람, 메디아 사람, 엘람 사람, 메소포타미아와 유다와 카파도키아와 폰토스와 아시아 주민, 프리기아와 팜필리아와 이집트 주민, 키레네 부근 리비아의 여러 지방 주민, 여기에 머무르는 로마인, 유대인과 유대교로 개종한 이들, 그리고 크레타 사람과 아라비아 사람"(사도 2,9-11).[177] 구성원의 이와 같은 국제적 성격은 교회 탄생의 징조로 여겨지지만, 오순절 사건은 분명히 다가올 일들의 암시일 뿐이며, 본문에서는 모여 있던 모든 사람들이 유대인과 개종자들이었다고 분명히 밝히고 있다. 베드로의 연설의 목적은 현재 도래한 것이 유대교 자체의 성취임을 보여 주는 것이다. 로버트 태너힐Robert Tannehill은 전 세계 각지에서 온 다양한 언어를 사용하는 유대인들의 존재가 "그들이 발견된 제한된 역사적 맥락에 저항하는 상징적 차원을 도입한다"고 제안한다. 복음서의 목표는 "우선 세계 곳곳에 흩어진 이스라엘을 대상으로" 삼는다. 또한 복음은 "이 유대인들이 온 땅의 이방인 주민들에게도 전달되어야 한다"고 말한다.[178]

그러나 두 번째 과제는 나중에야 나타나게 될 것이다. 이 시점에서 제자들은 자신들이 마지막 날에 있으며, 이스라엘의 종말과 완성이 매우 가까워졌다고 확신하고 있었다. 그들의 즉각적인 성공은 이 믿

176 Stanley, "Kingdom to Church," 15; Wall, "The Acts of the Apostles," 67.

177 이 모든 장소를 보여 주는 유용한 지도를 보려면 Wall, "The Acts of the Apostles," 56쪽을 참조하라.

178 Robert C. Tannehill, *The Narrative Unity of Luke-Acts: A Literary Interpretation*, vol. 2, *The Acts of the Apostles* (Minneapolis: Fortress Press, 1994), 28.

음을 더욱 확고히 해 주었다. 그들의 수는 매일 증가하고 있었으며(사도 2,47), 이제 그들은 더 이상 120명의 소수 집단(사도 1,15)이 아니라 수천 명으로 성장하고 있었다.[179] 그들은 강렬하고 행복한 공동체 생활을 즐겼으며(사도 2,42-47; 4,32-35), 이는 분명히 종말을 기대하는 징조였다. 또한 그들은 예루살렘에서 많은 사람들의 존경을 받았다(사도 5,12-16). 심지어 사제들, 사두가이들, 유다 지도자들, 원로들, 그리고 산헤드린 공회부터 박해를 받았음에도(사도 4,1-7; 5,17-42), 그들은 계속해서 전도할 결심을 다졌으며, "그 이름으로 말미암아 모욕을 당할 수 있는 자격을 인정받았다"고 생각하며 다행으로 여겼다(사도 5,41). 이 상황은 분명히 그들에게 종말론적인 시기가 도래했다는 인식을 심어 주었다.

그러나 제자들은 체계적이고 일반적인 이방인 선교나 예수를 따르는 것이 중요한 유대 전통과의 결별을 의미한다는 개념을 갖지 않았다. 아래 제임스 G. 던의 설명처럼 말이다.

> 초기 공동체는 자신들이 유대교와 구별되는 새로운 종교라고 전혀 느끼지 않았다. 그들과 다른 유대인들 사이에 경계선이 그어지는 느낌도 없었다. 그들은 자신들을 단순히 충실한 유대교의 일원으로 보았으며, 계시론적 이스라엘의 시작으로 여겼다. 유대 당국도 분명히 그들을 자신들과 매우 다르지 않다고 생각했다. 실제로 우리는 이 점을 더 강하게 강조할 수도 있다. 초기 그리스도인들은 단순히 유대인들이었을 뿐만 아니라, 실제로는 꽤 "정통적인" 유대인들이었다.[180]

179 Wall, "The Acts of the Apostles," 69.

180 James G. Dunn, *Unity and Diversity in the New Testament: An Inquiry into the Character of Earliest Christianity* (Philadelphia: Fortress Press, 1977), 239. 예루살렘 내 '

그들은 계속해서 율법을 준수하고 성전에서 기도했으며, 성전의 제사 문화에 참여했다. 그리고 그들은 예루살렘 외부에 있는 이방인들이나 선교에 대해 거의, 또는 전혀 관심을 두지 않았다.[181]

사도행전 2장부터 5장은 박해와 하나니아스와 사피라 사건(사도 5,1-11)에도 불구하고 "한 마음과 뜻을 가진" 공동체를 묘사한다(사도 4,32). 이 공동체는 사람들에게 존경을 받았지만, 동시에 약간의 거리를 두고 있었으며(사도 5,13), 신자 수는 계속해서 늘어나고 있었다(사도 5,14). 신학적 문화적 조화가 지배적인 것처럼 보였다.[182] 그러나 이와 같은 이상적인 시기는 예수에 대한 신앙이 유대교와 궁극적으로 어떻게 조화를 이룰 수 있을지를 둘러싸고 공동체 구성원 간의 이견이 충돌하면서 곧 끝나게 되었다.

제3단계: 스테파노

6장이 시작되는 부분에서 5장까지 이어지던 이상적인 분위기는 "루카가 예루살렘 교회 역사에서 처음으로 심각한 불화의 조짐을 언급하면서"[183] 급변한다. 이 변화가 표면적으로는 그리 심각해 보이지 않는다. 따라서 마치 침소봉대針小棒大하는 것처럼 보일 수도 있다. 제자들의 수

그 길(The Way)'을 따르는 사람들과 다른 유대인들 사이의 관계에 대해 덜 낙관적인 시각을 보려면, Amy-Jill Levine, "From Jewish Sect to Gentile Church," *The Misunderstood Jew: The Church and the Scandal of the Jewish Jesus* (New York: HarperOne, 2006), 53-86쪽을 참조하라.

181 Dunn, *Unity and Diversity*, 237-39; Felipe Gomez, "Mission History from the Beginning to the Modern Period", *Following Christ in Mission*, ed. Sebastian Karotemprel (Bombay: Pauline Publications, 1995), 163.

182 Nguyen, "The Acts of the Apostles," 1469.

183 Dunn, *The Acts of the Apostles*, 79. 물론, 나는 '교회' 대신 '공동체'라는 단어를 사용하고자 한다. 내가 주장하는 바는 이 공동체가 점점 더 이방인 선교로 나아가면서 교회로 발전하게 될 것이라는 점이다.

가 증가하면서, 그리스어를 사용하는 사람들(즉, "헬레니스트")이 그리스어를 사용하는 과부들이 히브리어나 아람어를 사용하는(즉, "히브리인") 과부들에 비해 일상적인 식량 배급에서 소외되고 있다고 불평하기 시작했다. 이 문제는 쉽게 해결된다. 열두 사도가 헬레니스트들에게 그들 중에서 일곱 명을 뽑도록 요청하고, 그들에게 이 새로운 직무를 맡겼다(6,1-6 참조). 곤잘레스는 이를 두고 현명하고 문화적으로 민감한 조치라고 말한다.[184]

하지만 르그랑이 지적한 바와 같이, 이 문제는 단순한 "복지부의 요구"를 넘어서는 훨씬 더 심각한 사안이었다.[185] 아마도 우리는 예루살렘 공동체 내에서 선교적 관점의 초기 다양성을 엿볼 수 있다. 던이 말한 것처럼, 이 장면은 언어적·문화적 다양성, 그리고 아마도 사회적 다양성의 모습을 보여 준다. 곤잘레스 역시 이 본문을 그런 시각에서 읽는다.[186] 응우옌Nguyen은 바바라 리드Barbara E. Reid를 인용하며, 이 논란이 헬레니스트 과부들이 "직무 할당에서 무시당하고 있다"는 사실에 관한 것이라고 설명한다.[187] 어쨌든 두 그룹 간의 신학적인 의견 불일치가 수면 아래에 잠재되어 있는 듯하다. 헬레니스트들은 아마도 그리스어를 사용하며 헬레니즘화된 유대인으로, 예루살렘에 거주하면서 일찍이 예수의 길로 개종한 사람들이었을 것이다. 이들은 예루살렘의 히브리계 유대인들보다 헬레니즘적인 사고와 생

184 González, Acts, 88-94, 특히 92쪽.

185 Legrand, *Unity and Plurality*, 93.

186 Legrand, *Unity and Plurality*; Dunn, *The Acts of the Apostles*, 84; Wall, "The Acts of the Apostles," 112; González, *Acts*, 89-90.

187 Nguyen, "The Acts of the Apostles," 1472. Barbara E. Reid, "The Power of Widows and How to Suppress It (Acts 6,1-7)", *A Feminist Companion to the Acts* of the Apostles, ed., Amy-Jill Levine with Maryanne Blickenstaff (London: T. & T. Clark International, 2004), 71-88쪽 참조.

활에 더 개방적이었을 가능성이 크며, 따라서 유대교에 대해 덜 "전통적인" 관점을 가지고 있었을 수도 있다. 아마도 이들은 마르틴 헹겔Martin Hengel이 말한 바와 같이, 예수의 메시지가 "보편주의적인 그리스어권 세계, 그리고 아마도 그리스 사상의 일부 주제들과 유사한 점이 있다고 인식했기 때문에" 예수의 제자가 되는 것에 매력을 느꼈을지도 모른다.[188]

선출된 일곱 명의 그리스 이름을 보면 그들이 모두 헬레니스트였다는 것을 알 수 있다. 또한, 식사 준비에 대해 더 이상 언급되지 않고, 그들이 "성령과 지혜가 충만한" 사람들이라는 점, 그리고 그중 두 명인 스테파노와 필리포스가 활발한 전도자로 묘사되는 것을 보면, 이들은 이미 예루살렘 공동체 내 헬레니스트들 사이에서 지도자였을 가능성이 크다.[189]

이야기가 계속되면서, 스테파노는 "은총과 능력이 충만한" 사람으로 등장하며, "백성들 사이에서 큰 이적과 표징을 행하는" 인물로 부각된다(사도 6,8). "해방된 자들의 회당" 출신의 일부 헬레니즘 유대인들-성전 가까이에 살기 위해 예루살렘으로 이주한 과거 노예들이자 "유대교 제도의 열렬한 수호자들"-[190]이 스테파노와 논쟁을 벌이려 했으나, "스테파노가 지닌 지혜와 성령을 이기지 못했다"(6,10)는 보고가 있다. 예루살렘 교회의 헬레니스트들 사이에서조차 다양성이 존재했을 가능성이 있지만, 스테파노가 전파한 유대교의 형태는 분명

---

188 Hengel, *Acts and the History of Earliest Christianity*, 72.

189 Wilson, *The Gentiles and the Gentile Mission in Luke-Acts*, 141-42; Dunn, *Acts of the Apostles*, 83-84.

190 Nguyen, "The Acts of the Apostles," 1473. 제닝스는 이 사람들의 보수성을 인정하며, 스테파노를 살해한 행위를 용인하지는 않지만, 사랑하는 예루살렘에서 살기 위해 많은 희생을 감내한 과거 노예였던 그들의 상황에 공감한다. Jennings, Acts, 66.

히 충격적이었던 것으로 보인다. 그러나 그를 논박할 수 없었던 이들은 좌절한 사람들이 종종 하는 것처럼 비열한 방법을 택했다. 일부 사람들을 설득해 스테파노에 대한 거짓 혐의를 제기하도록 했고, 그는 모세, 하느님, 성전 그리고 율법에 반대하는 말을 했다는 혐의를 받게 되었다. 이로 인해 백성과 원로, 율법학자들(히브리어를 사용하는 이들)이 몹시 동요하였고, 스테파노는 체포되어 최고의회 앞에 끌려가게 되었다(6,11-15).

루크 티머시 존슨이 말한 바와 같이, 루카는 "그의 전체 이중 서사를 해석하는 열쇠를 제공하는" "당혹스럽고 어려운"[191] 연설을 위한 무대를 마련했다.[192] R. P. C. 핸슨R. P. C. Hanson은 이 연설이 공동체가 이방인들에게로 향하는 움직임을 나타내지는 않지만, 독자들이 전통적인 유대교에서 벗어나게 될 준비를 하게 한다고 주장한다.[193] 스테파노의 연설은 공동체의 미래가 전통적인 유대교나 유대 신학 안에 있지 않음을 암시하는 루카의 첫 번째 신호이다. 예수에 대한 신앙은 그 이상의 무언가를 내포한다. 스테파노는 그 '더 큰 무언가'가 무엇인지 아직 완전히 이해하지 못하지만, 그의 연설이 대표할 가능성이 있는 보다 개방적인 헬레니스트 신학은 그 '더 큰 무언가'가 존재한다고 의심하고 있다. 그의 연설은 예수 공동체가 전통적인 유대교와 깊이 연관되어 있으면서도, 예수의 중심성 때문에 유대교의 뿌리에서 명확히 (그리고 여러 면에서 비극적으로) 분리된 별도의 종교

191 Wall, "The Acts of the Apostles," 123.

192 Johnson, The Acts of the Apostles, 119; Wilson, *The Gentiles and the Gentile Mission in Luke-Acts*, 138.

193 R. P. C. Hanson, *The Acts of the Apostles, New Clarendon Bible* (Oxford: Oxford University Press, 1967), 102, Wilson, *The Gentiles and the Gentile Mission in Luke-Acts*, 136에서 재인용.

체계를 예상하고 있음을 암시하는 첫 번째 신호이다.[194]

루카가 능숙하게 구성한 스테파노의 연설은[195] 이스라엘 역사의 결정적인 네 시기를 다룬다. 이 시기는 아브라함(7,2-8), 요셉(7,7-18), 모세(7,19- 44), 그리고 다윗/솔로몬(7,45-50)으로 대표된다. 존 스토트John Stott에 따르면, 이 연설에서 이 네 시기를 연결하는 공통 주제는 "어느 시기에도 하느님의 존재가 특정 장소에 제한되지 않았다는 사실이다. 구약 성서의 하느님은 살아 계신 하느님으로서, 항상 새로운 모험으로 그의 백성들을 인도하시며, 그들이 가는 길마다 동행하고 이끄셨다."[196] 그러나 스테파노가 연설 전반에 걸쳐 암시하고 결론에서는 명확하게 말하듯이(7,51-53), 이스라엘은 하느님의 인도를 항상 거스르며 하느님의 대표자들을 반대하고 살해해 왔다. 급기야 "의로운 자"인 예수까지 살해했다(7,52). 그러므로 존 J. 킬갈렌John J. Kilgallen은 다음과 같이 요약했다.

> 이 연설은 이스라엘의 역사를 검토하여, 현 세대까지도 그들이 조상들과 마찬가지로 언제나 목이 굳고 마음에 할례를 받지 않으며, 하느님의 성령에 대항하는 자로 나타날 것임을 주장하는 긴급한 변론이다. 연설의 모든 부분은 스테파노의 주장을 강화하는 데 기여한다.[197]

그러나 궁극적으로 스테파노 에피소드 전체에서 중심적인 선포는

---

194 Hengel, *Acts and the History of Earliest Christianity*, 72.

195 John J. Kilgallen, "The Function of Stephen's Speech (Acts 7:2-53)", *Biblica* 70 (1989): 173-93.

196 Stott, *The Spirit, the Church, and the World*, 130-31.

197 Kilgallen, "The Function of Stephen's Speech," 182.

"구원에 필요한 유일한 수단"인 예수(킬갈렌은 4,12를 참조함)이다.[198] 데이비드 스탠리에 따르면, 이스라엘 역사에 대한 스테파노의 이해에는 "사도적 설교의 핵심적인 진리에 대한 심오한 직관이 자리 잡고 있다. 곧 그리스도는 유대인들의 손에 의해 죽었고, [오늘날 우리는 '로마인들의 명령으로'라는 내용을 추가해야 한다] 하느님 아버지의 능력으로 부활했으며,"[199] 예수의 주권에 대한 신앙이 유대교와 그리스도교의 충돌로 이어지리라는 내용이다. 윌슨은 스테파노가 이스라엘 역사를 근거로 제시한 논증이 공식적인 사형을 받을 만큼 충분하지 않다는 점을 지적하며 이 설교에 담긴 예수의 중심성과 복음 선포의 핵심 진리를 강조하는 특성kerygmatic nature을 확인한다. 곤잘레스가 충격적으로 언급한 것처럼, "지금 일어나고 있는 것은 공식 처형이 아니라 집단적 폭력에 의한 처형lyching이다."[200] "결국 루카의 시각에서 볼 때, 스테파노가 죽게 된 최종 원인은 법과 성전에 대한 태도가 아니라 그리스도에 대한 이 고백이다."[201]

스테파노는 도시 밖으로 끌려 나가(7,58) 돌에 맞아 죽음을 맞이하며, 예수를 주로 고백하고(7,59), 죽어가는 순간에도 자신의 처형자들을 용서하는 예수의 행동을 모방한다(7,60). 루카는 이 장면에서 돌을 던진 사람들, 즉 "증인들"이 "사울이라는 젊은이의 발 앞에 옷을 내려놓았다"(7,58)고 간접적으로 언급하며, "사울은 스테파노를 죽이는 일에 찬동하고 있었다"(8,1)고 말한다. 이렇게 사울/바오로라는 인물이 처음 소개되는데, 루카는 그의 이야기 후반부에서 그에게 중요한 역할을 부여

---

198 Kilgallen, "The Function of Stephen's Speech," 192.

199 Stanley, "Kingdom to Church," 18; Hengel, *Acts and the History of Earliest Christianity*, 73.

200 González, *Acts*, 99.

201 Wilson, *The Gentiles and the Gentile Mission in Luke-Acts*, 136.

할 예정이다. 사울에게는 위대한 일이 기다리고 있다. 사울의 회심과 공동체가 그를 받아들이는 과정은 성령이 공동체를 어디로 이끄는지에 대한 중요한 단계를 형성할 것이다. 그러나 이 지점에서 루카는 스테파노가 처형당한 날부터 "예루살렘 교회가 큰 박해를 받기 시작했다"(8,1)고 묘사한다.[202] 이로 인해 "사도들 말고는"(8,1) 모두 유다와 사마리아 지방으로 흩어지게 되었다.

성서주석학자들은 이 사실의 특이성에 주목한다. 던은 "박해가 이 운동의 지도자들을 의도적으로 무시했을 수 있을까? 그런 주장은 상상하기 어렵다"[203]는 이의를 제기한다. 많은 학자들이 제시한 바에 따르면, 이 박해는 히브리인들(6,1), 즉 훗날 유대인 그리스도인으로 불리게 될 사람들[204]을 겨냥하지 않았다. 오히려, 스테파노처럼 유대교의 적절성에 의문을 제기한 헬레니스트들, 즉 그리스 문화에 익숙한 유대인들을 겨냥한 것이었다. 이 박해는 사울이 이끄는 전통적인 성향의 예루살렘 헬레니즘 유대인들에 의해 주도된 것이었다고 해석된다.[205] 존슨은 이 의견에 동의하면서도, 루카의 말을 그대로 받아들인다면, 박해가 짧게 끝났음을 시사한다고 말한다. 실제로 9,31에서 루카는 유다와 갈릴래아와 사마리아 온 지방에서 교회가 평화를 누리고 있다고 언급한다. 존슨은 "박해의 역사적 근거가 무엇이든, 이 서술의 전환 장

202 여기서 나는 이 구절에서 '교회'라는 단어의 사용을 주목하고자 한다. 이 단어의 사용은 사도행전의 이야기에서 교회가 점진적으로 등장한다는 이 장의 주제와 상충될 수 있다. '교회'라는 용어는 루카 복음서에는 전혀 등장하지 않으며, 모든 복음서에서도 몇 번만 등장한다. 사도행전 11장에서 안티오키아에서 이방인들의 회심이 서술되기 전에, '교회'라는 용어는 5,11, 8,1, 8,3, 9,31에서 단 네 번만 나타난다. 안티오키아 이야기를 포함하여 그 이후로는 약 15번 정도 등장한다.

203 Dunn, *Acts of the Apostles*, 104.

204 Dunn, *Unity and Diversity*, 235-66.

205 Wilson, *The Gentiles and the Gentile Mission in Luke-Acts*, 144-45; Wall, "The Acts of the Apostles," 131.

치에서 문학적 기능은 분명하다. 예루살렘 부분은 이제 본질적으로 마무리되었다"고 말한다.[206] 여기서 우리는 다양한 종류의 이주가 어떻게 공동체의 사명을 진전시키는지를 보여 주는 첫 번째 예를 볼 수 있다.[207] 제자들이 이 강제 이주로 인해 흩어지면서 복음의 전파가 놀라운 방식으로 확대되고, 공동체는 하느님이 자신들에게 부여하신 사명을 조금씩 깨닫기 시작한다.

제4단계: 필리포스, 사마리아인들, 그리고 에티오피아 내시

헬레니스트들은 박해로 인해 예루살렘을 떠나야 했지만, 이는 그들이 말씀을 전하는 것을 멈추게 하지는 못했다(8,4). 8장은 필리포스의 사목에 초점을 맞추고 있으며, 그는 "일곱" 명 중 하나로 소개된다(6,5). 9장은 사울의 회심과, 내 견해로는 하나니아스의 "회심"이라고 볼 수 있는 내용을 포함한다. 이러한 8장과 9장은 루카가 의심의 여지없이 이전과의 단절로 간주하는 '다리 역할'을 하는 장이다. 그리스도교 공동체는 이방인을 향하는 선교로 바람의 방향을 바꾸는 과정에서 스스로를 '교회'로서 확실하게 인식하는 지점에 도달한다. 8장에서는 복음이 "반유대인half Jews"으로 여겨졌던 사마리아인들에게 전파된다. 이어서 에티오피아 내시의 이야기가 등장하는데, 그는 유대교에 호의적인 이방인이었지만 내시라는 신분 때문에 유대인이 될 수 없었던 인물로 보여진다. 점차적으로 복음이 전파되는 범위가 넓어지면서, 공동체는 그리스도의 영을 통해 하느님이 자신들을 무엇으로 부르고 있는지에 대해 점점 더 명확하게 깨닫게 된다.

존 스토트는 필리포스가 사마리아인들에게 전도하는 대담함을 현

206 Johnson, *The Acts of the Apostles*, 141.

207 Nguyen, "The Acts of the Apostles," 1477-78.

대 독자들이 이해하기 어렵다고 말한다. 사마리아인들은 "유대인들에게 인종적으로나 종교적으로 혼혈로 여겨졌고, 이단자이자 분열주의자로 혐오받았다."[208] 존슨은 "유대인의 시선에서 사마리아인은 잘 봐준다 해도 기껏해야 이스라엘의 '잃어버린 양' 중 하나였다"[209]고 말한다. 에이미-질 레빈Amy-Jill Levine의 제안에 따르면, 당시 유대인들이 사마리아인들에게 가졌던 태도는 오늘날 이스라엘 사람들이 하마스 구성원들에게 가지는 태도와 비슷했다.[210] 그러나 필리포스는 사마리아인들(반유대인, 인종적으로 섞인 사람들)[211] 가운데서 전도하고 귀신을 쫓아내며 치유를 행했고, 그들은 이에 긍정적으로 반응하여 세례를 받았다. 예루살렘 모회mother community의 활동을 확인하기 위해 베드로와 요한(열두 사도 중 두 명, 예루살렘 모회의 지도자들)이 파견되어, 마치 필리포스의 일을 마무리하는 것처럼 새로 세례를 받은 사마리아인들에게 손을 대어 성령을 받게 한다. 여기서 루카는 유대교 밖으로 나가는 선교가 빠지기 쉬운 위험에 대해 경계하는 것 같다. 그러나 사마리아인들에게 전도하는 것은 합법적임이 분명하다. 심지어 베드로와 요한도 예루살렘으로 돌아가는 길에 사마리아인들에게 전도한다. 그러나 제닝스가 관찰한 대로 "그들은 결코 완전히 되돌아갈 수 없다는 것을 알지 못한다. 성령으로 인해 뒤집힌 그들의 세계는 여전히 변화하고 있으며, 그들이 알고 있는 예루살렘과 그들이 이해하는 집home은 곧 매우 복잡해질 것이다."[212]

---

208 Stott, *The Spirit, the Church, and the World*, 147.

209 Johnson, *The Acts of the Apostles*, 151. 월은 사마리아인들과 그 뒤에 나오는 에티오피아 내시를 "이스라엘의 추방자들"이라고 부른다. Wall, "The Acts of the Apostles," 141.

210 Levine, *The Misunderstood Jew*, 149.

211 Nguyen, "The Acts of the Apostles," 1478.

212 Jennings, *Acts*, 81.

8,26에서 루카는 에티오피아 내시의 개종에 관한 이야기를 시작한다.[213] 필리포스가 다시 전도자가 되지만, 그는 하느님의 계시에 따라 전도한다. 주님의 천사가 필리포스에게 예루살렘에서 가자로 내려가는 길을 따라 남쪽으로 가라고 말하고(8,26), 성령이 필리포스에게 내시의 수레에 바싹 다가서라고 말하며(8,29), 성령의 일이 끝나면 필리포스를 다른 곳으로 데려간다(8,39). "성령은 길의 주인이다."[214] "예기치 않고 급진적인 움직임"[215]에서 하느님은 공동체를 경계를 넘어 이동시키고 있다. 이는 마치 스테파노가 하느님은 이스라엘 역사 안에서 늘 활동하셨다고 말한 것과 유사하다. 예수 공동체의 구성원들은 성령에 반응하고 있다.

내시의 정체성에 대해서는 의견이 일치하지 않는다. 그러나 태너힐과 곤잘레스는 에티오피아 내시가 실제로 육체적인 내시이자 이방인이라고 주장한다(곤잘레스는 그를 "하느님을 경외하는 자"라고 부른다). 내시라는 용어가 (월슨의 주장처럼) 정치적, 군사적 관리자를 의미할 수도 있지만, 본문에서 "에티오피아의 내시, 궁정 관리"(8,27)라고 언급된 사실은 그가 실제로 육체적인 내시였음을 시사한다.[216] 그가 이방인이라는 사실은 그가 "일반적인 지리적 지식의 한계를 대표하는" 땅에서 왔다는 점에서 드러난다.[217] 또한, 신명기 23,2에 따르면, 신체적으로

---

213 곤잘레스는 여기서 말하는 에티오피아가 당시 누비아로 불렸던 곳, 즉 현대의 수단 지역이라고 지적한다. 구약성경에서는 이 지역을 구스(Kush)라고 부르며, 수도는 메로에였다. González, *Acts*, 115.

214 Jennings, *Acts*, 82.

215 Nguyen, "The Acts of the Apostles," 1479.

216 Tannehill, *The Narrative Unity of Luke-Acts*, 109, 특히 각주 16과 17; González, *Acts*, 114.

217 Dunn, *Acts of the Apostles*, 114. 던은 다음과 같이 덧붙인다. "이사야서 11장 11-12절에서는 에티오피아를 '땅 끝' 중 하나로 여기는 듯하다(스바 3장 10절 참조). 그리고 호메로스는 에티오피아인을 '인류의 마지막'으로 여겼다."

내시인 남성들은 "주의 회중"에 들어갈 수 없다는 규정이 있었다. 그러나 이사야 56,4-5는 이 규정을 뒤집는 비전을 제시하며, 이방인과 내시 모두가 하느님의 백성에 접근할 수 있게 될 것을 예언한다. 아마도 이 내시의 이야기는 이사야의 예언이 성취되는 장면을 암시하고 있는 것일 것이다.[218] 제닝스는 이 내시의 타자성을 강조하여 다음과 같이 기술한다.

> 그는 당시 알려진 세계의 끝자락인 에티오피아 출신으로서, 그의 검은 피부색이 이를 더욱 상징적으로 나타낸다. 그의 다름은 성적 정체성에서도 드러나는데, 그는 명확하게 남성도 여성도 아니다. 이 에티오피아 내시는 유대인의 존재 가능성의 경계선에 서 있지만, 그 경계에서 하느님은 그의 다름을 성령 안에서 매우 가까이, 공동체의 중심으로 끌어오실 것이다.[219]

에티오피아 내시를 어떻게 정의하든 간에, 이 이야기는 초기 교회의 확장된 비전을 보여 준다. 내시의 이야기는 예루살렘 교회에게 아마도 의문스럽거나 충격적인 사건으로 여겨졌을 것이다. 이러한 움직임이 얼마나 어려운지는 10장과 11장에서 다루어질 코르넬리우스 이야기에서 명확해질 것이다.

원래의 이야기로 돌아가서, 필리포스는 이사야 53장을 읽고 있는 내시에게 다가가 그가 읽고 있는 것을 정말로 알아듣느냐고 묻는다(8,30). 이에 내시는 "누가 나를 이끌어 주지 않으면 내가 어떻게 알아들을 수 있겠습니까?"라고 대답한다(8,31). 그래서 필리포스는 그 구

218 Dunn, *Acts of the Apostles*, 114; Tannehill, *The Narrative Unity of Luke-Acts*, 108-10; Hengel, *Acts and the History of Earliest Christianity*, 79.

219 Jennings, *Acts*, 83.

절을 설명하고 이를 바탕으로 "예수님에 관한 복음"을 전한다(8,35). 그들이 물가에 이르러 내시가 세례를 받는 데에 무슨 장애가 있는가를 묻는다. 그러나 아무런 장애가 없었기에-그의 신체적 상태, 외국인 신분, 흑인이라는 점, 또는 이방인이라는 점도 장애가 되지 않았다-필리포스는 내시에게 세례를 베풀었다. 이야기는 필리포스가 성령에 의해 다른 곳으로 옮겨지고, 내시는 기뻐하며 에티오피아, 즉 "땅 끝"으로 향하는 길을 계속하는 것으로 끝난다(8,39). 제닝스는 "에티오피아 내시는 이제 에티오피아 내시로서 자유롭게 되었으며, 그는 기쁨 속에서 앞으로 나아갈 수 있게 되었다. 그의 미래는 이제 열린 상태이며, 하느님은 그의 정체성과 운명 사이의 연결을 끊고 그의 삶을 위한 새로운 궤적을 제시하셨다. 그는 아들을 통해 하느님을 향해 나아가며 성령 안에서 전진하고 있다"고 말한다.[220]

제5단계: 사울과 하나니아스

9장은 루카가 펼치는 드라마 속에서, 즉 그리스도의 영에 의해 확장되는 공동체의 이야기에서, 일종의 막간극entr'acte으로 볼 수 있다. 그러나 이것은 단순한 중간 휴식이 아니라, 영이 계속해서 작용하고 있는 장면을 그려낸다. 이 장에서 영은 "길"(9,2)의 큰 적인 타르수스의 사울, 즉 미래의 이방인 사도가 될 사람의 마음을 변화시키고 있다. 더욱 중요한 것은, 영이 이후에 하나니아스의 마음도 변화시켜, 그가 사울을 받아들이기 위해 두려움과 편견을 극복하게 만든다는 점이다. 다음 단계에서 보게 될 것처럼, 베드로의 "회심"이 최초의 진정한 이방인인 코르넬리우스의 회심만큼 중요한 것처럼, 하나니아스의 "회심" 역시 사울의

220 Jennings, *Acts*, 86.

회심만큼이나 공동체의 자기 이해에 중요한 역할을 한다.

스테파노의 순교 이후 헬레니스트들의 흩어짐(8,1)과 필리포스의 아조토스와 북쪽으로의 이동(8,40)은 예수 공동체를 확장시키며, 9,2에서 처음으로 "길"이라고 불리게 된 이 공동체가 시리아, 특히 다마스쿠스까지 확장되도록 했다.[221] 다마스쿠스는 데카폴리스를 구성하는 열 개의 로마 도시 중 하나로, 고도로 헬레니즘화된 동시에 여러 유대교 회당을 포함하고 있었다. 아마도 박해받는 유대인 그리스도교인 중 일부가 이제 회당에 속해 있었을 것이다. 이것이 사울이 다마스쿠스의 회당에 경고의 편지를 전달하고, 예수 운동의 구성원들을 예루살렘으로 데려오는 권한을 부여받은 이유를 설명해 준다.[222]

사울이 다마스쿠스에 접근할 때, 밝은 빛이 그의 주위에 비치고 그는 땅에 넘어졌다. 그리고 한 목소리가 그에게 "사울아, 사울아, 왜 나를 박해하느냐?"(9,4)라고 묻는다. 그가 목소리의 주인이 누구인지 묻자, "나는 네가 박해하는 예수다"라는 대답이 들리고, 이어서 성안으로 들어가 다음 지시를 기다리라는 말을 듣는다(9,5-6). 해설자들이 관찰한 대로, 이전까지 자신의 의로움을 확신하던 대담하고 활기찬 젊은 남자는 이제 무력해져 남의 손에 이끌려 도시로 안내되어야 했다. 그는 그 빛 때문에 눈이 멀어 삼일 동안 아무것도 먹지 못했다. 에크하르트 슈나벨Eckhard Schnabel의 연구를 참고하여 응우옌Nguyen은 "그 길을 따르는 사람들을 없애버리려 했던 자가… 다른 사람의 도움 없이는 자신의 길을 찾을 수 없었다"[223]고 언급한다. 사울은 진정한

---

221 Wall, "The Acts of the Apostles," 146; Nguyen, "The Acts of the Apostles," 1481.

222 Nguyen, "The Acts of the Apostles," 1481; Wall, "The Acts of the Apostles," 150.

223 Nguyen, "The Acts of the Apostles," 1482, Eckhard J. Schnabel, *Acts*, Zondervan Exegetical Commentary on the New Testament (Grand Rapids, MI: Zondervan, 2012), 445쪽 인용.

"그리스도의 현현Christophany"[224]을 경험하며, 순식간에 예수가 죽은 가짜 메시아가 아니라 살아 있고 진정한 그리스도라는 것을 깊이 깨달았다. 살아 계신 예수께서 그를 개인적으로 신앙으로 인도하시고, 그를 사목에 부르셨다.[225] 이 사목은 공동체가 자신을 교회로 깨닫게 되는 과정에서 중요한 역할을 하게 된다.

그러나 루카가 이야기하는 대로, 이 사목은 사울이 파괴하려 했던 공동체의 구성원에 의해 선포되어야 했다. 사울이 다마스쿠스의 주요 거리 중 하나인 곧은 거리에 있는 유다의 집에서 기도하고 (아마도 충격으로 인해) 금식할 때(9,11-12), 주님(예수)께서 길의 한 공동체 구성원인 하나니아스에게 나타나셔서 그에게 사울에게 가서 안수하여 그가 다시 볼 수 있도록 하라고 지시하셨다(9,12). 예수의 목소리를 들은 하나니아스는 기꺼이 "주님, 제가 여기 있습니다"라고 대답했지만, 그가 해야 할 일에 대해 망설였다. "주님, 그 사람이 예루살렘에서 주님의 성도들에게 얼마나 못된 짓을 하였는지 제가 많은 이들에게서 들었습니다. 그리고 그는 주님의 이름을 받들어 부르는 이들을 모두 결박할 권한을 수석 사제들에게서 받아 가지고 여기에 와 있습니다."(9,13) 이는 사울의 도착 소식이 이미 예루살렘에 퍼졌음을 시사한다.

예수는 하나니아스에게 선한 사마리아인의 비유를 진정한 방식으로 실천하도록 요청하고 계셨다. 이 비유에서 사마리아인은 예루살렘으로 가는 길이 아니라 다마스쿠스로 가는 길에서 상처 입은 미움을 받는 사람을 치유한다. 제닝스는 하나니아스가 사울에 대해 "의심할 여지 없는 진실"을 알고 있다고 말한다. 그는 "제자들의 살인자"

224 Nguyen, "The Acts of the Apostles," 1481.

225 Wall, "The Acts of the Apostles," 151.

라는 것이다. 그래서 이제 하나니아스는 결정을 내려야 했다. "나는 누군가에 대한 진실에 따라 행동해야 하는가, 그 진실이 나를 위험에 빠뜨릴 수도 있을지라도, 아니면 주님의 말씀을 따라 이 위험한 사람을 만져야 하는가?"[226] 제닝스는 제자에게 있어서 중요한 질문은 항상 "우리가 하느님과 함께 볼 수 있는가?"라고 말한다. "우리는 소문이든 진실이든 위험한 사람들을 하느님이 보시는 대로, 즉 하느님의 바람으로 가득 찬 미래를 가진 사람들로 볼 수 있는가?"[227] 예수는 성령을 통해 하나니아스와 온 다마스쿠스 공동체에게 사울을 다르게 보도록, 하느님께서 함께하심을 믿고 사울을 공동체의 가족으로 받아들이도록 부르고 있다. 예수께서는 사울에게 계획이 있다고 말씀하신다. "그는 다른 민족들과 임금들과 이스라엘 자손들에게 내 이름을 알리도록 내가 선택한 그릇이다. 나는 그가 내 이름을 위하여 얼마나 많은 고난을 받아야 하는지 그에게 보여 주겠다."(9,16) 이에 하나니아스가 사울에게 가서 손을 얹고 "형제여"(9,17)라고 부르자 그의 눈에서 비늘 같은 것이 떨어지면서 다시 보게 되었고, 사울은 세례를 받았다(9,18). 월은 사도행전의 이야기가 회심보다는 선교 사명을 부여하는 것commissioning으로 보아야 한다고 지적한다.[228] "바오로는 예수님께 회심한 것이지, 한 종교에서 다른 종교로 개종한 것이 아니다. 바오로는 주님께 돌아올 때 자신의 유대교 유산을 부인하지 않았다. 바오로는 경건한 유대인으로 남아 있으며, 이스라엘의 교사로 활동하게 된다.⋯ 바오로는 부르심을 위한 회심을 한 것이다."[229]

---

226 Jennings, *Acts*, 94.

227 Jennings, *Acts*, 94.

228 Wall, "The Acts of the Apostles," 149, 150-51.

229 Wall, "The Acts of the Apostles," 154-55.

이 **회심**conversion은 어쩌면 하나니아스와 공동체에게 더 큰 의미를 가졌을지도 모른다. 놀라움을 주시는 하느님과 성령, 그리스도의 영은 공동체를 또 다른 단계로 이끌어 갔다. 아마도 반half유대인들과 변두리의 유대인들을 세례 주는 것보다 더 급진적인 사건은, 적대적인 유대인, 적을 공동체로 받아들이는 모습을 목격하는 것이다. 스테파노의 순교는 사실상 스테파노가 행한 용서의 열매가 되었다.[230] 바오로가 다마스쿠스에서 전도를 시작하고 생명의 위협을 받아 도망치며(9,19b-25), 예루살렘으로 가서 그곳의 제자들과 합류하려 할 때(9,26), 그는 여전히 예루살렘 공동체로부터 두려움을 받았다. 그러나 지혜로운 바르나바는 사울에게 일어난 이야기를 듣고 그를 믿었으며, 예루살렘의 형제자매들을 설득하여 바오로와 성령을 신뢰하도록 했다. 이제 중요한 이정표가 세워졌으며, 더욱 급진적인 움직임이 일어날 준비가 되었다. 열두 사도 중 대변자인 베드로가 이끄는 더 큰 변화, 곧 로마 백부장 코르넬리우스(또 다른 적)의 회심과 급진적인 상호문화성과 포용이라는 공동체의 회심에 다가가고 있다.

제6단계: 코르넬리우스와 베드로

9장의 앙트락트Entr'acte[231]는 또 다른 중요한 기능을 한다. 이는 베드로를 예루살렘에서 릿다와 요파로 이동시키며, 하느님의 백성 확장의 가장 중요한 단계인[232] 코르넬리우스의 회심을 위한 준비를 시켜 주는 것

230 Wall, "The Acts of the Apostles," 146.

231 앙트락트는 본 이야기의 주요 사건들 사이에 잠시 전환되는 구간을 뜻한다. "9장의 중간 막" 또는 "9장의 사이 막"이라는 표현은 사도행전 9장을 의미한다. 이 장에서는 사울(바오로)의 회심과 하나니아스의 역할이 중심이 되며, 그 후의 중요한 사건들로 이어지기 전에 이야기의 흐름이 잠시 전환되는 구간으로 볼 수 있다. 이 구절에서는 사도행전 9장이 전체 이야기에서 중요한 전환점을 나타내는 장으로 설명되고 있다.

232 Johnson, *The Acts of the Apostles*, 186; Laurie Brink, *Soldiers in Luke-Acts: Engag-*

이다. 존슨은 이렇게 쓴다.

> 이제 루카는 교회가 이 가장 근본적이고 위험한 단계를 어떻게 이뤄냈는지 보여 줄 준비가 되었다. 이는 가장 큰 투쟁을 수반하며, 초기 메시아 운동을 위한 가장 근본적인 자기 재해석을 요구할 것이다. 사실상 이는 교회의 정체성을 보편적이며 민족적 종교에 국한되지 않은 것으로 확립하는 중요한 단계이다.[233]

그러나 이 구절은 단순히 코르넬리우스와 그의 동료들, 즉 모든 이방인들의 개종을 넘어서 우리에게 더 많은 것을 보여 준다. 이는 9장에서 하나니아스의 "개종"과 병행하여, 베드로와 그의 동료들, 그리고 궁극적으로 예루살렘의 유대 그리스도교 공동체의 "개종"을 보여준다. 응우옌Nguyen은 제롬 성서 주석에서 이 부분을 "베드로와 코르넬리우스의 개종"이라고 명명한다.[234]

월Wall과 곤잘레스는 서사가 시작될 때 베드로가 요파에 있었다는 점의 중요성을 강조한다. 예언자 요나는 니느웨로 가라는 하느님의 부름을 피하려고 요파에 있었는데, 이는 하느님이 이방인 니느웨 사람들의 기도와 회개의 행동을 듣고 보셔서 그들을 벌하지 않을 것을 알고 있었기 때문이다. 베드로의 본래 이름이 시몬 바르요나(마태 16,17 참조)인 점에서 이 이야기가 요나 이야기와 병행하는 또 다른 징후를 제공한다. 곤잘레스는 "이제 이 요나의 아들 시몬이, 이전의 요나처

---

ing, Contradicting, and Transcending the Stereotypes (Tübingen: Mohr Siebeck, 2014).

233 Johnson, The Acts of the Apostles, 186.

234 Nguyen, "The Acts of the Apostles," 1485-88; vanThanh Nguyen, *Peter and Cornelius: A Story of Conversion and Mission*, American Society of Missiology Monograph Series 15 (Eugene, OR: Pickwick Publications, 2012).

럼, 요파라는 이 도시에서 이스라엘 백성의 한계를 넘어서는 부름을 듣게 될 것"이라고 성찰한다.[235] 그리스도의 영은 코르넬리우스와 그의 가족, 그리고 가까운 친구들의 마음속에서 일하고 있었으며(10,24), 베드로와 공동체의 마음속에서도 온유하면서도 확고하게 일하고 있었다. 그들은 교회의 출현으로 나아가고 있었다.

윌슨은 사도행전에서 베드로와 코르넬리우스의 이야기만큼 서사적으로 다루어진 이야기가 없다고 언급한다. 10장 전체와 11장의 대부분이 이 이야기에 할애되어 있으며, 15장에서도 이 이야기가 간략하게 반복된다.[236] 이 이야기는 팔레스타인에 있는 로마 정부의 본거지인 카이사리아에서 시작된다.[237] 카이사리아는 베드로가 머물고 있는 요파에서 북쪽으로 약 50~60마일 떨어진 곳에 위치해 있다. 루카의 독자들은 코르넬리우스를 만나게 된다. 그는 땅을 점령한 군대의 병사이자 "이탈리아 부대의 백부장으로 불리는 인물"이다(10,1). 던은 이탈리아 부대가 카이사리아에 주둔하고 있었다는 기록이 없다는 점[238]과 헤롯 아그립바 통치 시기에 로마 군대가 그곳에 주둔할 가능성이 낮다는 점을 들어 코르넬리우스가 현역 장교였는지 확신하지 못한다. 아마도 코르넬리우스와 그의 가족은 일부 충실한 전 부하들과 함께 카이사리아로 은퇴했을 것이다.[239]

코르넬리우스와 그의 가정은 경건하고 하느님을 경외하는 사람들로 묘사된다(10,1 참조). 그리고 그는 지역 주민들에게 관대하며 끊임없

---

235 González, *Acts*, 131-32; Wall, "The Acts of the Apostles," 162.

236 Wilson, *The Gentiles and the Gentile Mission in Luke-Acts*, 177.

237 González, *Acts*, 130.

238 Dunn, *Acts of the Apostles*, 135.

239 Dunn, *Acts of the Apostles*, 135.

이 기도하는 사람으로 그려진다(10,2). 이러한 설명은 코르넬리우스가 '문밖의 개종자', 즉 유대교를 완전히 받아들이지 않았지만, 유대교의 유일신 신앙과 윤리 기준을 받아들인 비유대인일 가능성을 나타낼 수 있다.[240] 분명한 것은 코르넬리우스가 비유대인이며, 매우 선량한 사람이라는 것이다. 윌슨은 루카가 코르넬리우스를 유대교와 하느님의 회복된 백성에 연관되고 통합될 자격이 있는, 비유대인들이 할 수 있는 모범으로 제시하고 있다고 제안한다. "모든 것을 고려해 볼 때, 유대인과 이방인 사이에 큰 차이가 없다. 유대인들이 이방인을 열등한 종족으로 낮잡아 볼 필요가 없다. 하느님께서 경건한 백부장에게도 유대인과 마찬가지로 자신의 인도와 축복을 받도록 허락하셨기 때문이다."[241] 제닝스는 이를 더 강조하며 "여기서 친밀함의 혁명이 완전한 힘을 발휘한다"고 표현한다.[242]

어느 오후 충실한 유대인들이 기도하는 바로 그 시간에-아마도 우연이 아닐 것이다-,[243] 코르넬리우스는 환상을 보게 된다. 하느님의 사자가 그에게 요파로 사람을 보내어 베드로를 부르라고 말한다. 코르넬리우스는 집종 두 사람과 자기가 데리고 있는 군사들 가운데 신심이 깊은 사람 하나를 불러 자신이 경험한 일을 이야기해 주고 그들을 요파로 보낸다. 이어지는 이야기는 코르넬리우스가 보낸 사람들이 요파에 도착하는 다음 날 정오로 빠르게 전개된다. 이 시점에서, 베드로는 집 옥상에 올라가 기도하려 한다. 그는 배가 고파 음식을 청하고, 식사가 준비되는 동안 무아경에 빠졌다. 이어서 하늘이

240 Stott, *The Spirit, the Church, and the World*, 185.

241 Wilson, *The Gentiles and the Gentile Mission in Luke-Acts*, 176.

242 Jennings, *Acts*, 102.

243 Wall, "The Acts of the Apostles," 163.

열리고 큰 아마포 같은 그릇이 내려와 네 모퉁이로 땅 위에 내려앉는 것을 보았는데, 아마도 항구에서 본 배들의 돛처럼 보였을 것이다.[244] 그 속에는 각종 네 발 달린 짐승과 땅의 길짐승과 하느님의 새들이 모두 들어 있었다(10,12). 제닝스는 "혁명이 시트 위에 내려온다. 이 시트가 모든 것이다. 이 시트는 급진적이다. 이 시트는 파괴하고 부수는 것이다. 그 네 귀퉁이는 그것의 범위와 행성과 우주를 가로지르는 조짐이다"[245]라고 쓴다.

목소리가 베드로에게 원하는 동물을 죽여서 먹으라고 말하고, 베드로는 놀라서 "주님, 무엇이든 속된 것이나 더러운 것은 한 번도 먹지 않았습니다"라고 대답한다(10,14). 그러나 목소리는 "하느님께서 깨끗하게 만드신 것을 속되다고 하지 마라"고 말한다(10,15). 이 환상은 세 번 반복되고, 베드로가 그 의미를 깊이 생각하고 있을 때, 코르넬리우스가 보낸 사람들이 도착하고 성령은 베드로에게 내려가 "주저하지 말고 그들과 함께 가라"고 지시한다(10,20). 그 사람들은 베드로에게 코르넬리우스가 그를 카이사리아로 초대하여 그의 말을 듣고 싶어 한다고 전한다(10,22). 그러자 베드로는 그들을 집으로 초대하여 숙소를 제공한다(10,23). 응우옌은 "베드로는 한편으로는 성령의 지시를 따르고 있지만, 다른 한편으로는 정결법을 어기고 있다"고 말한다.[246] 월은 "독자는 베드로가 이제 자신의 환상의 의미를 이해하고, 하느님의 구원 계획의 일환으로 이방인 선교의 가능성을 받아들였다고 보아야 한다"고 말한다(10,28-29 참조).[247]

244 González, *Acts*, 131.

245 Jennings, *Acts*, 105.

246 Nguyen, "The Acts of the Apostles," 1486.

247 Wall, "The Acts of the Apostles," 164.

다음 날, 베드로는 코르넬리우스의 세 사자와 함께 이틀간의 여정을 떠난다(10,23-24). 코르넬리우스는 "친척과 가까운 친구들"과 함께 그들을 기다리고 있다(10,24). 코르넬리우스는 베드로를 맞이하는데, 이는 베드로를 당황하게 만든다. 이방인 로마 병사로서-비록 유대 신앙에 가까웠을지라도- 베드로가 누구인지, 그리고 무엇을 상징하는지를 오해한 것이다. 이는 마치 리스트라에서 군중이 바오로와 바르나바의 정체를 오해했던 것과 유사하다(14,8-18). 그래서 베드로는 그를 바로잡는다. "일어서십시오, 나도 그저 사람입니다."(10,26) 그러자, 코르넬리우스는 베드로를 많은 사람들로 붐비는 그의 집 안으로 안내한다.

여기서 우리는 베드로의 변화를 볼 수 있다. 이에 대해 던은 이 구절을 주석하면서 "베드로의 회심"이라는 제목을 붙인 바 있다.[248] 비록 이 이야기는 코르넬리우스의 회심을 다루고 있지만, 다른 한편으로는 베드로와 그의 동료들, 그리고 공동체 전체가 변화를 겪고 있다. 베드로는 "유대인이 이방인과 교제하거나 그들을 방문하는 것은 적법하지 않다"는 사실을 잘 알고 있었지만, 그는 또한 "하느님이 나에게 사람을 속되다거나 더럽다고 하면 안 된다는 것을 보여 주셨다"고 확신하고 있었다(10,28). 그러나 베드로는 여전히 그 의미를 완전히 이해하지 못하고 있다. 그는 코르넬리우스에게 자신을 왜 카이사리아로 부르게 했는지 묻는다. 코르넬리우스는 자신의 환상에 대해 설명하고, 베드로는 코르넬리우스와 그 자리에 모인 사람들에게 "하느님께서 예수 그리스도, 곧 만민의 주님을 통하여 전하신 평화의 복음"을 전하기 시작한다(10,36). 베드로가 메시지를 마치려 할 때, 아직

248 Dunn, "The Acts of the Apostles," 134.

말을 하고 있는 동안(10,44), 성령이 모든 청중에게 내리신다. "베드로가 말하는 동안, 하느님이 일하신다."[249] 우리는 베드로와 그와 함께 요파에서 온 여섯 명의 유대인 신자들이 이 상황에 얼마나 놀랐을지 상상할 수밖에 없다. "이방인들이 세례를 받는 것을 막을 것이 무엇인가?" 베드로는 외친다(10,44-48). 그런 다음 그는 코르넬리우스와 그의 친척들, 친구들에게 "예수 그리스도의 이름으로 세례를 받으라"고 지시한다(10,48). 베드로와 그의 동료들은 월이 "이방인의 성령강림"[250] 이라고 부르는 사건을 목격한 것이다.

그러나 제닝스가 지적한 것처럼, 이 이야기의 가장 중요한 사건은 코르넬리우스와 그의 동료들이 세례를 받은 후에 일어난다. 베드로와 그의 동료들이 코르넬리우스의 초대를 받아들여 그의 집에서 며칠 더 머물기로 결정한 것이다. "교회의 독서 습관은 이러한 가늘고 작은 말들을 그냥 지나칠 수 있다. 그러나 이들은 신성한 계획을 포착한다. 이것이 하느님이 원하시는 것이다. 유대인과 이방인이 함께 있고, 이방인이 유대인과 함께 하기를 원하며, 함께 식사하고 평화롭게 살아가는 것이다."[251]

코르넬리우스의 환대를 받아들이고 그에게 세례를 준 베드로는 예루살렘으로 돌아가면서 해명할 일이 있었다. 본문은 미묘하지만, 예루살렘 공동체의 모든 이들이 코르넬리우스에게 세례를 주고 그의 이방인 환대를 받아들인 베드로의 결정에 동의하지는 않았음을 보여 준다. 사마리아인들은 그래도 반유대인들이었으니 이해할 수 있었다. 에티오피아 내시의 경우, 아마도 드문 예외로 여겨졌을 것이다.

249 Jennings, *Acts*, 112.

250 Wall, "The Acts of the Apostles," 167.

251 Jennings, *Acts*, 114-15.

그러나 이번에는 이방인 가정 전체-로마 군사 가족과 그 친구들-가 공동체에 들어오는 일이었다. 루카는 베드로가 다시 한번 전체 이야기를 전하도록 하면서 이 순간의 중요성을 강조한다. 베드로는 자신이 성령의 인도에 따라 행동했다고 확신했다. 의심의 여지가 없었다고 그는 설명한다. "성령께서 처음에 우리에게 내리셨던 것처럼 이방인에게도 내리셨기"(11,15) 때문이다. 베드로는 "하느님께서 우리에게 주신 것과 똑같은 선물을 그들에게도 주셨는데, 내가 무엇이기에 하느님을 막을 수 있었겠습니까?"(11,17)라고 말했다. 이에 예루살렘 공동체는 잠잠해졌고 "이제 하느님께서는 다른 민족들에게도 생명에 이르는 회개의 길을 열어 주셨다"며 하느님을 찬양하였다(11,18).

심지어 이방인들에게도! 공동체의 의식이 성장하는 또 다른 중요한 발전이 있었다. 공동체는 이제 유대인에게만이 아니라 이방인들에게도 가야 한다는 것을 깨달았다. 이방인들도 회복된 이스라엘과 메시아 시대의 복을 누릴 수 있으며, 유대인과 이방인은 함께 일하고 살아가면서 "땅 끝까지" 전하는 메시지를 전달할 수 있다. 코르넬리우스(와 베드로)의 개종 사건은 태너힐이 말한 대로 진정한 돌파구이다. 에티오피아 내시의 개종은 "비공개적이고 고립된 사건"이었으며,[252] 일반적인 규칙의 예외였지만, 코르넬리우스의 회심은 공개적으로, 증인들 앞에서, 많은 사람들이 지켜보는 가운데 이루어졌으며, 결국 예루살렘 지도부의 승인을 받았다. 태너힐은 이 서사가 신성한 노력과 인간의 노력이 얽혀있는 서술의 걸작임을 상당히 설득력 있게 보여 준다.[253] 하느님은 예수 공동체에게 새로운 길을 보여 주고 있으며, 공동체는 그리스도의 영을 통해 하느님의 인도를 따르고 있

---

252 Tannehill, *The Narrative Unity of Luke-Acts*, 137.

253 Tannehill, *The Narrative Unity of Luke-Acts*, 129-31.

다. 코르넬리우스와 그 가정의 세례(그리고 베드로와 예루살렘 공동체의 태도 변화)를 통해 "종교 자체의 재정의가 진행 중"이라고 제닝스는 말한다.[254] 제닝스는 이를 평소 그의 방식대로 우아하게 표현한다. "로마 제국의 한적한 구석, 한 백부장의 집에서 시공간의 구조에 틈이 발생했다. 예수를 숭배하고자 하는 모든 사람들은 새로운 친밀감의 공간과 새로운 시간을 경험할 수 있으며, 이는 다른 사람들과 함께하는 무한한 새로운 삶의 가능성을 열어줄 것이다."[255] 교회가 항상 이 비전에 충실했던 것은 아니지만, 이것이 바로 교회의 비전이다.

7단계: 안티오키아의 공동체

루카의 서사는 공동체의 의식을 한층 더 확장시킨다. 베드로와 코르넬리우스의 이야기는 11장 중간에서 끝난다. 19절부터 새로운 에피소드가 시작되는데, 이 에피소드는 21절로 짧지만 여러 면에서 더욱 중요한 사건일 수 있다. 앤드루 월스Andrew F. Walls는 이 에피소드를 "그리스도교 신앙과 이방 세계의 첫 진정한 만남"이자 "그리스도교 역사상 가장 중요한 사건 중 하나"라고 부른다.[256] 제닝스는 "예수의 말씀과 행동은 언제나 유대인들을 넘어 이방인에게까지 영향을 미치는 힘을 지녔다. 그러나 이제 성령이 더 많은 제자들을 이 혁명적인 친밀함의 사역으로 이끄시면서, 먼 곳과 먼 민족들이 점점 더 가까워지고 있다"

---

254 Johnson, *The Acts of the Apostles*, 198; González, *Acts*, 134-36.

255 Jennings, *Acts*, 115.

256 Andrew F. Walls, "Culture and Conversion in Christian History", *The Missionary Movement in Christian History: Studies in the Transmission of Faith* (Maryknoll, NY: Orbis Books, 1996), 52; Andrew F. Walls, "Old Athens and New Jerusalem: Some Signposts for Christian Scholarship in the Early History of Mission Studies", *International Bulletin of Missionary Research* 21, no. 4 (October 1997): 146.

고 말한다.[257]

루카는 11장 19절에서 "8,4에서 풀려 있는 실"을 다시 잡아, 스테파노의 순교 이후 박해를 피해 흩어진 예루살렘 교회의 이름 없는 도피한 이들[258]의 선교 활동을 이어 나간다.[259] 이 도피자들은 유대와 사마리아 전역으로 흩어졌으며(8,1), 이제 루카는 그들 중 일부가 지중해 연안의 페니키아, 키프로스 섬, 그리고 시리아의 대도시 안티오키아까지 간 것을 밝힌다. 그들의 전도 활동은 처음에는 아마도 디아스포라의 헬라 유대인들에게만 한정되었을 것이다. 그러나 20절과 21절에서 우리는 "그들 가운데에는 키프로스 사람들과 키레네 사람들도 있었는데, 이들이 안티오키아로 가서 그리스계 사람들에게도 이야기하면서 주 예수님의 복음을 전하였으며, 많은 수의 사람이 믿고 주님께 돌아섰다"는 내용을 읽는다. 코르넬리우스 에피소드에서는 코르넬리우스와 그의 친구들, 그리고 가정이 공동체에 들어갈 만한 자격이 있는지 확인하기 위해 큰 노력이 기울여졌다. 하지만 로마제국의 대도시 중 하나인 여기 안티오키아(로마와 알렉산드리아 다음으로 큰 도시였다)에서는[260] 설교가 더 포괄적이고, 이방인들을 대상으로 하는 경향이 있는 것으로 보인다. 그들은 **이전에** 이방인이었거나, 유대교에 매료된 이방인이거나, 복음에 매료된 다른 이방인일 수 있다.

여기서 우리가 받는 인상은 코르넬리우스의 개종이 이보다 더 일반적인 이방인 복음화와 포용적인 공동체의 직접적인 원인은 아니었다는 점이다. 실제로 예루살렘 박해 이후 안티오키아로 온 키프로스

---

257 Jennings, *Acts*, 121.

258 Nguyen, "The Acts of the Apostles," 1489.

259 Wall, "The Acts of the Apostles," 175.

260 González, *Acts*, 137; Raymond E. Brown and John P. Meier, *Antioch and Rome: New Testament Cradles of Catholic Christianity* (New York: Paulist Press, 1983), 12.

와 키레네 출신 헬레니스트들과의 연관성 때문에, 이러한 사건들이 코르넬리우스의 개종 전에 또는 동시에 발생했을 가능성을 제기할 수 있다.[261] 이는 마치 성령이 공동체에게 예수님의 주재에 대한 전체적인 함의를 인식하도록 부추기며 새로운 깨달음이 여러 방향에서 동시에 일어나는 것처럼 보인다. 그러나 루카는 이 인식의 발전을 체계적으로 제시하며, 이방인들에 대한 보다 일반적인 전도를 코르넬리우스 에피소드 이후에 배치한다.

안티오키아에서 일어난 사건의 급진적인 성격은 여러 가지로 암시된다. 첫 번째 단서는 복음이 "주 예수"라는 표현으로 제시되었다는 점이다(11,20). 앤드루 월스에 따르면, 이전의 모든 전도에서 예수님의 중요성은 유대인의 타이틀인 메시아(그리스어로 크리스토스)로 표현되었다. 그러나 익명의 키프로스인과 키레네 출신 헬레니스트들은 안티오키아의 이방인들에게 그들이 더 잘 이해할 수 있는 용어로 예수님을 전했다. 예수님은 "주" 즉, "키리오스"였다. 이 용어는 헬레니즘 이교도들이 그들의 숭배하는 신들에게 부여한 칭호였다.[262] 이러한 "복음의 재맥락화"[263]는 매우 급진적이면서도 중요한 변화였다. 이는 복음이 처음으로 유대교의 한계를 넘어선 용어로 제시되었기 때문이다. 복음이 전해진 이방인들이 다른 방식으로 예수님의 중요성을 이해할 수 있었을지 의심스럽기 때문에 이 변화는 필수적이었다.[264] 한 단어의 대체는 오늘날 우리가 '문화적 수용'이라고 부를 수 있는 더 큰 프로그램의 작은 일환일 수 있으며, 예수님의 구원 역할이 유대교

261 Tannehill, *The Narrative Unity of Luke-Acts*, 146-47; Wall, "The Acts of the Apostles," 174; González, *Acts*, 136.

262 Walls, *The Missionary Movement*, 34.

263 Nguyen, "The Acts of the Apostles," 1490.

264 Walls, *The Missionary Movement*, 35.

를 넘어 모든 세계에 유효한 것으로 이해되었다는 것을 나타내는 신호였다.

이 단락의 중요성을 나타내는 두 번째 징후는, 예루살렘에 소식이 전해지자 공동체가 신뢰할 수 있는 대표인 바르나바를 보내어 상황을 조사하게 했다는 점이다. 반유대인 사마리아인들에게 복음이 전파된 사건을 조사하기 위해 예루살렘에서 파견된 베드로와 요한이 그랬던 것처럼, 바르나바는 하느님의 은총이 실제로 작용하고 있음을 발견했다. 그의 이름처럼(바르나바는 "위로의 아들"을 의미한다), 바르나바는 그들에게 "모두 굳센 마음으로 주님께 충실하라"고 권면했다(11,24). 중요한 점은 바르나바가 사마리아에서처럼 전도를 "완성"할 필요가 없었다는 것이다(8,15-17). 바르나바는 대단한 리더십과 정직함 뿐만 아니라 거룩함을 지닌 인물이었다. 곤잘레스는 그를 "사도행전 전체에서 가장 매력적인 인물 중 하나"[265]라고 부른다. 그의 지도 아래 이 새로운 "서로 다른 두 문화와 민족이 어우러진"[266] 공동체가 번성하고 성장했다(11,24). 이어진 사건들이 증명한 대로, 바르나바는 뛰어난 인물 판단력을 가지고 있었으며, 타르수스로 가서 사울을 찾아 안티오키아에서 함께 일하도록 설득하는 데에도 용기를 발휘했다(11,25). 바르나바는 이미 다마스쿠스를 피해 예루살렘으로 돌아온 사울을 후원했던 적이 있었다(9,27). 이때 "사울의 재능이 안티오키아와 같은 혼합된 공동체에서 가장 잘 활용될 수 있다는 것을 깨달았으며, 이는 바르나바의 천재적인 판단이었다. 이로 인해 사울과 안티오키아

---

265 González, *Acts*, 138.

266 Jennings, *Acts*, 121. 제닝스는 "여기서 서로 다른 두 문화와 민족이 어우러진 현실을 언급하는 것이 다소 시대착오적일 수는 있지만, 이 반란적 행위의 의미를 이해하는 데 도움이 된다. 이는 경계를 넘어서 예수의 통치를 새로운 영토와 새로운 몸으로 끌어들이는 것이다"라고 인정한다.

의 그리스도인들 모두가 이익을 얻었다."[267] 바르나바와 사울의 "협력은 세상을 새롭게 만들 것이다."[268]

사도행전에는 안티오키아의 발전이 공동체가 교회로서 자신을 인식하는 의식 성장을 보여 주는 중요한 징후가 또 있다. 세 번째이자 마지막 징후라 할 수 있는 것은 26절에서 '안티오키아에서 제자들이 처음으로 그리스도인이라 불렸다'는 진술이다. 존슨과 다른 학자들은 '그리스도인'이라는 이름이 외부인(아마도 로마 당국)들에 의해 부여되었으며, 약간 부정적인 함의가 있다고 제안한다. 존슨은 이 명칭을 현대의 별명 '문니'[269]와 비교한다.[270] 실제로 이 명칭은 신약성경에서 두 번 더 사용된다(사도 26,28 및 1베드 4,16). 한편, 마르틴 헹겔은 이 이름이 공동체가 "유대인 회당 공동체에 대항하는 독립적인 조직"으로 인식되었다는 것을 나타낸다고 주장한다. 외부인들에게는 성공적인 메시아파 세력이 이제 자체적인 집단으로 보일 수 있었으며, 유대교에서 분리된 것으로 보일 수 있었다. 그것은 자체적인 이름을 얻었으며, 그 독립적인 성격은 '갈릴리인'이나 '나자렛인'과 같은 이전의 유대인 집단을 가리키는 명칭과 근본적으로 다르게 만들었다(사도 24,5).[271] 헹겔은 이 점에서 약간 과장된 표현을 했을 수도 있으며, 그 일부분에 초월주의의 그늘이 있을 수 있다. 그러나 루카가 이 정보를 이 시점에서 독자에게 제공한 것은 중요한 의미를 가지고 있다. 공동체는 이제 명확한 이름을 받았고, 루카가 그 이름을 긍정적으로 인용했다

267 Stanley, "Kingdom to Church," 22.

268 Jennings, *Acts*, 124.

269 통일교를 경멸적으로 부르는 별명.

270 Johnson, *The Acts of the Apostles*, 205; Jennings, Acts, 124; Wall, "The Acts of the Apostles," 176.

271 Hengel, *Acts and the History of Earliest Christianity*, 103.

고 보는 것은 타당하다. 위르겐 몰트만은 심지어 안티오키아에서 처음으로 '교회'라는 단어가 사용되었을 것이라고 추측한다. 그는 이 단어가 회당과 다르다는 것을 강조하며 "법에 대한 비판적 요소와 예루살렘 성전 거부를 포함한다"고 말한다.[272]

안티오키아에서 되돌아보면, 예수 운동은 그동안 큰 변화를 겪었다–물론 항상 성령의 인도를 따랐던 것은 분명하다. 예수 운동은 오순절 전후의 이상적인 시기 동안 당사자들이 이해했던 것보다 훨씬 더 큰 존재가 되었다. 스테파노가 직감했던 유대교와의 근본적인 차이는 점점 더 많은 이방인들이 구원받는 무리에 추가되면서(사도 2,47 참조) 입증되었다. 그런데 또 이와 다른 지점에서는, 사도행전의 남은 장에 기록되어 있는 바와 같이, 비극적이게도 더 많은 유대인들이(모두는 아니지만) 그 메시지를 거부하게 되었다. 이에 따라, 예수 운동의 우선순위가 더 넓은 세계적인 범위로 퍼져가는 장기적인 선교로 옮아가게 되었다. 이와 함께 선교에 대한 인식이 확장됨에 따라 교회로서의 자의식도 확장되었다. 이것이 루카의 역사에서 여덟 번째이자 마지막 단계에서 이야기되는 이야기다.

8단계: 교회와 이방인들에 대한 선교

사도행전 12-28장은 이방인들에 대한 교회의 선교가 점차 확장되는 과정을 묘사한다. 그런데 루카는 이 움직임에 있어서 공동체의 유대인 뿌리와 연속성을 유지하는 것이 중요하다는 점을 신중하게 강조하고 있다. 사실, 이러한 연속성은 루카가 이 두 번째 책을 집필하는 주요 동기 중 하나였다. 다음과 같은 월의 주장처럼 말이다.

---

272 Jürgen Moltmann, *The Church in the Power of the Spirit: A Contribution to Messianic Ecclesiology* (Minneapolis: Fortress Press, 1993, 142.

루카가 사도행전을 쓸 때, 교회의 신앙에 대한 주요 내부적 위협은 '이방화'를 추구하는 사람들이 교회의 핵심 정체성에서 유대적 요소를 지우려 했다는 점이었다.… 루카의 우려는 타당했다. 교회의 유대적 유산의 약화는 다음 세대에 마르키온주의Marcionism[273]로 이어졌고, 이는 결과적으로 반유대주의를 낳아 우리 자신을 약화시키는 원인이 되었다.[274]

11장의 마지막 구절(27-30)은 안티오키아의 새로운 공동체와 예루살렘의 공동체 사이의 연결을 다시 확립한다. 12장에서는 헤롯이 야고보(요한의 형제이자, 제베대오의 아들 중 하나로, 열두 사도 중 한 명)를 처형한 내용부터 베드로의 체포와 기적적인 탈출, 그리고 헤롯의 참혹한 죽음을 서술하고 있다. 그러나 이것은 예루살렘 공동체에 대한 마지막 시선이다. 예루살렘은 이제부터 이야기에서 중요한 결정이 이루어지는 장소로 간간이 등장할 뿐이다(15,1-35). 또한 바오로가 로마로 향하는 체포 여정을 시작할 때(21,15-23,11)도 등장하게 된다. 13장은 책 후반부의 시작으로, 여기서부터 초점은 바오로와 그의 선교 활동에 맞춰질 것이다.[275]

예루살렘에서의 구호 사명을 마치고 돌아온 바르나바와 사울은 성령의 지시에 따라 공동체에 의해 선택되어 나중에 사울/바오로의 "첫 선교 여행"으로 알려지게 될 여정을 시작한다(12,25-13,3). 13,9에서

273 유대적 뿌리를 부정하고 이원론적 세계관을 주장한 2세기 초의 이단.

274 Wall, "The Acts of the Apostles," 11. David Bosch는 "예수에 대한 유대인들의 거부가 이방인 선교의 결정적인 전제가 된다"는 입장에 문제를 제기하며 "루카는 이방인 못지않게 유대인들을 위해서도 두 권으로 된 작품을 썼다"고 주장한다(Bosch, Transforming Mission, 92쪽). 이 점에서 그는 스툴뮬러(Stuhlmueller)와 시니어(Senior), 태너힐, 존슨과 같은 학자들과 궤를 같이한다. 예를 들어, 티머시 존슨은 루카의 궁극적인 결론은 이방인 선교가 유대인의 거부 이후 새로운 선교가 아니라 유대인에 대한 선교의 연속이라는 것이라고 주장한다. Johnson, *The Acts of the Apostles*, 8-9). Mary C. Boys, *Has God Only One Blessing? Judaism as a Source of Christian Self-Understanding* (Mahwah, NJ: Paulist Press, 2000).

275 Nguyen, "The Acts of the Apostles," 1492.

"사울"이 "바오로"로도 알려져 있다고 기록되어 있다. 이 이름 변경이 헬레니즘 문화에 적응하기 위한 것인지 궁금해진다. 그들이 길을 따라 유대인과 이방인들에게 전도했음은 분명하지만, 이 부분의 중심은 바오로가 로마 식민지이자 행정 중심지인 피시디아의 안티오키아에서 전도한 것이다(13,5-12).[276] 바오로가 한 설교는 아마도 유대인과 이방인 경외자들에게 했던 전형적인 설교였을 것이며, 이는 나자렛에서의 예수의 첫 설교(루카 4)나 오순절에 베드로가 한 첫 설교(사도 2)와 유사하다. 바오로의 청중이었던 유대인들은 처음에는 긍정적으로 반응했으나, 다음 안식일에 "거의 온 도시가 하느님의 말씀을 듣기 위해 모였다"는 상황을 보고, 즉 많은 이방인들이 참석한 것을 보고, 유대인들은 "질투심에 가득 차"(13,45) 욕설을 퍼붓고 고집스럽게 반응했다. 이에 바르나바와 바오로는 사도행전 후반부에서 세 번 중 첫 번째로 공식적인 선언을 내놓는다(나머지 두 번은 18,4-7과 28,25-28에서 행해진다). 유대인들이 먼저 전도를 받아야 하지만, 그들이 메시지를 거부했기 때문에 "우리는 이제 이방인들에게로 향한다"고 선언한다(13,46). 이에 이방인들은 기뻐하며 "주님의 말씀을 찬양했다."(13,48)

바오로는 계속해서 유대인들에게 전도할 것이며, 이는 이후의 이야기에서 분명히 드러나게 된다. 그러나 이 구절에서는 앞으로 어떤 일이 일어날지에 대한 분명한 경고를 들을 수 있다. 신생 그리스도교 교회의 잘못은 아니지만, 유대인들은 일반적으로 그 메시지를 거부하고 이방인들은 이를 받아들인다. 공동체의 이해 속에서 발전하기 시작하는 것은, 바오로가 로마서에서 고통스럽게 반성하며 명확히 표현한 것처럼, 이방인들이 "충만하게 들어올 때" 이스라엘이 돌아서

---

276 Stott, *The Spirit, the Church, and the World*, 222.

리라는 확신이다(로마 11,25).[277] 비록 바오로와 루카 모두에게 안타깝고 비극적이지만, 미래는 이방인들 가운데 있었으며, 이를 인식하고 그에 따른 선교에 응답하는 것이 교회의 완전한 출현을 의미하게 될 것이다.[278]

바오로와 바르나바는 피시디아의 안티오키아에서 유대인들의 배신으로 쫓겨난 후, 이코니온에서 유대인과 헬라인에게 전도하고 리스트라에서 가까스로 죽음을 피한 후, 안티오키아로 돌아와 하느님께서 "다른 민족들에게 믿음의 문을 열어 주셨다"고 교회에 보고한다(14,27). 이들의 귀환은 존슨과 윌슨이 '신학적 전환점'[279]이라고 부르는 계기–예루살렘공의회–를 마련한다.

지금까지 이야기에서 명시적으로 언급되지는 않았지만, 독자들은 이제 안티오키아 공동체의 실천이 얼마나 급진적인지 깨닫게 된다. 유대에서 온 몇몇 사람들이 안티오키아에 도착해 공동체 내 이방인 그리스도인들에게 할례가 필요하다고 주장하기 시작했을 때(월은 그들을 예루살렘 지도부의 지지 없이 행동하는 "엄격주의자들"이라고 부른다)[280] 논란이 일었다. 이에, 바오로와 바르나바와 신자들 가운데 다른 몇 사람이 예루살렘에 있는 사도들과 원로들에게 올라가기로 하였다(15,1-2).

---

277 Stanley, "Kingdom to Church," 25.

278 르그랑은 "항상 향수를 동반하는" 바오로의 태도와 "민족들의 도래를 환영하며 기쁘게 묘사하는" 루카의 태도를 대조한다(*Unity and Plurality*, 128). 그러나 사도행전을 면밀히 읽어보면, 심지어 루카도 이스라엘의 거부에 대해 그렇게 낙관적이지 않았음을 시사한다. 실제로 하느님이 이스라엘을 거부하지 않으셨다는 것이 두 권으로 된 이 작품을 집필한 주요 이유 중 하나였다. 예를 들어, 보쉬의 *Transforming Mission* 115를 참조하라. 제닝스는 사도행전 13,46-52에 대해 "이 구절에는 고통이 있다. 이 이야기를 읽는 우리는 더 이상 그 이야기의 고통과 슬픔을 느끼지 못한다"고 썼다(*Acts*, 135).

279 Johnson, *The Acts of the Apostles*, 268; Wilson, *The Gentiles and the Gentile Mission in Luke-Acts*, 192.

280 Wall, "The Acts of the Apostles," 206.

루카는 간결하면서도 신학적으로 풍부한 세부 사항을 통해 교회의 자아 인식이 발전하는 이 중요한 순간을 묘사한다. 안티오키아에서 온 대표단은 예루살렘에서 따뜻하게 환영받았고, 그들은 "하느님께서 자기들과 함께 해 주신 모든 일"을 보고했다(15,4). 그러나 바로 몇몇 개종한 바리사이파 사람들의 반대를 받았는데, 그들은 이방인들이 할례를 받고 모세의 법을 지켜야 한다고 주장했다(15,5). 월은 이 문제는 구원론적인 것이 아니었다고 지적한다. 코르넬리우스와 그의 가족, 그리고 안티오키아의 이방인들이 성령을 합법적으로 받았다는 것은 분명했기 때문이다. 이 문제는 오히려 사회적인 문제였다. 안티오키아에서 그리스도인이라 불리던 이들은, 개종한 바리사이파 사람들의 생각에 따르면, 여전히 유대인이었으며, 따라서 하느님의 백성으로서의 표식과 신성한 관습을 따라야 했다.[281]

지도자들이 모여 많은 논의 끝에, 베드로와 바르나바와 바오로가 자신들의 경험을 이야기하며 "그들과 마찬가지로 우리도 주 예수님의 은총으로 구원을 받는다고 믿는다"라는 결론을 정당화했다(15,11). 그런 다음 야고보가 일어나 이방인들로부터 하느님께서 "당신의 이름을 위한 백성을 모으셨다"고 말한다. 이때 그리스어로 'laos'라는 단어를 사용했는데, 이는 거의 항상 히브리어 'am'을 번역하는 단어로, 이스라엘의 하느님이 특별히 선택한 백성으로서의 정체성을 가리킨다.[282] 이 서두에서 할례를 받지 않은 이방인 그리스도인들도 히브리 그리스도인들과 마찬가지로 이제 하느님의 백성의 완전한 구성원이 되었다는 결론을 내릴 수 있었다. 그리고 "다른 민족들 가운데에서

---

281 Wall, "The Acts of the Apostles," 207; González, *Acts*, 172.

282 Tannehill, *The Narrative Unity of Luke-Acts*, 187. "laos"라는 용어의 중요성은 6장에서 더 자세히 논의될 것이다.

하느님께 돌아선 이들에게 어려움을 주지 말아야 한다"고 주장했다(15,19). 이에 따라 안티오키아의 그리스도인들에게 보내진 편지에서는 그들이 오직 율법에 명시된 식이와 도덕 법률만을 준수할 것을 요구했다. 응우옌은 이 편지가 이방인 그리스도인들에게 이교 신전 축제와 우상 숭배, 그리고 부도덕한 행위에 참여하지 말고, 유대인 식이 법률을 준수하여 유대인과 이방인의 식탁 교제를 용이하게 하도록 지시했다고 설명한다.[283]

한편, 존슨은 "이 시점까지는 유대인 선교가 최우선이었으나, 이제부터 이방인 공동체 설립에 명확히 초점이 맞춰지고 있다"[284]고 주장한다. 그러나 이는 다소 과장된 의견일 수 있다. 실제로 사도행전의 나머지 부분에서 바오로는 일관되게 유대인과 이방인 모두에게 전도하는 모습으로 묘사된다(16,3; 17,1-4, 12, 17; 18,4; 19,8; 28,17-28). 그럼에도 불구하고 15장에서 사도적 결정이 내려진 후, 이야기의 흐름은 분명히 변화했다. 루카는 15장 끝부터 21장에서 바오로가 체포되어 감금될 때까지 유럽과 아시아에서의 바오로의 선교 활동과 유대인들과의 계속되는 갈등 및 바오로가 이방인들에게 점점 더 결정적으로 전화하는 장면을 생생하게 서술하고 있다.[285]

사도행전의 마지막 장들은 바오로의 예루살렘에서의 체포와 재판, 카이사리아에서의 감금, 그리고 로마로의 여정과 도착을 다룬다. 로마에서 바오로는 다시 유대인들에게 전도하며, 그중 일부는 "그의 말을 받아들이지만" 다시 한번 복음은 많은 사람들에게 거부당한다(28,24). 따라서 바오로는 "하느님의 이 구원이 다른 민족들에게 보내

283 Nguyen, "The Acts of the Apostles," 1499.

284 Johnson, *The Acts of the Apostles*, 268.

285 Johnson, *The Acts of the Apostles*, 286.

졌다는 것을 알아야 합니다. 그들은 들을 것입니다"(28,28)라는 선언을 한다. 책의 마지막 두 절은 바오로가 자신에게 오는 모든 사람들(즉, 유대인과 이방인)[286]을 환영하며 하느님의 나라를 전파하고 주 예수 그리스도에 대해 가르치는 장면을 묘사한다(28,30-31).

스테파노 G. 윌슨은 사도행전의 결말이 예수의 명령(1,8)이 성취되었음을 가리키며, 이는 세계 권력의 중심인 로마를 통해 세상 끝까지 복음이 전파되어야 한다는 "회고적" 의미를 지닌다고 제안한다. 그러나 윌슨은 또한 이 결말이 "전망적 목적prospective purpose"도 가질 수 있다고 제안한다. 복음이 로마에 이르렀다고 해서 모든 것이 성취된 것은 아니라는 것이다. 오히려 "이방인들에게 복음이 열린 채로 널리 전파되고, 유대인들의 최종적인 거부 및 로마에서 이야기가 끝나는 점은 모두 같은 방향을 가리킨다. 교회의 미래는 이방인들 가운데 있으며, 그리스도교는 보편적 종교가 될 것이다."[287] 사도행전은 따라서 미래를 바라보며, 교회가 바오로의 일을 자신의 시대와 맥락에서 계속해 나가도록 초대한다. 이는 바오로, 그리고 그 이전의 스테파노, 필립보, 베드로가 예수의 일을 이어 갔던 것과 같다. 교회는 이 일을 계속해서 행함으로써 스스로를 창조해 나간다.

---

286 Nguyen, "The Acts of the Apostles," 1518.

287 Wilson, *The Gentiles and the Gentile Mission in Luke-Acts*, 237. Stephen G. Wilson, *Related Strangers: Jews and Christians 70-170 AD* (Minneapolis: Fortress Press, 1995), 66.

결론

이 장에서 나는 예수 운동에 참여한 여성과 남성들이 성령의 부름에 응답하여 새로운 방식으로, 때로는 상상조차 할 수 없는 방식으로 예수의 사명을 이어감에 따라, 그 과정에서 교회가 형성되었다고 주장했다. 사도행전을 읽어보면, 교회의 기원, 즉 창립이 그들이 앞에 두고 있던 사명에 대한 의식과 밀접하게 연결되어 있다는 것을 알 수 있다. 따라서 사도행전은 이 책을 시작할 때 언급한 세 가지 글귀에 대한 강력한 성서적 근거로 주장될 수 있다. 즉 교회는 "본질적으로 선교적"(AG 2)이고, 복음화가 그것의 "가장 깊은 정체성"(EN 14)이며, "선교하는 제자들의 공동체"(EG 24)라는 것이다.

물론 사도행전은 초기 교회에서 일어난 일들을 제시하는 데 있어서 매우 선택적이고 간략하다. 이로 인해 초기 교회의 다양한 선교 활동(예를 들어, 다마스쿠스의 공동체는 어디에서 왔는가? 로마의 공동체는 누가 세웠는가? 에티오피아의 내시나 사마리아의 공동체는 어떻게 되었는가?)이 무시되고 있다.[288] 또한, 이와 같은 사도행전의 선택적 서술은 초기 그리스도교 내의 신학적 다양성을 간과한다. 예를 들어, 레이먼드 브라운Raymond E. Brown은 신약성서 안에 최소한 네 가지 유형의 그리스도교 공동체가 존재한다고 지적한다.[289] 데일 T. 어빈Dale T. Irvin이 주장하듯, 이러한 간소화된 서술이 신학적으로 해석되지 않고 문자 그대로 해석될 때, 교회의 역사적 상상력에 심각한 결과를 초래할 수 있다.[290]

그러나 그리스도교 운동의 기원에 대한 보다 넓은 시야를 제한하는 단점에도 불구하고, 사도행전은 교회의 신학을 뒷받침하는 기본적인 동력을 증언하는 문서이다. 앞서 제1장에서 언급했듯이, 선교는 신학의 모태일 뿐만 아니라 교회의 모태이기도 하다. 사도행전은 예수 운동이 유대교에서 점차적으로, 비극적이지만 불가피하게 분리되는 과정을 기록하고 있다. 그러나 성령의 인도 아래 이루어진 이 분리는 서서히, 고통스럽고 힘겹게 진행된 교회의 탄생 과정을 함께 담고 있다.

레빈은 통찰력 깊은 관찰을 통해 유대교와 그리스도교의 최종적인 분리가 각각의 전통을 보존하게 했다고 주장한다. 예수 공동체가 헬레니즘 문화와 점점 더 밀접하게 연관되는 동안, 유대교는 자신의 정체성을 지켜냈다. 만약 유대교가 예수 공동체와 같은 길을 걸었다면, '역사에서 사라졌을 것이다.' 마찬가지로, 교회가 "유대교의 한 종파로 남아 있었다면, 보편적인 사명을 달성하지 못했을 것이다."[291] 그

---

288 Wilson, *The Gentiles and the Gentile Mission in Luke-Acts*, 237-38.

289 Brown and Meier, *Antioch and Rome*, 2-8.

290 Dale T. Irvin, *Christian Histories, Christian Traditioning: Rendering Accounts* (Maryknoll, NY: Orbis Books, 1998); Vince L. Bantu, *A Multitude of All Peoples: Engaging Ancient Christianity's Global Identity* (Downers Grove, IL: Inter-Varsity Press, 2020).

291 Levine, *The Misunderstood Jew*, 84.

러나 더 중요한 점은 다음과 같다. 교회가 보편적인 사명을 달성하지 못했다면, 즉 성령의 인도하에 하느님의 통치 혹은 "킨덤kin-dom"을 구현하고 증명하며 전파하는 예수의 사명을 이어 가지 못했다면, 교회는 결코 교회가 될 수 없었을 것이다. 교회는 여전히 그 친밀함의 혁명을 촉진하기 위한 약속을 지키며 계속해서 탄생하고 있다.

이 책의 1부는 선교하는 제자 공동체로서 교회를 고찰한다. 이를 위해 우리는 다음 장들에서, 교회가 '아직 오지 않았으나 이미 현존하는 실재'인 하느님 통치의 혁명적 친밀함과 맺는 관계, 삼위일체 하느님과 공유하는 사명의 **내용**content, 그리고 그 내용을 교회가 역사 속에서 구체화하는 **방식**way에 집중할 것이다.

3장

교회를 부르는 미래

하느님 나라와 교회

"교회는 불이 타오르듯이 선교에 의해 존재한다."[292] 이 문장은 신학자 에밀 브루너Emil Brunner의 유명한 말로, 첫 두 장에서 다루려 했던 내용을 아름답게 요약한다. 교회의 기원은 하느님의 선교에서 비롯되며, 창조의 첫 순간부터 성령의 능력과 현존을 통해 활동해 왔다. 그 선교는 이스라엘이 모든 민족을 위한 축복으로 선택받는 사건을 통해 역사 속에서 구체화되었고, "때가 차자"(갈라 4,4) 말씀이 사람이 되시어(요한 1,14) 예수 그리스도 안에서 이 세상의 일부가 되었을 때 인격적으로 구체화되었다. 예수님께서는 하느님의 통치 또는 "킨덤kin-dom"을 몸소 보여 주고 선포하는 활동을 통해 제자 공동체의 기초를 세우셨고, 죽음에서 부활하신 후 그들에게 성령을 부어 주셨다.

사도행전에서는 그 성령이 예수 공동체를 예루살렘에서부터 사마

292 Emil Brunner, *The Word in the World* (London: SCM Press, 1931), 11.

리아를 거쳐 땅 끝까지 예수의 주님 되심과 하느님의 급진적인 친족적kinship 다스림을 증언하도록 이끌었다고 기록되어 있다(사도 1,8 참조). 이 점증적인 깨달음 속에서, 그 공동체는 자신을 단지 유대교 내의 한 분파나 유대교 영성의 한 지파로 이해하는 것을 뛰어 넘어, 하느님 은총으로 예수 그리스도의 선교를 공유하고 이어 가는 독립된 종교적 실체로 이해하게 되었다. "선교는 교회에서 나오는 것이 아니라, 교회가 선교로부터 이해되어야 한다."[293] 교회의 본질은 "선교하는 제자 공동체"(EG 24)로서, 복음화가 "그 가장 깊은 정체성"(EN 14)인 것이다.

이 장에서는 교회가 삼위일체의 선교적 하느님과 공유하는 선교의 본질을 더 깊이 탐구한다. 교회가 예수님처럼 하느님의 통치의 혁명적 친밀함을 구현하고, 증거하며, 선포하는 현재가 미래의 현실과 어떻게 연관되어 있는지를 성찰한다. 교회는 사도행전의 마지막 구절에서 바오로가 "아무 방해도 받지 않고 아주 담대히 하느님의 나라를 선포하며 주 예수 그리스도에 관하여 가르쳤다"(사도 28,31)라는 말씀에서 방향을 얻는다. 예수님에 대한 가르침에서 중심을 차지하는 교회와 하느님 나라의 관계에 대한 우리의 성찰은 교회가 실제로 "불이 타오르듯이 선교를 통해 존재한다"는 것을 더 깊이 이해하도록 도와준다. 교회는 결코 자신을 위해 존재하지 않으며, 오직 미래를 위해 존재한다. 그러나 그 미래는 예수 그리스도, 즉 창시자 안에서 이미 신비롭게 현재에 존재하며, 그의 선교를 공유하고 이어 가는 공동체 안에 있는 미래이다. 이 미래는 예수님의 성령이라는 능력으로 인해 계속해서 교회를 창조하고 불러낸다.

---

293 Jürgen Moltmann, *The Church in the Power of the Spirit: A Contribution to Messianic Ecclesiology* (Minneapolis: Fortress Press, 1993), 10.

교회와 하느님 나라 사이의 역동적인 관계는 복잡하다. 그러나 그 관계를 이해할수록 교회의 본질인 "선교하는 제자 공동체"가 더욱 명확해지며, 교회의 목적이 교회 자체가 아니라 하느님 나라를 구현하고 증거하며 선포하는 데 있음을 알게 된다. 교회의 목적은 교회 자체가 아니다. 교회의 목적은 하느님의 세상을 위한 꿈의 성사, 종, 그리고 전령이 되는 것이다. 따라서 교회는 창조의 완성을 위해 하느님과 함께 일한다.

교회의 가르침

제2차 바티칸공의회(1962-65) 전후의 시기까지 로마 가톨릭교회의 공식적인 교리는 교회와 하느님 나라 또는 하느님의 통치를 거의 동일시하는 경향이 있었다. 이는 특히 교회의 공식 교리 교육기관이나 교황의 문서에서 두드러졌다. 예를 들어, 1862년에 비오 9세는 그의 회칙 [인간을 가장 사랑하시는Amantissimus Humani][294]에서 그리스도가 "살아 계신 하느님의 유일한 거처, 천국의 유일한 왕국, 산 정상에 세운 유일한 도시, 유일한 양의 우리, 한 성령으로 형성되고 살아 있는 유일한 몸"으로 교회를 세우셨다고 강조했다.[295] 1874년, 비오 9세는 회칙 [오스트리아

294 Amantissimus Humani는 1862년 교황 비오 9세가 발표한 회칙으로, 오스트리아 제국 내에서의 교회와 국가 간의 관계를 다루고 있다. 이 회칙은 오스트리아에서의 교회의 권리와 독립성을 옹호하는 데 중점을 두고 있으며, 특히 그리스도께서 설립하신 교회의 유일성과 신성한 기원을 강조하고 있다. 회칙의 제목인 Amantissimus Humani는 "인간을 가장 사랑하시는"이라는 의미로, 하느님께서 인류를 향한 사랑을 나타내며, 그 사랑이 교회를 통해 실현된다는 메시지를 담고 있다. 이 회칙은 오스트리아 정부와 교회 간의 긴장 속에서 교황이 교회의 권위를 수호하고자 했던 역사적 맥락에서 이해될 필요가 있다.

295 Pius IX, Encyclical *Amantissimus Humani*, April 8, 1862. 이 문서는 바티칸 웹사이트에 이탈리아어로만 게시되어 있으며 항목의 번호가 없다.

의 교회에 대하여Vix Dum a Nobis][296]에서 다음과 같이 썼다.

> 하느님께서는 교회에 성스러운 교리를 전수하기 위한 무류성의 교도권과 가장 거룩한 사제직이라는 신성한 은사를 주셨다. 또한, 하느님께서는 교회에 지상에서 하느님 나라와 관련된 모든 사항에 대해 법을 제정하고 판결을 내리며 구원의 목적을 위한 강제력을 행사할 수 있는 권한을 부여하셨다. 이 초자연적인 교회의 통치 권한은 정치적 권위와 다르며, 그로부터 독립적이다. 따라서 지상에서의 하느님 나라는 자체의 법과 권리에 의해 유지되고 통치되는 완전한 사회이다.[297]

비오 9세의 후계자인 레오 13세는 회칙 [교회의 일치에 관하여Satis Cognitum][298]에서 여러 차례 교회를 하느님 나라와 동일시했으며,[299] 비오 12세는 회칙 [그리스도의 신비체Mystici Corporis Christi][300]에서 하느님

---

296 Vix Dum a Nobis는 1874년 교황 비오 9세가 오스트리아의 교회 상황에 대해 발표한 회칙으로, 교회의 권위와 그에 대한 순종의 중요성을 강조하고 있다. 이 회칙은 오스트리아 정부와 교회 간의 긴장 관계 속에서 작성되었으며, 교황은 교회의 독립성과 신성한 권리를 옹호하고자 했다.

297 Pius IX, Encyclical *Vix Dum a Nobis* (1874), Papal Encyclicals Online, 3 and 4.

298 Satis Cognitum은 1896년 교황 레오 13세가 발표한 회칙으로, 교회의 일치와 교도권의 권위를 강조하고 있다. 이 회칙은 19세기 말 교회가 직면한 근대주의, 국가주의, 그리고 교회 분열의 위협에 대응하기 위해 반포되었다. 교황 레오 13세는 교회의 일치가 교도권의 권위에 의해 유지되어야 한다고 강조하며, 교회가 하나의 단일체로 존재하기 위해 모든 구성원들이 교황의 권위에 순종해야 함을 명확히 하고 있다. Satis Cognitum은 교회의 일치와 권위를 확립하고, 분열된 그리스도교 세계를 다시 하나로 모으려는 교황의 의도를 반영하고 있다.

299 Leo XIII, Encyclical *Satis Cognitum* (1896). 이 문헌에서 16개의 예를 들 수 있다. 그중 일부로 6, 10, 11, 12, 13, 15항이 있다.

300 Mystici Corporis Christi는 1943년 교황 비오 12세가 발표한 회칙으로, 교회를 그리스도의 신비로운 몸으로 묘사하며, 교회의 본질과 구조, 그리고 그리스도와의 긴밀한 연합을 강조하고 있다. 이 회칙은 제2차 세계대전의 혼란 속에서 발표되었으며, 교회가 영적 공동체로서 세상에 평화와 구원의 메시지를 전하는 역할을 수행해야 한다는 교황의 의도를 담고 있다. 비오 12세는 교회를 단순한 인간 조직이 아닌, 그리스도에 의해 세워진 신비로운 공동체로 규정하며, 모든 신자가 그리스도와의 일치를 통해 하나의 신비로운 몸을 이루어야 한다는 점을 강조했다.

이 교회를 "그가 선택한 아들의 왕국"으로 의도하셨으며, 이것은 "실제적인 왕국"이지 상상의 것이 아니라고 서술했다.[301] 이러한 교황 교리의 가르침은 당시의 신학과 강론 및 교회론 수업에서도 반영되었다. 교회를 "지상에서의 하느님 나라" 또는 "하느님 나라의 현재 형태"라고 읽거나 듣는 것은 흔한 일이었다.[302]

존 푸엘렌바흐John Fuellenbach는 교회를 하느님의 통치와 동일시하는 경향이 최근에 더욱 뚜렷해졌다고 지적한다. 이러한 경향은 1984년 국제신학위원회의 문서와 1993년에 발행된 『가톨릭교회 교리서』에서도 나타난다. 교리서는 이를 다음과 같이 요약하고 있다. "교회는 궁극적으로 하나이고, 거룩하며, 사도적인데, 이는 '천국의 왕국', '하느님의 통치'가 교회 안에 이미 존재하며, 시간이 끝날 때 완성될 것이기 때문이다."[303]

그럼에도 불구하고 지난 60여 년 동안 발전한 가톨릭 교리와 가톨

301 Pius XII, *Encyclical Mystici Corporis Christi* (1893), 65; 몇 가지 더 많은 예는 John Haughey, "Church and Kingdom: Ecclesiology in the Light of Eschatology," *Theological Studies* 29, no. 1 (March 1968): 72-86.

302 이러한 아이디어는 예를 들어, John Fuellenbach, *The Kingdom of God: The Message of Jesus Today* (Maryknoll, NY: Orbis Books, 1995), 248쪽과 Hans Küng, *The Church* (New York: Sheed and Ward, 1967), 92-93쪽에서 비판받고 있다. 제2차 바티칸공의회 이전에 관해서 내가 참고한 일부 자료는 교회와 왕국을 동일시하는 데에 상당히 주저하는 반면, 교회의 제도적이고 가시적인 성격에 대해서는 확고한 입장을 취하고 있다. 이들은 *Satis Cognitum*과 *Mystici Corporis Christi*와 같은 교황 권고문을 인용하지만, 교회를 하느님의 통치와 동일시하는 구절들은 인용하지 않는다. 예를 들어, Ad. Tanquerey, *A Manual of Dogmatic Theology* (New York: Desclee Company, 1959), 104-6쪽과 Ludwig Ott, *Fundamentals of Catholic Dogma* (St. Louis: B. Herder Book Company, 1957), 270-76쪽을 보라. 그러나 나는 교회와 하느님의 통치가 명확히 동일시된 많은 강론과 설교를 들은 바 있다.

303 International Theological Commission (ITC), *Select Themes of Ecclesiology on the Occasion of the Twentieth Anniversary of the Closing of the Second Vatican Council*, X.2 and 3; *Catechism of the Catholic Church*, 865; John Fuellenbach, *The Church: Community for the Kingdom* (Maryknoll, NY: Orbis Books, 2002), 76-77. Fuellenbach는 ITC 문서가 1985년에 발행되었다고 쓰고 있지만, 바티칸 웹사이트에는 1984년에 발행된 것으로 나온다.

릭 및 개신교 신학은 하느님의 통치와 교회가 밀접하게 관련되어 있지만, 서로 다른 실체로 전적으로 동일시할 수 없음을 인식해 왔다. 이러한 구별성과 동시에 관련성은 교회의 선교적 본질을 이해하는 데 있어서 매우 중요하다. 이는 교회가 하느님 나라의 이미 존재하지만 아직 완전히 이루어지지 않은 근본적인 킨십의 표징이자 성사임을 가리키기 때문이다. 결과적으로, 교회는 하느님의 구원 역사를 세상 속에서 구현하고, 증거하며, 선포하는 공동체로 이해된다.

리처드 가일라데츠Richard Gaillardetz에 따르면, 제2차 바티칸공의회 회기 중 교회에 관한 문서를 준비하는 후반 단계에서 몇몇 라틴아메리카 주교들이 하느님 나라의 이미지를 도입하자고 제안했다고 언급한다. 가일라데츠는 그 이미지를 "문서 전체에 통합되기에는 너무 늦었다"고 말하지만,[304] 실제로 여러 곳에서 그 이미지가 나타난다. 가일라데츠는 이것을 대담한 시도라고 부르지만, 후속된 발전을 고려하면 이는 사실 상당히 조심스럽게 진술된 것으로 볼 수 있다. [인류의 빛]에서는 교회가 하느님 나라를 섬기기 위해 존재하며, 자신의 존재를 위해 존재하지 않는다고 말한다.

> 그러므로 교회는 그 창립자의 은혜를 받아 사랑과 겸손과 극기의 계명을 충실히 지키며, 하느님과 그리스도의 나라를 선포하고 모든 민족 가운데에 이 나라를 세울 사명을 받았으며 또 지상에서 이 나라의 싹과 시작이 된 것이다(LG 5).

공의회 폐막 10년 후인 1974년에 현대 세계에서의 복음화라는 주

---

304 Richard R. Gaillardetz, *Ecclesiology for a Global Church: A People Called and Sent*, rev. ed. (Maryknoll, NY: Orbis Books, 2008), 55.

제로 주교 시노드가 개최되었다. 이후, 교황 바오로 6세는 사도적 권고 [현대의 복음 선교Evangelii Nuntiandi]를 발표했다. 제2차 바티칸공의회의 [교회 헌장]과는 달리, 바오로 6세는 교회의 삼위일체적 현실이나 미시오 데이Missio Dei(하느님의 선교) 교리에서 시작하지 않았다. 그의 사도적 권고는 예수의 하느님 나라에 대한 증거와 섬김, 그리고 복음 전파의 사명으로부터 시작한다. 여기서 그는 [인류의 빛]의 가르침을 조금 더 진전시킨 듯한 구절에서, "기쁜 소식을 열심히 믿고 받아들이는 사람들은 받아들인 복음과 서로 나누고 있는 신앙의 힘으로, 예수님의 이름으로 하나가 되어 하느님 나라를 구하고 건설하면서 생활해 나갑니다. 그들은 공동체를 이루는 동시에 복음 선포를 위한 것입니다"(EN 13)라고 쓴다. 교회의 선교적 본성에서 복음화는 교회의 가장 심오한 정체성을 구성하며, 이는 교회가 하느님 나라의 가치를 모색하고 구축하며 살아가는 것과 연결된다(EN 14).

이러한 교회와 하느님 나라의 관계는 약 15년 후 요한 바오로 2세의 종합적인 선교 회칙인 [교회의 선교 사명Redemptoris Missio]에서 더 분명하게 드러난다. 이 회칙은 [만민에게Ad Gentes] 반포 25주년과 [현대의 복음 선교] 반포 15주년을 기념하기 위해 작성되었다. 요한 바오로 2세는 교회와 하느님 나라의 관계에 대해 전체 장을 할애하며, 교회와 하느님 나라를 분리하면 안 된다는 점과 하느님 나라를 그리스도로부터 분리하면 안 된다는 점을 강조한다. 이처럼 이 회칙은 세계의 유일한 구원자로서의 그리스도를 강조한다. 그럼에도 불구하고 요한 바오로 2세는 명확히 다음과 같이 쓴다. "물론 교회가 그 자체로서 목적은 아니다. 교회는 하느님 나라의 싹이고 표징이며 도구로서 하느님 나라를 지향하기 때문이다."(RM 18) [교회의 선교 사명]이 준비되는 동안, 또 다른 문서가 교황청 종교간대화평의회와 인류복음화성의 공동 주관 하에 준비되었다. 이 문서는 1991년 초에 [교회의 선교 사명]이 발행된 직후에 [대화와 선포Dialogue and Proclamation]라는 제목으로 발표되었고, 교회와 하느님 나라의 관계에 대한 폭넓은 성찰을 제공하여 이를 새로운 수준으로 끌어올린다.

> 교회는 하느님 나라가 신비 안에 현존하는 성사이다. 이러한 교회는 다른 종교 전통의 구성원들과 연결되며 그들을 향해 나아간다. 이는 그들이 양심을 통해 인식된 하느님의 부르심에 응답했기 때문이다. 이들은 그리스도 안에서 구원받았고, 따라서 이미 어떤 방식으로든 하느님 나라라고 상징되는 실재를 공유하고 있다. 교회의 임무는 '우리 하느님과 그리스도의 왕국'을 육성하는 데 있으며, 이를 위해 교회가 존재한다. 이러한 교회의 역할의 일부는 교회의 경계를 넘어, 예를 들어 다른 종교를 추종하는 이들의 마음속에서도 발견될 수 있다(DP 35).

2000년에 신앙교리성은 그리스도론과 교회 문제에 대한 선언인 [주님이신 예수님Dominus Iesus]을 발표했다. 이 문서는 상당히 보수적으로 여겨졌지만, 푸엘렌바흐는 이 문서가 "역사적으로 하느님 나라와 교회를 구분하는 것을 명확히 수용한다"고 설명한다.[305] 요한 바오로 2세가 [교회의 선교 사명]에서 강조한 것처럼, "그리스도와 하느님 나라 간의 관계"는 "분리될 수 없다"고 하더라도, 우리는 "하느님 나라가-그 역사적인 국면에서 고려된다 할지라도- 눈에 보이는 사회적인 실재의 모습을 한 교회와 동일시되지 않는다는 사실을 간과해서는 안 된다. 실제로 '교회의 가시적 범위 밖에서도 그리스도와 성령의

305 Fuellenbach, *The Church: Community for the Kingdom*, 80.

작용'이 배제되어서는 안 된다."(DI 19, RM 18 참조)

프란치스코 교황의 2013년 사도적 권고 [복음의 기쁨Evangelii Gaudium]은 하느님 나라와 교회 간의 관계를 다소 간접적으로 다룬다. 프란치스코 교황은 인간의 사회적 차원을 포함한 통합적 복음화의 중요성에 대해 쓰면서, 교회의 사명이 하느님 나라를 추구하는 것이며, 그 나라가 "가까이 있다"(마태 10,7)고 선포하는 것이라고 강조한다(EG 180). 프란치스코의 이전 발언은 다음과 같은 넓은 맥락에서 이해되어야 한다.

> 저는 모든 것을 변화시킬 수 있는 '선교 선택'을 꿈꿉니다. 교회의 관습과 행동 양식, 시간과 일정, 언어와 모든 교회 구조가 자기 보전보다는 오늘날 세계의 복음화를 위한 적절한 경로가 될 수 있기를 바랍니다(EG 27).

사도적 권고의 마지막 부분에서, 프란치스코는 마리아에게 드리는 기도를 통해 이 연결을 명확히 한다.

> 경청과 관상의 동정녀,… 교회를 위하여 전구하시어, 교회가 스스로 자기 안에 갇히지 않고 하느님 나라를 세우려는 열정에 불타오르게 하소서(EG 288).

이제까지 로마 가톨릭의 공식 가르침에 초점을 맞췄지만, 세계교회협의회WCC의 중요한 2013년 문서 [교회: 공동의 비전을 향하여The Church: Towards a Common Vision]에서도 하나의 예를 들 수 있다.[306] 이 문서

---

306 World Council of Churches (Commission on Faith and Order), *The Church: Toward a Common Vision* (Geneva: WCC, 2013).

와 해설의 여러 곳에서 하느님 나라와 교회 사이의 구별이 명시적으로 표현되지는 않지만, 당연하게 받아들여진다.[307] 이보다 최근의 문서에서도 이 구별은 당연시되지만, 분명히 표현된다. 예를 들어, (프란치스코 교황을 상기시키는) 문서의 13항에서 "교회는 하느님에 의해 세워진 공동체로서 하느님께 속해 있으며, 자신을 위해 존재하지 않는다. 교회는 본질적으로 선교적이며, 하느님께서 모든 인류와 온 창조물 안에서 이루시려는 그 공동체를 자신의 삶 속에서 증거하도록 부름 받고 파견되었다"라고 읽는다.[308] 교회는 하느님 나라라는 "근본적인 친밀함"에서 그 정체성을 얻는다.

프로테스탄트와 가톨릭 신학

제2차 바티칸공의회 이후 현재까지 60년 동안, 프로테스탄트와 가톨릭 신학자들 사이에서 교회와 하느님 나라 간의 구별이 일관되게 이루어져 왔다. 특히 하느님 나라의 현재적 또는 미래적 현실에 대한 종말론 문제가 신학적 논쟁에서 중요한 위치를 차지했다.[309] 1968년에 존 호기John Haughey는 프로테스탄트 신학자들이 하느님 나라가 '이미 이루어졌으나 아직 완성되지 않은' 상태라는 이해와 하느님 나라와 교회의

307 WCC document from the Commission on World Mission and Evangelism, "Mission and Evangelism: An Ecumenical Affirmation," §6, *You Are the Light of the World: Statements on Mission by the World Council of Churches*, ed. Jacques Matthey (Geneva: WCC, 2005), 8; *Baptism, Eucharist, and Ministry, 1982-1990: Report on the Process and Responses* (Geneva: WCC, 1990), 147-51.

308 World Council of Churches (Commission on Faith and Order), *The Church: Toward a Common Vision* (2013), 13. 19, 20, 33, 42, 58쪽도 본문에서 인용할 수 있는 예이다.

309 Walter Kasper, *The Catholic Church: Nature, Reality and Mission* (London: Bloomsbury, 2015), 97.

관계에 대해 거의 합의에 도달했다고 언급한다. 그러나 당시 가톨릭 신학자들은 그러한 합의에 도달하지 못했다. 가톨릭 교도권의 발전을 통해 볼 수 있듯이, 이는 다음 몇 년 동안 급격히 변화했다. 국제신학위원회와 『가톨릭교회 교리서』에서 일부 주저함이 표출되었음에도 불구하고, 오늘날 가톨릭 신학자들 사이에서 교회와 하느님 나라 간의 구별은 일반적으로 당연시되고 있다.

20세기 중반, 덴마크 루터교 신학자 크리스터 스키드스고르드Krister Skydsgaard는 교회와 하느님 나라를 명확히 구별하는 중요한 논문을 썼다. 교회는 왕국으로부터 "권력과 본질"을 받는다.[310] 독일의 유명한 루터교 신학자 볼프하르트 판넨베르크Wolfhart Pannenberg는 그의 유명한 에세이에서 "교회의 교리는 교회로부터 시작되는 것이 아니라 하느님 나라Kingdom of God로부터 시작된다"고 주장한다.[311] 때로 논란의 중심에 서는 영국 성공회 성서학자이자 주교인 존 A. T. 로빈슨John A. T. Robinson은 교회에 대한 이해가 아무리 높더라도, 하느님 나라에 대한 이해가 그것보다 더 높아야 한다고 말한다.[312]

가톨릭 신학자 한스 큉Hans Küng의 고전적인 저서 『교회The Church』는 예수님이 전파한 하느님 나라에 대한 깊은 성찰로 시작된다. 이 책에서 큉은 교회와 하느님 나라를 분명히 구별해야 한다고 강력히 주장한다.[313] 저명한 신학자 칼 라너Karl Rahner는 1969년에 발표한 에세이에

---

310 Haughey, "Church and Kingdom," 79, Krister E. Skydsgaard, "The Kingdom of God and the Church," Scottish Journal of Theology 4 (1951): 383-97쪽 참조.

311 Wolfhart Pannenberg, "The Kingdom of God and the Church," *Theology and the Kingdom of God* (Philadelphia: Westminster Press, 1969), 72-100.

312 John T. Robinson, "Foreword," Richard P. McBrien, *The Church in the Thought of Bishop John Robinson* (Philadelphia: Westminster Press, 1966), x; Richard P. McBrien, Do We Need the Church? (New York: Harper and Row, 1969), 95.

313 Hans Küng, *The Church* (New York: Sheed and Ward, 1967), 92.

서 교회가 "언제나 자신의 임시적 지위와 순례자로서 다가오는 하느님 나라를 향해 역사적으로 전진하고 있음을 전파하며 살아간다"고 썼다.[314] 1970년대에 리처드 P. 맥브라이언Richard P. McBrien은 로빈슨 주교의 영향을 받아, 20세기 후반 미국 교회론에서 중요한 목소리를 내며 "하느님 나라는 하느님의… 아직 끝나지 않은 사업이다. 교회를 포함한 전 세계는 모든 것이 완성될 때까지 노력한다. 그러나 우리는 여전히 '아직'에 살고 있다. 아직 아무것도 하느님 나라가 되지 않았으며, 심지어 교회조차도 아니다"라고 썼다.[315]

1987년 아시아주교회의연합FABC의 신학위원회는 [종교 간 대화에 관한 논문: 사목 신학적 성찰의 에세이Theses on Interreligious Dialogue: An Essay in Pastoral Theological Reflection]라는 제목의 문서를 발표했다. 이 문서의 제6 논제에 대한 해설에서는, 대화와 선교적 선포 사이의 관계를 다루며 하느님 나라와 교회 간의 관계에 대해 언급한다. "교회의 복음화 사명의 초점은 하느님 나라를 세우고 그 나라를 섬기기 위해 교회를 세우는 것이다. 교회는 하느님 나라의 성사이며, 그것을 시각화하고, 그것에 바쳐지고, 그것을 증진시키지만 그것과 동일시하지는 않는다."[316] 인도 신학자 마이클 아말라도스Michael Amaladoss는 1990년대 초에 "선교의 초점은 교회가 아니라 하느님 나라이다. 교회는 확실히 세워져야 하지만 하느님 나라의 종복servant으로서 존재해야 한다"고

---

314 Karl Rahner, "The Church and the Parousia of Christ," *Theological Investigations*, vol. 6 (Baltimore: Helicon, 1969), 298.

315 Richard P. McBrien, *The Remaking of the Church: An Agenda for Reform* (New York: Harper and Row, 1973), 12.

316 Theological Commission, Federation of Asian Bishops' Conferences, *Theses on Interreligious Dialogue: An Essay in Pastoral Theological Reflection*, FABC Papers 48 (Hong Kong: FABC, 1987), 6.3.

썼다.[317] 해방 신학자 혼 소브리노Jon Sobrino는 하느님 나라가 교회의 정체성과 사명을 이해하는 궁극적인 지평임을 강조하며, 교회가 하느님 나라가 아니라 그 왕국의 종복으로서 그 본질을 이해하고, 교회의 내적 실현이 역사 속에서 하느님 나라의 표식이 되어야 한다고 강조한다.[318]

평생의 연구를 결집한 그의 하느님 나라에 대한 거대한 연구에서, 존 푸엘렌바흐는 하느님 나라를 교회의 창의성과 사명에 대한 상상력을 자극하는 깊이 있는rich 실재로 이해하는 것이 중요하다고 강조한다. "오직 하느님 나라만이 최종 목표를 향해 나아가는 인류 역사의 구체적인 상황에서 교회가 어떤 존재가 되어야 하고 무엇을 해야 하는지에 대한 새로운 이미지와 비전을 창조할 수 있는 역동적인 힘을 가지고 있다."[319]

오늘날 신학자들은 하느님 나라와 교회 사이에 명확한 구별이 있음을 당연하게 여기지만, 이들 사이에 밀접한 연결이 있다는 것도 인정한다. 이러한 구별은 리처드 가일라데츠가 세계적 시각에서 교회론을 연구한 작품에서 간략히 나타나며, [인류의 빛] 5항과 교황 요한 바오로 2세의 [교회의 선교 사명]에서 하느님 나라를 다룬 부분에서도 드러난다. 이 연구에서 강조되는 것은 교회와 하느님 나라 사이의 차이점과 상호 관계이다.[320] 닐 오머로드Neil Ormerod의 2014년 연구는 사회과학과 버나드 로너건Bernard Lonergan의 사상을 통해 교회론을

317 Michael Amaladoss, *Making All Things New: Dialogue, Pluralism, and Evangelization in Asia* (Maryknoll, NY: Orbis Books, 1990), 180.

318 Jon Sobrino, "Central Position of the Reign of God in Liberation Theology," *Mysterium Liberationis: Fundamental Concepts of Liberation Theology*, ed. Ignacio Ellacuría and Jon Sobrino, 350-88 (Maryknoll, NY: Orbis Books, 1993), 384.

319 Fuellenbach, *The Kingdom of God*, 252.

320 Gaillardetz, *Ecclesiology for a Global Church*, 55 and 63.

조명하면서, "현재의 상황을 하나님 나라에 더 가까운 새로운 상황으로 변화시키는 미션의 역할"을 강조한다.[321] 2015년 발터 카스퍼Walter Kasper의 교회론 서적에서는 요한 바오로 2세의 [교회의 선교 사명]에서 나타나는 균형 잡힌 접근을 따르며, "하나님 나라는 이미 교회 안에 신비로서 존재한다"고 말한다. 그러나 카스퍼는 현재의 교회와 미래의 하나님 나라 사이에 실제적인 구별이 있다고 본다. 그는 "교회는 종말론적인 징표이다.… 교회 자체는 이 세상에서 항상 불완전할 것이다. 이러한 현실적인 시각은 교회를 오만한 자만심과 광신주의로부터 교회를 해방시키며, 교회를 겸손하게 만들고, 하나님 나라의 징후가 교회 안에서뿐만 아니라 교회라는 제도적 경계를 넘어 존재함을 인정할 수 있게 한다"고 설명한다.[322]

하나님 나라와 교회: 여섯 개의 테제

하나님 나라가 교회가 아니라면, 둘 사이의 관계는 어떻게 규정할 수 있을까? 이 질문을 다루기 위해 이제부터 교회의 선교적 본성을 더 명확히 이해하는 데 도움이 될 여섯 개의 테제를 제시하려 한다. 이 테제들은 교회의 공식적인 가르침과 신학적 성찰을 종합한 것이다.

테제 1: 교회와 하나님 나라 사이의 관계는 종속관계이다

교회는 예수님의 사명을 공유하고(세례를 통해) 지속함으로써 교회가 되

---

321 Neil Ormerod, *Revisioning the Church: An Experiment in Systematic-Historical Theology* (Minneapolis: Fortress Press, 2014), 110.

322 Kasper, *The Catholic Church*, 100.

고, 교회로 남는다. 예수님께서 '하느님의 통치the reign of God'라고 부르신 번영의 공동체, 즉 '하느님의 운동'을 구현하고, 드러내며, 선포하는 사명을 통해 교회는 존재한다. 하느님 나라는, 특히 미래의 약속 속에서, 교회를 창조한다.[323] 초대 교부들의 아름다운 이미지에서 교회는 달로 비유되며, 하느님 나라의 구현인 그리스도는 태양에 비유된다.[324] 이 아이디어는 『가톨릭교회 교리서』가 지적한 대로, [인류의 빛Lumen Gentium]의 첫 문장에서 표현된다. "인류의 빛light of the nations은 그리스도이시다. 그러므로 성령 안에 모인 이 거룩한 공의회는 모든 피조물에게 복음을 선포하며(마르 16,15), 모든 사람을 교회의 얼굴에서 빛나는 그리스도의 빛으로 비추어 주기를 간절히 염원한다."[325]

교회는 하느님의 통치를 가리키지만, 이전 섹션에서 인용된 교회의 가르침과 신학적 성찰에서 사용된 일부 표현과는 달리, 교회가 그 통치를 정확히 "구축한다", "가져온다" 또는 "확립한다"고 할 수는 없다. 오히려 교회의 내적 삶, 즉 그 자체의 "공동체 안에서의 번영"과 하느님 나라의 가치에 대한 내적ad intra 외적ad extra 헌신은 지금 이 순간에도 세상에 침투하고 있는 혁명적인 친밀함을 증언하고 촉진한다. 따라서 교회는 하느님 나라의 도구로서, 사람들의 마음을 하느님의 활동에 준비시키는 역할을 한다. 말하자면, 현재의 질서를 궁극적인 질서로 준비시키는 것이다. 한스 큉이 표현하듯, "교회의 의미는 그 자체에 있지 않으며, 무엇을 향해 나아가는지에 있다."[326]

323 George Eldon Ladd, *The Presence of the Future* (Grand Rapids, MI: Eerdmans, 1974), 264-73.

324 St. Augustine, "Exposition on Psalm 11", para. 3, newadvent.org, Kevin Knight가 New Advent 사이트를 위해 *Nicene and Post-Nicene Fathers, First Series*, vol. 8, ed. Phillip Schaff (Buffalo, NY: Christian Literature Publishing Co., 1888)를 수정한 내용.

325 *Catechism of the Catholic Church*, 748.

326 Küng, *The Church*, 96.

이러한 관점은 교회와 하느님의 선교Missio Dei 간의 우선순위를 이해하는 또 다른 방법이다. 우리가 첫 장에서 설명한 대로, 교회의 선교는 항상 하느님의 선교에 뿌리를 두고 있으며, 창조의 첫 순간부터 성령의 활동을 통해 존재하며, 생명을 주고, 예언을 일으키며, 치유를 가져오며, 예수님을 통해 교회에 부여된다.[327] 하느님의 선교에 뿌리를 두고 교회를 바라보는 이러한 관점은 삼위일체적 생명과 선교에 뿌리를 두고 있음을 가리키며, 교회의 본질적인 선교적 성격을 보여준다. "지상의 교회는 본질적으로 선교적이다. 이는 아버지의 계획에 따라, 교회가 아들과 성령의 선교에서 기원을 받았기 때문이다."(AG 2) 복음주의 신학자 윌버트 솅크Wilbert Shenk는 하느님 나라와 하느님 선교Missio Dei 간의 연결을 설명하며 다음과 같이 말한다.

> 삼위일체 하느님의 선교는 창조 전체에 걸쳐 하느님 나라를 세우는 것이며, 이는 하느님의 구속적 사명을 통해 실현되고 있다. 하느님의 선교가 지니는 특성은 하느님의 메시아가 행하는 사역에 의해, 곧 예수에 의해 정의된다. 예수는 하느님의 종이며 성령으로 능력을 받았다. 바로 이 성령으로 인해 교회는 영적 선물로 충만해지고, 메시아적 공동체로서 사역을 펼치기 위한 능력을 얻는다.[328]

---

327 Stephen Bevans, "God Inside Out: Toward a Missionary Theology of the Holy Spirit," *International Bulletin of Missionary Research* 22, no. 3 (July 1998), 102-5.

328 Wilbert R. Shenk, *Changing Frontiers of Mission* (Maryknoll, NY: Orbis Books, 1999), 19.

테제 2: 교회는 하나님 나라에 종속되어 있지만 그것과 별개의 현실은 아니다

[인류의 빛] 5항에서 언급하듯, 교회는 하나님 나라의 "싹과 시작"이다. 교회는 하나님 나라의 미리보기preview이자 먼저 맛보는 경험foretaste이며, "미래를 예상하는 예비적 기대proleptic anticipation"라고 할 수 있다.[329] 하나님 나라에 대한 설명에서 푸엘렌바흐는 맛있는 식사가 준비되고 있는 집의 손님에 비유하여 설명한다. 식사가 제공되기 전에 주인들과 함께 앉아 이야기를 나누면서, 곧 시작될 식사의 훌륭한 향기에 입맛이 돋는다. 식사가 아직 제공되지 않았지만, 향기로 인해 그것이 곧 올 것임을 확신할 수 있다. 이처럼 교회는 하나님 나라가 올 것임을 보증하는 존재다. 선교학자이자 교회인 레슬리 뉴빈Lesslie Newbigin도 교회를 하나님 나라의 "먼저 맛보는 경험foretaste"으로 비유하며 설명한다.[330]

앞으로 우리가 살펴보는 바와 같이, 교회가 하나님 나라를 완전히 대표할 수는 없다. 그럼에도 불구하고 교회는 하나님 나라가 구체적으로 실현되는 곳이다. 교회는 하나님 나라의 항상 완벽한 모습은 아니지만, 현재로서는 가장 훌륭한 예시라고 할 수 있다. 이미 하나님 나라는 존재한다. 죄의 용서에서, 성찬식에서 경험되는 교제에서, 그리고 그 구성원들의 진정한 거룩함에서. 특히 종종 "성인"으로 여겨지는 사람들, 예를 들어 아시시의 프란치스코Francis of Assisi[331]나 빙엔의

329 Fuellenbach, *The Kingdom of God*, 268.

330 Lesslie Newbigin, *The Gospel in a Pluralist Society* (Grand Rapids, MI: Eerdmans, 1989), 233; Lesslie Newbigin, *Sign of the Kingdom* (Grand Rapids, MI: Eerdmans, 1981), 19; Michael W. Goheen, *The Church and Its Vocation: Lesslie Newbigin's Missionary Ecclesiology* (Grand Rapids, MI: Baker Academic, 2018), 81.

331 Francis of Assisi, 1181/1182-1226: 프란치스코 성인은 12세기 이탈리아의 가톨릭 성인이자 프란치스코 수도회의 창시자로, 창조물에 대한 사랑과 가난의 영성을 실천한 인물이다. 그의 생애와 가르침은 자연과 모든 피조물에 대한 존중, 그리고 가난한 자들에 대한 봉사로 널리 알려져 있다.

힐데가르트Hildegard of Bingen,[332] 마르틴 루터Martin Luther,[333] 클래런스 조던Clarence Jordan,[334] 로자 파크스Rosa Parks,[335] 마틴 루터 킹Martin Luther King,[336] 응우옌 반 투언 추기경Cardinal Nguyen van Thuan,[337] 세자르 차베스Cesar Chavez[338]와 같은 인물들에서 드러난다. 20세기의 성인 도러시 데이Dorothy Day[339]는 "세대의 경험과 교회의 도움, 그리고 고해자들의 조언 없이 하느님을 찾아 나갈 수 있는 방법을 모르겠다"고 말했다.[340]

---

332 Hildegard of Bingen, 1098-1179: 힐데가르트 폰 빙엔은 12세기 독일의 베네딕토회 수녀이자 신학자, 작곡가, 약초학자로, 영적인 비전과 의학적 지식으로 유명하다. 많은 저술을 남겼으며, 그가 남긴 신비적 비전은 교회와 사회에 큰 영향을 미쳤다. 그녀는 교회가 인정한 최초의 여성 신비주의자 중 한 명으로, 교황에 의해 교회 박사로 선언되었다.

333 Martin Luther, 1483-1546: 마르틴 루터는 16세기 독일의 신학자이자 종교개혁의 주도자로, 로마 가톨릭교회의 면죄부 판매에 반대하며 95개 조항을 발표했다. 그의 활동은 프로테스탄트 교회의 탄생을 이끌었고, 서구 그리스도교의 지형을 크게 변화시켰다.

334 Clarence Jordan, 1912-1969: 클래런스 조던은 20세기 미국의 침례교 목사이자 신학자로, 인종차별에 반대하며 공동체 생활을 통해 복음을 실천한 코이노니아 농장의 창립자이다. 그의 삶은 평등과 사회 정의를 위해 헌신한 실천적 신앙의 본보기로 평가된다.

335 Rosa Parks, 1913-2005: 로자 파크스는 20세기 미국의 흑인 민권운동가로, 1955년 버스에서 백인에게 자리를 양보하지 않은 사건으로 유명하다. 그녀의 행동은 미국 내 흑인 민권운동의 중요한 전환점이 되었다.

336 Martin Luther King Jr., 1929-1968: 마틴 루터 킹 목사는 20세기 미국의 침례교 목사이자 민권운동 지도자로, 비폭력 저항을 통해 인종차별에 맞선 공로로 노벨 평화상을 수상했다. 그의 "나는 꿈이 있습니다" 연설은 전 세계에 걸쳐 큰 영향을 미쳤다.

337 Cardinal Nguyen Van Thuan, 1928-2002): 응우옌 반 투언 추기경은 베트남의 가톨릭 지도자로, 베트남 전쟁 후 13년간 감금 생활을 하며 신앙을 지켰다. 그는 이후 교황청에서 활동하며 전 세계에 희망과 용기의 메시지를 전했다.

338 Cesar Chavez, 1927-1993: 세사르 차베스는 20세기 미국의 노동 운동가이자 농장 노동자의 권익을 위해 싸운 활동가로, 비폭력 운동을 통해 농장 노동자의 인권을 보호하는 데 앞장섰다. 그는 유나이티드 팜 워커스(United Farm Workers) 노동조합의 창립자로도 잘 알려져 있다.

339 Dorothy Day, 1897-1980: 도러시 데이는 20세기 미국의 사회운동가이자 가톨릭 신앙인으로, 가난한 이들을 위한 사회적 정의와 평화를 위해 헌신한 인물이다. 그녀는 가톨릭 일꾼 운동(Catholic Worker Movement)의 공동 창립자로, 비폭력, 노동자 권리, 사회 정의를 옹호하며 가톨릭 사회 교리를 실천한 삶을 살았다. 도러시 데이는 자신의 생애를 통해 가난한 이들에 대한 사랑과 돌봄을 실천하며(했으며), 사회적 약자들을 위한 변혁의 상징으로 기억되고 있다.

340 Dorothy Day, "Letter to an Agnostic", *America* (August 4, 1934), *America* 108, no. 13 (April 17, 1999), 7로 재발행.

라드는 교회를 하나님 나라의 "수호자"로 언급한다.[341]

제2차 바티칸공의회에서는 교회를 복잡하면서도 신적으로 세워진 복합체complex로 언급한다. 교회는 "가시적 구조"로서, 그 가시성이 함축하는 모든 한계를 가지고 있지만, 그럼에도 불구하고 이를 통하여 그리스도는 "모든 사람에게 진리와 은총을 널리 베푸신다." 공의회는 교회가 두 가지 현실로 구성된 것은 아니라고 강조한다. 오히려 "인간적 요소와 신적 요소로 합성된 하나의 복합체를 이룬다. 그러기에 훌륭한 유비로 교회는 육화하신 말씀의 신비에 비겨지는 것이다."(LG 8) 말씀이 온전히 인간이자 온전히 신성인 것처럼, 교회도 비록 가시적이고, 불완전하며, 그 구성원들이 죄인이더라도, 하나님의 은총을 구현하고 전달한다.

테제 3: 그럼에도 교회를 "지상에서의 하나님의 통치", "하나님 나라의 현재 형태" 또는 "교회에서 나타나는 왕국"으로 언급하는 것은 부정확하다

이전 테제는 위험할 수 있다. 따라서 이에 대해 어느 정도 보완할 수 있는 세 번째 테제를 명확히 할 필요가 있다. 하느님 나라는 실제로 지금 교회 안에 존재하지만, 하느님 나라의 모든 것이 교회 안에 있는 것은 아니다. 이는 하느님 나라가 아직 교회 안에서 완전히 이루어지지 않았기 때문이다. 교회는 하느님의 백성이지만, 아직 완벽하게 형성되지 않았고, 여전히 완전한 하느님의 백성으로 거듭나기를 기다리고 있는 상태라고 할 수 있다. 교회가 가장 교회다운 때, 즉 그리스도교인들이 성찬례에 참여할 때, 그들은 주님의 기도를 통해

341 Ladd, *The Presence of the Future*, 273-77.

하느님 나라의 도래를 기도하며, 로마 가톨릭 전례에서는 '엠볼리즘' 이라 불리는 다음 기도에서도 같은 기도를 한다. 여기서 주례자는 하느님께 "주님, 저희를 모든 악에서 구하시고 한평생 평화롭게 하소서. 주님의 자비로 저희를 언제나 죄에서 구원하시고 모든 시련에서 보호하시어, 복된 희망을 품고 구세주 예수 그리스도의 재림을 기다리게 하소서"라고 기도한다. 그리고 회중은 이렇게 응답한다. "주님께 나라와 권능과 영광이 영원히 있나이다."

교회는 하느님의 새로운 시대에 참여하고 있지만, 동시에 여전히 이전 시대에 속해 있다. 교회는, 특히 그 구성원들은 동시에 거룩하면서도 죄악적인 존재simul justus et peccator(의로우면서도 죄인)이다. 한스 우르스 폰 발타자르는 대담하게도 교회를 casta meretrix, 즉 "순결한 창녀"로 묘사하며, 성 아우구스티누스의 설교를 인용한다. 아우구스티누스는 "그가[그리스도께서] 그녀를 만났을 때, 그녀는 창녀였다. 그리스도께서 그녀를 처녀로 만들었다. 그녀가 창녀였다는 것을 우리는 부인해서는 안 되며, 그녀를 자유롭게 한 그분의 자비를 잊어서는 안 된다"고 말했다.[342] 이보다 논란의 여지가 적지만 그럼에도 불구하고 여전이 충격적인 이미지로 교회를 비유한 이로 그레고리오 대교황을 꼽을 수 있다. 그는 불완전한 교회를 새벽, 즉 어둠과 낮 사이의 시

---

342 Augustine, Sermon 23. 8; Hans Urs von Balthasar, "Casta Meretrix," *Explorations in Theology*, vol. 2, *Spouse of the Word*, trans. John Saward (San Francisco: Ignatius Press, 1991), 193-288; Stephen D. Lawson, "The Apostasy of the Church and the Cross of Christ: Hans Urs von Balthasar on the Mystery of the Church as *Casta Meretrix*", *Modern Theology* 36, no. 2 (April 2020): 259-80. Lawson은 von Balthasar가 사용하는 여성적 이미지의 어려움을 인정하면서도, 그가 교회를 죄인으로 보는 근본적인 신학적 주장이 신학적으로 중요하다고 말한다. Lawson은 von Balthasar가 교회가 죄인이라는 교의적 진리를 확립했다고 평가하며, 이는 교회가 가시성을 회복하고 본질을 회개를 통해 더 잘 이해하는 데 도움이 될 수 있다고 주장한다. 이는 성직자의 성적 학대라는 지속적인 폭로를 감안할 때 더욱 중요한 진리라고 강조한다. Pseudo-Ambrose, *Sermo de Solomone*, 46.15.

간에 비유한다.

바오로는 "밤이 지났다"고 쓰면서, "낮이 왔다"고 첨언하지 않고 "낮이 가까이 왔다"고 덧붙인다. 이는 밤이 지나갔지만, 완전한 낮이 아직 오지 않았고, 다만 가까이 왔음을 나타내며, 그 자신이 이 시기에 살고 있음을 보여준다. 선택받은 이들의 교회가 완전한 낮이 될 때는 죄의 그림자가 더 이상 교회를 어둡게 하지 않을 때이며, 교회가 완벽한 내적 빛으로 빛날 때이다.[343]

바다에 그물을 던지는 예수의 비유(마태 13,47-50)는 이와 연결된다. 그물이 바다를 통과하면서 물고기를 잡는 것은 교회가 세상을 통과하는 것에 비유될 수 있다. 그물이 육지로 올라오면, 그 안의 물고기들이 분류되고, 바람직하지 않은 물고기와 다른 생물들은 버려진다. 교회도 이와 같다. 교회의 구성원들 중 모두가 하느님 나라의 구성원은 아니다. [인류의 빛]은 가톨릭교회에 완전히 편입된 구성원들이 구원의 모든 수단을 누릴 수 있다고 인정하면서도, 그들의 "고귀한 지위"를 당연하게 여겨서는 안 된다고 경고한다. "교회에 합체되더라도 사랑 안에 머무르지 못하고 교회의 품 안에 "마음"이 아니라 "몸"만 남아 있는 사람은 구원받지 못한다."(LG 14) 성 아우구스티누스는 "밖에 있는 것처럼 보이는 많은 이들이 실제로는 안에 있고, 안에 있는 것처럼 보이는 많은 이들이 실제로는 밖에 있다"고 아이러니하게

---

343 Gregory the Great, *Moralia in Job*, 29, 2-4. Office of Readings for Thursday of the Ninth Week of the Year (PL 76, 476-80). 인용된 구절에서 그레고리오 대교황은 로마 13,12를 언급하고 있다.

말했다.[344] 제임스 조이스James Joyce는 "여기로 모두가 온다"[345]라는 유명한 구문으로 가톨릭교회를 묘사했다. 나는 이러한 발언이 일반적으로 교회에 적용될 수 있다고 생각하며, 가톨릭교회의 경계를 넘어서도 마찬가지일 것이다.

테제 4: 하느님 나라는 교회 밖에서도 존재한다

제2차 바티칸공의회 이후의 교회 문서들은 하느님의 은혜가 교회 안에서 집중되고 구체적인 방식으로 존재하는 동시에, 선한 의지를 가진 개인들, 즉 "당신을 경외하며 의로운 일을 하는 사람"(LG 9)과 "진실한 마음으로 하느님을 찾는"(LG 16)자들에게도 존재한다고 분명히 가르치고 있다. 하느님 나라의 은총은 그리스도교 이외의 종교들에도 존재하며, 이 종교들은 불완전하지만 유효한 구원의 수단이다. [우리 시대Nostra Aetate](비그리스도교와 교회의 관계에 대한 선언)는 교회가 "이들 종교에서 발견되는 옳고 거룩한 것은 아무것도 배척하지 않으며" 이들이 "모든 사람을 비추는 참 진리의 빛을 반영한다"고 가르친다(NA 2; EN 53과 DP 35도 참조). 제2차 바티칸공의회의 [현대 세계에 대한 사목헌장](기쁨과 희망Gaudium et Spes)에서는 "사실 그리스도께서는 모든 사람을 위하여 돌아가셨고 또 인간의 궁극 소명도 참으로 하나 곧 신적인 소명이므로, 우리는 성령께서 하느님만이 아시는 방법으로 모든 사람에게 이 파스카 신비에 동참할 가능성을 주신다고 믿어야 한다"(GS 22)고 가르친다. 2013년 WCC 성명서 [함께 생명을 향하여Together towards Life]에서도 이를 반영하

---

344 Augustine, *On Baptism: Against the Donatists*, Book V, Chapter 27, paragraph 38.

345 이 구절은 Joyce의 소설 『Finnegan's Wake』에 나온다. Anthony Burgess, *Here Comes Everybody: An Introduction to James Joyce for the Ordinary Reader* (London: Faber and Faber, 1963); Tim Unsworth, *Here Comes Everybody: Stories of Church* (New York: Crossroad, 1993).

여 "성령은 신비로운 방법으로 일하시기에 우리는 다른 신앙 전통들 안에서 성령의 활동들을 온전히 이해하지는 못한다. 우리는 생명을 살리는 다양한 영성들 안에 고유한 가치와 지혜가 있다는 것을 인정한다"(TTL 93)고 언급한다.

교회와 하느님 나라의 관계를 가장 잘 설명하는 방법은 아마도 교회를 "하느님 나라의 성사"로 묘사하고, 교회를 "구원의 보편적 성사"로 언급하는 것일 수 있다(LG 1; LG 48; AG 1). 한편으로, 교회는 자신을 가리키지 않고 하느님 나라의 존재를 가리키며, 하느님께서 기뻐하시는 모든 사람들의 삶 속에서 이미 시작된 하느님 나라가 활동하고 있음을 보여 준다. 다른 한편으로, 교회는 자신의 경계 안에서, 즉 공동체와 성사, 그리고 하느님의 말씀을 듣는 것을 통해 사람들이 이미 시작된 하느님 나라의 현실을 특별한 방식으로 경험할 수 있다고 확신한다. 그러나 교회는 **단지**only 표징sign이자 성사일 뿐, 그 가리키는 실재 자체는 아니다. 사실, 교회는 항상 불완전한 표징일 수 있으며, 때로는 그 자체가 반증이 될 수도 있다. 다음 장에서 살펴볼 것처럼, 교회의 사명 중 중요한 부분은 그 자신에게 하는 교회의 선교이다. 곧 교회가 세상을 복음화시키기 위해 투신하듯 교회 스스로가 복음화되고 회심하는 것이 교회에게 중요한 부분이다.[346] 교회는 항상 자신의 가장 깊은 본질이 되어야 한다.

---

346 Darrell L. Guder, *The Continuing Conversion of the Church* (Grand Rapids, MI: Eerdmans, 2000).

테제 5: 교회는 하느님 나라와 동일시될 수 없고, 하느님 나라의 성사이다. 이 때문에 모든 사람은 교회가 아닌 하느님 나라로 부름을 받는다

모든 사람은 나자렛 예수에 의해 구체화되고 증명되었으며 선포된 복음의 가치를 살아가도록 부름받는다. 이러한 "번영의 공동체community of flourishing"는, 즉 모든 창조물과도 조화를 이루는 공동체는, 하느님의 창조에 대한 꿈이자 하느님의 세계에서 이뤄지는 하느님의 통치가 지향하는 목표이다. 교회, 즉 예수의 제자 공동체는 하느님의 세계에서 이러한 가치들을 실현하기 위해 하느님과 함께 일하는 투신과 삶을 통해서 이 가치들을 가장 잘 언어화하고 구체화시키는 공동체이다. 피에르 떼이야르 드 샤르댕Pierre Teilhard de Chardin이 언급한 것처럼, 교회는 "반성적으로reflexively 그리스도화된 세상의 일부"[347]이지만, 진리가 발견되거나 발견될 수 있는 유일한 장소는 아니다. 이것이 바로 칼 라너가 제안한 익명의 그리스도교anonymous Christianity 개념의 요점이다.[348]

하느님 나라의 은총이 그리스도교의 경계 밖에서 발견된다는 확신은 교회의 복음화 사명을 무효화하지 않는다. 교회의 사명은 오히려 확장되며, 하느님의 자비가 넓어짐에 따라 그 사명이 위협받지 않는다. 복음은 여전히 전파되어야 하며, 사람들은 여전히 "그리스도의 헤아릴 수 없는 풍요"(에페 3,8)와 그의 혁명적인 친밀함의 비전을 전해 들어야 한다. 교회는 여전히 사람들을 교회로 초대하여 그리스도의

---

347 Pierre Teilhard de Chardin, "My Fundamental Vision", *Towards the Future*, 162-208 (London: Harcourt Brace Jovanovich, 1973), 191.

348 Karl Rahner, "Anonymous Christians", *Theological Investigations* 6 (Baltimore: Helicon, 1969), 390-98; "Anonymous Christians and the Missionary Task of the Church," *Theological Investigations* 11 (New York: Seabury, 1974), 161-78; Stephen B. Bevans and Roger P. Schroeder, *Constants in Context: A Theology of Mission for Today* (Maryknoll, NY: Orbis Books, 2004), 52.

이야기와 이 비전을 구체화하고 증거하며 전파해야 한다. 그러나 교회의 궁극적인 목적은 교회 자체가 아니다. 교회는 자기 자신을 위해 개종자를 만드는 것이 아니라, 하느님 나라를 구체화하고 증거하며 전파하는 것에 중점을 두어야 한다. 교회는 "하느님과 모든 인류의 단결의 표징이자 도구로서의 성사"이다. 리처드 맥브라이언이 분명하게 언급한 것처럼, "교회로 이끌리는 사람은 교회의 목적이 아니라 하느님 나라의 목적에 관심이 있다. 교회는 이 목표를 위한 수단일 뿐이다. 교회가 아니라 하느님 나라가 사람들을 끌어야 하는 실재이다."[349] 루터교 신학자 필립 헤프너Philip Hefner도 이에 동조하는 듯하다.

> 교회의 생활 중 어느 한 측면도 그 자체로 끝이 될 수 없다. 전례는 교회 밖 세상에서 그리스도인이 취해야 할 자세를 상징하며, 사목적 돌봄과 나눔의 공동체는 그리스도인이 교회 밖에서 살아가는 삶을 강화하기 위해 존재한다. 교회의 조직은 하느님의 사역을 세상에 더 효과적으로 확장할 수 있도록 하기 위해서만 존재한다. 교회의 사회적 사역은 세상의 개혁을 완성할 수 없지만, 모든 인간이 마땅히 수행해야 할 일종의 개혁과 돌봄의 신호가 된다.[350]

캐나다 신학자 더글러스 존 홀Douglas John Hall도 "세계 안에서 그리스도교의 사명은 교회의 확장과 부수적으로만 연결되어 있다"[351]는 입장을 강력하게 표명한다.

---

349 McBrien, *Do We Need the Church?*, 172.

350 Philip J. Hefner, "The Church," *Christian Dogmatics*, vol. 2, ed. Carl E. Braaten and Robert W. Jensen (Minneapolis: Augsburg Fortress Press, 2011), 246.

351 Douglas John Hall, *Confessing the Faith: Christian Theology in a North American Context* (Minneapolis: Fortress Press, 1996), 149.

하느님 나라의 중요성과 이에 따른 교회의 중요성의 하위 관계를 고려할 때, 우리는 카르타고의 치프리아누스가 언급한 "교회 밖에는 구원이 없다"는 오래된 격언을 어떻게 이해할 수 있을지 생각해 볼 수 있다. 여기서 이 문구의 복잡한 역사를 다시 설명할 필요는 없으며, 이에 대한 많은 글이 이미 존재한다.[352] 그러나 우리가 제시한 왕국의 중심성에 대한 이해가 그 의미를 근본적으로 변화시키고 사용 범위를 제한할 수 있다고 제안할 수 있다. 제2차 바티칸공의회가 이 문구를 전혀 사용하지 않았다는 사실은 매우 중요하다. 그러나 이에 대한 세밀한 처리는 [인류의 빛]에서 제공되었으며, 이는 공의회 이전 몇 년 동안의 교회의 가르침과 일치하는 내용이다. 이 문헌에 나타난 내용은 예수님 자신이 "신앙과 세례의 필요성을 표현하고, 동시에 교회의 필요성을 확인했다"고 말한다. 그러나 이 문구는 구원이 불가능한 사람들에 대해 설명하며, "하느님께서 예수 그리스도를 통하여 가톨릭교회를 필요한 것으로 세우신 사실을 모르지 않으면서도 교회로 들어오기를 싫어하거나 그 안에 머물러 있기를 거부하는 사람들"을 언급한다(LG, 14항). [인류의 빛]에서는 바로 이 항목에 이어지는 부분에서 그 내용이 긍정적인 표현으로 바뀐다. "사실, 자기 탓 없이 그리스도의 복음과 그분의 교회를 모르지만 진실한 마음으로 하느님을 찾고 양심의 명령을 통하여 알게 된 하느님의 뜻을 은총의 영향 아래에서 실천하려고 노력하는 사람은 영원한 구원을 얻을 수 있다."(LG, 16항)

352 역사 개관은 John P. Galvin, "Salvation outside the Church," *The Gift of the Church: A Textbook on Ecclesiology*, ed. Peter C. Phan (Collegeville, MN: The Liturgical Press, A Michael Glazier Book, 2000), 249-66쪽 참조. Galvin은 짧은 이 글에서 Francis A. Sullivan, *Salvation outside the Church? Tracing the History of the Catholic Response* (Mahwah, NJ: Paulist Press, 1992)를 인용한다.

신학자들은 제2차 바티칸공의회의 이 가르침을 여러 방식으로 해석해 왔다. 공의회 직후 이브 콩가르Yves Congar는 "교회 밖에는 구원이 없다"라는 구절을 "구원의 보편적 성사로서의 교회"라는 표현으로 대체해야 한다고 제안하며, "이전의 공식은 솔직히 버려져야 한다"고 말했다.[353] 마찬가지로 한스 큉도 이 구절을 삭제할 것을 제안하며, "이전에는 교회와 그 사명에 도움이 되었을지 모르지만, 오늘날에는 분명히 교회에 방해가 된다"고 썼다.[354] 1970년대 중반에 중요한 논문을 쓴 로저 헤이트Roger Haight는 다음과 같이 주장한다.

> 교리 자체가 잘못되었을 뿐만 아니라, 통계적으로 말하자면, 일반적이고 정상적이며 '보편적인' 구원의 방식과 장소는 교회 밖에 있다. 지금까지, 그리고 앞으로도 대부분의 사람들에게 구원은 나자렛 예수와의 명백한 역사적 연관 없이 이루어져 왔고, 이루어질 것이다.[355]

보다 최근에 발터 카스퍼는 공의회의 가르침을 좀 더 온화하게 해석했는데, 그의 접근방식은 아마도 콩가르Congar에 매우 가깝다고 말할 수 있다. 카스퍼는 "교회 밖에는 구원이 없다"는 이 공리가 단순히 중단되는 것이 아니라고 말한다. 그에 따르면 이 공리는 "그리스도론적이고 성령론적으로 기반을 둔 보편적인 역사적 해석을 제공한다." 이 해석은 교회를 일련의 방식으로 그 시작부터-ecclesia ab Abel- 모든 의로운 사람의 삶 속에 존재한다고 이해한다. 교회는 모든 민족

353 Yves Congar, "The Church as the Universal Sacrament of Salvation", *This Church That I Love*, 39-61 (Denville, NJ: Dimension Books, 1969), 59.

354 Küng, The Church, 316. 전체 내용은 313-19쪽을 참조하라.

355 Roger D. Haight, "Mission: The Symbol for Understanding the Church Today", Theological Studies 37, no. 4 (December 1976), 629.

사이에 세워진 가시적이며 종말론적인 표징이며 구원에 대한 보편적인 역사의 도구이다.[356]

하나님의 사명은 교회가 참여하는 사명으로서, 궁극적으로 세상의 구원과 그 완전한 번영을 목표로 한다. 하나님의 사명에 참여함으로써, 교회는 그 사명에 참여하는 모든 선한 의지를 가진 사람들과 함께 일한다. 그러나 우리의 신앙은 그리스도 안에서 우리가 세상에서 하나님께서 하시려는 일에 대해 가능한 최대한의 지식을 가지고 있다고 믿는다. 우리는 보쉬Bosch가 표현한 대로 "대담한 겸손bold humility" 또는 "겸손한 대담함humble boldness"으로 선교를 수행한다.[357] 또는 우리가 제5장에서 살펴볼 바와 같이, 예언적 대화의 태도와 영성으로 이 사명을 수행한다.

테제 6: 교회는 하나님 나라를 위해 존재하기 때문에, 하나님 나라가 완전히 시작되면 교회가 사라질 것인지에 대한 질문이 제기될 수 있다

창조가 마침내 완성되고 하나님의 계획이 목표에 도달할 때, 교회는 어떤 운명을 맞게 될까? 이 질문에 대한 의견은 다양하지만, 모든 답변이 교회 사명의 본질을 밝혀 준다. 에이버리 덜레스Avery Dulles는 그의 중요한 저서 『교회의 모델Models of the Church』에서 종말eschaton이 교회의 성취를 가져올 것이라는 입장을 취한다. 그는 "교회가 일시적이고 세속적인 현실이라는 주장에 동의할 수 없다"고 말하며, [인류의 빛]의 7항이 "교회가 천국의 영광 속에서만 완전한 성취를 이룰 것이라고 직접 선

356 Kasper, *The Catholic Church*, 118. ecclesia ab Abel에 관하여는 117쪽 참조.

357 David J. Bosch, *Transforming Mission: Paradigm Shifts in Theology of Mission* (Maryknoll, NY: Orbis Books, 1991), 489.

언한다"고 주장한다.[358] 덜레스는 또한 [하나님의 말씀Dei Verbum]과 [거룩한 공의회Sacrosanctum Concilium]의 구절을 인용한다.[359] 덜레스에게 교회는 아직 건설 중이며 사라질 운명에 처하지 않았다.

덜레스가 『교회의 모델』을 출간하기 몇 년 전, 필리핀의 신학교에서 나의 동료였던 마티아스 헤그만스Matthias Heghmans는 필리핀 신학 저널에 발표한 논문에서 교회 중심적 시각에서 조금 벗어난 접근방식을 제시했다. 헤그만스는 에스카톤에서 시작된 새로운 현실을 교회라는 용어로 설명하려면 지상 교회와 천상 교회 사이의 중요한 차이를 인식해야 한다고 주장했다. 그는 "최종적인 완성이 이루어졌기 때문에, 계급이나 말씀과 성사를 통해 하느님 나라와 백성을 더 세우는 문제는 더 이상 존재하지 않는다"고 말했다. [인류의 빛]은 교회라는 용어를 더 넓은 의미로 사용한다.[360]

프로테스탄트 신학자 크리스터 스키드스고르와 볼프하르트 판넨베르크Wolfhart Pannenberg, 그리고 가톨릭 신학자인 칼 라너와 발터 카스퍼는 교회를 궁극적으로 임시적인 것으로 생각하며, 왕국의 완전한 번영 속에서 교회가 사라지거나 해체될 운명으로 상상할 것이다. 존 호기는 스키드스고르의 메시지를 이렇게 요약한다. "하느님 나라가 오면, 표징의 시대인 교회의 시대는, '그가 올 때까지'라는 표징 아래 있는 그 시대는 지나가게 될 것이다. 그때 우리는 직접 보게 되는 시대에 들어서게 될 것이다."[361] 이에 비해, 판넨베르크는 인간의 정치

---

358 Avery Dulles, *Models of the Church*, exp. ed. (New York: Doubleday Image Books, 1978), 103, 105.

359 Dulles, *Models of the Church*, 113, DV 8과 SC 2를 인용.

360 Matthias Heghmans, "The Pilgrim Church on the Lookout for Christ," *Philipiniana Sacra* II, 6 (1967): 608.

361 Haughey, "Church and Kingdom," 80.

적, 사회적 삶이 궁극적인 성취를 제공하지 않는 한 교회가 필요하다고 지적한다. 판넨베르크를 인용하여, 푸엘렌바흐는 왕국이 도래하면 "공동체의 모든 구조는 사라질 것이다.… 완전한 사랑이 인도하는 규칙이 되었기 때문이다"고 설명한다.[362] 우리는 이미 라너가 강조한 "임시 상태"와 순례 교회의 "전진적 제거advancing elimination"에 대해 읽었다.[363] 발터 카스퍼는 좀 더 부드러운 표현을 사용한다. 카스퍼가 교회를 "종말론적 표징"이라고 하거나 교회 자체가 에스카톤이 아니라고 말할 때, 또는 교회를 "미래의 성사sacramentum futuri"라고 할 때, 그는 결국 같은 의미를 말하고 있는 것일 수 있다. 그가 말하려는 바는 이 성사가 "지금 이 세상에서, 특히 전례 안에서, 종말에 모든 것 안에서 모든 것이 될 하느님의 영광과 아름다움이 반영되어 빛난다"(1고린 15,28)는 것이다.[364]

내 생각에는 이 세 가지 의견 중 어느 것이든 수용 가능하고 방어할 수 있다. 그러나 나는 이 중 세 번째 의견이, 비록 급진적으로 들릴 수 있지만, 교회의 기본적이고 본질적인 선교적 본성을 가장 명확하게 보여 준다고 생각한다. 아마도 이것이 가톨릭 신학자 폴 레이클랜드Paul Lakeland가 말하는 "케노틱 교회kenotic church"의 궁극적인 의미일지도 모른다.[365] 교회는 창조물이 완전한 번영에 이르게 하려는 하느님의 사명에 참여하는 한에서만 교회로 존재한다. 그 사명이 완수되

362 Pannenberg, "The Kingdom of God and the Church," 83; Fullenbach, *The Kingdom of God*, 271, Pannenberg의 "The Kingdom of God and the Church," 81-82쪽에서 인용.

363 Rahner, "The Church and the Parousia of Christ," 298.

364 Kasper, *The Catholic Church*, 335.

365 Paul Lakeland, "Ecclesiology and the Uses of Demography: Three Models of Apostolicity", *A Church with Open Doors: Catholic Ecclesiology for the Third Millennium*, ed. Richard R. Gaillardetz and Edward P. Hahnenberg, 23-42 (Collegeville, MN: The Liturgical Press, A Michael Glazier Book, 2015), 35-41.

면, 교회는 더 이상 필요하지 않게 될 것이다. 바오로가 말했듯이, 하느님은 모든 것 안에서 모두가 되실 것이다(1코린 15,28). 또는 묵시록에서 말하듯이, 새 예루살렘에서는 성전을 보지 못한다(묵시 21,22). 모든 백성, 모든 창조물이 마침내 조화 속에 있게 될 것이다. 모두가 나자렛 예수의 생애와 사명을 통해 성령의 능력으로 드러난 하느님의 완전하고 생명을 주는 사랑을 누리게 될 것이다.[366] 나는 종종 교회의 강력한 선교적 이미지를 임시 위원회에 비유하곤 한다. 위원회는 특정 일을 완수하기 위해 구성되며, 그 일이 끝나면 위원회는 더 이상 존재하지 않게 된다. 교회는 순례하는 하느님의 백성으로서 부름 받아 함께 모여 하느님 나라를 구현하고, 드러내며, 선포하기 위해 존재한다.

366 Rafael Luciani, *Pope Francis and the Theology of the People* (Maryknoll, NY: Orbis Books, 2017), 140.

결론

이 장에서 우리가 고찰하려고 한 것은 "혁명적인 친밀함", 곧 하느님 나라라는 번영의 공동체와 교회 사이의 복잡하고 역동적인 관계이다. 하느님 나라는 아직 완전히 실현되지 않았지만, 이미 교회라는 선교하는 제자 공동체 안에 신비롭게 현존하며, 실제로 교회를 부르는 미래를 의미한다. 이 미래는 모든 시대의 교회에 손짓하며, 교회가 처한 구체적인 상황 속에서 그 현실과 희망을 구현하고, 보여 주고, 선포하는 임무를 계속 수행하도록 부른다. 이 미래는 교회가 스스로를 버리고, 하느님의 사명 안에서 자신을 잃어버릴 때 교회를 향해 다가오는 미래이다.

이 미래는 단순히 영적이거나 초세속적인 것이 아니라, 창조의 완성과 관련된 미래이다. 이 미래는 창조의 모든 아름다움, 경이로움, 초월적인 힘에 전적으로 연결되어 있으면서도, 연약함, 나약함, 불완전함, 그리고 죄성으로 특징지어지는 미래이다. 이러한 미래 속에서 급진적인 킨십을 이루는 하느님의 운동을 구현하고, 보여 주고, 선포하는 것은 매우 복잡하고 다층적인 과제를 수행하는 것이다. 이러한 과제, 즉 교회의 선교적 사명의 구체적인 내용을 우리는 다음 장에서 다루게 될 것이다. 이것이 바로 "단일하지만 복잡한 현실"(RM 41)이며, 교회를 소명하는 사명이다.

4장

교회를 부르는 사명

단일하고 복잡한 실재

교회의 사명은, 우리가 지난 장에서 보았듯이, 예수님께서 하느님의 창조에 대한 꿈이라 부르신 하느님의 나라를 구체화하고, 증거하며, 전파하는 것이다. 교회는 이 나라를 섬기기 위해 존재하며, 세례를 통해 그리스도와 연합되어 특별하고 성사적인 방식으로 이 나라에 참여하며, 그 활동적인 존재를 지시하고 심지어 그 경계를 넘어 세상에 나타낸다. 레슬리 뉴비긴Lesslie Newbigin의 적절한 설명에 따르면, 교회는 하느님 나라의 "징표sign, 도구instrument, 그리고 먼저 맛보는 경험forestate"이다.[367]

이 장에서는 교회가 하느님의 나라를 섬기는 과정에서 구체화하고, 증거하며, 전파하는 내용, 즉 교회를 부르는 사명의 내용을 중심

367 Lesslie Newbigin, *The Gospel in a Pluralist Society* (Grand Rapids, MI: Eerdmans, 1989), 233; Lesslie Newbigin, *Sign of the Kingdom* (Grand Rapids, MI: Eerdmans, 1981), 19; Michael W. Goheen, *The Church and Its Vocation: Lesslie Newbigin's Missionary Ecclesiology* (Grand Rapids, MI: Baker Academic, 2018), 60.

으로 살펴본다. 교회는 성령의 능력으로 일하며, 예수님과 연결되어 증언하고, 전파하며, 축하하고, 명상하며, 정의를 위해 노력하고, 대화에 참여하고, 문화적 접목에서 창의성을 발휘하며, 화해의 다리로서 자신을 내어 준다. 이러한 사명을 수행하는 일에 참여하면서, 교회는 항상 일정하게constant 존재하지만, 특정한 맥락context 속에서만 현존하는 방식으로 끊임없이 재창조된다.

"단일하고 복잡한 실재"로서의 선교

교회는 선교 사명mission을 갖지 않는다. 오히려, 하느님의 선교가 교회를 가진다. 현대 신학이, 특히 현대 선교 신학이 강조하듯이 선교는 삼위일체 하느님의 단일한 선교에 뿌리를 둔다. 하느님의 선교는 나자렛 예수 안에서 육화하여, 창조의 첫 순간부터 지금까지 성령의 능력으로 현존하는 샘물 같은 하느님의 사랑에, 즉 거룩한 신비에 그 기원을 두고 있다. 하느님은 "만물의 창조주로서 마침내 '모든 것 안에서 모든 것'이 되시어"(1코린 15,28) 하느님 자신을 충만하게 드러낸다. 또한 하느님은 모든 하느님의 피조물에게 행복을 보장하기 위해 신성한 선을 끊임없이 부어 준다([만민에게] 2항 참조). 하느님의 선교는 오늘날에도 계속되고 있으며, 항상 구체적인 문화적, 역사적 상황 속에서 교회를 부른다.

Ad Intra 그리고 Ad Extra

그러나 하느님이 교회 성원과 공유하는 단일하고single, 또한 일념적인 single-minded 실재는 복잡한 실재이기도 하다. 무엇보다 교회는 자신을 향한ad intra 선교를 해야 한다. 교황 바오로 6세가 힘주어 말했고 프란치스코 교황도 거듭 강조했듯이, 교회가 복음을 전할 때는 우선 교회 스스로 복음화되어야 한다(EN 15, EG 24, 174. EG 164도 참조). 그러나 프란치스코 교황이 설득력 있게 말했듯이, 이러한 ad intra 사명은 교회 자체를 위한 것이 아니라 세계의 복음화를 위한 것이다(EG 27). 지난 장에서는 이와 관련하여 루터교 신학자 필립 헤프너의 말을 인용했다. 여기서도 그의 생각을 상기할 가치가 있다. "교회의 생활 중 어느 한 측면도 그 자체로 끝이 될 수 없다. 전례는 교회 밖 세상에서 그리스도인이 취해야 할 자세를 상징하며, 사목적 돌봄과 나눔의 공동체는 그리스도인이 교회 밖에서 살아가는 삶을 강화하기 위해 존재한다."[368]

그러나 선교는 또한, 그리고 어떤 면에서는 주로, 밖을 향하는ad extra 활동이다. 선교는 예수**의**of 이야기와 예수님에 **관한**about 이야기를 통해 구체화하고, 하느님 나라를 구현하며, 보여 주고, 선포하는 예수의 사명을 공유하고 계승하면서 세상을 변화시키는 것이다. "선교하는 제자"는 "변화하는 제자"가 되어야 하며, 끊임없이 자신을 변화시켜 세상을 변화시키는 주체가 될 수 있어야 한다.[369]

---

368 Philip J. Hefner, "The Church," *Christian Dogmatics*, vol. 2, ed. Carl E. Braaten and Robert W. Jensen (Minneapolis: Augsburg Fortress Press, 2011), 246.

369 "Moving in the Spirit: Called to Transforming Discipleship"은 2018년 3월 8-13일 탄자니아의 아루샤Arusha에서 개최된 WCC/CWME의 세계선교및복음화World Mission and Evangelism 회의의 주제였다. 이에 관하여 [The Arusha Call to Discipleship], [Conference on World Mission and Evangelism Report]와 Stephen Bevans, "Transforming Discipleship and the Future of Mission: Missiological Reflections after the Arusha World Mission Conference", *International Review of Mission* 107, no. 2 (407) (December 2018): 542-43, 547-60, 362-77쪽을 참조하라. 모든 논문은 학술회의가 끝난 이후에 전체적인 성찰에 초점을 맞추었다.

그리스도의 삼중 직무를 나누고 계승하기

앞서 언급한 것처럼, 그리스도인, 즉 선교하는 제자들은 예수처럼 하느님의 선교를 나누고 이어 간다. 그리스도인은 세례성사와 견진성사 및 성체성사를 통해 이를 실천한다.[370] 그리스도인은 세례를 통해 그리스도의 죽음과 새 생명에 깊이 잠기며 "또 다른 그리스도"가 되어 하느님의 본성에 참여(2베드 1,4)하게 되는데, 초기교회 신학자들은 이를 테오시스theosis라고 불렀다.[371] 세례성사(그리고 견진성사)를 통한 이러한 변화는 그리스도인들로 하여금 그 스스로가 복음을 살아내고 그 자체가 **되기를**become 요구한다. 마이클 J. 고먼Michael J. Gorman은 이를 "선교적인 테오시스missional theosis"라고 지칭한다.[372] 또한 그리스도인들은 성찬에 참여하고 그것을 나누며, "그들이 받아 모신 바가 되어간다become what they receive."[373] 이렇게 그리스도인은 성사를 통해 자신의 일상생활에서 선교를 행하도록 양육되어 간다.[374] 이 세 가지 성사는 예언직, 사제직, 왕직

---

370 물론 나는 이 책에서 로마 가톨릭교회의 관점에서 글을 쓰고 있으며, 많은 그리스도교 전통에 견진성사가 있기는 하지만 이를 정식 성사로 간주하지 않는다는 것을 알고 있다. 여기서 내가 말하고자 하는 요점은, 이 세 가지 입문 성사가 모두 그리스도인들을 그리스도의 삼중 직무에 맞추는 선교적 성사라는 것이다.

371 Stephen Finlan and Vladimir Kharlamov, eds., *Theosis: Deification in Christian Theology* (Eugene, OR: Pickwick Publications, 2006); Norman Russell, *Fellow Workers with God: Orthodox Thinking on Theosis* (Crestwood, NY: St. Vladimir's Seminary Press, 2009).

372 Michael J. Gorman, *Becoming the Gospel: Paul, Participation, and Mission* (Grand Rapids, MI: Eerdmans, 2015); Michael J. Gorman, *Abide and Go: Missional Theosis in the Gospel of John* (Eugene, OR: Cascade Books, 2018); Stephen Bevans, "Missio Dei and Missio Ecclesiae: Trinitarian Mission, Theosis, and the Missionary Nature of the Church," *Mission beyond* Ad Gentes: *A Symposium*, ed. Jacob Kavunkal, SVD, and Christian Tauchner, SVD (Siegburg, Germany: Franz Schmitt Verlag, 2016), 17-30.

373 Augustine, Sermon 227, Benedict XVI, Apostolic Exhortation *Sacramentum Caritatis.*

374 Gregory F. Augustine Pierce, *The Mass Is Never Ended: Discovering Our Mission to Transform the World* (Notre Dame, IN: Ave Maria Press, 2007).

(종으로서의 지도자)이라는 세 가지 직무office와 사명mission 안에서 우리를 그리스도와 일치시킨다. 이를 통해 교회는 하느님의 통치를 구현하는 사명(사제직)과 증명하는 사명(섬김) 및 선포하는 사명(예언직)을 수행하는 삼중 사명의 기초를 구축하게 된다.

선교의 네 영역

사목적 돌봄

교회 내외에서 그리스도의 선교를 나누고 계승하는 것은 선교의 네 가지 "영역"에 교회를 관여시킨다. 첫째로, 선교는 "신자들의 사목적 돌봄"에 관한 것이다(AG 6). 이는 그리스도인들의 사목적 필요를 돌보는 것으로, 성사를 통해 그들을 양육하고 위로하며, 가르침과 교육으로 그들을 양성하고, 복음과 공동체 생활의 도전적인 측면에 직면하도록 돕는 것을 의미한다. 사목적 돌봄은 또한 제자들이 세상에서 선교할 수 있도록 준비시키고 훈련시키고, 사회적 책임을 인식하게 하며, 신앙에 대해 묻는 이들에게 이를 설명할 수 있도록 준비시키고, 의미 있고 아름다운 전례를 거행하는 것을 포함한다. 교회가 행하는 사목적 배려는 전체 공동체가 받은 은사를 발견하고 사목의 은사를 가진 이들을 양성하는 것을 의미한다. 이러한 활동은 성직자들(서품된 제자들)의 일만이 아니라 공동체 전체의 일이다. 교황 프란치스코가 훌륭하게 표현한 대로, 사목적 돌봄은 공동체를 선교하는 제자들의 공동체로 형성한다. "복음을 전하는 공동체는 말과 행동으로 다른 이들의 일상생활에 뛰어들어 그들과 거리를 좁히고, 필요하다면 기꺼이 자신을 낮추며, 인간의 삶을 끌어안고 다른 이들 안에서 고통받고 계시는 그리스도의 몸을 어루만진다.… 전례의 아름다움을 통해 교회는 복음화하고 복음화된다. 전례는 또한 복음화 활동을 경축하는 것이며 자신을 내어 주

는 새로운 힘의 원천이다."(EG 24)

에큐메니즘(교회 일치 운동)

[만민에게Ad Gentes]가 에큐메니즘 활동을 교회 선교의 일부로서 언급하지만(AG 6), 이러한 사실이 종종 간과되었다. 안타깝게도, 특히 지난 몇십 년 동안 교회의 통합을 위해 노력하는 것은 교회 생활에서 부차적인 것으로 여겨지거나 사치로 간주되어 왔다. 그 사이에 교회의 분열은 복음을 효과적으로 전파하는 데 주요 장애물이 되고 있으며, 때로는 신앙의 걸림돌이 되기도 한다. 이는 분열이 그리스도의 명령과 소망에 반하여 계속되고 있기 때문이다(요한 17,11). 제2차 바티칸공의회에서 반포된 일치 운동에 관한 교령인 [일치의 재건Unitatis Redintegratio]은 "**분명코** 이러한 분열은 그리스도의 뜻에 명백히 어긋나며, 세상에는 걸림돌이 되고, 모든 사람에게 복음을 선포하여야 할 지극히 거룩한 대의를 손상시키고 있다"(UR 1; AG 6 참조)고 언명한다. 교회의 모든 수준에서, 가능한 모든 방법으로, 그리스도인들은 서로를 더 깊이 알고, 함께 기도하며, 공동 프로젝트와 공동 증거common witness를 위해 협력해야 한다(TTL 63). 2013년 WCC 문서 [함께 생명을 향하여Together Towards Life]는 "선교와 일치는 서로에게 속한다"고 강조한다(TTL 60).

재복음화

교황 요한 바오로 2세의 재위 기간에 "새로운 복음화new evangelization"라는 구절이 점점 더 중요한 의미를 갖게 되었다. 이는 한때 굳건한 그리스도교 전통을 가졌던 나라들이 무관심과 불신으로 빠져들기 시작했기 때문이다(RM 33 참조). '새로운 복음화'라는 구문은 원래 일반적인 의미로, 곧 복음화의 전 과정을 쇄신한다는 의미로 사용되었었다. 그러나 요한 바오로 2세 교황은 복음화를 "열정ardour과 방법method 및 표현expression에서 새로운" 것으로 언급했다.[375] 교황은 당대 교회의 주요 과제 중 하나로 재-복음화를 강조하였다. 특히 더 부유한 국가들과 민족들, 그리고 1989년 이후 무신론적 공산주의의 멍에에서 벗어난 국가들의 재복음화가 점점 중요한 문제로 인식되었다. 이후, '새로운 복음화'는 베네딕토 16세 교황의 주요 관심사가 되었다. 이에 따라 2010년에 새복음화촉진평의회Pontifical Council for the New Evangelization가 설립되었고, 2012년에 개최된 주교 시노드의 주제로 '새로운 복음화'가 선정되었다.

프란치스코 교황의 재임 시기에는 새로운 복음화에서 강조된 일부 극단적인 부분에서 벗어났지만, 이 문제는 여전히 중요하다. 신앙에 무관심하거나 적대적인 국가와 사람들에게 복음 메시지를 증언하고 선포하려면 창의적인 방법을 찾아야 하며, 존중하고 깊이 경청하며, 공동 목표를 위한 공통된 토대와 협력 방법을 찾아야 한다.[376] 2022년에 반포된 교황령 [복음을 선포하여라Praedicate Evangelium]에 입각하여, 인류복음화성과 새복음화촉진평의회가 교황 직속 복음화부Dicastero per l'Evangelizzazione로 통합되었다(PE 53-68).

외부를 향하는 선교*Mission Ad Gentes*

흔히 그리스도인들이 선교를 생각할 때, 아직 복음을 듣지 못한 지역

375 John Paul II, Discourse of the XIX Assembly of CELAM (March 9, 1983), 3; *L'Osservatore Romano:* Weekly Edition in English (April 18, 1983), 9; AAS 75 (1983): 778.

376 Stephen Bevans, "Beyond the New Evangelization: Toward a Missionary Ecclesiology for the Twenty-First Century," *A Church with Open Doors*, ed. Richard R. Gaillardetz and Edward P. Hahnenberg, 3-22 (Collegeville, MN: The Liturgical Press, A Michael Glazier Book, 2015).

과 민족, 또는 그리스도교 교회가 수적으로나 구조적으로 확고하게 세워지지 않은 상황에서 복음을 전파하는 선교, 즉 'Ad Gentes'를 떠올리곤 한다. [만민에게]는 선교를 "아직 그리스도를 믿지 않는 민족과 집단에 복음을 선포하고 교회 자체를 심는 임무를 수행하는 특수 활동"으로 정의한다(AG 6). "이러한 곳에서의 활동이 고유한 의미의 외방선교이다."(RM 33)

그러나 흥미롭게도 교황 요한 바오로 2세는 [교회의 선교 사명]에서 이 개념을 세계 또는 문화권의 변방 상황, 즉 가장자리로까지 확장한다. "지역적 범위는 선교 활동의 책임과 관할권과 지리적 한계를 결정하기 위하여 오늘날에도 중요하다." 그러나 교황은 또한 도시화, 청년, 이주와 같은 "새로운 세계와 사회현상"과 "아레오파고스Areopagus에 상응하는equivalents 현대적 문화 분야"에 대해서도 이야기한다. 요한 바오로 2세가 말한 이러한 "상응equivalents"은 정의와 평화, 소수 민족의 권리, 여성과 아동의 권리, 창조물 보호, 문화, 과학 연구, 국제 관계와 같은 거대한 '아레오파고스'를 위해 노력하는 "소통의 세계"를 의미한다(RM 37). 리처드 가일라데츠Richard Gaillardetz가 발견한 것처럼, '아드 젠테스Ad Gentes 선교'라는 개념은 보편성catholicity이라는 차원이 선교하는 교회가 전 세계 안에서 어떻게 존재해야 하는가에 대한 기초로서 갖는 중요성을 부각시킨다. 교회는 전 세계 모든 지역에 선교사를 파송하고 모든 지역의 교회를 지원하는 것만이 아니다. 그리스도인들은 자국을 넘어 다른 나라의 교회와 사회문제를 인식하고, 고국에 정착한 다른 나라 출신 사람들(이민자, 난민, 망명 신청자)에 대한 사목적 돌봄에 참여할 때 선교하는 제자가 된다.[377]

---

377 Richard R. Gaillardetz, *Ecclesiology for a Global Church: A People Called and Sent* (Maryknoll, NY: Orbis Books, 2008), 36-87.

최근 몇 년간 신학자들, 특히 선교 신학자들은 'Ad Gentes' 선교를 'Inter Gentes' 선교로 말하기 시작했다. 이 개념은 보다 대화적이고, 사람들의 종교와 문화를 존중하며, 교회가 일하고 봉사하는 사람들과 깊은 관계를 맺어 실제로 우정을 맺는 방식의 선교를 반영한다.[378] 우간다 신학자 에마누엘 카통골레Emmanuel Katongole가 이 새로운 강조점의 정신을 표현하듯이, 우리는 "세상에 새로운 백성을 형성하는 우정을 세우기 위해" 선교에 참여한다.[379]

교회의 사명을 이야기할 때, 우리는 교회 생활의 각 측면-사목적 돌봄, 통합을 위한 노력, 세속적 상황에서 복음을 다시 제시하려는 노력, 그리고 복음이 알려지지 않았거나 그 신앙이 확고히 자리 잡지 않은 상황에서의 증거와 선포-을 염두에 두어야 한다. 선교는 교회가 존재하는be 모든 것이며, 교회가 행하는 모든 것이다.

선교를 구성하는 여섯 가지 요소

이미 살펴본 것처럼, 교회가 공유하고 계승하는 하느님의 선교는 한 가지 차원이나 요소로 축소할 수 없다. 가톨릭신학연합Catholic Theological Union에서 열린 선교 심포지엄에서 나의 동료 로버트 슈라이터Robert Schreiter가 말한 것처럼, 오늘날 선교는 "단單채널monaural"일 수 없다. 현대 선교는 오직 "입체 음향 스테레오"로만 존재할 수 있다. 이러한 생각

378 William R. Burrows, "A Response to Michael Amaladoss", *Proceedings of the Catholic Theological Society of America*, 56 (2001), 15; Jonathan Y. Tan, *Christian Mission among the Peoples of Asia* (Maryknoll, NY: Orbis Books, 2014), 1-3.

379 Emmanuel Katongole, *Mirror to the Church: Resurrecting Faith after Genocide in Rwanda* (Grand Rapids, MI: Zondervan, 2009), 156.

은 이미 1975년에 교황 바오로 6세가 회칙 [현대의 복음 선교Evangelii Nuntiandi]에서 명확히 밝힌 바 있다.

> 복음화의 풍부하고 복잡하고 역동적인 참모습을 부분적으로나 단편적으로 규정하려는 것은 복음화의 의미를 빈약하게 하고 나아가 왜곡할 위험이 있다. 복음화의 모든 본질적 요소를 고려하지 않으면 복음화의 개념을 파악할 수 없다(EN 17).

이와 유사하게 교황 요한 바오로 2세는 [교회의 선교 사명]에서 "선교는 단일하지만 복잡한 실재로서 다양한 방식으로 전개된다"(RM 41)고 주장했다. 프란치스코 교황이 [복음의 기쁨]에서 보여 준 접근 방식도 동일한 확신을 드러낸다.

2004년에 로저 슈뢰더Roger Schroeder와 나는 그보다 몇 년 전에 동료 엘리너 도이지Eleanor Doidge와 함께 발표한 글을 바탕으로 선교의 여섯 가지 요소를 정리한 바 있다.[380] 여기서는 이 여섯 가지 요소를 축약하여 업데이트한 내용을 소개한다.[381] 이 모든 요소는 교회가 공유하는 하느님의 선교를 구성하는 핵심 요소들이다. 모든 그리스도인이나 모든 공동체가 이 모든 요소에 전부 참여할 수는 없겠지만, 교회가 선교에 충실하기 위해서는 이 모든 요소에 참여해야 한다.

---

380 Stephen B. Bevans and Roger P. Schroeder, *Constants in Context: A Theology of Mission for Today* (Maryknoll, NY: Orbis Books, 2004), 348-95; Stephen Bevans and Eleanor Doidge, "Theological Reflection", *Reflection and Dialogue: What MISSION Confronts Religious Life today?* ed. Barbara Kramer, 37-48 (Chicago: Center for the Study of Religious Life, 2000).

381 2장에서와 언급한 바와 같이 Roger가 이러한 개정을 허락했지만, 모든 책임은 나에게 있음을 밝혀둔다.

증언과 선포

증언과 선포는 함께 속해 있다. 증언은 복음을 구현하고, 선포는 복음을 설명한다. 교황 바오로 6세는 "복음화의 첫째가는 방법은 진정한 그리스도인이 삶으로 증거하는 것"(EN 41)이라고 썼고, [대화와 선포] 문서에서는 "선포는 복음화의 기초요 중심이며 절정"(DP 10)이라고 강조한다. 복음주의교회에 속한 존 스토트John Stott는 이를 간결하고 아름답게 표현한다. "선포 없이 현존이 있을 수 없다면, 현존 없이는 선포도 있을 수 없다고 똑같이 주장해야 한다."[382] 제2차 바티칸공의회가 표현한 대로, 이것이 하느님의 계시 패턴이며, 따라서 교회의 선교 패턴이다. 즉 행적이 말씀을 확증하고, 말씀이 행적을 설명한다(DV 2).

"모범example은 다른 사람들에게 영향을 미치는 주된 것이 아니라 유일한 것이다."[383] 유명한 신학자이자 인본주의자인 알베르트 슈바이처의 이 말은 그리스도인이 하느님의 선교에 참여함에 있어서 복음을 구현하는 증언의 절대적인 중요성을 지적한다. 이 책의 서문과 1장에서 교회의 세 가지 사명을 명명하면서 왜 **증언**이라는 구체화부터 시작해야 하는지를 설명한 바 있다. 교황 바오로 6세의 유명한 언급에서 나타난 바와 같이, '현대인은 스승의 말보다 좋은 표양을 주는 증인의 말을 기꺼이 듣는다. 그들이 스승의 말을 듣는 이유는 그들이 좋은 표양을 보여 주는 증인이기 때문이다(EN 41). 선교학자 필립 기브스Philip Gibbs는 대안적인 사실이 난무하는 현대 세계에서 더욱 그렇다고 말한다. "많은 사람들은 어떤 사람이 하는 것을 보기 전까

382 John W. Stott, *Christian Mission in the Modern World* (Downers Grove, IL: InterVarsity Press, 1975), 55.

383 Albert Schweitzer, interview with Eugene Exman, "God's Own Man," *United Nations World* 6 (1952).

지는 그 사람의 말을 믿지 않는다."[384]

하느님 나라와 그 나라가 약속하는 급진적인 킨십을 구현하고 증거하는 그리스도인의 증언은 다양한 방식으로 실현될 수 있다. 캘커타의 마더 테레사Mother Teresa나 도러시 데이Dorothy Day처럼 널리 알려진 인물들의 삶도 그 하나이다. 또한, 우리 부모님이나 조부모님처럼 평범하고 일상적인 그리스도인들의 삶에서도 증언이 이루어질 수 있다. 그 외에 도러시 데이가 자서전에서 회고하듯 "가톨릭에 대한 첫 번째 충동"을 준 주부인 "바렛 여사Mrs. Barrett"와 같은 개별적인 증언이 있다.[385] 마이클 J. 고먼은 바오로 서신을 그리스도인들이 특히 일상적 증언을 통해 "복음이 되라는" 바오로의 초대로 해석했다. 복음은 "그들이 말하는 것이기도 하지만, 무엇보다도 그들이 행동하는 것, 그들이 실제로 존재하는 양식"이다.[386]

한편, 증언은 **공동체적**인 형태로 나타날 수 있다. 그리스도교 공동체는 레슬리 뉴비긴이 "복음의 해석학"으로 명명한 바를 제공한다. 이는 공동체가 펼치는 환대와 지역사회에서 행하는 봉사 그리고 깊고 아름다운 기도를 통해서 이루어진다. 이 모두는 특정한 시간과 장소에서 복음이 이해될 수 있는 구체적인 방식이다.[387] 뉴비긴은 또한 지역 공동체의 증언을 '다른 사회 질서의 맛보기foretaste'라고 표현

384 Philip Gibbs, SVD, "Globalization," *Missionary Discipleship in Glocal Contexts*, ed. Lazar T. Stanislaus and vanThanh Nguyen, 13-27 (Siegburg, Germany: Franz Schmitt Verlag, 2018), 27.

385 Robert Ellsberg, "Mrs. Barrett", *Give Us This Day*, January 3, 2018 (Collegeville, MN: The Liturgical Press, 2018), 37.

386 Gorman, *Becoming the Gospel*, 48.

387 Lesslie Newbigin, *The Gospel in a Pluralist Society* (Grand Rapids, MI: Eerdmans, 1989), 222-33; Michael W. Goheen, *The Church and Its Vocation: Lesslie Newbigin's Missionary Ecclesiology* (Grand Rapids, MI: Baker Academic, 2018), 80-81.

하는데, 이는 교회를 표현하는 또 다른 방식이다.[388] 게르하르트 로핑크Gerhard Lohfink도 교회를 "대조 공동체contrast community"[389]라고 부르며, 교회가 세상을 바라보고 살아가는 대안적인 방법을 제시한다고 말한다. 마이클 J. 고먼은 "교회의 가장 강력한 복음적 '도구'"는 "복음이 되어 왔고, 항상 복음이 되고 있는 공동체"라고 말한다.[390]

세 번째로, 그리스도교 증언은 **조직적**institutional 형태로 나타날 수 있다. 1934년 아돌프 히틀러Adolf Hitler의 정책에 반대하는 독일 '고백교회'가 발표한 유명한 바르멘 선언Barmen Declaration, 아파르트헤이트 시기 남아프리카 교회가 발표한 1985년 카이로스 문서Kairos Documnet, 2015년 프란치스코 교황의 회칙 [찬미받으소서Laudato si']는 강력한 조직적 증언의 사례들이다. 교회가 운영하는 학교와 병원, 에이즈 호스피스, 무료 급식소, 학대받는 여성을 위한 쉼터도 조직적 증언의 예에 해당한다. 그러나 안타깝게도 오늘날 우리는 이러한 기관들이 어떻게 복음의 반대 증인이 될 수 있는지 보아왔다.

마지막으로, 서로 다른 분파에 속한 그리스도교 교회들이 함께하는 공동 증언이나, 심지어 서로 다른 종교 전통에 속한 이들이 함께 일하는 것에 대해 이야기할 수 있다. 1989년 마닐라 선언문은 이를 명확하게 표현한다. "세계 복음화의 과업이 성취되려면, 우리는 이를 함께 수행해야 한다."[391] 또 다른 예로는 2014년 로마 가톨릭교회(프란치스코 교황), 성공회(저스틴 웰비Justin Welby 대주교), 그리고 여러 무슬림 지도

---

388 Newbigin, *The Gospel in a Pluralist Society*, 233; Goheen, *The Church and Its Vocation*, 81.

389 Gerhard Lohfink, *Jesus and Community* (Philadelphia: Fortress Press, 1984), 168.

390 Gorman, *Becoming the Gospel*, 293.

391 Lausanne Committee for World Evangelization, "The Manila Manifesto", 9, *New Directions in Mission and Evangelization 1*: Basic Statements 1974-1991, ed. James A. Scherer and Stephen B. Bevans, 292-305 (Maryknoll, NY: Orbis Books, 1992), 301.

자들이 인간 노예화와 인신매매에 반대하여 발표한 공동 선언이 있다.[392] 2023년 2월에는 프란치스코 교황, 저스틴 웰비 대주교, 그리고 스코틀랜드 장로교회의 이언 그린쉴즈Iain Greenshields 총회장이 남수단을 방문하여, 비교적 최근에 독립하여 형성된 이 나라에서 오랫동안 전개된 참혹한 내전을 종식시키기 위해 강력한 공동 증언을 했다.[393]

선포는 "선교의 항구적인 우선적 원칙"(RM 44)이다. 선포는 예수님에 대해 들어 보지 못한 사람들, 예수님을 찾는 사람들, 예수님을 더 잘 알고 싶어 하는 사람들에게 예수님의 이야기와 예수님에 관한 이야기를 들려주는 것이다. 그러나 선포는 '복음화하려는 대상이 지닌 요구에 응답하고, 또한 그들이 전달받은 메시지를 내면화할 수 있도록 하기 위해 대화적 방법을 전제로 하라고 요구한다.'[394] '이것은 선포가 아니다'라는 점을 보여 주는 보여 주는 놀라운 예로 몇 년 전 공영 라디오에서 들었던 이야기를 들 수 있다. 한 근본주의 그리스도교 단체가 멕시코 치아파스Chiapas주의 오지에 사는 사람들을 복음화하려 했다. 이를 위해 그들은 당대의 기술을 활용하여 복음 메시지를 카세트테이프에 녹음하고 이를 작은 녹음기에 넣어 작은 낙하산으로 녹음기를 마을 상공에서 떨어뜨렸다. 복음이 그렇게 선포되었지만, 실제로는 그렇지 않았다! 교황 요한 바오로 2세는 "교회는 제안할 뿐 아무것도 강요하지 않는다"(RM 39)라고 강력히 말했다. 앞서 언급한 대화적 방식은 선포와 증거가 분리될 수 없다는 것을 의미한

---

392 Carol Glatz, "Pope, Religious Leaders Pledge to End Slavery by 2020", *National Catholic Reporter*, November 5, 2014.

393 Christian White, "Pope, Archbishop of Canterbury Beg for Peace in Historic Joint Visit to South Sudan", *NCR Online* (February 3, 2023).

394 Marcello Zago, OMI, "The New Millennium and the Emerging Religious Encounters", *Missiology: An International Review* 28, no. 1 (January 2000): 17.

다. 선교사가 도착하기 전에 하느님께서 이미 현존하신다는 확신이 있어야 한다. 선포는 항상 초대이자 질문에 대한 응답이어야 하며, 고스케 고야마Kosuke Koyama의 표현을 빌리자면, "선포는 십자군 정신"이 아니라 "십자가에 못 박힌 정신"으로 이루어져야 한다.[395]

흔히 우리는 복음 선포를 공공장소에서 이뤄지는 활동과 연결시킨다. 복음 선포라는 용어에서 길거리 모퉁이에서 복음을 전하거나 집집마다 돌아다니며 복음을 전하는 모습을 떠올리기 때문이다. 하지만 이것은 선포의 본질을 왜곡한 이미지에 가깝다. 예를 들어 사도행전을 읽어보면, 몇몇 경우를 제외하고는 바오로는 회당에서 설교할 때도 종종 요청을 받아 설교했다. 마찬가지로, 우리 자신의 선포는 종종 초대에 대한 응답이거나 일상적인 삶의 과정에서 이루어진다. 우리는 강론을 할 때마다 매번 복음을 선포한다. 그러나 결혼이나 장례 등의 상황에서 또는 교회에 자주 오지 않는 사람들이 있을 때에는 좀 더 복음적인 방식으로 복음을 전할 수 있다. 우리는 종교교육 교사로서 봉사하거나, 친구나 지인, 동료로부터 신앙의 요점을 설명해 달라는 요청을 받을 때 복음을 선포한다. 평신도나 성직자로서 결혼 준비나 세례 준비에 참여할 때 또는 누군가 우리 자신과 삶에 대한 기본적인 신념에 대해 질문할 때 그에 응답하는 과정에서 복음을 선포한다. 그리스도인으로서 우리는 항상 우리가 지닌 희망에 관하여 누가 물어도 대답할 수 있는 준비가 되어 있어야 한다(1베드 3,15 참조).

궁극적으로 선포는 예수**의** 이야기와 예수에 **관한** 이야기를 전달

---

395 Kosuke Koyama, "The Mind Captivated by the 'Foolishness and Weakness of God,'" *No Handle on the Cross: An Asian Meditation on the Crucified Mind* (Maryknoll, NY: Orbis Books, 1976), 8-12; David Thang Moe, "The Crucified Mind: Kosuke Koyama's 'Theology of the Cross,'" *Exchange* 46, no. 1 (2017): 5-28.

하는 것이다. 예수**의** 이야기는 예수 자신이 몸소 하느님의 통치를 구현하고 보여 주고 선포하신 이야기이다. 이러한 예수의 이야기는 근원적 킨십과 공동체적인 번영 및 모든 피조물을 향한 하느님의 자비와 흔들리지 않는 사랑에 대한 예수의 비전을 담고 있다. 이에 비해 예수에 **관한** 이야기는, 이 책의 첫 장에서 언급했듯이, 매혹적이고 영감을 주며 도전적인 이야기로 우리에게 삶의 변화를 촉구한다. "나자렛 예수의 이름과 가르침, 그분의 생애와 약속, 그분의 나라와 신비를 선포하지 않고서는 참된 복음화는 없다."(EN 22) 그렇기 때문에 선교하는 제자들은 하느님의 말씀과 복음의 메시지에 깊이 몰입하여, 그 안에 담긴 도전과 위로 및 자양분이 되는 힘을 발견해야 한다. 스리랑카의 위대한 신학자 다니엘 T. 나일스Daniel T. Niles의 말은 선포에 대한 가장 강력한 정의를 제시한다. "전도는 거지에게 빵을 발견할 수 있는 곳을 알려주는 것이다."[396]

전례, 기도, 관상

전례와 기도와 관상을 선교의 행위로 이해한다고 친구에게 말했더니, 친구는 "전례, 기도, 관상을 선교와 연결해서 보는 경우는 별로 없지 않나?" 하고 되묻는다. 친구의 말이 맞다. 우리는 흔히 기도와 선교를 함께 생각하지 않는다. 세상의 필요를 위해 기도하거나 복음화 사업을 위해 기도하는 경우를 제외하면, 기도는 개인적이거나 공동체적인 것으로 여겨질 뿐 선교적 행동으로 여겨지지 않는다. 루터교 전례학자 고든 래스럽Gordon Lathrop은 다음과 같이 말한다. "어떤 의미에서 그 존재 자체로 충분하다. 예배를 위한 모임 [또는 기도를 위한 시간을

---

396 Daniel T. Niles, *That They May Have Life*. Early Edition. Harper & Brothers.1951.

따로 마련하는 것은 그 자체로 목적이 된다." 그러나 래스럽은 계속해서 "하느님의 모든 은사와 마찬가지로, 예배를 위한 모임의 은사[기도와 관상의 은사라고도 할 수 있다]는 우리가 예상했던 것보다 더 광범위하고 놀랍게 계속 주어진다. 그것은 내면에서 외부로 확장된다"[397] 고 말한다.

또 다른 루터교 전례학자인 로버트 호킨스Robert Hawkins는 "교회는 중심에서 살아가며 경계에 눈을 둔다"고 말한다.[398] 전례와 기도, 관상은 "교회 활동이 지향하는 정점"이며 "모든 힘이 흘러나오는 원천"(SC 10)이라고 제2차 바티칸공의회는 말한다. 전례, 기도, 관상은 선교적 행위이다.

전례는 "내부와 외부에서", "외부에서 내부로", 그리고 "내부에서 외부로" 이어지는 선교적 행위이다. 가톨릭신학연합의 동료인 리처드 프라고메니Richard Fragomeni는 한 컨퍼런스에서 우리가 교회에서 전례를 하는 이유는 세상 속에서 우리의 행동으로 하느님을 예배하기 위해서라고 말하며, 전례를 "사목을 위한 의례적인 리허설"이라고 표현했다.[399] 제2차 바티칸공의회는 전례가 "놀라운 방법으로 신자들에게 그리스도를 선포하는 힘을 북돋워 준다"(SC 2)고 가르친다. 예배를 마치고 교회를 떠나는 사람들에게 "전례는 끝났다. 이제 봉사service를 시작하자"라는 표지판을 붙인 교회에 대한 이야기를 들은 적이 있다. 이 아이디어는 내 대학원 시절 당시 저명했던 전례학자인 로버트

---

397 Gordon W. Lathrop, "Liturgy and Mission in the North American Context," *Inside Out: Worship in an Age of Mission*, ed. Thomas H. Schattauer, 201-12 (Minneapolis: Fortress Press, 1999), 201.

398 Robert D. Hawkins, "Occasional Services: Border Crossings," Schattauer, *Inside Out*, 187.

399 Walter C. Huffman, "Liturgical Space: Faith Takes Form," Schattauer, *Inside Out*, 111.

태프트Robert Taft의 수업에서 언급된 바 있다. 태프트는 성체성사가 단순히 빵과 포도주가 그리스도의 몸과 피가 되는 것이 아니라, 당신과 내가 그리스도의 몸과 피가 되는 것이라고 주장했다. 시카고 대교구의 한 가톨릭교회에서는 마지막 축복 후에 회중 전체가 함께 "미사는 절대로 끝나지 않았으니 평안히 가자"라고 선포하는 관습이 있다.

전례는 또한 "외부에서 내부로"라는 방식으로 거행될 수 있다. 보다 넓은 세상을 향하도록 시야를 넓혀주는 강론을 준비하고, 교구의 진정한 다문화적 구성을 반영하여 제의와 제단 장식, 음악을 사용할 때, 다른 종교나 다른 그리스도교 지파에서 온 손님에게 설교의 기회를 제공할 때, 모든 민족과 창조물의 치유를 위한 기도를 바칠 때를 그 예로 들 수 있다. 이러한 방식이 반영된 전례는 함께 모인 제자들이 하느님 나라가 약속한 번영을 체험하고 이를 구현하고 증거하고 선포하도록 하는 공동체로 변모시킨다.

마지막으로, 전례는 "안에서 바깥을 향해" 거행될 수 있다. 전례가 거행되는 방식과 전례에서 사용되는 언어, 좋은 강론과 아름다운 음악, 함께 모인 이들이 보여 주는 친절함과 환대는 전례에 정기적으로 참석하는 신자만이 아니라 교인의 손님이나 지나가는 사람들 모두에게 복음을 전할 수 있는 요소이다. 특히 세례성사나 혼배성사, 장례미사 등과 같이 특별한 날 거행되는 전례에는 누가 회중에 참석할지 아무도 알 수 없다. 전례가 언제 복음화의 기회가 될지 예측할 수 없다.

1927년 교황 비오 11세는 프란치스코 하비에르Francis Xavier와 리지외의 데레사Thérèse of Lisieux를 선교 사업의 수호자로 선포했다. 선교 현장에서의 열정과 창의력으로 유명한 하비에르는 당연한 선택이었다. 이에 비해, 데레사는 선교 사업의 후원자로서는 다소 의외의 인물이었다. 이는 데레사가 젊은 나이에 사망했고, 대부분의 삶을 프랑스의 한 폐쇄된 가르멜 수녀원에서 보냈기 때문이다. 그러나 그녀의 자서전은 그녀가 선교사들과 선교 활동을 위해 엄청난 시간을 기도하며 헌신했다는 사실을 보여 준다. 데레사는 자신이 선교사였다면 단 한 번의 선교로는 만족하지 않았을 것이라고 썼다. 그녀는 5대륙 모두에서 복음을 전하고 싶어 했고, 기도의 삶을 통해 그것을 이루었다. 영성신학자 메리 프뢰리히Mary Frohlich는 데레사가 자신을 "성당의 어두운 구석에 놓인, 간신히 빛나는 촛불 심지에 비유했는데, 이 촛불은 수천 개의 촛불을 밝히며 교회 전체를 빛으로 채울 수 있다"고 말했다.[400]

복음주의 선교학자 알 티존Al Tizon은 몇 년 전 한국 안양시의 한 교회에서 열린 선교 컨퍼런스에 참석했던 일을 회고했다. 그는 도시 몇 블록을 차지하는 교회의 활기찬 모습에 깊은 인상을 받았다. 교회 시설을 둘러보던 중, 강의실, 성소, 그리고 홀과 방을 장식하는 여러 예술품들을 본 후, 알은 지하실의 한 방을 소개받았다. 그는 기쁘게도 이렇게 회고했다.

> 우리가 도착했을 때 본 것은 이 교회의 활기차고 선교적인 삶의 비결, 즉 세상을 위해 기도하는 사람들이었다고 확신한다. 담임 목사는 이 교회의 기도 사역이 24시간 연중무휴로 이루어지며, 교인들이 교회와 도시, 국가와 세계가 필요로 하는 기도를 하기 위해 일주일 내내 24시간 중보기도한다고 설명했다. 그 교회는 기도를 멈추지 않았다! 지하실이 이 사역의 장소가 된 것은 교회의 기초가 되는 기도를 생생하게 상징하는 것 같았다.

---

400 Thérèse of Lisieux, *Story of a Soul: The Autobiography of St. Thérèse of Lisieux*, 3rd ed., ed. and trans. John Clarke (Washington, DC: ICS Publications, 1996), 192-93; Mary Frohlich, "Mission Patrons," *Dictionary of Mission: Theology, History, Perspectives*, ed. Karl Müller, Theo Sundermeier, Stephen B. Bevans, and Richard H. Bliese, 311-14 (Maryknoll, NY: Orbis Books, 1997), 313.

그 순간, 나는 이 교회의 활기찬 사명이 바로 교인들의 기도 생활에서 비롯됨을 깨달았다.[401]

기도의 힘은 다른 사람들의 삶을 변화시키는 능력이다. 그러나 기도는 여기서 그치지 않고 우리 자신의 삶을 변화시켜 그리스도인으로서 보다 더 헌신적이고 적극적인 선교사 제자로 변화시키는 힘을 가진다. 선교학자이자 교회 지도자인 존 V. 테일러John V. Taylor 주교는 전도(선교)의 90%가 기도에 달려 있다고 말하며, "기도는 우리 모두의 책임"이라고 말했다.[402]

내가 가장 사랑하는 멘토 중 한 명인 로저Roger Arnold(SVD)는 런던의 SVD 양성소에서 양성 책임자로 일하던 시절, 한 수녀원에서 성찬례를 즐겨 집전했다고 말하곤 했다. 그는 수녀들이 온 교회와 전 세계와 얼마나 "소통"하고 있는지 항상 놀라워 했는데, 어느 날 그 이유를 깨달았다. 그는 수녀원 수녀들을 영국 텔레비전에 나오는 인물인 닥터 후Dr. Who와 그의 전화 부스에 비유했다. 로저는 그 부스가 온 우주라고 말하곤 했다. 수녀원은 봉쇄되어 있었지만, 수녀들의 **관상**contemplation과 기도의 삶을 통해 온 세상에 열려 있었다. 성 아놀드 얀센Arnold Janssen이 설립한 세 개의 수도회 중 하나인 성체조배의 성령 선교 수녀회(분홍색 수도복 때문에 '핑크 시스터스'라고 불림)에 관한 우리 신언회의 말이 떠올랐다. "말씀의 선교 수도회SVD나 성령 선교 수녀회에서 무슨 일이 일어나고 있는지 알고 싶으면 핑크 시스터들에게 물어보세요!"

---

401 Al Tizon, *Whole and Reconciled: Gospel, Church, and Mission in a Fractured World* (Grand Rapids, MI: Baker Academic, 2018), 130.

402 Cathy Ross, "An Adventure of the Imagination," *Imagining Mission with John V. Taylor*, ed. Cathy Ross and Jonny Baker (London: SCM, 2020), 51.

메리놀 전 총원장 존 시발론John Sivalon은 선교사 생활의 관상적 측면을 탄자니아의 마사이 목동이 하루 종일 인내심을 갖고 조용히 서서 자신과 공동체의 소중한 소를 돌보는 것에 비유한다.

> 이는 주로 각자의 존재 안에, 우리들 가운데, 우리 우주에, 그리고 '하느님이 당신을 드러내시는 것' 안에서 하느님이 현존하심을 알아차리라는 부름이다. 이러한 깨달음은 어떤 재능이든지 그 재능이 발전하기 위한 훈련을 요구할 뿐 아니라 그에 더해 하느님의 은총을 필요로 한다. 하느님이 우리와 함께 계심을 확실히 믿고 인내와 훈련을 통해 우리에게 속삭이는 하느님의 음성에 귀를 기울일 때 하느님의 현존을 알아차리는 일이 일어날 수 있다.

시발론은 계속해서 기도하는 선교사들의 네 가지 예로서 단지 기분을 좋게 하거나 보다 풍족해지기 위해서 기도하는 것이 아니라, "지금의 자신보다 더 나은 존재가 되도록, 지금 아는 것보다 더 많이 알도록, 지금 하는 것보다 더 많은 일을 하도록 우리를 부르시는 하느님의 음성을 듣기 위해 기도하는 선교사"[403]를 제시한다.

프란치스코 교황은 "복음을 전하겠다는 결심을 불러일으키는 최고의 동기는, 복음을 사랑으로 관상하고 그 페이지에 오래 머물며 마음으로 읽을 때 나온다"(EG 264)고 썼다.

신학자이자 선교학자인 조니 베이커Jonny Baker는 다음과 같이 말한다.

> 선교는 하느님께서 하느님의 존재 자체로 행하시는 일이기에, 선교가 영적

---

403 John Sivalon, *God's Mission and Postmodern Culture: The Gift of Uncertainty* (Maryknoll, NY: Orbis Books, 2012), 76.

인 과제라는 점을 기억하는 것이 좋다. 선교에 있어서 관상 수행이 도움이 되는 이유는 관상이 하느님과 세상, 그리고 자신에 대한 주의와 자각을 기르기 때문이다. 이처럼 관상은 무엇이 일어나고 있는지를 알아차리고, 주의를 기울이도록 도와준다."[404]

영국 옥스퍼드에 있는 교회선교회에서 캐시 로스Cathy Ross가 지도하는 사목자 훈련 프로그램에서는 학생들에게 **렉시오 디비나**lectio divina와 성찰examen, 침묵의 시간과 영적 지도, 이냐시오 영신수련 등을 실천하라고 적극 권장하고 있다. 이는 전례와 기도와 관상이 증언과 마찬가지로 교회의 구성원인 선교하는 제자들이 부름 받은 급진적 킨십의 '하느님 운동'을 구현하는 일부임을 인정하는 것이다.

정의와 평화, 창조세계의 통전성integrity

정의, 평화, 창조세계의 온전함을 위해 일하는 것을 교회가 나누는 하느님의 선교의 일부라고 말할 때, 우리는 하느님의 통치에서 나타나는 급진적 킨십을 보여 주기 위한 투신이 지니는 세 가지 상호 관련된 측면을 말하게 된다. 1971년에 로마에서 열린 주교 시노드가 발표한 획기적인 문서인 [세상의 정의Justice in the World]에서는 정의와 선교의 연관성을 명확하게 드러낸다.

정의를 위해 행동하고 세상의 변혁에 참여하는 것은 복음 선포preaching gospel에 담긴 본질적consitutive 차원을, 다르게 표현하자면, 인류를 구속하고 모든 억압적 상황으로부터 인류를 해방하는 교회의 사명을 구성하는 차원

404 Jonny Baker, "In the Name of Christ the Innovator," Ross and Baker, *Imagining Mission with John V. Taylor*, 33.

으로 우리에게 온전히 나타난다.

1년 후, 교황 바오로 6세는 '세계 평화의 날' 담화문을 통해 정의와 평화를 연결시켰다. "평화를 원한다면 정의를 위해 일하십시오." 교회 전통에는 '생태적 회심ecological conversion'이라는 개념을 강조하는 흐름이 있다. 그럼에도 불구하고, 아마도 정의와 평화, 그리고 창조세계의 통전성을 가장 단단하게 연결시킨 예는 프란치스코 교황의 [복음의 기쁨]이라고 말할 수 있다. 이 사도적 권고는 창조세계 자체가 "경제적 이윤이나 무분별한 착취의 희생양이 되는 경우가 많다"(EG 215)고 언급한다. 이러한 연관성은 개혁주의와 복음주의뿐 아니라 동방정교회의 공식 문서에서도 찾아볼 수 있다.[405]

비교적 이른 시기부터 교회는 자선charity를 강조했다. 바오로가 가난한 예루살렘 교회를 위해 모금하라고 요청했던 것(예: 1코린 16,1-4)부터 헝가리의 엘리자베스Elizabeth of Hungary,[406] 마르틴 데 포레스Martin de Porres,[407] 뱅상 드 폴Vincent de Paul,[408] 캘커타의 테레사 같은 성인들의

405 Synod of Bishops, *Justice in the World* (1971), "Introduction", *Catholic Social Thought: The Documentary Heritage*, ed. David J. O'Brien and Thomas A. Shannon, 288-300 (Maryknoll, NY: Orbis Books, 1992), 289; Paul VI, "Message for World Day of Peace", January 1, 1972; EG 215. 생태학에 관한 교황의 가르침은 Denis Edwards, "Ecology at the Heart of Mission: Reflections on Recent Catholic Teaching", *A Century of Catholic Mission*, ed. Stephen B. Bevans (Oxford: Regnum Books, 2013), 206-15쪽 참조. Conciliar Protestant에 관한 교황의 가르침은 TTL을, 복음주의교회에 관한 교황의 가르침은 TCC를 참조하라. 프란치스코 교황은 LS 8-9에서 정교회 교부인 바르톨로메오를 인용한다. 그밖에 MOCTW, F.2도 볼 것.

406 엘리자베스 오브 헝가리(1207-1231)는 헝가리 왕녀이자 튀링겐의 영애로, 가난한 사람들과 병자들을 위해 헌신한 성인이다. 남편이 사망한 후 재산을 모두 나누어 주고 자선 활동에 전념했으며, 1235년에 시성되었다.

407 마르틴 데 포레스(1579-1639)는 페루 리마 출신의 도미니코회 수도사로, 가난한 이들과 병자들을 돌보며 헌신적인 삶을 살았다. 그는 1962년 교황 요한 23세에 의해 시성되었다.

408 뱅상 드 폴(1581-1660)는 프랑스의 가톨릭 사제로, 가난한 이들을 위한 자선 활동으로 유명하며, 1737년 시성되었다.

활동에 이르기까지, 교회는 항상 가난한 이들을 돕는 데 전념해 왔다. 그러나 20세기 후반부터 오늘날까지, 교회의 세계 빈곤층과 소외된 이들을 위한 헌신은 스페인의 선교학자 엘로이 부에노Eloy Bueno가 정의에 대한 '인식론적 도약epistemological leap'[409]이라고 부른 중요한 변화를 겪어 왔다. 교회는 단지 가난한 사람들과 차별받는 이들을 돌보는 것만으로는 충분하지 않고, 빈곤과 억압의 뿌리를 제거하기 위해 노력해야 한다는 것을 깨닫게 되었다. 2020년 코로나19 팬데믹은 난민 캠프와 빈민가에서 적절한 의료 서비스와 교육을 받지 못한 수십만 명의 극빈층이 희생된 비극적인 현실을 극명하게 드러냈다.

선교하는 그리스도의 제자들은 다양한 방식으로 정의를 위해 일한다. 필리핀의 프란시스코 클라베르Francisco Claver[410] 주교나 남아프리카의 데즈먼드 투투Desmond Tutu[411] 주교같이 강력한 목소리를 내는 개인도 이에 포함된다. 또한 아프리카신앙과정의네트워크Africa Faith and Justice Network와 같은 옹호 단체나 블랙 라이브스 매터Black Lives Matter(흑인 생명도 소중하다) 운동과 국경없는의사회Doctors without Borders에 참여하는 그리스도인들처럼 힘없는 이들을 대신해 목소리를 내는 이들도 있다. 이들 모두는 가난한 사람들이 자신의 목소리를 찾도록 돕거나, 종종 가난한 이들의 목소리가 매우 분명하게 들리도록 하고, 기회가 있을 때마다 불의의 희생자들과 연대하기 위해 노력한다.

선교와 복음화에 관한 2013년의 성명서, [함께 생명을 향하여To-

---

409 Eloy Bueno, *La Iglesia en la encrucijada de la mission* (Estella, Spain: Editorial Verbo Divino, 1999), 241.

410 프란시스코 클라베르(1929-2010) 주교는 필리핀의 예수회 사제이자 주교로, 독재정권에 맞서 사회 정의와 인권 옹호에 헌신한 인물이다.

411 데즈먼드 투투(1931-2021) 주교는 남아프리카 공화국 성공회 대주교이자 인권운동가로 아파르트헤이트 철폐를 위해 비폭력 투쟁을 이끌며, 세계적인 존경을 받은 인물로서, 1984년 노벨 평화상을 수상했다.

gether Towards Life]에서 WCC는 오늘날 선교는 '부유한 중심으로부터 변방으로' 가는 것이 아니라 "변방에서 변방으로"(TTL 36-49) 이루어져야 한다고 강조했다. 이에 따르면, 교회 선교의 주요 주체는 평소 소외되고 힘없는 사람들이 되어야 한다. 우리는 깊은 마음으로부터 정중한 자세로 소외된 이들의 지혜를 경청해야 한다. 마지막으로, 교회 자체가 정의의 모델이 되어야 한다. 1971년 주교 시노드는 "교회는 정의를 증언할 의무가 있다.… 정의에 대해 말하려는 모든 사람은 먼저 그 자신들의 눈에 정의로워야 한다"고 강조했다.[412] 공정하고 적절한 임금, 분쟁에서의 정당한 절차, 여성과 이주민, 유색인종과 성적 지향이 다른 이들의 평등 문제는 교회가 주의를 기울여야 할 사안들이다. 프란치스코 교황은 가난한 이들을 위한 정의를 교황직의 핵심 관심사로 삼고 "가난한 이들과 함께, 그리고 가난한 이들을 위한 교회"(EG 198)를 거듭 촉구해 왔다. [함께 생명을 향하여]는 투쟁과 저항으로서의 선교(TTL 43-45)와 정의와 포용성을 추구하는 선교(TTL 46-49)를 촉구한다.

교황 바오로 6세가 지적했듯이, 정의를 위한 투신은 세계 평화 구축과 밀접하게 연관되어 있다. 오늘날 세계에서는 북한이 핵 능력을 과시하고 이란이 핵무기 개발로 위협하며, 미국, 러시아, 중국 같은 강대국들이 위험한 방식으로 핵무기를 휘두르는 등 핵 파괴의 위협이 여전히 실재한다. 중동, 아프리카, 예멘, 소말리아, 미얀마, 우크라이나에서 벌어진 분쟁은 수천 명의 목숨을 앗아갔고 수십만 명의 난민을 발생시켰다. 그리스도인들은 이러한 세상에서 '평화의 도구'가 되어야 한다(EG 239 참조). 교황 요한 바오로 2세가 제2차 세계대전 말 원자폭탄으로 폐허가 된 일본의 히로시마를 방문했을 때, 그는 "이

412 *Justice in the World*, O'Brien and Shannon, *Catholic Social Thought*, 295.

제부터 의식적으로 선택하고 신중하게 정책을 펴 나가야만 인류가 생존할 수 있다"고 말했다.[413]

평범한 선교 제자들을 평화의 중재자로 생각하는 것은 벅찰 수 있다. 그러나 국제 관계에서 평화와 평등을 지지하는 정부를 선출하고 지원하는 것 외에도 그리스도인들이 할 수 있는 일들이 있다. 첫째, 예수님부터 성 프란치스코, 대니얼 베리건Daniel Berrigan,[414] 도러시 데이,[415] 뮤리엘 레스터Muriel Lester,[416] 존 디어John Dear[417]에 이르기까지 그리스도교의 위대한 평화 전통을 인식하는 것이 중요하다. 둘째, 그리스도인들은 우리 시대의 평화의 예언자들, 예를 들어 산 에지디오 공동체Community of Sant'Egidio,[418] 조지아주 포트 베닝에서 해마다 시위를 벌이는 신실한 미국인들,[419] 팍스 크리스티Pax Christi[420]나 빠체 에 베네

---

413 John Paul II, "Address to Scientists and Scholars", *Origins* 10 (1981): 621, U.S. Bishops, *The Challenge of Peace: God's Promise and Our Response* (1983), O'Brien and Shannon, *Catholic Social Thought*, 492.

414 대니얼 베리건(1921-2016)은 미국의 예수회 사제이자 시인, 사회운동가로, 반전 운동과 시민 불복종 운동에 적극적으로 참여한 인물이다. 그는 베트남 전쟁에 반대하는 '캇샨빌 나인(Catonsville Nine)' 운동에서 주도적인 역할을 했으며, 비폭력 저항을 통해 정의와 평화를 추구했다.

415 도러시 데이(1897-1980)는 미국의 저널리스트이자 사회운동가, 가톨릭 노동자 운동의 공동 창립자로, 가난한 이들을 위한 사회적 정의와 비폭력 운동에 헌신했다.

416 뮤리엘 레스터(1883-1968)는 영국의 사회운동가이자 평화주의자로, 런던의 빈민가에서 사회복지 활동을 시작하였으며, 평생을 평화 운동과 비폭력 저항에 헌신했다. 그녀는 국제 평화 운동에서 중요한 역할을 하였으며, 간디와도 협력했다.

417 존 디어(1959-)는 미국의 예수회 사제이자 평화운동가로, 비폭력 저항과 사회 정의 운동에 적극적으로 참여하고 있다. 그는 군비 축소와 평화를 위해 다양한 저술과 강연 활동을 통해 사람들에게 영감을 주고 있다.

418 Community of Sant'Egidio는 1968년 이탈리아 로마에서 설립된 가톨릭 평신도 공동체로, 세계 여러 나라에서 활발히 활동하고 있는 국제적인 평화운동 및 자선 단체이다.

419 매년 조지아주 포트 베닝에 위치한 "School of the Americas" 앞에서 시위하는 미국 시민들은 이 학교의 라틴아메리카 군인들에 대한 훈련이 인권 침해와 연관되어 있다고 비판한다. 이 시위는 인권과 평화를 지지하는 사람들이 주도하며, 학교의 폐쇄를 요구하고 있다.

420 팍스 크리스티는 1945년에 프랑스에서 출발한 국제 가톨릭 평화운동으로 전 세계에서 평화를 위한 활동을 전개하며, 비폭력과 인권, 정의와 화해를 촉진하는 데 활동의 중점을 둔다.

비폭력 운동Pace e Bene Nonviolence Service[421] 같은 국제 단체들을 지원할 수 있다. 셋째, 그리스도인들은 평화를 위해 정기적으로 기도하고 참회의 행위(예: 금식이나 자선)를 실천할 수 있다. 기도가 선교 활동에서 갖는 중요성은, 이미 보았듯이 매우 크다. 이와 마찬가지로 평화를 위한 기도도 중요하다. 넷째, 종교 간의 긴장이 세계 폭력의 원인인 만큼, 종교 간 대화에 적극적으로 참여하는 것이 중요하다. 프란치스코 교황이 지적했듯이, "대화는 세계 평화를 위한 필수 조건"(EG 250)이다. 마지막으로, 프란치스코 교황이 2017년 1월 제50차 세계 평화의 날 메시지에서 강조한 것처럼, 그리스도인들부터 비폭력적인 생활 방식을 기르는 것이 중요하다. "이 땅에 평화가 오게 하소서, 그리고 그 평화가 나로부터 시작되게 하소서"라는 노랫말처럼 말이다.

2013년, 나는 한국 부산에서 열린 WCC 제10차 총회에 참석하여 라이베리아 노벨 평화상 수상자인 리마 보위Leymah Gbowee[422]와의 인터뷰에 참석하는 영광을 누렸다. 그녀는 자국의 계속되는 폭력에 지치고 의로운 분노를 느껴, 홀로 수백 명의 여성들을 조직하여 라이베리아의 악독한 독재자 찰스 테일러Charles Taylor를 만나 평화를 호소하기 위해 행진했다고 이야기했다. 놀랍게도 그녀의 노력은 성공적이었고, 라이베리아에 평화가 회복되었다.[423]

20세기와 21세기 초의 가톨릭 선교를 다룬 책에서 호주 신학자 데

---

421 빠체 에 베네 비폭력 운동은 1989년에 미국에서 설립된 비폭력 운동 단체로서, 비폭력 저항과 평화 교육을 통해 사회 변화를 추구한다.

422 리마 보위(1972-)는 라이베리아 출신의 평화 운동가로, 2011년 노벨 평화상을 수상했다. 보위는 서부 아프리카 라이베리아의 내전이 절정에 이르렀던 2002년에 그리스도교와 이슬람 여성들이 함께 전개한 '평화'를 위한 시위를 이끌었다. 그 결과 15년간 20만 명이 넘는 희생자를 낸 라이베리아 내전 종식이 가속되었고 이후에도 여성 평화 운동을 이끌고 있다.

423 이 인터뷰는 다음 제목의 유튜브 영상에서 볼 수 있다. "Peace Plenary, WCC 10th Assembly."; Leymah Gbowee, with Carol Mithers, *Mighty Be Our Powers: How Sisterhood, Prayer, and Sex Changed a Nation at War* (New York: Beast Books, 2011).

니스 에드워즈Denis Edwards가 작성한 장의 제목은 "선교의 중심에 있는 생태학"이다.[424] 이 제목이 모든 것을 말해 준다. 한동안 교회는 하느님의 선교에 참여하는 데 있어 **창조세계의 통전성**integrity of creation이 얼마나 중요한지를 명확하게 인식하지 못했다. 그러나 프란치스코 교황의 교황직이 시작된 후 2015년에 환경 회칙 [찬미받으소서Laudato si']가 발표되면서, 그 연관성이 더욱 분명하게 인식되기 시작했다. [함께 생명을 향하여]가 강력하게 밝히고 있듯이, "전 세계가 멸망하는 동안 인간만 홀로 구원받을 수는 없다."(23) 지금 긴급한 노력이 필요하다. 스웨덴의 젊은 활동가 그레타 툰베리Greta Thunberg는 사람들에게 "우리 집에 불이 났으니 불이 난 것처럼 행동해야 한다"고 촉구한다.[425] 혹자는 이미 너무 늦었다고 주장한다.[426] 해수면이 상승하여 남태평양의 여러 나라가 사라지고, 기후 변화로 인해 심각한 가뭄과 홍수가 계속되어 수많은 사람들이 살던 곳을 떠나 자국의 다른 지역이나 세계의 다른 지역으로 이주해야 하는 상황은 이제 더 이상 피할 수 없을 듯 보인다.

만약 우리에게 아직 시간이 허락된다면, 그리스도인들이 할 수 있는 일이 몇 가지 있다. 첫째, 프란치스코 교황이 제안한 것처럼 더 단순한 생활 방식을 실천할 수 있다. 둘째, 생태 보전을 위한 입법을 지지하고, 그렇지 않은 입법에 반대할 수 있다. 셋째, 야생동물 보호구역의 보존과 확장을 지원할 수 있다. 넷째, 더 많은 "친환경 건물", 특

---

424 Edwards, "Ecology at the Heart of Mission", 206-15.

425 Greta Thunberg, *No One Is Too Small to Make a Difference* (London: Penguin Random House, 2019), 24.

426 Daniel Horan, "If COVID-19 Frightens You, You Should Be Terrified by Climate Change", *NCR Online* (May 27, 2020). David Wallace Wells, *The Uninhabitable Earth* (London: Penguin, 2019); Elizabeth Kolbert, *The Sixth Extinction: An Unnatural History* (New York: Picador, 2014).

히 "친환경 교구", "친환경 학교", "친환경 신학교"를 위해 노력할 수 있다. 개개인의 작은 실천은 겉보기에는 작아 보일지 모르지만 놀라운 결과를 가져올 수 있다. 호주의 복음주의 선교학자 로스 랭미드Ross Langmead는 몇 년 전 글로리아 진Gloria Jean이라는 커피 바에서 개인 캠페인을 시작했다. 그는 매일 종업원에게 커피잔에 커피를 채워 달라고 요청했지만, 종업원은 글로리아 진의 영업정책에 따라 종이컵만 제공한다는 입장을 고수했다. 로스는 매일 방문하여 동일한 요청을 했고, 매번 거절당했지만 포기하지 않고 다시 커피를 사러 왔다. 결국, 회사는 정책을 변경했다. 로스의 고집은 하느님의 창조의 완성을 위해 하느님과 함께 일하는 그리스도교 선교의 행위였다.[427]

종교 간 대화, 세상과의 대화, 교회 일치를 위한 대화

리처드 가일라데츠는 교황 바오로 6세의 첫 교황 회칙 [주님의 교회Ecclesiam Suam]에 "교회론적 지향"에 대한 "관심이 불충분했다"고 지적하며, 이 회칙을 통해 "대화를 교회의 본질과 선교의 핵심에 둔다"고 언급했다.[428] 1974년 이후, 아시아 주교들은 가난한 이와 문화와 종교와의 삼중대화를 선교의 핵심으로 제안해 왔는데, 이는 아시아뿐 아니라 전 세계에서도 유효한 개념이라고 할 수 있다.[429] 교황 바오로 6세는 대화

---

427 Ross Langmead는 이 강력한 이야기를 나에게 직접 들려주었다. Jonny Baker는 생태 파괴와 기후 변화를 막기 위해 사람들이 할 수 있는 여러 구체적인 행동을 제안하고 있다. Baker, "Enough Is Enough," Ross and Baker, *Imagining Mission with John V. Taylor*, 107-15.

428 Gaillardetz, *Ecclesiology for a Global Church*, 59; ES 78.

429 이 아이디어는 1974년 대만에서 열린 아시아주교회의연합(FABC) 제1차 총회에서 처음 제안되었다. 이 아이디어는 FABC의 여러 문서에 걸쳐 확산되어 있다. James H. Kroeger, MM, *FABC Paper 130: Dialogue: Interpretive Key for the Life of the Church in Asia* (May 2010);Thomas C. Fox, *Pentecost in Asia: A New Way of Being Church* (Maryknoll, NY: Orbis Books, 2002), 37. 이 아이디어의 보편적인 관련성에 관해서는 Stephen B. Bevans and Roger P. Schroeder, *Prophetic Dialogue: Reflections on Christian Mission Today* (Mary-

가 삼위일체 하느님의 본질에 뿌리를 둔 방법이며, 구원의 역사 전체를 따르는 방식이라고 말한다(ES 70). 그러므로 대화의 태도와 실천이 교회가 하느님의 선교에 참여하는 중요한 요소가 되어야 한다는 것은 매우 적절하다.

다음 장에서는 대화의 기본 태도와 그 바탕이 되는 영성을 다루려 한다. 여기서는 교황청 종교간대화부에서 "모든 형태의 그리스도교 선교뿐만 아니라 모든 측면의 그리스도교 선교의 규범이자 필요한 방식"이라고 강조한 '대화'를 그리스도교회의 선교하는 제자들이 실천할 수 있는 세 가지 방법에 대해 살펴본다.[430] 교황 요한 바오로 2세는 [교회의 선교 사명Redemptoris Missio]에서 "신자와 모든 그리스도인 공동체의 각 구성원은 대화를 실천하도록 부름 받았다"(RM 57)라고 구체적으로 언급했다.

종교 간 대화는 다른 종교를 가진 사람들을 개종시키려는 동기에서 비롯되지 않는다. 물론 대화에 참여하는 사람은 자신이 선택한 신앙의 진리를 확신하고 그 진리를 다른 이들과 나누려는 관심을 가져야 한다. 그러나 대화의 방식은 '하느님은 온 우주의 창조주이며, 언제 어디서나 자신을 증거 없이 남겨 두지 않는다'는 확신에서 비롯된다. 하느님의 영은 인간의 이해를 뛰어넘는 방식으로, 그리고 우리가 가장 기대하지 않는 곳에서 끊임없이 일하신다.[431] 우리는 성령의 활동에 대해 끊임없이 경탄해야 한다(TTL 35, 93).

---

knoll, NY: Orbis Books, 2011), 27쪽을 참조하라.

430 Secretariat for Non-Christians, "The Attitude of the Church towards the Followers of Other Religions: Reflections and Orientations on Dialogue and Mission", 29, www.dicasteryinterreligious.va/dialogue-and-mission-1984/.

431 WCC, *Ecumenical Affirmation: Mission and Evangelism*, Scherer and Bevans, *New Directions in Mission and Evangelization* 1, 50.

1991년에 반포된 [대화와 선포]뿐 아니라 아시아 주교들도 종교 간의 대화 또는 신앙 간의 대화를 실천하는 네 가지 방법을 제시한다. 첫째, '삶의 대화'는 다른 종교를 가진 사람들과 일상 속에서 함께 살아가며 그들과 친해지고 친구가 되어 비공식적인 수준에서 신앙을 나누는 것이다. 둘째, '행동의 대화'는 다른 종교를 가진 사람들이 공동의 대의, 이를테면 사회 정의 문제나 공동의 생태적 행동을 위해 함께 일하는 것을 의미한다. 예를 들어, 인도네시아에서 그리스도교인과 무슬림을 위한 나무 심기 운동을 조직하는 데 도움을 준 친구의 활동이 이에 해당한다. 세 번째는 '신학적 교류의 대화'로, 전문가들 간의 공식적인 대화일 수도 있지만, 일반 사람들이 강연자나 신학자 또는 종교 지도자 패널의 강연을 듣는 컨퍼런스에서 이루어질 수도 있다. 마지막으로 '종교적 경험의 대화'가 있는데, 신앙을 가진 사람들이 신앙의 맥락에서 하느님에 대한 경험을 나누거나, 요한 바오로 2세, 베네딕토 16세, 프란치스코 교황이 아시시에서 여러 차례 했던 것처럼 같은 장소에서 각자의 방식으로 함께 기도하는 것이다.[432]

종교 간 대화의 장점은 여러 가지가 있다. 종교 간 대화의 목표는 상대방을 개종시키는 것이 아니라, 다른 종교를 가진 사람들을 더 깊이 알 수 있는 기회를 제공하는 것이다. 이로 인해 힌두교, 이슬람교, 그리스도교라는 추상적인 개념보다는 실제로 존재하는 힌두교도, 무슬림, 그리스도교인, 즉 신앙을 가진 사람들에 대해 더 잘 알게 된다. 캐시 로스의 말처럼 말이다.

---

432 DP 42. Gaillardetz, *Ecclesiology for a Global Church*, 81. 이 페이지에서 Gaillardetz는 1986년과 2006년에 아시시에서 열린 두 모임을 간략히 서술한다. 10년 후인 2016년에는 프란치스코 교황이 아시시에서 유사한 모임을 주최했다. Cindy Wooden, "Pope, Religious Leaders Mark 30th Anniversary of 1986 Assisi Meeting", *Catholic News Service*, September 4, 2016.

"한 명의 무슬림을 만나면 그 한 명의 무슬림을 알게 되는 것이며, 한 명의 그리스도교인을 만나면 그 한 명의 그리스도교인을 알게 되는 것이다." 이는 모든 종교에 적용된다. 우리는 각자의 종교적 가르침의 어떤 측면들에 동의할 수 있지만, 그 안에서 살아가는 방식은 다원적이고 다면적이다. 바버라 브라운 테일러Brown Taylor는 "이는 종교 간의 만남에서뿐 아니라 종교 안에서 신자들 간의 만남에서도 마찬가지"라고 주장한다.[433]

다른 종교를 가진 사람들을 알게 되면서 자신의 종교와 신앙을 새로운 방식으로 알게 되며, 이는 때로는 놀라울 만큼 유사하기도 하고 때로는 현저히 다르기도 하다. 마지막으로, 다소 아이러니하게도 대화는 당사자들이 자신의 신앙을 선포하고 설명할 수 있는 안전한 공간을 제공한다. 그리스도교인에게 있어 "예수 그리스도의 복음을 나누는 것은 그러한 대화에서 정당한 자리를 차지한다"(TTL 95). 각각 그리스도인과 무슬림인 로버트 히니Robert Heaney와 제이네브 사이일간Zeyneb Sayilgan도 이에 동의하며, "자신이 가장 소중하게 여기는 것을, 즉 신앙을, 공유하려는 노력은 잘못된 것이 아니다. 이는 상대방에 대한 깊은 관심과 공감compassion을 표현하는 것이다. 그러나 그러한 나눔은 진심 어린generous 경청과 함께 이루어져야 한다"고 말한다.[434]

세상과의 대화에 참여할 때에도 그리스도교인들은 동일한 네 가지 대화 방법을 사용할 수 있다. 서로 존중하며 함께 생활하고 공동

433 Cathy Ross, "The Yeast of Nonconformity", Ross and Baker, *Imagining Mission with John V. Taylor*, 121-22. Barbara Brown Taylor, *Holy Envy* (New York: HarperOne, 2019), 216.

434 Robert Heaney and Zeyneb Sayilgan, "Principles for Constructive Interfaith Conversation", *Faithful Neighbors: Christian-Muslim Vision and Practice*, ed. Robert S. Heaney, Zeyneb Sayilgan, and Claire Haymes, 153-65 (New York: Morehouse Publishing, 2016), 154.

의 프로젝트를 함께 진행하는 것은 그리스도교인과 신앙이 없거나 신앙을 찾는 사람들이 서로를 풍요롭게 하는 방법이다. 또한 이 방법은 그리스도교인들이 복음에 따라 사는 삶의 풍요로움과 가능성을 증거할 수 있는 기회를 제공한다. '신학적 교류'와 '종교적 체험'이라는 실천이라는 측면에서 2012년에 열린 새 복음화에 관한 시노드의 문헌 55항은 다양한 교회와 기관이 신자와 비신자가 근본적인 주제에 대해 대화할 수 있는 일종의 "이방인의 안뜰courtyard of the Gentiles"을 열 것을 권고했다.[435] 철학자이자 신학자인 클레멘스 제드마크Clemens Sedmak는 "우정의 분위기에서 윤리적 문제(낙태, 안락사, 동성 결혼 등)를 논의할 수 있는 지성에 기반한 공동체intellectual base communities"를 설립할 것을 제안한다. "교회와 조화될 수 없는 입장을 가진 사람들과 교회 구성원들 사이의 실질적인 만남은 아직 거의 이루어지지 않고 있다."[436]

존중하는 경청은 세상과의 대화에서 교회의 주요 과제이다. 2013년 2월, 당시 노트르담 대학교 기숙사 책임자였던 애니 셀락Annie Selak은 워싱턴 포스트의 블로그에 "젊은 가톨릭 신자들은 무엇을 원하는가?"라는 질문을 담은 글을 기고했는데, 이 질문은 모든 연령대의 세속화된 사람들에게도 해당된다고 생각한다. 셀락은 오늘날 교회가 효과적인 세속적 대화를 수행하기 위해 어떤 공동체가 되어야 하는지에 대해 네 가지 답변을 제시했는데 이 네 가지 요점은 모두 교회가 개방성과 대화의 공동체가 되어야 한다는 생각을 중심으로 전개

435 Holy See Press Office, "Synodus Episcoporum Bulletin", XIII Ordinary General Assembly of the Synod of Bishops, "Final List of Propositions of the Synod of Bishops", October 7-28, 2012, Proposition 55.

436 Clemens Sedmak, "Mission as Transformation: Commemorating the Second Vatican Council", Thirteenth Louis J. Luzbetak, SVD, Lecture on Mission and Culture, *New Theology Review* 25, no. 2 (March 2013): 55.

되었다. "우리는 교회가 오늘날 세상과 교회가 직면한 어려운 문제들을 다루는 질문을 던지기를 원한다"고 그녀는 설명한다. 이러한 질문은 여성의 평등과 교회 내 참여, 성 문제, 그리고 그리스도교 밖의 진리에 대한 것들이다. 그녀는 이러한 방식으로 교회가 세상에 예수님의 포용성을 본보기로 보여 줄 수 있다고 말한다. "이 문제들은 주변부에 있는 이름 없는 사람들이 아닌, 우리의 친구나 가족, 멘토나 지도자의 문제라는 점에서 시급성이 있다."[437]

셀락의 발언은 2012년 시노드에서 대주교였던 루이스 안토니오 타글레Luis Antonio Tagle(현 추기경)의 발언을 떠올리게 한다. 타글레는 교회가 항상 말하기보다는 침묵하고 경청하는 법을 배워야 한다고 말했다. "교회는 침묵의 힘을 발견해야 한다. 사람들의 슬픔, 의심, 불확실성에 직면한 교회는 쉽게 해결책을 제시할 수 없다. 예수님 안에서 침묵은 세심한 경청, 연민, 기도의 길이 된다."[438] 조니 베이커는 또 다른 주교인 존 V. 테일러를 언급하며 오늘날 우리 세상에 대해 질문한다.

> 세계와 우리나라에 무슨 일이 일어나고 있는가? 기후 변화, 경제, 정치, 소비 문화, 포스트모던시대로의 전환 등 오늘날 일어나고 있는 거대한 문화적 변화를 우리는 어떻게 이해하고 해석할 수 있을까? 젊은이들에게 무슨 일이 일어나고 있는가? 소외된 사람들은 어디에 있는가? 존 테일러는 교회

---

437 Annie Selak, "The Church Young Catholics Want", *Washington Post*, February 14, 2013; Jonny Baker, "Prophetic Dialogue and Contemporary Culture", *Mission on the Road to Emmaus: Constants, Context, and Prophetic Dialogue*, ed. Cathy Ross and Stephen B. Bevans, 201-14 (Maryknoll, NY: Orbis Books, 2015).

438 Archbishop Luis Antonio G. Tagle, "Intervention", October 9, 2012; Holy See Press Office, "Synodus Episcoporum Bulletin", XIII Ordinary General Assembly of the Synod of Bishops, October 7-28, 2012.

안에서 세상을 바라보는 것이 아니라 세상 안에서 신앙을 바라보아야 하며 이렇게 함으로써 신앙이 경청과 인식의 중심이 되어야 한다고 말한다.[439]

이 장의 앞부분에서 제2차 바티칸공의회의 선교 활동에 관한 교령 [만민에게Ad Gentes]에 교회의 일치를 위한 노력이 선교의 필수적인 부분으로 포함되어 있다고 언급했는데, 이는 그동안 가려진 통찰이기도 하다. 이 작업의 대부분은 **에큐메니칼 대화**와 종교 간 및 세속적 대화의 진전을 돕는 동일한 네 가지 대화 관행과 관련이 있다. 2014년부터 2022년까지 WCC 세계선교및복음화위원회의 위원으로 있으면서 나는 에큐메니칼 대화가 매우 어려운 일이라는 것을 경험했다. 이 과정에는 깊은 경청과 유연성, 개방성과 정직함, 그리고 많은 인내가 필요하다. 하지만 그 노력은 그만한 가치가 있다고 확신한다. 다른 그리스도교 전통을 가진 사람들과 진정한 우정을 쌓을수록, 우리를 갈라놓는 일부 사안의 사소함과 다른 사안의 심각성을 깨닫게 되면서 일치를 위한 도전이 시급한 과제가 된다. 프란치스코 교황은 우리가 대화하는 다른 그리스도인들을 "동료 순례자"(EG 244)라고 부르며, [함께 생명을 향하여]에서는 "교회가 진정한 선교사가 될 수 있도록 새로운 시도를 통해 이 여정을 계속하자"(TTL 60)고 촉구하고 있다.

토착화

바바라 킹솔버Barbara Kingsolver의 충격적인 1998년 소설 『독나무 성경The Poisonwood Bible』에 등장하는 주인공 중 한 명은 근본주의 선교사로서 '영

---

439 Baker, "In the Name of Christ the Innovator," 32, John V. Taylor's (unpublished) Travel Diaries, USA and Mexico, 1963, 19쪽 참조.

혼을 구원하기 위해' 아프리카 마을에 온 선교사 가족의 아버지이다. 그는 설교를 통해 예수가 주님이심을 강한 확신을 가지고 선포한다. 그러나 현지 언어를 제대로 습득하지 못한 탓에 선교사가 실제로 한 말, 그러니까 청중이 들은 내용은 예수가 독성이 강한 현지 식물의 한 종이라는 것이다. 이에 사람들은 공포에 질려 메시지를 거부하게 된다.[440] 이 예는 극적이고 다소 과장된 것일 수 있지만, 오늘날 우리 교회에서, 그리고 모든 시대에 그리스도교 선교사 제자들에게 토착화 작업이 얼마나 중요한지를 잘 보여 준다. 교회의 역사와 신학의 역사를 살펴보면, 교회는 처음부터 사람들이 있는 곳에서 그들에게 도전하며, 그들의 일상생활에서 이해할 수 있는 방식으로 복음을 구현하고, 보여주고, 선포하려고 노력해 왔다는 것을 알 수 있다. 예수도, 바오로도 노력했고 초기 신학자와 키릴로스Cyril와 메토디우스Methodius,[441] 빙엔의 힐데가르트Hildegard of Bingen, 바르톨로메 데 라스 카사스Bartolomé de las Casas,[442] 마테오 리치, 헨리 벤Henry Venn,[443] 프란치스카 카브리니Frances Cabrini,[444] 윌리엄 와데 해리스William Wadé Harris[445] 같은 위대한 선교사들

440 Barbara Kingsolver, *The Poisonwood Bible: A Novel* (New York: HarperFla-mingo, 1998).

441 키릴로스(827- 869)와 메토디우스(815-885)는 슬라브 민족에게 복음을 전파한 동로마 제국 출신의 형제 선교사다.

442 바르톨로메 데 라스 카사스(1484-1566)는 스페인의 도미니코회 신부이자 선교사로, 라틴아메리카 원주민의 인권을 옹호한 인물이다.

443 헨리 벤(1796-1873)은 영국의 성공회 신부이자 선교사로, 현지 교회의 자립을 강조한 인물이다.

444 프란치스카 카브리니(1850-1917)는 이탈리아 출신의 가톨릭 수녀이자 선교사로, 이민자들의 보호와 교육에 헌신한 인물이다.

445 윌리엄 와데 해리스(1860-1929)는 라이베리아 출신의 그리스도교 선교사로서, 전통적인 아프리카 종교와 그리스도교를 융합한 독특한 선교 방식으로 서아프리카에서 대규모 개종 운동을 이끌었다.

도 그러했다.[446]

그러나 우리는 선교사들이 현지 언어와 문화를 존중하고 보존하는 데 기여했을 뿐만 아니라, 때로는 그것들을 경멸하고 심지어 파괴하기도 했다는 사실을 잘 알고 있다. 아메리카 원주민 신학자 팅크 팅커Tink Tinker는 울분에 차서 "유럽-서구 선교가 선교 대상의 문화와 민족성에 끼친 비참한 역사를 고려할 때, 우리가 정당성을 가질 수 있다고 생각할 수 있는 어떤 선교학적 프로젝트도 존재하지 않을 것처럼 보인다"[447]라고 직설적으로 말한다. 오늘날 많은 사람들에게 선교라는 단어 자체가 알레르기 반응을 일으키며, 때로는 폭력적인 반응을 불러일으킨다. 한 베트남계 미국인 신학자는 가톨릭신학연합의 한 포럼에서 "선교는 결코 무고無辜한innocent 단어가 아니다"라고 표현한 적이 있다.

선교라는 개념뿐만 아니라 단어 자체에 대한 이러한 알레르기 반응은 선교의 본질을 토착에 대한 태도와 실천으로 이해할 필요성을 더욱 강조한다. 토착화는 선교의 부차적인 것이 아니며, "교회가 세워진" 후에 "나중에 따라 나오는" 것이 아니다. 토착화는 모든 선교의 본질적인 작업이며, 선교의 네 가지 모든 분야에서 핵심적인 역할을

446 선교사들이 지역 문화를 얼마나 진지하게 받아들였는지에 대해 깊은 인상을 준 두 권의 책을 소개한다. Antje Flüchter and Rouben Wirbser, eds., *Translating Catechisms, Translating Cultures: The Expansion of Catholicism in the Early Modern World*, Studies in Christian Mission 52 (Boston: Brill, 2017); Sabine Dedenbach-Salazar Sáenz, ed., *Translating Wor(l)ds: Christianity across Cultural Boundaries*, Collectanea Instituti Anthropos 51 (Baden-Baden, Germany: Academia Verlag, 2019). 앤드루 월스와 라민 사네Lamin Sanneh는 여러 저작에서 선교사들이 문화를 파괴하는 자가 아닌, (종종 자신도 모르게!) 문화를 보존하는 자의 역할을 해 왔음을 강조해 왔다.

447 Tink Tinker, "The Romance and Tragedy of Christian Mission among American Indians", *Remembering Jamestown: Hard Questions about Christian Mission*, ed. Amos Yong and Barbara Brown Zikmund, 13-27 (Eugene, OR: Pickwick Publications, 2010), 26-27.

한다.

비록 베네딕토 16세 교황은 토착화의 중요성과 가능성에 대해 다소 신중한 입장을 보였지만,[448] 그의 전임자인 요한 바오로 2세 교황은 많은 저술과 연설에서 토착화의 중요성을 강조했다.[449] 최근에 프란치스코 교황도 특히 복음을 증거하고 전파하는 데 있어 토착화의 중요성을 강하게 주장해 왔다. 예를 들어, 교황은 [복음의 기쁨Evangelii Gaudium]에서 "은총은 문화를 전제로 하며, 하느님의 선물은 그것을 받아들이는 사람들의 문화 속에서 살flesh이 된다.… 그리스도교를 단일한 문화로 구성된 천편일률적인 종교로 간주한다면 육화의 논리를 정당하게 평가한 게 아닐 것이다"(EG 115, 117)[450]라고 썼다. 토착화에 대한 프란치스코 교황의 의지는 특히 2019년 범아마존 주교 시노드의 후속 권고인 [사랑하는 아마존Querida Amazonia][451]에서 잘 드러났다.[452] 그리고 2022년에 프란치스코 교황은 역사적인 캐나다 방문을

448 2006년 베네딕토 교황이 했던 유명한 레겐스부르크 강연에 대한 간결하지만 날카로운 논평을 원한다면, Gaillardetz, *Ecclesiology for a Global Church*, 67; Pope Benedict XVI, "Lecture of the Holy Father," Aula Magna of the University of Regensburg, September 12, 2006; Paul Kollman, CSC, "Why Is Benedict XVI Wary of Inculturation? Missiological Reflections," ND Center for Ethics and Culture, video presentation, 2007, https://vimeo.com/20883785.

449 Stephen Bevans, *Models of Contextual Theology* (Maryknoll, NY: Orbis Books, 2002), 49-53.

450 프란치스코 교황과 토착화에 대한 더 깊이 있는 논의를 원한다면 Stephen Bevans, "Pope Francis and Inculturation," *Verbum SVD* 61, no. 1 (2020): 82-96쪽을 참조하라.

451 이 권고문은 교회가 반드시 고통받는 아마존 주민의 편에 서야 한다고 당부하면서 구원의 복음을 선포하는 교회의 사명도 강하게 강조한다. 특히 이 권고문은 사회적 꿈, 문화적 꿈, 생태적 꿈, 교회적 꿈을 제시했는데, 특히 교회적 꿈은 권고문의 거의 절반을 차지한다. 여기서 교황은 아마존의 얼굴을 지닌 교회를 발전시킬 것을 당부하며 아마존의 문화 안에 이미 존재하는 선익을 배제하지 말고 복음의 빛에 비추어 이를 수행해야 한다고 강조한다.

452 Stephen Bevans, "A Mission-Shaped Church," *The Tablet*, 273, no. 9325 (November 2, 2019): 6-7; Stephen Bevans, "Pachamama Christianity: The Pan-Amazonian Synod and Indigenous Religious Identity", 2022; Louis J. Luzbetak, SVD, Lecture on Mission and Culture, Catholic Theological Union, October 11, 2022, https://www.youtube.com/

통해 교회가 원주민 문화를 억압하고 학대한 것에 대해 사과하고, 특히 전례와 관련하여 원주민 상징 세계의 중요성을 강조했다. 프란치스코 교황은 순방 중 에드먼턴Edmonton의 성심교회에서 거의 40년 전 캐나다를 방문한 요한 바오로 2세 교황의 말을 인용했다. "그리스도는 모든 문화의 중심에 생명을 불어넣는다. 따라서 그리스도교는 원주민과 관련이 있을 뿐만 아니라, 그분의 몸의 지체들 안에서 그리스도 자신이 원주민이다."[453]

복음주의교회의 선교학도 복음을 구현하고 보여 주며 선포하는 과정에서 토착화에 헌신하고 있다. 특히 최근 몇 년 동안 그 중요성이 강조되었다. 예를 들어, [케이프타운 서약The Cape Town Commitment][454]은 다소 신중한 접근을 취하면서도 "복음이 모든 문화 속에 구현되고 내재되는 것을 보고자 하는" 갈망을 표현하고 있다(TCC 1.7.B). 한편, WCC는 선교 활동에서 문화를 진지하게 받아들이는 오랜 역사를 가지고 있다.[455] "복음은 특정한 문화적, 정치적, 종교적 현실과의 관계를 통해 다양한 맥락에서 뿌리를 내린다. 복음이 다양한 현실에 뿌리를 내리려면 사람들과 그들의 문화적, 상징적 삶의 세계에 대한

---

watch?v=mIx1w W9XjPI&t=31s; Pope Francis, QA.

453 John Paul II, "Liturgy of the Word with the Native Peoples of Canada," 5; Pope Francis, "Meeting with Indigenous Peoples and Member of the Parish Community of Sacred Heart," Edmonton, Canada, July 25, 2022.

454 케이프타운 서약은 '신앙의 고백과 행동에의 요청A Confession of Faith and a Call to Action이라는 부제를 달고 2010년에 열린 제3차 로잔세계복음화대회에서 채택된 문서이다. 이 문서는 로잔 언약과 마닐라 선언의 정신을 계승하여, 현대 세계에서 복음 전파와 선교에 대한 신앙 고백과 실천 지침을 제시하는 가운데, 하느님의 사랑, 성경, 창조세계, 그리고 선교에 대한 헌신을 강조하며, 특히 환경 문제를 하느님의 선교의 중요한 부분으로 포함시킨다.

455 Daesung Lee and Stephen Bevans, "Culture," *Ecumenical Missiology: Changing Landscapes and New Conceptions of Mission*, ed. Kenneth R. Ross, Jooseop Keum, Kyriaki Avtzi, and Roderick H. Hewitt, Regnum Books Edinburgh Series 35 (Geneva: World Council of Churches, 2016), 201-17.

존중이 필요하다."(TTL 97)

토착화는 교회의 선교 활동의 모든 수준과 선교의 모든 영역에서 이루어져야 한다. 이는 사목 활동과 에큐메니즘, 세속 문화의 복음화와 선교 등의 모든 분야에 적용된다. 뿌리 없는 신학은 존재하지 않으며, 오직 토착화되고 상황에 맞는 신학만이 존재한다.[456] 그리고 교회가 하는 모든 일, 즉 강론과 교회 조직 구성, 사목과 사목 계획뿐 아니라 전례도 모두 신학적인 행위이다.

선교하는 제자들은 항상 자신이 속한 맥락을 인식하고 그 맥락 속에서 복음을 증거하고 사목하며, 보여 주고 선포해야 한다. 때로는 복음의 메시지를 특정 문화나 상황의 용어와 세계관에 맞게 번역translation해야 할 때도 있으며, 아프리카, 아시아 또는 원주민의 맥락에서 예수를 어떻게 이미지화할 것인가를 고민해야 할 때도 있다. 때로는 문화나 맥락이 복음의 가치와 표현을 새롭게 조명할 수 있다. 예를 들어, 미국을 비롯한 여러 곳에서 진행된 '흑인의 생명도 소중하다Black Lives Matter' 운동이 어떻게 세상과 교회에서 인종 차별의 장막을 벗겨냈는지 생각해 볼 수 있다. 또한 라틴아메리카의 기초 교회 공동체basic ecclesial communities(현재는 교회 선교 공동체ecclesial missionary communities라고도 불린다)가 가난한 이들을 위한 선택의 중요성을 발견한 것처럼, 교회의 성찰적 실천reflective practice(프락시스praxis)은 새로운 복음적 통찰을 드러낼 수 있다. 때로는 복음에 대한 성찰이 지배적인 문화에 강하게 반대되는 신학적 진술과 행동으로 이어지기도 한다. 1985년 남아프리카의 카이로스 문서[457]가 그 예이다. 때로는 한 개인이나 공동체가 자신의

456 Bevans, *Models of Contextual Theology*, 3.

457 카이로스 문서는 아파르트헤이트 체제에 반대하는 그리스도교인들이 작성한 신학적 선언문이다. 이 문서는 당시 남아프리카 교회 내에서 존재했던 상황 신학, 교회 신학, 선지자 신학

상황적 특수성을 인식하고 자신의 신앙을 표현하며, 그것이 다른 사람이나 공동체와의 상호작용에서 어떤 공명과 불협화음을 일으키는지 관찰할 필요도 있다.[458]

토착화 과정은 "안전"하지는 않다. 그러나 전통적인 신앙 공식이나 관행을 어떻게 이해하고 받아들이는지에 대한 고려 없이 반복하는 것이야말로 "가장 큰 위험"이라고 프란치스코 교황은 말한다(EG 41). 앤드루 월스Andrew Walls는 그의 에세이에서 니케아공의회가 그리스도의 신성을 설명하기 위해 성경에 없는 단어이자 그리스철학에서 유래한 '호모우시오스homoousios'를 채택한 것이 얼마나 위험했는지를 언급한다.[459] 또한 이와 유사하게 북유럽에서 그리스도교 사상을 부족의 관점이나 법적 관점에서 재해석했을 때 또는 마테오 리치가 중국에서 유교적 관점에서 그리스도교를 이해하려 했을 때의 위험을 상상할 수 있다고 말한다. 월스는 "안전한 신학이란 존재하지 않는다"고 주장한다.[460] 캐시 로스는 존 V. 테일러도 같은 생각을 했다고 기록한다. 이는 테일러가 "세상과 접촉하는 신학은 모든 위험과 실수, 발전을 수반하는 살아 있는 신학이 될 것"이라고 생각했기 때문이다.[461] 토착화에 참여한다는 것은 창의성에 참여하는 것이며, 창의성

을 비판적으로 다루며, 교회가 불의에 맞서 적극적으로 저항하고 억압받는 사람들과 연대할 것을 촉구했다. 문서는 남아프리카뿐만 아니라 전 세계적으로도 사회 정의와 인권 운동에 큰 영향을 미쳤다.

458 토착화 방법론에 관한 보다 많은 내용은, Bevans, *Models of Contextual Theology*를 참조하라.

459 Andrew F. Walls, "Commission One and the Church's Transforming Century," Edinburgh 1910: Mission Then and Now, ed. David A. Kerr and Kenneth R. Ross, 27-40 (Oxford: Regnum Books, 2009), 37.

460 Walls, "Commission One and the Church's Transforming Century," 37.

461 Ross, "An Adventure of Imagination," 62.

은 '복음을 위해서' 항상 위험을 감수해야 한다.[462]

토착화 없이는 진정한 교회가 존재할 수 없다. 토착화는 신학적이며 선교학적인 명령이다. 복음의 토착화를 위해 노력하는 것은 교회, 즉 지역적이고 구체적인 교회를 부르는 것이다.

화해Reconciliation

20세기 마지막 몇 년 동안 베를린 장벽이 무너지고 수많은 공산주의 정부가 붕괴되었다. 이 시기에 조지 H. W. 부시George H. W. Bush 대통령은 세계 평화와 번영의 신세계질서New World Order의 도래를 선언했다. 그러나 이러한 질서는 오래가지 못했다. 1989년의 눈부신 정치적 발전이 있은 직후 구 유고슬라비아에서 수천 명이 사망하고 수 세기 동안 지속되어 온 종교적 긴장이 다시 고개를 들면서 격렬한 내전이 발발했다. 1990년대 초 르완다와 부룬디에서는 말로 형언할 수 없는 대량 학살로 수십만 명이 학살당했다. 2001년에는 뉴욕의 세계무역센터에 민간 여객기가 충돌한 사건으로 전 세계가 경악했고, 미국과 그 동맹국들이 아프가니스탄과 이라크를 침공하여 엄청난 파괴를 초래한 두 차례의 전쟁이 이어졌다. 2012년에는 튀니지, 리비아, 이집트에서 정권이 바뀌면서 희망적인 아랍의 봄이 시작되었지만, 이러한 혁명은 여러 가지 면에서 잘못되었고 리비아에서는 여전히 내전이 벌어지고 있다. 시리아에서도 독재자 바샤르 알아사드Basshar al-Assad에 대항하는 혁명이 시작되었지만, 상황이 점점 더 복잡해지면서 점점 더 많은 사람들이 사망하고 난민이 발생하여 사실상 국가가 파괴되고 말았다. 2022년, 러시아

462 Stephen Bevans, "Creativity, Courage, and Contextual Theology: Tensions between Contextual Theology and the Fear of Syncretism," *Acta Missiologiae* (Journal of the Central and Eastern European Association for Mission Studies) 7 (2019): 5-10.

는 독립국이 된 우크라이나에서 이전의 통치를 다시 확립하기 위해 우크라이나를 침공했다. 이 글을 쓰는 시점(2023년)에도 전쟁은 여전히 계속되고 있다. 이 글을 쓰는 이 순간에도 이스라엘과 하마스 간의 치명적인 전쟁은 계속되고 있으며, 이 전쟁이 세계 평화의 안정에 어떤 영향을 미칠지는 아직 알 수 없다. 아프리카와 라틴아메리카의 이주와 이들 이주민에 대한 저항, 미얀마의 로힝야 난민, 조지 플로이드George Floyd 사망 사건[463] 이후 전 세계에서 일어난 2020년 인종 차별 반대 시위, 오늘날까지도 가톨릭교회와 전 세계 그리스도교 교회의 기반을 흔들고 있는 성폭행 등 끔찍하고 폭력적인 세계 상황을 보여 주는 더 많은 소름 끼치는 예를 들 수 있다.

신학자 로버트 슈라이터는 이 격동적이고 종종 절망적인 세상에서 교회는 그리스도의 복음을 전하고, 하느님이 세상에서 일하신다는 사실과 그 실체를 구현하고, 보여 주고, 선포하도록 부르심을 받았으며, 교회, 즉 그리스도의 선교하는 제자들은 그 사명을 맡은 종이라고 주장한다. 이러한 맥락에서 슈라이터는 교회가 전할 수 있는 가장 강력하고 도전적인 증언과 메시지는 화해와 치유가 실제로 가능하다는 확신이라고 말한다. 그의 말처럼,

> "화해는 현재라는 원심력과 역사가 빚어낸 과업의 거대함을 인정한다. 또한 화해는 이러한 접근법을 낳은 낙관주의를 넘어 대화와 해방, 토착화를 고려하는 새로운 프레임을 제공하면서도 그 깊은 의도를 포기하지 않는다.… 선교의 한 형태인 화해는 거짓에 휩싸인 세상에서 진리가 중심에 서

---

463 조지 플로이드 사망 사건은 2020년 5월 25일, 미국 미니애폴리스에서 흑인 남성 조지 플로이드가 체포 과정에서 백인 경찰관 데릭 쇼빈Derek Chauvin에 의해 목이 눌려 사망한 사건이다. 이 사건은 전 세계적으로 인종 차별 반대 시위를 촉발하였으며, "흑인의 생명도 소중하다" 운동이 확산되는 계기가 되었다.

야 함을 인정하고, 신뢰의 기초로서 안전과 안보를 추구하며, 이주와 고립이 펼쳐지는 상황에서 공동체를 위해 노력한다. 이처럼 심오하고 역설적인 세계관은 새로운 인류에 대한 꿈을 희생하지 않으면서도 폭력이 난무하는 세상의 아이러니와 복잡성 사이에서 균형을 잡는 데 도움이 된다."[464]

그리스도교인들은 개인적인 차원에서 화해를 위해 노력한다. 폭력적인 배우자가 여성에게 가하는 폭력과 부모나 친척, 친구가 가하는 성적인 학대나 신체적 학대를 당한 피해자 또는 강력 범죄의 피해자 등은 모두 깊은 상처를 입었으며 하느님의 화해의 은총만이 줄 수 있는 치유를 필요로 한다. 두 번째 차원의 화해는 문화적 화해라고 할 수 있다. 아메리카 원주민, 캐나다의 퍼스트 네이션, 호주 원주민, 뉴질랜드 마오리족, 전 세계 원주민들은 식민지 세력뿐만 아니라 교회에 의해서도 학대를 당했다(위에서 인용한 팅크 팅커의 발언을 참조하라). 이 분야에서 화해를 위한 많은 노력이 필요하며, 교회는 특히 이 부분에서 취약할 수밖에 없다. 그러나 어쩌면 이러한 취약성, 즉 하느님의 취약성을 이미지화하는 것이야말로 하느님의 새로운 킨십의 '혁명적 친밀감'이 가져올 수 있는 치유의 강력한 증거이자 구체화가 될 수 있다. 이러한 취약성은 특히 2022년 7월 프란치스코 교황의 캐나다 원주민을 향한 '속죄의 순례penitential pilgrimage'[465]에서 잘 드러났다.[466]

---

464 Robert J. Schreiter, "Reconciliation", *Dictionary of Mission: Theology, History, Perspectives*, ed. Karl Müller, Theo Sondermeier, Stephen B. Bevans, and Richard H. Bliese, 380-82 (Maryknoll, NY: Orbis Books, 1997), 381.

465 프란치스코 교황의 "속죄의 순례"는 2022년 7월 캐나다 원주민 공동체를 방문하여, 과거 기숙학교 제도에서 로마 가톨릭교회가 저지른 잘못에 대해 사과하고 화해를 촉진하기 위한 목적을 가진 방문이다. 이 기숙학교 제도는 원주민 아동들에게 심각한 학대와 착취를 가한 시스템으로, 교회는 이 역사적 책임에 대해 오랜 시간 비판을 받아왔다. 교황의 이 방문은 교회의 잘못을 인정하고, 새로운 관계를 구축하기 위한 중요한 단계로 받아들여진다.

466 Pope Francis, "Meeting with Indigenous Peoples: First Nations, Métis, and Inuit,"

1990년대 남아프리카공화국에서 넬슨 만델라와 데즈먼드 투투 대주교가 주재한 진실과화해위원회의 설립을 통해 가시화된 정치적 화해도 있다. 아르헨티나와 과테말라 같은 국가에서도 남아프리카공화국과 마찬가지로 진실과 화해를 위한 운동이 진행되었으며, 교회가 깊이 관여해 왔고 앞으로도 그렇게 해야 한다. 마지막으로, 화해는 교회 자체 내에서 계속되어야 한다. 교회가 하느님의 통치의 실체를 교회 안에서 구현하고 보여 주며, 진정으로 세상에서 그리스도의 빛을 반영하려면(LG 1 참조), 성직자의 성적 학대나 성직자 특권 및 여성 차별을 오랫동안 용인하고 종종 죄악된 정치적, 문화적 현상을 지지해 온 깊은 죄악을 인정해야 한다.

슈라이터는 화해가 하느님 은총의 역사라고 주장한다.[467] 우간다의 신학자 에마누엘 카통골레는 자신의 딸 샬롯을 강제로 납치해 임신시킨 게릴라 군인들을 무의식적으로 용서한 안젤리나 아티암Angelina Atyam이라는 여성의 이야기를 들려준다. 그녀의 지극히 그리스도교적인 행동은 "또 다른 논리", 즉 하느님의 은총과 화해의 논리에 따른 결과였다.[468] 화해는 피해자와 가해자 모두를 예상치 못한 방식으로 치유한다. 화해는 성 바오로가 "새로운 창조"(2코린 5,17)라고 부르는 것과 관련된 것으로, 단순히 이전의 상황으로 돌아가는 것이 아니라 피해자와 가해자 모두를 치유한다. 1장에서 논의한 예수님의 부활과 마찬가지로, 화해는 단순한 소생이 아니라 부활 경험이다. 화해는 궁극적으로 그리스도의 죽음과 부활이라는 파스카 신비에 비추어 이

July 25, 2022.

467 Robert J. Schreiter, "Reconciliation as a Model of Mission", Bevans, *A Century of Catholic Mission*, 232-38, 특히 235-36쪽 참조.

468 Emmanuel Katongole, *The Sacrifice of Africa: A Political Theology for Africa* (Grand Rapids, MI: Eerdmans, 2011), 148-65.

해할 수 있다. 마지막으로 슈라이터는 이 세상에서 화해는 결코 완전히 완성되지 않는다고 말한다. "하느님께서 온 우주를 화해시키시고(에페 1,10), 하느님께서 '모든 것 안에 모든 것'(1코린 15,28)이 되실 때,[469] 즉 하느님의 통치가 완전히 시작될 때에만 화해가 완성될 것"이라고 말한다. 하느님의 세상에서의 화해 활동은 교회를 이 활동의 대사로, 하느님께서 세상에 이루시는 새로운 창조의 증인으로 부른다(2코린 5,17-21 참조).

469 Schreiter, "Reconciliation as a Model of Mission", 236.

결론

이 책의 1장과 2장에서 교회가 창조의 첫 순간부터 이스라엘 역사를 통해 활동해 온 하느님의 선교에 그 기원을 두고 있으며, 나자렛 예수의 육화된 육신으로 구체화되었다는 점을 살펴보았다. 그러나 교회는 초기 공동체가 종교와 문화와 국가의 경계를 넘어서도록 손짓하는 부활하신 그리스도의 영에 반응하면서 비로소 완전한 실체로서 등장한다. 이렇게 공동체는 예수 안에서 하느님의 선교를 나누고 이어 가도록 부름 받아 교회가 된다. 다시 말해, 하느님의 선교가 교회를 불러일으킨다.

3장에서는 이 부르심에 대해 더 깊이 성찰했다. 교회는 하느님 나라가 약속한 혁명적인 친밀함에 비추어, 자신의 종속적이고 임시적이며 봉사자적인 위치를 점점 더 깊이 인식함에 따라 나타나고 성장한다. 비록 교회가 하느님 나라의 맛보기이자 예고편이지만, 이러한 위치를 깨닫는 것이 중요하다. 이 장에서는 교회가 자신의 생존에 집착하기보다 세상 복음화에 투신하면서, 스스로 복음화되어야 할 필요성을 인식할 때 교회가 어떻게 출현하고 성장하는지를 살펴보았다 (EG 27). 교회는 일상적인 사목 활동, 교회의 일치를 위한 노력, 세속화된 세계의 재복음화, 전 세계적인 선교 과제인 아드 젠테스 선교에 참여하면서 출현하고 성장한다. 교회는 전례, 기도, 관상 생활을 통해 항상 그 사명과 접촉하면서 증언과 선포, 정의, 대화, 상황적인 적합성contextual relevance, 화해라는 하느님의 선교에 참여하는 가운데 성장하고 발전한다. 교회가 하느님의 선교에 응답하고 헌신할 때, 교회는 끊임없이 새롭게 태어나고 성장하며, 지속적으로 창조된다. 이것이 이 책의 기본 논지이다.

이 책 제1부의 마지막 장인 5장에서는 교회가 끊임없이 부름 받고 창조되는 하느님의 선교에 어떻게 응답하고 그 선교와 연결을 유지하는지를 성찰할 것이다. 이는 예언자적 대화의 영성과 실천을 통해 이루어진다.

5장

교회를 불러일으키는 대화

예언자적 대화의 실천

1부 마지막 장인 이번 장에서 우리는 **선교하는** 제자 공동체로서의 교회에 대한 성찰을 마무리 짓고자 한다. 이 장에서 우리는 그리스도인이 하느님의 선교에 참여하는 방식에 주목한다. 우주적 조화와 번영을 향한 하느님의 꿈을 위해서라면 예수 안에서 하느님의 사명을 나누고 이어 가는 것만으로는 충분하지 않다. 단순히 선교의 실천에 참여하는 것만으로는 교회가 될 수 없다. 그리스도의 영 안에서 하느님의 선교를 나누고 이어 가는 교회가 된다는 것은 하느님처럼 행동하고, 하느님이 선교를 수행하는 방식에 참여하는 것이다. 세계교회협의회가 말했듯이 우리는 **그리스도의 방식**Christ's way으로 선교를 해야 한다.[470] 이는 다름 아닌 대화의 방식이며, 우리는 이를 예언자적 대화라고 부를 것이다. 예언자적 대화는 바로 교회를 불러일으키는

470 Frederick R. Wilson, ed., *The San Antonio Report: "Your Will Be Done-Mission in Christ's Way"* (Geneva: WCC, 1990), 25-35.

대화이다.

예언자적 대화: 신학적 기초

예수 그리스도의 하느님은 성령 안에서 대화의 하느님으로 자신을 드러내신다. 교황 바오로 6세가 1964년 회칙 [주님의 교회Ecclesiam Suam]에서 "인류 구원의 전체 역사는 하나의 길고 다양한 대화"라고 고전적으로 언급한 것처럼, 현대의 구원 이해에 따르면 그 대화에는 인류와 모든 피조물이 포함된다. 1장에서 살펴본 바와 같이, 하느님은 성령을 통해 세상을 외부에서 조종하는 것이 아니라, 하느님의 목적을 향해 자유로운 피조물을 설득하고 부드럽게 이끌어 가신다. 엘리자베스 존슨Elizabeth Johnson의 아름다운 표현을 되풀이하자면, "군주가 아니라 연인이 그 패러다임이 된다."[471]

성령에 대한 이러한 이해는, 인간이 창조의 역사에 등장하면서 초월자를 향해 더듬으며 다양한 종교적 체계에서 창조주를 경배하기 시작했을 때, 성령의 적극적인 현존이 있었다는 점을 분명히 보여 준다. 우리는 특히 이스라엘의 역사에서 대화가 작동하는 것을 볼 수 있다. 예를 들어, 아브라함과 하느님과의 관계(창세 12,1-3), 모세와 이스라엘 백성 전체와의 관계(탈출 3,1-22; 신명 30,15-20), 사울과 다윗의 소명(1사무 10,1-8; 1사무 16,1-15), 예언자들의 소명(예레 1,4-10), 에스테르의 기도(에스 4,12-30 [NAB]), 욥의 불평과 회오리바람 속에서 하느님이 주신 응답(욥

471 Elizabeth A. Johnson, *Ask the Beasts: Darwin and the God of Love* (London: Bloomsbury, 2014), 159. Denis Edwards, *Breath of Life: A Theology of the Creator Spirit* (Maryknoll, NY: Orbis Books, 2004), 34.

기 10,18-22; 38-42,1-6), 그리고 예레미야 애가에서 그 예를 찾을 수 있다.

특히 나자렛 예수의 활동과 선교에서 우리는 하느님의 대화 방식이 분명하게 드러나는 것을 볼 수 있다. 예수에 관한 이야기에는 눈먼 바르티매오에게 무엇을 해 줄 수 있는지 물으시는 장면(마르 10,51), 가나안/시로보니케아인Syro-Phoenician 여인의 곤경을 처음에는 꺼려하면서도 들어 주는 장면(마르 7,24-30; 마태 15,21-28), 사마리아 여인과의 인내심 있는 대화(요한 4,1-41), 낙심한 두 제자와 엠마오로 가는 길에서 만나 그들의 이야기를 들어 주고 그들의 손님이 되어 주는 장면(루카 24,15-35) 등이 있다. 신학자 존 오만John Oman은 모든 참된 스승이 그러하듯, 예수는 제자들을 향해 그들 스스로 통찰력을 갖고 자유의지로 진리를 받아들일 때까지 인내심을 가지고 기다려 주는 태도를 취했다고 말한다. 예수는 "우리 자신의 통찰력을 대신하거나 경험의 모든 의미를 소진한다는 의미에서가 아니라, 우리 통찰력의 영감이자 경험의 선구자로서 진리를 가르치고 계시했다."[472] 예수가 선호한 가르침 방식이, 일반적인 진리 진술이 아닌, 구체적이고 다채로우며 상상력이 풍부한 비유의 형식이었다는 사실은 그의 가르침이 인간의 자유를 존중하며 대화 속에서 이루어졌다는 것을 보여 준다.[473]

예수의 대화 방식은 필립보와 에티오피아 내시와의 대화(사도 8,26-39), 베드로가 코르넬리우스에게 개방적으로 대하는 모습(사도 10,1-48), 안티오키아에서 그리스 문화를 진지하게 받아들이는 익명의 복음 전도자들(사도 11,19-26; 사도 15,1-35 참조), 바오로가 분노를 삼키고 아테네 사

472 John W. Oman, *Grace and Personality*, 3rd ed. (Cambridge: Cambridge University Press, 1925), 166. Stephen Bevans, *John Oman and His Doctrine of God* (Cambridge: Cambridge University Press, 1992), 106.

473 Bevans, *John Oman and His Doctrine of God*, 107.

람들을 그들의 방식대로 만나는 장면(사도 17,16-34), 바오로가 데살로니카 교인들을 부드럽게 대하는 장면(1데살 2,2-7)과 필리피 교인(필리 1,3-11)을 대하는 태도에서도 드러난다.

대화는 자유와 선택에 대한 존중 및 창조의 창조성과 더불어 하느님이 언제 어디서나, 그리고 오늘날에도 행하는 방식이다. 칼 라너 Karl Rahner가 주장했듯이, 하느님은 역사 속에서 하시는 일을 통해 하느님 자신을 드러내시기 때문에, 성경에 분명하게 나타나 있고, 자연의 리듬과 인류 역사의 비극에도 분명하게 드러나는 대화의 전통은 하느님의 가장 깊은 신비 속에서 하느님을 대화의 하느님으로 보여준다. 하느님은 곧 대화 자체이며, 이는 신성한 공동체와 친교의 언어로 표현된다. 삼위일체의 인격들로 이루어진 관계의 춤은 창조성과 자기 비움으로 넘쳐흐른다. 라너의 말에 따르면, "구원경륜의 삼위일체는 내재적 삼위일체이며 그 반대의 경우도 마찬가지이다."[474] 에드워드 하넨버그Edward Hahnenberg의 말처럼, 우리가 하느님을 인간들 사이에 친교를 이루시는 분으로 경험하는 만큼 (그리고 모든 창조 안에서도 마찬가지라고 할 수 있다), 하느님 자신도 가장 깊은 신비 속에서 친교, 즉 대화의 공동체이실 것이다.[475]

교회가 된다는 것은 이 일에, 즉 인류와 모든 피조물과의 대화에 참여하는 것을 의미한다. 이런 점에서 우리가 이전 장에서 인용했던 그 명령은 깊은 신학적 뿌리와 토대를 가지고 있다. 대화는 "모든 형태의

---

474 Karl Rahner, "Remarks on the Dogmatic Treatise 'De Trinitate,'" *Theological Investigations* 4 (Baltimore: Helicon, 1966), 87; *The Trinity* (New York: Herder and Herder, 1970), 22. Catherine M. LaCugna, *God for Us: The Trinity and Christian Life* (New York: Harper Collins, 1991); Kathleen A. Cahalan, *Introducing the Practice of Ministry* (Collegeville, MN: The Liturgical Press, 2010), 149-50.

475 Edward P. Hahnenberg, *Ministry: A Relational Approach* (New York: Crossroad, A Herder and Herder Book, 2003), 85.

그리스도교 선교의 규범이자 필수적인 방식이며 선교의 모든 측면에 적용된다."[476] 대화와 선교에 관한 후기 문서인 [대화와 선포]는 대화에 대한 몇 가지 이해를 구분한다. 순전히 인간적인 차원에서 대화는 공동의 목표 또는 대인 관계의 친교로 이어지는 "상호 커뮤니케이션"이다. 또한 대화는 "교회의 복음화 사명을 구성하는 모든 활동에 스며들거나 스며들어야 하는 존중과 우정의 태도"를 의미한다. 마지막으로 대화는 구체적인 실천이다. 대화와 선포의 맥락에서 이 실천은 종교 간 대화이지만, 이전 장에서 살펴본 것처럼 세속적 대화와 에큐메니칼 대화로 확장될 수 있다.

이 장의 뒷부분에서 대화에 대한 세 번째 이해를 다루겠지만, 여기서는 대화와 선포가 제안하는 대화에 대한 첫 번째와 두 번째, 특히 두 번째 이해에 초점을 맞추고자 한다. 대화는 기본적이고 근본적인 태도, 즉 교황 바오로 6세가 [주님의 교회]에서 말한 '정신적 태도mental attitude'이다. 대화는 일종의 영성으로, 하느님과 성령이 어디서 일하고 계시는지 발견하고 그 일에 동참할 방법을 모색하는 관상적 실천이며 개인적 그리고 특히 공동체적 식별의 실천이라고도 할 수 있다. 아시아 주교들은 이러한 태도와 영성을 아시아 종교와 아시아 문화, 그리고 아시아의 가난한 이들과의 "삼중 대화"라는 용어로 표현한다.[477] 이러한 대화는 교회가 속한 모든 상황과 문화로 확장될 수 있고, 삶 전체를 아우르는 대화다.

그러나 하느님께서 하느님의 가장 깊은 자아를 드러내고, 구원의

---

476 Secretariat for Non-Christians, "The Attitude of the Church towards the Followers of Other Religions: Reflections and Orientations on Dialogue and Mission", 29.

477 이 아이디어는 1974년 대만에서 열린 아시아주교회의연합(FABC) 제1차 총회에서 처음 제안되었고, 이후 FABC의 여러 문서에 걸쳐 확산되었다. James H. Kroeger, MM, *FABC Paper 130: Dialogue: Interpretive Key for the Life of the Church in Asia* (May 2010).

역사 전체를 통해 참여하며, 그리스도인들이 선교하는 제자로 참여하도록 함으로써 교회를 불러일으키는 대화는 또 다른 특징으로 구별된다. 그 특징적인 대화는 **예언자적**prophetic 대화이다. 이 예언자적 대화의 움직임은 구원의 역사에서 분명하게 드러난다. 하느님은 당신의 백성에게 신적 사랑을 전하며(신명 7,7-8; 이사 11,1-4, 8-9), 이스라엘이 다른 신들에게 충성을 바치고 이방인과 가난한 자를 보호하라는 하느님의 명령을 저버린 언약의 배반에 맞서며(예: 예레 2,1-6,30; 미가 2,1-2; 6,8), 가장 어두운 시기에 이스라엘에게 희망의 말씀을 전하고 위로의 존재로 다가오신다(예: 이사 49, 특히 14-16절; 예레 31, 특히 31-37절). 이것은 또한 예수님의 사명에서 드러나는데, 이미 세상에 존재하는 약속된 친밀함의 구체화(예: 마태 1,21-23; 요한 1,14), 치유와 화해의 능력(예: 마르 5,1-20; 루카 5,12-16), 그리고 하느님의 아낌없는 사랑, 부드러운 자비(예: 루카 15), 위선과 불의에 대한 강력한 반대 입장(예: 마르 12,38-40; 마태 5,1-11)에서 분명하게 나타난다.[478] 이러한 예언자적 자세는 사도행전에서도 잘 드러나는데, 사도들의 설교(예: 사도 2,14-36; 10,34-38)와 치유의 다양한 사례(예: 사도 3,1-26; 9,32-35),[479] 그리고 바오로가 갈라디아 사람들과 고린도 사람들을 대면하는 장면(2코린 11,17-22; 갈라 3,1-5)에서 이를 확인할 수 있다. 그리스도인들은 이러한 예언자적 행동과 소통의 대화로 부름 받았으며, 이 대화가 그들을 교회로 부르고 형성한다.

이 장에서는 하느님의 선교에 참여하는 이 복잡한 방식을 탐구하

---

478 Thanh Nguyen, 'Prophetic Christology in the New Testament," *Mission on the Road to Emmaus: Constants, Context and Prophetic Dialogue*, ed. Cathy Ross and Stephen B. Bevans (Maryknoll, NY: Orbis Books, 2015), 3-18.

479 로버트 W. 월이 그의 사도행전 주석 전반에서 주장하듯이, 연설과 치유 행위는 초기 공동체 구성원들이 "예수와 같은 예언자"임을 가리킨다. Robert W. Wall, "The Acts of the Apostles," *The New Interpreter's Bible*, vol. 10, ed. Leander E. Keck et al., 1-368 (Nashville, TN: Abingdon, 2002), 18.

고 성찰한다. 예언자적 대화의 영성과 실천, 모든 면에서 풍부한 맥락을 지닌 실천과 영성에 대해 더 깊이 이해하게 되면 교회가 된다는 것이 무엇을 의미하는지에 대해 더 깊이 이해할 수 있을 것이다. 교회로 부름 받은 우리는 예수님께서 하느님의 통치라고 부르셨던 급진적 킨십의 혁명적 친밀감을 예수님 자신이 구현하고, 시연하고, 선포했던 것과 같은 방식으로 구현하고, 시연하고, 선포하는 선교하는 제자로 부름 받았다.

대화

예언자적 대화의 확고한 토대는 대화이다. 교황 바오로 6세의 표현을 빌려 '정신적 태도'라고 칭할 수 있는 대화는 마음의 태도나 습관과 같다. 그리스도의 선교하는 제자들은 대화적이고 선교적인 하느님의 신성한 생명에 세례를 받은 사람들로서, 대화의 사람이 되어야 한다. 선교하는 제자들은 아프리카계 미국인 소설가 앨리스 워커Alice Walker의 아름다운 표현처럼 "바람이 가슴을 관통할 만큼 마음이 열린" 사람들이어야 한다.[480] 시카고 가톨릭신학연합에서 오랫동안 교수로 재직한 프랑스 출신 장로교 목사 클로드-마리 바버Claude-Marie Barbour는 "역방향 선교mission in reverse"에 대해 이야기한다. 즉, 선교사와 사목자들은 선교나 사목 현장에 도착하자마자 설교와 가르침을 시작하는 대신, 먼저 자신이 복음을 전하려고 온 사람들과 그들의 문화와 세상에 의해 복

480 Alice Walker, "A Wind through the Heart: A Conversation with Alice Walker and Shron Salzburg on Loving Kindness in a Painful World," *Shambala Sun* (January 1997), 1-5.

음화되어야 한다고 강조한다. 선교하는 제자들이 가르치고 섬기기 위해 찾아간 사람들은 먼저 선교사를 가르치고 섬기며 환영해야 한다는 뜻이다.[481]

“우리에게 친구를 주십시오”는 1910년 에든버러 선교사 대회에서 인도의 교회인 V. S. 아자리아V. S. Azariah가 그의 연설 마지막에 외쳤던 가슴 아픈 말이었다.[482] 대화에 뿌리를 둔 선교하는 제자가 된다는 것은 바로 친구가 되는 것, 즉 브라질에서 선교사로 일한 경험을 바탕으로 사무엘 이웰Samuel Ewell이 말한 것처럼, “유쾌한 교제conviviality”(convivencia)를 추구하는 사람이 되는 것을 의미한다. 샘과 그의 아내 로잘리Rosalee가 브라질에서 시간을 보낸 후, 사람들은 그에게 “지금까지 만난 미국 선교사 중 최고의 실패자”라고 말했으며,[483] 샘은 이를 큰 칭찬과 축복으로 받아들였다. 브라질에서 그는 선교란 미국의 큰 가치인 ‘무언가를 가져오는 것’이나 ‘무언가를 성취하는 것’이 아니라는 것을 배웠다. 선교는 오히려 우정, 관계, 만남, 삼바의 리듬 속에서 “복음을 엿듣는overhear 법”을 배우는 것이었다.[484]

---

481 Claude-Marie Barbour, “Seeking Justice and Shalom in the City,” *International Bulletin of Missionary Research* 73 (1984): 303-9. 이는 위대한 영성 작가 헨리 나우웬Henri Nouwen을 비롯한 이들이 설명한 “역방향 선교”라는 표현과는 약간 다른 이해이다. 나우웬과 다른 이들에게 있어 역방향 선교는 다른 환경이나 문화에서 얻은 통찰을 자신의 고향으로 가져오는 것을 의미한다. 반면 바버에게 “역방향 선교”는 자신이 일하고 봉사하는 환경과 문화에 의해 변화를 경험하는 것을 의미한다. 헨리 나우웬의 입장에 대해서는 Samuel Ewell III, *Faith Seeking Conviviality: Reflections on Ivan Illich, Christian Mission, and the Promise of Life Together* (Eugene, OR: Cascade Books, 2019), 264-65쪽을 참조하라. 다소 아이러니하게도, 아래에서 언급하듯이, 나는 Ewell의 아이디어가 나우웬의 아이디어보다 바버의 것에 더 가깝다고 생각한다.

482 Brian Stanley, *The World Missionary Conference, Edinburgh 1910* (Grand Rapids, MI: Eerdmans, 2009), 125.

483 Ewell, *Faith Seeking Conviviality*, 264.

484 “삼바” 모티프와 “복음을 엿듣는 법”이라는 표현은 이웰의 매우 놀라운 책의 여러 ‘간주’에서 등장한다. Ewell, *Faith Seeking Conviviality*, 81-87, 190-96, 257-63.

선교 역사학자 데이나 로버트Dana Robert는 2011년 메리놀 선교회의 100주년 기념 심포지엄에서 '해방 신학의 아버지' 구스타보 구티에레스Gustavo Gutiérrez가 한 이야기를 전한다. 구티에레스는 "가난한 사람들을 위한 우선적 선택의 의미는 무엇인가?"라고 묻고 이내 스스로 답했다. "가난한 사람들을 위한 우선적 선택의 의미는 그들과 친구가 되는 것이다. 내가 여기 있는 이유는 메리놀 선교사들이 내 친구들이기 때문이다." 로버트는 구티에레스가 말한 우정이 단순히 피상적인 것이 아니었음을 강조하며, "구스타보 신부가 의미한 것은 사랑의 하느님께 신실하게 순종하며, 하느님이 사랑하시는 특정한 사람들과 평등하고 존중하는 관계 속에서 함께 걷고, 하느님이 사랑하시는 세상을 돌보는 제자도의 공유"라고 설명한다.[485] 실제로 로버트의 책 『신실한 우정Faithful Friendships』 전체는 최고의 선교사들과 선교 사업이 어떻게 하느님의 통치에 대한 근본적 킨십의 약속을 구현하는 깊은 사랑과 우정의 유대를 형성하는지를 증언한다. 로버트는 "경계를 넘나드는 우정은 교회와 세상의 문제를 해결하는 간단한 해법이 아니다"라며, "그러나 예수 그리스도와 여러 시대를 거쳐 많은 신자들이 걸어온 길을 따라, 이 우정은 인류가 번영할 수 있는 가능성을 증언한다"고 말한다.[486]

대화의 기본은 존중하고 경청하는 마음이다. 나는 프랜시스 조지Francis George 추기경이 시카고 대주교로 재직하던 초기에 가톨릭신학대학교를 방문했던 일을 기억한다. 우리 교수진과의 대화에서 추기경

---

485 Dana L. Robert, *Faithful Friendships: Embracing Diversity in Christian Community* (Grand Rapids, MI: Eerdmans, 2019), 5, 6.

486 Robert, *Faithful Friendships*, 186. 우정과 선교에 관해서는 Kenneth R. Ross, "'Give Us Friends': The Relational Dimension of Christian Mission," *Mission as God's Spiral of Renewal* (Mzuzu, Malawi; Mzuni Books, 2019), 31-45쪽 참조.

은 "경청은 복음화의 첫걸음"이라는 (내가 알기로는 그때까지 아직 발표되지 않은 문구로) 말씀을 하셨다. 당시 마닐라 대주교(현 추기경)였던 루이스 안토니오 타글레Luis Antonio Tagle는 2012년 새 복음화에 관한 주교 시노드에서 이 통찰을 명확히 밝혔다. 타글레 대주교는 교회가 모든 답을 아는 척하기보다는 조용히 경청하는 자세가 필요하다고 제안했다. "교회는 침묵의 힘을 발견해야 한다." "예수님 안에서 침묵은 경청과 연민, 기도의 길이 된다."[487]

마찬가지로, 같은 시노드에서 영국 버밍엄의 버나드 롱리Bernard Longley 대주교는 복음화의 첫 단계가 "심오한 경청의 행위"가 되어야 한다고 주장했다. 그는 "메시지가 어떻게 들릴지, 다른 사람들에게 어떻게 받아들여질지를 이해하려는 시도 없이는 효과적인 신앙 선포가 있을 수 없다"고 말했다.[488] 롱리 대주교와 타글레 대주교의 말은 이반 일리치Ivan Illich의 관찰을 떠올리게 한다. 일리치는 위대한 성공회 주교 존 V. 테일러John V. Taylor가 인용한 바와 같이 "오직 매우 용감한 사람만이 학습자이자 청취자가 되는 무력한 침묵으로 돌아갈 수 있다"[489]고 말했다.

한편, 이러한 개방적이고 위험한 경청은 제2차 바티칸공의회의 선교 관련 문서가 주창한 "진지하고 인내심 있는 대화"로 이어져 "관대하신 하느님께서 지구상의 모든 나라에 나누어 주신 보물"을 드러낸다(AG 11). 이러한 대화는 또한 현대 세계의 여러 운동, 예술, 그리고

487 Archbishop Luis Antonio G. Tagle, "Intervention", Holy See Press Office, "Synodus Episcoporum Bulletin", XIII Ordinary General Assembly of the Synod of Bishops, October 7-28, 2012.

488 "Archbishop Bernard Longley's Synod Intervention", Catholic Church England and Wales, October 16, 2012.

489 John V. Taylor, *The Go-Between God: The Holy Spirit and the Christian Mission* (London: SCM Press, 1972), 129.

신앙이 없거나 신앙을 잃은 사람들 사이에서 성령이 어떻게 현존하는지를 발견할 수 있게 해 준다. 그러나 다른 한편으로, 이러한 열린 경청과 침묵은 소외되거나 소수화된 사람들의 힘과 주체성을 드러내고, 적대적인 경제 세력과 제국의 움직임과 전술을 파악할 수 있게 한다.[490] 이러한 종류의 경청은 2019년 10월 로마에서 열린 범아마존 시노드의 최종 문서에서 분명하게 드러난다.[491] 또한 이는 프란치스코 교황이 경청하는 시노드 교회가 되기 위해 촉구한 경청의 방식이기도 하다.[492]

선교하는 제자들이 가져야 할 대화의 태도와 영성, 즉 그들을 교회로 불러내는 대화는 프란치스코 교황이 강조한 "만남의 문화"에 대한 헌신에서 강력하고 아름답게 표현된다. 프란치스코 교황의 교황직을 상징하는 문구 중 하나가 된 이 용어를 설명할 때, 그는 "우정의 문화", "포용의 문화", "대화의 문화"와 같은 동의어를 사용하며, 이를 "무관심의 문화"나 "분열의 문화"와 대조시킨다.[493] 예를 들어, 프란치스코 교황은 2016년 9월 주중 강론에서 예수님이 나인 과부의 아들을 살리신 복음 이야기를 통해 예수님이 과부에 대해 "동정심에 사로잡혀" "그 여인의 문제에 직접 개입"하셨다고 말했다. 그는 "복음

---

490 TTL 36-42, esp. 38; EG 53-60, 198; World Council of Churches, Conference on World Mission and Evangelization, Arusha, Tanzania, 2018, "The Arusha Call", *International Review of Mission* 107, no. 2 (December 2018), 542-43.

491 *The Amazon: New Paths for the Church and for an Integral Ecology: Final Document*, October 26, 2019. 특히, Chapter 1, "Amazonia: From Listening to Integral Conversion."

492 Pope Francis, Homily at Opening Mass of the Synod on Synodality, October 10, 2022. 시노달리타스에 관한 프란치스코 교황의 저작과 발언은 다음을 참조하라. *Walking Together: The Way of Synodality* (Maryknoll, NY: Orbis Books, 2023).

493 Stephen Bevans, "Becoming Prophets of Encounter: The Culture of Encounter and Religious Life Today", *Verbum SVD* 59, no. 4 (2018): 341.

서에는 예수님이 관을 만지셨다고 나와 있다. 그러나 분명히 '울지 말라'고 말씀하셨을 때 과부도 만지셨다. 이는 일종의 애정 표현이었다"고 말했다. 프란치스코 교황은 계속해서 예수님의 태도와 행동이 우리에게도 동일한 행동을 요구한다고 말한다. "내가 바라보지 않는다면-보는 것만으로는 충분하지 않다, 바라보아야 한다- 내가 멈추지 않고, 바라보지 않고, 만지지 않고, 말하지 않는다면, 만남의 문화를 만들 수 없다."[494] 또한 토머스 이글스턴Thomas J. Eagleston은 만남의 문화에 관한 논문에서 아르헨티나 학자 엔리케 두셀Enrique Dussel(아르헨티나 출신인 프란치스코 교황에게 영향을 미쳤을 가능성이 큰 인물이다)을 인용하며, "다른 사람과의 만남은 우리가 서로를 아무리 깊이 이해하더라도 신비의 우물이 결코 바닥나지 않음을 깨닫는 것이다"라고 말한다.[495] 신비를 깨닫는 것은 대화의 근본적인 태도이며, 이는 성공회 신자이자 선교학자인 맥스 워런Max Warren의 훌륭한 구절을 떠올리게 한다. 그는 선교사들(나는 모든 선교하는 제자들이라고 말하고 싶다)이 깊은 겸손을 길러야 한다고 썼다.

> 깊은 겸손은 하느님께서 어느 나라, 어느 시대에나 자신을 증거 없이 남겨두지 않으셨음을 기억하게 한다. 우리는 다른 신앙을 가진 사람을 만날 때, 하느님께서 그에게 어떻게 말씀하셨는지, 그리고 그 만남에서 우리가 하느님의 은총과 사랑에 대해 어떤 새로운 이해를 발견할 수 있을지 기대하는 마음으로 접근해야 한다. 다른 민족과 다른 문화와 다른 종교에 다가갈 때 우리의 첫 번째 임무는 신발을 벗는 것이다. 우리가 다가가는 그

494 Pope Francis, Morning Meditation, "For a Culture of Encounter," September 13, 2016. Bevans, "Becoming Prophets of Encounter," 341.

495 Thomas J. Eagleston, "What Pope Francis Means by a Culture of Encounter," *Houston Catholic Worker* 34, no. 3 (July-August 2015).

장소는 거룩한 곳이기 때문이다. 그렇지 않으면 우리는 다른 이들의 꿈을 짓밟을 수도 있다. 더 심각한 것은, 우리가 도착하기 전에 이미 하나님이 그곳에 계셨다는 사실을 잊을 수도 있다는 것이다.[496]

물론 모든 문화에는 죄와 은총이 섞여 있으며, 예언자적 대화에서는 이 두 가지를 모두 인식해야 한다. 그러나 성공회 신학자이자 사역 교육자인 조니 베이커Jonny Baker는 "교회가 항상 처한 상황에서, 선교의 관점에서 먼저 선한 것과 하나님이 일하시는 곳을 찾는 것이 도움이 된다"고 말한다.[497] 그는 이어서 성공회 주교이자 선교학자인 존 V. 테일러의 말을 인용하며 "죄는 마지막으로 말해야 할 진실이다"라고 덧붙인다.[498]

실제로 앞서 언급했듯이, 대화는 모든 종류의 선교나 목회 활동에서 "표준적이고 필수적인 방식"이다. 선교하는 제자인 그리스도인들은 대화의 "정신적 태도", 즉 "열린 마음으로 경청"하는 자세가 있을 때에만 하나님과의 대화에 참여하여 교회로 부름 받을 수 있다. 이것이 바로 예언의 직무, 곧 예언자적 대화의 직무이다.

---

496 Max Warren, Preface to John V. Taylor, *The Primal Vision* (London: SCM Press, 1963), 10. 워런은 1959년부터 1963년까지 SCM에서 출간된 Christian Presence Series의 일곱 권의 책에 동일한 서문을 제공했다. Stephen B. Bevans, *Models of Contextual Theology* (Maryknoll, NY: Orbis Books, 2002), 160n7.

497 Jonny Baker, "In the Name of Christ the Innovator," Cathy Ross and Jonny Baker, *Imagining Mission with John V. Taylor* (London: SCM, 2020), 33.

498 Taylor, *The Primal Vision*, 127.

예언자적 대화의 확고한 토대는 대화이다. 즉 "정신적 태도"와 영성과 열린 마음, 그리고 "만남의 문화"에 대한 헌신이 그 토대이다. 그러나 교회를 불러일으키는 대화는 예언자적 대화이다. 이는 특정한 실천으로서, 맥락에 맞게 적용되며, 개인적 또는 공동체적 식별의 결과로 나타난다. 존 V. 테일러는 모든 사목 훈련 학교가 "예언자들의 학교"가 되어야 한다고 제안했다. 나는 모든 교회 공동체every church community가 그러한 학교가 되어 "시대의 징표를 읽고 지금이 어떤 때인지 아는" 방법을 배워야 한다고 제안하고 싶다.[499]

이러한 식별은 배운 기술이라기보다는 창의성에 의해 촉발되는 예술에 더 가까우며, 개인적 또는 공동체적 맥락에서 이루어지는 신학적 성찰의 결과이다. 따라서 이는 과거의 경험(성경에 기록되고 신학적 및 교리적 전통 속에서 발전된 것)과 현재의 경험(개인적 또는 사회적 경험, 특정 사회적 위치에서 비롯된 것, 특정 문화적 맥락에서의 경험, 그리고 문화와 맥락이 겪는 변화들) 사이의 대화나 상호 비판적 상관관계의 결과이다.[500] 이렇게 맥락적으로 신학적인 식별을 통해 선교하는 제자들은 하느님/성령이 세상에서 하시는 일을 알아차리고, 그 일에 동참하려고 시도한다(절대 무오하지 않지만 성령에 대한 열린 마음을 가지고).[501] 이 식별의 결과는 언제나 예언적 행동으로 나

499 Baker, "In the Name of Christ the Innovator," 33, John V. Taylor, *CMS Newsletter*, no. 295 (July 1966) 참조.

500 이 문장은 맥락적으로 신학을 수행하는 과정에 대한 매우 압축된 설명이다. 더 자세한 내용은 Bevans, *Models of Contextual Theology*, 3-15,Stephen B. Bevans, *An Introduction to Theology in Global Perspective* (Maryknoll, NY: Orbis Books, 2009), 164-88.

501 캐시 로스는 존 V. 테일러가 예언자가 된다는 것의 의미를 이해하고 성령의 역사를 분별하기 위해 세 가지 개념을 제시한다고 말한다. 첫째, 예언자는 "시각"이 필요하다. 이는 인내심을 가지고 깊이 통찰하는 능력을 의미한다. 둘째, 예언자는 "표지"가 필요하다. 이는 단어를 넘어 의미 있는 기호와 상징으로 자신을 표현하고 해석하는 능력을 말한다. 셋째, 예언자는 "연대"가 필요

타난다.

때로는 이러한 예언자적 행동이 대화의 형태로 나타날 수 있다. 이는 우리가 이전 장에서 설명한 것처럼, 종교 간 대화나 일치 운동 또는 세속적 대화의 실천으로 드러날 수 있다. 이러한 예언자적 행동은 이 장의 앞부분에서 설명한 대화적 태도의 연장선일 수도 있다. 종종 종교 간, 교파 간ecumenical, 또는 세속적 차원에서 함께 살아가고, 함께 일하며, 함께 신학적으로 성찰하고, 서로를 위해 혹은 함께 기도하려는 열린 태도 자체가 매우 예언자적인 행위가 되기도 한다. 이러한 행동은 때로는 그 실천자들에게 생명의 위협을 초래할 수도 있다. 예를 들어, 가톨릭신학대학교에서 내 제자였던 이탈리아 선교사 살바토레 카르제다Salvatore Carzedda는 종교적으로 양극화된 필리핀 남부에서 그리스도교인과 무슬림 간의 종교 간 대화를 위해 일하다가 순교했다. 종교 간 대화의 실천에서도 진정성 있는 언어적 증언의 기회가 존재할 수 있으며, 이는 결코 개종을 위한 전술이 되어서는 안 된다.[502] [함께 생명을 향하여]는 이러한 증언이 종교 간 대화뿐만 아니라 다른 형태의 대화에서도 "정당한 자리"를 차지한다고 말한다. 그러나 일부 무슬림 국가나 인도의 일부 지역과 같이 그리스도교인들이 가능한 한 개방적이고 환대하며 복음의 충실한 증인으로 살아가는 것 외에는 할 수 있는 일이 없는 경우도 있다. 어떤 경우에는 그러한 증언이 그리스도인이 선교사로서 할 수 있는 유일한 방법이기도 하다. 영화 '신과 인간Gods and Men'에서 아름답게 묘사된 티비린의

하다. 이는 자신이 일하는 상황과 사람들과 깊이 "희생적으로" 동일시하는 것으로, 그들의 경험을 대신해 해석할 수 있을 정도로 그들과 하나가 되는 것을 의미한다. Cathy Ross, "An Adventure of the Imagination," Ross and Baker, *Imagining Mission with John V. Taylor*, 58-59.

502 Catholic Theological Union, "Salvatore Carzedda, PIME, MDiv '77."

트라피스트 수도사들에게서 이러한 종류의 증언을 볼 수 있다.[503]

그러나 예언자적 행동은 일반적으로 더 의도적으로 그리스도교적이거나 그리스도교적 가치를 영감으로 한 것으로 이해된다. 여기서 우리는 다층적이고 다소 복잡한 과정을 만나게 된다. 한편으로는 예언이 말 없는 증언이나 행동으로 실행되기도 한다(예: 예레미야가 멍에를 맨 사건, 예레 27장; 예수님이 군중을 먹이신 사건, 요한 6,1-15). 다른 한편으로는 예언이 명시적인 언어적 메시지나 신탁을 통해 실행되기도 한다. 예언은, 특히 언어적 형태로 하는 예언은 "말씀을 전하는speaking forth"(예: 이사야의 희망의 말씀, 이사 2,1-4; 예수님의 비유) 또는 "소리쳐 말하는speaking out" 혹은 "비판하는speaking against"(예: 아모스가 불의를 비판하는 장면, 아모 8,4-7; 예수님이 바리사이파와 율법학자들을 비판하는 장면, 루카 11,37-54) 것으로 이해된다. 신약학자 반탄 응우옌vanThanh Nguyen은 예언의 이러한 두 가지 측면을 "활력화energizing"와 "비판criticizing"으로 특징짓는다.[504] 브래드포드 힌즈Bradford Hinze는 예언에 대한 월터 브루그만Walter Brueggemann의 이해를 인용하며, 예언을 "통회repentence, 용기, 저항, 희망을 활력화하는 상상력의 작업"[505]으로 묘사한다. 남아프리카의 선교학자 클리피스 크리친거Klippies Kritzinger는 예언을 "가면을 벗기고 상상하는 것"[506]이라고 설명한다. 예언은 확인한다. 예언은 상상한다. 예언은 명확히 한다. 예언은 영

---

503 Christophe Lebreton, *Born from the Gaze of God: The Tibhirine Journal of a Martyr* Monk (1993-1996) (Collegeville, MN: The Liturgical Press, Cistercian Publications, 2014).

504 vanThanh Nguyen, "The Final Testimony of Missio Dei: A Missiological Reading of Revelation", *Christian Mission, Contextual Theology, Prophetic Dialogue*, ed. Dale T. Irvin and Peter C. Phan (Maryknoll, NY: Orbis Books, 2018), 6, 6n11.

505 Bradford E. Hinze, *Prophetic Obedience: Ecclesiology for a Dialogical Church* (Maryknoll, NY: Orbis Books, 2016), 129, Walter Brueggemann, *The Prophetic Imagination* (Minneapolis, MN: Fortress Press, 2001), 11쪽 참조.

506 J. N. N. Klippies Kritzinger, "Mission in Prophetic Dialogue", *Missiology: An International Review* 41, no. 1 (January 2013): 46-47.

감을 준다. 예언은 맞선다.

담대하게 말하기 Speaking Forth

예언의 실천은 첫째, 말없는 증언이나 명확한 말로 '담대하게 말하기'이다. 교황 바오로 6세는 [현대의 복음 선교vangelii Nuntiandi]에서 "복음화의 첫 번째 수단은 진정한 그리스도인 삶의 증언"이라고 썼다(EN 41). 약 40년 후 프란치스코 교황도 진정성authenticity이 제자들을 끌어들인다는 점에 주목했다. 프란치스코 교황은 사람들이 교사보다 증인을 더 신뢰하며, 그들이 교사의 말을 듣는 이유는 "그들이 증인이기 때문"이라고 말했다(EN 41; EG 151도 참조). 이러한 증언은 마더 테레사나 샤를 드 푸코 Charles de Foucauld[507]의 예언자적 삶에서 분명히 볼 수 있다. 또한 '평범한' 그리스도인들의 신실하고 예언자적인 삶에서도 이러한 증언을 볼 수 있다. 지난 장에서 언급한 '바렛 여사Mrs. Barrett'의 깊은 거룩함은 젊은 도러시 데이Dorothy Day에게 깊은 인상을 남겼다.[508] 활기차고 즐겁고 환대하며 신실한 그리스도교 공동체의 증언에서도 이러한 예언적 삶을 분명히 볼 수 있다. 레슬리 뉴비긴Lesslie Newbigin이 지역 그리스도교 공동체를 "복음의 해석학hermeneutic of the gospel"[509]이라고 지칭한 것처럼, 사람들이 그리스도인과 그리스도교 공동체에서 보고 경험하는 바가 그들이 복음을 이해하고 응답할 힘을 준다.

---

507 샤를 드 푸코(Charles de Foucauld, 1858-1916)는 프랑스 귀족 출신의 군인이자 탐험가였으며, 나중에는 사제로 헌신하여 은수자로 살았다. 그는 알제리 사막에서 투아레그족과 함께 살며 그리스도의 사랑과 헌신을 실천하였다. 그의 영성은 "나자렛의 작은 형제들" 수도회 설립으로 이어졌으며, 2022년 교황 프란치스코에 의해 성인으로 시성되었다.

508 Robert Ellsberg, "Mrs. Barrett", *Give Us This Day* (January 3, 2018) (Collegeville,MN: The Liturgical Press, 2018), 37.

509 Lesslie Newbigin, *The Gospel in a Pluralist Society* (Grand Rapids, MI: Eerdmans, 1989), 222-23.

예를 들어, 제임스 드 보르스트James de Borst와 루스 파딜라 드 보르스트Ruth Padilla de Borst가 설립한 코스타리카 산타 로사의 카사 아도베Casa Adobe[510]처럼, 가난과 폭력이 만연한 지역에 있는 공동체는 끝없는 빈곤에 갇혀 있는 사람들에게 진정한 희망을 제공한다.[511] 신학자이자 역사가인 아만다 콴츠Amanda Quantz는 프란치스코회가 후원하는 샌프란시스코 텐더로인 지역의 구비오 프로젝트Gubbio Project에 대한 자신의 경험을 이야기하면서, 노숙인들에게 "급진적인 환대radical hospitality"를 제공한 사례를 언급한다. 그에 따르면 원래는 미사가 시작될 때까지 교회에서 잠을 자도록 허용되었지만, 이후에는 미사 중에도 잠을 잘 수 있도록 허용되었다.[512] 인도의 돔 베드 그리피스Dom Bede Griffiths[513] 공동체와 같은 곳은 종교 간 대화의 가능성을 증거하는 중요한 예시로 여겨진다.[514] 마이클 J. 고먼Michael J. Gorman은 시카고의 론데일Lawndale 지역 공동체,[515] 일리노이주 에반스턴의 레바 플레이스Reba Place,[516] 노스캐롤라이나 주 더럼의 새로운 수도 공동체인 룻바 하우

510 카사 아도베는 코스타리카에 위치한 공동체 생활과 지속 가능한 삶을 실천하는 커뮤니티로, 그리스도교 신앙에 뿌리를 두고 있다. 이곳에서는 단순한 생활, 사회적 정의, 생태적 책임을 중시하며 지역 사회와 긴밀히 협력한다.

511 the Casa Adobe website: http://www.casaadobe.org/en/.

512 Amanda D. Quantz, *Radical Hospitality for a Prophetic Church* (Lanham, MD: Lexington Books / Fortress Academic, 2020), 85-107.

513 베드 그리피스(1906-1993)는 영국 출신의 베네딕토회 수도사로, 인도에서 활동하며 그리스도교와 힌두교 간의 대화를 촉진한 인물이다. 그는 동양과 서양의 영성을 통합하려는 시도를 통해 종교 간 이해를 증진시켰다.

514 Thomas Matus, ed., *Bede Griffiths: Essential Writings, Modern Spiritual Masters Series* (Maryknoll, NY: Orbis Books, 2004).

515 Lawndale Neighborhood of Chicago는 시카고 서부의 Lawndale 지역에 위치한 공동체로, 지역 사회의 회복과 사회적, 경제적 지원을 목표로 하는 다양한 사목을 운영하고 있다.

516 Reba Place는 일리노이주 에반스턴에 위치한 그리스도교 공동체로, 주로 메노나이트(Mennonite)와 아나뱁티스트(Anabaptist) 전통에 뿌리를 두며, 공동생활과 자원 공유를 통해 사회적 정의를 실천하고 있다.

스Rutba House,[517] 그리고 프랑스 떼제의 유명한 기도와 예배 공동체 등 현대 세계에서 복음을 해석하는 예언자적 공동체의 몇 가지 예를 제시한다.[518] 전 세계적으로 서원 수도 생활이나 본당과 같은 그리스도교 공동체에서 의도적으로 다문화 공동체를 발전시키는 것도, 선교하는 제자들이 "우리 사이에 막힌 담"을 허물고(에페 2,14 참조) 복음의 능력을 말없이 증언하는 또 다른 방법이다. 이러한 다문화 간 증언은 그리스도교인들이 다른 문화권의 사람들과 함께 살아가면서 그들로부터 풍요로움과 도전을 받아 변화되기를 바라는 투신의 결과이다. 많은 그리스도교 공동체가 **다문화적**multicultural이다. 문화 간intercultural의 대화를 위한 투신은 이러한 **사실**fact을 교회의 보편성catholicity에 대한 진정한 예언자적 증언으로 변화시킨다.[519]

하지만 예언자적 증언은 또한 **말로써**with '담대하게 말하기'를 의미한다. 예언자적 증언은 복음, 곧 예수에 **관한**about 메시지와 예수**의**of 메시지를 명확하고 관련성 있게 선포하는 것이다. 이를 위해서는 맥락에 맞는 신학적 작업에 대한 강한 헌신이 필요하다. 단지 전통적인 표현을 사용하거나 정통 교리를 선포하는 것만으로는 충분하지 않다. 실제로, 프란치스코 교황이 지적했듯이 "그리스도교를 단일 문화적이고 단조로운 것으로 간주한다면 육화의 논리를 제대로 이해하지 못하는 것"(EG 117)이다. 복음 메시지를 예언적으로 선포할 때 우리는 프란치스코 교황

---

517 Rutba House는 노스캐롤라이나주 더럼에 위치한 신수도주의 공동체로, 가난한 이들과 함께 생활하며 그리스도의 사랑을 실천한다.

518 Michael J. Gorman, *Abide and Go: Missional Theosis in the Gospel of John* (Eugene, OR: Cascade Books, 2018), 190-99.

519 Anthony J. Gittins, *Living Mission Interculturally: Faith, Culture, and the Renewal of Praxis* (Collegeville, MN: The Liturgical Press, A Michael Glazier Book, 2015); Lazar T. Stanislaus, SVD, and Martin Ueffing, SVD, eds., *Intercultural Living: Explorations in Missiology* (Maryknoll, NY: Orbis Books, 2018), 특히, Anthony Gittins, Adriana Milmanda, Philip Gibbs, Jon Kirby, Roger Schroeder, Toni Harris의 글을 보라.

이 범아마존 시노드 개막 미사에서 언급한 "대담한 신중함daring prudence"을 발휘해야 한다. 가장 큰 위험은 우리가 전하는 메시지가 지루하거나 영감을 주지 못하여 실제로 복음의 의미를 왜곡하는 것이다(EG 41).[520]

맥락에 맞는 메시지를 전한다는 것은 결코 메시지를 누구나 받아들일 수 있도록 희석시켜야 한다는 의미가 아니다. 오히려, 인류학자 대럴 화이트먼Darrell Whiteman이 기억에 남는 말로 표현했듯이, 맥락에 맞게 전달하는contextualizing 목적은 우리가 전하는 방식에 힘입어 모든 사람들이 복음을 받아들일 수 있도록 하는 것이다. 이것이 우리의 목표이다. 그러나 또한, 우리가 맥락에 맞게 복음을 전달하는 이유는 사람들이 복음을 거부할 경우, 그들이 올바른 이유로, 즉 그 메시지가 도전적이기 때문에, 변화를 요구하기 때문에, 회심과 개인적인 헌신을 요청하기 때문에 복음을 거부하게 됨을 확실히 하기 위함이다.[521]

맥락에 맞는 복음 선포만큼 중요한 것은 하느님의 자비와 사랑이 중심에 있음을 분명히 드러내는 방식으로 복음을 전하는 것이다. 프란치스코 교황이 [사랑의 기쁨]에서 강하게 말했듯이, 우리는 종종 설교에서 "너무 많은 조건을 붙여서 복음의 구체적인 의미와 중요성을 비워 버린다."(AL 311) 복음은 무엇보다도 하느님의 놀라운 사랑과 무조건적인 자비에 대한 메시지이다. 프란치스코에게 "부드러움의 혁명"(EG 88)에 대한 관심의 결여는 "복음을 희석시키는 최악의 방법"(AL 311)이다. 우리가 "성령을 거스르는 죄"(마태 12,32)를 범하고 하느

520 Stephen Bevans, "Creativity, Courage, and Contextual Theology: Tensions between Contextual Theology and the Fear of Syncretism," *Acta Missiologiae* (Journal of the Central and Eastern European Association for Mission Studies) 7 (2019): 5-10.

521 Darrell Whiteman, "Contextualization: The Theory, the Gap, the Challenge," *International Bulletin of Missionary Research* 21, no. 1 (1997): 2-7.

님의 사랑과 용서를 막는 경우 외에는, 용서받지 못할 죄는 없다. 프란치스코 교황은 하느님의 자비를 실천하는 것이 하느님의 "전능함이 가장 크게 드러나는 방법"이라고 한 토마스 아퀴나스의 말을 인용한다(EG 37).[522]

매력적이고 도전적인 메시지를 예언적으로 전하는 데는 용기와 창의성creativity이 필요하다. 이 메시지는 사람들의 경험을 조명하거나 도전하며, 하느님의 놀라운 은총과 자비를 보도록 초대해야 한다. 또한 자연재해, 질병, 빈곤, 가족 및 개인적 위기 상황에서 희망의 말씀을 제공해야 한다. 나는 이 장의 초고를 코로나19 팬데믹이 한창이던 2020년 여름에 작성했다. 지금은 인류가 예언자적인 희망의 메시지를 절실히 필요로 하는 시기이다. 프란치스코 교황은 2020년 3월 22일 비 오는 저녁에 있었던 감동적인 기도 예식을 시작으로, 예수님의 부활에서 영감을 받은 '사랑의 문명', '희망의 문명'을 촉구하며 이 분야에서 중요한 역할을 해 왔다.[523] 팬데믹 기간 동안 가난하고 소외된 사람들이 겪은 큰 고통을 초래한 불평등에 대응하기 위해 새로운 경제 모델을 제시하며 '미래를 준비'하기 위한 구체적인 계획을 수립하라고 교황청 온전한인간발전촉진부(이하 교황청 인간발전부)에 요청한 것은 희망의 신호로 볼 수 있다.[524]

나는 이 끔찍하고 혼란스러운 시기에 드러난 '부수적 은총collateral grace'과 '힘든 은총tough grace'에 대해 이야기하려 노력해 왔다. '부수적 은총'이란 코로나19 봉쇄가 장기화되면서 나타난 인간의 친절, 창의

522 Aquinas, *Summa Theologiae* II-II, question 30, ad 4, Respondeo; EG note 41.

523 Gerard O'Connell, "Pope Francis Shares His Vision for Covid-19 Aftermath", *America Online*, April 17, 2020.

524 Inés San Martín, "Vatican Covid-19 Commission Seeks to 'Prepare the Future,'" *Crux*, July 1, 2020.

성, 아름다움, 예를 들어 의사들의 영웅적인 헌신이나 '리나체로, 리나체라이Rinascherò, Rinascerai'[525/526]와 같은 노래에 담긴 희망, 그리스도교 목회자들과 다양한 종교 지도자가 보여 준 영감, 수많은 가상 합창단의 아름다움과 감동 등이 이에 해당한다. 이에 비해, '힘든 은총'이란 우리가 의료 서비스 부족과 경제적 불평등, 식량 부족과 생태계 파괴를 허용함으로써 저지른 죄를 깨닫는 은총을 의미한다. 이러한 죄에 대한 인식은 오늘날 선교하는 제자들이 예언자적으로 선포해야 할 희망이다.[527]

예언자적으로 대담하게 말하기의 마지막 측면은 진실을 말하는 사목이다. 로버트 슈라이터Robert Schreiter는 개인적, 사회적, 정치적, 교회적 차원의 화해 과정에서 진실을 말하는 것의 중요성에 대해 여러 번 글을 썼다. "화해가 필요한 상황은 종종 피해자와 가해자에 대한 거짓말과, 잘못을 숨기거나 위장하려는 침묵에 의해 왜곡되었다."[528] 예언자적 목소리는 진실을 왜곡하고 여론을 오염시키는 상황과 사람들에 대해 장막을 걷어내는 역할을 한다. 이는 개인, 소수자, 난민과 이주민, 그리고 프란치스코 교황이 예언적인 회칙 [찬미받으소서]에서 지구를 '공동의 집'이라고 부르는 것처럼, 우리의 '공동의 집'에 관

---

525 리나체로, 리나체라이는 이탈리아어로 "나는 다시 태어날 것이다, 너는 다시 태어날 것이다"라는 의미를 가진 표현으로, 2020년 COVID-19 팬데믹 동안 이탈리아에서 큰 위로와 희망을 준 노래의 제목이다. 이 곡은 베르가모와 이탈리아 전역의 코로나19 피해자들을 기리며 만들어졌으며, 재생과 회복을 향한 메시지를 담고 있다.

526 Roby Facchinetti, "Rinascherò Rinascerai", YouTube.

527 Stephen Bevans and Clemens Sedmak, *Does God Love the Corona Virus? Friendship, Theology, and Hope in a Post-COVID World* (Eugene, OR: Wipf and Stock, 2021), 56; Anthony Le Duc and John Mi Shen, eds., *Pastoral Creativity amid the Covid-19 Pandemic: Global Experiences* (Manila: Logos Publications, 2021), S. Bevans, "Making Ways out of No Way: Grace and Creativity in the Time of COVID-19", 176-78.

528 Robert J. Schreiter, "Reconciliation and Prophetic Dialogue", Ross and Bevans, *Mission on the Road to Emmaus,* 130.

한 진실에 대해서도 마찬가지로 적용된다. 에이즈 팬데믹, 에볼라 전염병, 코로나19 팬데믹과 같은 보건 위기 상황에서 교회의 주요 예언자적 임무 중 하나는 종종 잘못된 정보의 홍수 속에서 진실을 전하는 것이다. 이 특별한 상황에서 그리스도인들은 적절한 보호, 마스크 사용, 사회적 거리두기의 중요성, 검사의 중요성, 그리고 질병 자체만큼이나 위험할 수 있는 치료법을 피할 것을 조언하기 위해 가능한 모든 커뮤니케이션 수단을 사용해야 한다. 진실을 예언적으로 말함으로써 제자들은 세상에서 하느님의 교회, 하느님의 선교 파트너가 되라는 부르심에 응답하는 것이다.

침묵을 깨고 목소리를 내기Speaking Out, 잘못에 맞서 말하기Speaking Against

예언자로서의 실천은 목소리 내기speaking out와 잘못에 맞서 말하기speaking out를 포함한다. 우리의 개인적이고 공동체적인 말 없는 증언은 때로는 그리스도인이 속한 문화와 사회의 일부 측면에 반대하는 저항문화적countercultural 행위가 될 수 있다. 현대 미국 문화의 맥락에서 스탠리 하우어워스Stanley Hauerwas와 윌리엄 윌리몬William Willimon은 그리스도인의 삶을 '거주하는 외계인resident aliens'의 삶으로, 그리스도교 공동체를 '하느님의 통치 영역colony of the reign of God'으로 설명한다.[529] 신약학자 게르하르트 로핑크Gerhard Lohfink는 교회를 "대조 공동체"로 묘사하면서 이러한 메타포를 반영한다. 이 공동체의 가치-공동생활, 기도, 용서, 정의, 상호 지원 등-는 지배적인 문화와 상반된다.[530] 이 세 신학자는 레슬리

529 Stanley Hauerwas and William Willimon, *Resident Aliens: Life in the Christian Colony* (Nashville, TN: Abingdon, 1989).

530 Gerhard Lohfink, *Jesus and Community* (Philadelphia: Fortress Press, 1984), 168.

뉴비긴과 함께 미국, 영국, 그리고 세계 여러 지역의 선교적 교회 운동에 큰 영향을 미치고 있다.[531]

우간다의 신학자 에마누엘 카통골레Emmanuel Katongole는 자신의 어린 딸을 납치한 반군을 용서한 안젤리나에 대해 깊이 성찰한다. 안젤리나는 납치 피해자들과 그들의 부모들로 이루어진 공동체를 형성하고, 전쟁으로 피폐해진 고향에서 화해를 위해 일했다. 안젤리나의 용서를 이해할 수 없었던 이웃들은 그녀에게 "다른 행성에서 온 것이냐"고 물었고, 카통골레는 그리스도교가 "다른 논리"로 작동한다고 말한다.[532]

그러나 말 없는 예언자적 증언wordless prophecy of speaking out or against은 또한 불의, 억압, 소외, 배제를 향한 무언의 항의가 될 수 있다. 1970년대 독재 정권 시절과 그 이후 오랜 기간 동안 '실종된' 아르헨티나인의 어머니들이 실행한 침묵의 증언이 그 유명한 사례이다. 또 다른 대표적인 예로는 1986년 필리핀에서 마닐라 대주교 하이메 신Jaime Sin 추기경이 요청하고 지원한 '피플 파워' 혁명[533]이 있다. 이 혁명은 부패한 페르디난드 마르코스Ferdinand Marcos 정권을 무너뜨렸다. 또한 매년 미국 조지아주 포트 베닝에서는 많은 교회의 그리스도인들이 모여 라틴아메리카에서 '죽음의 부대'를 훈련시켜 온 학교와 프로그램

531 Darrell Guder, ed., *Missional Church: A Vision for the Sending of the Church in North America* (Grand Rapids, MI: Eerdmans, 1998); Michael Goheen, *The Church and Its Vocation: Lesslie Newbigin's Missionary Ecclesiology* (Grand Rapids, MI: Baker Academic, 2018).

532 Emmanuel Katongole, *The Sacrifice of Africa: A Political Theology for Africa* (Grand Rapids, MI: Eerdmans, 2011), 148-65.

533 1986년 필리핀의 피플 파워 혁명은 독재자 페르디난드 마르코스의 20년 넘는 정권을 평화적 시위로 무너뜨린 사건이다. 마닐라 대주교 하이메 신 추기경은 라디오 방송을 통해 시민들에게 거리로 나와 저항할 것을 촉구하며 혁명의 도화선이 되었다. 이 비폭력 저항 운동은 필리핀에서 민주주의 회복의 전환점이 되었으며, 전 세계적으로도 평화적 혁명의 상징으로 평가받는다.

의 존재에 반대하여 시위를 벌인다.[534]

그러나 인권 침해, 생태 파괴, 인종 차별, 백인 특권, 성차별, 이성애주의, 그리고 모든 종류의 불의에 반대하는 목소리를 내는 예언은 단순한 항의가 아니라 진정한 예언이어야 한다. 개별 그리스도인들은 마을 모임에서, 지역 신문에 편지를 쓰며, 인터넷에 글을 올리며 이러한 목소리를 낼 수 있다. 목회자들은 강론과 설교를 통해 이러한 소리를 낼 수 있다. 예를 들어 오스카르 로메로Óscar Romero의 강력한 설교처럼 말이다.[535] 학자들은 저술을 통해, 예를 들어 존 음비티John Mbiti가 신학적으로 식민주의를 강력하게 비판한 것처럼 소리를 낼 수 있다.[536] 그리스도교 교회는 히틀러에 반대하는 바르멘 선언, 남아프리카공화국의 아파르트헤이트에 반대하는 카이로스 문서, 세계교회협의회의 선교 선언문 [함께 생명을 향하여], 프란치스코 교황의 예언적인 회칙 [찬미받으소서], 그리고 필리핀 대통령 로드리고 두테르테Rodrigo Duterte의 정책에 반대하는 가톨릭 주교들의 용감한 성명서 등을 통해 이러한 역할을 수행한다. 지난 장에서는 2023년 2월, 남수단 내전 반대에 대해 프란치스코 교황, 저스틴 웰비Justin Welby, 이언 그린쉴즈Iain Greenshields의 예언적 발언을 인용한 바 있다.[537] 목소

534 "40 Years Later, the Mothers of the 'Disappeared' in Argentina Refuse to Be Silent", The Guardian, April 28, 2017; Vitaliano R. Gorospe, "Power and Responsibility: A Filipino Christian Perspective", *Philippine Studies* 36, no. 1 (1988): 75-87; Jack Nelson Pallmeyer, *School of Assassins: The Case for Closing the School of the Americas and for Fundamentally Changing US Foreign Policy* (Maryknoll, NY: Orbis Books, 1997).

535 Brian Pierce, OP, "Oscar Romero, the Preacher", *Celebration* (March 2005).

536 Robert S. Heaney, *From Historical to Critical Post-Colonial Theology: The Contribution of John S. Mbiti and Jesse N. K. Mugambi* (Eugene, OR: Pickwick Publications, 2015).

537 CNN Philippines Staff, "Full Test: Filipino Catholic Bishops Release Pastoral Letter Responding to Gov't Issues", CNN Philippines, July 9, 2018.

리를 내는 일은 위험할 수 있다. 오늘날 수많은 그리스도교인의 순교가 이를 증명하고 있다. 그러나 "권력을 향하여 진실을 말하는 것"은 교회를 계속 존재하게 하는 필수적인 역할이다.

예언자적 대화: 실천과 영성

캐나다의 철학자이자 신학자인 버나드 로너건Bernard Lonergan의 작업에서 이미지를 차용하자면, 예언자적 대화의 실천은 마치 가위의 두 날처럼 작동한다.[538] 가위의 위쪽 날은 대화라는 기본적인 '정신적 태도' 또는 습관이고, 아래쪽 날은 구체적인 상황에 따라 달라질 수 있는 복잡하고 다양한 예언적 실천이다. 이 두 날은 식별의 과정, 영성의 실천, 기도의 태도, 상황이나 맥락을 묵상하는 과정, 그리고 세상에 이미 현존하는 하느님의 활동을 찾는 과정에서 함께 작동한다.

여기서 다루어야 할 신학적이고 교회론적인 질문은 개인이나 공동체가 처한 특정 상황이나 맥락에서 어떤 종류의 행동이 적절한가 하는 것이다. 지난 장에서 설명한 선교의 요소 중 어떤 것이 현재의 상황에서 적절한 실천이 될 수 있을까? 이 상황이 예언자적 행동으로서의 대화를 필요로 하는가? 만약 그렇다면, 예를 들어 무슬림이 대다수인 상황에서 무슬림 이웃과 신뢰를 쌓는 삶과 우정의 대화를 필요로 하는가? 아니면 신앙이 없는 이웃과 함께 마을의 물 공급 시스템 개선이나 이민자와 난민을 위한 더 공정한 이민 정책을 추진하는 등 예언자적 행동에 함께하는 것이 적절한가? 또한 서로 다른 신앙

538 Bernard J. F. Lonergan, *Insight: A Study in Human Understanding* (New York: Philosophical Library, 1957), 577-78, 580-81, 586-87.

을 가진 이웃과 신앙이나 신념을 나누거나, 주요 절기나 기념일에 서로의 축제를 함께하는 것이 적절한가?

상황에 따라, 그리스도교 공동체가 굶주린 사람들을 위한 급식소를 열거나, 의약품이나 법률 자문을 제공하는 클리닉을 운영해야 할 수도 있다. 또는 공동체가 예배나 생활 속에서 그리스도교가 세상에서 어떤 의미를 갖는지 더 명확히 드러내야 할 수도 있다. 또한 공동체 구성원들이 주변 사람들에게 더 큰 복음적 영향을 미치기 위해 노력해야 할 수도 있다. 예언자적 행동은 또한 도시의 버려진 건물들에 벽화를 그리거나, 지역 예술가들을 위한 박물관을 설립하거나, 지역 음악가와 시인들을 위한 카페를 여는 것과 같은 아름다움과 아름다움을 가꾸는 일일 수도 있다. 신학자이자 선교학자인 조니 베이커는 클린 포 굿Clean for Good[539]이라는 청소 회사를 설립한 한 여성에 대해 이야기하면서, 그리스도의 사랑에 근거해 청소부들을 존엄하게 대우하며 사업을 운영하는 방식을 예로 들고 있다.[540]

예언적 대화 과정의 옵션들은 대화가 한쪽 끝에, 예언이 다른 쪽 끝에 있는 일종의 연속체로 상상할 수 있으며, 개인이나 공동체가 열린 마음과 관상, 성찰의 정신으로 적절한 실천을 식별하는 과정으로 볼 수 있다. 어쩌면 교회 공동체가 속한 나라의 정치적 상황이 특정 정책에 대한 지지 또는 반대를 명확히 표현할 필요가 있는 상황일 수 있다. 아마도 기도나 학문적 연구를 통해 새로운 인식이 생겨 그리스

539 Clean for Good은 영국 런던에서 시작된 사회적 기업으로, 청소업 종사자들에게 공정한 임금과 안정적인 고용 조건을 제공하여 그들의 권리와 복지를 보장하는 것을 목표로 한다. 이 기업은 특히 취약 계층의 노동자들에게 기회를 제공하며, 청소업계의 긍정적인 변화를 추구한다.

540 Jonny Baker and Rick Stott, "I'll Meet You There," *Missional Conversations: A Dialogue between Theory and Praxis in World Mission*, ed. Cathy Ross and Colin Smith, 192-208 (London: SCM Press, 2018), 195.

도인들이 서로 또는 사회에 특정한 대의를 받아들이도록 촉구해야 할 수도 있다. 예를 들어 기후 변화 문제, 흑인의 생명도 중요하다 운동Black Lives Matter movement, 또는 동성애와 성전환에 대한 더 깊은 이해와 관련된 문제들이 있을 수 있다. 공동체 내의 개인이나 공동체가 태아의 생명권, 사형 폐지, 생명 종말end-of-life에 대한 문제, 그리고 이 영역에서 어려운 결정을 내릴 권리에 대한 움직임을 지지해야 한다고 식별할 수도 있다. 이러한 모든 행동을 식별함에 있어 성령께 마음을 열 때, 공동체는 초기 교회 공동체가 이방인의 포함을 위한 움직임과 더 적절한 통치 구조의 발전을 식별한 것과 같은 방식으로 교회가 되라는 부르심에 응답하는 것이다.

이 모든 식별의 결과는 선교적 실천에 대한 결정이다. 이 모든 것은 단순한 행동이 아니라, 성찰에서 비롯된 행동이자 지속적인 평가와 추가적인 성찰을 거치는 행동이기 때문에 실천의 예시이다. 이 모든 것은 동시대 경험이 지닌 깊이와 풍요로움을 성경과 신학 및 교회 전통과 상호작용하는 가운데 얻어진 성찰의 결과이다. 이러한 교회의 실천은 곧 상황신학을 실천한 결과이기도 하다. 이 모든 것은 영적 식별과 기도의 산물이다. 이러한 실천과 영성은 예언적 대화, 즉 교회를 불러내는 대화이다.

결론

태초부터 삼위일체 하느님은 성령과 말씀의 능력으로 세상을 창조하시며, 피조물에게 방향과 자유를 제공하는 창조적 춤으로 세상을 존재하게 하셨다. 하느님은 온 우주를 조화와 번영 속에서 완성으로 이끄는 대화로 세상을 초대하셨다. 하느님은 이스라엘을 모든 민족에게 복을 주는 파트너로 부르셨고(창세 12,3), "때가 차자"(갈라 4,4) 성령으로 충만해진 말씀이 사람이 되시어(요한 1,14) 세상에 하느님의 구원의 현존과 활동을 구체적으로 드러내셨다. 그리고 제자들을 부르셔서, 특히 주님의 죽음과 부활 이후에, 하느님의 창조가 완성되는 역사에 동참하도록 하셨다. 이 사명은 이 세상 너머의 현실과 이 세상의 거룩함과 가치를 드러내는 영적이고 물질적인 행동으로 하느님 통치의 '혁명적 친밀감'을 구현하고, 보여 주고, 선포하는 것이었다.

처음부터 끝까지 이어지는 "길고 다양한 대화"(ES 70) 속에서 하느님은 피조물의 자유를 존중하셨으며, 이 대화는 하느님의 예언자적 행동에 의해 형성되었다. 이러한 피조물의 자유에 대한 존중을 통해 교회는 하느님의 구원 역사과 선교, 그리고 예언자적 대화에 참여하며 살아가게 된다. 선교하는 제자 공동체가 예언자적 대화에 대한 하느님의 부르심에 응답할 때, 비로소 교회가 형성된다.

이 책의 첫 다섯 장에서는 교회가 삼위일체 하느님의 삶에 참여할 때 교회는 "본질적으로 선교적"(AG 2)이라는 제2차 바티칸공의회의 통찰을 풀어내며, **선교하는** 제자 공동체로서의 교회에 대해 성찰해 보았다. 제2부에서는 교회의 신비, 즉 교회가 어떻게 선교하는 제자 **공동체**로 존재하는지에 대해 깊이 생각해 볼 것이다.

선교하는 제자 공동체

계속되는 교회의 창조

Community of Missionary Disciples

The Continuing Creation of the Church

2부

교회의 신비

선교하는 제자들의 **공동체**

도입

교회는 "본성상 선교하는 교회"(AG 2)이다. "복음화"는 교회의 "가장 깊은 실재reality"이다(EN 14). 교회는 선교하는 제자들의 공동체이다(EG 24). 하느님의 미래, 하느님의 선교, 대화를 통한 하느님의 선교 방식은 교회가 창조의 완성을 위한 하느님의 역사의 동반자가 되도록 부르신다.

그러나 선교의 파트너십에 대한 하느님의 부르심은 또한 교회를 공동체로 부르신다. 하느님은 하느님의 춤에 교회가 참여하도록 우리를 부르신다. 이 '춤'은 고전적 용어인 **페리코레시스**perichoresis에서 유래한 단어로, 거룩한 신비, 영원한 말씀, 사랑의 영이 영원한 사랑과 기쁨의 움직임 속에서 서로에게 자신을 주고 서로에게서 자신을 받는 아름다운 놀이이다. 이 춤은 창조세계로 흘러넘쳐 유한한 피조물을 불러내어 자유와 탐험, 창조의 모험에 나서도록 한다. 삼위일체 하느님은 피조물을 설득하고 지지를 권유하는 가운데 창조세계가 온전한 완성을 이루도록 인도와 격려와 치유의 현존을 약속한다.

삼위일체 하느님의 춤이 창조한 이 거대한 우주의 작은 은하계 속 작은 행성의 역사에서, 한 민족이 선택되어 하느님과 함께 모든 민족과 모든 피조물에 축복을 가져오기로 언약을 맺는다. 그리고 두 번째 언약에서, 언약의 하느님이 나자렛 예수 안에서 창조의 본질을 취하시고, 모든 인류를 창조적이고 구속적인 사랑의 춤으로 부르셨음을 구현하고, 보여 주고, 선포하기 위해 또 다른 민족이 선택된다. 슬프게도 비극적으로 첫 번째 민족과 분리되었지만,[1] 동일한 약속과 사명을 공유하는 이 두 번째 민족이 바로 교회이다. 교회는 하느님이 특별한 백성으로 선택하신 공동체이며, 예수님의 사명을 계속해서 구현하는 공동체이다. 또한, 교회는 성령에 의해 세상에 생명을 주고 치유하는 하느님이 현존하는 성전으로 계속 창조되는 공동체이다. 교회는 사도적 충실성, 가톨릭적 다양성, 죄악에도 불구하고 거룩함, 그리고 친교 안에서의 일치라는 차원을 부여받은 공동체이다.

교회를 신학적으로 성찰하는 이 책의 제2부에서는 선교하는 제자 **공동체**인 교회의 실재를 탐구한다. 이를 통해 우리는 교회가 궁극적으로 **신비**임을, 다시 말해 단순한 인간적 실재가 아니라 "하느님의

1 리처드 R. 가일라데츠는 이 분리에 대해 "결국 유대인 그리스도교인들은 정치적으로나 종교적으로 '이중 소속'을 유지하는 것이 어려워졌고, 유대인 그리스도교 공동체는 사라졌다. 이는 후에 유대교와 그리스도교의 관계에 슬픈 결과를 초래한 역사적 사고였다"라고 언급한다. 이에 관해서는 Richard R. Gaillardetz, *Ecclesiology for a Global Church: A People Called and Sent*, rev. ed. (Maryknoll, NY: Orbis Books, 2008), 180-81쪽을 참조하라. 2세기와 3세기에 동방 그리스도교의 중심지는 에데사(현대의 이라크)에 위치해 있었으며, 그곳은 "주로 유대인 그리스도교"였고, 갈릴리 유대인 그리스도교인 아다이Addai에 의해 처음으로 복음이 전파되었다. 이에 관해서는 Stephen B. Bevans and Roger P. Schroeder, *Constants in Context: A Theology of Mission for Today* (Maryknoll, NY: Orbis Books, 2004), 75쪽을 참조하라. 로드니 스타크는 일부 유대인 그리스도교 공동체가 5세기까지 존속했다고 본다. Rodney Stark, *The Rise of Christianity: How the Obscure, Marginal Jesus Movement Became the Dominant Religious Force in the Western World in a Few Centuries* (New York: HarperCollins, 1997), 49-71; Elisabeth Schüssler Fiorenza, *Ephesians* (Collegeville, MN: The Liturgical Press, A Michael Glazier Book, 2017), lxiv-lxvii.

숨겨진 현존이 깃든 실재"임을 알게 된다.[2] 제2차 바티칸공의회는 초기교회 시대 신학자인 카르타고의 치프리아누스와 아우구스티누스 및 다마스쿠스의 요한을 다시 언급하며 교회가 "성부와 성자와 성령의 일치로 하나가 된 백성"(LG 44n4)이라고 천명한다. 삼위일체와의 이러한 일치로 인해 교회는 "본질적으로 선교적"(AG 2)이며, 하느님의 신비에 참여한다. 이에 따라 선교하는 제자 공동체로서 그리스도인은 하느님의 본성(2베드 1,4)을 공유하므로 삼위일체이신 하느님의 선교적인 구원 활동에 동참한다.[3]

교회가 신비라는 의미를 더 깊이 이해하려면 20세기 프랑스 철학자 가브리엘 마르셀Gabriel Marcel이 **문제**problem와 **신비**mystery를 구분한 내용을 참조하는 것이 도움이 될 수 있다.[4] 마르셀의 구분에 따르면 **문제**는 아직은 모르지만 결국 인간의 지성이나 우연을 통해 알아내거나 해결할 수 있는 어떤 것이다. 문제는 "내 앞에 놓인 어떤 것으로서, 내 앞에 완성된 형태로 존재하지만, 결국 내가 공략하거나 극복할 수 있는 어떤 것"이다.[5] 예를 들어 컴퓨터나 자동차에 문제가 있거나 어려운 십자말풀이 문제가 있을 수 있다. 충분한 시간을 두고 작

2 Paul VI, Opening Address of the Second Session of Vatican II, *Enchiridion Vaticanum* (Bologna: Edizioni Dehoniane, 1968), 97.

3 이 신적 본성에 참여하는 것은 교회의 초기 신학자들이 신화(神化 theosis) 또는 신성화deification라고 언급한 것이다. Stephen Bevans, "Missio Dei and Missio Ecclesiae: Trinitarian Mission, Theosis, and the Missionary Nature of the Church," *Mission beyond Ad Gentes: A Symposium*, ed. Lazar T. Stanislaus and Christian Tauchner, (Siegburg, Germany: Frans Schmitt Verlag, 2016), 17-30. Michael J. Gorman은 이를 두고 선교적 신화missional theosis라고 언급한다. Michael J. Gorman, *Abide and Go: Missional Theosis in the Gospel of John* (Eugene, OR: Cascade Books, 2018). 나는 이 사안을 이 책의 7장에서 보다 자세히 다룰 것이다.

4 Stephen Bevans, *An Introduction to Theology in Global Perspective* (Maryknoll, NY: Orbis Books, 2009), 14.

5 Gabriel Marcel, *Being and Having* (New York: Harper Torchbooks, 1965), 117.

업하거나 공부한다면 또는 도움을 요청할 적절한 사람을 알고 있다면, 컴퓨터가 계속 멈추는 이유나 펑크 난 타이어를 교체하는 방법 또는 십자말풀이 사전에서 동의어를 어디서 찾을 수 있는지 등을 알아내거나 도움을 받을 수 있다. 문제는 **해결**solve하고 대체로 다음 단계로 넘어갈 수 있다.

그러나 **신비**는 이와 완전히 다르다. 신비는 알려지지 않았거나 알 수 없는 것이 아니라 알아내거나 해결하거나 통제하는 것은 절대 불가능하지만 이미 알고 있는 것을 말한다. 사실 신비를 '알아내려고' 노력하는 것은 전혀 의미가 없다. 왜냐하면 신비란 너무도 알 수 있는 것이기 때문에 점점 더 깊이 생각하면 할수록 점점 더 깊이 알기도 하고 이해하게 되기도 하는 것이기 때문이다. 마르셀은 "수수께끼는 나 자신이 관여하는 것"이라고 말한다.[6] 문제를 푸는 것은 어둠에서 빛으로 나아가는 것과 같다. 그러나 신비를 아는 것은 마치 빛에 눈이 머는 것과 같다. 옛 찬송가 구절이 말하듯 우리가 하나님을 알 때 "빛의 찬란함만이 주를 숨긴다."[7] 신학자 존 하우트John Haught는 이를 이렇게 설명한다.

> 점점 더 지혜로워진다고 해서 [신비]가 사라지지는 않는다. 오히려 신비는 점점 더 크고 깊게 다가온다. 우리가 특정 문제를 해결할수록 신비의 영역은 우리 앞에 계속 확장된다. 마치 우리가 앞으로 나아갈수록 멀어지는 지평선과 같다. 문제와 달리, 신비에는 명확한 경계가 없다. 문제는 결국 해결될 수 있지만, 신비의 포괄적인 영역은 우리가 깊이 들어갈수록 끊임없

---

6 Marcel, *Being and Having*, 117; Gabriel Marcel, Creative Fidelity (New York: Farrar, Strauss, 1964), 152.

7 Walter Chalmers Smith, "Immortal, Invisible, God Only Wise" (1867), https://www.godtube. com/ popular-hymns/immortal-invisible-god-only-wise/.

이 멀어지는 경계로 남아 있다.[8]

문제는 해결되면 **풀리지만**, 신비는 체험하며 **살아가는** 것이다. 신비는 노력해서 완전히 알아낼 수 있는 대상이 아니다. 신비는 그에 관여하고, "내재indwelling"[9]하며, "흐름에 따라", 마음의 지식과 함께함으로써 알아 가는 그 무엇이다. 테런스 틸리Terrence Tilley의 주장처럼 제자가 됨으로써 예수 그리스도를 알게 되고,[10] 교회 공동체에 참여하고, 그리스도인의 삶을 살고, 교회의 전례에 참여하고, 직무에 봉사하고, 선교의 경계를 넘나들면서 교회의 실체를 알게 되는 것이 이와 같은 이치이다.

우리는 비개념적non-conceptual 방식으로, 더 나아가 초개념적super-conceptual 방식으로, 신비를 알거나 알게 되고, 초개념적 방식으로 이해를 표현하기도 한다. 이는 이미지, 은유, 상징, 이야기, 신화, 시의 언어, 심지어는 예술의 이미지나 음악의 소리, 리듬, 화음 등 상상력을 자극하는 언어를 통해서만 신비를 알고 말할 수 있음을 의미한다. 영국의 신학자 노먼 피텐저Norman Pittenger는 시인 W. H. 오든W. H. Auden과 나눈 대화를 떠올리며 "사람들은 자신에게 가장 의미 있는 것을

---

8 John Haught, *Mystery and Presence: A Theology of Revelation* (Collegeville, MN: The Liturgical Press, 1993), 46-47.

9 이 용어는 철학자 마이클 폴라니Michael Polanyi가 사용한 개념이며, 선교학자 레슬리 뉴비긴 Lesslie Newbigin의 사상에서 두드러진다. Lesslie Newbigin, *Mission and the Crisis of Western Culture* (Edinburgh: The Handsel Press, 1989), 1-7, *Lesslie Newbigin, Missionary Theologian: A Reader*, ed. Paul Weston (London: SPCK, 2006), 201-6, 특히 205-6쪽; *The Gospel in a Pluralist Society* (Grand Rapids, MI: Eerdmans, 1989), 39-51, Weston, 219-29, 특히 228-29쪽.

10 Terrence W. Tilley, *The Disciples' Jesus: Christology as Reconciling Practice* (Maryknoll, NY: Orbis Books, 2008).

다른 사람에게 전하고 싶을 때 산문이 아닌 시를 말한다"[11]고 적었다. 나는 사회학자이자 신학자이며 소설가인 앤드루 그릴리Andrew Greeley가 그의 훌륭하고 도발적인 저서 『예수 신화The Jesus Myth』에서 제시한 예를 항상 좋아해 왔다. 그릴리에 따르면 로미오는 사랑하는 줄리엣을 창가에서 보았을 때 느꼈던 경이로움과 신비로움을 표현하기 위해 "저기 줄리엣이 있네, 정말 예쁘다!"라고 말하지 않았다. 로미오는 "하지만 부드러워! 저 창문을 통해 들어오는 빛은 무엇일까! 저 빛은 동쪽에 있어, 줄리엣은 태양이야!"라고 말했다.[12] 시인 데니스 레버토프Denise Levertov는 하나님의 자비를 다음과 같이 묵상한다.

> … 고요한
> 당신은 공기 위를 미끄러지듯 지나가고, 그 팔은
> 날아가는 여우의 날개처럼 뻗었네[13]
> … the steady
> air you glide on, arms
> stretched like the wings of flying foxes

그녀는 하나님의 자비 안에서 사는 것을 이렇게 묘사했다.

> 황홀한 폭포가

11 Norman Pittinger, "Whitehead and Christian Theism," *Theology Digest* 20, no. 4 (Winter 1972): 311.

12 Andrew M. Greeley, *The Jesus Myth* (New York: Doubleday, 1971), 214. William Shakespeare, *Romeo and Juliet*, Act II, Scene II.

13 Denise Levertov, "To Live in the Mercy of God," *Sands of the Well* (New York: New Directions Books, 1996), 127.

아래로
아래로
끊임없이 아래로
내던져지고
움켜쥔 바위의 주먹에 부숴져
대기를 휘어감는 진동이
내게 다가온다[14]

To feel vibrate the enraptured
waterfall flinging itself
unabating down and down
to clenched fists of rock.

나이지리아 신학자 아그본키안메게 오로바토르Agbonkhianmeghe Orobator는 상상력을 자극하고 새로운 방식으로 하느님의 신비를 음미하도록 도와주는 하느님의 아프리카 이름 모음을 제공한다.

우리의 시선으로 감당할 수 없을 만큼 밝은 태양
태양의 눈
최고의 예술가
생명을 두드리며 연주하는 음악가
우리 지성의 참 주인
거대하고 속 깊은 항아리
깃털을 지닌 분

14 Levertov, "To Live in the Mercy of God," 127-28.

우리 민족의 어머니[15]

Sun too bright for our gaze

Eye of the sun

Artist-in-chief

Drummer of life

Owner of our head

Large and deep pot

My feathered one

Mother of our people

신비의 언어는 은유적이고 상징적이며, 담론적 합리성을 넘어 더 깊고 총체적인 앎으로, 문자 그대로 "우리를 넘어,"metá phorein "우리를 내던진다."sun ballein

물론 이러한 언어는 문자 그대로의 언어가 아니다. 상징적, 이미지 언어는 "진지하게 받아들여야 하지만, 문자 그대로 받아들여서는 안 된다."[16] 우리는 이미지를in 믿는 것이 아니라 이미지를 **통해**through 믿는다. 우리는 이미지를 **보는**see 것이 아니라 이미지를 **통해**through 보는 것이다.[17] 사실, 신비를 이해할 때 하나의 이미지에만 의존한다면 이해에 도달할 수 없다. 많은 이미지, 많은 상징을 통해 이해하는 것이

---

15 Agbonkhianmeghe E. Orobator, "An African Invocation of Divine Names," *Theology Brewed in an African Pot* (Maryknoll, NY: Orbis Books, 2008), 23-24

16 Reinhold Niebuhr, *The Nature and Destiny of Man*, vol. 2 (New York: Charles Scribner's Sons, 1943), 50; Ian Barbour, *Myths, Models and Paradigms: A Comparative Study in Science and Religion* (New York: Harper and Row, 1974), 7쪽 참조.

17 John Shea, "Theological Assumptions and Ministerial Style," *Alternative Futures for Worship*, vol. 6, Leadership Ministry in Community, ed. Michael A. Cowan, 105-28 (Collegeville, MN: The Liturgical Press, 1987), 107.

훨씬 더 효과적이다. 사실 줄리엣은 태양이 아니며, 하느님의 자비는 공기나 팔, 날아다니는 여우의 날개, 폭포가 아니다. 하지만 레버토프Levertov가 했던 것처럼(그녀는 이 놀라운 시에서 더 많은 이미지를 제시한다), 또는 오로바토르Orobator처럼 하느님 이름에 대한 이미지를 축적하다 보면 우리는 신비의 의미를 어느 정도 이해할 수 있다.

이러한 상상의 언어를 통해 우리는 교회의 신비에 대한 이해에 접근할 필요가 있다. 제2차 바티칸공의회에서 교회를 다룬 문서의 초안은 눈에 보이고 수량화할 수 있는 '완전한 사회'에 더 적합한 언어 스타일, 즉 승리주의적이고 성직적이며 법적인 단어를 사용했다.[18] 그러나 주교들은 이 도식을 거부하고 철저한 수정을 위해 돌려보냈다. 이에 따라 개최된 2차 회의에서 보다 성경적이고 가톨릭적인 관점에서 시작하여 첫 장의 제목을 '교회의 신비'로 하고 그 신비를 이해하기 위한 수많은 이미지를 제시한 두 번째 초안이 제출되었다. 교회는 "성사, 즉 하느님과의 친교communion와 온 인류가 이루는 일치의 표징이며 도구이다."(LG 1)이다. 교회는 하느님 자신의 신적 생명을 공유하는 여성과 남성으로 구성된다(LG 2). 교회는 하느님 나라의 "씨앗이자 시작"이다(LG 5). 교회는 양 우리, 양 떼, 하느님의 땅 또는 밭, 올리브나무, 참포도나무의 가지, 건물, 하느님의 집, 성전, 거룩한 도읍, 신부, 예루살렘(이 모든 이미지는 LG 6에서 찾을 수 있다)이다. 그러나 주로 세 가지 이미지, 즉 풍부하고 깊이 있는 이미지가 주요 이미지로 등장하는데, 이는 2장 마지막에 다음과 같이 인용되어 있다. "이렇게 교회는

18 이 내용은 벨기에 주교 에밀 드 스메트(Emil de Smedt)의 유명한 인터뷰에 나타난다. John W. O'Malley, *What Happened at Vatican II* (Cambridge, MA: The Belknap Press at Harvard University Press, 2008), 155. '완전한 사회perfect society'라는 용어는 기술적인 용어로, 한 집단이 "그 임무를 완수하는 데 필요한 모든 제도적 자원을 갖추어 완전히 자급자족할 수 있는 상태"를 의미한다. Gaillardetz, Ecclesiology for a Global Church, 107.

동시에 기도하고 일하여, 온 세상이 모두 하느님의 백성, 주님의 몸, 성령의 궁전이 되어 만물의 머리이신 그리스도 안에서 우주의 창조주이신 성부께 온갖 영예와 영광을 드린다."(LG 17)

교회의 신비를 다루는 이 책의 제2부를 구성하는 5개의 장 중 첫 세 장에서는 선교하는 제자들의 공동체로서 교회를 이해하는 데 도움이 되는 세 가지 이미지, 즉 하느님의 백성, 그리스도의 몸, 성령의 궁전(창조물)에 초점을 맞춘다. 우리는 물론 성서적 전통에 뿌리를 두고 있고 신학적 함의가 있다는 측면에서 이 이미지들을 성찰하지만, 선교적 이미지, 즉 선교하는 제자들의 공동체로서의 교회를 드러내는 이미지로서 이 이미지들을 '풀이'하기도 한다.

이어지는 두 개의 장에서는 교회의 네 가지 고전적인 표징 또는 **차원**dimensions 즉 교회의 신비한 본질을 드러내는 차원이 갖는 선교적 함의를 다루고자 한다. 그러나 앞으로 설명하겠지만, 우리는 이러한 차원들을 전통적으로 해왔던 것처럼 **형용사**가 아니라 **동사**, 즉 교회가 참여하고 참여해야 하는 역동적인 행동을 **내부를 향하는**Ad Intra 행동과 **교회 밖을 향하는**Ad Extra 행동으로 나누어 다루려 한다. 이 책에서 시도하는 또 하나의 혁신은 이러한 교회의 차원을 일반적으로 다루는 방식과 **역순**으로 다루는 데 있다. 나는 이러한 성찰을 사도성의 기본 차원인 선교적 차원부터 시작하려 한다.

하느님의 선택된 백성으로서, 세상에서 그리스도의 지속적인 사명으로서, 성령의 도전과 치유의 현존으로서, 사도적 사명에 뿌리를 둔 교회는 하느님 세계의 다양성을 육성하고 보호하며, 친교와 일치의 성사가 되고, 성장과 재창조를 위해 끊임없이 부름받는 존재가 되기 위해 파견된다. 교회는 참으로 선교하는 제자들의 **공동체**이다.

6장

하느님의 백성으로서의 교회

모든 사람을 위한 축복이 되기 위해 선택됨

아르헨티나 출신 후안 카를로스 스카노네Juan Carlos Scannone(1931~2019)는 호르헤 마리오 베르고글리오Jorge Mario Bergoglio가 프란치스코 교황으로 선출된 직후 일어난 일화를 전해 준다. 관례에 따르면 새로 착좌한 교황이 성 베드로 광장에 모인 사람들을 축복한다. 그런데 놀랍게도 프란치스코 교황은 그에 앞서 성 베드로 광장에 모인 사람들이 자신을 축복해 주기를 요청했다. 하지만, 호르헤 마리오 베르고글리오를 아는 사람들은 이 '충격적인shocking' 요청에 놀라지 않았다. 이는 베르고글리오, 즉 프란치스코 교황을 아는 사람들은 그가 견지했던 노선, 곧 신실한 하느님의 백성이라는 신학적 입장을 익히 알고 있기 때문이다.[19]

프란치스코 교황은 착좌 몇 달 후, 동료 예수회 신부 안토니오 스파다로Antonio Spadaro와의 인터뷰에서 "내가 좋아하는 교회의 이미지는

19 Juan Carlos Scannone, "Pope Francis and the Theology of the People," *Theological Studies* 77, no. 1 (2016): 126.

거룩하고 신실한 하느님의 백성이다. 이것이 내가 자주 사용하는 교회의 정의이다"[20]라고 말했다. 이 인터뷰에서는 공의회의 문서 [인류의 빛] 17항의 내용, 즉 "거룩하신 분에게서 기름부음을 받은 신자(1요한 2:20, 27 참조)는 믿음에서 오류를 범할 수 없다"는 내용을 구체적으로 언급한다. 이 사실은 프란치스코 교황이 공의회가 제시한 교회의 이미지를 얼마나 자발적이고 심도 있게 이해하고 있는지를 보여 준다.[21] 실제로 많은 신학자들은 이 이미지를 "모든 공의회 문헌에 영향을 미친 제2차 바티칸공의회의 주요 신학적 공헌"이자 공의회의 "정신"을 가장 잘 표현한 것으로 꼽는다. 따라서 프란치스코의 인터뷰는 공의회 '교회론의 근간이 되는 개념'[22]을 견지하는 그의 입장을 드러낸다.

다시 등장한 하느님의 백성the people of God reprised

하느님의 백성이라는 교회의 이미지에 대해 프란치스코 교황이 보여준 반응은 교황 요한 바오로 2세와 베네딕토 16세 교황이 재임하던 시

20 Pope Francis, *A Big Heart Hope to God: A Conversation with Pope Francis*, interview by Antonio Spadaro, SJ (New York: HarperOne/America Press, 2014), 25.

21 José Comblin, *The People of God* (Maryknoll, NY: Orbis Books, 2004), vii. John Fuellenbach는 하느님 백성으로서의 교회 이미지를 "공의회가 가장 선호한 이미지"로 소개한다. 이에 관하여, John Fuellenbach, *The Church: Community for the Kingdom* (Maryknoll, NY: Orbis Books, 2002), 38. Yves Congar, "The Church: The People of God," *The Church and Mankind,* Concilium 1, ed. Edward Schillebeeckx (New York: Paulist Press, 1965), 7-19.

22 Gerard Mannion, "The Pilgrim Church: An Ongoing Journey of Ecclesial Renewal and Reform," *The Cambridge Companion to Vatican II*, ed. Richard R. Gaillardetz (Cambridge: Cambridge University Press, 2020), 125. 공의회에서 하느님 백성의 중요성을 나타내는 다른 인상적인 비유는 Carlos Schikendantz, "Una recepci n fiel y creativa: el concilio Vaticano II y Franciso," *Medellin* 43, no. 168 (May-August 2017): 303-4쪽 참조.

절에 나타난 반응과 다르다는 점에서 의미가 있다. 리처드 R. 가일라데츠Richard R. Gaillardetz가 이야기하듯이, 1985년에 교황 요한 바오로 2세가 소집한 특별 시노드는 "대부분 공의회의 가르침을 강하게 지지했다." 그러나 최종 보고서에서는 시노드의 많은 주교들이 "공의회 이후 교회론에서 하느님 백성의 은유가 강조되는 것에 대해 불안감을 표명"했다.[23] 공의회의 중심 이미지를 둘러싸고 이러한 분위기가 나타난 데는 당시 교황청 신앙교리성 장관이었던 요셉 라칭거Joseph Ratzinger 추기경의 견해가 큰 영향을 미쳤다. 라칭거는 이 이미지가 "사회학적" 성격이 강하며 "그리스도의 몸"이라는 이미지와 같은 신학적 풍요로움을 지니지 못한다고 주장했다.[24] 이러한 판단에는 교회를 하느님의 백성으로 해석하는 것이 교회의 위계적 구조를 위태롭게 할 수 있으며 교회 질서와 의사 결정의 "민주화"를 더욱 요구할 수도 있다는 인식도 내포되어 있었던 것 같다.[25] 나의 동료 로버트 슈라이터Robert Schreiter가 대화 중에 언급했듯이(그는 이 이미지에 매우 찬성했지만), 하느님의 백성이라는 이미지가 미국 헌법 서문[26]에 나오는 "우리 국민"이라는 (미국식) 민주주의 문구와 혼동될 위험이 있다는 점도 고려되었다.[27] 결과적으로, 특별 시노드

---

23 Richard Gaillardetz, *Ecclesiology for a Global Church: A People Called and Sent*, rev. ed. (Maryknoll, NY: Orbis Books, 2023), 213.

24 Vittorio Messori, ed., *The Ratzinger Report* (San Francisco: Ignatius Press, 1985).

25 예를 들어, Eugene C. Bianchi and Rosemary Radford Ruether, eds., *A Democratic Catholic Church: The Reconstruction of Roman Catholicism* (New York: Crossroad, 1992). 이 모음집의 13명의 저자들은 민주화의 가능성을 '하느님의 백성'이라는 이미지와 제2차 바티칸공의회의 '정신'에 연결시키지만, 그 가능성의 뿌리를 가톨릭의 사회 교리에 더 많이 둔다. 우리는 이 문제를 이 장의 후반부에서 다룰 것이다.

26 미합중국 헌법(The Constitution of the United States)의 전문(preamble)에는 다음과 같은 문구가 있다. We the People of the United States, in Order to form a more perfect Union, establish Justice, insure domestic Tranquility, provide for the common defence, promote the general Welfare, and secure the Blessings of Liberty to ourselves and our Posterity, do ordain and establish this Constitution for the United States of America.

27 공의회 이후에 전개된 하느님 백성이라는 교회상에 대한 성찰은 Catherine Clifford, "Re-

의 최종 문서는 "공의회가 중심적으로 제시한 친교"라는 신학적 개념을 강조하면서 하느님의 백성이라는 은유에 담긴 신학적 중요성을 약화시켰다.[28]

가일라데츠가 지적한 것처럼, 이 최종 문서를 두고 많은 논평자들은 시노드와 라칭거 추기경이 "하느님의 백성으로서의 교회와 친교로서의 교회 사이에 잘못된 대안을 설정하고 있다"고 주장했다. 물론 이 이미지는 교회의 역사적이며 순례자적 성격을 강조하고 세례로 인한 그리스도인의 근본적인 평등을 지적한 것이다.[29] 다음 장에서 살펴보겠지만, 이 이미지는 그리스도의 몸과 성령의 창조물/성전으로서의 교회 이미지로 보완되어야 한다. 그러나 오랫동안 브라질 선교사로 활동한 호세 콤블랭José Comblin은 "제2차 바티칸공의회는 '하느님의 백성'을 사회학적 개념으로 이해하지 않았으며, 본질적으로 성경적이고 신학적인 분석에 입각하여 하느님이 계시하고 예수님이 세운 것을 가리킨다"[30]고 주장한다.

하느님의 백성이라는 교회 이미지는 하느님의 통치라는 혁명적 킨십을 최종적으로 확립하기 위해 삼위일체 하느님과 함께 일하는 선택되고 택함 받은 백성으로서의 교회의 신비를 드러낸다. 이 이미지는 세례와 성체성사 참여에 뿌리를 둔 근본적인 평등을 인정하며, 그 킨십을 증거하는 질서 있는 친교를 나타낸다. 교회는 자신의 죄와 불완전함을 고백하고 삶의 의미와 목적을 찾는 모든 사람들과 함께 걷

---

flections on 'Peoplehood' and the Church," *Theoforum* 46 (2015): 271-92.

28 Gaillardetz, *Ecclesiology for a Global Church*, 213. Extraordinary Synod of 1985, "The Final Report," *Origins* 15, no. 919 (December 1985): 444-50, II.C.1. 공의회 해석을 위한 요점들은 I.1.5에 나와 있다.

29 Walter Kasper, *The Catholic Church: Nature, Reality, and Mission* (London: Bloomsbury, 2015), 122-23.

30 Comblin, *People of God*, 55.

는, 곧 순례하는 하느님의 백성이다. 또한 교회는 지구의 가난한 이들과 그들의 문화, 그리고 상처 입은 지구 자체와 연대하는 하느님의 백성이다. 이것이 이 장에서 다루는 하느님의 백성이라는 이미지에 담긴 풍부한 선교적 함의이다. 하느님의 백성으로서의 교회는 선교하는 제자 공동체로서의 교회, 즉 부활하신 그리스도를 믿는 신앙으로 성령에 의해 함께 모여 하느님의 통치라는 급진적인 친십을 구현하고, 보여 주고, 선포하는 백성을 가리킨다.

성서의 하느님 백성: 선교를 위해 선택된 백성

"교회는 예수 그리스도가 세운 공동체로서 신약성경에만 등장하지만, 오직 구약성경에 나오는 하느님의 백성의 역사와 연관해서만 이해될 수 있다."[31] 교회를 이해하는 데 있어 하느님의 백성이라는 이미지가 가지는 큰 장점 중 하나는, 이스라엘 백성과의 깊은 연결성에 있다. 이스라엘 백성은 열방에 축복이 되는 사명을 새롭고 확장된 방식으로 계속 수행하고 있다.[32] 한스 큉Hans Küng은 "유대교가 없었다면 그리스도교도 없었을 것"[33]이라고 말한다.

하느님의 백성의 성경적 의미를 이해할 때, 성경의 원어인 히브리

31 Johann Auer and Joseph Ratzinger, *The Church: The Universal Sacrament of Salvation, Dogmatic Theology*, vol. 8 (Washington, DC: The Catholic University of America Press, 1993), 26.

32 Hubert Frankemoelle, "The Root Supports You (Rom 11:17-18)," *Theology Digest* 47 (2000): 227-31. Jürgen Moltmann, *The Church in the Power of the Spirit: A Contribution to Messianic Ecclesiology* (Minneapolis: Fortress Press, 1993), 148-49.

33 Hans Küng, *On Being a Christian* (Garden City, NY: Doubleday & Company, 1976), 167.

어와 헬라어 칠십인역에서는 백성이라는 단어가 특별한 의미를 가진다는 점에 주목하는 것이 중요하다.[34] 히브리어에는 "백성"을 뜻하는 여러 단어가 있지만 가장 많이 사용되며 더 중요한 두 단어가 있다. 그중 Goy는 일반적으로 복수형인 goyim으로 사용되는 단어로, "나라"나 "민족"을 의미한다(예: 시편 117,1 참조). 여기서 '나라'나 '민족'은 이스라엘을 둘러싼 나라나 부족, 또는 이스라엘이 유배된 이후 디아스포라 상태에서 살았던 나라와 그 지역의 부족을 의미한다. 이에 비해 단수로만 사용되는 'Am은 이스라엘 백성에게만 사용되는 특별한 단어이다(예: 탈출 6,7, 예레 30,22 참조). 존 크래건John Craghan은 'Am이라는 단어가 "사람들을 의미하는 것으로 확장된 '가족'의 의미를 담고 있으며 한 사람이 다른 모든 사람과 연결된 일종의 대가족"을 의미한다고 말한다.[35] 히브리어 성경이 그리스어로 번역될 때 사용된 단어는 ethnos로 복수형인 ethne는 Goy, goyim으로 번역되고, 'am은 laos로 번역되었다. 뤼시앵 세르포Lucien Cerfaux에 따르면 laos는 오래된 그리스어 단어로, 특히 칠십인역 번역자들이 하느님의 특별한 백성으로서 이스라엘의 특별함을 드러내기 위해 사용했다.[36] 프랑스 성서학자 피

---

34 언어학적 구분에 관해서는 Pierre Grelot, "People," *Dictionary of Biblical Theology*, ed. Xavier Leon-Dufour, 416-22 (New York: Seabury Press, 1973), 416.Hans Küng, *The Church* (New York: Sheed and Ward, 1967), 116; 발터 카스퍼Walter Kasper는 그리스어 성경이 '사회의-국가적인' 의미를 가진 "데모스(demos)"를 "백성"으로 사용하지 않고, 대신 "라오스(laos)"를 사용하여 이를 "이방 민족들(ethne)"과 구별한다고 지적한다(원문에서는 "ethnoi"로 표기). 카스퍼의 저서 *The Catholic Church* 120쪽 참조. 라틴어 불가타 성경에서는 이러한 구분이 유지되어 "고임(goyim), 에트네(ethne)"는 "겐테스(gentes)"로, "암('am), 라오스(laos)"는 " 포풀루스(populus)"로 번역되었다. 영어 번역본에서는 이스라엘의 '백성'과 구별하기 위해 "the nations"와 "the peoples"라는 표현을 사용한다.이에 관하여, Walter Kasper, *The Catholic Church*, 120.

35 John Craghan, "People of God," *The New Dictionary of Theology*, ed. Joseph Komonchak, Mary Collins, and Dermot A. Lane, 755-57 (Wilmington, DE: Michael Glazier, 1988), 755.

36 Lucien Cerfaux, *La Théologie de L'Église suivant Saint Paul*, Unam Sanctam 54 (Paris:

에르 그레로Pierre Grelot는 이러한 언어적 구분이 등장한 배경을 다음과 같이 설명한다. "사람들은 소명의 신비로 인해 다른 민족과 매우 다른 이스라엘의 본질을 표현하기 위해 특별한 단어의 필요성을 느꼈다. 이스라엘은 소명의 신비로 인해 다른 민족들과 매우 달랐고, 그들의 민족적 경험이 종교적 의미를 획득하게 되었고, 그 속에서 구원 계획의 본질적 측면이 드러나기 시작했다."[37]

아브라함과 사라에게 약속된 백성

다른 민족과 구별되는 이 특별한 민족은 선교를 위해 선택된 민족, 즉 파송을 위해 부름받은 민족이다. 크리스토퍼 라이트Christopher J. H. Wright는 이러한 선택과 선교의 연관성은 창세기 12,1-3의 아브람(그리고 사라이)의 부르심과 함께 성경의 시작부터 존재한다고 주장한다.[38] 라이트는 하느님의 창조 사명에 대한 인간의 참여가 하느님이 인류에게 하느님의 대사ambassador로서 땅과 그 안에 있는 모든 것을 돌보도록 위임하셨을 때부터 요청되었다고 말한다.[39] 홍수 이후 창세기 9장에서 하느님이

Les Éditions du Cerf, 1965), 18.

37 Grelot, "People," 416.

38 Christopher J. H. Wright, *The Mission of God: Unlocking the Bible's Grand Narrative* (Downers Grove, IL: IVP Academic, 2006). Wright는 "God's Elect People: Chosen for Blessing"이라는 제목의 1장(191-221쪽)과 "God's Particular People: Chosen for All"이라는 제목을 가진 장(222-264쪽)에서 이 주장을 자세하게 개진한다.

39 Wright, *The Mission of God,* 211. 히브리어 용어 "라다(rada)"는 종종 "지배"로 번역되며, 과거에는 창조세계를 지배하고 정복하라는 명령으로 해석되어 인간 중심주의와 생태학적 남용을 초래했다. 그러나 오늘날 학자들의 설명에 따르면 이 용어는 "착취가 아니라 돌보고 양육하는 것"을 의미한다. 이에 관하여 Terrence E. Fretheim, "The Book of Genesis: Introduction, Commentary, and Reflections," *The Interpreter's Bible: A Commentary in Twelve Volumes,* vol. 1, ed. Leander E. Keck et al. (Nashville: Abingdon Press, 1994), 346. 다이앤 베르간트는 인간이 하느님의 형상과 모양으로 창조된 것이 그들에게 창조세계에서 하느님의 대리자로서 하느님의 자리를 대신하는 임무를 부여한다고 쓴다. Dianne Bergant, *Genesis: In the Beginning* (Collegeville, MN: The Liturgical Press, A Michael Glazier Book, 2013), 6-7.

땅을 노아와 그의 자손의 손에 넘기시면서 그 요청이 새롭게 갱신되었다. 하지만 아브람의 소명은 달랐다. 아브람의 부르심은 남자와 여자의 불순종으로 에덴동산에서 쫓겨난 후, 동족상잔의 유혈 사태가 일어난 후, 바벨탑 사건으로 인한 언어의 혼란이 일어난 후에 시작된 하느님의 구속 사명의 출발점이다.[40] 아브람의 부르심은 또한 치유와 용서를 포함하는 창조의 완성을 위해 하느님과 함께 일할 백성, 즉 한 민족을 향한 부르심이다.

창세기에서 우리는 하느님이 "온 땅의 말을 뒤섞어 놓으신"(창세 11,9) 직후, 한 사람(그리고 그의 아내 사라이와 그의 가족과 종들 몇 명)을 선택해 나라와 가족, 안전을 떠나 미지의 목적지로 떠나도록 부르시는 과정을 읽게 된다. 그리고 그들은 하느님이 "나는 너를 큰 민족이 되게 하고, 너에게 복을 내리며, 너의 이름을 떨치게 하겠다. 그리하여 너는 복이 될 것이다.… 세상의 모든 종족들이 너를 통하여 복을 받을 것이다"(창세 12,2-3)라고 약속하심에 따라 길을 떠났다. 민족들이 흩어진 이후, 하느님은 아브람과 그의 후손을 통해 모든 민족과 나라가 평화, 정의, 번영, 치유와 같은 축복을 받게 하실 것이다. 한 사람, 한 부부에게서 한 민족이 탄생하고 그 민족은 전 세계에 축복(구원)을 가져다 줄 것이다.

창세기 17장에서 아브람이 하늘의 별처럼 많은 자손을 약속받고 강력한 언약 의식(창세 15장)을 통해 땅을 약속받는 극적인 장면이 나타난다. 이후, 하느님은 아브람과 또 다른 언약을 맺으시는데, 그 언약은 이미 이 지역과 그 너머에서 잘 알려진 통과 의례인 할례의 표징으로 확증된다.[41] 결과적으로 아브람과 사라이는 새 이름과 새로운

40 Wright, *The Mission of God*, 212, 194-200.

41 Fretheim, "The Book of Genesis," 460. 이스라엘에서 할례는 남성에게만 시행되었으나,

사명을 부여받게 된다. 아브람("고귀한 아버지"라는 뜻)은 이제 아브람의 변증법적 변형인 아브라함이지만,

> 여기서는 다른 의미로 이해된다. 즉, "무리의 아버지."… 이제 그는 하느님과의 개인적인 관계가 아니라 열방과의 관계에 초점을 맞춘 새로운 이름에 걸맞게 살아야 한다. 이 이름은 다른 사람들의 삶을 중심으로 한 외향적인 이름이다. 아브라함의 선택에는 선교가 포함된다.[42]

사라이는 "공주"라는 뜻의 사라가 된다. 그녀는 축복을 받아(그녀의 불임이 치유되어), "많은 민족의 어미가 될 것이다."(창세 17,16)[43] 테런스 프레타임Terence Fretheim에 따르면, "본문은 사라를 아브라함 아래에 종속시키지 않는다. 즉, 사라의 미래에 대한 중요성을 오직 아브라함을 통해서만 찾지 않는다." 사라는 진정으로 언약[44]에 참여하며, 또한 아브라함의 사명에도 참여한다. 본문에서 '아브라함'을 볼 때 우리는 사라의 역할도 인식해야 한다.[45]

그 사명은, 다시 한번, 모든 민족과 모든 나라에 축복이 되는 것이다. 라이트는 축복이 되라는 부르심이 창세기에서 약간의 차이만 있을 뿐 네 번 더 반복된다는 점을 지적하면서 그 중요성을 강력하게

남성 중심적이고 가부장적인 사회에서 여성은 남성에게 새겨진 표식을 통해, 그리고 공동체의 일원으로서 백성에 포함되었다.

42 Fretheim, "The Book of Genesis," 459.

43 Wright, *The Mission of God*, 205.

44 Fretheim, "The Book of Genesis," 459.

45 다음 내용에서는 아브라함만 언급하는 본문을 따르지만, 창세기 17,16과 프레타임의 주석, 그리고 현대 페미니즘 감수성에 비추어 사라와 다른 여성들이 언약 백성의 출산과 참여에서 맡은 역할을 인정하는 것이 중요하다. 이 언약 백성은 모든 민족에게 축복을 가져오는 사명을 지녔으며, 오늘날의 생태적 의식을 고려하면 실제로 땅 자체에도 축복을 가져오는 사명을 지니고 있다.

강조한다.[46] 창세기 18,18에서 하느님은 "아브라함이 크고 강한 민족이 되고 모든 민족이 그를 통해 복을 받을 것을 보고" 소돔을 멸망시키기로 한 결정을 숨기지 않기로 한다. 22장에서 아브라함이 아들 이삭을 희생시키는 것을 면제 받은 후, 하느님은 아브라함의 자손이 별과 모래알처럼 많아지고 이 후손(이 민족)을 통해 "세상의 모든 민족이 스스로 복을 얻으리라"(17-18)는 약속을 새롭게 한다. 26장에서는 아브라함(과 사라)에 대한 약속이 이삭(과 리브가)에게도 새롭게 전해진다. "내가 네 후손을 하늘의 별처럼 불어나게 하고… 세상의 모든 민족들이 네 후손을 통해 스스로 복을 얻으리라."(26,4) 야곱은 베텔에서 하느님이 자신의 자손을 "땅의 먼지처럼 많아지고… 땅의 모든 종족들이 너와 네 후손을 통해 복을 받을 것이다"(28,14)라고 약속하시는 꿈을 꾼다. 이처럼 하느님이 아브라함과 사라를 선택하고 그들에게 약속하신 것을 통해 그들의 무자無子함이 번성하여 큰 민족이 될 것이며, 그 민족은 모든 민족에게 축복을 전하도록 부름받을 것이다.

하느님의 귀중한 소유possession가 된 이스라엘

이 모든 일은 때가 되면 일어날 것이다. 성경의 이야기는 15장에서 본문이 예언한 바를 성취하기 위해 돌이킬 수 없이 나아간다. "너의 후손은 남의 나라에서 나그네살이하며 사백 년 동안 그들의 종살이를 하고 학대를 받을 것이다. 그러나 네 후손이 종이 되어 섬길 민족을 나는 심판하겠다. 그런 다음, 네 후손은 많은 재물을 가지고 나올 것이다."(13-14) 아브라함과 사라의 가족은 늘어나고 손자 야곱은 열두 아들을 낳고, 그중 막내 요셉은 이집트에 노예로 팔려 간다. 야곱의 가족은

---

46 Wright, *The Mission of God*, 194.

기근으로 인해 이집트로 이주하게 되고 거기서 요셉의 영향력 아래 번영을 누린다. "그 뒤 요셉과 그의 형제들과 그 세대 사람들이 모두 죽었다. 그러나 이스라엘 자손들은 자식을 많이 낳고 늘어만 갔다. 그들은 번성하고 더욱더 강해졌다. 그리하여 그 땅이 이스라엘 자손들로 가득 차서,"(탈출 1,6-7) "요셉을 알지 못하는 새 임금"(탈출 1,8)은 이들을 위협으로 인식하게 되었다.

이러한 진행이 어떤 결과로 이어졌는지 우리는 안다. 이스라엘은 노예가 되었고, 이집트인들은 이스라엘 자손을 "혹독하게 부렸으며"(탈출 1,13), (영리한 산파 시프라와 푸아의 영웅적인 노력에도 불구하고-탈출 1,15-22) 끝내 파라오의 칙령에 따라 남자 아기는 살 수 없게 되었다. 이 남자 아기들 중 한 명인 모세는 죽음을 피하고 모세의 누이 미리암의 기발한 계략으로 파라오의 딸에게 발견되어 왕궁에서 자라게 된다(탈출 2,1-10). 그러나 모세는 히브리인으로서의 정체성을 잊지 않았고, 이집트인이 자신의 '동족'을 구타하는 것을 목격하자 그 이집트인을 죽였으며, 그 결과 목숨을 걸고 이집트에서 탈출해야 했다(탈출 2,11-15). 모세는 미디안으로 도망쳐 결혼하고 장인의 양을 돌보는 삶을 시작했다(탈출 2,16-22, 3,1).

어느 날 호렙산 근처 광야에서 양 떼를 돌보던 모세는 불에 타오르지만 불에 타서 없어지지 않는 떨기를 보았다. 그때 모세는 자신의 이름이 불리는 소리를 들었고, 가까이 다가가자 "나는 아브라함의 하느님, 이삭의 하느님, 야곱의 하느님이다"(탈출 3,6)라고 말씀하시는 하느님의 현존을 경험했다. 그리고 주님께서 말씀하셨다. "나는 이집트에 있는 내 백성'am이 겪는 고난을 똑똑히 보았고, 작업 감독들 때문에 울부짖는 그들의 소리를 들었다. 정녕 나는 그들의 고통을 알고 있다. 그래서 내가 그들을 이집트인들의 손에서 구하여, 그 땅에서 저 좋고 넓은 땅, 젖과 꿀이 흐르는 땅으로 데리고 올라가려고 내려왔다."(탈출 3,7-8) 하느님은 아브라함과 그의 가족을 동일시하며 이스라엘을 "내 백성"이라고 부른다. 하느님은 그들의 고통과 연대하겠다고 선언하고 그들을 구원하겠다고 약속한다. 이스라엘 민족은 하느님의 백성, 즉 하느님에게 속한 백성이다(탈출 3,10-12 참조).

이어지는 내용은 우리에게 익숙한 이야기이다. 파라오는 결국 백성들을 보내기로 했지만(탈출 5,1 참조),[47] 곧 마음을 바꾸고 이스라엘 백성을 쫓아가다가 그의 군대가 바다에 빠져 죽고, 이스라엘은 마치 마른 땅을 건너듯 바다를 건넌다. 그러나 이스라엘 민족은 하느님의 위대한 능력을 목격한 후에도 그 기쁨을 오래 지니지 못했다. 그들은 쓴물에 대해 불평하고, 배고픔에 대해 불평하고, 사막에서는 목마름에 대해 불평했으며 아말렉 족속의 공격을 받았다. 하지만 쓴물이 단물로 바뀌고 메추라기가 풍성하게 내리며, 메마른 바위에서 물이 솟구치고, 만나가 매일 나타나기 시작하고, 전쟁을 벌이던 적들이 크게 패배하는 일이 일어났다(탈출 16-17장). 하느님은 자신의 백성으로 선택한 백성을, 이토록 성질이 급하고 배은망덕하며 불평하는 백성을 돌보신다.

이제 이야기는 탈출기의 절정인 19-24장, 즉 시나이산에서의 언약을 다루는 "시나이산 단락pericope"[48]으로 이어진다. 월터 브루그만Walter Brueggemann은 이 장들이 "탈출기의 가장 중심에 있으며 모세 신앙의

---

47 탈출기 주석에서 월터 브루그만은 5,1부터 11,10까지의 책 전체 구간을 "내 백성을 가게 하라"라고 제목을 붙인다. 이 장들은 마지막 하느님의 행위인 이집트의 모든 장남의 죽음에 이르기까지 여덟 가지 재앙을 서술하며, 이를 통해 처음으로 파라오가 백성을 놓아주기로 설득되는 과정을 담고 있다. Walter Brueggemann, "The Book of Exodus: Introduction, Commentary, and Reflections," *The Interpreter's Bible: A Commentary in Twelve Volumes*, ed. Leander E. Keck, 675-981 (Nashville, TN: Abingdon, 1994), 688.

48 Brueggemann, "The Book of Exodus," 830.

중추적 역할을 한다"고 말한다. "이 사건에서 과거에 노예였던 이들이 공통된 혈통이나 언어 또는 영토로 식별되지 않고, 오직 야훼의 명령에 대한 충성심만을 기반으로 공동체를 형성한다."[49] 이들이 바로 아브라함에게 약속된 백성이며, 세상의 모든 민족에게 복을 가져다줄 백성이다.

19장의 첫 구절은 이스라엘이 이제 시나이산(호렙산이라고도 함) 기슭에 이르렀다고 서술한다. 하느님은 모세에게 백성에게 말하라고, 즉 지금까지 하느님이 그들에게 행하신 모든 일을 상기시키라고 명하신다. 이제 하느님은 그들을 언약으로 부른다. 하느님은 이스라엘이 언약의 요구에 충실**하다면**if 이스라엘에게 신실할 것임을 약속한다(20장 2-17절에 십계명의 형태로 요약되어 있다). **만약**if 이스라엘이 계약을 지키면 "너희는 모든 민족 가운데에서 나의 소유가 될 것이다. 온 세상이 나의 것이다. 그리고 너희는 나에게 사제들의 나라가 되고 거룩한 민족이 될 것이다."(탈출 5-6) 라이트는 창세기 12장 1-3절이 창세기에서 중추적인 역할을 하듯, 이 구절이 탈출기에서 중요하다고 주장한다. "이 본문에는 **명령**(이스라엘이 어떻게 행동해야 하는지)**과 약속**(이스라엘이 다른 민족들 사이에서 어떤 존재가 될 것인지)이 결합되어 있다."[50]

시나이산 언약은 구약과 신약 모두에서 하느님의 백성에 대한 성경적 개념을 이해하는 데 중요한 열쇠를 제공한다. "나는 너희 하느님이 되고 너희는 내 백성이 되리라"라는 공식으로 표현되는 언약으로 인해 하느님은 자신이 선택한 백성과 긴밀하고 친밀한 관계를 맺기로 선택하셨다. 이 구절은 구약성경 전체를 관통하는 실처럼 이어진다. 이스라엘이 이집트에서 탈출하기 전에도 하느님은 모세에게

49 Brueggemann, "The Book of Exodus," 830.

50 Wright, *The Mission of God*, 224.

"나는 너희를 내 백성으로 삼고, 너희 하느님이 되어 주겠다"(탈출 6,6-7)고 약속한다. 레위기에는 "나는 너희 가운데에 나의 거처를 정하고,… 너희와 함께 살아가면서 너희 하느님이 되고 너희는 나의 백성이 될 것이다"(레위 26,11-12)라는 구절이 있다. 신명기에서는 이스라엘이 요르단강을 건너 약속의 땅으로 들어가기 전에 모압에서 언약을 갱신하면서 하느님은 다시 한번 신실함을 약속하신다. "너희에게 이르신 대로, 너희의 조상 아브라함과 이사악과 야곱에게 맹세하신 대로, 너희를 당신의 백성으로 삼으시고 너희의 하느님이 되시려는 것이다."(신명 29,12)[51]

이스라엘은 하느님의 선택을 받은 백성으로서, "땅 위에 있는 모든 민족들 가운데에서 당신 소유의 백성"(신명 7,6)이다. 이 본문은 계속해서 하느님의 선택 동기가 하느님의 순수한 사랑과 은혜라는 점을 설명한다. "주님께서 너희에게 마음을 주시고 너희를 선택하신 것은, 너희가 어느 민족보다 수가 많아서가 아니다. 사실 너희는 모든 민족들 가운데에서 수가 가장 적다. 주님께서는 너희를 사랑하시어, 너희 조상들에게 하신 맹세를 지키시기 위해서"(신명 7,7-8) 선택하셨다. 여기서 우리는 이 언약이 아브라함과 사라에 대한 최초의 약속으로 어떻게 되돌아가는지 다시 한번 확인할 수 있다.

이스라엘의 기도서인 시편은 언약의 하느님과 긴밀하고 친밀한(때로는 논쟁적인) 관계를 경험하는 개인과 공동체의 기도 모음집임이 분명하다. 이러한 기도의 대부분은 하느님께 "민족들"과 "나라들"로부터 구원해달라는 요청이 담겨 있다. 많은 시편은 하느님이 참으로 모든 민족의 하느님임을 인정하면서 그렇게 하신 하느님을 찬양한다.[52] 많은 시편은 이

51 원문에는 13절로 되어 있으나, 12절이 맞음.

52 상당히 대략적인 읽기만으로도 나는 30개 이상의 언급을 발견했는데, 예를 들어 다음과 같

스라엘이 참으로 하느님의 특별한 백성, "그분 목장의 백성, 그분 손수 이끄시는 양"(시편 95,7; 100,3 참조)임을 인정한다. 하느님은 "당신 백성을 좋아하시"(시편 149,4)지만, 불충실함으로 인해 그들을 징계하기도 한다(시편 81,8). 이스라엘은 하느님이 하느님의 백성에게 힘과 평화를 주시기를 기도한다(시편 29,11).[53] 시편에서 계속해서 하느님이 선택한 민족으로서 이스라엘의 특별한 위치가 분명하게 드러난다.

구약성서 전체에 걸쳐 이스라엘과 하느님의 친밀함과 이스라엘에 대한 하느님의 깊은 애정을 보여 주는 다른 강력한 이미지들이 있다. 하느님은 때때로 슬퍼하시지만 사랑스러운 남편으로 묘사된다. 예레미야 3장 20절, 호세아 1장 2~8절, 특히 에스겔 16장에서는 이를 더욱 극명하게 볼 수 있다. 하느님은 이스라엘의 아버지이시지만(이사 63,16, 예레 3,19 참조), 이사야 49,14의 유명한 묘사("여자가 젖먹이는 자식을 잊을 수 있겠느냐")처럼, 호세아 11,1-12에 신랄하게 표현된 것처럼 이스라엘의 어머니이기도 하다.

> 이스라엘이 아이였을 때에 나는 그를 사랑하여
> 나의 그 아들을 이집트에서 불러내었다. . .
> 내가 에프라임에게 걸음마를 가르쳐 주고
> 내 팔로 안았다. . .
> 나는 그들에게 마치 갓난아기를 뺨에 안는 사람과 같이

다. 18,43; 44,1-3; 46,6; 57,9-10; 66,7; 68,7-10; 82,8; 97,6; 99,2; 105,1-2; 108,3; 113,4; 126,2; 135,15.

53 역시 대략적인 읽기만으로도 '백성'이라는 단어가 이스라엘을 가리키며 사용된 최소 18개의 언급을 발견했는데, 그중에는 다음이 포함된다. 14,4; 22,4; 33,10-12; 44,1-2; 47,8-9; 50,4-5, 7; 72,2; 78,62, 71; 89,15; 94,5, 14; 106,40; 136,16; 144,15; 149,4. 언약과 이스라엘에 대한 많은 다른 언급들이 있으며, 이는 이스라엘을 하느님의 특별한 백성으로 명확히 지칭하고 있다.

나는 몸을 굽혀 먹여 주었다(호세 11,1-4)[54]

우리는 이미 시편 95편과 100편에서 하느님의 양의 우리 또는 양 떼로서의 이스라엘의 이미지를 보았다. 이 이미지는 시편 기자가 "야훼는 나의 목자"라고 선언하는 시편 23편에서도 사용된다(1절). 에제키엘 34장에도 이 이미지가 길게 표현되어 있는데, 이 장은 언약 공식에 변형을 가미하며 끝난다. "그제야 그들은 나 주 저희 하느님이 자기들과 함께 있음을, 그리고 그들 이스라엘 집안이 내 백성임을 알게 될 것이다. 주 하느님의 말이다. 너희는 나의 양 떼, 내 목장의 양 떼다. 너희는 사람이요 나는 너희의 하느님이다. 주 하느님의 말이다."(30-31) 이스라엘에 대한 하느님의 친밀함을 나타내는 다른 강력한 이미지로는 이스라엘을 하느님의 포도원으로 묘사한 이미지(시편 80,8-18; 이사 5,1-7), 종의 이미지(이사 41,8-10; 이사 42,1-4; 이사 49,1-6)[55] 그리고 하느님의 회중qahal으로서 묘사한 이미지가 있다. 한편, 회중이라는 이미지는 신약성경에서 하느님의 백성을 말하는 주된 방식으로 사용되며, ekklesia 또는 ekklesia tou theou("교회" 또는 "하느님의 교회")로 번역된다.[56]

---

54 비록 여기에서 화자의 성별이 명시되지 않았지만, 그 이미지가 여성적인 이미지를 가리키고 있다. 웰스는 '부모'라는 단어를 사용하면서 이 구절에 대한 아름다운 성찰을 다음 책에 담았다. Samuel Wells, *Learning to Dream Again: Rediscovering the Heart of God* (Grand Rapids, MI: Eerdmans, 2013), 13-19.

55 첫 번째 언급에서 아브라함과의 명시적인 연결을 주목하고, 두 번째와 세 번째 언급에서는 암시적인 아브라함적 언급과 선교적 암시가 있다. 오늘날 학자들의 공통된 의견은 이 종이 이스라엘과 한 개인을 동시에 가리키며, 이를 집합적 인격으로 본다는 것이다. Joseph Blenkinsopp, *Isaiah 40-55: A New Translation with Introduction and Commentary,* The Anchor Bible, vol. 19A (New York: Doubleday, 2002), 118-20.

56 Kasper, *The Catholic Church*, 121.

선교를 위해 선택된 백성

이스라엘은 하느님이 선택한, 특별한, 그리고 사랑받는 하느님의 소유이지만, 그 선택과 특별함은 온 세계를 향한 하느님의 사랑을 위한 것이다.[57] 이브 콩가르Yves Congar의 말처럼,

> [성경에서] 선택은 항상 세상에서 계획을 수행하기 위해 누군가를 따로 세우는 것이다. 이때 성별된다는 개념이 포함된다. 하느님의 백성은 하느님을 알고 그분을 찬양하기 위해, 또한 그분의 증인이 되기 위해 성별되었다. 이 백성은 분리된 상태를 유지하기 위해 따로 구별된 것이 아니라 하느님의 보편적인 구원 계획을 성취하기 위해 하느님을 섬기라고 따로 구별되었다. 이들은 행동하기 위해, 즉 선교의 역동성을 위해 일하도록 바쳐진 것이다.[58]

크리스토퍼 라이트는 이렇게 주장한다. "이스라엘의 특수성은… 세상에 대한 하느님의 관심의 보편성에 봉사하기 위한 것이다. 이스라엘의 선택은 하느님의 선교를 위한 것이다."[59] 라이트는 아브라함과 사라에 대한 하느님의 약속과 관련하여, 모든 민족이 그들을 통해 어떻게 축복을 받게 될 것인지에 대한 구약과 신약의 광범위한 예를 제

57 교회론 수업이나 다른 발표에서 이스라엘의 선택받음을 제시할 때, 학생들이나 참가자들은 종종 하느님의 이러한 배타성에 대해 반대하며, 과연 모든 사람이 하느님의 백성이자 특별히 사랑받는 존재가 아니냐고 묻는다. 이러한 관점은 칼 라너의 관점이기도 하다. 예를 들어 라너의 논문, Rahner, "People of God" *Encyclopedia of Theology: The Concise Sacramentum Mundi*, ed. Karl Rahner (New York: Seabury Press, 1975), 1204-6. 모든 민족이 분명 하느님께 사랑받고 있지만, 여기서 "백성"이라는 이미지의 핵심은 선교를 위한 선택이라는 점이다.

58 Yves Congar, "The People of God," *Vatican II: An Interfaith Appraisal*, ed. John H. Miller, 197-207 (Notre Dame, IN: University of Notre Dame Press, 1966), 200.

59 Wright, *The Mission of God*, 257.

시하며,[60] 이스라엘의 특수성이 실제로 하느님의 보편적인 계획을 위한 것임을 보여 준다.

한편, 이스라엘 역사에서 가장 큰 긴장이자 비극 중 하나는 이스라엘이 이를 이해하지 못했다는 점이다. 캐럴 스툴뮬러Carroll Stuhlmueller와 도널드 시니어Donald Senior가 강조하듯이, 이스라엘은 종종 자신들의 특별함과 하느님과의 친밀함을 순수한 특권으로 여겼기 때문에 주변 국가들을 무시하고 자신을 우월한 존재로 여겼다. 시니어와 스툴뮬러는 "선택이 여전히 선물이자 유혹이며 과제이자 위협"이라고 말한 월터 브루그만의 말을 인용한다.[61] 이들이 주장하는 바와 같이,

> 결과적으로 선택은 이스라엘 사람들이 미신적으로 하느님의 은총에 취하게 만드는 주요 "우상" 중 하나가 될 수 있었고, 실제로 그렇게 되었다. 이스라엘은 하느님의 약속 때문에, 즉 "땅 위에 있는 모든 민족들 가운데서 나의 소유로 삼은 [신중하게 선택한] 나의 백성"(신명 14,2)이기 때문에, 이 은총이 당연히 자신들에게 주어진 것이라고 주장했다.[62]

이스라엘의 예언자들은 하느님의 신실하심을 인정하면서도 이스라엘의 불충실함을 직시하여 이스라엘이 하느님의 백성으로서 자신을 더욱 깊이 이해하도록 준비시킨다.

---

60 Wright, *The Mission of God*, 224-52.

61 Donald Senior and Carroll Stuhlmueller, *The Biblical Foundations for Mission* (Maryknoll, NY: Orbis Books, 1983), 86. 브루그만에 대한 언급은 시니어와 스툴뮬러 자신의 말로 전달되었다. Walter E. Brueggemann, *The Land* (Philadelphia: Fortress Press, 1977), 53.

62 Senior and Stuhlmueller, *The Biblical Foundations for Mission*, 105.

이스라엘의 불성실과 새 언약의 약속

이스라엘에 대한 예언자의 메시지는 먼저, 언약에 대한 불충실함을 고발하고 온 마음을 다해 하느님께 돌아오라는 호소이다. 많은 예가 있지만 여기서는 그중 몇 가지만 소개할 수 있다. 우리는 이사야서의 첫대목에서 부모로서 탄식하는 하느님의 말씀을 읽는다.

> 내가 자녀를 기르고 키웠더니
> 그들은 도리어 나를 거역하였다…
> 나의 백성은 깨닫지 못하는구나(이사 1,2-4 참조)

예레미야서에는 허리에 두른 띠의 비유가 나온다. 하느님은 사람의 허리에 두른 띠처럼 이스라엘과 가까이 계시지만 이스라엘은 하느님의 말씀을 듣지 않았다(예레 13,1-11 참조). 미가는 고뇌에 찬 목소리로 하느님을 부르짖는다. "내 백성아, 내가 너희에게 무엇을 하였느냐?… 내 백성아, 기억해 보아라,… 그러면 너희가 주님의 구원 업적을 알게 되리라."(미카 6,3-5 참조) 하느님은 아름답고 유명한 구절에서 이스라엘에게 언약을 지키는 데 필요한 것이 무엇인지 말씀하신다.

> 공정을 실천하고
> 신의를 사랑하며
> 겸손하게 네 하느님과 함께 걷는 것이다(미카 6,8)

그리고 호세아에서 우리는 읽는다.

> 이스라엘아, 주 너희 하느님께 돌아와라

너희는 죄악으로 비틀거리고 있다(호세 14,2)

예언자들의 메시지는 두 번째로, 하느님께서 더 이상 이스라엘을 당신의 백성으로 받아들이지 않겠다는 메시지이다. 이 메시지는 아마도 하느님이 호세아의 자녀들에게 내린 이름에서 가장 분명하게 드러난다. 하느님은 창녀 아내에게서 태어난 호세아의 자녀들에게 이즈르엘Jezreel, 로 루하마Lo-ruhamah, 그리고 로 암미Lo-ammi라는 이름을 지으라고 명령하셨다. 이즈르엘은 처벌의 의미를, 로 루하마는 무자비라는 의미를 갖는다. 특히 로 암미라는 이름을 주실 때에는 "너희는 내 백성이 아니며 나는 너희를 위하여 있지 않다"고 말씀하셨다(호세 1,4-8). 한편, 예언자들은 북왕국 이스라엘과 남왕국 유다의 멸망을 하느님의 벌로 보았다. 이스라엘이 언약을 어겼기 때문에, 즉 모두 자신들의 선택을 당연하게 여기고 우상 숭배와 불의한 행위로 언약을 외면했기 때문에 하느님의 벌이 내렸다고 본 것이다.[63] 예언자들은 하느님의 명령에 따라 하느님의 말씀을 전했다. 예를 들어 예레미야서에서 우리는 다음과 같은 구절을 발견한다. "너는 그들에게 이렇게 말하여라. '주님께서 이렇게 말씀하신다. 너희가 내 말을 듣지 않고 내가 너희 앞에 세워 둔 내 법대로 걷지 않는다면,… 이 도성을 세상의 모든 민족들에게 저주의 대상이 되게 하겠다."(예레 26,2-6 참조) 그러나 하느님의 백성은 이 말에 귀를 기울이지 않았고. 멸망의 운명에 처한 것처럼 보였다.

예언자들이 이스라엘에게 전한 세 번째 측면은 희망의 메시지였다. 하느님은 궁극적으로 하느님의 백성을 버리지 않으실 것이다.

---

63 신명 30,15-20. R. E. Clemens, *Prophecy and Covenant* (Naperville, IL: Allenson, 1965).

에프라임아, 내가 어찌 너를 내버리겠느냐?

이스라엘아, 내가 어찌 너를 저버리겠느냐?…

내 마음이 미어지고

연민이 북받쳐 오른다…

나는 타오르는 내 분노대로 행동하지 않을 것이다

나는 인간이 아니라 하느님이기 때문이다

분노를 터뜨리며 너에게 다가가지 않으리라(호세 11,8-9 참조)

하느님이 저버리지 않으시면, 그곳에 회복이 있을 것이다. 새 백성과 새 계약이 있을 것이다. 이는 아브라함이나 시나이산에서 맺은 계약보다 훨씬 더 위대하고 친밀한 계약이 될 것이다.

나는 그들의 가슴에 내 법을 넣어 주고, 그들의 마음에 그 법을 새겨 주겠다. 그리하여 나는 그들의 하느님이 되고 그들은 나의 백성이 될 것이다. 그때에는 더 이상 아무도 자기 이웃에게, 아무도 자기 형제에게 "주님을 알아라." 하고 가르치지 않을 것이다. 그들이 모두 나를 알게 될 것이기 때문이다(예레 31,31-34 참조).

에제키엘은 마른 뼈 골짜기에서 이스라엘이 일어날 것(에제 37장)과 성전에서 흘러나올 신선함, 치유와 풍요로움(에제 47,1-2)을 예언했다. 새 언약에 대한 그의 비전은 예레미야의 그것과 비슷하지만 더 선명하고 생생했다.

나는 너희를 민족들에게서 데려오고 모든 나라에서 모아다가, 너희 땅으로 데리고 들어가겠다. 그리고 너희에게 정결한 물을 뿌려, 너희를 정결하

> 게 하겠다. 너희의 모든 부정과 모든 우상에게서 너희를 정결하게 하겠다. 너희에게 새 마음을 주고 너희 안에 새 영을 넣어 주겠다. 너희 몸에서 돌로 된 마음을 치우고, 살로 된 마음을 넣어 주겠다(에제 36,24-26).

이스라엘의 회복과 새 마음과 새 영의 비전은 예수님의 비전, 즉 하느님 나라의 혁명적 친밀함에 대한 비전을 구성한다.

예수의 비전과 새로운 하느님의 백성

첫 장에서 언급했듯이, 예수는 자신의 문화와 민족의 전통과 경전에 심취한 준수한 유대인이었다.[64] 예수는 "신실한 유대인"이었고, "새로운 종교를 창설"할 의도가 없었다.[65] 리처드 가일라데츠는 예수의 유대성을 간단히 다루면서 이와 관련하여 엘리자베스 쉬슬러 피오렌자Elisabeth Schüssler Fiorenza의 말을 인용한다. 그녀는 이렇게 주장한다.

> 팔레스타인에서 일어난 예수 운동이 이스라엘의 선택을 상징하는 성전과 토라의 타당성을 전적으로 부정한다고 볼 수 없다. 대신, 예수 운동은 하느님의 능력과 현존의 장소로서 백성 자체에 초점을 맞추어 토라와 성전을 대안적으로 해석한다… 인간의 거룩함holiness은 인간의 온전함wholeness을 표현해야 하며, 종교적 실천이 인간화humanizing를 위한 실천보다 우위에

64 Terrence W. Tilley, *The Disciples' Jesus: Christology as Reconciling Practice* (Maryknoll, NY: Orbis Books, 2008), 34. Amy-Jill Levine, *The Misunderstood Jew: The Church and the Scandal of the Jewish Jesus* (New York: HarperOne, 2006), 17-52. 2015년에 바티칸이 유대인과의종교관계위원회에서 발표한 다음 문서를 참조하라. "'The Gifts and the Calling of God Are Irrevocable' (Rom 11,29)" (GCGI) (December 10, 2015), 14. "예수님의 가르침이나 그의 제자들의 가르침을 이스라엘의 살아 있는 전통 맥락 안에서 유대적 관점으로 바라보지 않고서는 이해할 수 없다. 이러한 전통에 반대되는 것으로 본다면 그의 가르침을 더욱 이해하기 어려울 것이다."

65 Gaillardetz, *Ecclesiology for a Global Church*, 18, 19.

놓여서는 안 된다.[66]

예수의 메시지는 이스라엘 민족의 가슴에 새로운 영이 임하리라고 예언한 예레미야와 에스겔의 비전을 담고 있다. 예수의 메시지는 마른 뼈 무더기가 이스라엘 종교 생활의 중심인 성전에서 흘러나오는 물을 받아 생명을 얻게 된 새로운 백성에 대해 말한다. 이것이 예수가 하느님 나라로 부른 번영의 공동체에 대한 비전이다. 예수의 메시지는 이스라엘을 다시 모아들이고 회복하는 하느님의 새로운 움직임을 선포했다.[67]

예수가 "열두 제자"를 세운(마르 3,13-19, 마태 10,1-4, 루카 6,12-16) 의미도 이러한 이스라엘의 결집과 회복에 있다. 가일라데츠의 말처럼, "예수가 열두 제자를 선택한 것은 상징적인 행위로 해석하는 것이 가장 적절하다. 이는 에스겔과 같은 히브리 예언자들이 행했던 상징적 행동과 다르지 않으며, 하느님 나라가 역사적으로 완성되는 새로운 최종 단계를 나타낸다."[68] 마태오 복음에서 예수는 새로운 모세로 묘사되고,[69] 열두 제자는 오직 "이스라엘 집안의 잃어버린 양에게"(마태 10,6) 파견되는 것으로 묘사된다. 예수는 이스라엘이 곧 회복되고 언약이 새로워질 것으로 생각했다. 이스라엘이 모든 민족의 축복이 될 때가

---

66 Elisabeth Schüssler Fiorenza, *In Memory of Her: A Feminist Reconstruction of Christian Origins* (New York: Crossroad, 1983), 120.

67 서론에서 제시한 하느님의 나라 또는 통치에 대한 Clarence Jordan과 Enda McDonagh의 설명을 떠올려 보면 예레미야의 새 언약에 대한 예언과 예수님의 사명 간의 연결은 [인류의 빛] 9장에서 다뤄진다. 예수님의 비전을 에제키엘에서 나타나는 다른 갱신과 모임의 비전과 연결하는 것도 적절해 보인다.

68 Gaillardetz, *Ecclesiology for a Global Church*, 261.

69 Barbara E. Reid, *The Gospel according to Matthew, New Collegeville Bible Commentary, New Testament*, vol. 1 (Collegeville, MN: The Liturgical Press, 2005), 5, 7, 32.

다가오고 있다.

그러나 안타깝고 비극적이게도, 앞서 살펴본 것처럼, 복잡한 종교적, 정치적 상황 속에서 예수의 메시지는 로마가 점령한 이스라엘의 현상 유지를 위협했다. 그로 인해 예수는 로마의 처형으로 제거되었다. 그렇지만 예수가 시작한 운동은 모든 역경에도 불구하고 살아남았고 오히려 번성했다. 제자들은 오순절 성령강림으로 용기와 능력을 부여받아 예수가 살아 계시며, 당신이 전적으로 신뢰하는 하느님에 의해 죽음에서 부활하셨다고 설교했다. 사도행전을 곰곰이 살펴보면, 성령이 이 초기 공동체를 어떻게 이끌었는지를 살펴볼 수 있다. 성령은 이 공동체가 유대인과 이방인을 모두 포함하는 공동체로서의 고유한 정체성을 점차 인식하여 점점 더 포용적인 공동체가 되도록 이끌었다. 사도행전은 하느님이 택하신 백성과 여전히 밀접하게 연결되어 있지만 그와는 구별되는 하느님의 백성을 어떻게 형성하게 하셨는지를 보여 준다.

완전한 분리는 더디고, 때로는 양쪽 모두에게 고통스러운 일이었다. 예를 들어 마태오복음과 같은 복음서에서 그 흔적을 볼 수 있다. 바바라 리드Barbara Reid는 복음서가 "한편으로는 유대 그리스도교를 옹호하고 정의하면서도, 다른 한편으로는 이방인 그리스도교인들과의 일치를 시도하고 있다"고 말한다. 마태복음서는 "이스라엘에 대한 과거의 약속에 대한 공동체의 연속성을 입증하는 동시에 그리스도의 인격과 그의 사명에 대한 새로운 충성을 정당화한다."[70] 우리는 모든 민족에 대한 축복을 약속한 아브라함과, 이 복음서의 마지막 부분에서 모든 민족을 제자로 삼으라고 명하는 예수(마태 28,16-20) 사이

70 Reid, *The Gospel according to Matthew*, 7.

의 연관성에 대한 라이트의 관찰에서 이러한 연속성과 불연속성을 볼 수 있다.[71]

하느님의 백성으로서의 교회

예수 공동체의 의식은 부활하신 그리스도의 인도 아래 점점 성장했다. 예루살렘에서 열린 회의는 이러한 성장 과정에서 매우 중요한 의미를 지닌다. 이 회의에서는 공동체에 들어온 이방인들이 유대인의 할례 관습과 유대인의 식생활 규정을 따라야 하는지를 결정하는 사안을 다루었다. 회의는 안티오키아의 공동체(이제 그리스도인으로 불린 이들, 사도 11,26)에 "유다에서 어떤 사람들이 내려와, '모세의 관습에 따라 할례를 받지 않으면 여러분은 구원을 받을 수 없습니다'라고 가르치는" 데서 비롯되었다(사도 15,2). 이로 인해 그리스도인들 사이에 "적지 않은 분쟁과 논란"(사도 15,2)이 일어났고, 바오로와 바르나바는 공동체의 지명을 받아 예루살렘으로 가서 그곳의 지도자들을 만나게 되었다. 이 회의에서는 많은 논쟁이 벌어졌다. 그러다 어느 순간 베드로가 일어나 코르넬리우스와 그의 가족이 회심한 이야기를 들려주었다. 베드로의 뒤를 이어 바나바와 바오로는 하느님께서 자기들을 통하여 다른 민족들 가운데에서 일으키신 표징과 이적을 전했다(사도 15,12).

그런 다음 예루살렘 공동체의 지도자였던 야고보가 할례가 필요하지 않고 이교도 숭배와 관련된 특정 관습만 삼가야 한다는 판단을 다시 내렸다. 그러나 여기서 중요한 점은 야고보가 베드로(시므온)의 내레이션에 어떻게 반응했는지이다. 그는 "하느님께서 처음에 다른 민족들 가운데에서 **당신의 이름을 위한 백성을 모으시려고** 어떻게

71 Wright, *The Mission of God*, 194, 213-14.

배려하셨는지, 시몬이 이야기해 주었습니다"(사도 15,14)라고 말한다. 이 구절에서 야고보가 히브리어 goyim과 'am의 칠십인역 번역어인 ethne를 '이방인'으로, laos를 '백성'으로 사용하는 점은 매우 중요하다. 야고보가 여기서 말하는 것은 하느님이 "세상의 모든 민족 중에서"(신명 7,6) 한 민족을 선택하셨던 것처럼, 이제 하느님이 이방인 중에서 한 민족을 선택하신다는 것이다. 바오로의 후기 추론에서 하느님은 "올리브나무 뿌리의 기름진 수액을 같이 받기 위해… 야생 올리브 가지 자리에 접붙인다."(로마 11,17) 제2차 바티칸공의회의 표현을 빌자면, 하느님은 유대인과 이방인으로부터 "새로운 하느님의 백성"(LG 9)을 형성하셨다.[72]

발터 카스퍼Walter Kasper는 신약성경에서 하느님의 백성에 대한 이미지를 가장 잘 표현한 "가장 중요한 구절"로 1베드로 2장 9-10절을 꼽는다.[73] 이 구절들에서 베드로는 탈출기 19장 5-6절의 "중요한" 구절과, 호세아서에서 이스라엘이 하느님의 백성으로서의 지위를 잃었다가(1,8) 하느님의 은총으로 다시 회복하는(2,25) 극적인 진술을 결합시킨다. 베드로는 "여러분은 "선택된 겨레고 임금의 사제단이며 거룩한 민족이고 그분의 소유가 된 백성입니다… 여러분은 한때 하느님의 백성이 아니었지만

---

72 "새로운 하느님의 백성"이라는 표현이 성경에 직접 등장하는 구절은 아니라는 점을 다시 한 번 강조할 필요가 있다. 그러나 로마서 9-11장과 바오로의 다른 서신에서 나타나는 그의 사상을 비추어 볼 때, 이 표현은 하느님이 교회를 창조하신 일을 나타내는 합당한 방식이다. 루돌프 슈나켄부르크와 자크 뒤퐁이 주장한 것처럼, 신약성경에서 이스라엘과 교회 사이에는 연속성이 존재한다. 이 두 가지를 모두 인정해야 한다. "신약성경에 '새로운 이스라엘'이라는 표현이 등장하지 않는 것은, 오히려 하느님께서 이스라엘에 대한 약속을 철회하지 않으셨고, 이방인 교회는 단지 그분의 선택된 백성에 접붙여졌다는 개념을 굳건히 해야 하는 이유가 된다. 결국 구원받을 것은 온전한 이스라엘 전체이다.(로마서 9-11) 동시에, 예수의 피로 구성된 하느님의 백성으로서의 교회가 모든 민족, 즉 이방인과 유대인들로부터 선택된 새로운 실체라는 사실을 부정할 수는 없다."(에페소서 2,11-22) Rudolf Schnackenburg and Jacques DuPont, "The Church as the People of God," *The Church and Mankind*, ed. Edward Schil-lebeeckx, 117-30 (New York: Paulist Press, 1965), 125.

73 Kasper, *The Catholic Church*, 121-22.

이제는 그분의 백성입니다. 여러분은 자비를 입지 못한 자들이었지만 이제는 자비를 입은 사람들입니다"라고 쓴다. 에버렛 퍼거슨Everett Ferguson이 언급했듯이, 베드로는 그리스도인들에게 '하느님의 백성'이라는 완전한 칭호를 주장한다.[74]

그런데 이 구절에서 하느님의 백성이라는 이미지는 교회와 연관되면서 동시에 선교적 차원을 드러내는 또 하나의 측면도 지닌다. 베드로는 "여러분은 선택된 겨레고 임금의 사제단이며 거룩한 민족이고 그분의 소유가 된 백성입니다"라고 썼다. 그러나 호세아를 언급하기 전에 "이는 여러분을 어두움에서 불러내어 당신의 놀라운 빛 속으로 이끌어 주신 분의 위업을 선포하게 되었다"고 덧붙인다. 따라서 이 구절에는 하느님의 백성에 대한 성경의 전체 신학이 요약되어 있다. 하느님은 하느님의 은총을 통해 한 백성을 신성한 사랑의 특별한 대상으로 선택하셨다. 그러나 특권을 누리라고 부르신 것이 아니라 섬기라고 부르셨다. 아브라함에게 약속되었던 바가, 모든 민족에게 축복이 되기 위해 다양한 민족으로부터 모여든 모든 사람에게서 성취되었다. 여기서 우리는 교회의 신비를 "성부와 성자와 성령의 일치로 하나가 된 백성,"(LG 4) 즉 "본질적으로 선교적"(AG 2)인 "선교하는 제자 공동체"(EG 24)로서 볼 수 있다.

---

74 Everett Ferguson, *The Church of Christ: A Biblical Ecclesiology for Today* (Grand Rapids, MI: Eerdmans, 1996), 74.

제2차 바티칸공의회와 이후 문헌에 나타나는 하느님 백성으로서의 교회

하느님의 백성이라는 이미지가 성경적 근거를 가짐에도 불구하고 20세기까지는 이 이미지가 교회 전통에서 중요한 역할을 하거나 교회론의 발전에 영향을 미치지 못했다. 존 푸엘렌바흐John Fuellenbach는 이러한 소홀함을 유대 민족에 대한 교회의 부정적인 시각 때문이라고 지적하며, 이러한 시각이 교회 역사에서 끔찍한 박해를 낳았다고 말한다.[75] 그러나 오스카 쿨만Oscar Cullmann의 연구가 밝힌 바와 같이, 신학 연구에서 '구원사적' 접근이 등장하면서 이 이미지의 중요성이 커지기 시작했다.[76] 요한 아우어Johann Auer와 요셉 라칭거는 "가톨릭 신자들 사이에서 '종말론적'이라는 용어에 대한 명확한 이해를 통해 구원의 역사에 기초한 하느님 백성이라는 개념의 토대가 만들어졌다. 이 개념은 제2차 바티칸공의회 [교회 헌장]의 기초가 되었다"고 설명한다.[77]

공의회에서 이해된 바에 따르면, 이 이미지는 풍부한 교회론을 발전시키는 데 몇 가지 장점을 가지고 있다.[78] 구원 역사와의 연관성에서 알 수 있듯이, 이는 구약성서의 이스라엘 백성과 교회의 연속성을 보여 준다(LG 9).[79] 특히 성경 전체에서 이 이미지의 선교적 성격이

---

75 Fuellenbach, *The Church*, 40.

76 Oscar Cullmann, *Christ in Time*, 3rd ed. (London: SCM, 1971); and Salvation in History (London: SCM, 1967).

77 Auer and Ratzinger, *The Church*, 70. Gerard Mannion은 공의회의 "종말론적 전환"이 그리스도교 교회론, 특히 순례하는 하느님의 백성이라는 개념에서 기초적 역할을 했다는 점을 분명하게 보여 준다. Mannion, "The Pilgrim Church," 115-35.

78 다음 장에서 보겠지만, 하느님의 백성이라는 이미지는 우리가 성찰할 다른 두 이미지, 특히 그리스도의 몸이라는 이미지와 경쟁하지 않는다. 그리스도의 몸과 성령의 창조/성전이라는 이미지는 각각 고유한 장점을 지니고 있으며, 현대 선교적 교회론의 풍요로움을 더해 준다.

79 Schnackenburg and DuPont, "The People of God," 119.

드러난다는 점에서 그렇다. 이러한 연속성은 또한 순례자 교회의 이미지로 표현되는 종말론적 관점을 열어 주는데, 이 이미지 역시 교회를 역사에 뿌리내리게 한다(LG 48-51).[80] 교회는 세상 안에 있고, 세상에 관여하며, 이미 있지만 아직 완성되지 않은 하느님 나라를 구현하고, 보여 주고, 선포한다. 또한 하느님 백성의 이미지는 구원의 공동체적 성격을 강조한다(LG 9, AG 2). 구원은 궁극적으로 고립된 개인의 성취가 아니라, 관계와 공동체 안에서 이루어진다. 교회라는 친교는 그 구원의 표징이자 성사이다(LG 1). 이 이미지는 또한 세례에 기초한 근본적인 평등성을 가리키며, 이를 통해 그리스도교 제자들은 사제직, 왕/종직, 예언자직이라는 그리스도의 '삼중직'에 참여하여 교회의 선교에 직접적으로 참여하게 된다(LG 10-12, AA 2). 이러한 이미지의 모든 측면은 공의회 이후 수십 년 동안 교회론을 더욱 풍성하게 만들었다. 마지막으로, 제2차 바티칸공의회에 뿌리를 두고 있지만 그 이상으로 나아가, 하느님의 백성으로서의 교회 이미지는 "가난한 교회, 가난한 이들을 위한 교회"(EG 198)와 교회의 문화적 적응(EG 122-26)을 이해하는 데 도움이 될 수 있다.

이번 절에서는 먼저 이스라엘과 그리스도교 교회 사이의 연속성과 불연속성을 성찰할 것이다. 그런 다음, 하느님의 통치를 향해 나아가는 과정에서 교회의 순례자적이고 역사적인 성격을 살펴보고, 세례 받은 모든 이들의 온전한 참여를 위한 하느님 백성이라는 이미지의 의미를 성찰할 것이다. 마지막으로, 프란치스코 교황이 하느님의 백성으로서의 교회를 다시 강조함으로써, 교회가 세상의 가난한 이들에 대한 관심을 기울이는 동시에 토착화에 헌신하도록 하는 것

80 Schnackenburg and DuPont, "The People of God," 119; Kasper, *The Catholic Church*, 122.

의 함의를 살펴볼 것이다.

그리스도인과 유대인: 하느님의 백성

"유대교가 없었다면 그리스도교도 없었을 것이다."[81] 우리는 이미 한스 큉의 인상적인 문구에 주목한 바 있다. 그러나 큉은 또한 "오랜 세기 동안 교회는 단순히 이스라엘을 무시했다."[82] 바오로는 로마서에서 고뇌에 차서 '이스라엘을 통해 온 세상이 궁극적으로 구원받게 될 것이라는 하느님의 지속적인 헌신'에 대한 성찰을 보여 준다. 이러한 바오로의 성찰은 사도행전과 히브리서 서신을 대체주의적으로 읽고supersessionist reading[83] 해석하는 바람에 상대적으로 무시당했다.[84] 이러한 해석은 무섭고 비극적인 편견과 박해의 역사로 이어졌고, 독일 국가사회주의 시대에 유럽 유대인의 3분의 2가 몰살당하는 것으로 절정에 달했다.[85]

가톨릭 교회는 쇼아의 그늘 아래서 제2차 바티칸공의회에 이르러

---

81 Küng, *On Being a Christian*, 167.

82 Küng, *The Church*, 132-33.

83 '대체주의적 해석(Supersessionism)'은 신약성경이 구약성경을 대체하거나, 그리스도교가 유대교를 대체했다고 보는 신학적 관점으로, 교회가 새로운 "하느님의 백성"으로 자리 잡으면서 이스라엘과의 옛 언약이 끝났다고 여기는 시각을 의미한다. 이러한 해석은 이스라엘의 역할을 축소하고, 구원의 중심을 교회로 이동시키는 데 초점을 맞춘다.

84 N. T. Wright, "The Letter to the Romans: Introduction, Commentary and Reflections," *The New Interpreter's Bible: A Commentary in Twelve Volumes*, vol. 10, ed. Leander E. Keck (Nashville, TN: Abingdon, 2002). 620-26. 라이트는 로마서 9-11장에 대해 광범위한 주석을 620-699쪽에 걸쳐 제공한다. 특히 유익한 것은 이 장들에 대한 그의 개요 부분이다. Robert W. Wall, "The Acts of the Apostles: Introduction, Commentary, and Reflections," 같은 책에서 월은 그의 주석 전체에서 분명히 밝히고 있듯이, 서론(11쪽)에서 교회의 신앙에 대한 위협은 "유대화" 운동이 아니라, "교회의 핵심 정체성에서 유대적인 모든 것을 지우려 했던 '이방화 운동'"이었다고 말한다. Mary Ann Beavis and Hye-Ran Kim-Cragg, *Hebrews, Wisdom Commentary*, vol. 54 (Collegeville, MN: The Liturgical Press, 2015), lxxxiv-vii; GCGI 18.

85 그러한 박해에 대한 간결하고 소름 끼치는 요약은 Küng, *The Church*, 135-36; *GCGI* 47. 참조.

서야(드라마가 없었던 것은 아니다!)[86] 그리스도인과 유대인이 하느님의 하나뿐인, 취소할 수 없는[87] 언약을 공유하고 있으며, 따라서 서로 깊이 연결되어 있다는 진지한 성찰을 하게 되었다.[88]

이러한 연관성은 [인류의 빛] 9항과 16항에서 간략하게 언급되지만, 비그리스도교 종교에 관한 선언 [우리 시대Nostra Aetate]의 4항에서 가장 본격적으로 전개된다.[89] 여기서 공의회는 그리스도인과 유대인을 연결하는 '영적 유대'에 대해 성찰한다. 그들은 모두 "아브라함의 딸과 아들"(갈라 3,7 참조)로서 "속박의 땅"에서 해방된 조상들이며, "이방인의 야생 올리브 가지가 접붙여진 좋은 올리브 나무"(로마 11,17-24 참조)에서 그 정체성을 가져왔다(NA 4). 바오로는 유대인들이 예수 안에 있는 하느님의 결정적인 말씀을 인정하지 않더라도, "하느님은 자신이

---

86 Mary C. Boys, "What Nostra Aetate Inaugurated: A Conversion to the 'Providential Mystery of Otherness,'" *Fifty Years On: Probing the Riches of Vatican II*, ed. David G. Schultenover, 235-70 (Collegeville, MN: The Liturgical Press, A Michael Glazier Book, 2015), 235-51. John W. O'Malley, *What Happened at Vatican II* (Cambridge, MA: The Belknap Press, 2010), 218-24, 250-51, 275-76.

87 독일 마인츠의 회당을 방문한 자리에서, 교황 요한 바오로 2세는 이스라엘과 맺은 언약이 "결코 하느님에 의해 철회된 적이 없다"고 강조했다(Rom 11,29 참조). Donald Senior, "Rome Has Spoken: A New Approach to Judaism," *Commonweal* 103, no. 2 (January 31, 2001): 20. 하나의 언약이 있으며, 그 언약이 "그리스도교 공동체에도 확장되었다"는 견해와(Senior, "Rome Has Spoken," 23), 두 개의 동등하게 유효한 언약이 있다는 견해 사이에 논쟁이 있다. 두 번째 견해는 John T. Pawlikowski, "Reflections on Covenant and Mission Forty Years after Nostra Aetate," *Cross Currents* 56, no. 4 (Winter 2007): 70-94쪽 참조. 파울리코프스키가 설명하듯이, 각각의 입장에는 찬반을 뒷받침하는 충분한 이유들이 있다.

88 이 절에서는 주로 로마 가톨릭 교리를 다루고 있지만, 세계교회협의회(WCC)도 1948년 창립 이래로 그리스도교와 유대교의 관계에 관심을 기울여 왔다. 메리 보이스Mary Boys에 따르면, 1954년 WCC 제2차 총회에서 중견 20세기 중반 가톨릭(이전에는 루터교) 학자가 발언했으며, 그의 표현 중 일부가 이후 Nostra Aetate에 반영된 것으로 보인다. (Boys, "What Nostra Aetate Inaugurated," 245-46.참조). 1982년 WCC는 "유대-그리스도교 대화에 관한 에큐메니칼 고려 사항"이라는 중요한 성명을 발표했고, 2019년에는 유대인들과의 공식 대화에 다시 전념할 것을 다짐했다. "Communiqué World Council of Churches (WCC) and the International Jewish Committee for Interreligious Consultations (IJCIC)," June 28, 2019.

89 이 단락의 모든 인용은 NA 4에서 가져왔다.

주신 선물이나 자신이 선택한 것을 되돌리지 않기" 때문에 그들은 여전히 "하느님께 매우 소중한 존재"라고 주장한다. 바오로는 이스라엘이 그리스도를 믿지 않는 것을 한탄하며, "그들은 이스라엘 사람입니다. 하느님의 자녀가 되는 자격, 영광, 여러 계약, 율법, 예배, 여러 약속이 그들에게 주어졌습니다. 그들은 저 조상들의 후손이며, 그리스도께서도 육으로는 바로 그들에게서 태어나셨습니다"(로마 9,4-5)라고 외친다. 다시 말해, 이스라엘은 여전히 하느님이 선택한 민족이며, 그 어떤 것도 이를 빼앗을 수 없다. 대체주의가 끼어들 여지는 없다. 이 관계는 단순한 거부나 대체보다 훨씬 더 복잡하다.

하느님과 하느님의 백성 이스라엘 사이, 그리고 이스라엘과 그리스도교 교회 사이의 이러한 지속적인 관계 때문에 공의회는 각 민족이 상대방의 경전을 연구하고 "우호적인 토론"(대화)에 참여할 것을 요구한다. 유대인에 대한 그리스도인의 증오와 박해, 반유대주의는 있을 수 없다. 공의회가 전개되는 현장과 무대 뒤에서 오랫동안 고통스러운 토론이 이뤄졌고 다음 구절은 그 결과물이다.[90] 교회는 예수님의 죽음에 대한 책임을 유대인 전체가 질 수 없으며, 교회가 하느님의 **새로운** 백성이라고 해도 "마치 성경에 따른 것처럼 유대인들을 하느님에 의해 거부되거나 저주받은 것으로 제시해서는 안 된다."(NA 4)

교황청 유대인과의종교관계위원회는 [우리 시대Nostra Aetate] 반포 50주년을 맞아 2015년에 비교적 긴 성명([우리 시대] 4항보다 몇 배 더 길다!)을 발표했는데, 이는 여러 면에서 공의회의 생각을 상당히 진전시킨 것이다. 이 문서는 초반에 "회당과 교회 사이의 분리는 선택

90 O'Malley, *What Happened at Vatican II*, 250-51, 275-76; Edward Idris Cardinal Cassidy, *Ecumenism and Interreligious Dialogue: Unitatis Redintegratio, Nostra Aetate. Rediscovering Vatican II* (Mahwah, NJ: Paulist Press, 2005), 126-28.

된 민족 사이에서 첫 번째이자 가장 광범위한 단절로 간주될 수 있기 때문"(GCGI 3)이라고 진술한다. 이는 이 문서가 그리스도교 일치와 관련된 교황청 부서에서 나온 것이 매우 적절하다는 점을 보여 주는 놀라운 진술이다. 실제로 유대교와 그리스도교의 대화는 비유로서만 "종교 간 대화"라고 부를 수 있는데(GCGI 15), 이는 유대교를 단순히 그리스도교와 대립하는 또 다른 종교로 간주할 수 없기 때문이다. "유대인은 오히려 우리의 '형'(성 요한 바오로 2세)이자 '신앙의 아버지'(베네딕토 16세)이다."(GCGI 14) "유대인과 그리스도인은 같은 어머니를 가지고 있으며, 형제자매의 정상적인 성장 과정과 마찬가지로 서로 다른 방향으로 성장한 두 형제로 볼 수 있다."(GCGI 15)[91]

그럼에도 불구하고, 이 문서는 두 전통을 단순하게 통합하지 않았다. 예수의 모습과 그의 정체성은 유대교와 그리스도교의 근본적인 차이를 드러내는 "걸림돌"(1코린 1,23)로 남아 있다. [우리 시대Nostra Aetate] 4항이 주장하는 것처럼, 교회는 참으로 "새로운 하느님의 백성"이다. 그러나 [하느님의 은사와 소명은 돌이킬 수 없다The Gifts and Calling of God Are Irrevocable][92]는 "하느님의 백성 이스라엘이 더 이상 존재하지 않게 되었다는 의미에서가 아니다.… 교회는 그리스도 위에 세워진 공동체로서, 이스라엘에게 주어진 약속들이 그리스도 안에서 성취되

91 Haim Gorem Perelmuter, *Siblings: Rabbinic Judaism and Christianity at Their Beginnings* (New York: Paulist Press, 1989). John E. Phelan Jr., *Separated Siblings: An Evangelical Understanding of Jews and Judaism* (Grand Rapids, MI: Eerdmans, 2020).

92 "The Gifts and Calling of God Are Irrevocable"는 2015년에 교황청 유대인과의종교관계위원회에서 발표된 문서로, 로마서 11장 29절의 구절을 제목하에 유대교와 그리스도교 간의 관계에 대한 성찰을 담고 있으며, 특히 오랜 기간 교회의 유대교에 대한 입장을 지배해 온 대체주의(supercessionism)신학을 재고하려는 시도를 포함한다. 그러나 이 문서가 대체주의를 완전히 극복할 수 있는지에 대한 의문이 남는다. 이는 이 문서가 예수 그리스도를 통한 보편적이고 배타적인 구원의 중재가 그리스도교 신앙의 핵심이라는 입장을 유지하기 때문이다. Abulafia, Anna Sapir. "Response to 'The Gifts and the Calling of God are Irrevocable'." European Judaism 50.1 (2017): 92-98쪽 참조.

었음을 나타내기 때문에 하느님의 백성 이스라엘을 대체하지 않는다"(GCGI 23)고 말한다. 이 문서에 따르면, 그 성취(아마 '확대'라는 표현이 더 적절할 수 있다)는 예수님의 인격 안에서 "하느님의 인격적 본성을 강화"하고, 모든 민족에게 하느님의 구원을 여는 것이다(즈카 8,20-23, 시편 87 참조)(GCGI 27 참조). 모든 민족에게 축복이 되는 임무는 예수를 그리스도로 믿는 하느님의 백성 안에서 새로운 방식으로 계속된다. 그러나 이스라엘의 과제는 여전히 남아 있다.

적어도 그리스도교적 관점에서 볼 때, 그리스도교인과 유대인은 하나의 백성을 형성한다. 이스라엘과 그리스도인은 하느님의 백성이며 서로가 서로를 필요로 하는 상호 의존적인 존재이다(GCGI 33). 한편으로 그리스도교는 아브라함과 사라, 그리고 그들의 후손과 맺은 언약에서 가장 깊은 뿌리를 찾기 때문에 유대교를 필요로 한다. 반면에 그리스도교는 아브라함과 맺은 언약이 실제로 "아브람의 부르심에서 원래 의도했던 모든 민족을 위한 보편성을 획득했다(창세 12,1-3 참조)"는 관점을 제시한다(GCGI 33). 위르겐 몰트만Jürgen Moltmann은 그리스도교와 유대교의 상호의존성에 대해 좀 더 변증법적인 설명을 제시한다. 이스라엘과 그리스도교는 서로 다른 두 가지 소명을 가지고 있다고 그는 말한다.

> 이스라엘이 그 소명에 충실할 때, 유대교는 교회에 가시로 남아 있다.… 유대교는 그리스도교에 구속되지 않은 세상의 본성에 대한 경험을 각인시킨다. 그러나 교회가 소명에 충실할 때, 유대교는 이스라엘에게도 가시로 남아 있다. 교회는 세상과 하느님과의 화해의 현존을 증언하며, 그 없이는 세상의 구원에 대한 근거 있는 희망이 없다. 따라서 바오로가 말한 것처럼 교회는 이스라엘을 구원하기 위해 "이스라엘을 질투하게 만든다"(로마 11,11-

14). 따라서 이스라엘이 소망을 갖도록 하기 위해 교회는 이스라엘을 질투하게 만든다.[93]

[하느님의 은사와 소명은 돌이킬 수 없다The Gifts and Calling of God Are Irrevocable]에는 유대인에 대한 그리스도교 선교라는 민감한 문제에 대한 소절이 포함된다. 이에 따르면, 그리스도인은 항상 그리스도의 진리를 증거할 의무가 있지만 "가톨릭 교회는 유대인을 대상으로 하는 특정한 제도적 선교 사업을 수행하거나 지원하지 않는다."(GCGI 400) 이 문서는 발터 카스퍼 추기경, 피터 C. 판Peter C. Phan, 톰마소 페데리치Tommaso Federici, 존 T. 파울리코프스키John T. Pawlikowski 등 많은 그리스도교 학자와 교회 지도자들의 입장을 반영한다.[94] [우리 시대]에 대한 해설에서 에드워드 이드리스 캐시디Edward Idris Cassidy 추기경은 2002년 미국가톨릭주교회의USCCB와 미국시나고그전국협의회[95]가 후원한 중요하지만 논란이 된 성명, [언약과 선교에 관한 성찰Reflections on Covenant and Mission]을 언급한다.[96] 이 문서는 가톨릭의 관점에서 본 선교에 대한 성찰을 다루는 1부와 유대인의 관점에서 본 선교에 대한 성찰

93 Moltmann, *The Church in the Power of the Spirit*, 148-49.

94 Pawlikowski, "Reflections on Covenant and Mission," *Cross Currents*, 70-94, esp. 89-91. Pawlikowski가 Pawlikowski의 각주는 이 주제를 다루는 귀중한 연구물을 많이 소개한다. 그렇지만 GCGI 이전에 작성된 글은 바티칸공의회 문헌에서 제기된 몇 가지 중요한 논점에 대해 반대할 것이다.

95 National Council of Synagogues USA는 유대교의 개혁파, 보수파, 재건파가 참여하여 종교 간 교류를 촉진하기 위해 설립된 기구로서, 다양한 종교 단체들과의 대화와 협력을 통해 서로에 대한 이해를 높이고, 평화를 위한 다리 역할을 수행하는 것을 목표로 한다.

96 Cassidy, *Ecumenism and Interreligious Dialogue*, 252-56; Pawlikowski, "Reflections on Covenant and Ministry," 이 글에서 파울리코프스키는 에이버리 덜레스Avery Dulles 추기경과 같은 가톨릭 학자들, 그리고 몇몇 복음주의 단체들의 부정적인 반응을 언급한다. 미국의 주교들도 2009년에 이르러 이 문서에 나타난 입장으로부터 거리를 두는 입장을 채택했다. Boys, "What Nostra Aetate Inaugurated," 261-62.

을 다루는 2부로 구성된다. 캐시디 추기경은 "가톨릭의 가르침에 따르면 교회와 유대인 모두 하느님과의 언약 안에 거하므로, 둘 다 하느님 앞에서 세상에서 수행해야 할 사명이 있다."[97] 가톨릭에서는 선교를 4장에서 설명한 넓은 의미로 말하면서 선교를 "세례를 받을 새로운 후보자를 찾는 것"으로 축소하지 말라고 경고한다. 우리가 주장했듯이, 선교는 하느님 나라인 번영의 공동체를 증진하는 것이다. 유대인의 관점에서 선교는 '세상을 전능자의 왕국으로 완성하는 것'을 위해 일하는 것이며, 이를 티쿤 하올람tikun ha-olam이라고 한다. 유대인은 언약을 지키며 하느님의 백성이 되고, 세상에서 하느님의 실재를 증거하며, 모든 인류를 위해 정의와 자비를 선포하고 일함으로써 이를 수행한다.

이 문서의 유대인 부분 말미에는 그리스도교인과 유대인이 함께 선교에 참여해야 하지 않겠느냐는 놀라운 제안이 나온다. "공통의 의제를 명확히 해보는 건 어떻습니까? 우리가 공유하는 가치를 바탕으로 영적 힘을 결집하여, 구원받지 못한 세상을 치유하기 위해 함께 행동하는 것은 어떻습니까?" 이는 놀라운 발상으로, 하느님의 백성이라는 이미지를 가진 선교적 의미에 관해 이전과는 전혀 다른 새로운 이해를 열어 준다. 실제로 이 문서의 가톨릭 부분은 1999년 "세상에 축복이 되기 위해서는 유대인과 그리스도인이 먼저 서로에게 축복이 되어야 한다"고 강조한 교황 요한 바오로 2세의 말을 인용하고 있다 (EA 50).

97 Cassidy, *Ecumenism and Interreligious Dialogue*, 253.

순례하는 하느님의 백성

교회와 유대인의 뿌리와의 밀접한 관계를 볼 수 있는 가능성은 동일한 구원사적 관점을 통해 열린다. 이러한 관점은 **순례하는** 백성으로서의 교회 이미지에서도 찾아볼 수 있다. 이 이미지의 중심에는 교회의 종말론적 성격도 있는데, [인류의 빛]은 아우구스티누스의 말을 인용하여 아름답게 표현하고 있다. "교회는 주님께서 오실 때까지 주님의 십자가와 죽음을 전하며(1코린 11,26 참조), 세상의 박해와 하느님의 위안 속에서 나그넷길을 걷는다."(LG 8)[98] 순례자 교회의 이미지는 또한 하느님이 온전히 통치하실 때 약속된 완전한 번영을 향해 여행하는 교회의 잠정성과 끊임없는 정화의 필요성 및 여행하는 역사적, 문화적 상황에 끊임없이 관심을 기울여야 할 필요성을 지적한다.[99] [인류의 빛] 7장 "순례자 교회"에서는 교회의 종말론적 성격과 성인들의 통공을 자세히 설명한다. 그러나 제라드 매니언Gerard Mannion은 이 이미지가 공의회의 다른 많은 문서(예: SC 2, 8; LG 21; UR 2, 3; DH 12; GS 58)에도 나타난다는 것을 분명히 보여 준다. [만민에게]의 2항은 위의 [인류의 빛] 8항과 마찬가지로 순례자 교회와 그 교회가 참여하는 하느님의 선교를 연결한다. 순례하는 하느님의 백성이라는 이미지는 공의회의 교회론 전반에 퍼져 있다.

하느님의 백성이라는 이미지 자체와 마찬가지로 교회의 순례자적 특성도 성경에 깊은 뿌리를 둔다. 이미 살펴본 것처럼 아브라함과 사라는 고향을 떠나라는 부름을 받았다. "저희 조상은 떠돌아다니는

98 이 내용은 아우구스티누스의 "inter persecutiones mundi et consolationes Dei peregrinando procurrit"를 내가 번역한 것이다(Augustine, *The City of God*, XVII, 31, 2, PL 41, 614).

99 Mannion, "The Pilgrim Church," 115-35. 요약한 내용은 134 쪽을 보라.

아람인이었습니다."(신명 26,5) 이스라엘은 이집트에서 해방된 후 광야를 방황했고, 바빌론에서 유배 생활을 했다. 예루살렘 성지 순례는 유대인의 종교적 관습의 중심이었는데 이는 시편의 여러 곳에서 확인할 수 있다(시편 120-134편). 신약성경에서 예수님도 예루살렘을 여러 차례 순례했으며, 초기 공동체는 스스로를 "그 길"(사도 9,2)이라고 불렀으며, 히브리인들에게 보낸 편지와 베드로의 편지는 그리스도인을 "이 세상에서 이방인이며 나그네일 뿐"(히브 11,13, 1베드 1,1 참조)이라고 언급한다.[100]

성지순례는 그리스도교 전통에서 영적 실천의 중요한 부분을 차지했다. 초기부터 그리스도교인들은 성지holy land와 성인의 무덤, 스페인의 캄포스텔라, 멕시코 과달루페의 성녀, 베트남의 라방과 같은 거룩한 장소로 순례를 다녀왔다.[101] 이러한 순례는 항상 그리스도교인들에게 영적 쇄신의 시간이었고 심지어 복음화를 위한 시간이기도 했다.

조아키노 캄페세Gioacchino Campese는 오늘날의 전 세계적인 이주 현상은 그리스도교 선교에서 하느님의 순례자 백성을 특별히 새롭게 이해하는 계기가 된다고 지적한다.[102] 교회는 순례와 이주로 비유된다. 그러나 비유에 그치지 않고, 교회는 실제로 이주민, 난민, 그리고 망명 신청자의 모습 속에서, 보다 나은 삶을 제공하는 곳으로 또는 적어도

---

100 Mannion, "The Pilgrim Church," 123; Dianne Bergant, *Psalms 73-150, New Collegeville Bible Commentary* (Collegeville, MN: The Liturgical Press, 2013), 111; World Council of Churches, *Come and See: A Theological Invitation to the Pilgrimage of Justice and Peace,* Faith and Order Paper 224 (Geneva: World Council of Churches, 2019), para. 6-11.

101 WCC, *Come and See,* para. 12-16.

102 Gioacchino Campese, "Una Chiesa Missionaria nell'Era delle Migrazioni,"doctoral thesis in missiology, Pontifical Urban University, 2014, 334.

박해와 폭력으로부터 피난처가 되는 곳으로 순례함으로써 그 자체로 순례자가 된다. 오늘날의 이주 상황은 교회가 이주민들 사이에서 선교할 수 있는 새로운 방법을 제시하며, 이주민들이 새로운 터전을 마련한 곳에서 스스로 선교사가 될 수 있는 새로운 길을 열어 준다.[103]

순례자 교회의 이미지는 교회가 자신의 운명, 즉 하느님의 통치로부터 자신의 존재를 어떻게 받아들이는지를 보여 준다. 하느님 나라의 혁명적 친밀함을 구현하고, 보여 주고, 선포하는 것은 4장에서 설명한 대로 선교의 '단일하지만 복잡한 현실'에 순례자의 길로 참여하는 교회의 과제이다. 3장에서 살펴본 것처럼 이 미래는 교회를 존재로 불러들인다. 이것이 바로 교회가 성사적이고 선교적인 본성을 보여 주는 방식이다. 이에 관하여 현대 세계의 교회에 관한 사목헌장 [기쁨과 희망] 45항은 다음과 같이 말한다. "교회가 스스로 세상을 도와주고 세상에서 많은 도움을 받으며 지향하는 단 하나의 목적은 곧 하느님의 나라가 다가오고 온 인류의 구원이 이루어지는 것이다. 하느님의 백성이 자신의 지상 순례 시간에 인류 가족에게 줄 수 있는 모든 선익은 교회가 인간에 대한 하느님의 사랑의 신비를 드러내면서 동시에 실천하는 '구원의 보편 성사the universal sacrament of salvation'라는 바로 이 사실에서 흘러나온다."[104] 순례자 교회는 본질적으로 선교적(AG 2항)이다.

교회를 세상을 순례하는 존재로 묘사한 [인류의 빛]은 교회가 인간적이면서도 신성한 존재, '가시적인 모임'이면서도 '영적 공동체'이

103 Stephen Bevans, "Mission among Migrants, Mission of Migrants: Mission of the Church," *A Promised Land, A Perilous Journey: Theological Perspectives on Migration*, ed. Gioacchino Campese and Daniel Groody (Notre Dame, IN: University of Notre Dame Press, 2008), 89-106.

104 Mannion, "The Pilgrim Church," 132-33.

며, 이 두 가지 측면이 교회를 구성한다는 사실을 강조한다. 이러한 결합은 하느님 백성의 인간성을 드러내며, 역사 속에서 하느님의 은총을 드러내지만 동시에 거룩함과 죄성을 동시에 지니고 있어 "항상 정화가 필요"하고 "참회와 쇄신"을 필요로 하는 존재(LG 8)라는 사실을 드러낸다. 푸엘렌바흐는 이러한 현실이 "모든 승리주의에 대한 교정 및 경고의 역할을 한다"고 말하며, 매니언은 "교회적 겸손"을 제공한다고 표현한다.[105] 바로 이러한 자신에 대한 정직함과 항상 개혁에 열려 있는 결단이 오늘날 교회가 그 사명에서 신뢰성을 가질 수 있게 해줄 것이다. 교회의 순례자적 성격을 수용하고 진지하게 받아들일 때, 교회는 덜 교만한 교회, 배우는 교회, 경청하는 교회가 될 것이다. 지난 몇 년 동안 우리는 로마를 비롯한 전 세계의 교회 지도자들이 그리스도인들의 과거 식민 지배와 인종차별적 죄에 대해 사과하는 모습을 보아왔다. 이러한 태도는 교회가 세상의 상처를 치유하는 '야전 병원field hospital'이 될 수 있는 힘을 제공한다.[106] 프란치스코 교황이 "폐쇄적이며 건강하지 못한 교회보다 거리로 나와 다치고 상처받고 더럽혀진 교회를 더 좋아한다"(EG 49)고 말한 것은 아마도 이런 의미를 담고 있을 것이다.

하느님의 백성에 담긴 순례자적 특성의 선교적 측면은 세 번째로 세상의 상황과 문화에 관여하는 능력을 가리킨다. 하느님의 백성은 세상의 모든 구체성, 모든 다양성, 모든 아름다움, 모든 투쟁과 불완전함 속에서 세상을 여행한다. 순례자의 길을 걸으며 복음의 메시지를 선포하고 하느님의 통치를 증거할 때, 순례자는 여행하는 땅과 그곳에서 만나는 사람들을 진지하게 받아들이며 그들이 이해할 수 있

105 Fuellenbach, *The Church*, 45; Mannion, "The Pilgrim Church," 127.

106 Spadaro, *A Big Heart Open to God*, 30-35.

는 방식으로 복음을 구현하고, 보여 주고, 선포한다. 다시 말해, 순례자의 백성이 된다는 것은 상황성contextuality, 상호문화성interculturality, 토착화inculturation에 헌신하기 위해 투입된inserted 백성이 되는 것이다. 매니언은 [만민에게] 2항을 언급하면서 이 조항이 "시대를 위한 새로운 선교 신학"을 제시하고 있으며, 사실상 토착화를 장려할 뿐만 아니라 권장하고 있다고 지적한다.[107]

선교하는 제자 공동체로서의 하느님 백성

하느님 백성의 이미지가 두드러지게 부각된 것은 제2차 바티칸공의회의 두 번째 회의에서 '에클레시아De Ecclesia' 스키마의 개정판이 공의회에 상정되었을 때였다. 앞서 언급했듯이, 이 문서의 초기 버전은 공의회 첫 회기에 주교들에 의해 전면 거부되었다. 특히 에밀-조제프 드 스메트Emile-Joseph de Smedt 주교는 유명한 연설에서 이 스키마에 담긴 교회론이 승리주의적이고 법리적이고 성직자적이라고 비난했다.[108] 이에 따라, 1962-63년 회기 중에 보다 성경적이고 가톨릭적인 언어를 포함하고 신학적 깊이가 더해진 새 초안이 작성되었다.

그러나 이러한 수정이 이루어진 후에도, 하느님의 백성이라는 이미지는 공의회의 교회론적 사고에 큰 영향을 미칠 만큼 명확하게 떠오르지 않았다. 이는 이 이미지가 평신도신학과 어느 정도 연결되어 있었기 때문이며, 새로 제안된 3장의 제목인 "하느님의 백성과 특히 평신도"[109]라는 표현에 이 점이 잘 드러난다. 이브 콩가르에 따르면,

---

107 Mannion, "The Pilgrim Church," 132.

108 Gérard Philips, "Dogmatic Constitution on the Church: History of the Constitution," *Commentary on the Documents of Vatican II*, vol. 1, ed. Herbert Vorgrimler (New York: Herder and Herder, 1967), 109.

109 Philips, "Dogmatic Constitution on the Church," 110.

공의회에서 가장 중요한 결정 중 하나는 두 번째 초안의 3장을 분리하여, 교회의 신비에 관한 새로운 1장 다음에 "하느님의 백성"을 배치하고, 그 뒤에 성직자 계층에 관한 장을 두기로 한 것이었다.[110] 이 결정은 공의회의 주요 인물 중 하나였던 레오 조셉 스위넨스Leo Joseph Suenens 추기경이 제안한 것으로, 교회 내에서 어떤 구분이 있기 전에 근본적인 통일성과 평등이 존재한다는 점을 강조하는 효과를 가져왔다. 역사학자 존 오말리John O'Malley의 설명대로, "교회에서 가장 먼저 존재하는 현실은 수평적이며, 계급이나 지위의 구분 없이 모든 세례받은 이들로 구성된다. 그 후에야 비로소 수직적인 현실, 즉 성직 계층이 등장한다."[111]

이 책의 세 번째 부분에서는 이러한 변화가 교회 사목에 주는 함의를 생각해 보겠다. 이는 교회 구조가 세례받은 선교사 제자도의 개념에 기반을 두고 있다는 이해를 바탕으로 한다. 이제 모든 그리스도인의 근본적인 평등(LG 32 참조)은 모든 그리스도인이 교회에서의 책임이 무엇이든 간에 사제, 예언자, 왕/종 지도자로서 그리스도의 삼중직(LG 10-12) 또는 이미 세상에 완전히 실현되지는 않았지만 하느님의 통치인 번영을 구현하고 보여 주고 선포하는 사명에 자신의 방식으로 참여하도록 부르심을 받았다는 사실을 드러내는 것으로 충분하다 하겠다. 이러한 하느님의 "메시아적 백성"에 속하는 것은 "생명과 사랑과 진리의 친교이며… 이 백성은 모든 사람의 구원을 위한 도구"이며 "온 세상에 파견된다."(LG 9) 교회 전체가 선교를 위해 부름받았다. 프란치스코 교황은 "세례를 받음으로써 하느님 백성의 모든

---

110 Congar, "The People of God," Miller, *Vatican II*, 197; Mannion, "The Pilgrim Church," 125.

111 O'Malley, *What Happened at Vatican II*, 178.

구성원은 선교하는 제자가 되었다(마태 28,19 참조)"고 말한다(EG 120).

선교하는 제자 공동체는 친교의 교회론을 이해하는 기초가 된다. 앞서 언급했듯이 친교communion는 1985년 주교 시노드 비상총회 "최종 문서"에서 "공의회 문서의 기본교회론basic ecclesiology"으로 제안되었다. 그 이후로 "친교교회론"은 교회의 하나의 기본 교회론으로 자리 잡으면서, "다양한 방식으로 접근되고 해결되어 왔다."[112] 데니스 도일Dennis Doyle은 이러한 다양한 방식을 명확하고 객관적으로 제시하면서 공의회가 보여 준 다면적 이해를 한 가지 접근 방식으로는 온전히 반영할 수 없다는 경고를 덧붙였다. 이는 앙리 드 뤼박Henri de Lubac은 이를 요셉의 여러 가지 색깔을 지닌 외투에 비유한 바 있다.[113] 친교교회론에는 다양한 버전의 교회론이 포함된다. 때로는 보다 더 신비주의적인 교회론일 수 있고 교회 개혁과 인간 해방에 초점을 맞출 수도 있다. 또는 반대로 보다 더 위계적인 교회론일 수 있다. 그러나 이 모든 버전의 친교교회론을 관통하는 것은 교회를 공동체로 인식하는 관점의 교회론이다. 이 공동체 안에서는 하느님의 백성 사이의 관계가 일치와 다양성과 선교에 뿌리를 둔다. 하느님의 백성의 친교는 구원이 개별적인 실재가 아니라 공동체적 실재라는 사실을 가리킨다. 교회의 모든 구성원은 모두의 구원을 위해 일하고, 구원에 대한 책임이 있으며, 따라서 구원은 함께 성장하고 번성하는 것이다. 구원이라는 하느님의 사명에 대한 일치와 다양성과 참여는 전례를, 특히 성체성사를 구성하는 말씀과 성찬 전례에서 의례로서 제정되고, 기념되고,

---

112 Joseph Cardinal Ratzinger, *Some Aspects of the Church Understood as Communion*, *L'Osservatore Romano*, English ed. (June 17, 1992), 1.

113 Dennis Doyle, *Communion Ecclesiology* (Maryknoll, NY: Orbis Books, 2000), 174.

갱신된다.[114]

진정한 친교는 자연스럽게 하느님 나라의 충만한 실재를 보여 주는 진정한 "시범 공동체"라는 의미에서, 복음대로 사는 것이 어떤 것인지를 생명력 있게 드러내는 진정한 "복음의 해석학"을 증거하게 된다.[115] 활기차고 참여적이며 환영하는 전례, 해당 문화에 맞춘 전례는 강하게 도전하고 매력적으로 다가가는 방식으로 복음을 전할 수 있다. 그러나 참된 공동체는 풍성한 삶을 증거하는 선에서 그치지 않는다. 참된 공동체는 서로와 세상을 향한 봉사, 용서와 화해, 소박한 삶, 성평등, 반인종주의, 생태적 책임, 가난한 사람들과의 연대를 중심 가치로 삼는 '대조 공동체'로서 대안적인 인간 존재 방식의 모델을 제시할 수도 있다.[116]

친교의 교회론은 또한 지역 교회의 풍부한 표현과 교회의 모든 수준에서 공동협력collegiality과 시노달리타스synadality[117]를 행사할 수 있는 공간을 만들어 준다. 친교와 공동협력과 시노달리타스를 진지하게 받아들인다고 해서, 하느님의 형상을 비판하는 일부 사람들이 주장

114 Doyle, *Communion Ecclesiology,* 13; Susan K. Wood. "Liturgical Eccle-siology," *A Church with Open Doors: Catholic Ecclesiology for the Third Millennium,* ed. Richard R. Gaillardetz and Edward P. Hahnenberg, 138-57 (Collegeville, MN: The Liturgical Press, A Michael Glazier Book, 2015), 154-57. Doyle은 친교교회론을 그리스도의 몸이라는 이미지와 연결하는 듯 보이지만, 나는 친교교회론을 하느님 백성의 공동체적 차원과 연결하는 것이 더 적절하다고 생각한다.

115 Craig van Gelder, *The Essence of the Church: A Community Created by the Spirit* (Grand Rapids, MI: Eerdmans, 2000), 99-100; Lesslie Newbigin, *The Gospel in a Pluralist Society* (Grand Rapids, MI: Eerdmans, 1989), 222-33.

116 Gerhard Lohfink, *Jesus and Community* (Philadelphia: Fortress Press, 1984), 168.

117 한국천주교주교회의는 그동안 '공동합의성'이라고 번역해 온 'Synodalitas'를 라틴어 발음 그대로 '시노달리타스'라고 사용하도록 한다고 밝혔다. 그 이유는 'Synodalitas'는 "하느님의 뜻을 찾는 '식별'을 위해 모든 하느님 백성이 친교 안에서 함께 참여하고 경청하며 논의하는 여정의 구조와 정신을 담고 있는데, '공동합의성', '공동 식별 여정', '함께 가기', '동반 여정' 등 한 단어로는 하느님 백성의 공동 여정이라는 핵심적인 의미를 충분히 담을 수 없기 때문"이라고 설명했다.

하는 것처럼 교회를 민주주의로 이해하게 되는 것은 아니다.[118] 그러나 이러한 태도는 교회의 지도자들에게 교회 안의 모든 사람들의 의견을 존중하고 협의할 의무를 부여한다. 이러한 사상에 대해서는 이 책의 3부에서 더 자세히 다루겠지만, 여기서 중요한 것은 하느님의 백성으로서의 교회상이 모든 지역 공동체, 특히 지역 교구와 지역 교회가 교회 전체에서 고유한 정체성과 목소리를 갖는다는 현실을 열어 준다는 점이다. 교회의 가톨릭성(앞으로 살펴보겠지만, 지역과 보편을 하나로 묶어 주는)은 각 교회가 "다른 부분과 온 교회에 그 고유한 은혜를 가져다주어, 전체와 각 부분이 모든 것을 서로 나누며 일치 안에서 충만을 함께 도모"(LG 13항)하도록 한다.

[만민에게]는 새로 복음화된 교회들이 각자의 전통과 문화의 풍요로움 속에서 자신들만의 신학을 발전시키도록 장려한다. 이런 식으로 신앙을 자국민과 연관시킬 수 있으며, 이러한 새로운 신앙 표현 방식은 "가톨릭 일치로 받아들여져" 교회 전체를 풍요롭게 할 것이다(AG 22). 아시아 주교들은 지역 교회의 중요성을 강조하며 신학과 전례와 복음화와 구조 면에서 교회의 문화적 고유성을 키우는 데 전념해 왔다.[119] 2019년 범아마존 시노드는 특정 지역의 토착화 가능성을 엿볼 수 있는 좋은 기회였고, 아프리카의 다양한 문화와 상황으로 구성된 아프리카 교회는 전체 교회에 가족으로서의 교회상을 제시했

---

118 Schickendantz, "Una recepción fiel y creativa," 305. 시노달리타스에 관해서는 Rafael Luciani, *Synodality: A New Way of Proceeding in the Church* (Mahwah, NJ: Paulist Press, 2022)를 보라.

119 이러한 내용은 아시아주교회의연합Federation of Asian Bishops' Confer-ences(FABC)에서 종종 반복적으로 강조되어 왔다. 예를 들어 "Evangelization in Modern Day Asia"라는 초창기의 표현은 *For All the Peoples of Asia: Federation of Asian Bishops' Conferences Documents from 1970 to 1991*, ed. Gaudencio Rosales and Catalino G. Arévalo (Maryknoll, NY: Orbis Books, 1992), 14 (par. 9)에 나온다.

다.[120] 리처드 가일라데츠는 멕시코 치아파스의 지역 교회가 교회 리더십과 의사 결정의 참여적 행사에 기여할 수 있는 놀라운 예를 제시했다.[121]

친교교회론은 교회를 에큐메니즘에 참여하는 선교적 측면으로 열어 주며, 교회의 일치를 추구하는 사명을 강조한다. 친교라는 개념은 하느님의 백성을 교회의 지체로서 이해하기보다는 교회에 소속됨belong을 합체incorporation라는 개념으로 자연스럽게 이어 준다. 공의회는 그리스도의 교회가 "가톨릭교회 안에 존재subsists in하며"(LG 8), 좋은 신앙 안에서 가톨릭 신자인 사람들은 교회에 "완전히 합체"(LG 14)되었다고 주장한다. 그러나 다른 그리스도인들은 이미 다양한 방식으로 가톨릭교회에 "결합joined"(LG 15) 또는 "관련되어related"(LG 8) 있다. 따라서 복음이 더욱 신뢰성 있게 구현되고, 입증되고, 선포될 수 있도록 그리스도인들이 일치를 위해 노력하는 것은 당연한 의무이다(UR 1). 친교는 심지어 다른 신앙을 가진 이들과도 관계의 유대를 제공한다고 말할 수 있으며, 이들 안에서도 '모든 사람을 비추는 진리의 한 줄기'를 발견할 수 있기 때문이다(NA 2). 신앙이 없는 이들 역시 양심을 따르는 한(LG 16) 관계의 유대 속에 포함될 수 있다. 교회는 이러한 여성과 남성에게 그리스도의 진리를 증거할 의무가 있지만, 선교ad gentes 또는 inter gentes는 오직 하느님만이 아시는 방식으로 성령께서 그들 가운

---

120 Pan-Amazonian Synod의 최종문헌인 *Amazonia: New Paths for the Church and for an Integral Ecology* (November 6, 2019); John Paul II, *Ecclesia in Africa*, September 14, 1995 , 특히 63쪽; Oliver Alozie Onwubiko, *The Church as Family of God: (UJAMAA); In the Light of Ecclesia in Africa* (Nsukka, Nigeria: Ful-ladu Publishing Company, 1999); Augustin Ramazani Bishwende, *Église-famille de Dieu dans la mondalisation: théolgie de une nouvelle voie africaine de l'évangelisation* (Paris: L'Harmattan, 2006); Agbonkhianmeghe E. Orobator, *Theology Brewed in an African Pot* (Maryknoll, NY: Orbis Books, 2008), 81-93.

121 Gaillardetz, *Ecclesiology for a Global Church*, 166-67.

데서 일하신다는 확신을 가지고(GS 22) 항상 수행되어야 한다.

프란치스코 교황과 하느님의 충실한 백성

"하느님의 충실한 백성이 된다는 것은 참으로 좋습니다."(EG 274) 이 장의 서두에서 하느님 백성의 이미지는 프란치스코 교황이 가장 좋아하는 이미지이자 로마 주교로서 자신의 역할을 바라보는 데 큰 영향을 미친다고 언급한 바 있다. 여러 논평가가 지적했듯이, 프란치스코 교황은 이 이미지를 제2차 바티칸공의회가 교회의 구조와 건축을 해석하는 핵심으로 재정위시켰다.[122] 그는 [복음의 기쁨]에서만 이 이미지를 매우 구체적으로 22번이나 사용했으며, 이보다 더 높은 빈도로 교회를 하느님의 백성으로 언급한다.[123] 또한 하느님 백성은 선교적 이미지로 이해된다. 프란치스코는 이렇게 말한다.

> 복음화는 교회의 과업이다. 복음화의 주체인 교회는 하나의 유기적이고 교계적인 제도 그 이상이다. 교회는 무엇보다 우선적이고 근본적으로 하느님을 향해 순례의 길을 걸어 나아가는 백성이다. 교회는 분명히 삼위일체에 뿌리를 둔 신비이다. 그러나 교회는 구체적인 역사 안에서 순례하는 백성으로서, 그리고 복음 선포자로서 존재한다. 이러한 교회에 있어서 제도적 표현이 아무리 필수적이라 하더라도 교회는 그것을 초월하며 존재한다(EG 111).

---

122 Gilles Routhier, "Introduzione alla constituzione dogmatica Lumen gentium," *Commentario ai documenti di Vaticano II, II, Lumen gentium, ed. Serena Noceti and Roberto Repole* (Bologna: Edizioni Dehoniane, 2015), 14-75.

123 Schickendantz, "Una receptión fiel y creativa," 306.

많은 저술가들은 프란치스코가 교회를 하느님의 충실한 백성으로 이미지화하는 것을 선호하는 것을 두고 그 근저에 놓인 아르헨티나의 깊은 뿌리를 지적했다.[124] 제2차 바티칸공의회 이후 아르헨티나 신학자들, 특히 루시오 헤라Lucio Gera, 라파엘 테요Rafael Tello, 후안 카를로스 스카노네Juan Carlos Scannone는 종종 독특한 형태의 해방 신학을 발전시켰는데, 이는 백성 신학theology of people이라고 불린다.[125] 이 신학은 메데인과 푸에블라, 그리고 아빠레시다에서 아르헨티나주교사목위원회COEPAL에 의해 수용되었는데, 아빠레시다에서는 베르고글리오 추기경이 최종 문서를 작성한 그룹을 이끌기도 했다. 이러한 백성 신학은 민족과 그 정체성이 형성되는 과정에서 문화가 미치는 중요성을 강조하며, 가난한 사람들에게서 그 문화의 진정성을 찾는다. 아고스티노 포레카Agostino Porrecca는 이렇게 말한다.

> 백성 신학이 없다면 우리는 [복음의 기쁨]의 중요한 주제들, 즉 토착화나 영성의 공동체적 성격 또는 평범한 사람들의 신비주의나 민중과 하느님 백성을 형성하는 네 가지 원칙(프란치스코의 특별한 공헌)을 이해할 수 없을 것이다. 백성의 신학이 없다면 우리는 교황 베르고글리오의 행동이 지닌 예언자적이고 혁신적인 의미를 인식하지 못할 위험에 처하게 된다. 백성의 신학이 없다면 우리는 프란치스코 교황에게서 "백성의 신비주의"의 중요성

---

124 Rafael Luciani, *Pope Francis and the Theology of the People* (Maryknoll, NY: Orbis Books, 2017); Scannone, "Pope Francis and the Theology of the People," 118-35; Carlos Maria Galli, "Il ritorno del popolo di Dio: Ecclesiologia argentina e la riforma della Chiesa," *Il Regno-Attualità* (May 2015): 294-300; Daniele Menozzi, "Populismo e Popolo," *Il Regno-Attualità* (December 2019): 371-80; Agostino Porecca, "La teologia del popolo: Modello di teologia inculturata e in contesto," *Rassegna di Teologia 60* (2019): 337-47; Schickendantz, "Una recepción fiel y creativa."

125 Omar César Albado, "Foreword," Luciani, *Pope Francis and the Theology of the People*, x; Galli, "Il ritorno del popolo di Dio."

을 이해할 수 없을 것이다. "각 민중의 독창성은 그 나름의 방식으로 온전한entire 복음을 받아들이고 이를 기도와 형제애, 정의와 투쟁 및 축하의 표현으로 구현한다."(EG 237) 백성 신학 없이는 대중 신심popular devotion과 복음의 토착화 간의 관계(EG 68-70)뿐 아니라, 그 관계가 갖는 사목적 적합성과 신학적 적합성을 이해할 수 없다(참조: EG 126).[126]

또한 프란치스코의 백성 신학이 없었다면 우리는 "교회가 가난해야 하고, 가난한 이들을 위한 교회가 되어야 한다"는 그의 주장을 이해할 수 없었을 것이다(EG 198).[127]

라파엘 루시아니Rafael Luciani는 프란치스코가 민중에 대해 말할 때 "가난한 사람으로서의 민중, 국가로서의 민중, 신앙인으로서의 민중"을 의미한다고 말한다.[128] 그에 따르면, '가난한 자들로서의 백성'은 사회의 가장자리에 있는 사람들, 배제된 사람들, 그리고 프란치스코 교황이 자주 언급하는 "버려지는 문화"의 구성원들이다. 루시아니는 프란치스코 교황에게 있어 "교회의 우선적인 사회문화적 위치"는 가난한 사람들 가운데 있다고 말한다. 교회는 그곳에서 출발하여 '민족으로서의 백성'을 세우는 과정을 만들어 갈 수 있으며, 이는 '신앙인으로서의 백성'들과 함께 그들의 신념과 가치, 신앙과 투쟁 속에서 여정을 함께함으로써 이루어진다.[129] 다시 말해, 하느님의 백성은 가난한 자들과 자신을 동일시함으로써 진정한 모습을 찾게 된다.

프란치스코는 다소 마르크스주의적인 표현에 동의하지 않을 수도

126 Porrecca, "La teologia del popolo," 344,

127 Porrecca, "La teologia del popolo," 345.

128 Luciani, *Pope Francis and the Theology of the People*, 20.

129 Luciani, *Pope Francis and the Theology of the People*, 20-21.

있지만, 교회와 가난한 이들의 동일시를 주장한 멕시코 해방 신학자 알바로 마가냐Alvaro Magaña의 말에는 분명 동의할 것이다. 마가냐는 라틴아메리카 사람들이 '민중의 교회'를 말할 때 교회가 민중과 더 많이 연결될수록 더 많이 하느님의 백성이 된다는 점을 강조하고 싶었다고 말한다. 라틴아메리카에서 마가냐는 이렇게 말한다.

> '민중'은 가난하지만 배제되지 않고, 약하지만 무너지지 않으며, 억압받지만 짓밟히지 않고, 소외되지만 자신의 상황을 변화시킬 수 있는 의식을 가진 사람들이다. 이는 기본적으로 착취당하는 계층과 연대하여 복음을 선포하는 교회의 중심적인 기준이다. 그러므로 "민중의 교회"라고 말할 때, 그것은 복음을 선포함으로써 해방을 위한 투쟁의 중심으로 부름받은 신앙 공동체를 의미한다.[130]

그러나 프란치스코의 하느님 백성에 대한 이해는 이러한 입장에 비할 때 좀 더 미묘한 차이가 있다. 아르헨티나의 백성 신학에서 두드러지는 것은 민중 또는 민족으로서의 민중이 지닌 특별한 자연 문화에 대한 강조이다. 프란치스코 교황은 "하느님의 백성은 각기 고유한 문화를 가진 이 세상의 민족들 속에서 육화하신다."(EG 115) 실제로 "모든 민족이 저마다 고유한 문화의 창조자이며 자기 역사의 주인공"(EG 122)이라고 말한다. 루치오 게라는 1969년에 쓴 글에서 "어떤 방식으로든 외국의 지배로부터 해방시켜 교회를 새롭게 하는 것"의 중요성에 대해 썼다. 이는 우리 종교에 스며들어 있는 문화적 형태로부터, 즉 국가도 민족도 아닌 문화적 형태로부터 독립하는 것을 의미

130 Alvaro Quiroz Magaña, *Eclesiología en la Teología de la Liberación* (Salamanca: Ediciones Sigueme, 1983), 188.

한다." 교회는 "종교적 표현에 숨겨진, 독창적인, 민족적인 형태를 되찾아야 한다."[131] 후안 카를로스 스카노네에 따르면, 이러한 회복은 "구조적 불의와 제도화된 폭력의 억압적 상황에서 살면서도 민중의 역사적 기억을 붙들고 민중의 이익이 정의와 평화라는 공동의 역사적 프로젝트와 일치하도록 보장"하는 가난한 사람들에게 주목함으로써 찾을 수 있다. 이 때문에 "라틴아메리카에서는 적어도 사실상de facto 가난한 이들을 위한 선택과 문화를 위한 선택이 일치한다."[132]

이러한 내용은 프란치스코에게 신앙인으로서의 민중이 얼마나 중요한지를 설명해 준다. 이는 [복음의 기쁨]의 여러 구절에서 확인할 수 있다. 하느님의 충실한 백성은 가난한 이들과 문화에 헌신해야 한다. 왜냐하면 둘 다 우리에게 가르쳐 줄 것이 많고 복음화의 원천이 되기 때문이다(EG 126, 198 참조). 둘 다 하느님 백성 전체가 부여받은 깊은 '신앙 감각'의 원천이며, 둘 다 최고의 신학의 자리loci theologici의 원천이다(EG 119, 125-26, 198항 참조). 프란치스코 교황은 복음화와 토착화 사이에 중요한 연관성이 있다고 보고(EG 122), 가난한 이들과 대중신심, 그리고 신앙을 효과적으로 토착화하는 과정 사이에 존재하는 연관성에 주목한다.

그리스도교가 아직 복음화되지 않은 문화와 만나면서 토착화가 일어난다. 이러한 국가와 문화 안에서도 성령께서는 많은 현지 지혜와 귀한 은사를 가지고 현존한다(EG 117, AG 11, 22항 참조). 프란치스코는 이 강력한 단락에서 지역 문화의 "다양한 보물"에 대해 말하며 다음

131 Gera가 언급한 이 노트들은 루시아니에 따르면, 라파엘 테요의 Reunión de los peritos de la Coepal, 30 de marzo de 1969 (Ediciones Volveré, File 5, 2015)에 나와 있다. 루시아니의 *Pope Francis and the Theology of the People*, 22쪽 참조.

132 Scannone, "Pope Francis and the Theology of the People," 121.

과 같이 강조한다.

> 그리스도교를 단일 문화적이고 천편일률적인 것으로 생각한다면 육화의 논리를 정당화할 수 없다. 일부 문화가 복음 전파 및 그리스도교 사상의 발전과 밀접한 관련이 있는 것은 사실이지만, 그렇다 하더라도 계시된 메시지는 그 어느 문화와도 동일시되지 않으며, 그 내용은 문화를 초월한다. 따라서 새로운 문화를 복음화할 때 또는 그리스도교 메시지를 받아들이지 않은 문화를 복음화할 때, 그것이 아무리 아름답고 오래된 문화라 할지라도 특정 문화 형태를 복음과 함께 강요하는 것은 본질적인 일이 아니다 (EG 117).

우리가 살펴본 것처럼 하느님의 백성은 세계 여러 나라의 역사와 문화 속에서 구체적인 형태를 취한다.

몇 단락 후에 프란치스코는 "대중 신심의 복음화하는 힘"(EG 122-26의 제목)에 대해 쓴다. 대중 신심과 가난한 이들 사이의 연결은 프란치스코 교황의 백성 신학의 기초가 되는 아르헨티나 해방 신학의 특별한 통찰이다. 프란치스코 교황은 평범한 가난한 이들의 종교가 "가난하고 단순한 이들만이 알 수 있는 하느님에 대한 갈증을 어떻게 드러내는지"(EG 123, EN 48항 인용)에 주목하면서 바오로 6세의 [현대의 복음 선교]가 "이 분야에서 결정적인 충동"을 주었다고 전임 교황을 인용한다. 아빠레시다에서도 대중 종교성을 강조하면서 "민중의 신비주의people's mysticism", "낮은 자들의 문화 속에 육화된 영성"(EG 123) 등의 표현을 사용한다.[133] 성지 순례, 특히 마리아에게 바치는 성지 순례, 묵

133 *The Aparecida Document*, 262, 263.

주기도의 암송, 지역의 수호성인을 기념하는 축제celebrations of fiestas, 죽은 자의 날 기념, 미사 데 갈로Misa de Gallo[134](필리핀) 또는 뽀사다스Posadas[135](라틴아메리카) 참여 등은 모두 하느님의 충실한 백성의 표현이며 신학적, 복음적 잠재력으로 가득 차 있다. 프란치스코 교황은 다음과 같이 말한다. "하느님께 충실한 이 거룩한 백성을 사랑하는 사람이라면 이러한 행동을 거룩한 것에 대한 순전히 인간적인 추구의 표현으로 간주하지는 않을 것이다. 이러한 행위는 우리의 마음 안에 부어진 성령의 활동으로 힘을 얻는, 하느님을 향한 삶의 표현이다."(로마 5,5 참조) (EG 125) 프란치스코 교황에게 하느님 백성으로서의 교회상은 그의 교회론을 떠받치는 토대이다. 하느님 백성은 선교하는 제자 공동체로서 세례를 통해 성령의 은총을 받고, 우리 공동의 가정을 포함하여 가난한 이들과 연대하도록 부름받고, 세상의 상처를 치유하도록 부름받고, 자유롭게 베푸는 자비의 장소가 되고, 신앙과 문화에서 나오는 지혜, 교회가 공의회로 나아갈 때 들어야 하는 민중의 지혜를 부여받은 공동체이다. 프란치스코 교황에게 하느님의 백성은 철저하게 선교적인 이미지이다.

134 Misa de Gallo는 "수탉의 미사"라는 뜻으로, 필리핀에서 크리스마스를 앞둔 12월 16일부터 24일까지 매일 새벽에 열리는 전통적인 가톨릭 미사이다. 이 미사는 예수님의 탄생을 기념하기 위한 준비 과정으로, 필리핀 가톨릭 신자들에게 매우 중요한 의미를 지닌다.

135 뽀사다스는 라틴아메리카, 특히 멕시코에서 12월 16일부터 24일까지 열리는 전통적인 크리스마스 행사이다. 요셉과 마리아가 베들레헴에서 여관을 찾는 과정을 재현하면서 공동체의 연대감을 강화한다는 중요한 문화적, 종교적 의미를 지닌다. 이 기간 중 집집마다 방문하며 노래와 기도, 그리고 연극적인 요소를 통해 예수님의 탄생 이야기를 상기시키는 공연을 진행한다. 행사는 마지막 집에서 마리아와 요셉을 받아들이고 축하 파티가 열리는 것으로 종결된다.

결론

하느님의 백성이라는 교회 이미지는 제2차 바티칸공의회 교회론의 중심 자리를 차지했으며, 최근에 전개되는 교회론에서 풍부하고 비옥한 이미지로 다시금 인정받고 있다. 우리는 이스라엘의 하느님과 나자렛 예수의 하느님이 성령을 통해 특별한 백성을 선택하셨다는 사실을 보았다. 그 선택은 특권이 아닌 봉사와 선교를 위해, 모든 민족에게 축복이 되기 위함이었다. 그러나 제2차 바티칸공의회에 이르러서야 이 이미지는 교회의 신비를 명확히 드러내는 이미지로 자리 잡았다. 이 이미지는 교회를 역사 속에 뿌리내리게 하며, 세례를 통한 선교적 친교로 삼위일체 하느님과 사람들을 연결하고, 예수님의 선교에 참여하는 사람들의 근본적인 평등을 드러내는 역할을 했다. 제2차 바티칸공의회 이후, 특히 해방 신학과 프란치스코 교황의 신학적 통찰을 통해 하느님의 백성은 "가난한 교회, 가난한 이들을 위한 교회"(EG 198)로서의 소명을 깨닫고, 세계 문화 속에서 복음을 발견하기 위해 헌신해 왔다.

다음 장에서는 하느님의 선교적 백성에 대한 더 깊은 이해를 다룰 것이다. 그들은 이 세상에서 그리스도의 몸으로 부름받은 하느님의 메시아적 백성이다.[136]

136 Yves Congar, "The People of God," Miller, *Vatican II: An Interfaith Appraisal*, 205.

7장

그리스도의 몸으로서의 교회

예수의 사명을 함께 나누며 이어 가기

하느님의 백성이라는 이미지는 제2차 바티칸공의회에서 발전된 "교회론의 핵심 개념"[137]이자, "새로운 교회론 모델의 지지대 역할을 하는 특권적 범주"이다.[138] 이 이미지는 독자적인 장으로 다루어지며, 세례로 인해 근본적으로 평등한 공동체로서, 그리고 하느님 나라를 향해 순례의 길을 걷는 메시아적 백성으로서 교회를 이해하는 데 중요한 역할을 한다는 점에서 그 중요성이 분명하게 드러난다. 그리스도 안에서 하느님의 백성은 "온 세상의 구원을 위한 도구로서 세상에 파견된" 존재이다(LG 9, LG 32 참조).

---

137 Gerard Mannion, "The Pilgrim Church: An Ongoing Journey of Ecclesial Renewal and Reform," *The Cambridge Companion to Vatican II*, ed. Richard R. Gaillardetz (Cambridge: Cambridge University Press, 2020), 125.

138 Dario Vitali, "Capitolo II: Il Popolo di Dio," *Commentario ai documenti ai Vaticano II, vol. 2: Lumen Gentium*, ed. Serena Noceti and Roberto Repole, 263-582 (Bologna: Edizioni Dehoniane, 2014), 151.

그러나 하느님의 백성으로서의 교회 이미지가 중심적이라는 사실이, 공의회가 그 이전 몇 년 동안 교회의 주요 이미지로 이해되었던 그리스도의 몸이라는 이미지의 중요성 또한 강조했다는 사실을 가리는 것은 아니다.[139] 비록 그리스도의 몸이라는 이미지가 공의회 문서에서 하느님의 백성 이미지만큼 중심적인 위치를 차지하지는 않지만, [인류의 빛]은 이 이미지에 대해 상당히 긴 단락(7항)을 할애하고 있다. 이로써 그리스도의 몸으로서의 교회 이미지는 하느님의 백성 이미지를 보완하게 된다. 실제로 발터 카스퍼Walter Kasper는 "하느님의 백성이라는 교회론은 그리스도의 몸이라는 교회론 없이는, 또는 그것과 분리해서는, 이해될 수 없다"고 강조한다. 이는 "교회를 하느님의 백성으로 볼 때, 우리는 오직 예수 그리스도 안에서, 그리고 그를 통해서만 하느님의 백성임을 깨달아야 하기 때문"이다.[140] 교회를 그리스도의 몸으로 이해하는 것은 아마도 교회의 실재성과 관련하여 신약성서에서 가장 무르익은 사고이며, 존 푸엘렌바흐John Fuellenbach는 "바오로가 사용한 가장 중요한 신약성서의 교회 이미지"라고 말한다.[141] 이것은 우리가 새로운 하느님의 백성의 진정한 새로움을 이해할 수 있는 방식이다.[142] 에버렛 퍼거슨Everett Ferguson은 "아브라함의 부르심 때부터 '하느님의 백성'이 있었지만, 부활 이후에만 '그리스도의 몸'이 있

139 John Fuellenbach, *Church: Community for the Kingdom* (Maryknoll, NY: Orbis Books, 2002), 47. 이 이미지의 인기가 크게 높아진 것은 비오 12세 교황의 1943년 회칙 [Mystici Corporis Christi] 덕분이었다. 이 회칙은 제1차 바티칸공의회의 강하게 제도적인 교회론과 균형을 이루고자 했다. Fuellenbach는 "이 비유는 제2차 바티칸공의회 이전에 대부분의 교회론 교과서에서 교회의 이미지가 되었다"라고 쓴다. 비오 12세의 회칙 [*Mystici Corporis Christi*] 참조.

140 Walter Kasper, *The Catholic Church: Nature, Reality, and Mission* (London: Bloomsbury, 2017), 120, 126.

141 Fuellenbach, *Church: Community for the Kingdom*, 47.

142 Hans Küng, *The Church* (New York: Sheed and Ward, 1967), 225.

다"고 말한다.[143]

그리스도의 몸으로서의 교회 이미지는 교회의 신비, 즉 교회가 선교하는 제자 공동체라는 점을 특히 생생하고 심오하게 설명한다. 퍼거슨이 주장한 것처럼, 그리스도의 몸으로서의 교회는 "단순한 비유나 이미지가 아니라 그리스도와 개별 그리스도인, 그리스도와 교회 공동체 사이의 실제적인 관계"[144]를 표현한다. 선구적인 성경학자로서, 바르나바스 어헌Barnabas Ahern이 수년 전에 썼던 글에서도 이 점이 드러난다.

> 바오로는 그리스도인의 삶이 그리스도인의 개별적인 소마[몸]와 영광을 받으신 그리스도의 개별적인 소마 사이의 실제적이고 인격적인 연합을 포함하며, 이 연합이 구주의 몸과 인격이 지시적인 영적 힘으로 기능할 만큼 친밀하다고 분명히 가르친다. 두 영이 하나의 영이라면, 그 영이 누구에게 속한 것인지 의심의 여지가 없다. "이제는 내가 사는 것이 아니라 그리스도께서 내 안에 사시는 것입니다."(갈라 2,20)[145]

[인류의 빛]에 나타나듯 그리스도께서는 "모든 민족 가운데에서 불러 모으신 당신 형제들에게 당신의 성령을 주시어 신비로이 당신의 몸을 이루셨다."(LG 7)

---

143 Everett Ferguson, *The Church of Christ: A Biblical Ecclesiology for Today* (Grand Rapids, MI: Eerdmans, 1996), 91.

144 Ferguson, *The Church of Christ*, 94.

145 Barnabas Mary Ahern, CP, "The Christian's Union with the Body of Christ in Cor, Gal, and Rom," *Catholic Biblical Quarterly* 23 (1961): 204. Ahern의 글과 아래에 인용된 그의 글은 50년이 훨씬 넘었지만, 그의 성경학자로서의 명성은 이 부분에서 내가 그에게 의존할 만한 가치를 보증한다고 믿는다. 반세기가 지난 지금도 그의 통찰력은 여전히 예리하고 혁신적이라고 생각한다.

따라서 그리스도인은 그리스도의 생명을 함께 나누며share, 그 나눔을 통해 그리스도의 사명을 이어 간다. 그리스도의 몸으로서의 교회 이미지는 선교하는 제자 공동체로서의 선교의 전형적인 이미지이기도 하다. 푸엘렌바흐는 이를 다음과 같이 표현한다.

> 공동체의 모든 존재는 이제 주님의 존재에 의해 규정된다. 이 공동체는 그리스도의 몸이 되어 주님의 사명을 이어받고, 다른 이들이 그리스도와 서로 일치하도록 이끄는 수단으로서 그리스도의 사명을 수행하기 위해 자신을 내어 준다. 교회의 구성원들은 세상에 있어서 그리스도의 몸과 같은 역할을 한다.[146]

피터 쉬넬러Peter Schineller는 이를 강력하게 나타낸다. "비그리스도교인들이 그리스도가 누구이며 그가 무엇을 위해 존재했는지 알고자 한다면, 그들은 그리스도교 공동체, 즉 세상 안에서 그리고 세상을 위한 그리스도의 몸으로서의 삶과 실천에서 이를 발견할 수 있어야 한다."[147] 그리스도의 몸으로서의 교회상은 교회가 참으로 "본질적으로 선교적"(AG 2)인 이유를 더 깊이 통찰할 수 있게 해 준다. [인류의 빛]은 "훌륭한 유비로 교회는 육화하신 말씀의 신비에 비겨진다. 하느님의 말씀께서 받아들이신 본성도 구원의 생명체로서 말씀과 떨어질 수 없도록 결합되어 말씀에 봉사하듯이, 다르지 않은 모양으로 교회의 사회적 조직도 교회에 생명을 주시는 그리스도의 성령께 봉사하여 그 몸을 자라게 한다(에페 4,16 참조)"(LG 8)고 밝힌다. 푸엘렌바흐

---

146 Fuellenbach, *Church: Community for the Kingdom*, 49.

147 J. Peter Schineller, SJ, "The Church-From Emmaus to the New Jerusalem," *Chicago Studies* 19, no. 1 (Spring 1980): 68.

는 교회가 그리스도의 몸이라는 것이 무엇을 의미하는지를 아름답게 표현하는 중세 시대의 기도문을 인용한다.

> 그리스도께는 오늘 그분의 일을 할 우리의 손만 있습니다.
> 그리스도께는 다른 사람들을 그분께로 인도하는 우리의 발만 있습니다.
> 그리스도께는 당신에 대하여 말할 수 있는 우리의 입술만 있습니다.
> 그리스도께는 사람들을 그분 곁으로 부르는 우리의 도움만 있습니다.
> Christ has no hands but our hands to do his work today.
> He has no feet but our feet to guide others to him.
> Christ has no lips, only our lips to speak about him.
> He has no help but our help to call people to his side.[148]

이 장에서는 먼저 바오로 문헌에 나타난 교회의 이미지를 살펴봄으로써 그리스도의 몸으로서의 교회에 대한 성찰을 진행한다. 그리스도인들이 세례를 받고 성체성사를 거행하면서 자신의 삶 속에서 작동하는 '선교적 신화'의 실체를 인식하고, 이 강력한 교회 이미지가 지닌 선교적 함의를 이해할 수 있는 몇 가지 방법을 생각해 보려 한다.

---

148 Fuellenbach, *Church: Community for the Kingdom*, 50. 비슷한 말들이 종종 성녀 아빌라의 데레사에게 연결되기도 한다. 한편, 이 인용문의 놀라운 현대적 업데이트 버전은 고드프리 러스트Godfrey Rust와 니나 카페르나Neena Caperna의 노래 "Lord, Where Did You Leave Your Hands?"에서 찾아볼 수 있다. 이 노래는 YouTube에서 확인할 수 있다.

바오로 서간에 나타나는 그리스도의 몸으로서의 교회

바오로의 사고와 경험에 나타난 이미지의 기원

한스 큉Hans Küng은 교회를 그리스도의 몸으로 이미지화하는 것이 바오로의 "독창적인 창조물"이라고 주장한다. 큉에 따르면, 그리스도의 몸이라는 이미지는 바오로의 진본으로 여겨지든 바오로의 영향을 받은 것으로 여겨지든, 바오로의 글에서만 발견된다.[149] 비록 그리스(스토아) 철학의 사상이 바오로의 상상력에 영향을 주었을지라도, 그 이미지의 의미는 "여전히 유대인의 사고방식에서 비롯되었다."[150] 실제로 바르나바스 어헌은 "바오로의 사상은 스토아 철학자들이 결코 상상하지 못한 사실에 뿌리를 두고 있다"고 썼다. 그가 교회를 그리스도의 몸으로 묘사하는 이유는, 각 그리스도인이 그리스도의 영의 변화시키는 영향력을 통해 그리스도와 함께 수소모스susomos(한 몸)[151]라고 보기 때문이며,[152] 이는 유대교와 구약의 세계관 안에서만 설명될 수 있다.

히브리어에서 '공동체적 인격corporative personality'이라는 개념은 히브리적 사고방식의 핵심으로, "개별 주체의 개성을 무화시키지 않으면서 동시적synchronically이고 통시적diachronically으로 공동체로 통합하는 공동

---

149 Küng, *The Church*, 226.

150 Ferguson, *The Church of Christ*, 94:R. Eduard Schweizer, "Body," *The Anchor Bible Dictionary*, ed. David Noel Freedman, vol. 1, A-C, 767-72 (New York: Doubleday, 1992), 771.

151 여기서 "수소모스"로 번역된 단어는 그리스어 "σύνσωμος"(synsōmos)에서 유래한 표현으로, "함께 하나의 몸을 이룬다"는 의미를 가진다. 이는 그리스도인들이 그리스도의 영을 통해 그분과 연합되어 하나의 몸을 이룬다는 바오로의 신학적 개념을 나타내는데, 이 표현은 주로 신약성서에서 교회의 구성원들이 그리스도 안에서 한 몸을 이루며 서로 연결되어 있음을 강조하기 위해 사용된다.

152 Barnabas Ahern, CP, "The Church as the Body of Christ," *The Church as the Body of Christ*, ed. Robert S. Pelton, 45-65 (Notre Dame, IN: University of Notre Dame Press, 1963), 58.

의 '큰 나'이다."[153] 아브라함과 야곱/이스라엘, 에브라임은 모두 개인이지만 이스라엘 민족 전체를 나타내는 방식이기도 하다. 창세기에서 아담은 한 개인으로 다루어지지만, 그의 이름인 '아담ha adam'은 인류 전체를 의미한다. 이스라엘의 왕은 국가 전체를 대표하며, 그가 죄를 지으면 국가 전체가 벌을 받는다(예: 2사무 24,1-25). 시편에 나오는 '나'의 공동체적 성격에 대한 개념은 논쟁의 여지가 있지만, 이사야의 '종'을 한 개인과 이스라엘 백성 전체로 동일시한 H. 휠러 로빈슨H. Wheeler Robinson의 견해는 여전히 유효하다.[154] 마찬가지로, 공동체적 인격 개념에 따르면 "예수님은 모든 신자들을 자신 안에 포함시켰다"고 한다.[155]

서양인들은 '사회 중심적' 자아 이해보다는 '개인 중심적' 자아 이해를 가지고 있기 때문에 공동체적 인격이라는 개념이 이해하기 어려울 수 있다.[156] 그러나 아시아, 라틴아메리카, 아프리카, 그리고 원주민 출신 사람들에게는 더 쉽게 다가갈 수 있다. 버니스 레틀헤어Bernice Letlhare는 공동체적 인격 개념을 보츠와나의 인류학과 비교한 에세이에서 "사람은 사람을 통해 사람이다" 또는 "인간은 다른 인간을 통해 인간이 된다"라는 속담을 인용한다.[157] 그는 잘 알려진 이 아프리

153 Kasper, *The Catholic Church*, 126.

154 H. Wheeler Robinson, "The Hebrew Conception of Corporate Personality," *Corporate Personality in Ancient Israel* (Philadelphia: Fortress Press, 1973), 25-44; John Reuman, "Introduction," *Robinson, Corporate Personality*, 23; Richard J. Clifford, "Isaiah, Book of (Second Isaiah)," Freedman, *The Anchor Bible Dictionary*, vol. 3, H-J (New York: Doubleday, 1992), 500.

155 Ferguson, *The Church of Christ*, 94.

156 Richard A. Schweder and Edmund J. Bourne, "Does the Concept of Person Vary Cross-Culturally?" *Culture Theory: Essays on Mind, Self and Emotion*, ed. Richard A. Schweder and Edmund J. Bourne, 158-99 (Cambridge: Cambridge University Press, 1984).

157 Bernice Letlhare, "Corporate Personality in Botswana and Ancient Israel: A Reli-

카 속담을 변형하여, "우리가 있기 때문에 내가 있다"라는 문구를 제시한다. 이와 마찬가지로 필리핀 사람들은 강한 자아의식을 가지고 있지만, 그 자아의식을 일종의 '참조 집단' 또는 (타갈로그어로는) 사콥sakop에서 찾는다. 사콥은 주로 가족이지만, 바르카다barkada("갱") 또는 동료compadres("함께 '어울리는' 사람들")가 될 수도 있다. 친척은 같은 피를 나눈다는 의미의 카두고kadugo(타갈로그어) 또는 카다라kadara(일로카노어)로, 형제자매는 같은 창자를 공유한다는 의미의 카파티드kapatid(타갈로그어) 또는 카바기스kabagis(일로카노어)로 표현된다.[158] 접두사 카ka는 그리스어의 전치사 sun과 비슷한 방식으로 기능한다. 아시아인은 종종 자신의 성을 앞에 붙이고(예: 응우옌 록 쩐 Nguyen Loc Tran), 라틴아메리카/라틴계 사람들은 어머니의 이름(예: 마리아 로페스 이 산체스 María López y Sanchez)을 붙이는 경우가 많다. 전 세계 많은 문화권에서 공동체적 인격 개념이 쉽게 이해된다.

히브리적 사고는 바오로가 그리스도인과 그리스도의 관계와 그리스도인의 세상에서의 사명을 설명하기 위해 몸soma이라는 단어를 선택한 기초이기도 하다. 흥미롭게도 히브리어에는 시체를 의미하면서도 노예를 지칭할 때 사용될 수 있는 'gewiyya'라는 단어가 있다. 그렇지만, 살아 있는 사람에게는 "육신"basar 또는 "영혼"nephesh을 서로 바꿔 사용할 수 있다.[159] 에두아르트 슈바이처Eduard Schweizer는 구약 사상

gio-Cultural Comparison," *The Bible in Africa: Transactions, Trajectories and Trends*, ed. Gerald O. West and Musa W. Dube, 474-80 (Leiden: Brill, 2000), 477.

158 Leonardo N. Mercado, *Elements of Filipino Theology* (Tacloban, Philippines: Divine Word University Publications, 1975), 54-58. 더 많은 예는 Stephen B. Bevans, *An Introduction to Theology in Global Perspective* (Maryknoll, NY: Orbis Books, 2009), 67-71쪽 참조.

159 Donald R. Potts, "Body," *Eerdmans Dictionary of the Bible*, ed. David Noel Freedman et al. (Grand Rapids, MI: Eerdmans, 2000), 194.

은 그리스 사고방식처럼 육체를 영혼이나 영과 구별하는 데 거의 관심이 없었다고 말한다. 인간이란 "통전적인wholistic 방식으로만 이해할 수 있다.… 육체가 없는 영혼은 실제 존재하지 않는 유령과 같고, 육체는 시체(또는 기껏해야 노예의 노동력)에 불과하다."[160]

이러한 슈바이처의 연구를 바탕으로 바르나바스 어헌은 신체에 대한 바오로의 이해가 주변 헬레니즘 문화, 특히 코린도의 이해와 반대되는 방향으로 발전했다고 말한다. 그리스인들에게 영pneuma은 사람의 인간성에 필수적인 요소였다. "이러한 개념에 반대하여 바오로는 신앙을 실천해야 하는 것은 바로 몸, 즉 지상의 삶에서 사람이 자신의 존재의 통전성wholeness 속에 있다는 점을 강조한다."[161] 사람의 몸은 한 사람이 다른 사람에게 자신을 드러내고 그를 만나는 수단이다. 이러한 몸의 이해를 바탕으로 신약성경은 교회를 그리스도의 몸soma tou Christou으로, 로마서와 코린도1서에서는 지역 공동체로, 에페소서와 콜로새서에서는 더 넓은 공동체로 표현한다. 이 모두는 교회를 그리스도와의 연합을 통해 그리스도를 세상 안에서in 그리고 세상에to 보이게 하여 그리스도의 현존과 선교를 "다시 제시"하는 사람들의 공동체를 묘사하는 것을 의미한다.

구약성서에서 신앙은 기본적으로 신뢰 관계를 의미한다. "옛날 이스라엘은 하느님을 신뢰하며, 그분께 전적으로 의지해야 했다. 그들의 삶 전체는 야훼에게, 바로 야훼에게 달려 있었다."[162] 신앙에는 지적인 차원과 행동적인 차원이 분명히 있지만, 신앙의 중심에는 정서

160 Schweizer, "Body," 768.

161 Ahern, "The Church as the Body of Christ," 51.

162 Ahern, "The Church as the Body of Christ," 49.

적이고 관계적이며 신뢰하는 차원도 있다.[163] 이스라엘이 살아낸 하느님에 대한 신뢰는 하느님과 신자 또는 신자 공동체 사이에 큰 친밀감을 형성했다. 이 신뢰가 "나는 너희 하느님이 되고 너희는 내 백성이 되리라"는 언약 공식으로 표현되었고, 이스라엘이 하느님의 신부/배우자로, 하느님이 이스라엘의 어머니/아버지로 묘사되는 이미지로도 나타난다. 바오로가 "그리스도 안에서의 삶"에 대해 말할 때 말하는 것은 바로 이러한 신앙과 완전한 신뢰에서 나오는 긴밀한 결합이다. 그리스도께 자신을 온전히 내어주는 신자들은 그리스도와의 관계, 즉 "그리스도 안에 있는 것"(필리 3,9)[164]에 비하면 다른 모든 것을 쓰레기로 여긴다. 바오로에게 있어 그리스도인은 "이제는 내가 사는 것이 아니라 그리스도께서 내 안에 사시는 것"(갈라 2,20)이며, 실제로 "삶이 곧 그리스도이며 죽는 것이 이득"(필리 1,21)이다. 그리스도인은 그리스도와 "같은 마음"(필리 2,2)[165]을 소유하고 있다. 따라서 진정으로 믿는 그리스도인은 그리스도와 "신비적으로"(LG 7) 밀접하게 연합하여 그의 생명을 공유함으로써 그의 사명을 연장하고 지속한다(EN 15 참조). 바오로가 창의적이고 강력하게 표현했듯이, 그들은 세상 속에서 그리스도의 몸이 되며, 이것이 그리스도가 세상에 계속 현존하는 방식이다.

바오로의 유대인적 상상력은 자신의 경험, 특히 회심 경험으로부터 자극을 받기도 했다. 루카가 사도행전(9,3-5)에서 이야기하듯, 바오로는 다마스쿠스로 향하는 길에서 큰 빛에 쓰러졌을 때 "사울아 사울아 왜 나를 핍박하느냐?"라는 음성을 들었다. 그리고 그 음성의 정

163 Bevans, *An Introduction to Theology in Global Perspective*, 29. Juan Alfaro, "Fides in Terminologia Biblica," *Gregorianum* 42 (1961): 463-505.

164 원문은 8절로 되어 있으나, 9절이 맞음.

165 원문은 5절로 되어 있으나, 2절이 맞음.

체를 물었고, "나는 네가 핍박하는 예수다"라는 대답을 들었다. 바오로는 새로운 길을 따르는 사람을 찾아 결박하고 예루살렘으로 끌어가기 위해 다마스쿠스로 가고 있었다(사도 9,2). 그러나 사울은 이제 그가 결박하기 위해 찾아 나섰던 공동체가 실은 부활하신 그리스도 예수의 인격임을 깨닫게 된다. 공동체적인 인격체와 몸에 대한 히브리적 이해 그리고 신자들과 그리스도의 밀접한 관계는 바오로의 이후 선교와 공동체에서의 친교신학의 체험적 기초를 형성하는 데 결합되었다. 푸엘렌바흐는 바오로가 공동체 안에서 성장하고 그 안에서 사목을 시작하면서 겪은 공동체의 경험에 대해 이야기하는 독일의 주석가 헤르만-요제프 베네츠Hermann-Josef Venetz의 말을 인용한다. 베네츠에 따르면 바오로는 다음과 같은 사실을 깨달았다.

> 예수님과 그의 사명은 초기 그리스도교 공동체 안에 현존하고 실재했다. 여기서 바오로는 가난한 사람들이 어떻게 포용되고 진정한 연대가 실천되는지 보았다. 또한 그는 이 공동체 안에서 새롭고 대안적인 삶의 방식을 발견했다.… 바오로는 초대 교회를 그리스도이신 예수에 대한 신앙이 육화된 장소로 경험했다.

그러나 바오로의 경험은 긍정적인 것만은 아니었다고 푸엘렌바흐는 덧붙인다. 그리스도인들이 세례와 성찬에 참여하고 있음에도 불구하고, 실제로 그들이 누구인지에 부합하는 삶을 살지 못하고 있다는 것을 바오로는 경험했다. 이러한 부정적인 경험이 결국 바오로가 이 이미지를 처음으로 표현하게 된 계기가 되었을 가능성이 있다.[166]

166 Fuellenbach, *Church: Community for the Kingdom*, 54. Hermann-Josef Venetz, *Ein Blick in das Neue Testament* (Zürich: Benzinger Verlag, 1981), 131쪽에서 재인용.

바오로는 자신의 경험을 바탕으로 글을 통해 이 이미지를 암묵적으로나 명시적으로 발전시켰으며, 그의 제자들은 이 이미지를 더욱 심도 있게 발전시켰다.

이미지의 바오로적 발전

다소 느슨하긴 하지만 [인류의 빛] 7장의 압축적인 전개를 바탕으로, 우리는 그리스도의 몸으로서의 교회에 대한 바오로의 이해를 세 가지 논제로 고찰할 수 있다. 첫째, 바오로 문헌이 그리스도인과 그리스도인의 정체성을, 특히 세례와 성체성사를 통해 어떻게 암묵적으로 이해하고 있는지를 생각해 볼 수 있다. 비록 '그리스도의 몸'이라는 용어가 사용되지는 않았지만, 이 텍스트들은 교회에 대한 강력한 신학적 토대를 제공한다. "바오로의 그리스도의 몸 교회론의 근원은 그의 세례와 성체성사에 대한 인식에서 찾을 수 있다."[167] 둘째, 바오로가 그리스도 공동체의 일치와 다양성을 설명하기 위해 몸의 이미지를 어떻게 사용하는지 살펴볼 수 있다. 셋째, 제2바오로 문헌deutero-Pauline literature으로 넘어가면, 그리스도의 머리 되심headship과 우주적 현존 아래 있는 그리스도의 몸으로서의 교회에 대한, 다소 논란의 여지가 있고 다소 위험하기도 한 후대의 이해를 반추해 볼 수 있다. 이러한 발전은 가부장제와 위계질서를 정당화할 수 있는 근거가 될 위험이 있는 동시에, 교회의 이미지를 상대화하여 세상에서 교회의 중요성을 축소시킬 수도 있다. 이러한 이미지의 각 측면은 교회의 선교에 깊은 영향을 미친다.

---

167 Kasper, *The Catholic Church*, 127.

논제 1: 그리스도인은 그리스도와 한 몸이 될 정도로 그리스도와 밀접하게 연합되어 있다.

우리는 이미 바오로 서신에서 그리스도인이 그리스도와 얼마나 밀접하게 연합되어 있는지를 말하는 구절을 접한 바 있다. 그리스도께서 그들 안에 사시거나(갈라 2,20), 그들의 삶 자체가 되시며(필리 1,21), 그들은 그리스도의 마음을 가졌다(필리 2,5). 그러나 이러한 정체성을 표현하는 다른 강력한 구절도 있다. 세례와 성체성사, 그리고 특정 맥락에서 나온 대담한 비교이지만 인간의 친밀한 성적 결합과도 관련이 있다. 우리는 몇 가지 특정 텍스트에 초점을 맞추고, 같은 방향을 가리키는 다른 텍스트도 일부 언급할 것이다.

세례 이미지

갈라디아서 3,27-28. 갈라디아서는 테살로니가 1서 이후 약 2년 후인 기원 53년경에 쓰인 바오로 서신 중 가장 초기에 작성된 편지 중 하나이다.[168] 여기서 우리는 그리스도인이 그리스도와 한 몸을 이룬다고 말할 수 있을 정도로 친밀한 그리스도와의 연합에 대한 최초의 암묵적 이해를 발견할 수 있다. "그리스도와 하나되는 세례를 받은 여러분은 다 그리스도를 입었습니다. 그래서 유대인도 그리스인도 없고, 종도 자유인도 없으며, 남자도 여자도 없습니다. 여러분은 모두 그리스도 예수님 안에서 하나입니다."

리처드 B. 헤이스Richard B. Hays의 말처럼, 그리스도로 옷을 입는다는 것은 세례를 받는 사람들이 침수를 위해 옷을 벗고 "새 생명을 상징

168 Robert W. Wall, "Introduction to Epistolary Literature," *The New Interpreter's Bible*, ed. Leander E. Keck et al., vol. 10 (Nashville, TN: Abingdon, 2002), 373; Raymond E. Brown, *An Introduction to the New Testament* (New York: Doubleday, 1997), 428.

하는 새 흰 옷"을 입었던 초기 그리스도교 세례 예식을 반영한다. 이 관습은 바오로 문헌의 다른 여러 곳에서 암시된다(로마 13,14; 에페 4,22-24; 콜로 3,9-11). 비록 사람에게 옷을 입힌 사례는 없지만, 이 언어는 구약에 "널리 퍼져 있다."[169] 예를 들어 하느님은 "권능으로 띠 두르시고"(시편 93,1), 악인은 교만을 목걸이로 착용하며(시편 73,6), 사제들은 "구원으로 옷을 입다"(시편 132,16)라고 표현한다. "바오로의 언어는 2,20에서 언급된 그리스도와의 신비한 인격적 연합을 묘사하는 또 다른 비유적 표현이다. 그러한 연합 안에서 '그리스도 안에 있는' 사람들은 그분의 신성한 아들 됨을 공유하고 그분의 성품을 취한다. 그러므로 여기서 세례의 이미지는 갈라디아 교인들이 겪은 정체성의 변화를 가리킨다."[170] 그 결과 종교, 계급, 성별의 구별이 사라지고 모두가 그리스도와 동일시된다(콜로 9,11에서도 이를 볼 수 있다).[171] 본문은 명시적으로 말하지는 않지만 다른 본문에 비추어 볼 때 그리스도인은 그리스도와 한 몸이 된다는 것이 요점이다. 이 새로운 정체성은 새로운 윤리적 행동과 그리스도를 세상에 '다시 제시'하는 것, 즉 모든 사람을 포용하고 환영하는 그리스도의 사명을 이어갈 것을 요구한다.

로마서 6,1-11. 이 구절 바로 앞에서 바오로는 아담의 죄와 그리스도의 은총을 대조하며 로마서 5장 20절에서 "죄가 많아진 그곳에 은총이 더욱 넘쳤다"고 썼다. 이 구절(로마서 6,1-11)에서 바오로는 "은총이 더욱 많아지도록" 죄를 계속 지어야 하는지 묻는다. 그러나 세례를

---

169 Richard B. Hays, "The Letter to the Galatians,"Keck et al., *The New Inter-preter's Bible,* vol. 11, 181-348 (Nashville, TN: Abingdon, 2000), 272.

170 Hays, "The Letter to the Galatians," 272.

171 Elisabeth Schüssler Fiorenza, *Wisdom Commentary,* vol. 50 (Collegeville, MN: The Liturgical Press, A Michael Glazier Book, 2017), l-li. 유대인과 그리스인, 종과 자유인 모두 남성과 여성이며, 피오렌자의 용어로는 "wo/men"이다.

받음으로써 우리는 이제 그리스도의 죽음과 장사, 부활을 통해 그리스도와 친밀하게 연합되었기 때문에 그의 대답은 단호하게 '아니오'이다. "그리스도 예수님과 하나되는 세례를 받은 우리가 모두 그분의 죽음과 하나되는 세례를 받았다는 사실을 여러분은 모릅니까? 과연 우리는 그분의 죽음과 하나되는 세례를 통하여 그분과 함께 묻혔습니다. 그리하여 그리스도께서 아버지의 영광을 통하여 죽은 이들 가운데에서 되살아나신 것처럼, 우리도 새로운 삶을 살아가게 되었습니다." 비록 바오로가 명시적으로 말하지는 않았지만, 앞서 코린도 교인들에게 보낸 서신과 로마서 12장에 나오는 표현을 고려할 때, 그의 서신은 그리스도 안에서의 새로운 삶을 사는 것이 그리스도의 **몸**으로 사는 것임을 암시하고 있다. "우리의 옛 인간이 그분과 함께 십자가에 못 박힘으로써 죄의 지배를 받는 몸이 소멸함을 우리는 압니다." 세례를 통해 "죄의 몸"은 "그리스도의 몸"의 일부가 되었다. "그리스도 안으로" 세례를 받는다는 것은 "메시아의 가족, 백성의 일부가 되는 것"이라고 N. T. 라이트N. T. Wright는 말한다. "따라서 메시아에게 참된 것은 그들에게도 참된 것이다."[172] 세례는 공동체를 '다른 그리스도', 즉 '메시아의 백성'(LG 9)으로 만들고, 세상 속에서 그분의 몸으로 살아가며 그분의 사명을 나누고 이어 가게 한다.

콜로새서 2,9-12. Wisdom Commentary[173]의 콜로새서 편 저자들이 지적하듯이, 콜로새서(그리고 에페소서를 포함해야 함)의 바오로 저작권에

172 N. T. Wright, "The Letter to the Romans," Keck et al., *The New Interpreter's Bible*, vol. 10, 395-770.

173 Wisdom Commentary 시리즈는 가톨릭 출판사인 Liturgical Press에서 2015년에 처음 출간되었다. 주요 편집자 중 한 명인 엘사 타메스Elsa Tamez가 감리교 신학자인 데서 알 수 있듯이 이 시리즈는 다양한 그리스도교 전통을 아우르는 에큐메니컬한 학문적 프로젝트로서 성경 해석의 새로운 지평을 열어, 모든 사람을 위한 존엄성과 평등, 정의를 실현하고 여성신학의 관점에서 해석하는 점에서 독특한 자리를 차지한다.

대한 논의는 '신약성경 학계에서 중요한 논의 주제'이다.[174] 저자들은 이 서신들(또는 사목서신들)을 바오로가 실제로 쓴 것으로 받아들이지 않는다. 그렇지만 이들은 제임스 G. D. 던James D. G. Dunn의 의견을 인용하며, 콜로새서가 '바오로의 서신들과 가장 초기의 익명 저자 문헌을 연결하는 가교 문서 역할을 한다'는 입장을 견지한다.[175] 이 본문은 세례를 그리스도의 죽음과 부활에 참여하는 것과 그리스도인이 그 안에서 누리는 새 생명을 연결하는 로마서 6장을 연상시킨다. 또한 세례를 "육신의 몸"을 벗어버리는 "영적 할례", 즉 "그리스도의 할례"와 연결한다.

> 여러분도 그분 안에서 충만하게 되었습니다. 그분은 모든 권세와 권력들의 머리이십니다. 여러분은 또한 그분 안에서 육체를 벗어 버림으로써, 사람 손으로 이루어지지 않는 할례 곧 그리스도의 할례를 받았습니다. 여러분은 세례 때에 그리스도와 함께 묻혔고, 그리스도를 죽은 이들 가운데에서 일으키신 하느님의 능력에 대한 믿음으로 그리스도 안에서 그분과 함께 되살아났습니다(콜로 2,9-12).

이 모든 이미지들은 "그리스도가 신자에게 미치는 영향에 대해 자세히 설명한다."[176] 세례를 통해 그리스도와 연합한 신자들은 그리스

---

174 Cynthia Briggs Kittredge and Claire Miller Colombo, Elsa Tamez, Cynthia Briggs Kittredge, Claire Miller Colombo, and Alicia J. Batten, *Philippians, Colossians, Philemon,* Wisdom Commentary, vol. 51, 133.

175 Kittredge and Colombo, *Philippians, Colossians, Philemon,* 133; James D. G. Dunn, *The Epistles to the Colossians and Philemon: A Commentary on the Greek Text,* New International Greek Testament Commentary (Grand Rapids, MI: Eerdmans, 1996), 40쪽 참조.

176 Tamez et al., *Philippians, Colossians, Philemon,* 170.

도의 승리와 자신의 승리를 세상에 선포한다.

성체 이미지

코린도1서 10,16-17. 유명하고 중요한 이 구절의 의미는 코린도1서라는 넓은 맥락에서 바라볼 때 온전히 이해할 수 있다. 8,1에서 시작하여 11,1에서 끝나는 편지 내용에서 바오로는 그리스도인들이 "우상에게 바쳤던 제물"(8,1)을 먹을 수 있는지에 대한 코린도 교인들의 질문을 다루고 있다. 그리스의 도시에서 사회생활은 도시의 성전에서 열리는 제사 연회나 지역 가정의 식사 모임을 중심으로 이루어졌다. 성전에서 동물이 희생되면, 일부는 제단에서 불태워지고 나머지는 제사 후 연회에 사용되었으며, 남은 것은 공공 시장에서 사적인 용도로 판매되었다. 고기는 존재하지 않는 신에게 제물로 바쳐진 것이기 때문에 그리스도교인이 비그리스도교인의 집에서 열리는 연회에 참석하는 것뿐만 아니라 더 공적인 제의 후 연회에 참여하는 것도 괜찮지 않을까?[177]

이 질문에 대한 바오로의 대답은 다소 복잡하다. 기본적으로 그는 이론적으로는 그리스도인이 성전에서 제물로 바쳐진 고기를 먹는 것이 합법적이지만, 그러한 관습에 불쾌감을 느낄 수 있는 회원이 있다면 그렇게 해서는 안 된다고 주장한다(8,4-13). "원칙적으로 정당화될 수 있다는 이유만으로" 공동체의 구성원에게 영적 혼란을 일으키는 일은 실제로 공동체에 대한 죄이며, 공동체와 동일시되는 그리스도 자신에 대한 죄이다.[178] 그 후 바오로는 공동체를 위해 어떻게 자신이

177 Maria A. Pascuzzi, "The First Letter to the Corinthians," *The New Col-legeville Bible Commentary: New Testament*, ed. Daniel Durkin, 486-546 (Collegeville, MN: The Liturgical Press, 2008), 516; Paul Sampley, "The First Letter to the Corinthians," Keck, *The New Interpreter's Bible*, vol. 10, 773-1103 (Nashville, TN: Abingdon, 2002), 893.

178 Pascuzzi, "The First Letter to the Corinthians," 517.

자신의 권리를 포기하고, “어떻게든 몇 사람이라도 구원하기 위해 모든 사람에게 모든 것”이 되었는지를 언급하면서 주장을 이어 나간다. 그런 다음 그는 이스라엘의 역사를 예로 들며 코린도 교인들의 ‘오만한 행동presumptuous conduct’에 주의를 촉구한다. 즉 그들 자신은 우상 숭배를 피하고 있다고 자만하지만 실제로는 제물로 바쳐진 고기를 먹음으로써 우상 숭배에 동참할 위험에 처해 있음을 경고한다.[179]

이제 바오로는 그의 주장의 핵심에 도달하는데, 바로 이 지점에서 코린도1서 10,16-17이 등장한다. 신에게 바쳐진 음식을 먹는 것은 그 신과의 친교에 영향을 미친다. 이스라엘의 제사도 그랬고, 그리스 신에게 바친 고기도 마찬가지였다(10,18-21). 성찬식에 참여하는 것은 그리스도에게 참여하는 것이며, 이로써 그리스도인은 그리스도와 한 몸이 되는 것이다. “우리가 축복하는 그 축복의 잔은 그리스도의 피에 동참하는 것이 아닙니까? 우리가 떼는 빵은 그리스도의 몸에 동참하는 것이 아닙니까? 빵이 하나이므로 우리는 여럿일지라도 한 몸입니다. 우리 모두 한 빵을 함께 나누기 때문입니다.”(16-17) 그리스도인들이 성전에서 바쳐진 고기를 먹어서는 안 되며, 궁극적으로 먹을 수도 없는 이유가 여기 있다. 성전에 바쳐진 고기를 먹는 행위가 상징하는 바가 그리스도인들이 누구인가라는 데에 반하기 때문이다. 그리스도인은 그리스도와 한 몸으로 온전히 일치하여 세상에서 그분의 현존을 이어 가는 존재이다.

푸엘렌바흐는 그리스도와의 이러한 일치가 선교에 미치는 영향을 명확하게 설명한다. 그리스도의 몸을 먹고 피를 마신다는 것은 그리스도인들이

179 Pascuzzi, “The First Letter to the Corinthians,” 520.

그리스도의 성체적 존재를 취한다는 것을 의미한다. 성찬례에 참여함은 그리스도인들이 전적으로 성찬의 상징성, 곧 부서질 빵과 쏟아질 포도주에 의해 규정된 삶을 살아감을 의미한다.

공동체의 전체 존재는 이제 주님의 존재에 의해 규정된다. 공동체는 그리스도의 몸이 되어 주님의 사명을 이어받는다. 그리스도의 사명을 계속하기 위해 자신을 내어주며, 이를 통해 다른 사람들이 그리스도와, 그리고 서로와 일치하도록 이끄는 수단이 된다.[180]

성적인 이미지

코린도1서 6,12-20. 바르나바스 어헌은 이 본문이 성적 부도덕을 다루면서, 바오로가 처음으로 그리스도인의 몸이 그리스도의 몸의 지체라는 이미지를 구체적이고 명시적으로 사용한 가장 초기의 텍스트라고 언급한다. 어헌이 지적하듯이, 이 암시는 "그의 체계에서 핵심 원칙이라기보다는" 특정 상황에서 등장한 개념이다.[181] 이 상황은 일부 그리스도인들이, 어느 정도 스토아 철학의 영향을 받아, 그리스도 안에서 참된 자유를 찾았다고 믿고 "모든 것이 나에게 허락되었다"(12절)고 주장하는 것과 관련이 있다.[182] 스토아 철학은 진정한 자유가 "자연에 따라 행동하는 것"에서 나타난다고 보았고, 이는 예를 들어, 잘 먹고 성관계를 맺는 것-둘 다 생물학적 필수 요소-을 의미했다. 바오로는 특히 후자에 대해 반대한다. 매춘부를 방문하는 그리스도인들은 단순히 "도덕적으로 중요하지 않은 신체의 중요하지 않은 부분"을 사용하는 것

---

180 Fuellenbach, *Church: Community for the Kingdom*, 49.

181 Ahern, "The Christian's Union with the Body of Christ," 202.

182 Pascuzzi, "The First Letter to the Corinthians," 511. 샘플리는 NRSV에서 사용한 "lawful"보다 "permissible"이 더 나은 번역이라고 주장한다. Sampley, "The Letter to the Corinthians," 860.

이 아니었다. 그들은 실제로 그리스도와의 연합을 배반하고 있었다.[183] "여러분의 몸이 그리스도의 지체라는 것을 모릅니까? 그런데 그리스도의 지체를 떼어다가 탕녀의 지체로 만들 수 있겠습니까? 결코 그럴 수 없습니다. 아니면, 탕녀와 결합하는 자는 그와 한 몸이 되는 것입니다.… 여러분의 몸이 여러분 안에 계시는 성령의 성전임을 모릅니까?(15-19절) 어헌은 매춘부와의 연합과 그리스도와의 연합에 대해 "전체 인격이 연관된다"고 강조한다. 바오로에게 있어서 소마soma는 단순히 신체-영혼 결합체의 물리적 요소가 아니라, 인격의 충만함으로 생동하는 전체 자아이다.[184] 그리스도인은 진정으로 또 다른 그리스도가 되어, 그의 사명을 공유하고 계속해 나간다.

로마서 7,1-6. 로버트 캐리스Robert Karris에 따르면 이 구절에서 바오로가 사용한 이미지는 "매우 간단하다." 결혼은 배우자 중 한 사람이 살아 있는 한 구속력이 있지만, 배우자가 죽으면 다른 사람과 자유롭게 결혼할 수 있다. 바오로는 "이와 같이"(4) 그리스도인은 그리스도를 통해 율법과 관련하여 죽음으로써, 그리스도와 자유롭게 연합할 수 있다고 말한다.[185] 그리스도인과 그리스도의 새로운 관계는 "남자와 아내의 관계만큼 육체적으로 실제적이고 개인적인 관계"이다.[186] 남편과 아내처럼 그리스도와 그리스도인은 "한 몸flesh,"(창세 2,24) 한 몸body이 되었다.

에페소서 5,21-33. 엘리자베스 쉬슬러 피오렌자Elisabeth Schu¨ssler Fiorenza는 에페소서 주석의 첫머리에 이 본문 22-24절은 아마도 에페소서

183 Pascuzzi, "The First Letter to the Corinthians," 511.

184 Ahern, "The Christian's Union with the Body of Christ," 202.

185 Robert J. Karris, "The Letter to the Romans," Durken, *New Collegeville Bible Commentary*, New Testament, 458.

186 Ahern, "The Christian's Union with the Body of Christ," 202.

에서 "가장 잘 알려져 있고 가장 많이 인용되는 구절"이라고 썼다. 수많은 결혼식에서 읽히는 이 본문은 "사회와 교회에서 여성의 2등 시민권을 정당화하는 데 자주 사용된다."[187] 쉬슬러 피오렌자는 이 본문을 "결을 거슬러" 읽는다, 즉 본문이 반대하고자 하는 것이 무엇인지 찾아서 해석한다. "지혜로운 자들의 에클레시아"의 구성원들은 "메시아의 살과 뼈의 지체들(5,30)"로서 여성과 남성의 완전한 평등을 발견했다.[188] 따라서 오늘날 본문의 원래 가부장적이고 권위적인 의도는 결연히 거부되어야 한다.[189] 오늘날 그리스도인들은 에페소 여성들과 그들과 함께 서 있던 사람들의 편에 서야 한다.

그럼에도 불구하고, 그리고 강력히 주장하는 바이지만, 그리스도인과 그리스도 사이에 존재하는 연합에 대한 이해를 위해 이 본문이 가진 풍부한 잠재력을 살펴보는 것은 여전히 유용하다. 남편과 아내는 "한 몸"을 이루므로 서로 사랑하고 서로에게 종속되어야 한다. "아무도 자기 몸을 미워하지 않고, 그리스도께서 교회를 위해 하시는 것처럼, 우리가 그분의 몸의 지체이기 때문에 영양을 공급하고 부드럽게 돌보는 것이다."(29-30) 결혼과 교회에서 몸의 결합은 "이보다 더 친밀할 수 없는데, 그 어떤 의존도 이보다 더 완전할 수 없기 때문이다. 그리스도인으로서 그리스도인이 가진 모든 것은 자신의 몸-인격이 그리스도의 몸-인격에 완전히 복종하는 데서 얻는다."[190] 이것이 바로 오늘날 문제가 있는 이 본문을 해석할 때 상호 종속, 상호 사랑,

187 Schüssler Fiorenza, *Ephesians*, xlv-xlvi.

188 Schüssler Fiorenza, *Ephesians*, 103. "reading against the grain,"에 대해서는 같은 책의 lv-lviii 참조.

189 Schüssler Fiorenza, *Ephesians*, 122.

190 Ahern, "The Christian's Union with the Body of Christ," 203.

존중을 강조해야 하는 이유이다.[191] 결혼한 부부는 교회를 향한 그리스도의 사랑의 성사이므로 그 존재 자체로 하느님의 통치의 "급진적인 친밀함"을 구현하고 보여 준다. 다음 절에서는 그리스도인 공동체가 친밀함과 번영에 대한 동일한 약속을 어떻게 세상에 드러내는지 살펴볼 것이다.

논제 2: 그리스도 안에서 모두가 하나가 되었으므로 각각은 신체의 각 부분처럼 특별한 기능을 가지고 있다.

코린도1서 12,12-30; 로마서 12,4-8; 에페소서 4,1-13. 일반적으로 주석가들은 그리스도의 몸으로서의 교회 이미지에 대해 말할 때 이 구절들, 특히 바오로 서신인 코린도1서와 로마서를 언급한다. 이와 함께 주석가들은 종종 바오로가 사용한 이미지의 은유적 특성에 대해 이야기한다. 이러한 사용법은 그리스 세계에서는 흔했다. 예를 들어, 플루타르코스는 메네니우스 아그리파라는 관리인이 위장과 신체의 다른 부분들 사이의 관계에 대한 우화를 통해 폭동을 성공적으로 진압한 이야기를 전한다.[192] 학자들 중에서도 아그본키안메게 오로바토르Agbonkhianmeghe Orobator와 바바라 보우Barbara Bowe는 이 이미지를 그리스도인들이 하나됨과 다양성 속에서 어떻게 서로 연대하며 살아가는지를 나타내는 비유로 이해한다.[193] 특히 코린도1서에서 바오로가 공동체가 겪고 있던 많은 분열과 불평등을 다루고자 할 때, 비유적 언어가 중요하게

---

191 Vincent M. Smiles, "The Letter to the Ephesians," Durken, *New Collegeville Bible Commentary*, New Testament, 617.

192 Küng, *The Church*, 228. Sampley, "The First Letter to the Corinthians," 947.

193 Agbonkhianmeghe E. Orobator, *Theology Brewed in an African Pot* (Mary knoll, NY: Orbis Books, 2008), 84; Barbara E. Bowe, "Body of Christ," Freedman, *Eerdmans Dictionary of the Bible*, 194-95.

작용한다.[194] 손, 발, 귀, 눈, 코가 모두 몸을 구성하며, 하나가 고통을 겪을 때 다른 모두도 함께 고통을 겪는다. "실로, 몸은 한 지체가 아니라 많은 지체로 이루어져 있다."(1코린 12,14)

그러나 은유를 말할 때 진실이나 실재를 가리키는 것이 아니라는 약한 의미로 생각해서는 안 된다. 오히려 바오로가 사용한 몸의 은유는 우리가 이전 섹션에서 그리스도와 그리스도인의 친밀한 연합의 실체를 표현하기 위해 살펴본 강력한 세례적, 성찬적, 성적 이미지에 비추어 이해되어야 한다.[195] 그리스도인은 그리스도와 진정으로 한 몸이고 그리스도 안에서 그리스도와 동일시되기 때문에, 그 동일성은 공동체의 일치를 가리키는 동시에 공동체의 다양한 은사도 가리키고 있다. 모두는 그리스도의 몸으로서 하나이지만, 개별적으로는 몸의 지체가 전체에 조화롭게 기여하는 것과 같은 방식으로 몸을 세우는 데 각자 특정한 역할을 담당하고 있다. 따라서 교회에는 사도, 예언자, 교사, 기적의 일꾼, 조력자, 지도자, 방언의 은사로 공동체를 교화하는 사람들이 있다(1코린 12,27-28). 물론 쉬슬러 피오렌자가 지적했듯이 이 모든 사람은 여성과 남성 모두였다.[196]

각자에게 주신 은총에 따라 각기 다른 은사가 주어진다(로마 12,6). 코린도1서에 언급된 은사 외에도 바오로는 로마서에서 권면, 관대함, 동정심, 쾌활함의 은사를 언급한다. 이 모든 은사는 전체 공동체가 "성숙한 사람이 되며 그리스도의 충만한 경지에 다다를 때까지"(에페 4,13) 공동체 전체의 사목을 위한 것이다. 샘플리Sampley가 지적했듯이,

194 Sampley, "The First Letter to the Corinthians," 780-81. Margaret M. Mitchell, *Paul and the Rhetoric of Reconciliation* (Louisville, KY: Westminster/John Knox, 1991).

195 Ahern, "The Christian's Union with the Body of Christ," 205-7. LG 7도 볼 것.

196 Schüssler Fiorenza, *Ephesians,* liii-v.

코린도1서와 로마서의 은사 목록은 "예시적인illustrative 것"이다. 오늘날 그리스도인들은 "바오로의 은사 목록을 성령께서 개인의 삶 안에서 그리고 개인의 삶을 통해 역사하셔서 신자들의 공동의 삶과 공동선을 풍성하게 하시는 다양한 방식을 암시하는 것으로 보아야 한다."[197]

이 본문에서 바오로가 그리는 공동체는 예수님의 복음 메시지를 실천하기 위해 노력하는 구성원들의 기쁨과 활력을 삶으로 함께 나누는 풍성하고 생명력 있는 공동체이며, 하느님 통치의 표징이자 예표이며 도구이다. 이것이 바로 예수님의 삶과 사명이었고, 교회가 세상 속에서 예수님의 몸으로서 공유하고 이어 가는 예수님의 삶과 사명이다. 바오로가 공동체의 다양한 은사를 나열한 후 모든 교회 구성원에게 "더 큰 은사를 위해 힘쓰라"(1코린 12,31)고 당부하면서, 그 은사 중 가장 큰 은사는 사랑의 은사라고 말한 것은 결코 우연이 아니다. 마이클 J. 고먼Michael J. Gorman은 세상, 즉 '외부인'은 "'내부인'이 서로를 어떻게 대하는지를 관찰함으로써 그리스도가 누구인지 해석한다"고 말한다.[198]

4장과 5장에서 지적했듯이, 진정한 공동체는 복음의 확실한 증거이며, 교회가 복음의 진리, 복음이 약속하는 삶, 그리고 실제로 교회가 선포하고 증거하는 사람을 구현하고 보여줄 수 있는 최선의 방법이다('현대의 복음 선교' 41항과 '복음의 기쁨' 151항 참조). 프란치스코 교황은 교회가 어떻게 "매력적"이어야 하는지에 대해 자주 이야기한다. 인간의 생명과 인간의 자유를 제한하는 공동체가 아니라 "기쁨을 나누고, 아름다움의 지평을 가리키며, 다른 이들을 맛있는 연회에 초대하는"(EG

197 Sampley, "The First Letter to the Corinthians," 949.

198 Michael J. Gorman, *Becoming the Gospel: Paul, Participation, and Mission* (Grand Rapids, MI: Eerdmans, 2015), 246.

14) 공동체가 되어야 한다는 것이다.[199] 같은 방식으로 공동체는 종종 현대 문화의 결을 거스르는 대안적 삶의 방식을 증언하고, 세상의 권력이 아니라 예수님이 주님이심을 삶으로 증언하기도 한다. 그리스도의 몸이라는 이미지에 담긴 이런 측면은 남녀 신자가 조화롭게 살면서 은사를 나누고 그리스도의 충만한 경지에 이르기까지(에페 4,13) 자신을 세워 가는 공동체 형성에 내재적으로 작용하며, 자연스럽게 선교적 증언과 실천으로 나아가는 데까지 확장된다. 로드니 스타크 Rodney Stark에 따르면 "그리스도교가 성장한 것은 시장에서 기적이 일어났기 때문이 아니었다. 콘스탄티누스가 그렇게 해야 한다고 말했거나 순교자들이 그렇게 신앙을 주었기 때문이 아니다. 그리스도교인들이 강렬한 공동체를 구성했기 때문에 성장했다."[200] 그리고 이 그리스도교인들은 그리스도 안에서 예수님이 구현하고, 보여 주고, 선포하신 하느님 통치의 '혁명적 친밀감'이 실제로 가능하다는 기쁜 소식을 친척, 친구, 이웃 등 다른 사람들에게 기쁜 마음으로 증거하고 전했다.

논제 3: 그리스도는 그리스도인들과 연합하여 그들과 한 몸이 되시지만, 그리스도는 몸의 머리이시므로 교회의 생명의 근원이자 성장과 원리이며 교회 밖에서도 활동하십니다.

콜로새서 1,15-20: 2,6-19; 에페소서 1,22-23: 4,11-16: 5,21-33. "이 몸의 머리는 그리스도이다."(LG 7) 바오로 친서에서 그리스도를 몸의 머리 또는 교회의 머리로 지칭한 적은 없지만 콜로새서와 에페소서에서는

199 Stephen Bevans, "Pope Francis's Missiology of Attraction," *International Bulletin of Mission Research* 43, no. 1 (January 2019): 20-28.

200 Rodney Stark, *The Rise of Christianity* (New York: Harper Collins, 1997), 208.

그리스도를 교회의 머리로 기술된다. "그분께서는 만물에 앞서 계시고 만물은 그분 안에서 존속합니다. 그분은 또한 당신 몸인 교회의 머리이십니다. 그분은 시작이시며 죽은 이들 가운데에서 맏이이십니다."(콜로 1,17-18) 확실한 서신에서 교회는 지역 공동체를 가리키는 것이 분명하지만, 제2바오로 서신deutero-Pauline letters에서 교회는 당시 지중해 세계 전역에 퍼져 있던 보편적 교회를 의미한다.[201]

페미니스트 학자들은 이 서신과 이미지를 날카롭게 비판한다. 그 비판에 따르면, 이것은 남성 그리스도인이 세례를 통해 부여된 모든 그리스도인의 평등성을, 특히 여성 신자의 평등성을 억압하려는 시도이다. 또한 이 서한들의 저자들은 그리스도교인들이 로마 제국의 통치에 복종할 것을 요구하며, 이는 아내가 남편에게, 노예가 주인에게, 자녀가 아버지에게 복종하는 가정 규범에 반영되어 있다고 주장한다. 이 저자들은 공동체 내에서 "세례가 그리스-로마 사회와 완전히 다른 노선을 따라 공동체를 근본적으로 재조직하는 것으로 이해한 입장과 그리스도의 몸은 그리스-로마 위계질서를 반영해야 한다고 믿는 사람들 사이의 긴장"과 실제로 그 지배적인 문화를 보여 준다.[202] 후자는 황제가 몸 정치body politic의 머리인 것처럼 그리스도는 교회의 머리라고 주장했다.

엘리자베스 쉬슬러 피오렌자는 콜로새서보다 수년 후에 작성된 에페소 서신에서 이러한 역학 관계가 특히 잘 드러난다고 본다. 피오렌

201 Küng, *The Church*, 229. 현대 학계의 공통된 견해에 따르면 콜로새서와 에페소서는 바오로가 쓰지 않았고, 각각 80년대와 90년대에 바오로의 제자일 가능성이 있는 사람이 썼다. Brown, *An Introduction to the New Testament*, 600, 610-15, 621, 626-33.

202 Kittridge and Colombo, *Philippians, Colossians, Philemon*, 131-32; Elizabeth Johnson, "Colossians," *Women's Bible Commentary*, ed. Carol A. Newsom, Sharon H. Ringe, and Jacqueline E. Lapsley, twentieth anniversary ed., rev. and updated, 585-87 (Louisville, KY: Westminster John Knox Press, 2012), 586.

자는 이 서신의 저자가 황제 권력의 중심성을 그리스도의 우월성과 "사랑의 윤리"로 대체하려고 한다는 주장도 가능하다고 말한다. 그러나 피오렌자는 이것이 저자의 의도라고 해도 "이 서신은 평등 간의 사랑의 상호성을 설교하지 않는다. 오히려 에클레시아의 지위가 낮은 구성원들에게 종속을 요구함으로써 로마 제국의 가부장적 신분 위계 질서를 다시 새긴다"는 점에 주목한다. 공동체, 특히 남편과 아내 사이에서 요구되는 사랑은 "하향식 사랑"이다.[203] 이런 방식으로 바오로 서신에 나타난 신체 이미지의 원래 의도가 배반된다.[204] 이 때문에 쉬슬러 피오렌자와 다른 학자들은 에페소서(및 콜로새서)를 "결을 거슬러" 읽고 특히 오늘날 지속되고 있는 불평등과 지배를 향한 이러한 움직임, 종종 성경에서 보증하는 것처럼 보이는 이러한 움직임에 저항한다.

이러한 페미니스트의 비판은 중요한 비판이며, 그리스도를 몸의 머리로 말하는 움직임이 세례를 통해 선교사 제자들의 근본적인 평등을 요구하는 교회에 위험한 결과를 초래할 수 있다는 것은 의심할 여지가 없다. 이들의 지적은 진지하게 받아들여야 하며 교회 구성원들이 항상 경계해야 하는 관점이다. 하지만-이러한 위험을 항상 염두에 두면서도- 더 전통적인 신학 연구에서 나온 이 제2바오로 서신deutero-Pauline letters의 발전이, 하느님의 사명에 참여하는 것이 중심적 중요성을 지니는 교회 공동체에 중요한 통찰과 도전을 제공할 수 있지 않을까? 이것이 내가 여기에서 제안하는 관점이다.

물론 교회가 계속해서 자신을 그리스도교 왕국Christendom으로 여기고, 성직자가 다른 제자들을 지배하며, 남성이 여성을 지배하고 학대

203 Schüssler Fiorenza, *Ephesians*, lxxxi.

204 Schüssler Fiorenza, *Ephesians*,, lxxix.

하는 것을 정당하다고 여기고, 인간이 비인간 피조물을 지배하고 학대하는 것을 정당하다고 여길 수 있는 심각한 위험이 있다. 그러나 그리스도를 머리로 하는 그리스도의 몸이라는 이미지는 교회를 상대화하여, 교회가 스스로를 드러내는 것이 아니라 하느님의 통치의 급진적인 친밀함을 구현하고, 보여 주며, 선포하는 데 전념할 수 있게 해 준다. 또한 그리스도가 교회의 경계를 넘어 현존하고 활동할 수 있도록 하는 기능을 할 수 있다. 나는 이 편지들과 그리스도를 머리로 하는 이미지에 대해 '양자택일'의 접근 방식을 취할 필요가 없다고 생각한다. 오히려 의심의 해석학과 관용의 해석학을 모두 가지고 접근할 수 있다고 본다.

발터 카스퍼는 "옥중 서간[콜로새서와 에페소서]이 주로 표현하는 것은 교회에 대한 예수 그리스도의 머리로서의 우월성"이라고 말한다. 그러므로 교회는 예수 그리스도와 동일시될 수 없으며 단순히 tout court 살아계신 그리스도라고 불릴 수도 없다.[205] 교회는 그리스도의 몸으로서 그리스도의 삶을 친밀하게 나누고 그분의 사명을 이어간다. 그러나 교회는 그리스도를 소유하지 않는다. "교회가 그리스도인 것이 아니라 그리스도는 교회 안에 그의 몸으로 현존하시며 그 안에서 살아서 일하신다."[206] 그리스도는 여전히 교회의 주님이시며 교회는 선교하는 제자들의 공동체이다.

이런 의미에서 카스퍼는 그리스도의 머리 되심 아래 있는 그리스도의 몸으로서의 교회 이미지를 포도나무와 가지라는 요한의 이미지와 연결시켜야 한다고 말한다. 마이클 J. 고먼은 어떤 의미에서 포도나무가 가지를 필요로 하는 것은 사실이지만, 포도나무는 "가지의

205 Kasper, *The Catholic Church*, 127.

206 Kasper, *The Catholic Church*, 127.

생명과 풍성한 열매의 원천"[207]-"나를 떠나서는 너희가 아무것도 할 수 없다"(요한 15,5)-을 제공하는 줄기와 뿌리라고 지적한다. 다시 말해, 교회는 교회가 선포하는 만물의 번영의 화신인 그리스도로 인해 교회일 뿐이다. 머리 되신 그리스도의 이미지가 종속의 이미지인 것은 사실이지만, 그리스도의 종속은 지배가 아니라 성취이며, 페미니스트들이 우려하는 것처럼 가부장제가 아니라 파트너십이다. 우리는 여전히 몸의 머리 되신 그리스도의 이미지를 수용하면서도 동시에 교회가 '평등한 제자'이며, 예수/그리스도가 '평등한 자들 가운데 첫 번째'임을 강조할 수 있다고 믿는다.[208] 교회의 사명은 이러한 그리스도의 우위와 그의 급진적 비전을 선포하는 것이다.

콜로새서(1,15-20)와 에페소서(1,22-23)는 또한 로마서 8,22의 말씀처럼 "지금까지 탄식하며 진통을 겪는" 피조물 자체에 부활하신 주님의 현존과 역사, 즉 우주적 그리스도라고 불리게 된 것을 증언하고 있다. 키트리지Kittridge와 밀러Miller는 콜로새서의 "그리스도 찬가"의 의미를 고찰하면서 현대 학계가 이 서신에서 생태학적 관심을 발전시켜 왔다고 지적한다(에페소서와의 연관성을 고려할 때, 에페소서에도 이 찬가가 존재한다). 과거의 학자들은 "인간과 지구를 구별하거나 심지어 대립"한다고 생각했지만, 오늘날에는 "그리스도와 '만물'의 근본적인 연결"을 강하게 긍정하고 있다. 그들은 콜로새 전례 집회에서 여성과 남성 모두가 부른 찬송을 "보좌, 지배권, 통치자, 권세에서 살아남고 인간과 땅 사이

207 Michael J. Gorman, *Abide and Go: Missional Theosis in the Gospel of John* (Eugene, OR: Cascade Books, 2018), 103.

208 Elisabeth Schüssler Fiorenza, *In Memory of Her: A Feminist Reconstruction of Christian Origins* (New York: Crossroad, 1983); Terrence W. Tilley, *The Disciples' Jesus: Christology as Reconciling Practice* (Maryknoll, NY: Orbis Books, 2008), 41-49, 특히 48n28.

의 일치와 조화를 촉진하는 힘을 주시는 그리스도 안에서 여성들의 신앙을 표현한 것"으로 상상한다.[209] 그리스도의 머리 되심은 교회를 초월하여 그리스도의 몸인 교회가 창조세계를 돌보는 사명으로 부르심을 나타낸다.

교회가 그리스도를 '소유'하지 않는다는 사실은 또한 교회가 경계 밖에서 그리스도의 현존과 그분의 친밀함의 통치를 찾을 수 있는 자유를 준다. 퍼거슨의 표현대로, "그리스도는 교회보다 위대하다. 그분은 교회에 국한되지 않고, 반드시 '교회'가 있는 곳에 계시지도 않는다. 그리스도는 없어서는 안 될 유일한 '부분'이며, 참으로 그분은 전체이다."[210] 이러한 재조명은 그리스도인이든 아니든, 세계의 가난한 사람들과 세계의 이주민과 세상의 '버려지는 문화'(FT 188) 속에서 "그리스도의 고난받는 육체"(예: EG 24)를 보도록 우리를 부른다. 지극히 작은 자를 위해 하는 것이 곧 그리스도 자신을 위해 하는 것이다(마태 25,31-46). 이러한 깨달음은 교회가 자신의 교회 회원이 아닌 사람들, 그리스도교 교인이 아닌 사람들, 신앙이 없는 선의의 사람들과 예언자적 대화를 나누도록 부른다. 그리스도의 몸은 참으로 교회보다 더 크다. 제라드 맨리 홉킨스Gerard Manley Hopkins는 강력하고 감동적인 말로 이를 표현한다.

> 그리스도는 도처에서
> 우리의 팔다리로 우리를 보듬고,
> 다른 이의 눈으로 우리를 사랑스럽게 지켜보며,

209 Kittridge and Miller, *Philippians, Colossians, Philemon*, 152.

210 Ferguson, *The Church of Christ*, 102.

하느님을 향하는 우리의 얼굴 속에서 당신을 보여 주시네.[211]

For Christ plays in ten thousand places,
Lovely in limbs, and lovely in eyes not his
To the Father, in the features of men's faces.

211 Gerard Manley Hopkins, "'As Kingfishers Catch Fire,'" *Gerard Manley Hopkins: The Major Works*, ed. with intro. and notes by Catherine Phillips (Oxford: Oxford University Press, 2009), 129.

선교에 대한 함의: 선교적 신화THEOSIS와 세례, 그리고 성체

이 장의 결론을 향해 나아가면서, 그리스도의 몸으로서의 교회에 대한 바오로의 이미지에 담긴 두 가지 함의를 생각해 볼 필요가 있다. 첫 번째 성찰에서는 그리스도인들이 세례를 받고 그리스도와 연합함으로써 실제로 어떻게 신성한 본성, 즉 교회의 초기 신학자들이 신화라고 말한 것을 공유하게 되는지에 초점을 맞춘다. 두 번째 성찰에서는 세례와 성체성사의 예식이 그리스도 안에서 삶의 선교적 본질을 어떻게 드러내는지 살펴본다. 이러한 예식은 그리스도인들에게 하느님의 통치를 구현하고, 보여 주고, 선포하는 사명을 계속하도록 부른다.

선교적 신화: 삼위일체 하느님의 선교적 삶에 참여하기[212]

그리스도의 몸으로서의 교회의 현실을 성찰하면서, 우리는 교회의 실재를 선교하는 제자 공동체로 표현하는 것이 얼마나 적절한지를 살펴보았다. 바오로는 그리스도인들은 "그리스도 안에서 한 몸이며, 서로가 서로의 지체"(로마 12,5)라고 말한다. 세례를 통해 우리는 그리스도로 옷을 입어 "그리스도 예수 안에서 하나"(갈라 3,28)가 되었기 때문에 모든 인종, 종교, 성별의 차이가 사라진다. 하나의 빵과 잔인 성찬에 참여함으로써 그리스도인은 비록 여러 사람일지라도 한 몸이 된다(1코린 10,16~17 참조). 바오로는 심지어 대담한 성적 이미지를 사용하여 여성과

212 Stephen Bevans, SVD, "*Missio Dei* and *Missio Ecclesiae:* Trinitarian Mission, Theosis, and the Missionary Nature of the Church," *Mission beyond Ad Gentes: A Symposium,* ed. Jacob Kavunkal, SVD, and Christian Tauchner, SVD, *Studia Instituti Missiologici* SVD 51 (Siegburg, Germany: Franz Schmitt Verlag, 2015), 17-30.

남성, 그리고 그리스도 사이의 긴밀한 연합을 묘사하기도 한다(1코린 6,15-18). 그들은 그리스도를 "닮아" "변화"되고(로마 8,29, 2코린 3,18), "그리스도의 마음"을 갖게 된다(1코린 2,16).

우리가 살펴본 바와 같이, 그리스도의 몸으로서의 교회에 대한 바오로의 이해와 밀접하게 연관된 것은 그리스도인 제자들이 포도나무 가지로서 그리스도와 가까워지고, 그리스도 안에 "머무름"으로써 생명과 생계를 얻는다는 요한의 이미지이다(요 15,1-10 참조). 줄기는 어디에서 끝나고 가지는 어디에서 시작되는가? 차이가 있기는 하지만, 그리스도인은 그리스도 안에 '머무르고' 그리스도는 그리스도인 안에 '머무신다'는 점에서 서로 뗄 수 없는 부분이다. 엘리자베스 존슨은 요한복음 도입부(요한 1,1-18)를 묵상하면서 말씀이 육신flesh되신 것이 "상상할 수 없는 친밀감으로 특징지어지는 다른 형태의 신적 현존을, 즉 인간뿐만 아니라 모든 피조물과의 친밀감을 말해 준다"고 강조한다. "예수 그리스도 안에서 헤아릴 수 없는 하느님이 이제 그 혼란에 동참하셨다."[213]

그리스도인과 그리스도가 한 몸body·한 포도나무·한 몸flesh을 이루는 그리스도와의 긴밀한 동일시는 초기 교회 신학자들의 저술에서도 이러한 실재에 대한 강력한 묘사를 통해 증명된다. 이들은 바오로서와 요한서, 특히 요한복음 10,33-36에서 예수님이 인용한 시편 82,6("내가 이르건대 너희는 신이며")과 2베드 1,4("여러분은… 하느님의 본성에 참여하게 되었다")의 두 성경 본문을 바탕으로 그리스도인의 존재를 궁극적으로 신화 또는 신성이라는 말로 표현하는 방식으로 설명하기 시작했

213 Elizabeth A. Johnson, *Creation and the Cross: The Mercy of God for a Planet in Peril* (Maryknoll, NY: Orbis Books, 2018), 178, 179.

다.[214] 그리스도인은 실제로 하나님의 생명 곧 하나님의 본성을 공유한다고 그들은 말한다. 그리스도의 몸과 그리스도 안에 거한다는 이미지처럼, 신화theosis의 실체는 선교하는 **공동체**community로서의 교회를 이해하는 데 깊은 영향을 미친다.

노먼 러셀Norman Russell은 이레네우스를 비롯한 초기 신학자들이 이 개념을 어떻게 표현했는지에 대한 예를 제공한다. 이레네우스는 하나님의 아들이 "우리를 그 자신으로 만들기 위해 우리 자신이 되셨다"([이단 반박Against Heresies 5])고 썼다. 알렉산드리아의 클레멘스는 이를 이렇게 표현했다. "하나님의 말씀이 사람이 되신 것은 여러분도 사람이 하나님이 되는 것이 어떻게 가능한지를 인간으로부터 배우게 하기 위해서이다."(그리스인들에게 보내는 권고 18.4) 아타나시우스는 이를 "그리스도는 우리가 하나님이 되게 하려고 사람이 되셨다"라고 기술한다. 성 아우구스티누스는 "하나님의 아들이 사람의 아들이 되신 것은 사람의 아들들을 하나님의 아들로 삼으시기 위해서"라고 썼다(마인츠 설교 13.1). 4세기에 실제로 신화라는 용어를 만든 나지안주스의 그레고리우스는 그리스도인들에게 "그리스도가 우리처럼 되셨으니 우리도 그리스도와 같이 되고, 그가 우리를 위해 사람이 되셨으니 우리도 그를 위해 하나님이 되자"(연설 Oratation 15)고 권고했다.[215]

신화라는 단어는 정교회 전통 내에서 지속적으로 사용되어 왔다. 신화는 20세기 초 러시아 정교회 신학자들 사이에서 특별히 부흥했

214 Stephen Finlan and Vladimir Kharlamov, "Introduction," *Theosis: Deification in Christian Theology*, ed. Stephen Finlan and Vladimir Kharlamov (Eugene, OR: Pickwick Publications, 2006), 1-3;Norman Russell, *Fellow Workers with God: Orthodox Thinking on Theosis* (Crestwood, NY: St. Vladimir's Seminary Press, 2009), 55-71.

215 Russell, *Fellow Workers with God*, 33-39.

으며 오늘날에도 정교회에서 여전히 강세를 보이고 있다.[216] 현대 서구의 호주 신학자 데니스 에드워즈Denis Edwards는 특히 아타나시우스의 사상에서 신화가 현대 신학에 있어서 그리스도가 제공하는 구원에 모든 피조물을 포함시키는 방법을 제공한다고 주장한다.[217] 마크 메들리Mark S. Medley는 여러 현대 침례교 신학자들이 하느님의 생명에 대한 이해로 어떻게 신화를 적용했는지를 썼다.[218]

엄밀히 말하면 신화theosis는 은유이다. 그러나 그리스도의 몸으로서의 교회 이미지와 마찬가지로, 이는 인간이 하느님의 은총에 감동을 받을 때 깊은 변화를 겪으며 그 자체로 자신 이상의 존재가 된다는 깊고 신비한 진리에 우리의 마음을 열어 주는 시적 이미지라는 의미에서 그렇다. 고먼은 "신화"된다는 것은 은총으로 신성한 DNA를 받아 부모가 되는 것이 아니라 부모의 많은 특성을 선물로 받는 것이라고 말한다.[219] 노먼 러셀의 설명은 하느님의 형상과 닮음의 차이에 대해 고찰한다. 그의 설명에 따르면, 형상은 "유한한 우리가 무한하신 하느님과 의식적인 관계를 맺을 수 있는" 인류의 타고난 능력이다. 형상은 "교회의 친교적 삶 안에서 그 능력을 역동적으로 실현하는 것"[220]으로, 세례에서 시작하여 성체성사를 거행하며 영양을 공급받고 미덕과 봉사, 선교의 삶을 추구하면서 계속 발전하고 성장하는 것이다. 4세기 나지안주스의 그레고리우스는 인간을 '신화되는 동물',

---

216 Russell, *Fellow Workers with God*, 29-30.

217 Denis Edwards, *Partaking in God: Trinity, Evolution, and Theology* (Collegeville, MN: The Liturgical Press, A Michael Glazier Book, 2014), 37-53.

218 Mark S. Medley, "Participation in God: The Appropriation of Theosis by Contemporary Baptist Theologians," *Theosis: Deification in Christian Theology*, vol. 2, ed. Vladimir Kharlamov (Eugene, OR: Pickwick Publications, 2011), 205-46.1.

219 Gorman, *Abide and Go*, 20. Gorman은 이 책을 통해 이 유비를 여러 번 언급한다.

220 Russell, *Fellow Workers with God*, 9

즉 신이 되라는 부름을 받은 생명체라고 말한다. 그리고 하나님이 됨으로써 피조물과 창조주가 하나가 된다.[221]

신화에 관한 많은 문헌은 개인적 차원에서 인간 성화에 초점을 맞추는데, 특히 교회 공동체의 맥락에서는 더욱 그렇다. 선교적이라기보다는 내면적인 측면이 강하다. 고먼은 자신의 책 속 바오로의 저술에 나타난 신화를 다룬 첫 번째 장에서 신화를 주요 주제로 삼았던 자신의 이전 책에 대한 리뷰를 인용한다. 고먼에 따르면 서평자의 요점은 "신화는 선교의 가능성을 배제한다"[222]는 것이다.

그러나 고먼은 진실은 그와 정반대라고 주장한다. 신화는 "선교의 출발점이며, 사실 선교의 적절한 신학적 틀이다."[223] 그에 따르면 신화는 항상 선교적 신화이다.[224] 세례는 우리를 선교하시는 하나님인 삼위일체 하나님의 생명 속으로 끌어들이므로 하나님의 생명을 나누는 것은 바로 하나님의 선교에 참여하는 것이다. 이에 관하여 [제자도를 향한 아루샤 부르심The Arusha Call to Discipleship][225]은 "제자도는 세상을 변화시키기 위해 하나님과 적극적으로 협력하는 은사(1테살 3,2)이자 소명이다"라고 언명한다. 교회의 초기 신학자들이 '신화theosis' 또는 신성화deification라고 불렀던 것 안에서, 우리는 하나님의 사명을 공유함으로

221 Kallistos Ware, *Orthodox Theology in the Twenty-First Century* (Geneva: WCC Publications, 2012), 44.

222 Gorman, *Becoming the Gospel*, 4. 본인 저서 *Inhabiting the Cruciform God: Kenosis, Justification, and Theosis in Paul's Narrative Soteriology* (Grand Rapids, MI: Eerdmans, 2009) 참조.

223 Gorman, *Becoming the Gospel*, 4.

224 Gorman, *Abide and Go*, 8-13.

225 The Arusha Call to Discipleship은 2018년 탄자니아 아루샤에서 열린 세계교회협의회(WCC) 세계선교및복음화 회의에서 채택된 중요한 문서로서, 그리스도인이 하나님의 사명에 적극적으로 참여하여 세상을 변화시키는 것이 제자도의 본질임을 강조한다. 특별히 이 문서는 교회의 초기 신학자들이 말한 '신화(神化)' 또는 '신성화(theosis)'의 개념을 그리스도인들이 하나님의 삶과 사명에 동참하는 활동과 연결시킨 점에서 큰 의의를 지닌다.

써 하느님의 은총을 나눈다.[226] 정교회의 선교 신학자인 페트로스 바실리아디스Petros Vassiliadis는 "인간의 본성은 결코 폐쇄적이고 자발적이며 정적인 실체로 간주되지 않았으며, 그 존재 자체는 항상 하느님과의 관계에 의해 결정되었다"고 주장한다. 따라서, 그리스도교적 증거는 신화 또는 신성화의 협력적 신학 개념과 밀접하게 연결되며, 하느님을 '알고' 그분의 생명에 '참여하는' 비전이 이러한 증거를 이끌어 준다.[227] 노먼 러셀이 비록 신화에 대한 정통적 사고를 충분히 발전시키지는 않았지만, 최소한 이 책의 제목 『하느님과 함께하는 동료Fellow Workers with God』는 신화되는 과정에 있는 그리스도인이 하느님과 함께 활동하는 가운데 선교에 임함을 말해 준다. 루마니아 정교회 신학자 크리스티안 소네아Cristian Sonea는 성체성사와 신화가 선교적으로 이해하는 데 있어서 깊은 연관성이 있다고 본다.[228]

그리스도인은 하느님의 생명에 참여한다. 성령의 능력을 통해 그들은 개인적으로나 공동체적으로 그리스도의 몸의 지체가 되어 세상에서 그분의 사명을 나누고 이어 간다. 물론 그들은 종종 자신의 가장 깊은 본연의 모습에 실패하고 끊임없이 용서와 쇄신을 필요로 한다. 그러나 바오로가 주장하듯이, 인간의 불충실함은 세례가 그들을

226 World Council of Churches' Conference on World Mission and Evangelism, 2018, "The Arusha Call to Discipleship," *International Review of Mission* 107, no. 2 (407) (December 2018): 542.

227 Petros Vassiliadis, "Joining In with the Spirit in the Twenty-First Century: A Response to Dana Robert", 옥스퍼드에서 열린 에든버러 1910년 기념 Regnum Books 시리즈 완성 축하 행사에서 발표, 2015년 9월 4일. 내가 아는 한, 이 논문은 출판되지 않았지만, 바실리아디스 박사는 옥스퍼드 행사에서 내가 직접 그의 발표를 들은 후 친절하게도 자신의 논문 사본을 나에게 보내주었다.

228 Cristian Sonea, "The Liturgy after the Liturgy and Deep Solidarity: The Ortho-dox Understanding of Christian Witness and Its Implications for Human Society," *Mission Studies* 37 (2020): 466-68.

잠기게 하고 성체가 그들을 양육하는 현실을 바꾸지는 못한다.

세례와 성체성사: 그리스도의 몸으로서의 위임과 양육

이 장의 마지막 절에서는 세례성사와 성체성사 전례에 대해 생각해 본다. 우리는 이미 바오로의 그리스도의 몸 이미지를 다루면서 이 성사들에 대해 생각해 보았지만, 그 전례를 더 생각해 보면 선교사 제자들이 세상에서 그리스도의 몸인 교회의 일원으로서 어떻게 사명을 받고 양육되는지 특별한 방식으로 드러난다.

세례

세례 예식에서는 세례 받는 사람의 머리에 물을 붓는 방식(또는 일부 전통에서는 뿌리는 방식)으로 세례를 베풀 수 있지만, 가장 선호되고 전통적인 세례 방법은 침수 세례이다. 가장 오래된 그리스도교 세례당에는 세례를 받을 사람들이 옷을 벗은 후 여성 또는 남성 부제의 안내를 받아 들어가는 웅덩이가 있었다. 오늘날 제2차 바티칸공의회의 전례 개편에 따라 새로 지어진 교회에도 세례풀이 있다. 이 세례풀은 애초에 무덤을 상징한다. 로마서 6장 3절에 표현된 것처럼 세례는 그리스도의 죽음 안으로 세례를 받는 것을 의미한다. 예루살렘의 치릴루스는 이러한 상징성을 유명한 세례 강론에서 언급했다. 치릴루스는 새로 세례를 받은 사람들에게 "그리스도가 십자가에서 내려와 무덤에 안치된 것처럼 여러분은 거룩한 세례의 샘으로 인도되었다"[229]고 말한다.

그러나 세례의 샘은 또한 새 생명으로 들어가는 관문이기도 하다. 이 문은 무덤을 상징할 뿐만 아니라 자궁을 상징하기도 한다. 로마서

229 Cyril of Jerusalem, *The Jerusalem Catecheses*, Catechesis 21, *Mystagogia* 3, 1-3, PG 33, 1087-91.

6장 4절은 우리가 부활하신 그리스도와 함께 "새 생명 안에서" 살기 위해 세례를 받는다고 말한다. 다시 예루살렘의 치릴루스는 이렇게 가르친다. "한순간에 당신은 죽고 다시 태어났으니, 구원의 물은 당신의 무덤이자 어머니였다."[230] 세례를 받은 사람은 이제 그리스도의 생명으로 살아 있으므로(갈라 2,20 참조), 세상에서 그리스도를 대표한다.

세례가 끝나면 세 가지 "설명 의식"이 이어진다. 새로 세례를 받은 사람이 성수대에서 올라오면 성찬의 기름으로 기름부음을 받는다. 이는 이스라엘 역사에서 왕과 제사장에게 기름을 부었던 기름을 상징한다. 다시, 예루살렘의 치릴루스는 말한다. "그리스도에 참여하는 자로서,… 여러분은 '그리스도', '기름부음 받은 자'라고 올바르게 불린다.… 여러분은 그리스도와 같은 존재이다."[231] 로마 가톨릭 세례 의식에서 사제는 기름부음을 받은 사람들에게 이렇게 말한다. "[하느님]께서 이제 여러분에게 기름을 부으십니다.… 그리스도가 기름부음을 받아 제사장, 예언자, 왕이 되신 것처럼 여러분도 항상 그분 몸의 지체로서 영원한 생명을 나누며 살기를 바랍니다."[232] 예수님께서 세례를 받으실 때 선교를 위해 성령의 기름부음을 받으신 것처럼, 세례 받은 사람들도 선교를 위해 기름부음을 받는다. 모든 그리스도인은 또 다른 그리스도로서 하느님의 통치를 구현하고, 보여 주고, 선포하는 그리스도의 세 가지 사명에 참여한다(LG 10-12 참조).

그다음, 새로 세례를 받은 사람들은 그리스도로 옷을 입어 그분의

230 Cyril of Jerusalem, *The Jerusalem Catecheses*.

231 Cyril of Jerusalem, *The Jerusalem Catecheses*

232 *The Rites of the Catholic Church* (New York: Pueblo Publishing Company, 1983), #224, 101. 이 본문은 성인 세례 예식에서 발췌된 것이다. 아동 세례 예식에서도 동일한 본문이 사용된다.

정체성을 갖게 되었음을 상징하는 흰 옷을 받는다.[233] 마지막으로, 대부모는 그리스도의 빛을 상징하는 촛불을 새로 세례를 받은 사람들을 대신하여 선물하거나 받는다. 그들은 그리스도에 의해 깨달음을 얻었으며 "항상 빛의 자녀로서 걸어가도록 부름을 받았다."[234] 예식에서는 명시적으로 말하지 않지만, 다른 두 가지 설명 예식을 통해 새 그리스도인은 이제 그리스도처럼 세상의 빛, 모든 민족의 빛으로서 그를 반영하도록 부름받았다는 것을 쉽게 알 수 있다(LG 1 참조).

세례는 우리를 세상에서 그리스도의 몸의 지체가 되도록 위임한다. 동료인 리처드 매캐런Richard McCarron은 내 강의에 게스트로 출연한 자리에서 우리는 그리스도인으로서 결코 "마르는dry off" 존재가 아니라 "걸어 다니는 젖은 존재walking wet"라고 말했다. 또 다른 동료인 리처드 프라고메니Richard Fragomeni는 우리의 삶은 "죽음과 삶, 죄와 화해, 악과 정의, 옛것과 새것 사이의 역동적인 움직임에 항상 세례를 받는" "세례의 방식"으로 살아간다고 말한다.[235] 세례를 통해 우리는 그리스도의 사명을 나누고 이어 간다.

성체성사

4장에서는 전례, 특히 성체성사의 전례가 어떻게 교회의 사명을 구성하는 부분인지에 대해 생각해 보았다. 그리스도의 몸으로서의 교회에 대한 바오로의 이해를 묵상하면서 우리는 하나의 빵이 어떻게 우리를 한 몸으로 형성하는지 살펴보았다. 성찬은 단순히 빵과 포도주가 그리

---

233 *The Rites*, #225, 102.

234 *The Rites*, #226, 102.

235 Richard N. Fragomeni, *Come to the Light: An Invitation to Baptism and Confirmation* (New York: Continuum, 1999), 28-29.

스도의 몸과 피가 되는 것만이 아니다. 어쩌면 더 중요한 것은 우리가 세상의 생명을 위해 그리스도의 몸과 피가 되는 것이다. 성 아우구스티누스는 이렇게 표현했다. "여러분이 영성체를 할 때 '그리스도의 몸'이라는 말을 들으면 '아멘'이라고 대답하게 될 것이다. 그러나 여러분 자신이 그리스도의 몸을 이루어야 한다. 그러므로 여러분이 받을 신비는 바로 여러분 자신이다."[236] 우리는 세상에서 그리스도가 되도록 부름받았다. 우리는 그리스도의 사명을 나누고 이어 가도록 부름받은 하느님의 특별한 백성으로서, 그리스도의 몸으로서, 더욱 새로워지기 위해 성체성사에 함께 한다.

성체성사를 거행하는 것이 무엇인지 알 수 있는 가장 좋은 방법은 우리가 사실은 "거꾸로 성체를 거행한다"[237]고 이해하는 것이다. 또는 평신도 신학자 그레고리 오거스틴 피어스Gregory Augustine Pierce의 표현대로 "파견Dismissal이라는 렌즈를 통해 성체를 거행하는 것"[238]이라고 이해하는 것이다. 피어스는 파견이 성체성사의 가장 중요한 순간이라고 설득력 있게 주장하고 있다. 참회 예식과 말씀 전례, 강론과 예물 준비, 성체 제정의 말씀이 포함된 감사기도, 영성체 등 성체 예식의 모든 부분은 그리스도인들이 그리스도의 몸으로 세상에 파견되는 순간을 위한 준비이다. 정교회 신학자들의 표현대로 전례가 끝난 후 전례가 시작된다.[239] 나의 동료 리처드 프라고메니의 말을 다시

236 Augustine, *Sermon 272*, PL 38, 1246.

237 Stephen Bevans, "Going to Mass Backwards: Eucharist, Mission and Parish," *Emmanuel* 127, no. 4 (July/August 2021): 238-49.

238 Gregory Augustine Pierce, *The Mass Is Never Ended: Rediscovering Our Mission to Transform the World* (Notre Dame, IN: Ave Maria Press, 2007), 37-62.

239 Ion Bria, *The Liturgy after the Liturgy: Mission and Witness from an Orthodox Perspective* (Geneva: WCC Publications, 1996); Sonea, "The Liturgy after the Liturgy and Deep Solidarity."

한번 인용하자면, 우리는 일상에서 하느님을 예배하기 위해 교회에서 미사를 봉헌한다. "미사Missa는 단 하나뿐이다.… 월요일부터 토요일까지 우리의 일이 곧 미사다. 일요일은 우리의 예배이다."[240]

성체성사를 거행할 때 우리는 감사기도 제4양식 서문에 아름답게 표현된 구원의 역사를 기억하며, 예수님께서 죽음을 맞이하기 전날 밤, 그분의 몸과 피를 우리에게 나누어 주셨던 것을 되새기는 가운데 그분의 기억에 동참한다. 그러나 우리가 기억하는 것처럼, 우리 자신도 그리스도의 몸인 선교하는 제자 공동체로 '다시 기억'되어 이 세상에 깨어지고 부어져야 할 존재이다. 나는 2011년에 반포된 로마 가톨릭 전례의 번역본이 마음에 들지 않는다. 하지만 새로 추가된 한 가지 내용이 성사와 선교를 연결한다는 점에 대해서는 깊이 감사하다. 파견 양식에 있는 네 가지 선택지 중 "B"와 "C"는 "가서 주님의 복음을 선포합시다"[241]와 "평화로이 우리의 삶으로 주님께 영광을 드립시다"이다. 이 공식은 다른 말로 하면 다음과 같다. "가서 그리스도의 몸이 되십시오."

240 William Droel의 추천사는 Pierce의 *The Mass Is Never Ended* 책 표지에 실려 있다.

241 한국천주교주교회의의 미사통상문은 각각 "주님과 함께 가서 복음을 전합시다"와 "평화로이 가서 주님을 찬양하며 삽시다"이다.

결론

6장 말미에 언급했듯이, 교회를 그리스도의 몸이라고 말하는 것은 메시아적 하느님의 백성에 대해 말하는 또 다른 방식이다. 이 장에서는 신약성경의 맥락을 살펴보고 신학적이며 성사적 함의를 성찰함으로써 바오로의 이 이미지를 더 온전히 이해하려고 노력했다. 하느님의 백성이라는 이미지와 마찬가지로, 그리스도의 몸으로 이미지화된 교회는 지극히 선교적인 교회이며, 교회가 그 가장 깊은 현실에서 어떤 존재가 되도록 부르고 도전한다. 하느님의 백성과 그리스도의 몸은 선교하는 제자 공동체로서의 교회라는 하나의 신비를 반영하는 두 가지 측면으로, 각각 서로를 비추는 역할을 한다. 물론 [인류의 빛]이 분명히 밝히고 성서학자 폴 마이니어Paul Minear가 고전적으로 보여 준 것처럼, 교회의 신비한 본질을 반영하고 더 깊이 들어가도록 도와주는 더 많은 이미지가 있다.[242] 그중에서도 하느님의 백성과 그리스도의 몸의 이미지가 다음 장의 주제가 될 세 번째 이미지와 함께 가장 심오한 것이 아닐까 싶다. 이어지는 장에서는 교회가 어떻게 "성부와 성자와 성령의 일치로 하나가 되었는지,"(LG 4) 성령의 피조물인 성전으로서 존재하는지에 대해 성찰하려 한다.

242 Paul S. Minear, *Images of the Church in the New Testament* (Louisville, KY: Westminster John Knox Press, 2004). Minear는 96개의 이미지를 개발했으며, 더 많은 이미지가 있을 수 있다고 제안한다.

8장

성령의 창조물로서의 교회

현존, 도전, 그리고 놀라움

1523년 마르틴 루터Martin Luther는 "교회를 만드는 것은 성령의 적절한 역사"라고 썼다.[243] "하느님의 백성과 그리스도의 몸인 교회에 대한 모든 진술은 성령 안에서만 가능하다"고 발터 카스퍼Walter Kasper는 쓴다. "우리는 성령을 통해 그리스도 안에서 아브라함의 후손이 되어 하느님의 백성이 되었고(갈라 3,14-29), 그리스도 안에서 [성령]을 통해 그리스도의 몸이 되었다(1코린 12,13, 에페 4,4)… 교회는 성령의 친교로서 친교이다(2코린 13,13)."[244]

하느님의 백성으로서의 교회 이미지는 교회를 아브라함과 사라, 그리고 그들의 후손인 이스라엘 백성과 맺은 하느님의 언약의 신비

243 Martin Luther, *Katechismuspredigen*, D. Martin Luthers Werke. Kritische Gesamtausgabe, 11. Band (Weimar: Hermann Böhlaus Nachfolder, 1900). Weimar Aufgabe 11.53.

244 Walter Kasper, *The Catholic Church: Nature, Reality and Mission* (London: T. & T. Clark, 2015), 135.

와 연결시켜 준다. 그리스도의 몸으로서의 교회 이미지는 교회가 하느님의 특별한 백성으로서 세상에서 그리스도의 사명을 나누고 지속하며, 교회의 경계를 넘어 이 땅 너머에서도 그리스도의 현존을 인식하도록 부름을 받았다는 것을 드러낸다. 성령의 피조물로서의 교회 이미지는 교회가 우주 자체처럼 끊임없이 창조되고 있으며, 창조를 완성하는 하느님의 선교에 참여하면서도 끊임없이 부름을 받고 있음을 인식시킨다. 레오나르도 보프Leonardo Boff의 표현처럼 "교회는 완전히 정의되고 확립된 실체가 아니라 항상 새로운 상황과 문화적 만남에 열려 있으며, 이러한 현실 속에서 예수 그리스도의 해방의 메시지를 육화하고 선포해야 한다."[245] 보프의 말에서 보듯이 하느님의 백성, 그리스도의 몸의 이미지처럼 성령의 피조물로서의 교회의 이미지는 깊고 광범위한 선교적 함의를 담고 있다.

물론 성령을 교회와 연관 짓는 것은 위험하다. 성령은 "야생 메시아wild Messiah"[246]의 영이며 모든 것을 "뒤집어 놓는다."[247] 루카복음과 사도행전, 요한복음, 바오로 문헌에서는 예수님과 성령을 강하게 연관시킨다(예: 루카 4,16-20; 사도 10,38; 요한 14,15-31). 특히 바오로는 비록 조심스럽기는 하지만 진정한 카리스마적 교회 공동체의 윤곽을 그려내고(1코린 12-14장 참조), 교회를 성령의 성전이라고 말한다(1코린 3,16, 1코린 6,19, LG 4). '오소서, 창조주 성령이여Veni, Creator Spiritus'와 '오소서, 성령이시어Veni, Sancte Spiritus'와 같은 고대 찬송가는 깊은 사랑을 받고 있다. 그러

245 Leonardo Boff, *Church: Charism and Power: Liberation Theology and the Institutional Church* (New York: Crossroad, 1985), 147.

246 Steve Aisthorpe, *Rewilding the Church* (Edinburgh: St. Andrew Press, 2020), 3.

247 John V. Taylor, *The Go-Between God: The Holy Spirit and the Christian Mission* (Oxford: Oxford University Press, 1979), 179; Stephen Bevans, "God Inside Out: Toward a Missionary Theology of the Holy Spirit," *International Bulletin of Missionary Research* 22, no. 3 (July 1998), 102-5.

나 교회 역사에서 성령의 이름으로 남용된 사례도 많았다.

일찍이 몬타누스Montanus, 프리실라Priscilla, 막시밀라Maximilla가 주도한 신예언 운동[248]은 교회의 유대교와 구약성서의 뿌리를 버리고 새로운 성령의 시대가 도래했다고 선포했다. 12세기와 13세기의 피오레의 요아킴[249]과 영적 프란체스코파[250]도 당대의 교회 구조를 무효화할 성령의 시대를 선포했다. 발터 카스퍼는 16세기 종교개혁기에 발덴스주의자[251]들과 토마스 뮌처Thomas Müntzer[252]의 '좌파' 재세례파 운동과 같은 중세의 카리스마 넘치는 '지하 및 민중 운동'을 지적한다.[253]

---

248 신예언 운동은 흔히 몬타누스주의로 알려져 있으며, 초기에는 프리기아파나 페푸자파로 불리다가 4세기경 알렉산드리아의 신학자 디디무스(Didymus, 313-398)에 의해 몬타누스주의로 명명되었다. 이 운동은 2세기 소아시아 프리기아에서 몬타누스, 프리실라, 막시밀라에 의해 시작되어, 성령의 새로운 시대를 예언하며 엄격한 금욕과 임박한 종말론을 강조했다. 교회의 제도화와 안일함에 반발한 이들은 '새 예루살렘'이 임할 것이라는 환상을 제시했다. 이 운동은 초기 그리스도교의 성령론과 종말론을 재조명했으나, 후에 이단으로 규정되어 6세기경 사라졌다.

249 피오레의 요아킴(Joachim of Fiore, 1135-1202)은 이탈리아 출신의 신학자이자 수도사로, 삼위일체를 기반으로 한 역사적 시대 구분 이론을 제시한 인물이다. 그는 역사를 성부의 시대, 성자의 시대, 그리고 미래에 올 성령의 시대로 나누었으며, 성령의 시대가 도래하면 기존 교회 구조가 무효화되고 새로운 영적 질서가 자리 잡을 것이라고 주장했다. 그의 사상은 중세 교회 내에서 논란을 일으켰고, 특히 영적 프란치스코파(Spiritual Franciscans)에게 큰 영향을 미쳤다. 요아킴의 사상은 이후 교회 개혁 운동에도 간접적으로 영향을 끼쳤다.

250 영적 프란치스코파(Spiritual Franciscans)는 13세기 프란치스코 수도회 내에서 엄격한 청빈주의를 강조하며, 교회의 세속화와 부패를 비판한 급진적 그룹이다. 이들은 성 프란치스코의 원래 가르침에 따라 철저한 빈곤과 금욕 생활을 실천해야 한다고 주장했으며, 피오레의 요아킴의 사상에 영향을 받아 성령의 새로운 시대가 도래할 것이라고 믿었다. 이들의 급진적인 주장과 행동은 교회 내에서 이단으로 간주되어 박해를 받기도 했다.

251 발덴스주의자(Waldensians)는 12세기 후반 프랑스 리옹에서 피터 발도(Peter Waldo)에 의해 시작된 그리스도교 운동으로, 성경의 권위를 강조하며 교회의 부패와 세속화를 비판했다. 이들은 성경의 개인적 해석과 평신도 설교를 주장했으며, 교회에 의해 이단으로 규정되었으나 유럽 전역으로 퍼져나갔다. 종교개혁 시기에 일부는 개신교로 흡수되었으며, 현재도 이탈리아와 남미에 발덴시안교회가 존재한다.

252 토마스 뮌처(Thomas Müntzer, 1489-1525)는 독일의 종교 개혁가이자 신학자로, 마르틴 루터와 함께 개혁운동을 시작했으나 급진적 입장으로 인해 결별했다. 그는 성령의 직접 계시와 종말론을 강조하며, 사회적 정의를 위한 무장 반란까지도 정당화했다. 뮌처는 농민 전쟁에 적극적으로 참여했으나, 반란이 실패한 후 처형되었다. 그의 사상은 이후 재세례파 운동에 큰 영향을 미쳤다.

253 Kasper, *The Catholic Church, 140; Hans Küng, The Church* (New York: Sheed and

이러한 운동에 맞서 트렌트공의회 이후 가톨릭교회의 중앙집권화를 비롯한 중세 교회의 제도화와 위계화는 더욱 심화되었다. 물론 동방교회는 항상 성령의 역사하심과 인도하심을 강하게 인식해 왔다.[254] 가톨릭교회에서 성령의 현존은 결코 부정되지 않았지만, 모든 그리스도인이 받는 은사라기보다는 지도자와 남성 위계질서를 이끄는 영향력으로 이해하는 경우가 많았다. 그럼에도 불구하고 17세기 퀘이커교회가 출현(가톨릭의 트렌트공의회와 동시에)하고, 18세기 감리교가 등장하면서 성령과 교회의 연결고리가 강조되었다. 19세기에는 요한 아담 묄러Johann Adam Möhler가 교회론을 보다 카리스마적인 시각으로 접근하였고, 20세기 초에는 오순절주의가 시작(선교 활동이 폭발적으로 증가)[255]되었다. 이러한 움직임은 모두 성령과 교회 전체가 지속적으로 연결되어 있음을 증언한다.

한편, 제2차 바티칸공의회는 교황 요한 23세가 말한 "새로운 오순절new Pentecost"[256]을 기대하며 교회의 세 가지 주요한 이미지 중 성령의 성전으로서의 교회 이미지를 제시했다(LG 17항). 이 공의회는 교회 안에서 성화자sanctifier로서, 생명의 샘으로서, 성전으로서, "교회를 모든 진리의 길로 인도하시고(요한 16,13 참조), 교제와 봉사 안에서 교회를 일치시키며, 다양한 위계적 은사와 카리스마적 은사를 부여하시는"(LG

Ward, 1967), 193-97쪽도 참조하라.

254 Athanasios N. Papathanasiou, "Mission in Orthodox Theology," *Christian Mission, Contextual Theology, Prophetic Dialogue*, ed. Dale T. Irvin and Peter C. Phan, 37-54 (Maryknoll, NY: Orbis Books, 2018), 42-44.

255 Kasper, *The Catholic Church*, 140-41. 오순절주의의 시작에 관하여는 Cecil M. Robeck Jr., *The Azusa Street Mission and Revival: The Birth of the Global Pentecostal Movement* (Nashville, TN: Emanate Books, 2006) 참조.

256 "Prayer of Pope John XXIII to the Holy Spirit for the Success of the Ecumenical Council," *The Documents of Vatican II*, ed. Walter M. Abbott (New York: Herder and Herder/Association Press, 1966), 793.

4) 성령의 역사를 짧지만 밀도 있게 요약하고 있다. 제2차 바티칸공의회 이후 카리스마 운동은 성공회와 가톨릭뿐 아니라 "주류" 개신교교회를 휩쓸었고 오늘날에도 특히 세계 곳곳에서 여전히 강력한 영향력을 행사한다. 2013년에 WCC는 교회와 선교에서 성령의 활동을 강조하는 새로운 선교 선언문을 발표했다.[257] 성령은 참으로 "놀라움의 하느님God of surprises"[258]이기 때문에 성령의 활동은 교회의 삶과 선교하는 제자 공동체로서의 교회 형성에 필수적이다.

이 장에서는 교회에서 성령의 지속적인 창조적 역할을 세 부분으로 나누어 고찰한다. 먼저, 성령이 어떻게 교회를 선교하는 교회로 부르시는지 성찰한다. 그런 다음, 성령이 선교 사명을 위해 교회를 어떻게 준비시키시는지 살펴본다. 세 번째 부분에서는 성령이 세상과 역사의 다양하고 변화하는 상황 속에서 교회가 선교하는 교회가 되도록 어떻게 도전하시는지를 성찰한다.[259]

성령은 교회를 선교하는 교회로 부른다

우리는 이미 이 책의 1장과 2장에서 하느님의 말씀과 하느님의 영, 즉 나자렛 예수와 성령이 교회와 긴밀하게 얽혀 있음을 살펴보았다. 말씀과 영의 '춤'은 창조의 첫 찰나에 시작되었다. 하느님의 영과 예언의 말

---

257 Kirsteen Kim, *The Holy Spirit in the World: A Global Conversation* (Maryknoll, NY: Orbis Books, 2008); WCC, CWME, *Together Towards Life: Mission and Evangelism in Changing Landscapes* (Geneva: WCC Publications, 2013).

258 Pope Francis, "God of Surprises," Daily Homily, May 18, 2017.

259 이후 나오는 많은 내용은 철저히 수정되었지만, 2006년 나의 미국 선교학회 회장 취임 연설에서 발표된 바 있다. Stephen Bevans, "The Church as Creation of the Spirit: Unpacking a Missionary Image," *Missiology: An International Review* 35, no. 1 (January 2007): 5-21.

씀은 하느님의 백성 이스라엘의 역사 속에서 현존하고 활동했으며, 요단강에서 세례를 받으실 때 육화하신 말씀 위에 성령이 충만하게 임하셨다. 복음주의 신학자 클라크 피녁Clark Pinnock은 예수님이 "성령의 능력으로 하느님의 부르심에 충실"하셨기 때문에 "십자가가 일어났고"[260] 예수는 돌아가시고 그 장사를 치루었다고 썼다.

그러나 그것이 끝이 아니었다. 예수님이 돌아가신 직후, 제자들은 예수님이 살아서 그들 가운데 현존하시는 것을 경험했다. 예수는 자신의 영을 제자들에게 부여하여 성령이 자신에게 영을 부여하신 것과 같은 방식으로 하느님의 통치를 구현하고, 보여 주고, 선포하는 동일한 사명을 부여하셨다. 요한은 십자가에 못 박힌 예수의 옆구리에서 흐른 물과 피로 이 수여를 상징하고(요한 19,30-34), 부활 당일 저녁에 주어진 사명(요한 20,21-23)에서 이를 서술한다. 루카는 오순절 이야기(사도 2,1-42)에서 이를 언급한다.

예수님께서 사목을 통해 교회의 기초를 닦으셨다면, 성령은 예수님의 제자들이 성령을 부여받음으로써 "땅 끝까지"(사도 1,8) 모든 사람에게 예수님의 사목을 나누고 계속할 수 있는 은혜와 능력을 주셨다는 것을 깨닫게 하면서 그들을 교회를 부르신다. 이것은 점진적이고 고통스러운 과정이었으며, 사도행전이 이야기하는 것처럼 제자들이 안티오키아에서 유대교의 경계를 넘어 유대인이 될 의무 없이 이방인을 교우로 받아들일 때 비로소 분명해진다. 점차적으로 그리스도인들(안티오키아에서 처음으로 그렇게 불렸음-사도 11,26)이 유대교에 대항하는 별개의 공동체로 자신을 인식하면서 고통스럽지만 기쁨으로 교회가 탄생한다. 이러한 분리는 꼭 일어날 필요는 없었지만 비극적이게도 일

260 Clark Pinnock, *Flame of Love: A Theology of the Holy Spirit* (Downers Grove, IL: InterVarsity Press, 1996), 91.

어났다.[261] 성령이 종교와 문화의 경계를 넘어 부활하신 그리스도를 믿는 신앙으로 교회를 부르시면서 교회는 존재하게 되었다. 성령은 교회를 선교하는 교회, 즉 선교하는 제자 공동체로 부르셨다.

성령의 부르심은 역사를 거쳐 우리 시대에도 계속되고 있다. 호주의 신학자 닐 오머로드Neil Ormerod는 그의 저서 『Revisioning the Church』 후반부에서 교회 역사를 간략하게 정리하며, 한 사회 내에서 '통합자integrator' 기능과 '운영자operative' 기능을 구분해 교회에 적용했다. 통합자 기능은 그리스도의 몸으로서의 교회(여기서는 이전 장에서보다 덜 역동적으로 해석됨)나 친교로서의 교회에 대한 현대적 이해와 같은 상징을 말하며, 연속성과 정체성에 초점을 맞춘다. 오머로드는 "우리의 교회 담론은 통합자의 상징은 상대적으로 풍부한 반면, 운영자로서의 상징은 부족하다"고 지적한다. 그는 자신의 연구에서 교회에서 가장 중요한 운영자 기능은 복음 전파를 위한 적응과 변화에 초점을 맞춘 선교의 기능이라고 주장한다.[262] 이 책의 약 200페이지를 차지하는 부분을 관통하는 주요 논지는 교회가 역동적 운영자라는 상징에 더 집중할수록 교회가 더 번성하고, 내적 통합자 기호에 더 집중할수록 정체되고 흔들린다는 것이다.[263] 사도행전에서 보듯이 성령이 부르시는 선교는 대체로 교회를 계속 만들어가는 요소이다. 교회가 이 성령에 응답할 때 교회는 참된 교회가 되지만, 응답하지 않을 때는 본래 있어야 할 모습에 미치지 못하게 된다.

피트 워드Pete Ward는 교회란 14세기 정교회 신학자 니콜라스 카바

---

261 Neil Ormerod의 "갈림길parting of the ways"이라는 복잡한 주제에 관한 짧지만 실질적인 논의는 *Revisioning the Church: An Experiment in Historical Ecclesiology* (Minneapolis: Fortress Press, 2014), 183-86쪽을 참조하라.

262 Ormerod, *Revisioning the Church*, 66-67.

263 Ormerod, *Revisioning the Church*, 323-24, 326, 330, 335, 350, 354.

실라스Nicholas Cabasilas가 "하느님의 미친 사랑"이라고 불렀던 것에 대한 "응답이자 이 사랑을 기쁨으로 함께 나누는 것"이라고 말한다. "성령의 능력으로 교회를 끊임없이 새롭게 하고 회복된 삶으로 이끄는 것은 바로 이 사랑이다."[264] 워드는 성령의 능력으로 교회가 모든 시대와 모든 세대에서 "새롭게 하고 젊음을 유지한다"고 덧붙인다. 성령의 생동감은 교회가 정적인 것이 아니라 항상 움직이고 발전하고 있다는 느낌을 주기 때문이다. 따라서 교회가 "무엇"인가라는 질문에 대한 대답, 즉 "교회가 됨being of the Church"은 아마도 이 움직임을 통해 특징지어지는 바로써 가장 잘 나타난다. 그리고 이 움직임은 성령의 활동을 통해 그리스도가 현존하는 데서 비롯된다.[265]

다시 말해, 성령은 교회를 선교하는 교회로 부른다.

성령은 선교하는 교회가 되도록 교회를 준비시킨다

성령은 교회를 선교하는 교회로 부르시지만, 창조주 성령의 온유하면서도 강력한 역사는 교회를 거기서 멈추지 않는다. 예수님께서 말씀하셨듯이, 제자들을 지도와 영감을 잃은 고아로 버려두지 않겠다고 하셨다(요한 14,18). 부활하신 그리스도가 교회 안에 성령의 능력으로 현존하셔서 교회로 하여금 예수님이 구체화하고, 보여 주고, 선포하신 하느님 통치의 표징sign이자 도구instrument가 되게 하실 것이다.

성령에 의해 창조된 교회는 결코 스스로를 위해 존재하지 않는다.

---

264 Pete Ward, *Liquid Ecclesiology: The Gospel and the Church* (Leiden: Brill, 2017), 42-44.

265 Ward, *Liquid Ecclesiology*, 45.

교회는 전적으로 다가오는 하느님 나라의 급진적인 친밀함을 위해 존재하며, 창조의 완성을 위해 삼위일체 하느님과 협력한다. 3장에서 살펴본 것처럼, 교회는 이미already 실제로 존재하지만 아직은 불완전한 형태로 존재한다. 다시 말해, 교회는 예수께서 설립하신 그 완전함의 예고편이자 맛보기foretaste 같은 존재이다. 교회는 항상 불완전하지만, 진정으로 그 본질적인 실재를 세상 속에서 증언하도록 부름받고 있다. 성령은 교회가 그 완전한 충만함을 세상 속에서 구현하고, 드러내며, 선포할 수 있도록 힘을 준다. 다시 말해, 성령은 교회를 선교하는 교회가 되도록 준비시킨다.

카리스마를 지닌 공동체

교회가 성령에 의해 카리스마적 공동체로 부여되었다는 사실은 오순절주의 교회들이 20세기에 접어들면서 자발적으로 발견한 것이다. 이 발견은 그들을 즉각적이고 열정적으로(때로는 순진하게) 선교로 이끌었다.[266] 그러나 이 같은 카리스마적 실체는 적어도 가톨릭교회에서는 약 60년 후인 제2차 바티칸공의회에서야 발견한 것이다. 공의회가 시작될 당시에는 이러한 사실이 전혀 증거가 없었다. 6장에서 언급했듯이, 공의회에 모인 주교들에게 [교회 헌장]의 첫 번째 초안이 소개되었을 때 한 주교는 이 헌장이 승리주의적이고 성직자적이며 법조적이라고 비판했다.[267] 이에 대한 반발이 너무 커서 이 초안은 완전히 거부되고 처음부터 다시 작성하도록 위원회에 돌려보내졌다. 공의회 두 번째

---

266 Edith Blumhofer, "Revisiting Azusa Street: A Centennial Retrospect," *International Bulletin of Missionary Research* 30, no. 2 (April 2006): 59-60.

267 Gérard Philips, "Dogmatic Constitution on the Church: History of the Constitution,"*Commentary on the Documents of Vatican II,* ed. Herbert Vorgrimler, vol. 1 (New York: Herder and Herder, 1967), 109.

회의에서 다시 소개된 초안은 이전에 비해 보다 성경에 근거한 내용으로 수정되었으며, 앞서 살펴본 것처럼 세상 속에서 그리스도의 몸을 이루는 성령을 부여받은 사람들의 공동체인 '하느님의 백성'이라는 이미지를 주요한 개념으로 삼았다. 물론 최종 문서에서는 교회가 눈에 보이는 영적 실체이자 보이지 않는 영적 실체임(LG 8)이 확인되었지만, 그 핵심은 교회가 삼위일체의 일치와 다양성을 이미지화한 공동체라는 점에 있었다(LG 4). 교회를 백성과 친교, 그리스도의 몸으로 묘사한 헌장의 핵심 이미지는 교회의 모든 여성과 남성이 "그리스도의 몸을 세우는 데 참여하는 존엄성과 활동에 있어서 진정한 평등을 누린다는 사실"(LG 32)을 강조했다. 다시 말해, 다른 사람보다 은사를 더 많이 받은 '특별난 그리스도인'은 존재하지 않는다. "카리스마가 없는 회원, 즉 공동체에서 할 일이 없는unemployed 사람은 없다."(로마 12,5-8)[268] 모든 사람은 공동 세례를 받았기 때문에 근본적으로 평등하다.

그러나 이러한 근본적인 평등은 결코 밋밋한 획일성이 아니다. 이 일치와 평등 안에는 놀라운 다양성이 있으며, 따라서 그리스도 안에서 그리스도인의 일치와 그 일치가 나타나는 다양성은 모두 성령의 역사이다. "은사의 종류는 여러 가지지만 성령은 같은 성령이시며, 직분은 여러 가지지만 주님은 같은 주님이다. 활동은 여러 가지지만 모든 사람 안에서 모든 활동을 일으키시는 분은 같은 하느님이시고, 그 하느님께서 각 사람에게 공동선을 위하여 성령을 드러내 보여 주신다."(1코린 12,4-6) 교회는 한 백성, 한 공동체이지만 성령에 의해 창조된 교회는 다양한 은사, 즉 서로 경쟁할 필요가 없는 은사들로 가득 채워지며 직무와 선교에서 서로 섞이고 어우러지는 은사들로 이루어

268 Leonardo Boff, *Come Holy Spirit: Inner Fire, Giver of Life and Comforter of the Poor* (Maryknoll, NY: Orbis Books, 2015), 150.

진 공동체이다. 바오로 성인은 이러한 은사를 카리스마라고 불렀다. 성령은 기본적인 카리스마적 구조를 가진 카리스마적 공동체를 창조한다.

이것이 질서 있는 공동체의 구조이다. 성령은 "친교fellowship와 직무로 공동체를 하나로 묶으시고, 다양한 계층적 은사와 카리스마적 은사를 부여하시며, 이런 방식으로 공동체를 인도하고 그 열매로 장식하신다."(에페 4,11-12, 1코린 12,4, 갈라 5,22 참조)(LG 4) 리처드 가일라데츠가 지적한 것처럼, 위계적이라는 용어는 교회 직분을 의미하고 카리스마적이라는 용어는 모든 그리스도인에게 부여된 많은, 종종 평범한 은사를 의미한다. 그러나 모든 은사가 성령의 은사이므로 교회에서 신품 받은 사목과 다른 은사 사이에 대립이 있을 수 없다. "암묵적으로 공의회는 교회 직분이 성령에 의해 움직이지 않으면 존재할 수 없고, 카리스마는 전체 교회의 선을 추구하는 질서에 복종하지 않으면 살아남을 수 없다고 가르친다."[269] "하느님께서 각 사람에게 공동선을 위하여 성령을 드러내 보여 주십니다."(1코린 12,7)

한스 큉Hans Küng이 제2차 바티칸공의회 직후인 1967년에 쓴 교회의 카리스마적 구조에 대한 논의는 오늘날에도 여전히 매우 유의미하다. 큉은 우리가 세 가지 기본적인 오해를 피해야 한다고 설명한다. 첫 번째 오해는 "카리스마를 주로 예외적이거나, 기적적이거나, 감각적인 현상으로 생각하는 것"이다.[270] 예를 들어 방언이나 치유의 은사, 심지어 설교나 가르침에서 흔히 볼 수 없는 웅변을 예로 들 수

269 Richard R. Gaillardetz, *Ecclesiology for a Global Church: A People Called and Sent* (Maryknoll, NY: Orbis Books, 2023), 141; Richard R. Gaillardetz, "Loving and Reforming a Holy yet Broken Church," *Worship* 97 (January 2023): 65-70쪽도 참조하라.

270 Küng, The Church, 181.

있다. 오순절 운동과 카리스마 운동이 전 세계, 특히 라틴아메리카, 아프리카, 아시아로 확산되면서 우리에게 보여 준 것처럼, 이러한 특별한 은사는 분명히 존재한다.[271] 카리스마가 덜한 교회에 속한 우리도 이를 인정하고 배울 필요가 있다. 그러나 모든 은사는, 심지어 가장 단순한 은사조차도, 그리스도의 몸의 온전함과 효과성에 똑같이 중요한 기여를 한다. 큉은 "바오로가 여러 곳에서 제시하는 카리스마 목록을 한눈에 살펴보는 것만으로도… 얼마나 다양한 은사가 있는지 알 수 있다"라고 말한다. 큉은 설교(사도, 예언자, 교사, 전교자, 권면자), 봉사(남녀 부제, 구제자 almsgivers, 병자 방문, 과부), 리더십('첫 회심자', 연장자, 주교, 사제)의 은사가 있다고 요약한다. 하지만 이것이 전부는 아니다. "타고난" 재능도 성령에 의해 부여되며, "실제로 바오로는 기혼 또는 미혼(1코린 7,7), 할례 또는 무할례(1코린 7,18-20)와 같은 삶의 상태까지도 잠재적인 카리스마, 즉 봉사에 대한 소명으로 간주하는 것 같다."[272]

두 번째 오해는 "예를 들어 어떤 종류의 안수와 관련된 특정한 종류의 은사가 하나만 있다"[273]는 가정이다. 이는 가톨릭교회에서 많이 보이지만, 그 외 교회에서도 나타난다. 내가 강의하던 중 한 학생이 세 번째 수업쯤 되었을 때 내 강의를 중단시켰던 일이 기억난다. 그 학생은 사목ministry이라는 단어가 서품을 받지 않았거나 적어도 서원한 수도 생활을 하지 않은 사람들에게 사용되는 것을 들어본 적이

271 Harvey Cox, *Fire from Heaven: The Rise of Pentecostal Spirituality and the Reshaping of Religion in the Twenty-First Century* (Cambridge, MA: Da Capo Press, 1995); Allan Anderson and Edmond Tang, eds.,*Asian and Pentecostal: The Charismatic Face of Asia,* 2nd ed. (Oxford: Regnum Books, 2011); Wonsuk Ma, Veli-Matti Kärkkäinen, and J. Kwabena Asamoah Gyadu, eds., *Pentecostal Mission and Global Christianity* (Oxford: Regnum Books, 2014); Edward L. Cleary, *The Rise of Charismatic Catholicism in Latin America* (Gainesville: University of Florida Press, 2011).

272 Küng, *The Church,* 184.

273 Küng, *The Church,* 183.

없다고 말했다. 2005년 미국 주교들이 평신도 교회 사목ministry에 관한 문서를 발표할 때에도 사목이라는 단어 사용을 주저하는 것이 논의의 한 요인이었다. 그들은 저명한 신학자 에이버리 덜레스Avery Dulles 추기경이 이 용어를 옹호한 후에야 문서에서 사목이라는 용어를 사용하는 데 동의했다고 한다.[274] 여기서 요점은 앞 단락에서 강조한 것과 유사하다. 신학자 마이클 파헤이Michael Fahey에 따르면 신약성경 안에서 바오로는 "약 18가지의 다른 카리스마를 나열한다."[275] 성령은 우리가 상상할 수 있는 것보다 훨씬 더 풍성하다. 큉은 교회의 카리스마적 구조는 "교회의 위계적 구조를 포함하지만 그 이상의 것을 포함한다"[276]고 주장한다.

세 번째로, 큉은 교회에서 카리스마는 "소수의 사람들에게만 제한된 것이 아니며, 카리스마에 있어서 특별한 계급이나 층계가 있는 것은 아니다"라고 말한다.[277] 오히려 교회의 모든 사람은 특별한 은사, 특별한 역할을 부여받았다. 문제는 은사를 받았는지 여부가 아니라 그 은사가 무엇인지이다. 이 책의 3부에서 우리는 모든 사람이 교회 내에서 직무를 수행하도록 부름받는 것은 아니지만, 그렇다고 해서 모든 그리스도인이 각자 풍성한 카리스마를 부여받았다는 사실을 부정하는 것은 아니라는 점을 설명할 것이다. 세례를 받은 모든 사람은 제자이므로 교회의 선교에 직접적으로 참여할 수 있다(AA 2, LG 33,

---

274 United States Catholic Bishops, *Coworkers in the Vineyard of the Lord* (Washington, DC: USCCB, 2005). Avery Dulles, "The Mission of the Laity," The 2006 McGinley Lecture at Fordham University, http://www.laikos.org.

275 Michael Fahey, "Church," *Systematic Theology: Roman Catholic Perspectives*, ed. Francis Schüssler Fiorenza and John Galvin, vol. 2 (Minneapolis: Fortress Press, 1991), 41.

276 Küng, *The Church*, 188.

277 Küng, *The Church*, 185.

LG 10-12). 교회에 속한 모든 사람은 선교사 제자이다. 성령은 교회의 일부, 예를 들어 교회 지도자나 선교에 나서는 사람, 사회 정의에 관심을 가진 사람만을 만들어내는 것이 아니다. 성령이 교회를 창조하시므로 모든 사람은 은사를 받고, 모두 특별하며, 교회와 세상에서 어떤 종류건 봉사를 하도록 부름 받았다.

교회의 구조를 다루는 부분에서 논의하겠지만, 교회에서 리더십의 역할은 성도들holy ones이 사목ministry을 수행하고 그리스도의 몸을 세우게build up 하기 위해 존재한다. 나는 이 점에 관해서 에페소서의 저자가 내게 동의하리라 생각한다. 또한 나는 에페소서 저자가 말한 사목이 보다 넓은 의미로 보면 선교라고 생각한다. 성 요한 바오로 2세는 사제 양성에 관한 문서인 [현대의 사제 양성Pastores Dabo Vobis]에서 "하느님의 백성이 자신들에게 부여된 일반 사제직을 충실하고도 완전하게 수행하도록 돕는 것"(PDV 17)이 직무사제직의 사목이라고 말했다.

이러한 논의를 종결하며 큉은, "그리스도인 개개인의 카리스마가 발견되고 더욱 발전되고 발전된다면, 그런 공동체, 그런 교회에는 어떤 역동적인 힘, 어떤 생명과 움직임이 있을까?"[278]라고 묻는다. 성령은 교회에 지속적으로 카리스마 구조를 부여함으로써 선교하는 교회가 되도록 준비시켜 주신다.

성령의 성전

신약성경은 교회를 설명하기 위해 몇 가지 건축적 이미지를 제시한다. 교회는 "하느님의 건물"(1코린 3,9)이며, 그리스도를 모퉁잇돌 또는 머릿

278 Küng, *The Church*, 191.

돌로 삼아(1코린 3,11) "사도들과 예언자들의 터 위에"(에페 2,20) 세워졌다. 티모테오 1서 3,15에서는 교회를 "하느님의 집", "진리의 기둥과 기초"라고 말한다. 그러나 제2차 바티칸공의회(LG 6)는 "특히 신약성경은 교회와 개개인의 그리스도인(LG 4)[279]을 성전temple이라고 말한다. 모든 그리스도인은 성령의 거처이다. 그리스도인은 자신의 것이 아니라 그리스도와 그의 사명에 속해 있다(1코린 3,16, 6,19). 그러나 교회 전체, 즉 전 세계의 모든 교회 공동체는 그리스도 안에서 "함께 연합"되어 "하느님의 거하실 처소"인 거룩한 성전으로 성장한다(에페 2,21-22, 묵시 21,3 참조). 그리스도인들은 "예수 그리스도를 통해 하느님이 기쁘게 받으실 신령한 제사를 드릴 수 있는 거룩한 집으로 세워져"(1베드 2,5) 자신을 드러내야 한다. 이러한 방식으로 그들은 성령께 열려 있으며, 성령은 교회와 세상 속에서 하느님의 현존을 증거할 수 있도록 그들을 준비시켜 주신다.

이스라엘의 성전

성전, 즉 거룩한 장소는 전 세계 모든 지역에서 발견되는 종교적 현상이다. 캐럴 마이어스Carol Meyers는 이스라엘 사람들에게 "다른 모든 민족과 마찬가지로 하느님에게 다다를 수 있는 가능성에 대한 확신이 필요했기 때문에 초월적인 신에게 접근할 수 있는 장소를 마련하게 되었다"[280]고 말한다. 성전은 신의 하늘 거처를 반영하는 방식으로 건축되어 신의 능력을 접할 수 있는 가시적이고 구체적인 공간을 마련한

---

279 Richard R. Gaillardetz, *The Church in the Making: Lumen Gentium, Christus Dominus, Orientalium Ecclesiarum* (Mahwah, NJ: Paulist Press, 2006), 51.

280 Carol Meyers, "Temple, Jerusalem," *The Anchor Bible Dictionary*, ed. David Noel Freedman, vol. 6, Si-Z, 350-69 (New York: Doubleday, 1992), 359.

다.[281] 이스라엘에서 예루살렘 성전 자체는 사람들이 여러 안뜰에 모여 기도하기는 했지만 주로 "대중이 모이고 기도하는 장소"는 아니었다. "오히려 성전은 고대 이스라엘의 신이 지상에 거처하는 장소였으며, 이런 점에서 성서 시대 이후의 종교 건물(회당, 교회, 모스크)과는 근본적으로 달랐다."[282] 이스라엘은 성전에 대해 다른 용어를 사용했지만 기본 용어는 bet Yahweh 또는 bet Elohim, 즉 야훼의 집 또는 하느님의 집이었다.[283] 성전은 하느님의 집, 하느님의 거처, 하느님의 궁전이었다. 하느님은 모든 공간을 초월하여 하느님이 원하시는 곳이라면 어디든 현존하시는 분으로 이해되었지만, 다른 문화권의 사람들과 마찬가지로 이스라엘은 "초월자에게 접근할 수 있는 장소를 확보"해야 했고, 그중 가장 중요한 곳이 예루살렘의 성전이었다.[284]

예루살렘 성전의 역사와 신학은 복잡하다. 여기서는 간략한 개요만 제시할 수 있다. 성전의 기원은 이스라엘이 약속의 땅으로 가는 여정에서 하느님이 인도하시고 동행하실 때 하느님의 현존을 모신 성막tabernacle 또는 장막에서 비롯되었다. 탈출기 25장에서 하느님은 이스라엘에게 "내가 그들 가운데 거할 수 있도록 성소를 만들라"(8)고 명령하셨다. 이 성막은 이스라엘 백성이 진을 치는 곳에서 어느 정도 떨어진 곳에 세워졌고, "야훼를 찾는 사람은 누구나 진영 밖에 있는 천막으로 나가야 했다."(탈출 33,7) 모세가 하느님을 만나기 위해 성막으로 갈 때면 "구름 기둥이 내려와 성막 입구에 서 있었다."(탈출 33,9) 만남의 장막이 완성되자 "야훼의 영광"이 장막을 가득 채웠다. 구름이

281 John M. Lundquist, "Temple," *The Eerdmans Dictionary of the Bible*, ed. David Noel Freedman, 1280-84 (Grand Rapids, MI: Eerdmans, 2000), 1280.

282 Meyers, "Temple, Jerusalem," 351.

283 Meyers, "Temple, Jerusalem," 352, 351-52.

284 Meyers, "Temple, Jerusalem," 359.

장막을 떠나면 이스라엘 백성은 여행을 떠났다. "낮에는 구름이 성막 위에 있었고, 밤에는 불이 구름가운데 자리를 잡았고, 이스라엘 온 족속이 여행의 각 단계마다 눈앞에 있었다."(탈출 40,38) 성막은 백성들이 이동할 때마다 철거되었다가 다시 진을 치면 세워졌다.[285]

이스라엘이 약속의 땅 가나안에 도착하여 점령했을 때, 성막 또는 장막은 실로에 영구적으로 세워졌다(여호 18,1, 19,51). 실로는 이스라엘이 멸망할 때까지 이스라엘의 종교적 중심지가 되었고, 그 후 "어떻게든 기브온 산당에 위치하게 되었다."[286] 다윗이 예루살렘을 정복했을 때 성막의 가장 성스러운 곳에 있던 언약궤를 도시로 가져와 새 장막/성막을 짓고 그 안에 보관했다. 다윗은 자신의 궁전을 지은 후 이스라엘의 하느님을 위한 영구적인 집, 즉 성전을 지을 것을 제안했다. "나는 향백나무 궁에 살고 있지만 하느님의 궤는 장막에 머물러 있나이다."(2사무 7,2)

그러나 하느님은 이 안을 반대한다. 하느님은 영원한 거처에 갇히지 않고 천막에서 사는 것을 기뻐하신다. 대신 하느님은 다윗에게 말장난을 통해 영원히 지속될 왕조, 즉 집을 짓겠다고 말씀하신다(2사무 7,4-17). 예루살렘에 하느님의 영원한 거처를 짓는 것이 다윗의 아들 솔로몬의 임무가 될 것이다. 열왕기 1서 5~8장에서 읽은 것처럼 성전은 웅장한 건축물이었고, 성전이 봉헌될 때 "사제들은 그 구름 때문에 서서 일을 할 수가 없었다. 주님의 영광이 주님의 집에 가득 찼다"(1열왕 8,11)고 기록되어 있다. 봉헌식에서도 솔로몬은 모인 군중에게

---

285 Richard Elliott Friedman, "Tabernacle," Freedman, *The Anchor Bible Dictionary*, vol. 6, 293.

286 Friedman, "Tabernacle," 293. 프리드먼은 실로의 파괴가 역사서에서는 언급되지 않지만, 예레미야서 7장 12절과 그 책의 여러 다른 구절에서 언급된다고 지적한다.

짧은 연설을 하고 긴 기도를 드렸는데, 하늘도 땅도 이스라엘의 하느님을 모실 수 없음을 인정하고(1열왕 8,27), 자신이 지은 집을 통해 하느님께서 이스라엘에게 현존해 주시기를 간구했다.

이 모든 일이 끝난 후 하느님은 꿈에 솔로몬에게 나타나서서 솔로몬이 구한 것을 확인시켜 주셨다. "네가 세운 이 집을 성별하여 이곳에 내 이름을 영원히 두리니, 내 눈과 내 마음이 언제나 이곳에 있으리라… 나는 너의 왕좌를 이스라엘 위에 영원히 세워 주겠다."(1열왕 9,3-5). 하지만 한 가지 조건이 있다. "… 네가 네 아버지 다윗이 걸은 것처럼 내 앞에서 온전한 마음으로 바르게 걸어야 한다."(1열왕 9,4) 그러나 만약 솔로몬과 그의 후계자들이 그렇게 하지 않으면 성전은 파괴되어 "폐허 더미"가 될 것이다. 성전을 지나가는 사람들은 충격을 받아 하느님께서 왜 성전에 이런 일을 하셨는지 묻고 대답할 것이다. "자기 조상들을 이집트 땅에서 이끌어 내신 주 그들의 하느님을 저버리고, 다른 신들을 끌어들여 그 신들을 예배하고 섬겼기 때문이지. 그래서 주님께서는 이 모든 재앙을 그들 위에 내리셨다네."(1열왕 9,9) 그리고 그렇게 되었다. 예언자들은 이스라엘에게 하느님에 대한 진정한 예배는 의식과 희생이 중요한 것이 아니라고 경고했다. 오직 언약을 지키는 것만이 진정한 예배였다. 아모스의 유명한 선언처럼.

> 나는 너희의 축제들을 싫어한다. 배척한다.
> 너희의 그 거룩한 집회를 반길 수 없다. …
> 다만 공정을 물처럼 흐르게 하고
> 정의를 강물처럼 흐르게 하여라(아모 5,21-24).

주지하는 바와 같이, 이스라엘은 언약을 버렸고 성전은 참으로 파괴되었다. 이스라엘은 이런 일이 일어날 수 있다고 믿지 못했다. 예레미야는 바빌론의 침략 위협에 맞서 예루살렘 백성에게 다음과 같이 예언했다. "너희는 도둑질하고 살인하고 간음하고 거짓으로 맹세하며, 바알에게 분향하고, 너희 자신도 모르는 다른 신들을 따라간다. 그러면서도 내 이름으로 불리는 이 집 안에 들어와 내 앞에 서서, '우리는 구원받았다'고 말할 수 있느냐? 이런 역겨운 짓들이나 하는 주제에!"(예레 7,9-10) 에제키엘은 예루살렘이 함락되고 성전이 파괴되기 전의 환상에서 하느님의 현존, 즉 영광이 성전과 예루살렘을 떠나는 것을 본다(에제 10장).

이스라엘이 유배에서 돌아온 후 하까와 즈카리아 예언자의 격려와 유대 총독 즈루빠벨과 대제사장 예수아의 지도 아래 성전이 재건된다(하까 1,1).[287] 40년 후 마카베오 반란으로 통치가 전복된 그리스 왕 안티오쿠스 에피파네스에 의해 더럽혀졌다(마카베오서 2장 참조).[288] 얼마 지나지 않아 팔레스타인은 로마의 통치를 받게 되었고 헤롯 대왕이 로마의 속국 왕으로 통치하게 되었다. 성전을 웅장한 규모로 재건한 것은 바로 헤롯이었다. 실제 성전은 솔로몬과 즈루빠벨의 성전과 같은 규모였지만 "헤롯은 성전 단을 확장하고 높여 성소, 궁정, 문, 요새(안토니아), 진입로, 현관 및 부속 건물을 포함하는 비교할 수 없는 기념비적인 성전 경내를 만들었다."[289] 이것이 예수님 당시의 성전이었다. 예수님께서 정결케 하신 성전이 바로 이곳이다(마태 21,12-13, 마르 11,15-17, 루카 19,45, 요한 2,13-19). 예수님께서 멸망할 것이라고 예언하신 성전(기원 70년 -마태 24,1-2, 마르 13,1-2, 루카 21,1-5)이 바로 이 성전이다.

287 Meyers, "Temple, Jerusalem," 363.
288 Meyers, "Temple, Jerusalem," 364.
289 Meyers, "Temple, Jerusalem," 365.

새 성전

성령의 성전으로서의 교회에 대한 이해는 에제키엘 40-47장에 나오는 하느님의 영광이 임하는 새 성전에 대한 에제키엘의 환시를 참조할 필요가 있다.

> 그 모습은 내가 본 환시, 곧 그분께서 이 도성을 파멸시키러 오실 때에 내가 본 환시와 같았고, 또 그 모습은 내가 크바르강 가에서 본 환시와 같았다. 그래서 나는 얼굴을 땅에 대고 엎드렸다. 그러자 주님의 영광이 동쪽으로 난 문을 지나 주님의 집으로 들어갔다. 그때 영이 나를 들어 올려 안뜰로 데리고 가셨는데, 주님의 집이 주님의 영광으로 가득 차 있었다(에제 43,3-5).

이 환시의 절정은 47장에 묘사되어 있는데, 에제키엘은 성전의 동쪽과 남쪽에서 물이 처음에 솟구치다가 흐르는 것을 본다(1-2). 이 물은 결국 사해의 바닷물을 신선하게 만들고 많은 물고기가 사는 담수의 강을 형성한다(8-10). 강둑에는 많은 나무가 있는데, 이 나무들은 매달, 일 년 내내 열매를 맺고 그 잎은 약으로 쓰일 것이다. 여기서 우리는 생명과 치유를 위한 하느님의 현존으로서의 성전에 대한 환시를 본다.

이 비전과 유사하지만 놀랍도록 다른 비전을 새 예루살렘에 대한 묵시록의 환시에서 볼 수 있다. 성전의 의미를 연상시키는 언어로 표현하자면, 새 예루살렘은 "여러 백성 사이에 있는 하느님의 거처이다. 하느님은 친히 그들의 하느님으로서 그들과 함께 거하실 것이며 그들은 그의 백성이 되고 하느님 자신도 그들과 함께 계실 것이다."(묵시 21,3)[290] 새 예루살렘에는 성전이 없었다. "전능하신 주 하느님과 어린

양이 도성의 성전이기 때문이다."(묵시 21,22) 그러나 에제키엘의 환시처럼 그들의 어좌에서 나와 흐르는 생명수의 강이 있었고, 강 이쪽저쪽에는 매달 열매를 맺는 생명나무가 있어 나무의 잎은 세상의 민족을 치유하는 데 쓰였다."(묵시 22,1-2) 사도행전 7장의 긴 연설 말미에서 스테파노가 말했듯이 "지극히 높으신 분께서는 사람의 손으로 지은 집에는 살지 않으신다."(7,48) 새 성전, 참 성전은 "살아 있는 돌", 즉 "영적인 집"으로 지어졌다(1베드 2,5). 새롭고 참된 성전은 그 자신이 새 성전이신 그리스도(요한 2,21)를 닮은 그리스도인들로 구성된다(1코린 6,12-20). 교회가 그리스도의 몸인 것과 마찬가지로 교회는 성령의 성전이다.

성전과 선교

이상에서 살펴본 바와 같이 우리는 풍부하고 복잡한 배경을 통해 신약성경에서 교회를 성령의 성전으로 지칭한 것을 이해해야 한다. 교회는 예루살렘의 성전과 마찬가지로 세상 속에서 하느님의 현존을 생생하게 만나고 경험하는 곳이다. 그러나 교회는 영적인 제사가 드려지는 성전이다(로마 12,1, 1베드 2,5). 교회를 그리스도의 몸으로 드러내는 성령의 은사처럼, 공동체를 세우고 세상을 섬기기 위해 함께 일하는 이 같은 은사는 활동적이고 생명을 주는 하느님의 현존을 드러낸다. 성령이 주시는 풍성한 은사에 열려 있는 교회는 공동체 그 이상이 될 수 있다. 모든 구성원이 나눔과 봉사를 통해 자신의 잠재력을 최대한 발휘하여 성장할 수 있는 진정한 코이노니아, 즉 인격적인 친교가 될 수 있다. 이런 식으로 교회는 삼위일체 하느님 자신의 친교와 자기 비움의 사랑의 진정한 아이콘인 성령이 지상에 실제로 거하시는 장소로 점점 더 가시화된다. 교회가 성령의 창조력에 자신을 개방할 때, 교회는 레슬리 뉴비긴Lesslie Newbigin의 말처럼 하느님 통치의 '번성하는 공동체'가 무엇인지, 그 표징이자 예표가 될 수 있다.[290] 교회는 모든 문화, 모든 성별, 모든 민족에게 모든 시대에 환영과 영양과 치유를 제공하는 생명수의 강물을 제공하는 성전이다.

교황 바오로 6세의 사도적 권고 [현대의 복음 선교]에 나오는 강력한 구절은 성령에 대한 개방성에서 비롯되는 활기찬 공동체와 이를 경험하는 사람들의 마음과 정신에 어떻게 질문을 불러일으키는지 설명한다. 그러한 질문은 그 자체로 성령의 역사이다.

> 가령, 신자 한 명이 또는 작은 신자 공동체가 지역 사회 안에서 그들의 이웃을 이해하고 포용하며, 좋은 일을 나누면서 협동 단결하여 광하고 선한 일을 행한다고 가정해 봅시다. 또한 그들이 순수하고 자발적인 방식으로 현세를 초월하는 가치에 대한 믿음을 드러내고, 보이지 않고 상상할 수 없는 대상에 대한 희망을 보여 준다고 가정해 봅시다. 이와 같은 무언의 증거를 통해서 그리스도교 신자들은 주위 사람들의 마음에 "어찌하여 저 사람들은 다르며 왜 그렇게 사는 것이며 무엇이 그들을 그렇게 시키는 것일까? 왜 그들은 우리와 함께하고 있는 것일까?" 하는 어쩔 수 없는 의문을 가지게 할 것입니다. 이러한 말 없는 증거는 기쁜 소식을 힘 있게 그리고 효과적으로 선포하는 것이 됩니다. 복음 선포는 바로 이렇게 시작되는 것입니다(EN 21).

이 구절은 성령이 선교하는 교회가 되도록 교회를 준비시키시는 또 다른 방법을 가리킨다. 성령은 예언을 위해 교회를 준비시킨다.

---

290 Lesslie Newbigin, *The Gospel in a Pluralist Society* (Grand Rapids, MI: Eerdmans, 1989), 233; George R. Hunsberger, *Bearing Witness to the Spirit: Lesslie Newbigin's Theology of Cultural Plurality* (Grand Rapids, MI: Eerdmans, 1998), 101.

예언자적 교회

교회의 내적 생명력은 창조주의 영에 의해 자극받고 활력을 얻는 가운데 복음의 능력을 증거한다. 뉴비긴의 표현을 빌리자면, 교회는 하느님 나라가 어떤 것인지를 보여 주는 표징이자 예표일 뿐만 아니라 하느님의 도구이기도 하다.[291] 로버트 젠슨Robert Jenson은 성령의 성전라는 이미지로 교회를 묘사하며, 제자 공동체 전체에 충만한 예언의 영의 현존과 연결시킨다. 이를 통해 그는 교회가 성령의 성전이라면 교회는 "예언하는 공동체"라고 주장한다.[292] 성령이 교회에 부여하시는 카리스마적 은사는 교회가 자신을 넘어 선교의 세계로 나아갈 수 있게 한다. 사도의 은사를 받은 사람들은 교회에서 말씀을 전하는 데 그치지 않고 삶으로 증거하고 모든 민족과 문화에 복음의 의미를 선포한다. 정의에 대한 열정을 갖는 은사를 받은 사람들은 신자들이 정의와 평화, 피조물 돌봄의 삶을 살도록 불을 지필 뿐만 아니라 세상의 권력에 맞서고 설득하며 공정한 투표권, 이민자의 권리, 인종 정의를 위해 함께 행진한다. 한편, 교회 안에 발견되는 신학적 양극화와 성적 학대 스캔들 및 여성들이 겪는 고통을 고려할 때 화해가 필요하다는 점은 분명하다. 그러나 화해를 가져올 수 있는 은사를 가진 이들은 교회 내 그리스도인들 간의 화해에만 관심을 두는 것은 아니다. 성령은 그들을 그리스도교 공동체 밖 아프리카, 아시아, 동유럽의 대량 학살과 종교 간 긴장이 있는 곳으로 인도한다. 성령이 긍휼의 은사를 주신 사람들은 에이즈 환자, 암 희생자, 코로나19 희생자들과 함께 위로하고 슬퍼하게

291 Newbigin, *The Gospel in a Pluralist Society*, 233; Hunsberger, *Bearing Witness to the Spirit*, 101.

292 Robert Jenson, *Systematic Theology*, vol. 2: *The Works of God* (New York: Oxford University Press, 1997), 199.

된다. 젠슨은 "교회는 아모스나 이사야, 예레미야처럼 거리나 성전, 궁전에 서서 미래를 불러일으키는 말씀, 즉 '미래에 거하시면서 미래를 보내시는 분은 너희가 십자가에 못 박은 이 예수'라고 말함으로써 현재 상황의 진실을 말해야 한다"[293]고 주장한다.

성령은 카리스마적 공동체를 자신을 넘어서서 세상 속에서 그리스도의 적극적인 사랑을 발산하도록 성전을 부름으로써 교회를 거듭해서 창조하고 선교를 위해 교회를 준비시킨다. 성령이 창조하시는 교회는 자신을 염려하지 않는 공동체이자 "본질적으로 선교적"(AG 2)인 공동체, 즉 선교하는 제자 공동체이다.

성령은 선교하는 교회가 되도록 교회에 도전한다

위대한 선교학자이자 교회 지도자인 존 V. 테일러John V. Taylor는 "성령은 우리가 무엇을 만지든 그것을 뒤집어 놓기 때문에 성령에 대해 깊이 성찰하면 마음이 혼란스럽고 뒤흔들린다"[294]고 쓴다. 성령이 초대 공동체를 부르시고 준비시켜 상상할 수 없었던 일을 하고 생각하도록 하신 것처럼, 오늘날 성령은 우리를 우리의 안전지대를 넘어 미지의 영역으로 부르셔서 우리와 우리의 확신을 "뒤집어 놓으시고" 교회로 계속 창조하고 있다. 요한복음에서 예수는 니고데모에게 "위로부터 다시 태어나야 한다"(3,7, 3,3 참조)고 말씀하면서 성령을 "불고 싶은 데로 불고 그 소리는 들리지만, 어디에서 와 어디로 가는지 알지 못하는"(3,8) 바람에 비유한다. 그리고 예수는 "영에서 태어난 모든 이도 다 이와 같다"(3,8,

293 Jenson, *Systematic Theology*, 2:199.

294 Taylor, *The Go-Between God*, 179.

강조는 원저자가)라고 덧붙인다. 사도행전을 읽으면서, 그리고 실제로 역사를 공부하고 오늘날 우리가 경험하면서 깨닫는 것은 교회는 결코 미리 정해진 각본을 따르는 것이 아니라, 예측할 수 없고 때로는 거칠지만 언제나 놀랍도록 경이로운 성령의 인도를 따른다는 점이다. 선교하는 교회로서 우리의 첫 번째 임무는, 클라크 피넉의 아름다운 표현을 빌리자면, "여름 하늘을 끝없이 선회하고 활공하는 매처럼 하나님의 성령의 바람을 타는 것"[295]이다.

교회는 성령의 교회이다

결국 교회를 창조하는 것은 우리 자신이 아니라 성령이다. 한스 큉은 교회에 관한 그의 고전적인 저서에서 이 점을 강한 어조로 지적했다. 그는 네 가지 진술 또는 테제에서 이 점을 말했다. 첫째, "성령은 교회가 **아니다.**"[296] 큉은 신약성경이 교회의 영에 대해 말한 적이 없고 오직 하나님의 영 또는 예수 그리스도의 영에 대해서만 말하고 있다고 지적한다. 성령은 "교회의 소유물이나 재산이 아니며 교회의 능력과 힘이 아니라 하나님의 것이다.… 그분은 교회를 다스리시지만 결코 교회 자체의 영이 되시거나 교회와 합쳐지지도 않으신다."(173) 둘째, "영은 교회보다 우선한다."(175) "하나님의 영이 먼저 오시며, 그 영을 통해 하나님은 교회를 창조하시고, 믿는 사람들로부터 끊임없이 새롭게 창조하신다."(175) 셋째, "성령은 그가 원하시는 곳에서 일하신다."(176) 교회가 성령의 성전인 것은 맞지만, "성령이 교회 안에 거한다면 교회 안에 길들여진 것이 아니다." 왜냐하면 "하나님의 능력은 모든 벽, 심지어 교회

295 Pinnock, *Flame of Love*, 114.

296 Küng, *The Church*, 173. 이 단락의 인용문에 대한 쪽번호는 본문 내 괄호 안에 표시될 것이다.

벽도 통과할 수 있기"(176) 때문이다. 마지막으로 큉은 "성령은 그가 원할 때 일하신다"(177)고 말한다. 이 때문에 "하느님의 영은 바람이 불어야 할 때 바람을 부는 것이 아니라 그가 원할 때만 바람을 분다. 교리나 실천에 있어서 교회의 어떤 법령도 그분에게 주어진 시간에 행동하거나 행동하지 말라고 강요할 수 없다."(177) 바오로 6세 교황 재위 기간에 피임에 관한 교회의 가르침을 연구하기 위해 남편 팻Pat과 함께 바티칸 위원회에 임명된 미국의 평신도 가톨릭 신자 패티 크롤리Patty Crowley의 이야기가 이 마지막 진술을 잘 설명해 준다. 위원회의 한 사제가 교회가 피임에 대한 가르침을 바꾸면 지옥에 보낸 모든 사람은 어떻게 되는지 물었다. 이에 대해 팻은 "신부님, 정말 하느님께서 당신의 모든 명령을 이행하셨다고 믿으십니까?"[297]라고 답했다.

큉의 네 가지 논제는 이 장의 서문에서 언급했던 것처럼 성령에 의해 창조된 교회에는 어떤 위험이 있다는 사실을 지적한다. 우리는 교회가 종종 그러하듯이 성령을 검증되고 참된 것, 안전한 것, 전통적인 것(또는 좀 더 좋은 표현을 빌자면, "전통주의자")[298] 제도적인 것, 확실한 것, ex opere operato[299]의 편으로 끌어들이는 실수를 범할 수 있다. 아니면 초대 교회의 몬타누스파나 중세의 영적 프란체스코회처럼 새롭고 환상적이며 반율법적Antinomian[300]인 것에 의존해 세상에서 펼쳐지는

---

297 Robert McClory, *Turning Point: The Inside Story of the Papal Birth Control Commission and How Humanae Vitae Changed the Life of Patty Crowley and the Future of the Church* (New York: Crossroad, 1995), 1.

298 Jaroslav Pelikan의 유명한 발언을 참조하라. "전통이 죽은 자들의 살아 있는 신앙이라면, 전통주의는 살아 있는 자들의 죽은 신앙이다." *The Vindication of Tradition*, (New Haven, CT: Yale University Press, 1984, 65쪽).

299 "Ex opere operato"는 라틴어로 "행위의 수행 자체로"라는 의미로, 가톨릭 신학에서 성사의 유효성이 그 행위를 통해 보장된다는 개념을 나타낸다. 이는 성사를 집전하는 사제의 도덕성이나 의도와 상관없이, 성사 자체의 행위에 의해 은총이 주어진다는 것을 강조한다.

300 반율법주의는 율법의 권위를 거부하고, 신앙이 도덕적 규범이나 율법의 구속에서 자유로

성령의 역사에 대한 지침으로 삼는 오류를 범할 수도 있다. 성령에 의해 창조된 교회가 된다는 것은 항상 '가장자리에 있는' 교회, 주님이 아닌 자기 자신에 대해 조금은 확신하지 못하는 교회, 항상 분별력 있는 교회가 된다는 것이다. 바오로는 테살로니카 교인들에게 "성령의 불을 끄지 마십시오"라고 썼다. "예언을 업신여기지 말고 모든 것을 식별하십시오."(1테살 5,19-21)

성령은 교회가 성령을 따라 사명을 감당할 때, 실제로 교회가 종종 상처 입은 상상력을 넘어, 변하지 않는 신이 주신 법칙으로 생각했던 것을 넘어 새로운 도전을 하도록 인도한다. 존 V. 테일러의 멋진 이미지에 따르면, 교회는 "벽을 뛰어넘지 않으면 멸망한다."[301] 그러나 내가 "구원의 논리"라고 부르는 것도 있는데, 성령이 아무리 거칠고 놀랍더라도 그리스도의 중심성이나 그의 사랑의 법에 결코 모순되지 않는다는 것이다.[302] 또한 인간과 피조물 전체의 완전한 번영을 요구하는 것만이 진정으로 하느님의 것이며 진리를 반영할 수 있다고 주장하는 '비판적 창조 원리'도 있다.[303] 성령이 증언하는 "그리스도의 풍성함"은 우리의 상상을 초월하는 "무한한"(에페 3,8) 것이므로 이 두 태도는 긴장 관계를 유지하며 끊임없이 대화(예언자적 대화)해야 한다.

울 수 있다고 주장하는 신학적 입장이다. 이는 구약의 율법이 그리스도 안에서 완성되었으므로 더 이상 그리스도인에게 적용되지 않는다는 생각에 근거한다.

301 John V. Taylor, *CMS Newsletter* 275 (October 1964). Jonny Baker와 Cathy Ross의 *Imagining Mission with John V. Taylor* (London: SCM, 2020), 3-22쪽에서 동일한 제목의 훌륭한 장을 참조하라.

302 Bevans, "God Inside Out," 104.

303 "비판적 창조 원칙critical creation principle"은 로즈메리 래드퍼드 루터Rosemary Radford Ruether의 "비판적 페미니즘 원칙critical feminist principle"을 확장한 나의 개념으로, 그녀의 저서 *Sexism and God-Talk: Toward a Feminist Theology* 10주년 기념판 (Boston: Beacon Press, 1993), 18-19쪽에서 설명되었다. 나의 확장은 내 에세이 "Fair or Foul? Contextual Theology and Criteria for Orthodoxy," *Essays in Contextual Theology*, 47-59 (Leiden: Brill, 2018), 56-57쪽에 정리되어 있다.

따라서 성령에 의해 새롭게 창조된 우리는 선교에 있어서도 우리를 인도하시는 성령께 충실해야 한다는 새로운 도전을 받는다.

선교하는 교회에 대한 여덟 가지 도전

내 생각에는, 성령이 선교하는 교회를 지속적으로 창조하실 때 오늘날 교회가 직면하는 여덟 가지 특별한 도전이 있다. 각각의 도전은 우리가 여기서 다룰 수 있는 것보다 훨씬 더 깊고 넓은 성찰을 요구하며, 일부는 이 책의 다른 장에서 이미 다루었거나 앞으로 다룰 내용을 반영한다. 그럼에도 불구하고, 이 장에서 교회 내 성령의 역사에 대해 논의하면서 이 도전들을 간략히 언급할 필요가 있다. 오늘날의 오순절 운동, 세계 종교, 세계적 맥락에서 신학을 더욱 과감하게 수행해야 할 필요성, 이주 현상, 인간의 성에 대한 새로운 통찰과 이해, 세상과 교회에서 여성의 역할, 계급과 인종 차별의 악과 다문화의 기회, 그리고 우리의 '공동의 집'인 지구를 돌보는 일 등이 그것이다. 이러한 도전들은 신학과 교리, 실천의 위험한 영역에 우리를 이끌지만, 동시에 성령이 오늘날 교회를 인도하고 계신 영역이기도 하다. 선교에 대한 우리의 참여를 통해 성령은 계속해서 교회를 창조하고 계신다.

오순절주의

오늘날 선교학계에서 특히 널리 알려진 바와 같이, 오순절주의는 오늘날 세계에서 가장 빠르게 성장하는 그리스도교 교회이며, 특히 라틴아메리카와 아프리카에서 교인 수 면에서 로마 가톨릭의 뒤를 잇고 있다.[304] 그러나 로마 가톨릭, 정교회, 복음주의 및 개신교 선교학에서

---

304 Blumhofer, "Revisiting Azusa Street," 61; Ma, Kärkkäinen, and Gyadu, eds., *Pentecostal Mission and Global Christianity; Lalsangkima Pachuau, World Christianity: A*

오순절주의의 힘은 아주 최근까지 거의 인정받지 못했다. 예를 들어, 20세기 선교학의 대작magnus opus인 데이비드 보쉬David Bosch의 『Transforming Mission』에는 오순절주의가 거의 등장하지 않았다.[305] 로저 슈뢰더Roger Schroeder와 내가 2004년 출간한 『Constants in Context: A Theology of Mission for Today』에서 다소 피상적이지만 오순절교회의 역사와 신학을 포함시켰다.[306] 이때 실행한 오순절교회에 관한 연구는 2006년 내가 회장으로 활동하던 당시 미국 선교학회 활동을 위한 중요한 영감이 되었다.[307] 오순절주의 학자인 아모스 용Amos Yong은 오순절주의신학과 선교학을 신학적 주류로 끌어들이는데 크게 기여했으며, 세계교회협의회WCC의 2013년 선교 선언문 [함께 생명을 향하여Together Towards Life]에서도 오순절(및 정교회)의 영향이 인정되고 있다.[308] 그러나 학문과 선교 실천 모두에서 더 해야 할 일이 많다. 성령은 오늘날 교회가 더욱 체험적이고 활기찬 예배를 드리고, 여성과 남성을 노예로 만드는 악마에 대처하는 성령의 치유 능력과 힘을 신뢰하며, 여성의 잠재력을 개발하고, 상호 지원과 용서의 진정한 공동체를 육성하도록 부르고 계신다. 많은 그리스도교인들에게 로널드 A. 녹스Ronald A. Knox가 "열정enthusiasm"[309]이라고 불렀던 바에 대한 개방성은 두려운 것이며,

---

Historical and Theological Introduction (Nashville, TN: Abingdon, 2018), passim 134-41.

305 David J. Bosch, *Transforming Mission: Paradigms in Theology of Mission* (Maryknoll, NY: Orbis Books, 1991).

306 Stephen B. Bevans and Roger P. Schroeder, *Constants in Context: A Theology of Mission for Today* (Maryknoll, NY: Orbis Books, 2004), esp. 272-74, 338-40. 오순절 학자 Gary B. McGee의 이 책에 대한 비판적인 리뷰는 *International Bulletin of Missionary Research* 29, no. 2 (April 2005): 99-100쪽에서 확인할 수 있다.

307 *Missiology: An International Review* 35, no. 1 (January 2007).

308 Amos Yong with Jonathan A. Anderson, *Renewing Christian Theology: Systematics for a Global Christianity* (Waco, TX: Baylor University Press, 2014); WCC, *Together Towards Life*.

309 Ronald A. Knox, *Enthusiasm* (New York: Oxford University Press, 1950); Küng의 중

제2차 바티칸공의회가 경고했듯이(LG 12) 어느 정도의 주의가 필요하다. 그럼에도 불구하고 오순절주의에 대한 진정한 대화와 연구는 오늘날 선교의 사고와 실천을 위해 우선적으로 고려해야 할 주요한 영역이다. 성령의 도전은 교회를 만들어create 낼 수 있으며 앞으로도 만들어 낼 것이다.

세계의 종교

우리는 이미 4장에서 종교 간 대화의 문제에 대해 생각해 보았지만, 이 맥락에서 몇 마디 덧붙이는 것이 중요할 수 있다. 성령이 오늘날 교회가 세계 종교, 즉 이슬람교, 불교, 힌두교와 같은 '위대한 종교'와 전 세계 원주민의 전통 종교에 존재하는 진리를 이해하고 그로부터 유익을 얻도록 도전하고 있다는 것은 의심할 여지가 없다. 제2차 바티칸공의회의 선교 활동에 관한 문서에 따르면, 성령은 "그리스도께서 영광을 받으시기 전에 이미 세상에서 일하고 계셨다"(AG 4)고 주장한다. 요한 바오로 2세는 성령의 현존은 "공간이나 시간에 의해 제한되지 않는다"(RM 28, 교서 53항 참조)고 말했다. 프란치스코 교황은 2019년 로마에서 열린 범아마존 시노드 이후 발표한 사도 권고 [사랑하는 아마존]에서 교회가 이 지역 원주민의 "선조들의 지혜"에 귀 기울일 것을 요청하면서 성령의 현존을 적어도 암묵적으로나마 인정했다(QA 70, 61-110 참조).[310] 성령의 보편적 현존을 인정하는 것이 선교에 의미하는 것은 앞서 말한 것처럼 선교는 진정한 상호 대화 속에서만 수행될 수 있다는 점이다.

요한 성찰을 참조하라. "The Church and the Enthusiasts," *The Church*, 191-203.

310 Stephen Bevans, "A Mission-Shaped Church," *The Tablet*, November 2, 2019; "Pachamama Christianity: The Pan-Amazonian Synod and Indigenous Religious Identity," the 2022 Louis J. Luzbetak, SVD, Lecture on Mission and Culture, Catholic Theological Union, October 11, 2022, YouTube.

성령에 의해 창조된 교회는 다른 종교 안에 역사하신 성령에게 배우는 것을 통해서만 진정한 교회로서 존재할 수 있다. 로저 슈뢰더와 내가 주장했듯이, 그리고 5장에서 설명했듯이, 그러한 대화는 궁극적으로 배울 수 있도록 근본적으로 열려 있고 예수의 주 되심에 대한 신앙에 깊이 기초한 예언자적 대화여야 한다. 그러나 우리가 그러한 대화적 개방성을 요청하는 성령의 도전에 응할 때만(물론 매우 위험한 자세임은 인정하지만) 성령에 의해 교회로 창조될 수 있으며, 예수 그리스도 하느님의 선하심과 사랑이 세상을 양육하고 치유하는 성령의 성전이 될 수 있을 것이다.

이주

프란치스코 교황은 임기 초 여러 차례에 걸쳐 오늘날의 이주 현실을 "민족은 아니더라도 역사상 가장 큰 규모의 개인 이동", "우리 시대의 도전", "제2차 세계대전 이후 가장 큰 인도주의적 위기"라고 말했다.[311] 현대 세계화의 특정 측면이 초래한 불평등 또는 세계화가 가능하게 한 경제적 발전의 기회로 인해 아프리카, 아시아, 라틴아메리카에서 온 이민자들은 말 그대로 유럽, 북미, 호주 및 뉴질랜드 국가를 구성하는 인구의 얼굴을 바꾸고 있다. 또한 필리핀과 인도네시아 출신 이민자만 해도 홍콩, 싱가포르, 아부다비 등 아시아 인구의 얼굴을 바꾸고 있다. 이 글을 쓰는 현재 가장 최신 통계인 유엔의 2022년 보고서에 따르면 전 세계 이주민은 집계 방법에 따라 약 2억 8,100만 명에 달한다.[312] 이

---

311 Pope Francis, *Message for the 2014 World Day of Refugees,* August 5, 2013; Pope Francis, *Meeting with Bishops in Mexico,* February 13, 2016; Pope Francis, *Address to the Members of the European Confederation and of the World Union of Jesuit Alumni and Alumnae,* September 17, 2016.

312 United Nations, *World Migration Report,* 2022.

들 중 상당수는 케냐, 콩고, 태국, 필리핀, 레스보스섬, 방글라데시, 터키, 시리아 등지의 난민 캠프에 거주하고 있다. 2020년에는 많은 사람들이 코로나19 팬데믹으로 인해 큰 피해를 입었다. 이러한 이주민, 난민, 망명 신청자 중 일부는 집과 고향을 영원히 떠났고, 다른 이들은 "지역사회와 복잡하지만 미약한 유대감을 가지고 정기적으로 국경을 오가고 있다."[313]

나는 성령이 이 사람들 가운데 계시며[314] 교회가 그들 사이에 우뚝 서서 그들을 옹호하도록 이끌며, 교회로 하여금 진정한 교회가 되도록 도전하고 있다는 점을 의심하지 않는다. 성령이 함께하시는 이들은 대부분 가장 가난한 이들이다. 성령은 교회가 환대를 실천하고, 그리스도인 이주민들이 그들이 거주하는 나라에서 주체적 역할을 인식하도록 이끈다. 또한, 이탈리아 신학자이자 선교학자 조아키노 캄페세Gioacchino Campese와 플로르 마리아 리고니Flor Maria Rigoni의 강력한 표현을 빌리자면, 성령은 교회가 자신을 순례하는 백성으로 인식하며, '천막의 하느님'이신 하느님께 자신을 다시 봉헌할 수 있도록 이끈다.[315] 프란치스코 교황은 교회가 이주민들 사이에서 그리고 이주민들과 함께 선교해야 할 네 가지 행동을 환대와 보호, 증진과 통합이라는 '네 가지 동사'로 언급했다. 나는 이주의 맥락에서 선교하는 방법에 대해 고찰하며 쓴 글에서 이 네 가지 방법에 기도, 특히 애도라

313 Christine Pohl, "Biblical Issues in Mission and Migration," *Missiology: An International Review* 31, no. 1 (January 2003): 3.

314 내 친구 Gioacchino Campese가 편지에서 상기시켜 준 바와 같이, 진정한 최빈층은 조국을 떠나 타국으로 이주할 여유조차 없는 사람들이다.

315 Flor Maria Rigoni and Gioacchino Campese, "Hacer teología desde el migrante: diario de un camino," *Migration, Religious Experience, and Globalization*, ed. Gioacchino Campese and Pietro Ciallella, 181-203 (New York: Center for Migration Studies, 2003), 188-90.

는 한 가지를 더 추가했다.[316] 성령은 오늘날 교회가 세계의 이주민들과 진정한 '만남'을 통해 창조되도록 도전한다.[317]

더 대담한 상황신학

4장에서 우리는 하느님의 선교와 교회의 선교의 구성적 차원으로서 문화화 또는 상황화에 대해 이야기했다. 육화는 인간이 계시를 통해 하느님 자신을 진정으로 이해할 수 있는 소통 방식이다. 육화는 복음 메시지의 핵심이다. 프란치스코 교황의 말처럼 "그리스도교를 단선적이고 단조로운 것으로 생각한다면 우리는 육화의 논리를 제대로 이해하지 못할 것이다."(EG 117) 또한 성령이 동정녀 마리아의 협력으로 육화를 이루신 것처럼(루카 2,35), 성령은 교회의 협력으로 복음을 계속 육화하고 계신다. 복음주의 신학자 데이비드 헤셀그레이브David Hesselgrave가 40여 년 전에 간결하고 강력하게 표현했듯이, "상황화는 단순히 좋은 어떤 것이 아니라 반드시 필요한 것이다."[318]

성령은 실로 인간 삶의 모든 측면과 모든 피조물에 현존하시기 때문에 교회는 특정 시대의 특정 문화에 속한 특정 민족의 교회, 즉 지역 교회로서만 교회일 수 있다. 이것이 성령이 오늘날 교회를 창조하기 위해 움직이시는 방식이다. 성령은 보편적이고 미리 정해진 메시지를 가진 추상적인 보편적 기관을 창조하시는 것이 아니라, 특정 문화와 시대에 뿌리내린 교회를 창조하신다. 교회는 삶의 복잡한 맥락

---

316 Pope Francis, Address to Participants in the International Forum on "Migration and Peace," February 21, 2017; FT 129: Stephen Bevans, SVD, "Pope Francis: Mission, Migration, and Christian Spirituality," *Studi Emigrazione* 42, no. 218 (2020): 267-93.

317 프란치스코 교황의 대표적인 표현 중 하나는 "만남의 문화culture of encounter"이다. Bevans, "Pope Francis: Mission, Migration, and Christian Spirituality," 275-76.

318 David Hesselgrave, *Communicating Christ Cross-Culturally: An Introduction to Missionary Communication* (Grand Rapids, MI: Zondervan, 1978), 85.

속에서 복음을 이해하라는 성령의 도전을 받아들이는 공동체여야 한다. 4장에서 문화 적응에 대해 논의할 때 언급했듯이, 실제로는 '신학'이라는 것이 존재하지 않으며, 오직 '상황신학'만 존재한다.[319] 우리의 경험, 문화, 성별, 경제적 배경, 교육 수준, 그리고 사회에서의 권력과 영향력을 위한 투쟁 속에서 성령의 현존을 고려할 때, 교회 같은 것은 없다고 말하는 것도 똑같이 적절하다. 성령의 현존에 참여하는 공동체가 성령에 의해 지속적으로 창조되는 지역 교회들만 있을 뿐이다.

이런 견해가 위험할까? 물론 그렇다. 우리가 선교에 참여하는 사람들에게 복음을 더 관련성 있고 매력적이며 도전적인 것으로 만들려다가, 복음을 왜곡하거나 '팔아먹는' 위험은 항상 존재한다. 하지만 또 다른, "가장 큰 위험"(EG 41)은 앞서 언급했듯이, 성령이 교회를 특별한 생명력으로 창조하시는 능력을 놓치는 것이다. 존 V. 테일러는 그리스도를 "혁신가"라고 부른다.[320] 그분이 혁신가인 이유는 성령이 자신에게 임하도록 허락하시고 성령의 창조적이고 상상력 있는 능력으로 기름부음을 받으셨기 때문이다. 교회도 이와 다르지 않다. 교회도 혁신가가 되어야 한다.

인간의 성

성령이 도전하는 다섯 번째 영역은 훨씬 더 위험하며, 우리 교회가 감

---

319 Stephen B. Bevans, *Models of Contextual Theology* (Maryknoll, NY: Orbis Books, 2002), 3.

320 John V. Taylor, *CMS Newsletter* 377 (January 1974). Jonny Baker는 상상력을 발휘한 사목 훈련에 대한 논의에서 그리스도의 이 타이틀을 인용한다. 그는 자신의 장에 "혁신자 그리스도의 이름으로In the Name of Christ the Innovator"라는 제목을 붙였다. Baker and Ross, *Imagining Mission with John V. Taylor*, 23-45.

정적으로 깊이 분열되어 있는 문제이다. 지난 세기는 인간의 성의 아름다움과 함정을 전례 없는 방식으로 드러냈다.[321] 한편으로 성은 인간에게 주어진 선물로 더 분명하게 이해되었고, 생물학과 심리학은 성행위가 반드시 출산과 연결될 필요가 없다는 것을 알게 해 주었다. 이로 인해 성에 대한 이해가 근본적으로 달라졌고 피임이나 동성애 지향과 실천, 동성 간의 결혼, 다양한 성 정체성의 인정, 성별 변경 가능성 등 우리 시대까지 전혀 용납할 수 없는 것으로 여겨졌던 성적 관행에 대해 새로운 개방성을 갖게 되었다. 많은 그리스도인들은 이러한 변화의 일부 또는 전부를 과학과 인간 이해의 진보를 통해 역사하시는 성령의 역사에 대한 응답으로 보고 이를 지지해 왔다. 물론 다른 사람들은 이러한 발전에 경악을 금치 못하며 이러한 관행에 대한 강력한 입장을 촉구해 왔다.

로마 가톨릭교회는 피임과 동성 결혼을 강력히 반대해 왔고, 일부 아프리카 성공회 주교들은 성공회 연합에서 탈퇴하겠다고 위협했으며 실제로 탈퇴하기도 했다. 미국에서는 성sexuality 문제-특히 동성 결혼과 동성애자 성직자 임명-가 루터교와 감리교를 분열시켰다. 한편으로 교회는 주로 남반구에서 방임된 이성애적 활동으로 인해 발생한 에이즈 유행의 참상을 목격했다. 또한 미디어에서 성이 사소화[322]

---

321 Ronald Rolheiser, *The Holy Longing: The Search for a Christian Spirituality* (New York: Doubleday, 1998), 특히, "A Spirituality of Sexuality," 192-212; Ronald Rolheiser, *Wrestling with God: Finding Hope and Meaning in Our Daily Struggles to Be Human* (New York: Doubleday, 2018), 특히, "Wrestling with Our Erotic Energies," 45-62. 가톨릭의 관점에서 성에 관한 중요하면서도 논란의 여지가 있는 논의로는 Margaret A. Farley, *Just Love: A Framework for Christian Sexual Ethics* (New York: Continuum, 2006)를 보라. Pope Francis's *Apostolic Exhortation Amoris Laetitia*도 참조.

322 "성의 사소화(trivialization of sex)"는 성을 단순한 오락이나 상품으로 다루어 그 의미와 가치를 경시하거나 왜곡하는 현상을 의미한다. 이는 미디어에서 성이 자극적인 소재로만 다뤄지거나, 성적 관계가 진지하게 다루어지지 않고 가볍게 취급되는 사회적 경향을 지적하는 표현이다.

되고, 인터넷에서 포르노가 확산되며 성직자를 포함한 공동체 구성원들이 저지른 끔찍한 아동 성 학대가 폭로되는 장면을 목격했다. 미투 운동Me Too Movement은 교회보다 더 광범위하지만, 여성뿐만 아니라 남성에 대한 성희롱도 빈번하고 심각하다는 사실을 드러냈다. 교회는 이 모든 문제를 어떻게 다루어야 할까? 성령의 도전에 어떻게 응답할 수 있을까? 성령과 함께 성적 타락에 반대하는 예언자적 자세로 성령의 편에 서야 할까? 물론 그럴 필요가 분명히 있다. 그러나 성령은 또한 우리 시대까지 상상조차 할 수 없었던 것들을 받아들이도록 교회를 인도하고 있을까? 어려운 질문이지만, 그 답이 무엇이든 간에, 성령의 도전이 교회를 새롭게 창조하고 있다는 점에는 의심의 여지가 없다. 이 질문들은 위험하지만, 교회가 세상에서 구현하고, 드러내며, 선포하라고 부름받은 번영의 공동체를 구축함에 있어서 중심이 되는 문제들이다.

여성

저명한 선교 역사학자 데이나 로버트Dana Robert는 "여성 특유의 사회-정치적, 문화적 현실을 무시하는 것은 선교학에서 스캔들"이라고 말했다.[323] 이것은 분명 사실이지만, 스캔들은 선교학에만 국한되어서는 안 된다. 여성을 무시하는 모든 삶의 영역은 스캔들이다. 지난 세기에 여성과 남성의 완전한 평등 의식이 출현한 것은, 요한 23세 교황이 회칙 [지상의 평화Pacem in Terris]에서 인정한 바와 같이, "현시대의 특징"(PT 41) 중 하나임이 분명하다. 교황이 반세기 전에 이 회칙을 발표한 이래로 세상과 교회는 여성의 존엄성과 평등과 능력을 인정하는 데 상당한 진

323 Dana Robert, "Preface," *Gospel Bearers, Gender Barriers: Missionary Women in the Twentieth Century* (Maryknoll, NY: Orbis Books, 2002), xi.

전을 이루었지만 남성 중심주의와 가부장제 및 권위주의적 위계질서 kyriarchy를 없애기까지는 갈 길이 멀다. 교회의 가르침은 교회 내에서 항상 일관되지는 않았지만 변함없이 이어져 왔다. 프란치스코 교황은 2020년에 다음과 같이 썼다. "여성이라는 이유로 더 적은 권리를 갖는 것은 용납할 수 없다."(FT 121)

바버라 리드는 페미니스트 운동이 "여성에 대한 불평등을 인식하면서 시작된 관점이자 운동으로, 인간의 완전한 번영을 방해하는 모든 구조의 변화를 옹호한다"[324]고 주장한다. 영국의 신학자 니콜라 슬리Nicola Slee는 "페미니스트는 남성 권력에 의한 현재의 지배와 고질적인 폭력 및 여성 혐오와 다른 세상을 꿈꾸는 사람들이다"라고 설명한다. 그에 따르면 "페미니스트들은 여성의 경험이 진지하게 받아들여진다면 세상이 어떤 모습일지 상상하기 위해 새로운 이야기를 하거나 오래된 이야기를 새로운 방식으로 표현하려고 노력한다."[325] 리드는 페미니스트 운동에 네 가지 "물결"이 있었다고 말한다. 첫 번째 물결은 19세기에 시작되었으며 여성 참정권을 옹호하는 운동에서 동기를 얻었다. 두 번째 물결은 1960년대에 시작되었으며 여성의 권리와 평등에 초점을 맞추었다. 1980년대에는 페미니즘이 단순히 서구의 현상이 아니라 전 세계 모든 지역에서 여성의 의식과 행동주의를 촉발한 것이라는 인식이 확산되면서 세 번째 물결이 일어났다. 네 번째 물결은 최근에 나타난 교차성 운동이다. 즉, 여성주의, 무혜리

---

324 Barbara E. Reid, "Editor's Introduction to Wisdom Commentary," Elisabeth Schüssler Fiorenza, *Ephesians* (Collegeville, MN: The Liturgical Press, A Michael Glazier Book, 2017), xxvii.

325 Nicola Slee, "Reimagining Christ as the Coming Girl: An Advent Experiment," *Future Present: Embodying a Better World Now*, ed. Cathy Ross, Jonny Baker, and Steve Collins, 118-31 (London: Proust, 2018), 120.

스타Mujerista,[326] 아프리카, 아시아, 퀴어 접근법 등 다양한 종류의 페미니즘이 상호 비판적이고 유익한 대화를 나누며 교차되는 양상이 나타난다. 이 물결은 또한 남성에 대한 증오에 반대하는데, 남성에 대한 증오는 불행히도 여성주의 운동의 일부 급진적인 영역에서 존재했으나 결코 지배적이지는 않았다.[327]

페미니즘은 주로 세속적인 운동으로 시작되었다. 그러나 모두 그런 것은 아니다. 엘리자베스 케이디 스탠턴Elizabeth Cady Stanton과 소저너 트루스Sojourner Truth 같은 여성이 주도한 페미니즘은 깊이 종교적이었으며, 교회 내에서 완고한 남성 지배에 맞서 싸우는 많은 여성들 또한 종교적 신념에 깊이 헌신하고 있다. 페미니즘은 교회가 복음의 가치와 교회가 세상에서 구현하고, 보여 주고, 선포해야 할 온전한 번영에 대한 교회의 헌신을 더 잘 인식하도록 도전하기 위해 성령이 세상 속에서 어떻게 역사하시는지를 보여 주는 한 예이다.

교회는 세상과 교회에서 여성 운동에 대해, 때로는 비판적일지라도, 전적인 지지와 성원을 보내야 한다. 여성의 권리와 교회와 사회 모든 수준에서의 동등한 참여를 지지하는 것은 분명히 교회의 정의를 위한 사명의 일부이다. 교회론의 맥락에서, 교회의 모든 수준에

---

326 무헤리스타는 주로 라틴아메리카계 여성들의 경험과 관점을 바탕으로 한 여성주의 운동이다. 스페인어로 '여성'을 뜻하는 "무헤르(mujer)"에서 유래한 이 용어는 라틴아메리카계 여성들이 겪는 성별과 인종에 따른 이중 억압에 중점을 두며, 그들의 목소리를 내고 정의와 평등을 추구하는 것을 목표로 한다.

327 Reid, "Editor's Introduction to Wisdom Commentary," xxvii. Anne M. Clifford, *Introducing Feminist Theology* (Maryknoll, NY: Orbis Books, 2002), 35-38; Natasha Roy, "A Crash Course on the Four Waves of Feminism," *Washington Square News*, March 19, 2018; Martha Rampton, "Four Waves of Feminism," https://www. pacificu.edu/magazine/four-waves-feminism. 이 글은 2015년에 온라인에 게재되었으나, 원래는 2008년에 작성되었다. 세계 여러 문화에서의 페미니즘과 관련하여서는, Elizabeth A. Johnson, ed., *The Strength of Her Witness: Jesus Christ in the Global Voices of Women* (Maryknoll, NY: Orbis Books, 2016) 참조.

서 여성의 완전한 참여가 이루어지지 않는다면, 교회는 자신이 선포하는 것을 제대로 구현하거나 드러내기 어렵다. 성령은 이 영역에서 교회가 하느님의 사명에 참여함에 있어 더욱 진정성이 있도록 도전하고 있다.[328]

카스트, 인종차별, 다문화주의

2020년 5월 말, 조지 플로이드George Floyd가 경찰에 의해 잔혹하게 살해된 이후, 미국과 유럽의 도시부터 호주의 원주민, 인도의 하층 카스트 민족에 이르기까지 전 세계 여러 지역에서 카스트와 인종 차별에 대한 새로운 의식이 생겨났다.[329] 여전히 전 세계에 도사리고 있는 카스트주의와 인종차별을 사람들이 모르고 있었던 것 같지는 않다. 그러나 조지 플로이드의 죽음(비슷한 시기에 발생한 다른 여러 경찰 살해 사건과 함께)과 전 세계 하층민 그룹에서 코로나바이러스 대유행의 희생자가 불균형적으로 많이 나온 것은 진정으로 '묵시적인' 사건들이었다. 이는 세계 곳곳에서 하층 계급과 유색 인종에 대한 폭력이 지속되고 있음을 드러냈다.

이저벨 윌커슨Isabel Wilkerson은 베스트셀러『카스트』에서 미국에서 벌어지고 있는 상황을 2016년 시베리아에서 발생한 사건과 비교했다. 그해 시베리아의 여름은 비정상적으로 따뜻했는데, 이로 인해 영구

328 Mary Himes, "Community for Liberation: Church," *Freeing Theology: The Essentials of Theology in Feminist Perspective, ed. Catherine Mowry LaCugna* (San Francisco: HarperSanFrancisco, 1993), 161-84; Mary Ann Hinsdale, IHM, "A Feminist Reflection on Post-conciliar Catholic Ecclesiology," *A Church with Open Doors: Catholic Ecclesiology for the Third Millennium*, ed. Richard R. Gaillardetz and Edward P. Hahnenberg, (Collegeville, MN: The Liturgical Press, 2015), 112-37; Natalie K. Watson, "Feminist Ecclesiology," *The Routledge Companion to the Christian Church*, ed. Gerard Mannion and Lewis S. Mudge (New York: Routledge, 2010), 461-75.

329 CNN, "Protests across the Globe after George Floyd's Death," June 13, 2020.

동토층이 녹아 1941년 2차 대전 당시부터 묻혀 있던 엄청난 양의 탄저균이 대량으로 공기 중에 노출되었다.[330] 이로 인해 여름에 수백 명의 사람들이 병에 걸리고 상당수가 사망했다. 그러나 탄저균은 "이 진화하는 세기에 증오와 부족주의라는 인간 병원균이 다시 활성화된 것처럼 결코 죽지 않았다. 탄저균은 극한의 상황이 표면으로 드러나 다시 살아날 때까지 잠자고 있었다."[331]

2020년 여름에 폭발한 코로나바이러스 팬데믹과 인종 갈등의 맥락에서 쓴 여러 에세이에서 나는 '엄중한 은총tough grace'을 이야기한 바 있다. 이 은총은 최근 우리가 마주하는 이 끔찍한 사건들 속에서 성령이 어떻게 "우리에게 죄를 깨닫게 하시고"(요한 16,8 참조), 의료체계와 경제 및 식량 안정의 불평등, 특히 인종 차별과 불평등과 계급이라는 악을 우리에게 드러내시는지를 나타낸다.[332] 성령은 우리가 이러한 악에 어떻게 대항해야 하는지를 그 어느 때보다 더 분명하게 볼 수 있도록 도와주셨다. 성령은 교회가 인종 정의, 인종 평등, 반인종주의를 위해 새로운 방식으로 헌신하도록 도전하셨다. 안타깝게도 교회의 많은 사람들이 주저하면서 보다 더 급진적이고 상황에 맞는 "흑인의 생명도 소중하다"라는 슬로건을 채택하지 않았다. 교회는 "모든 생명은 소중하다"라는 구호를 선택했고 백인 우월주의에 대해서도 명확하고 예언자적으로 말하지 않았다. 그러나 우리는 교회가

330 Isabel Wilkerson, *Caste: The Origins of Our Discontents* (New York: Random House, 2020), 2-3.

331 Wilkerson, Caste, 3. 흥미롭게도 프란치스코 교황은 *Fratelli Tutti*에서 인종차별을 논할 때 동일한 "지하에 숨겨진underground"이라는 비유를 사용한다(FT 20).

332 Stephen Bevans and Clemens Sedmak, *Does God Love the Coronavirus? Friendship, Theology, and Hope in a Post-Covid World* (Eugene, OR: Wipf and Stock, 2021), 104-5; Stephen Bevans, "Making Ways out of No Way: Grace and Creativity in the Time of COVID-19,"*Pastoral Creativity amid the COVID-19 Pandemic: Global Experiences*, ed. Anthony Duc Le and John Mi Shen (Manila: Logos Publica-tions, 2021), 172-78.

인종 및 계급 정의를 위한 대의를 포용할 때, 그 교회가 더욱 성령이 창조하신 선교하는 교회가 되리라는 것을 안다.

동전의 다른 면, 즉 성령이 이 시대에 제시하시는 긍정적인 도전은 모든 카스트, 인종, 문화권의 사람들로부터 풍성해지고 비판받고 도전받을 수 있는 개방성, 즉 상호 문화에 대한 헌신이다. 이저벨 윌커슨은 "계급 없는 세상"을 향한 노력이라는 측면에서 이러한 헌신을 이야기한다. 그에 따르면, 이 세상은 남성이든 여성이든, 백인이든 흑인이든, 이민자든 토착민이든 이러한 요소가 그의 능력을 평가받는 데 영향을 미치지 않는 세상이 될 것이다. 모든 사람이 인류의 다른 구성원의 행복을 위해 투자하는 세상이 될 것이며, 실제로 서로에게 얼마나 급진적인 필요가 있는지 인식하게 될 것이다. 우리는 전 세계 원주민들과 힘을 합쳐 화재가 발생하고 빙하가 녹아내리는 상황에서 경각심을 일깨울 것이다. 다른 사람들이 고통을 겪을 때, 우리는 인류 전체가 그 고통으로 인해 퇴보하고 있음을 알게 될 것이다. 그런 세상에서는 상호문화성에 헌신하고, 계급과 인종적 차이를 없애는 데 헌신함으로써 모든 사람이 자유로워진 세상을 경험할 수 있을 것이다.[333] 윌커슨의 설명은 하느님 나라의 '혁명적 친밀감'으로 변화된 세상에 대한 훌륭한 묘사이다. 성령은 교회가 이러한 변화를 위해 헌신하도록 도전하고 있다.

우리의 "공동의 집"을 돌보기

4장에서 창조세계에 대한 돌봄의 중요성을 살펴보았지만, 이 장의 맥락에서 성령이 오늘날 교회에 진정한 "생태적 회심"(LS 216-21)을 도전하

333 Wilkerson, *Caste,* 388.

신다는 점을 강조하는 것을 소홀히 해서는 안 된다. 엘리자베스 존슨Elizabeth Johnson은 이러한 회심은 "정신과 마음의 전환"이며, 우리의 삶 전체에 영향을 미칠 전환이라고 말한다. 그것은 우리가 마음과 영혼과 정신과 힘을 다해 사랑하도록 부름받은 하느님에 대한 우리의 이해의 폭을 넓혀줄 것이다.… 또한 우리가 돌보아야 하는 상처 입은 길가의 나그네는 누군가의 도움이 필요한 가난한 사람만이 아니라 자연 생태계와 모든 피조물을 포함한다. 이렇듯, 우리 자신을 사랑하듯 우리가 사랑해야 하는 이웃의 범위가 넓게 확장된다.[334]

하느님의 영은 오늘날 교회가 우리 공동의 집인 지구를 보호하고 스스로 "녹색" 교회가 되라고 도전하고 있다. 성령의 도전은 "지배보다는 킨십을 생각하고", "특권과 종속의 피라미드보다는 생명의 순환을 생각"하라는 것이다.[335] 성령은 교회가 생태적 돌봄과 책임에 대한 내부적 결정과 창조세계의 온전성을 위해 일하겠다는 헌신이라는 측면에서 세상에 모범이 되는 선교하는 교회가 되도록 도전하고 계신다. 4장에서 말했듯이, 최근까지만 해도 이것은 교회의 선교적 헌신의 일부로 여겨지지 않았다. "점점 더 거대한 오물 더미처럼 보이기 시작하는"(LS 21) 지구의 위기를 고려할 때, 그리고 선교가 창조주 하느님, 즉 창조주 영과 함께 하느님의 창조 완성을 위해 일하는 것이라는 점을 고려할 때, 선교 제자 공동체로서 우리의 "공동의 집"(LS 1)을 돌보는 것은 진정 "선교의 핵심"[336]이다.

---

334 Elizabeth A. Johnson, *Creation and the Cross: The Mercy of God for a Planet in Peril* (Maryknoll, NY: Orbis Books, 2018), 195-96.

335 Johnson, *Creation and the Cross*, 206.

336 Denis Edwards, "Ecology at the Heart of Mission: Reflections on Recent Catholic Teaching," *A Century of Catholic Mission*, ed. Stephen B. Bevans (Oxford: Regnum Books, 2013), 206-15.

결론

예수회의 영성 지도자인 장-피에르 드 코사드Jean-Pierre de Caussade는 18세기 영성 고전인 『Abandonment to Divine Providence신성한 프로비던스에의 포기』에서 "성령은 우리 마음속을 제외하고는 더 이상 복음을 기록하지 않으신다"라고 썼다. 우리가 순간순간 해야 할 일은 이 새로운 성령의 복음을 실천하는 것이다. 우리가 거룩하다면 우리는 종이이고, 우리의 고난과 행동은 잉크이다. 성령의 역사는 그분의 펜이며, 그분은 그 펜으로 살아 있는 복음을 쓰신다."[337] 나는 이것이 바로 교회가 성령의 '올바른 일', 즉 성령의 창조물이라고 말하는 의미라고 믿는다. 성령의 끈질긴 인도하심 아래 레슬리 뉴비긴의 멋진 표현을 다시 한번 언급하자면, 성령의 끈질긴 인도에 힘입어 우리는 "살아 있는 복음",

337 Robert Ellsberg, "Jean-Pierre de Caussade: Spiritual Director (1675-1751)," *All Saints: Reflections on Saints, Prophets, and Witnesses for Our Time* (New York: Crossroad, 1997), 104.

"복음의 해석학"이 된다.[338] 성령의 창조물로서의 교회가 가진 놀라운 점은 성령이 온 우주에 퍼져 있고 창조의 과정에서 언제 어디서나 현존하시지만, 바로 우리가 이 특별한 시기에 우리 자신의 특정한 세계에서 생명을 주고 치유하고 새롭게 하고 도전하고 놀라게 하고 뒤집는 성령의 현존을 대표하도록 선택되었다는 점이다. 다시 말해, 우리는 우리 자신을 위해 창조된 것이 아니라 선교를 위해, 즉 선교하는 제자 공동체로 창조되었다.

338 Lesslie Newbigin, *The Gospel in a Pluralist Society* (Grand Rapids, MI: Eerdmans, 1989), 222-23.

9장

선교하는 교회의 차원-I

사도성과 보편성

앞의 세 장에서는 성경과 제2차 바티칸공의회 문헌에 나타난 교회의 가장 중요한 세 가지 이미지인 하느님의 백성, 그리스도의 몸, 성령의 창조라는 관점에서 선교적 제자 공동체로서의 교회를 신비로 묵상했다. 이번 장과 다음 장에서는 교회의 네 가지 차원, 속성 또는 특징인 사도성, 보편성, 하나됨, 거룩함의 관점에서 교회의 신비를 생각해 보려고 한다. 이러한 차원은 교회의 본질을 식별하는 고대의 방법으로, 적어도 381년 콘스탄티노플공의회에서 공식화된 니케아-콘스탄티노플 신경의 마지막 부분까지 거슬러 올라간다.[339] 이 신경에서 그리스도인

339 Jaroslav Pelikan and Valerie Hotchkiss, eds., *Creeds and Confessions of the Christian Tradition*, vol. 1: *Early, Eastern, and Medieval* (New Haven, CT: Yale University Press, 2003), 160-63. Pelikan 과 Hotchkiss는 이 텍스트를 둘러싼 복잡성을 설명하면서도, 이것이 일반적으로 '니케아 신경'이라고 불리며 "로마 가톨릭, 동방 정교회, 오리엔트 정교회, 그리고 세계교회협의회(WCC)의 모든 회원들에 의해 사도적 신앙의 에큐메니칼 상징으로 인정되고 확증된 신경"이라고 명시한다(161).

들은 "하나이고 거룩하며 보편적이고 사도적인 교회"에 대한 신앙을 고백하지만, 여기서는 그 순서가 바뀌어 있다. 이 순서의 변화는 선교적 교회의 차원을 이해하는 데 중요하기 때문에, 그 이유를 아래에서 설명하려고 한다.

교회의 차원

역사에서 바라보는 교회의 차원

교회의 네 가지 차원/속성/특징은 교회 역사 안에서 복잡한 양상으로 발전해 왔다. 물론 예수님도 제자들 간의 일치를 위해 기도하셨고(요한 17장), 바오로 서신에서도 종종 공동체의 일치를 염려(예: 1코린 12,12-31, 에페 4,1-16)하는 내용이 나온다. 니케아 신조가 공식화되기 전인 교회 초기에 로마의 클레멘스와 이레네우스는 공동체의 분열에 맞서기 위해 교회의 사도적 뿌리에 호소했고, 아우구스티누스는 도나티스트 및 마니교도와의 논쟁에서 교회의 거룩함과 보편성에 호소했다.[340]

그러나 중세 말이 되면서, 보다 성경적이고 영적인("보이지 않는") 교회를 주창한 존 위클리프John Wycliffe와 얀 후스Jan Hus와 같은 반교권주의 운동이 일어났다. 이로 인해 신조에 명시된 네 가지 속성은 로마 교회가 그리스도의 유일한 참된 교회임을 증명하는 네 가지 가시적 표식notae처럼 취급되기 시작했다. 1431년 크로아티아 출신 도미니코회 신학자 라구사의 요한Johannes von Ragusa이 후스에 대해 처음으로 이러한

340 Hans Küng, *The Church* (New York: Sheed and Ward, 1967), 266. Küng은 클레멘스의 첫 편지(42:1-4-PG 7, 849)를 인용한다; Irenaeus, *Adversus Haereses* III, 3, 2; Augustine, *De Vera Religione* in PL 34, 128 and *Contra Episcopos Manichaeos* in PL 42, 175.

논리를 사용했고, 이후 다른 신학자들도 이를 따랐다.[341] 이러한 변증적 접근은 종교개혁 기간 동안 논쟁으로 이어져, 아우크스부르크 신앙고백(필리프 멜란히톤 Philip Melanchthon과 마르틴 루터 Martin Luther에 의해 작성된), 개혁교회, 성공회가 "올바른 복음 설교와 올바른 성사 집행"이라는 두 가지 표식mark을 명명했다. 루터는 나중에 이 목록을 7가지로 확장했고, 장 칼뱅Jean Calvin은 올바른 교회 질서church order라는 항목을 추가했다. 가톨릭 측에서는 원래의 네 가지 표식 외에도 더 많은 표식이 제안되었다. 예수회 신학자 프란시스코 수아레스Francisco Suarez[342]는 7개를, 예수회 추기경 로버트 벨라르민Robert Bellarmine[343]은 15개를, 오라토리오 주교 톰마소 보치오Tommaso Bozio는 100개를 제안했다. 그러나 17세기 이후로는 기본적으로 네 가지 신조의 표식만이 신학자들이 주로 사용하는 유일한 표식이 되었다.[344] 그럼에도 불구하고 19세기에는 예수회 신학자들이 교회의 생존을 "도덕적 기적"(니콜라 데샹

341 Yves Congar and Pietro Rossano, "Proprietà Essentiali della Chiesa," in *Mysterium Salutis*, ed. Johannes Feiner and Magnus Löhrer, vol. 7, L'Evento Salvifico nella Comunità di Gesù Cristo, ed. Wolfgang Beiner, et al. (Brescia: Queriniana, 1972), 440. 이 페이지의 주요 저자는 콩가르로 보이며, 로사노는 보편성(catholicity)에 할애된 섹션에서 선교에 대한 기여를 한 것으로 보인다. 로사노가 작성한 부분을 제외하고는 이 저작을 콩가르의 이름만으로 인용할 것이다. Küng, *The Church*, 266쪽도 참조하라.

342 프란시스코 수아레스는 16세기 스페인 출신의 예수회 신학자로, 가톨릭교회의 교리 체계를 정립하는 데 크게 기여한 인물이다. 그가 제시한 7가지 표식은 성경에 대한 신앙, 성사 집행, 교회의 권위, 교회의 보편성, 교회의 지속성, 기적, 성인의 존재이다.

343 로버트 벨라르민은 16세기 이탈리아 출신의 예수회 신학자이자 추기경으로 종교개혁 시기에 가톨릭교회의 입장을 변호하는 데 중요한 역할을 했다. 그는 Controversies라는 저서에서 다음과 같은 표식을 제시했다. 가톨릭이라는 교회의 이름, 교회의 오랜 역사antiquity, 교회의 지속성, 교회의 보편성amplitude, 교회의 하나됨(신앙과 전례의 일치), 교회의 권위, 성사, 성인의 존재, 순교자들, 기적, 예언, 박해와 인내suffering, 하느님의 보호, 성경해석, 기도.

344 Walter Kasper, *The Catholic Church: Nature, Reality, and Mission* (London: T. & T. Clark, 2015), 151; Lode L. Wostyn, *Doing Ecclesiology: Church and Mission Today* (Quezon City, Philippines: Claretian Publications, 1990), 81; Congar, "Proprietà Essentiali della Chiesa," 442; Küng, *The Church*, 266-67.

Nicolas Deschamps)이라고 보며 이를 하나의 표식으로 언급하거나, 단순히 교회의 "로마성" 또는 로마니타romanità(조반니 페로네 Giovanni Perrone)로 설명하기 시작했다.[345]

20세기에 들어와서 이러한 변증적 태도는 교회의 표징을 다시 한 번 특징(콩가르), 차원(큉) 또는 구별점(찰스 밴 엥겐 Charles van Engen)으로 이해하는 신학적 접근으로 바뀌기 시작했다.[346] 이러한 관점에서 일치, 거룩함, 보편성, 사도성은 "네 가지 측면에서 교회의 본질을 구체적으로 표현하기 때문에 교회라는 본질적인 신비를 반영한다. 이 네 가지 요소는 모두 함께 하나의 전체를 형성하고 서로를 포함하기 때문에 서로 분리될 수 없다."[347] 이브 콩가르Yves Congar는 이렇게 썼다.

> 하나됨unity는 사도적이며, 따라서 그리스도와 가시적으로 연결되어 있다. 또한 하나됨은 보편적이어서 특정 장소나 민족, 계급 또는 역사의 한 부분(예: 중세 그리스도교)에 국한되지 않고 보편적 사명에 헌신하며 시간과 공간에서 모든 인간의 이해를 포용할 준비가 되어 있다. 마지막으로 하나됨은 거룩하다. 하나됨은 친교의 원리이신 성령의 활동을 통해 어떤 인간 조직이라도 그 한계를 초월하여 실현된다.[348]

이러한 차원에서 출발하여 그러한 성찰이 열어 주는 신비로서의

---

345 Congar, "Proprietà Essentiali della Chiesa," 442-43.

346 Congar, "Proprietà Essentiali della Chiesa"; Küng, *The Church*, 269; Charles van Engen, God's Missionary People: Rethinking the Purpose of the Local Church (Grand Rapids, MI: Baker Book House, 1999), 65-66. Van Engen은 Avery Dulles, Hendrikus Berkhof, Karl Barth 등의 저명한 개신교와 가톨릭 신학자들이 동일한 방향으로 나아갔다고 언급한다.

347 Kasper, *The Catholic Church*, 151.

348 Congar, "Proprietà Essenziali della Chiesa," 445.

교회에 대한 풍부한 이해를 발견할 수 있다.[349]

교회의 선교적 차원

그러므로 이 네 가지 차원은 하느님의 생명에 세례를 받고 하느님의 사명을 공유하는 하느님의 백성에게 삼위일체 하느님께서 주시는 '선물'이다. 그러나 하느님의 선교에 더 온전히 참여하기 위해 그리스도인은 이 네 가지 차원이 선물일 뿐 아니라 '과제'임을 깨달아야 한다. 구체적으로 교회의 일치나 거룩성, 보편성, 사도성은 완전하지 않다. 교회는 순례하는 백성이다. 그럼에도 불구하고 그리스도인은 가장 깊고 진실한 모습으로 부름을 받았으며, 이러한 방식으로 예수 그리스도 하느님의 일치, 거룩함, 완전성, 사명을 세상에 반영한다. 하나가 되고, 거룩하고, 보편적이며, 사도가 된다는 것은 교회가 파송된 세상에 더 잘 증거할 수 있도록 교회 내부에서 선교에 동참하는 것이다. 프란치스코 교황은, 이 책의 4장에서 언급했듯이, 오늘날 사람들은 증인의 말을 듣는 것을 선호한다고 주장한다(EG 150). 이와 비슷한 결의 발언은 1989년에 샌안토니오에서 개최된 WCC의 문헌에서도 나타난다. "사람들은 항상 자신의 눈을 먼저 믿는다."[350] 교회의 네 가지 차원을 구현하는 일은 선교적 '과제task'이다.

그러나 찰스 밴 엥겐Charles van Engen은 위르겐 몰트만Jürgen Moltmann과

---

349 Congar, "Proprietà Essenziali della Chiesa," 445-46. The WCC's Commission on Faith and Order는 교회에 관한 문헌 *The Church: Toward a Common Vision* (TCTCV) (Geneva: WCC, 2013)의 22단락에서 이를 언급한다.

350 World Conference on Mission and Evangelism, "Mission in Christ's Way, Your Will Be Done" (San Antonio, Texas, 1989), *New Directions in Mission and Evangelization I: Basic Documents (1974-1991)*, ed. James A. Scherer and Stephen B. Bevans (Maryknoll, NY: Orbis Books, 1992), 78.

혼 소브리노Jon Sobrino의 영향을 받아,[351] 교회를 선교라는 시각으로 바라보는 것은 교회의 네 가지 차원을 교회 자체의 은총과 과제로 보는 차원을 넘어서는 지점으로 나아가게 한다고 주장한다. 그에 따르면, 선교적 렌즈를 통해 교회를 바라보면 우리의 시선은 세상을 향하게 된다. 교회는 세상 안에서 교회가 된다.[352] 세상은 불화와 분열로 괴로워하고, 악에 사로잡혀 있지만 그 안에 선이 스며들어 있으며, 또한 인종차별과 카스트와 비서구 문화를 폄하하는 시선으로 분열되어 있지만, 의미를 갈망하고 있다. 교회는 바로 이러한 세상 안에서 하느님 나라를 세상의 완전한 번영을 구현하고 보여 주며 증거한다. 이에 대해 몰트만은 "따라서, 교회의 차원은 교회의 내부 활동에만 중요한 것이 아니라 세상 속에서 교회의 모습을 증거하는 활동에서 훨씬 더 중요한 의미를 지닌다. 교회의 표징은 오늘날 인류를 분열시키고 가르는 갈등 속에서 고백적 표징이 될 것이다"[353]라고 말한다. 교회는 세상에 대한 신뢰할 만한 증인이 되기 위해 교회 내적으로 하나됨과 보편성, 거룩함, 일치를 위해 노력해야 할 임무(사명)가 있을 뿐만 아니라, 교회 바깥을 향해 하나됨과 보편성, 거룩함 그리고 세상의 하나됨을 위해 노력해야 할 필요가 있다. 신비는 선교를 향해 나아간다.

밴 엥겐은 한 걸음 더 나아가, 교회의 네 가지 전승적 차원을 선교적 관점에서 이해하는 데 있어 중요한 추가적인 통찰을 제공한다. 그는 이러한 차원을, 교회를 수식하는 형용사로 보는 대신, 교회가 선

351 Jürgen Moltmann, *The Church in the Power of the Spirit* (Minneapolis: Fortress Press, 1977), 337-42; Jon Sobrino, *The True Church and the Poor* (Maryknoll, NY: Orbis Books, 1984), 117-18, 217.

352 Van Engen, *God's Missionary People*, 67.

353 Moltmann, *The Church in the Power of the Spirit*, 342.

교를 수행하는 방식을 규정하는 부사로 보아야 한다고 제안한다(교회를 동사로 보아야 한다는 주장과 관련하여서는 이 책의 도입부를 참조할 것). 즉 교회는 "하나되게 하며," "거룩하게 하며," "보편적으로," "사도적으로" 일한다.[354] 이러한 반 엥건의 주장은 내가 보기에 중요한, 그리고 심지어 게임의 판도를 바꾸는 지적이다. 그럼에도 불구하고 나는 개인적으로 선교하는 교회의 차원을 **동사**로 이해하는 것이 보다 좋다고 말하고 싶다. 이러한 방식에서 동사는 교회가 선교를 실천함을 의미한다. 밴 엥겐 자신도 어느 정도 이 점을 인정하며, 이러한 "특징들"의 행동을 현재분사 형태로 설명한다. 이 특징들은 교회를 하나되게 하고, 거룩하게 하며, 화해시키고, 선포하는 공동체로 만든다.

이런 의미에서 하나됨의 은사는 에큐메니칼 운동에 헌신함으로써 교회의 일치를 위해 일하고, 더 나아가 세상 사람들의 참되고 정의로운 일치를 위해 일하는 교회의 과제로 나타난다. 거룩함의 은사는 교회가 자신의 죄성을 고백하고 끊임없이 거룩함으로 성장하며, 세상의 성화를 위해 일하고 경계 밖에서 거룩함을 증거하도록 촉구한다. 보편성의 은사는 교회가 그 자체로 더욱 보편적이 되고(교회의 일치와 풍부한 다양성의 균형), 그래서 세상을 더욱 보편적인 장으로 만드는 과제를 부여한다. 사도성의 은사는 사도적 정체성과 열정의 은사로, 교회 안에서 끊임없이 갱신되고 "온 교회에 의한 온전한 복음을 온 세상에" 전하기 위해 끊임없이 헌신해야 한다.[355] 하나의 거룩하고 보편적이며 사도적인 교회의 활동에 대한 이러한 설명은 밴 엥겐의 주장

354 Van Engen, *God's Missionary People*, 68. 이 다소 어색한 부사들은 밴 엥겐의 것이 아니라 나의 것이다. 그 어색함 때문에, 나는 다음 몇 줄에서 이러한 차원을 부사가 아닌 동사로 제안한다.

355 Lausanne Theology Working Group, "The Whole Church Taking the Whole Gospel to the Whole World," https://www.lausanne.org/content/twg-three-wholes.

을 조금 더 발전시킨 내용이다. 나는 이 장과 다음 장에서 그 내용을 묵상 안에서 더 성찰하여 전개하고자 한다.[356]

개혁주의 신학자 대럴 구더Darrell Guder는 교회의 다양한 차원, 즉 밴 엥겐이 말하는 "특징"이 동적인 본질을 가지고 있다는 중요한 통찰을 받아들인다. 그러나 구더는 동료 개혁주의 신학자 조지 헌스버거George Hunsberger의 말을 바탕으로, "교회의 선교적 소명을 근본적으로 이해하기 위해 니케아 신조의 표지를 역순으로 읽고 이해해야 한다"고 제안한다. 교회는 사도적이고, 보편적이며, 거룩하고, 하나가 되도록 부름받고 파송된다는 것이다. 혹은 밴 엥겐의 표현을 빌리자면, 교회는 선포하고, 화해하며, 성화시키고, 통합하는 사명을 가진다.[357] 이러한 관점에서 사도성은 교회의 "근본적이고 결정적인" 특징이 되며,[358] 나머지 세 가지의 기초가 된다. "교회의 사도성은 그 보편성과 다문화적이며 동시에 중심을 가진 다양성을 통해 인간 경험으로 표현된다. 거룩함은 성령께서 선교 공동체가 모든 다양성 속에서

356 이 성찰에서는 네 가지 전통적인 차원 또는 표지에 국한하려 한다. 그러나 최근 몇 년간 일부 신학자들은 이전 학자들의 전통을 이어받아 교회의 추가적인 표지를 제안했다. 예를 들어, 라파엘 루시아니는 시노달리티(synodality)를 교회의 새로운 표지로 제안한다. Rafael Luciani, *Synodality: A New Way of Proceeding in the Church* (Mahwah, NJ: Paulist Press, 2022), 27-28쪽 참조. 또한, 교회론과 이주에 관한 그의 박사 학위 논문에서 조아키노 캄페세는 다음 네 가지 추가적인 표지를 제안한다. 순례/여행, 환대/환영, 대화에 대한 개방성, 그리고 "다중 활동성pluri-ministerial(pluriministeralità)." "Una Chiesa Missionaria nell'Era delle Migrazioni", Pontifical Urban University, 2014, 333-75 참조.

357 "Missional Connectedness: The Community of Communities in Mission," *Missional Church: A Vision for the Sending of the Church in North America*, ed. Darrell L. Guder, 248-68 (Grand Rapids, MI: Eerdmans, 1998), 255. Missional Church에서는 책이 집단적으로 작성되었기 때문에 각 장의 저자가 명시되지 않는다. 그러나 vii쪽에 Guder가 이 장의 초안을 작성한 것으로 언급되어 있다. 또한 Hunsberger의 영향은 Guder의 후속 저서 The Nicene Marks in a Post-Christendom Church에서 인정되며, 그의 저서 *Called to Witness: Doing Missional Theology* (Grand Rapids, MI: Eerdmans, 2015), 78-89에 나타난다.

358 Darrell L. Guder, "A Multicultural and Translational Approach," *The Mission of the Church: Five Views in Conversation*, ed. Craig Ott (Grand Rapids, MI: Baker Academic, 2016), 24.

일치의 증거를 세상 사람들에게 보여줄 수 있도록 준비시키실 때 뒤따른다."[359]

순서 바꾸기

어떤 사람들은 신조가 차원을 나열하는 순서가 규범적이고 신학적으로 정확하다고 주장한다. 그러나, 콩가르는 다양한 방식으로 나열하는 것도 유효하다고 믿는다.[360] 어떤 면에서 네 가지 차원은 서로 얽혀 있어서 어떤 순서로 나열되거나 반영되든 서로를 설명한다. 그럼에도 불구하고 로버트 슈라이터Robert Schreiter가 지적했듯이 교회의 여러 시대는 다른 차원보다 특정 차원을 강조해 왔다. 예를 들어 종교개혁 시대에는 일치에 중점을 두었다. 상업과 커뮤니케이션 및 문화가 세계화된 현상을 직면하는 오늘날의 세계 교회global church는 보편성의 차원을 강조하는 것이 바람직하다.[361] 리처드 가일라데츠Richard Gaillardetz는 세계 교회를 위한 교회론에 관한 중요한 저서에서 교회의 선교적 본성에 뿌리를 둔 차원 또는 속성으로서 교회의 보편성을 먼저 다루고 있다. 그런 다음 그는 교회의 하나됨, 거룩성, 사도성을 다룬다.[362] 그러나 선교적 관점에서 교회를 연구할 때, 구더처럼 교회를 본질적으로 선교하는 제자 공동체로 드러내는 교회의 전승적 차원의 신학에 근거하기 위해 사도성의 은사와 교회 내부를 향하는ad intra 과제와 교회 외부를 향하는 ad extra 과제를 강조하는 것이 타당할 수 있다. 그렇다고 해서 전승적인

359 Guder, "A Multicultural and Translational Approach," 33.

360 Congar, "Proprietà Essentiali della Chiesa," 446-47.

361 Robert J. Schreiter, *The New Catholicity: Theology between the Global and the Local* (Maryknoll, NY: Orbis Books, 1997), 116-33.

362 Richard R. Gaillardetz, *Ecclesiology for a Global Church: A People Called and Sent*, rev. ed. (Maryknoll, NY: Orbis Books, 2023).

질서를 고수할 필요는 없는 것 같다.

몇몇 교회론 학자들은 교회의 선교적 본질을 강조하기 위해 구더와 함께 교회 차원들의 순서를 뒤집었다. 예를 들어, 셰릴 피터슨Cheryl Peterson은 구더의 제안을 지지하는 두 가지 신학적 이유를 제시한다. 신학적으로 교회의 차원은 미션의 하느님이신 삼위일체 하느님의 신비에 뿌리를 두고 있기 때문에 교회가 그 선교에 참여하는 것부터 시작한다는 것은 사도성의 차원에서 출발한다는 것을 의미한다. 마찬가지로, 좀 더 고전적인 개신교의 관점(하지만 가톨릭 신자로서 여전히 설득력이 있다고 생각한다)에서도 말씀과 성사로 복음을 선포하는 가운데 창조되는 교회를 강조한다. 이런 식으로 사도성은 신학적이며 교회적인 성찰의 시작이라고 볼 수 있다.[363] 사목적으로나 대중적으로 유명한 리비 테더 휴거스Libby Tedder Hugus, 키스 슈완츠Keith Schwanz, 제이슨 비치Jason Veach도 구더를 따라 교회의 차원에 대한 성찰을 그들의 저서 『Marks of the Missional Church선교하는 교회의 표징』에서 다루고 있다. 이들의 논리는 교회의 하나됨에 대한 성찰에서 시작하면 "교회에 대한 내적 관점을 만드는" 경향이 있다는 것이다. "네 번째 표식에 도달하면 '사도적'이라는 용어는 사도적 계승의 관점에서 이해되는 경향이 있다." 따라서 이러한 접근은 "전진하는 궤적"이 아니라 "후퇴하는 기울기를 만든다."[364] 이 선교적 교회론에서 등장하는 이러한 모든 이유 때문에 나는 교회의 선교적 차원을 사도성과 보편성, 거룩함과 하나됨이라는 순서로 다뤄 보려 한다.

---

363 Cheryl M. Peterson, *Who Is the Church? An Ecclesiology for the Twenty-First Century* (Minneapolis: Fortress Press, 2013), 132.

364 Libby Tedder Hugus, Keith Schwanz, and Jason Veach, *Marks of the Missional Church: Ecclesial Practices for the Sake of the World* (Overland Park, KS: Storian Press, 2014), 35.

선교하는 교회는 사도적이다

이브 콩가르는 사도성에 대한 전승적인 이해를 설명하면서 "사도성은 교회가 사도들의 인격 안에서 그리스도로부터 받은 일치의 원칙의 정체성을 시간이 지나도 보존할 수 있는 속성"이라고 말한다.[365] 발터 카스퍼Walter Kasper가 사도성을 "사도들의 교회와 모든 시대의 교회와의 통시적 정체성과 연속성에 관한 것"이라고 말할 때 그 역시도 이러한 이해를 반영한다.[366] 에페소서에 따르면 교회는 "사도들과 예언자"에 기초하며, 하느님께서 보내신 최초의 사도와 예언자인 그리스도를 "모퉁잇돌"(에페 2,20)로 삼고 있다. 묵시록에서는 하느님의 새 창조물인 교회로 그려지는 새 예루살렘의 벽에 "열두 기초가 있고 그 위에 어린 양의 열두 사도의 열두 이름이 새겨져 있다"(묵시 21,14)는 내용을 읽을 수 있다.

어떤 사도인가?

그러나 교회의 기초에 대한 이 두 가지 이미지에서 우리는 사도성의 측면에서 중요한 문제를 인식할 수 있다. 레이먼드 브라운Raymond Brown이 신약성경에 나타난 주교직의 기원을 다룬 논문에서 우스꽝스럽게 표현한 것처럼, "주교가 사도의 후계자라면 어떤 사도를 계승하는가?"[367] 라는 질문이 부상한다. 존 플렛John Flett은 이 질문에 대한 답을 둘러싼 "논쟁"을 요약하면서 "신약성경은 일반적으로 사도의 본질과 기능에 대해 하나의 일관된 그림을 제시하지 않는 것으로 관찰된다"고 썼다. 실

365 Yves Congar, "La Chiesa È Apostolica," Feiner and Löhrer, *Mysterium Salutis,* 637.

366 Kasper, *The Catholic Church*, 183.

367 Raymond Brown, "Are the Bishops the Successors of the Apostles?" *Priest and Bishop: Biblical Reflections*, 47-86 (Paramus, NJ: Paulist Press, 1970), 48.

제로 그는 루돌프 슈나켄부르크Rudolf Schnackenburg의 말을 인용하여 사도에 대한 정의는 서로 모순되는 것처럼 보이며, 바오로와 루카복음에서 가장 명확한 이해가 표현되어 있다고 말한다.[368] 콩가르는 예수님이 실제로 공생활 기간 동안 열두 제자를 선택하셨지만 그 당시에는 그들을 "사도"라고 부르지 않았다는 현대 학자들의 의견에 동의한다. 하느님의 백성에 관한 장에서 언급했듯이, 열두 제자는 예수님이 이스라엘 열두 지파를 재구성하신 것을 상징하는 존재였다.[369] 바오로는 자신이 사도라고 주장하며(갈라 1,11-2,10, 고전 15,3-11), 신약성경 문헌에서 바르나바(사도 14,14), 안드로니코스와 유니아(로마 16,7) 등 여러 사람을 사도라고 부른다.[370] 2세기 초에 저술된 디다케에서 사도는 순회 설교자와 교사, 예언자처럼 보이는 카리스마 있는 사람이라는 인상을 받는다. 그들은 한 공동체를 방문할 때 높은 평가를 받아야 하지만 너무 오래 머무르면 사기꾼, 거짓 예언자로 간주되어야 한다.[371] 여기서 분명한 점은 사도라는 용어가 12사도와 배타적으로 동일시될 수 없다는 것이다. 사실 이 용어는 원래 더 넓은 의미로 사용되다가 나중에 (루카의 경우 거의 독

---

368 John G. Flett, *Apostolicity: The Ecumenical Question in World Christian Perspective* (Downers Grove, IL: IVP Academic, 2016), 291, Rudolf Schnackenburg, "Apostolicity: The Present Position of Studies," One in Christ 6, no. 3 (1970): 246.

369 Gaillardetz, *Ecclesiology for a Global Church*, 260; Congar, "La Chiesa È Apostolica," 640.

370 일반적으로 유니아가 여성 사도로 인정되며, 그녀는 신약에서 그렇게 지칭된 유일한 여성이다. Apollos에 관하여, Andrew Wilson, "Apostle Apollos?", *Journal of the Evangelical Theological Society* 56, no. 2 (2013): 225-35. 비록 이 용어가 교회 역사에서 다소 후기에 등장하지만, 중세 신학자 라바누스 마우루스Rabanus Maurus와 토마스 아퀴나스는 마리아 막달레나를 "apostola apostolorum" 즉, "사도들의 사도"라고 언급했다(여기서 사도들은 열두 제자를 가리킨다). Holy See Press Office, "Mary Magdalene, Apostle of the Apostles, 10.06.2016."

371 *Didache*, XI, 1-7, *Readings in World Christian History*, ed. John W. Coakley and Andrea Sterk, vol. 1: Earliest Christianity to 1453, 12-16 (Maryknoll, NY: Orbis Books, 2004), 15.

점적으로) 열두제자들에게 적용되었다. 그러나 분명한 것은 "신약성서의 증언은 사도에 대해 비교적 명확한 그림을 제시하고 있다는 점이다. 사도는 예수 그리스도를 근거와 소명으로 삼는 사람이다." 따라서 "그리스도교 공동체의 정체성은 그 자체가 아니라 그 너머에 있는 예수 그리스도,"[372] 즉 에페소서의 말처럼 교회의 "모퉁잇돌"이신 예수 그리스도 안에 존재한다. 여기서 우리는 교회의 사도성이라는 진정한 의미의 뿌리, 즉 우리가 돌아가야 할 선교적 의미의 뿌리를 볼 수 있다.

역사 속의 사도성

교회에 대한 설명으로서의 "사도성"은 신약성서에서 찾아볼 수 없다. 이 용어는 안티오키아의 이냐시오가 트랄리아 사람들에게 보낸 편지와 폴리카르푸스의 순교에 대한 기록에 처음 등장하며 전승의 아주 초기에 등장한다.[373] 발터 카스퍼는 "초기 상징"에서 이 용어가 등장한다고 지적하지만, 콩가르에 따르면 현재 우리가 사도신경으로 알고 있는 세례 상징에는 나타나지 않다. 니케아 신조에도 나타나지 않지만, 니케아 신조가 작성된 시대에는 등장한다. 니케아/콘스탄티노플 신조(381년)에서 처음으로 등장하며, 신조에 추가된 네 가지 차원 중 마지막으로 등장한다.[374]

원래 사도적이라는 것은 그리스도인들과 교회가 "사도들이 살았던 방식"[375] 즉 그리스도와 연합하고, 그분의 메시지에 충실하며, 소외된 사람들을 돌보고(마르 3,14-15), 단순한 삶을 살아야 한다(디다케서 참조)는

---

372 Flett, *Apostolicity*, 291.

373 Kasper, *The Catholic Church*, 182.

374 Kasper, *The Catholic Church*, 182; Congar, "La Chiesa È Apostolica," 646; Gaillardetz, *Ecclesiology for a Global Church*, 216.

375 Congar, "La Chiesa È Apostolica," 645.

것을 의미한다. 그러나 일찍부터 '사도'는 정통 교리와 교회 질서를 보존하는 의미를 갖기 시작했다. 이레네우스는 로마의 클레멘스가 이미 구축한 사상을 발전시켜 사도성이란 "사도들로부터 권한을 위임받은 감독이나 장로들을 통해 사도들로부터 받은 참된 교리를 보존하는 것"이라고 가르쳤다.[376] 이것은 테르툴리아누스와 치프리아누스뿐 아니라 4~5세기 교회 지도자들에 의해 받아들여졌다.[377] 중세 시대에 아퀴나스는 교회의 '견고함'에 대해 사도들의 가르침에 기초한 살아 있는 신앙, 흔들리지 않는 신앙, 사도적 사의 보존을 바탕으로 견고하게 세워진 교회에 대해 썼다. 교회의 위계적 성격과 권위를 옹호한 라구사의 요한과 같은 신학자들은 신앙과 사목이 갖는 영속성의 중요성을 강조했다. 트렌트공의회 이후 가톨릭교회는 변증적 방식으로 접근한 신학을 통해 전승적인 교리와 사도 계승을 거부하는 종교개혁가들이 사도성을 상실했음을 강조했다.[378]

창조적 충실성으로서의 사도성

사도성에 대한 이 두 가지 강조점은, 즉 사도적 교리에 대한 충실성과 사도적 계승의 명확한 연속성은 여러 시대에 걸쳐 교회의 근본적인 표식 또는 차원을 이해하는 중심적인 기준자로 작용했다. 이 두 가지 요소는 하느님께서 교회에 주신 사도직의 선물과 이를 유지해야 하는 교회의 임무에 대한 이해에 있어 중요한 측면이다. 발터 카스퍼는 교회의 사도성에 대한 신앙은 "교회가 단번에 일어난 계시에 기초하고 있으

376 Congar, "La Chiesa È Apostolica," 646, Irenaeus에 대한 언급은, *Adversus Haereses* III.3.1, PG 7, 848.

377 Congar, "La Chiesa È Apostolica," 646, 각주 15, 16, 17, 18.

378 Congar, "La Chiesa È Apostolica," 647.

며 교회는 모든 세기에 걸쳐 하나이며 동일하다는 생각에 기초한다"고 말한다. 그는 이러한 사상이 일종의 "독단적 보수주의, 유연성 부족, 진보에 대한 거부"로 해석될 수 있지만, 교회가 "모든 종류의 급변하는 경향과 의견에 노출"(에페 4,14)되지 않도록 하는 것은 바로 사도적 정체성에 충실하려는 노력이라고 주장한다.[379] 그러나 충실함은 경직성이나 변화를 거부하는 자세를 의미하지 않다. 카스퍼는 계속해서 "단번에 받은 사도적 전승은 죽은 재산이 아니다. 우리는 그것을 죽은 동전처럼 물려줄 수 없다."라면서 "그것을 열매 맺게 하고 미래로 살아서 물려주어야 한다.… 그것은 전승actus tradendi에만 존재하는 전승이다"[380]라고 주장한다.

따라서 리처드 가일라데츠는 사도성을 그리스도교 전승의 관점에서 올바르게 다루고 기억과 창조적 충실성의 공동체로서 사도적 교회를 성찰한다. 그는 제2차 바티칸공의회의 전승에 대한 이해를 해석하면서, 그 가르침에서 "진리는 결코 교회가 완전히 소유할 수 있는 것이 아니다."[381] 그 신앙이 진정 무엇인지 여러 시대를 통해 발견하려면 교회의 신앙 감각sensus fidei이 필요하다고 결론지었다. 존 헨리 뉴먼John Henry Newman이 평신도와 성직자, 그리스도인들의 공모conspiratio 또는 함께 호흡하는 운동으로 표현하고, 프란치스코 교황이 시노달리타스라고 불렀던 개혁에서 사도성은 교회 전체의 지속적인 생활에 뿌리를 두고 있다. 따라서 사도성은 "교회의 정적인 소유물이나 재산으로 엄격하게 이해되어서는 안 되며, 오히려 현재 순간에 복음에 충

379 Kasper, *The Catholic Church*, 183.

380 Kasper, *The Catholic Church*, 185.

381 Gaillardetz, *Ecclesiology for a Global Church*, 222.

실하고자 하는 교회의 역동적인 차원으로 이해되어야 한다."[382]

전승에 대한 충실성의 관점에서 사도성을 생각하면 사도성을 그리스도교 신앙의 상황적 본질에 대한 헌신으로 이해하는 길이 열리고, 교회의 선교적 차원으로서의 사도성에 대한 이해가 드러나기 시작한다. 나는 전승에 관한 글을 쓰면서 전승은 발전하고 변화할 때에만 전승이라는 점을 강조해 왔다. 첫째, 전승은 애초에 그 내용이 근본적으로 다원적이다. 전승의 기원은 다양하고(예: 야훼 전승과 엘로힘 전승), 전승이 발전한 방식도 다양하며(예: 도미니코회나 프란치스코회 전승, 라틴 서방과 비잔틴 동방), 가치의 수준도 다양하다(예: 인간의 노예화에 대한 관용과 심지어 승인과는 반대되는 예수의 완전한 신성). 둘째, 전승은 과거를 창의적이거나 비판적인 방식으로 재전유함으로써 발전한다. 우리는 오늘날 우리의 신앙에 새로운 빛을 던져줄 수 있는 과거의 잃어버린 사상이나 인물을 재발견한다. 그리고 교회와 국가의 권력 투쟁은 교리를 형성하고 심지어 왜곡할 수도 있다.[383] 셋째, 전승은 창조적 충실성, 즉 프란치스코 교황이 말한 것처럼 "대담한 신중함"[384]을 통해 발전한다. 프란치스코 교황은 전임 베네딕토 16세 교황과 달리 복음이 어떤 문화에서든 자유롭게 육화할 수 있다고 주장한다. 어떤 문화도 규범적이지 않

---

382 Gaillardetz, *The Catholic Church*, 225. 가일라데츠가 뉴먼을 언급한 것은 *Concerning the Faithful in Matters of Doctrine* (Kansas City, MO: Sheed and Ward, 1961 [원본 1859]), 71-72쪽이다. 시노달리타스와 관련해서는 프란치스코 교황이 2015년 10월 17일 주교 시노드 50주년 기념식에서 한 연설을 참조하라.

383 Vince L. Bantu,"The Roots of Christian Identity Politics," A *Multitude of All Peoples: Engaging Ancient Christianity's Global Identity* (Downers Grove, IL: IVP Academic, 2020), 9-71; Roger P. Schroeder, *Christian Tradition in Global Perspective* (Maryknoll, NY: Orbis Books, 2021).

384 Stephen B. Bevans, *An Introduction to Theology in Global Perspective* (Maryknoll, NY: Orbis Books, 2009), 98-106. "creative fidelity"에 관해서는 Gabriel Marcel, *Creative Fidelity* (New York: Farrar, Straus, 1964), 147-74쪽을, "daring prudence"에 관해서는 Pope Francis. T*he opening homily at the Pan-Amazonian Synod*, October 6, 2019를 참조하라.

다. “그리스도교를 단일 문화적이고 단조로운 것으로 생각한다면 성육신의 논리를 정당화하지 못할 것이다. 일부 문화가 복음 전파 및 그리스도교 사상의 발전과 밀접한 관련이 있는 것은 사실이지만, 계시된 메시지는 그 어느 문화와도 동일시되지 않으며 그 내용은 초문화적이다.”(EG 117)[385]

여기서 신앙의 연속성으로서의 사도성에 대한 존 플렛의 강력한 통찰력이 타당하게 들린다. 그는 교리적 연속성의 측면에서 사도성에 대한 전승적인 이해는 교회, 선교, 교리에 대한 식민지적 이해이며, 프란치스코 교황의 말처럼 “단일 문화적이고 단조로운” 이해라고 주장한다. 로스 케인Ross Kane은 이러한 태도는 인종차별적인 관점이라고 설득력 있게 주장했다.[386] 교회의 사도적 기원과 연결된 진정한 전승은 특정한 내용, 특정한 철학, 특정한 규범적 구조에 국한되지 않는다. 이것은 교회와 그리스도교를 전수해야 할 문화로 만드는 것이 아니라, 어떤 문화에서든 가장 깊은 보물을 발견하고 복음의 빛으로 정화시키는 운동으로 만드는 것이다. 현대의 그리스도교는 세계적인 지평을 지닌 그리스도교로 경험된다. 이러한 맥락에서 사도적 충실성은 그들이 처한 실재 처지에서 제기되는 질문에 답하려는 노력과 창의성 및 탈식민주의적인 감성과 연결시켜 실현되어야 한다.

플렛은 앤드루 월스Andrew Walls, 라민 사네Lamin Sanneh, 콰메 베디아코Kwame Bediako 같은 학자들이 복음의 ‘무한한 번역 가능성infinite translatabili-

385 교황 베네딕토 16세는 토착화 과정에 대해 매우 신중한 입장을 취했으며, 그리스도교 초기에 그리스 철학으로의 전환이 어떤 면에서 규범적이었다는 생각을 옹호했다. 이러한 입장은 그의 유명한 2006년 9월 12일 레겐스부르크 대학 연설, “Meeting with the Representatives of Science: Lecture of the Holy Father”에서 가장 잘 표현되었다고 말할 수 있다.

386 Ross Kane, *Syncretism and Christian Tradition: Race and Revelation in the Study of Religious Mixture* (Oxford: Oxford University Press, 2021), esp. 45-53.

ty'을 강조하며 복음이 처음부터 단순히 전수된 것을 넘어섰다고 말한다.[387] 사도행전에 따르면 초기 제자들은 개종(문화적으로 조건화된 종교의 일부가 되는 것)과 회심(그리스도께 진정으로 돌아오는 것)의 차이를 인식하고 있었다. 유대교는 비유대인을 공동체로 환영했지만, 유대인이 되려면 할례를 받고 토라의 율법을 준수해야 했다. 그러나 초기 제자들은 이러한 관습을 깨고 다양한 헬레니즘 문화를 수용함으로써 그리스도 안에서 일어난 일에 충실하고자 했다. 월스는 사도행전 15장에 나오는 예루살렘공의회가 놀라운 결정을 내렸다는 점에 주목한다.

> 이전까지는 예수를 믿는 모든 신자들은 주님처럼 할례를 받고 토라를 지켰다. 그것이 신자들의 표준 생활 방식이었다. 그러나 초대 교회는 예수를 믿는 이방인들이, 비록 유대인처럼 교리와 도덕에 대한 평생의 훈련을 받지 못한 이방인이지만, 헬레니즘 사회 안에서 성령의 인도하심에 따라 그들만의 그리스도교적 생활 방식을 찾도록 내버려두어야 한다고 결정했다. 그들은 단순히 개종한 사람이 아니라 회심한 사람이 되어야 했다.[388]

교회는 슬프게도 오랜 세월 동안 선교 활동에서 이러한 사도적 전승과 교리적 신실함을 실천하는 것을 종종 무시해 왔다. 이러한 양

---

387 Flett, *Apostolicity*, 241-88, Lamin Sanneh, *Translating the Message: The Missionary Impact on Culture* (Maryknoll, NY: Orbis Books, 2009); Kwame Bediako, *Theology and Identity: The Impact of Culture in Christian Thought in the Second Century and in Modern Africa* (Oxford: Regnum Books, 1992); Andrew F. Walls의 *The Missionary Movement in Christian History: Studies in the Transmission of Faith* (Maryknoll, NY: Orbis Books, 1996)와 *The Cross-Cultural Process in Christian* History (Maryknoll, NY: Orbis Books, 2002).

388 Andrew F. Walls, "From Christendom to World Christianity: Missions and the Demographic Transformation of the Church," *The Cross-Cultural Process in Christian History*, 67-68.

상은 선교가 유럽 그리스도교를 중심으로 하는 것으로 생각되었기 때문에 발생했다. 월스와 베디아코는 "그리스도교 역사에서 종종 그리스도 자신이 아니라 그리스도교가 구원의 주체로 등장했다"[389]고 지적한다. 또한 선교가 교회의 본질에 필수적인 것이 아니라 외적인 활동으로 간주된 점도 지적한다. 그러나 진정한 선교 제자 공동체는 오직 성령의 인도와 몸의 머리 되신 그리스도의 지속적인 현존에 의해 지속적으로 만들어짐으로써 이러한 사도성을 실천할 수 있다. 플렛이 요약한 것처럼, 사도성은 "한 문화 단체의 연속적인 역사적 과정이 아니다.… 사도성은 교회의 역사적 연속성이다. 이러한 사도성은 문화 간 만남이 일어나는 사건과 해당 지역이 복음을 수용하며 회심이 일어나는 과정에 뿌리를 둔다."[390]

사도적 계승

교회의 사도성에 대한 이러한 선교적 해석은 교회의 사도 계승에 대한 이해를 새롭게 조명한다. 사도 계승에 대한 다소 기계적인 이해는 헤게시푸스Hegesippus[391]와 이레네우스에 뿌리를 둔다.[392] 그런데 가일라데츠에 따르면, "사도 계승을 사도the apostles에게까지 거슬러 올라갈 수 있는 끊이지 않는 주교 서품의 역사적인 연쇄로 축소한 것은 종교개혁 이후

---

389 Kane, *Syncretism and Christian Tradition*, 50.Kwame Bediako, "'Their Past Is Also Our Present': Why All Christians Have Need of Ancestors. Making a Case for Africa," *AICMIR Bulletin* 6 (2007): 8.

390 Flett, *Apostolicity*, 288.

391 헤게시푸스(2세기 활동, 축일 4월 7일)는 그리스도인 역사학자이자 정통성을 옹호한 인물로, 영지주의 이단에 반대했다. 그의 유일한 저작인 다섯 권의 회고록은 초기 그리스도교 교회의 조직 구조와 신학적 논쟁에 대한 중요한 자료로 간주된다. 유대계 혈통으로 추정되는 그는 180년경 로마 주교들의 계승을 기록하였으며, 그의 저작은 예루살렘 교회의 역사와 유대-그리스도교 공동체에 대한 귀중한 정보를 제공한다.

392 Congar, "La Chiesa È Apostolica," 645.

에 바로크 가톨릭이 반개신교 논쟁이라는 맥락에서 주도한 결과로 나타났다. 적어도 로마 가톨릭교회 내에서 역사적 주교 연쇄로 보존되는 사도계승은 교회의 사도적 신앙에 대한 충실성을 보장하는 유일한 수단으로 간주된다."[393]

이러한 이해의 오류는 사도성이 "순전히 역사적 범주가 아니라 교회에 대한 성사적 전체 이해 내에서 구조적 전체"로 간주되는 데 있다고 카스퍼는 주장한다.[394] 카스퍼는 사도적 계승에 대한 자신의 성찰을 주교적 계승에 국한한다. 그러나 내가 보기에는 교회 전체에 그러한 사도성을 근거로 삼는 것은 "사도적 사명을 공유하는 것은 교회 자체이며 따라서 사도적 계승"이라는 한스 큉Hans Küng의 주장으로 나아가는 것으로 보인다.

> 소수의 개인이 아니라 교회 전체가 사도들을 따르는 후계자이다. 결국 우리는 사도적인 교회를 고백한다. 교회 전체가 하느님의 새로운 백성이다.… 교회 전체가 성령의 성전이다.… 교회 전체가 그리스도의 몸이다.… 사도들에게 공인된 사목은 사도들이 함께 소집한 교회에 계승되었다. 즉 사도들에게 공인된 사목은 사도들이 사목한 교회에 계승되었다.[395]

큉의 견해를 따라 우리는 선교 제자 공동체로서 교회 전체가 복음을 구현하고, 보여 주고, 선포하라는 사도적 사명을 받았다고 말할 수 있다. 셰릴 피터슨은 "우리가 '사도적'이라는 말을 들을 때 '선교적'

---

393 Gaillardetz, *Ecclesiology for a Global Church*, 218.

394 Kasper, *The Catholic Church*, 188. 사도적 계승에 관하여는 Kenan Osborne, *Priesthood: A History of Ordained Ministry in the Roman Catholic Church* (Mahwah, NJ: Paulist Press, 1988), 137-45쪽도 참조할 것.

395 Küng, *The Church*, 355-56.

이라고 생각해야 한다"[396]고 제안하며, "사도성은 살아 있는 말씀을 따르는 교회, 세상 속으로 그리고 세상을 위해 파송된 교회"라는 결론을 내린다.[397]

사도성에 대한 이러한 이해는 우리를 교회 신비의 핵심으로 인도한다. 우리가 반복해서 말했듯이, 그리스도인들은 세례를 받음으로써 삼위일체 하느님의 생명 속으로 뛰어들어 창조를 완성하고 하느님 나라의 근본적인 친밀함을 위해 일하는 삼위일체 하느님의 사명을 공유하게 된다. 사도성은 다음과 같이 하느님에게서 그 기원을 찾는다. 즉, 거룩한 신비를 보내신 분the apostoloun으로서의 하느님과 그 파견 받은 자들인 말씀과 성령apostoloi이 그러하다. 예수님은 제자들, 특히 열두 제자들과 사도성을 공유하셨고, 교회로서 그리스도인들은 사도들과 함께 행동하는 한도 내에서 그 사도성을 공유한다. 교회가 사도적 사명을 계속할 때만 감히 사도성과 사도적 계승을 주장할 수 있다. "사도적 교회는 선교적 교회이다."[398]

교회의 선교적 표지로서의 사도성

선교적 은사로서의 사도성

이 장과 다음 장에서 살펴볼 모든 차원과 마찬가지로 사도성은 선교를 위한 은사이자 선교적 과제이다. 우리가 "오늘날 세계의 복음화"(27항)보다는 교회의 "자기 보존"에 초점을 맞추고, 교회에 "새로운 얼굴"을 보여 주는 "계시의 새로운 측면"(41항, 117항, 116항)을 보여 주는 성령의 인도를 따르는 것보다 단조로운 정통을 더 중요시하는 "가장 큰 위험"에 굴

396 Peterson, *Who Is the Church?* 133.

397 Flett, *Apostolicity*, 336.

398 Moltmann, *The Church in the Power of the Spirit*, 360.

복함으로써 사도성이라는 이 큰 은사를 배반할 수도 있다. 그럼에도 불구하고 사도성은 하느님께서 절대 철회하지 않으실 은총의 선물이다. 사도성의 은사는 앞서 말했듯이 그리스도인과 삼위일체 하느님과의 일치와 하느님의 선교에 뿌리를 두고 있다. 이것이 바로 제2차 바티칸공의회가 교회의 본질적인 선교적 본질을 강조한 핵심이다. 사도성은 그리스도인이 할 수도 있고 안 할 수도 있는 별도의 결단이 아니다. 제자로서의 정체성 자체가 그들을 사도로 만든다. 마치 예수처럼, 그리고 마치 성령처럼 파견되었기 때문이다.

사도의 증인

사도성은 두 가지 의미 또는 두 가지 차원의 과제, 즉 선교적 과제이다. 사도성은 교회가 신앙의 진정성과 공동체 생활의 따뜻함을 통해 하느님의 다스림이라는 급진적인 킨십의 표징과 도구, 예표로서 자신의 정체성을 증거해야 한다는 점을 인정하는 선교적 과제이자 내적 헌신이다. 발터 카스퍼는 이렇게 말한다.

> 선교는 단순히 사도적 메시지를 전달하고 전파하는 것이 아니라 각자의 상황에서 사도적 메시지를 현존하게 하는 것을 의미한다. 이러한 사도적 활동은 외적인 활동이 아니라 내면으로부터의 빛, 즉 역동적인 매력과 현존의 선교에 관한 것이다. 우리는 옛 문화와 새 문화의 끊임없는 새로운 만남 속에서 복음의 메시지를 현존시키고 빛나게 해야 한다.[399]

프란치스코 교황은 고해실이 고문의 방이 아닌 열린 문이 있는 교

399 Kasper, *The Catholic Church*, 185.

회, 성체가 완전한 자에게 주는 보상이 아니라 약한 자에게 주는 보약으로 여겨지는 교회, 신앙의 기쁨이 전염되는 교회, 모두가 경청하고 모두가 포함되며 가난한 이들을 결코 잊지 않는 교회가 사도적 교회의 과제라고 강조한다.[400]

사도성 및 교회 밖을 향한 선교Mission Ad Extra

사도성은 궁극적으로 교회 밖을 향하여 즉 전 세계를 향하여 확장된다. 대럴 구더는 다음과 같이 말한다. "교회의 근본적이고 결정적인 특성은 사도성이다.… 사도성은 증인 공동체를 형성함으로써 복음을 알리는 사도적 사명과 관련이 있다. 사도성은 '예루살렘과 온 유대와 사마리아와 땅 끝까지'(사도 1,8) 그리스도의 증인이 되는 것을 의미한다."[401] 물론 증언은 사도성이 교회 내부를 향하여ad intra 요구하는 조용한 증언 그 이상이다. 증언은 4장에서 설명한 대로 명확하고 적절하며 예언자적으로 복음을 선포하고, 정의를 위해 투신하며, 모든 형태의 대화에 참여하는 것뿐 아니라, 신학과 교회 구조의 토착화를 위해 노력하고 화해의 도구가 되는 등 선교 활동의 모든 범위로 확장된다. 존 플렛은 칼 바르트Karl Barth의 말을 인용한다. 사도적 교회는 "그 어떤 면에서 보더라도 그 자체로 결코 목적이 될 수 없다.… 사도적 교회는 그리스도의 공동체로서 항상 그 자신을 넘어서는 곳을 지향한다."[402] 궁극적으로 플렛은 예수 그리스도가 사도의 유일한 기초이며,[403] 예수 그리스도는 사도적 교회의 유일한 기초라고 주장한다.

---

400 Stephen Bevans, "Pope Francis's Missiology of Attraction," *International Bulletin of Mission Research* 43, no. 1 (January 2019): 20-28.

401 Guder, "A Multicultural and Translational Approach," 24.

402 Flett, *Apostolicity,* 323, Barth, *Church Dogmatics* IV, 1, 724. 재인용.

403 Flett, *Apostolicity,* 289-328.

선교하는 교회는 보편적이다

대럴 구더는 "사도적 교회는 보편성에 의해 정의된다"[404]고 주장한다. 이에 비해, 셰릴 피터슨은 "사도적 선교의 범위는 전적이고 보편적이기 때문에 교회도 보편적일 때만 사도적일 수 있다"[405]고 말한다. 이처럼 보편성에 대한 이해는 신학 역사에서 매우 다양하고 풍부하다. 이 장의 서두에서 언급한 로버트 슈라이터의 생각에 따르면 오늘날 교회가 사도적 선교를 수행할 때 가장 중요한 교회의 표식은 보편성일 것이다. 실제로 보편성은 교회의 사도적 본성에 생명과 색채를 부여하는 동시에, 교회가 상호문화적 세계에서 살아가고 형성하는 과정에서 거룩하고 하나가 되도록 부름받은 교회의 모습을 보여 준다. 보편성은 또한 다양성 속의 일치와 친교 속의 일치, 즉 교회가 자신과 세상 안에서 급진적 킨십을 향한 하나님의 꿈을 구현하고, 보여 주고, 선포하는 사명을 가리킨다.[406]

역사 속의 보편성

교부 시대와 중세 시대의 이해

사도성의 차원과 마찬가지로 보편성은 성경의 용어가 아니며 신약성경에서 교회를 설명하는 데 사용되지도 않았다. 그러나 이 용어katholikos는 사도 시대 초기에는 그리스 문맥에서 사용되는 것보다 훨씬 더 풍

404 Guder, "A Multicultural and Translation Approach," 25.

405 Peterson, *Who Is the Church?* 133.

406 Stephen Bevans, "Catholicity: A Missional Mark of the Church," *Converting Witness: The Future of Christian Mission in the New Millennium,* ed. John G. Flett and David W. Congdon, 17-44 (Lanham, MD: Lexington Books/Fortress Academic, 2019). 이번 소절은 나의 책에 있는 장의 내용을 간략하게 요약한 내용이다.

부하고 미묘한 방식으로 나타난다.[407] 이 시기에 이 용어가 처음 사용된 것은 안티오키아의 이냐시오가 스미르네아 사람들에게 보낸 편지(8, 2)에서이다. "주교가 있는 곳에는 공동체가 있다, 이는 마치 예수 그리스도가 있는 곳에는 가톨릭교회가 있는 것과 같다." 이것이 무엇을 의미하는지에 대한 해석은 다양하다. 이냐시오는 주교가 주재하는 지역 교회와 구별하여 그리스도가 주재하는 보편적 교회를 언급한 것일까? 아니면 진리의 완전성과 충만함, 즉 교리의 진정성을 가리키는 말일까? 어느 쪽이든 해석할 수 있다. 예를 들어, 약 40년 후 폴리카르푸스의 순교에 관한 기록에서 가톨릭은 처음에는 다른 집단과 대조되는 참된 교회를 의미했지만, 나중에는 전체 또는 보편적 교회를 의미한다.[408] 4세기 중반에 이르러 이 두 개념이 하나로 합쳐진다. 가톨릭교회는 기본적으로 "반체제 그리스도교 단체에 대항하는 위대한 교회"로 이해된다.[409] 아우구스티누스의 주장은 다음과 같다. 참되고 진정한 교회는, 아프리카에 국한된 도나티스트와 달리, 전 세계에 퍼져 있는 교회이다.[410]

에이버리 덜레스는 예루살렘의 치릴루스가 Catechetical Lectures에서 '보편성'이라는 용어에 대해 고대 그리스도교에서 가장 완전한 논의를 제시했다고 언급한다.[411]

교회가 '가톨릭'이라고 불리는 이유는, 전 세계에 퍼져 있으며, 눈에 보이는

---

407 Congar, "La Chiesa È Cattolica," in Feiner and Löhrer, Mysterium Salutis, 577-78; Avery R. Dulles, *The Catholicity of the Church* (Oxford: The Clarendon Press, 1985), 14.

408 Congar, "La Chiesa È Cattolica," 579. XVI, 2와 XIX, 2.

409 Dulles, *The Catholicity of the Church*, 14.

410 Congar, "La Chiesa È Cattolica," 581.

411 Dulles, *The Catholicity of the Church*, 14.

것과 보이지 않는 것, 하늘과 땅에 관한 모든 교리를 보편적이고 완전하게 가르치기 때문이다. 또한, 모든 사람을, 즉 지배자와 피지배자, 학식 있는 자와 무지한 자 모두를 바른 경배로 이끌며, 영혼과 육체로 지은 모든 죄를 보편적으로 치유하고, 행위나 말, 영적 은사 등 상상할 수 있는 모든 덕목을 내포하고 있기 때문이다.[412]

교부문헌에 등장하는 많은 교회 이미지는 가톨릭에 대한 이러한 풍부한 이해를 증언한다. 그중에는 요셉의 여러 가지 색의 외투 이미지, 베드로가 옥상에서 본 요파의 환상, 오순절에 일어난 기적-여러 언어지만 하나의 언어로 이해되는 기적-이 있다.[413] 이러한 이미지에서 우리는 보다 현대적인 논의의 기준이 될 확장성과 특수성 사이의 연관성을 볼 수 있다.

중세의 보나벤투스와 그의 동시대 인물인 알베르투스 마그누스와 토마스 아퀴나스도 같은 맥락을 따르고 있다. 덜레스에 따르면 특히 아퀴나스는 "가톨릭을 특수성에 따른 모든 한계로부터의 자유로 이해했다. 이러한 속성을 지니고 있기 때문에 교회는 장소와 시간의 경계를 초월하고 모든 종류와 조건의 사람들을 포용할 수 있다고 그는 말한다."[414] 그러나 이러한 초월과 포용은 교회가 그리스도의 삶에 참여했기 때문에 가능한 것이었다. 아퀴나스의 가톨릭에 대한 이해는 교회론에 뿌리를 둔 것이 아니라 그리스도론에 뿌리를 둔 것이라고 콩가르는 말한다.[415]

---

412 Dulles, *The Catholicity of the Church*, Appendix 1, 181. *Catechetical Lectures*, XVIII.

413 Congar, "La Chiesa È Cattolica," 583. 콩가르는 풍부한 교부문헌을 제시한다.

414 Dulles, *The Catholicity of the Church*, 15. Appendix 1, 181에서 Dulles는 Aquinas의 "In Symbolum Apostolorum"를 인용한다.

415 Congar, "La Chiesa È Cattolica," 586.

근대의 가톨릭

가톨릭에 대한 이러한 신비주의적이고 신학적인 이해는 16세기 종교개혁 양측의 변증론적 입장이 발전하면서 변화하게 된다. 종교개혁자들에게 보편성(가톨릭성)은 성경과 고대 전통에 대한 변함없는 충실성을 의미했다. 그들의 시각에서 가톨릭교회는 수 세기 동안 교리적·전례적 변화를 도입해 왔고, 이러한 변화를 받아들일 수 없다고 보았다. 그래서 종교개혁자들은 이러한 변화를 배제하고 성경과 전통에 더욱 충실하려 했다.[416] 다시 말해 그들이 견지하는 보편성은 정통성과 충실성, 진정성에 관한 것으로 교회 초기의 보편성 이해와 매우 유사했다. 로마 가톨릭의 경우, 콩가르가 말하는 보다 질적인 이해(치릴루스, 아퀴나스)가 보다 양적인 이해에 자리를 내주었다. 가톨릭 변증가들은 가톨릭에 대한 초기의 이해를 바탕으로 로마 교회가 참으로 그리스도의 참된 교회라고 주장했다. 그러나 그 증거는 선교사들이 북남미와 아시아의 새로 '발견된' 땅에 교회를 세움으로써 가톨릭교회가 땅 끝까지 지리적 확장을 이루었다는 데 있었다.[417] 로버트 슈라이터는 지리적 확장을 강조하는 동시에, 트렌트공의회 이후 상황화 맥락에서 가톨릭 교리와 실천의 통일성에 중점을 둔 로마 가톨릭교회의 보편성에 대해 지적한다.[418]

19세기에 공화주의와 민족주의가 로마 교회에 도전하면서 가톨릭 신자들에게 보편성은 세속의 변화 압력에 직면한 교회의 불변성으로 이해되었다. 따라서 보편성은 교회가 동일한 교리와 관습을 가지고 전 세계에 퍼져나가는 것으로, 결코 변할 수 없고 변하지도 않는 것

416 Dulles, *The Catholicity of the Church*, 16.

417 Congar, "La Chiesa È Cattolica," 586.

418 Schreiter, *The New Catholicity* 121.

을 나타냈다.[419] 슈라이터는 개신교 측에서 일부 개혁주의 교회가 정교회에서 나타난 보편성에 대한 견해를, 즉 종말에만 완전히 드러날 교회의 충만함에 대한 종말론적 이해를 채택했다고 관찰한다. 이 개신교도들은 지상의 교회는 깨어지고 불완전하며 분열되고 죄가 있지만, 하느님 나라가 완전히 시작될 때에만 성취될 온전함을 향해 나아가고 있다고 주장했다.[420]

현대의 가톨릭 : 다양성 속의 일치로 소통하기

20세기 초반, 교회론과 그리스도론의 쇄신 이후 로마 가톨릭에서는 보편성에 대한 중세의 질적 이해가 다시 등장하기 시작했다. 콩가르의 설명에 따르면, 이 시기 가톨릭교회는 교회 밖을 향해 교회의 정통성이나 확장을 변증하는 데 중점을 두기보다는 교회 자체의 내부 역학 인식에 집중했다. "순전히 외적이고 사회학적인 것에서 보편성이라는 개념은 다시 한번 내적이고 그리스도론적인 것이 되었다." 이보다 신비적이고 질적인 이해는 교회 간의 관계와 다양성 속의 일치라는 교회의 현실에 초점을 맞추었다.[421]

이 새로운 관점은 과거의 이해(성화상, 아퀴나스의 포괄적 묘사, 심지어 이냐시오의 논쟁적인 문구)에서 암시되어 있었다. 그러나 20세기의 변화하는 세상에서 다양성 속의 일치로서의 보편성은 점점 더 많은 의미를 갖기 시작했다. 세기 초에는 사회과학이 등장했고, 특히 인류학과 민족학이라는 새로운 분야에서 문화에 대한 새로운 이해가 명료하게 드러나고 있었다. 이러한 학문들은 규범적이고 고전적인 문화 개념을 벗

419 Schreiter, *The New Catholicity*, 121.

420 Schreiter, *The New Catholicity*, 121.

421 Congar, "La Chiesa È Cattolica," 587.

어나 경험주의적 방식으로 문화 이해에 접근했다. 여기서 문화는 삶에 접근하는 방식을 형성하는 의미 체계로 간주되었다.[422] 하나의 표준(서구적)인 타당성에서 특정 맥락에 뿌리를 둔 진리와 선을 보는 다양한 방식으로 관점이 전환되었다. 이러한 새로운 깨달음은 식민지 민족이 접했던 서구식 교육에 의해 서구 식민주의의 토대가 약화되고 있던 바로 그 시기에 이루어졌다. 이러한 교육은 가톨릭과 개신교 선교사들에 의해 제공되었는데, 이들은 식민지 체제를 전복하는 데 명시적으로 또는 무의식적으로 기여했다. 그 결과 한편으로는 지역 자치와 독립에 대한 요구가, 다른 한편으로는 신흥 민족주의와 지역 문화와 종교에 대한 인식이 생겨났다.

20세기 중반에 세기의 가장 중요한 종교적 사건인 제2차 바티칸공의회(1962-65)가 개최되면서 독일 가톨릭 신학자 칼 라너Karl Rahner는 역사상 처음으로 완전한 보편성을 경험하는 '세계 교회'의 현실에 대해 말할 수 있었다.[423] 라너의 유명한 에세이는 가톨릭교회를 언급했지만 그 타당성은 개신교와 정교회도 포함하는 것으로 확장되었다. 20세기 말, 그리고 현 세기로 접어들면서 학자들은 세계 그리스도교의 현실에 대해 이야기하기 시작했다. 오늘날에는 마치 교회가 존재할 때부터 교회의 보편성이 실재했던 것처럼 받아들여지기도 하지만, 실제로 이 개념은 최근에 이르러 그리스도인들이 명백하게 인식하게 된 실재reality이다. 실제로 교회는 이런 의미에서 항상 "보편적"이었다.[424]

---

422 Bernard J. F. Lonergan, *Method in Theology* (London: Dartman, Longman and Todd, 1972), xi. Kane, Syncretism and Christian Tradition, 37-54.

423 Karl Rahner, "Toward a Fundamental Theological Interpretation of Vatican II," *Theological Studies* 40, no. 4 (1979): 716-27.

424 이 주장은 Vince Bantu가 *A Multitude of All Peoples*에서 제시한 바 있다. Vince Bantu,

이러한 맥락에서 보편성에 대한 제2차 바티칸공의회의 간략한 언급이 가장 잘 이해될 수 있다. 덜레스가 지적했듯이, 공의회의 논의 "전승에 확고하게 뿌리를 두고 있지만" "제2차 세계대전 이후 분명해진 새로운 상황"에 "조율attune되어 있다."[425] 모든 민족은 하느님 백성의 일원으로 부름을 받았다고 공의회는 주장한다. 공의회는 여기서 보편성에 대한 지리적, 시간적 이해로 시작하지만, 곧 다양성 속의 일치라는 역동성으로 나아간다. 교회가 하느님 나라 안에서 기대하는 인류의 일치는 세속적인 획일성이 아니다. 이 일치는 "이 세상에 속하지 않은" 일치이기 때문에 "그 어느 누구의 세상적인 안녕을 해치지 않는다." 오히려 교회는 "선한 한도 내에서" 사람들의 능력과 자원과 관습을 받아들여 이 모두를 정화하고, 강화하며 고양시킨다. "이러한 보편성 덕분에 각 부분은 전체 교회의 다른 부분에 자신의 은사를 기여함으로써 전체와 각 부분은 모든 것을 공동으로 나누고 일치 안에서 충만함을 이루려는 공동의 노력으로 강화된다." 이 구절은 교회 구조의 보편성을 논한 뒤에 전체 교회 공동체를 구성하는 개별 교회를 다룬다. 보편성은 "정당한 다양성을 보호하는 동시에 차이가 일치를 약화시키지 않고 오히려 일치에 기여하도록 주의를 기울인다." 이 구절은 다른 교회, 다른 신앙, 실제로 신앙이 없는 진실한 사람들이 어떤 의미에서 가톨릭 성찬례와 어떻게 관련되어 있는지를 이야기하면서 동시에 일종의 에큐메니칼 보편성을 암시한다(LG 13-16 참조).

프란치스코 교황은 2020년에 발표한 글에서 교회의 일치를 원이

World Christianity: Perspectives and Insights, ed. Jonathan Y. Tan and Ahn Tran (Maryknoll, NY: Orbis Books, 2016).

425 Dulles, *The Catholicity of the Church*, 24.

나 구가 아닌 다면체의 관점에서 그려볼 수 있다고 제안하며 보편성에 대한 멋진 이미지를 제시했다.

> "우리는 끊임없이 시야를 넓히고 우리 모두에게 이익이 되는 더 큰 선을 보아야 한다.… 우리는 하느님의 선물인 비옥한 토양과 우리 고장의 역사에 더 깊이 뿌리를 내려야 한다.… 전 세계가 억눌려서도 안 되고, 특정 지역이 불모지라고 해서도 안 된다." 우리의 모델은 "전체가 부분보다 크지만 부분의 합보다 더 큰" 각 개인의 가치가 존중되는 다면체의 모델이어야 한다(FT 145, EG 235 인용, FT 142-50 참조).

1968년 웁살라 총회에서 WCC는 "성령과 교회의 보편성"이라는 제목의 문서를 발표했다. 제2차 바티칸공의회의 입장을 반영하고 프란치스코 교황의 입장을 예상하는 방식으로 웁살라는 "그리스도의 목적은 모든 시대, 모든 인종, 모든 장소, 모든 조건의 사람들을 하느님의 아버지 되심 아래 성령으로 그리스도 안에서 유기적이고 살아 있는 일치로 이끄는 것"이라고 가르쳤다. 이 일치는 외적인 것만이 아니라 '보편성'이라는 용어로 표현되는 더 깊고 내적인 차원을 가지고 있다.[426] 성령은 교회의 보편성을 통해 교리적 진리, 전례 거행, 교회 질서의 풍부한 다양성을 포용하는 일치로 교회를 이끄신다. 이런 식으로 "성령은 우리를 온전한 가톨릭적 선교와 사목으로 인도한다."[427] WCC 세계선교및복음화위원회의 전 국장 크리스토퍼 두라이싱Christopher Duraisingh의 말을 인용한 WCC 문서 [함께 생명을 향하여-변화하는

---

426 WCC, "The Holy Spirit and the Catholicity of the Church," #6, *The Uppsala Report, ed. Norman Goodall* (Geneva: WCC Publications, 1968), 12.

427 WCC, "The Holy Spirit and the Catholicity of the Church," #13, 14.

환경에서의 선교와 전도]는 성령의 영감을 받은 이 선교와 사목을 지역 문화와도 연결한다. "'복음은 많은 열매를 맺기 위하여 그 자체로 진실해야 하고 사람들의 문화 속에 성육화肉化하거나 뿌리를 내려야 한다.… 우리는 어떤 곳에서 복음이 문화에 도전을 주는지, 문화를 승인하는지, 문화를 변혁하는지 더 잘 분별하기 위해 지속적으로 성령의 통찰을 추구해야 한다."(TTL 100)[428]

존 플렛과 로스 케인은 여러 문헌을 검토하는 가운데, 과거의 식민주의, 인종주의, 교회 관행을 모방하는 '문화'로의 미묘한 입문에 빠지는 위험을 폭로한다.[429] 물론 이러한 위험을 인식하는 것이 중요하지만, 제2차 바티칸공의회와 프란치스코 교황, WCC가 제시한 비전은 도전적이고 숭고한 것이다. 실제로 이 비전은 선교하는 교회의 주요 과제, 즉 선교하는 제자들의 교회의 주요 과제이다. 가톨릭교회와 WCC는 보편성을 다루며, 일치와 다양성 사이의 역동적이고 창조적인 긴장 속에서 성장하고 번영하는 교회의 초상을 그려낸다. 이와 관련하여 로버트 슈라이터는 덜레스가 보편성을 "서로의 긴장 속에서 사물을 하나로 묶는 능력"으로 정의한다[430]고 요약한다. 슈라이터 자신도 독일 신학자 지그프리트 비덴호퍼Siegfried Widenhofer가 보편성을 "교류와 소통을 통한 온전함과 충만함"으로 정의한 것을 인용한다.[431] 슈라이터는 온전함은 신앙의 정통성과 진정성에 대한 고전적 이해를 가리킨다고 말하는데, 이러한 차원은 여전히 중요하다. 그러나 보편

---

428 Christopher Duraisingh, ed., *Called to One Hope: The Gospel in Diverse Cultures* (Geneva: WCC Publications, 1998), 21-22, 24.

429 Flett, *Apostolicity*, 102-85; Kane, *Syncretism and Christian Tradition*, 45-54.

430 Schreiter, *The New Catholicity*, 128.

431 Schreiter, *The New Catholicity*, 128. Siegfried Widenhofer, *Das katholische Kirechenverständnis* (Graz, Austria: Verlag Syria, 1992), 279.

성의 새로운 측면은 세계 그리스도교의 다면적이고 다문화적인 현실이라는 맥락에서 교류와 소통에 대한 헌신으로 표현된다. 다양한 문화적, 상황적 은사를 지닌 하나의 교회는 서로 간에 그리고 다른 모든 교회를 향해 끊임없이 개방적인 자세를 취해야 한다. 이렇게 할 때 보편성은 교회가 소유한 특성일 뿐 아니라 교회가 참여하는 활동이 된다. 이러한 참여에서 필연적으로 드러나는 긴장에도 불구하고 말이다.

교회의 선교적 표식으로서의 보편성

적극적이고 역동적이며 창의적인 이러한 소통은 보편성의 선교적 본질을 이해하는 토대가 된다. 교회가 보편적인 이유는 세례를 통해 삼위일체의 선교적 삶에 참여함으로써 창조세계 전체에 차이 속의 일치를 전하기 때문이다. 보편성은 선교적 선물이다. 삼위일체적 삶에 대한 이러한 참여는 교회와 교회들 사이에서 다양성 속의 일치를 살아 있는 현실로 만들라는 부름이다. 보편성은 교회 내부를 향한 과제이자 사명이다. 또한 보편성은 세상을 향한 과제이자 사명, 즉 선교 광고이기도 하다. 보편성에서 표현되는 교회의 사명은 삼위일체 하나님과 함께 하나님의 창조세계 안에서 모든 민족이 다양성 안에서 일치를 이루도록 노력하는 것이다.

선교적 선물로서의 보편성

하느님의 가장 깊은 신비 안에서 완전하고 열린 관계와 친교인 보편성은 모든 피조물 사이에 근본적 킨십인 하느님의 통치를 확립함으로써 창조를 완성하려는 하느님의 사명에서 드러난다. 이 사명은 모든 그리스도인이 세례를 받을 때 명시적으로 공유되었다. 그렇기 때문에 보편성은 교회가 결코 잃을 수 없는 선물이다. 보편성은 교회의 선교적 본질에서 지울 수 없는 차원이다.[432]

보편성의 증인

그러나 보편성의 은사는 무엇보다도 먼저 교회 내부를 향한 선교를 촉구한다. 교회의 임무는 교회의 진정한 모습이 되는 것이다. 이브 콩가르는 이를 잘 표현했다.

> 교회는 가톨릭이면서도 아직 가톨릭이 아니다. 여기서 "지금, 아직은 아니다"라는 원칙은 교회가 전적으로 순례자적 성격을 지니고 있음을 의미한다. 교회는 이미 그 제도와 형식적 원칙에 있어서는 에클레시아 회중으로서 존재하지만, 그 역사적 본질에 있어서는 아직 존재하지 않으며 끊임없이 에클레시아 회중으로서 존재해야 한다.… 그러므로 보편성은 현실적이면서도 가상의 속성이며, 실현되기 위해 주어진 역동적인 속성이다(Gabe and Aufgabe).[433]

그러나 가톨릭 신자가 되고 보편성을 유지하는 것은 쉽지 않다. 가일라데츠가 표현한 것처럼 보편성은 "보편적인 것과 특수한 것 사이의 긴장 속에 놓여 있다." 또는 에이버리 덜레스의 설명에 따르면 보편성은 "상호 반대되지만 보완적인 원칙들의 역동적인 상호작용으로 구성된다."[434] 교회의 이러한 긴장과 짐짓 상반되는 현실 중 하나는

---

432 이 은사의 현실에 대한 더 자세한 성찰은 Bevans, "Catholicity," 23-26쪽 참조.

433 Congar, "La Chiesa È Cattolica," 595-96.

434 Gaillardetz, *Ecclesiology for a Global Church*, 40; Dulles, *The Catholicity of the Church*, 121.

모호성에 대한 개방성이다. 프란치스코 교황은 열린 문을 가진 교회가 되기를 강력하게 표현한 바 있다. "예수님은 우리가 다른 사람들의 삶의 현실 속으로 들어가서 부드러움의 힘을 알기를 기대하십니다. 그렇게 할 때마다 우리의 삶은 놀랍도록 복잡해집니다."(AL 308) 교회의 보편성이라는 맥락에서 모든 지역 교회의 완전성을 인정하는 일, 모든 문화를 포용하고 그 문화가 서로 교류하고 서로 비판하면서 상호 성장을 발전시키려는 노력, 그리스도인들이 자신의 삶의 증거, 특정한 직무 또는 받은 사명(안수)을 통해 교회의 선교에 참여하는 모든 형태의 제자도를 소중히 여기는 것 등이 실천하고 유익을 얻어야 할 다른 긴장들이다. 교회가 '교류와 소통'이라는 역동적인 보편성의 과정 속에서 '충만함과 온전함'을 기르기 위해 노력할 때, 교회는 복음에 충실하고 예수님과 관계를 맺는 삶을 사는 것이 어떻게 여성과 남성, 모든 피조물에 풍성한 삶의 혁명적 친밀감을 제공할 수 있는지를 세상에 증언하는 존재가 될 수 있다. 보편성을 위해 노력하는 것은 하느님 나라가, 즉 하느님께서 모든 사람을 위해 준비하신 킨십이, 실제로 가능하다는 것을 보여 준다.[435]

보편성과 교회 밖을 향한 선교 Mission Ad Extra

앞서 살펴본 바와 같이 보편성은 교회가 내부적으로 추구해야 할 과제이다. 또한 보편성은 세상 안에서-ad extra- 교회가 해야 하는 과제이기도 하다. 이 과제는 하느님이 창조한 세계 전체를 통해서, 신앙인들과의 협력을 통해 실현된다. 또한 이 과제는 정의와 평화라는 분명하고 때로는 도전적인 메시지를 증거하고, 이를 위해 일하고, 그 메시지를

435 보편성의 ad intra 측면에 관해서는, Bevans, "Catholicity," 26-33쪽 참조.

전파하는 활동을 통해서 실현된다. 하느님의 선교라는 임무는 세상의 보편성을 위해 일하는 것이다. 교회는 '보편성 활동'을 통해 하느님의 선교에 동참한다. 교회는 하느님께서 언제 어디서나 행하시는 일을 구현하고, 보여 주고, 선포한다.[436]

436 보편성의 ad extra 측면에 관하여, Bevans, "Catholicity," 33-37.

결론

이 장에서는 교회의 사도성과 보편성에 대해 고찰하면서 교회의 이러한 표식 또는 차원이 교회의 가장 깊은 현실에 대한 진정한 선교적 특성이라는 점을 다시 인식했다. 그것들은 말씀과 성령을 세상에 보내시고, 다양성 속의 일치라는 교향곡으로 창조의 완성을 위해 진화의 과정 속에서 일하시며, 공동체 안에서 번영하는 하느님의 통치를 세우시는 하느님의 선교적 본질에 그 기원을 두고 있다. 우리는 세례를 통해 하느님의 생명에 뛰어들었기에theosis 보냄을 받고 그 보냄에 충실하기 위해 노력하며, 창조를 향한 하느님 꿈의 눈부신 다양성이 실현될 수 있도록 즐기며 일한다. 사도적이고 보편적인 교회를 믿는다는 것은 선교적 제자 공동체의 삶에 헌신하고, 그 제자도 안에서 항상 예수님의 성령의 능력으로 변화되는 삶을 사는 것을 의미한다.

다음 장에서는 교회의 신비에 대한 묵상을 마무리하며 교회의 거룩함과 하나됨에 대한 선교적 차원을 살펴볼 것이다.

10장

선교하는 교회의 차원-II

거룩함과 하나됨

그리스도인들은 어떻게 교회가 거룩하고 하나라고 고백할 수 있을까? 교회가 실제로 사도적 기원을 갖고 또한 사도적 사명을 유지하도록 부름을 받았다는 것은 분명하다. 또한 교회가 다양성 속의 일치라는 보편성을 증거하고 모든 민족과 모든 피조물이 자신의 정체성을 드러내고 다른 사람들의 정체성을 통해 풍요로워지도록 노력하도록 부름받았다는 사실도 분명하다. 그러나 교회가 거룩하다거나 교회가 하나라는 것은 분명하지 않다. 실제로는 그 반대의 경우가 더 많은 것 같다.

아우구스티누스가 도나티스트들을 진압하기 위해 로마 제국의 힘을 빌린 상황에서 어떻게 교회가 거룩하다고 고백할 수 있을까? 아니면 중세와 르네상스 교황권이나 십자군 전쟁, 종교재판의 타락을 어떻게 정당화할 수 있을까? 16세기 종교개혁 이후 수많은 그리스도교인들이 종교 전쟁에서 서로를 죽였다. 특히 여성은 개신교와 가톨릭

교회 양측에서 모두 마녀라는 누명을 쓰고 화형에 처해졌다.[437] 개신교와 가톨릭 모두 성직자의 성추행으로 인해 신뢰를 잃었다. 여성은 여전히 교회의 모든 계층에서 동등한 목소리와 역할을 갖기 위해 고군분투하고 있다. 전 세계의 선교사들은 탐욕스러운 식민지 세력과 동맹을 맺고 미묘한 인종 차별을 자행했으며 원주민의 삶과 문화를 파괴했다.[438] 교회의 거룩함을 말하는 것보다 교회의 죄악을 말하는 것이 더 쉬워 보인다.

거의 처음부터 교회는 분열되어 있었다. 유스티누스 순교자와 이레네우스는 이단자들에 반대하는 글을 썼다. 역사학자인 빈스 반투Vince Bantu는 서구 그리스도교의 정체성 정치identity politics가 등장하면서 교회 내에 격렬한 분열이 발생했음을 밝혀냈다.[439] 그에 따르면, 11세기에 동방 교회와 서방 교회가 분리되었고 16세기에는 종교개혁으로 인해 서구 그리스도교가 분열되었다. 오늘날 교회 내에서는 여성 안수, 결혼 평등, 심지어 전례의 언어에 대해서도 깊은 분열이 있다. 요한복음(요한 17,11)에 따르면 예수님은 죽기 전날 밤 제자들 간의 일치를 위해 기도하셨다. 그러나 현실은 사실상 항상 분열된 교회였다.

그럼에도 불구하고 교회는 거룩함과 하나됨을 동시에 부여받았다.

---

437 Walter Kasper, *The Catholic Church: Nature, Reality and Mission* (London: T. & T. Clark, 2015), 171. 이 예들 중 일부는 나의 것이며, 카스퍼는 그중 몇 가지와 다른 예들을 언급한다. 한스 큉은, 아마도 이러한 행위들에 대해 개인적인 책임은 없을지 모르지만, 그럼에도 불구하고 "그 불완전함, 결함, 왜곡 뒤에서 우리는 악, 죄, 그리고 악덕을 분별할 수 있다"고 말한다. Hans Küng, *The Church* (New York: Sheed and Ward, 1967), 321.

438 Ross Kane, *Syncretism and Christian Tradition: Race and Revelation in the Study of Religious Mixture* (New York: Oxford University Press, 2021), 37-54; Mark Charles and Soong-Chan Rah, *Unsettling Truths: The Ongoing, Dehumanizing Legacy of the Doctrine of Discovery* (Downers Grove, IL: IVP Academic, 2019).

439 Vince L. Bantu, *A Multitude of All Peoples: Engaging Ancient Christianity's Global Identity* (Downers Grove, IL: IVP Academic, 2020), 9-71.

거룩함과 하나됨은 불완전하고 심지어 죄로 인해 타락했지만 그럼에도 불구하고 실재하는 것이며, 그 완전한 실현은 교회의 사명 중 일부이다. 이 때문에 발터 카스퍼Walter Kasper는 교회의 역사를 단순히 제도적 역사로 이해해서는 안 되며, 범죄의 역사로 이해해서도 안 된다고 주장한다. 교회의 역사는 "무엇보다도 성도들의 역사이며 성화와 갱신 운동의 역사이다."[440] 카스퍼가 다소 과장되게 표현했다고 볼 여지도 있지만 분명한 것은 거룩함과 하나됨은 교회가 삼위일체의 거룩함과 일치에 참여하는 데서 나온다는 사실이다. 거룩함과 일치는 교회가 불완전함과 죄성에도 불구하고 하느님의 자비 때문에 하느님의 사랑받는 백성, 그리스도의 몸, 창조세계 가운데 성령의 성전으로 존재한다는 신비로서의 실재성에서 비롯된다. 이 장에서는 거룩함과 하나됨이라는 은사의 실체와 그 은사를 열매 맺게 하는 지속적인 과제, 그리고 교회 경계 밖의 거룩함을 가리키고 배우며 세상의 진정한 일치에 기여하는 과제를 이해하려고 시도한다.

선교하는 교회는 거룩하다

오직 하느님만이 거룩하시다. 우리가 대영광송의 마지막 부분에서 고백하는 바와 같다. "홀로 거룩하시고, 홀로 주님이시며, 홀로 높으신 예수 그리스도님, 성령과 함께 아버지 하느님의 영광 안에 계시나이다." 삼위일체 하느님은 전적인 타자이다. 하느님은 단순히 여러 실재 중에 한 실재도 아니고, 단지 무한히 거대하고 강력한 타자도 아니다. 오히

440 Kasper, *The Catholic Church*, 168.

려 하느님은 "모든 존재가 참여하고, 움직이고, 자신의 존재를 갖는 동사"이다.[441] 발터 카스퍼의 말처럼 거룩함은 하느님의 본성이다.[442]

성경에서 하느님을 "이스라엘의 거룩한 분"(이사 12,6)라고 부르거나 이사야의 소명 환상에서 사랍들이 외쳤을 때 의미하는 것은 바로 이러한 절대적인 차이 또는 초월성이다. "거룩하시다, 거룩하시다, 만군의 주님!"(이사 6,3) 히브리어 kadosh, 그리스어 하기오스hagios, 라틴어 sanctus는 구별, 선택, 표시, 배제를 의미하며 절대적인 순결을 암시한다.[443] 하느님과의 만남은 인간에게 두려운 경험이 될 수 있지만, 루돌프 오토Rudolf Otto가 그의 유명한 저서 『성스러움의 의미The Idea of the Holy』에서 설명했듯이, 하느님의 타자성은 사랑스럽고 매혹적이기 때문에mysterium fascinosum 인간을 그 "두려운 신비mysterium tremendum" 속으로 끌어들인다.[444] 궁극적으로 하느님의 타자성, 하느님의 거룩함은 하느님의 압도적인 자비이자 사랑이다. 마이클 J. 고먼Michael J. Gorman은 하느님의 성품은 하느님의 자기 비움에서 드러난다고 주장한다.[445] 하느님은 자신을 세상에 참여시키시고 피조물과 인류의 일을 맡으신다.

그러므로 하느님은 파트너십을 통해 거룩함과 초월성을 표현한다. 이것은 삼위일체적 삶의 가장 깊은 신비이며 하느님이 피조 세계, 특

441 Elizabeth A. Johnson, *She Who Is: The Mystery of God in Feminist Discourse* (New York: Crossroad, 1992), 239.

442 Kasper, *The Catholic Church*, 163.

443 Kasper, *The Catholic Church*, 163.

444 Rudolf Otto, *The Idea of the Holy: An Inquiry into the Non-Rational Factor in the Idea of the Divine and Its Relation to the Rationa*l (Oxford: Oxford University Press, 1958), 특히 12-39쪽 참조.

445 Michael J. Gorman, *Becoming the Gospel: Paul, Participation, and Mission* (Grand Rapids, MI: Eerdmans, 2015), 167n6.

히 모든 인간과 관계하는 방식이다. 피조물 전체가 하느님의 거룩함에 참여하지만(이 섹션의 뒷부분에서 다루게 될 내용), 그 거룩함은 그리스도교 신자들과 특별한 성사적 방식으로 공유된다. 제2차 바티칸공의회는 "그리스도의 제자들은 자기 업적 때문에 하느님께 불린 것이 아니라 오직 하느님의 계획과 은총에 따라 부름 받고, 주 예수님 안에서 의화되고, 믿음의 세례 안에서 참으로 하느님의 자녀가 되어 하느님 본성에 참여하였기에 참으로 거룩하게 된 것이다"(LG 40)라고 천명한다.

신약성경에서는 교회를 거룩하다고 부르지 않지만, 그리스도인은 종종 "성도"(예: 로마 1,7, 15,25, 1코린 1,2, 16,1, 2코린 8,4)라고 불리고, 교회는 "거룩한 민족"(1베드 2,9)와 "거룩한 성전"(에페 2,21)으로 불린다. 하느님의 거룩함에 참여하는 것은 실제로 그리스도인을 구별되게 하지만, 이는 하느님을 섬기고 하느님의 선교를 위한 구별이다.[446] 거룩한 교회의 그리스도인은 '자신의 본래 모습 그대로 있으라'는 부름을 혹은 '본래 자신이 되라'(로마 6,2-14; 콜로 3,9-13)는 부름을 받았다. 거룩함의 은총을 나타내는 이 표현은 그리스도인들이 자신의 삶과 교회 공동체, 세상에서 하느님의 자비를 삶으로 증거해야 하는 윤리적이며 영적인 노력의 의무를 암시한다.[447]

역사 안의 거룩한 교회

'거룩한'이라는 표현은 성서에서 교회를 지칭하지 않는다. 그러나 그 연결은 전통적인 속성, 표지 또는 차원 가운데 가장 먼저 교부문헌에 나타난다. 우리는 이것을 안티오키아의 이냐시오가 트랄리아 사

446 Küng, *The Church*, 324-25.

447 Yves Congar, "La Chiesa È Santa," *Mysterium Salutis, ed. Johannes Feiner and Magnus Löhrer,* vol. 7 (Brescia: Queriniana, 1972), 553.

람들에게 보낸 편지에서, 폴리카르푸스의 순교 이야기에서, 헤르마스의 목자(세 차례 등장)에서 찾아볼 수 있다. 로마의 초기 세례 예식에서도 '거룩한 교회'라는 표현이 나타나며, 이는 381년 콘스탄티노폴리스에서 확정된 니케아 신경에도 포함되어 있다.

교부 시대와 중세 시대의 거룩한 교회

그러나 교회는 거룩함을 고백하면서도 도덕적 완전성 측면에서 스스로를 이상화하지 않았다. 이는 밀과 잡초와 그물에 대한 복음의 비유(마태 13,24-30, 47-50)에서 암시되며, 코린도1서(5,1, 11,17-22)와 같은 성 바오로의 서신에서도 분명하게 드러난다. 에페소서는 교회를 그리스도의 흠 없는 신부로 묘사하고 있지만, 한스 큉Hans Küng은 이 이미지를 종말론적으로 정당화하는 아우구스티누스와 아퀴나스의 인용문을 제시한다. 아우구스티누스는 "내 책에서 교회가 흠이나 주름이 없는 존재라고 묘사할 때마다, 나는 교회가 이미 그렇게 되었다는 것을 암시하려는 것이 아니라 그렇게 되도록 준비해야 한다는 것을 의미한다.… 현재 교회는 신자들의 미숙함과 연약함 때문에 매일 새롭게 기도해야 한다. '우리의 허물을 용서해 주십시오'라는 기도를 드려야 한다"고 적었다. 그리고 아퀴나스는 교회가 언젠가는 실제로 완전해질 것이지만, 이것이 "그리스도의 고난을 통해 우리를 이끄는 최종 목표"라고 썼다. 요한1서 1장 8절이 지적하듯이 지금 우리가 죄가 없다고 말한다면 우리 자신을 속이는 것이기 때문이다.[448] 초기의 신학자들에 대해 콩가르Congar가 말한 것은 중세의 신학자들에게도 해당되는 말이다. "그들은 시대를 초월한 독단적인 관점이 아니라 구원의 역사라는 맥락에서 교회에

448 Küng, *The Church*, 327-28. Augustine, *Retractions II*, 18, PL 32, 637-38; Aquinas, *ST II*, 8, 3, ad 2.

대해 이야기한다."[449]

동양과 아프리카에서, 그리고 나중에 서양에서 수도원이 부상한 것은 여러 면에서 그리스도교가 로마 제국의 공식 종교가 된 후 그리스도교인들의 느슨해진 생활 방식에 대한 반작용이었다. 사막이나 섬 등 고립된 곳으로 피신한 사람들의 금욕적인 생활 방식은 교회가 부름을 받고 부여받은 거룩함의 증거였다.[450] 이집트의 안토니우스와 같은 초기 은둔자나 위대한 카파도키아인 바실리우스, 나지안주스의 그레고리우스, 니사의 그레고리우스, 사막의 어머니 신렉티카 Synlectica,[451] 서방의 누르시아의 베네딕토Benedict of Nursia[452] 같은 초기 은둔자들은 그리스도교의 힘과 명성이 높아지고 유럽 북부와 동부에서 이주하는 부족의 공격이 증가하는 세상에서 거룩함의 등대가 되어주었다. "수도원은 적대적인 비그리스도교 환경 속에서 그리스도교적 이상을 완벽하게 표현한 것으로 여겨졌다."[453] 수도원은 중세 내내 동서양에서 번성했으며 그레고리 7세 같은 위대한 개혁 교황 중 일부는 수도원 전통 출신이었다.[454] 클레르보의 베르나르, 빙엔의 힐

449 Congar, "La Chiesa È Santa," 567.

450 Christian Raab, *Understanding the Religious Priesthood: History, Controversy, Theology* (Washington, DC: Catholic University of America Press, 2021), 23-24.

451 신렉티카는 4세기경 이집트의 유명한 여성 수도사로, 초기 그리스도교의 사막 교부들과 함께 활동한 사막의 어머니 중 한 명이다. 그녀는 재산을 포기하고 은둔 생활을 하며 기도와 금욕을 통해 깊은 영성을 추구했다. 많은 제자들에게 영적 가르침을 주었고, 그녀의 가르침은 후대 수도 생활에 큰 영향을 미쳤다.

452 누르시아의 베네딕토(480-543년경)는 서방 교회의 중요한 수도사이자 베네딕토 수도회의 창시자다. 이탈리아 누르시아에서 태어난 그는 수도 생활을 통해 그리스도교적 규율을 정립하고 공동체 생활을 중시하는 수도회를 세웠다. 그의 저서 "베네딕토 규칙서"는 중세 서방 교회의 수도 생활에 큰 영향을 미쳤으며, 이후 수도원 제도의 기초가 되었다.

453 Stephen B. Bevans and Roger P. Schroeder, *Constants in Context: A Theology of Mission for Today* (Maryknoll, NY: Orbis Books, 2004), 120.

454 Congar, "La Chiesa È Santa," 569.

데가르트Hildegard of Bingen, 호캄의 요한 (마이스터) 에크하르트 같은 신비주의자도 수도자였다. 그리스도교의 거룩함과 교회 개혁의 위대한 증인으로는 아시시의 클라라Chiara d'Assisi[455]와 프란치스코Franciscus Assisiensis,[456] 마그데부르크의 메히틸데Mechthilde von Magdeburg[457]와 노르위치의 줄리안Julian of Norwich[458] 같은 성인이나 신비주의자들도 있다.[459]

종교개혁 시대의 거룩한 교회

그러나 중세에도 거룩함이 결여된 교회 모습이 너무도 분명하게 드러났다. 교회 내 만연한 부패, 콘스탄티노플 십자군이 자행한 악한 행동과 평범한 그리스도인을 양성하지 않은 면모 등을 그 예로 꼽을 수 있다. 이에 16세기 초, 마르틴 루터를 포함한 신실한 교인들이 종교개혁이라고 알려진 운동을 전개했다. 많은 종교개혁가들에게 교회는 보이지 않는(츠빙글리), 숨겨진(루터) 거룩한 몸이었으며, 그 구성원은 오직 하

---

455 아시시의 클라라(1194-1253)는 프란치스코의 동료이자 클라라 수도회의 창시자다. 그녀는 프란치스코의 가르침을 따르며 청빈하고 헌신적인 삶을 살았고, 여성들의 공동체 생활을 통해 교회의 개혁과 영적 갱신에 기여했다. 클라라 수도회는 이후 '가난한 클라라회'로도 불리며, 여성 수도 생활에 큰 영향을 미쳤다.

456 아시시의 프란치스코(1181/1182-1226)는 이탈리아 출신의 성인으로, 프란치스코 수도회의 창시자다. 그는 청빈, 겸손, 평화를 강조하며 교회의 개혁과 영적 갱신을 추구했다. 프란치스코는 자연을 사랑했고, 모든 피조물을 형제자매로 여기는 그의 사상은 이후 그리스도교 영성에 큰 영향을 미쳤다.

457 마그데부르크의 메히틸데(1207?-1282/1294)는 독일 출신의 신비가로, 여성 수도사로서 종교적 체험을 기록한 저서 『신의 흐르는 빛Das fließende Licht der Gottheit』으로 유명하다. 그녀는 신비적 경험을 통해 신과의 깊은 교제를 나누었으며, 이는 중세 신비주의의 중요한 부분으로 자리 잡았다.

458 노르위치의 줄리안(1342-1416경)은 영국 출신의 신비가이자 은둔자다. 그녀는 병중에 신비적인 환시를 경험하고, 이를 바탕으로 "신적 사랑의 계시"(Revelations of Divine Love)*를 저술했다. 이 책은 중세 그리스도교 문학에서 중요한 작품으로 평가받으며, 줄리안은 하느님의 사랑과 자비를 강조한 신비주의 사상가로 널리 알려졌다.

459 Stephen B. Bevans, *An Introduction to Theology in Global Perspective* (Maryknoll, NY: Orbis Books, 2009), 250-54.

느님만 알고 계신다고 여겨졌다.[460] "이러한 교회관을 지지하는 이들은 대부분 교회가 외형적이고 가시적인 조직을 갖추는 것이 바람직하고, 그 구성원이 참된 보이지 않는 교회와 최대한 가깝게 일치해야 한다고 주장했다. 그러나 이들은 이 두 교회를 동일시하는 것은 불가능하다는 입장을 견지했다."[461] 오직 신앙만으로 의롭게 된 각각의 그리스도인은 동시에 의인이면서 동시에 죄인이라는simul justus et peccator 루터의 가르침을 교회에도 적용할 수 있었다. 교회는 죄인들의 친교communio peccatorum이자 성인의 통공communio sanctorum이다.[462]

이브 콩가르는 가톨릭 종교개혁 시기, 특히 트렌트공의회 이후, 거룩함의 차원이 "가톨릭교회의 진리에 대한 변증적 논증 목록에서 중요한 자리를 차지하지 않았다. 오히려 16세기의 변증가들은 거룩함을 생략하는 경우가 많았다"고 지적한다.[463] 그럼에도 불구하고, 때로는 성스러움을 내세운 주장이 등장했는데, 이는 승리주의적이고 신뢰성이 떨어지는 경우가 많았으며, 특히 그 주장이 로마 교회에만 적용될 때 그러했다.[464] 우리는 19세기와 20세기 초의 수동주의 전통에서 이런 종류의 접근 방식을 분명히 볼 수 있는데, 예를 들어 아돌프 탕케레Adolphe Alfred Tanquerey[465]의 『A Manual of Dogmatic Theology』에

---

460 Kasper, *The Catholic Church*, 159.

461 "Church," *The Oxford Dictionary of the Church*, 2nd ed. rev. F. L. Cross and E. A. Livingstone (Oxford: Oxford University Press, 1978), 287.

462 Cheryl M. Peterson, *Who Is the Church? An Ecclesiology for the Twenty-First Century* (Minneapolis: Fortress Press, 2013), 136; Kasper, *The Catholic Church*, 171.

463 Congar, "La Chiesa È Santa," 572.

464 Congar, "La Chiesa È Santa," 573.

465 아돌프 탕케레(1854-1932)는 20세기 초에 중요한 영성신학자 중 한 명으로, 프랑스에서 태어나 사제 서품을 받은 후 성 쉴피스회Sulpician에 가입했다. 그는 주로 미국과 프랑스에서 신학을 가르쳤으며, 그의 저작들은 특히 신학과 도덕신학 분야에서 널리 사용되었다. 그의 대표적인 저서로는 The Spiritual Life: A Treatise on Ascetical and Mystical Theology (1930),

서 이를 확인할 수 있다. 탕케레는 1854년부터 1932년까지 살았지만, 이 책은 1959년 제2차 바티칸공의회 직전에 영어로 출판되었다. 탕케레는 "모든 것을 초월하는 로마 교회의 거룩함"이 교회의 교리와 전례 및 교회법이 "모든 성화의 수단"을 제공하기 때문에 비롯된다고 썼다. 또한 그는 교회의 거룩함이 교회 구성원의 거룩함과 성직자의 독신 생활, 남녀 수도자의 모범 및 자선과 교육, 지원 활동에서 보이는 '열매'에서도 비롯된다고 했다. 탕케레는 이러한 거룩함이 정교회와 개신교 그리스도교인들에게는 거의 발견되지 않거나 전혀 발견되지 않는다고 주장하면서 다음과 같은 결론을 내린다. "로마 교회는 진정한 그리스도의 교회이다."[466]

제2차 바티칸공의회 문헌의 거룩한 교회

제2차 바티칸공의회는 "이 거룩한 시노드가 제시하는 신비는 신앙의 문제로서 결코 변하지 않는 거룩함을 가진다"(LG 39)고 가르친다.

> 교회의 이 거룩함은 성령께서 신자들 안에서 맺어 주시는 은총의 열매로 끊임없이 드러나며 또 드러나야 한다. 그 거룩함은 자기 삶에서 사랑의 완덕을 지향하며 남들을 감화시키려고 노력하는 개인들에게서 여러 가지 형태로 표출되고, 흔히 복음적 권고라고 불려 왔던 권고의 실천에서 고유한 어떤 방식으로 나타나는 것이다(LG 39).

A Manual of Dogmatic Theology (2 vols., 1959), Brevior Synopsis Theologiae Moralis et Pastoralis (2 vols.; 1902), De Virtute Justitiae (1905)가 있다.

466 Adolphe Tanquerey, *A Manual of Dogmatic Theology*, trans. John J. Byrnes (New York: Desclee, 1959), 136-38.

위에서 인용한 탕케레에 나타난 전통신학의 일부를 여기서 볼 수 있지만, 공의회의 가르침에는 탕케레와 대별되는 전체적으로 상당한 차이가 있다.

첫째, 공의회는 거룩함에 대한 **보편적** 부름에 대해 이야기한다. 비록 가톨릭교회 회원들에게 초점을 맞추고 있지만, 공의회는 "어떠한 신분이나 계층이든 모든 그리스도인이 그리스도교 생활의 완성과 사랑의 완덕으로 부름받고 있다는 것은 누구에게나 자명하다"(LG 40)고 언급한다. [일치 운동에 관한 교령]은 더욱 분명하게 에큐메니칼 운동의 결과로 가톨릭은 "교회 자체를 세우고 교회에 생명을 주는 요소나 보화들 가운데에서 어떤 것들, 오히려 탁월한 많은 것들이 가톨릭교회의 눈에 보이는 울타리 밖에도 있을 수 있다"는 점을 깨닫게 되었음을 지적한다(UR 3; 13-24 참조).

둘째, 비그리스도교 종교와 선교에 관한 두 문서는 모두 그리스도교의 경계 밖에서 성령의 현존을 지적하고 있으므로, 다른 종교와 모든 문화의 신자들 사이에서도 "하느님의 감추어진 현존" 때문에 "진리와 은총의 요소"가 발견된다(AG 9). 이러한 요소는 "모든 사람을 비추는 참진리의 빛"(NA 2)이다. 세 번째로, [기쁨과 희망]은 "인류의 역사와 발전"(GS 44)이 교회에 기여한 바를 인정하며, 선의를 가진 사람이라면 불신앙 속에서도 성령의 영향 아래 사는 무신론자들에게도 존경을 표한다(GS 22, 20-21; LG 16 참조). 콩가르는 제2차 바티칸공의회의 정신에 따라 탕케레와 분명히 대조를 이루는 견해를 제시한다. "교회 밖에서도 성스러움sanctity이 존재했고, 지금도 존재한다. 또한 그리스도교의 성스러움이 가톨릭교회 밖에서도 발견된다는 것은 분명하다. 이를 인정하는 데 아무런 어려움이 없다."[467] 마지막으로 공의회는 교회가 거룩하지만 죄인들로 구성되어 있으므로 "항상 정화가 필요하며" "끊임없이 참회와 쇄신을 추구한다"(LG 8)는 사실을 인정한다.

제2차 바티칸공의회 이후의 거룩한 교회

공의회 이후 몇 년 동안 정화가 필요하다는 인식이 점점 더 두드러졌다. 교황 요한 바오로 2세는 오랜 교황 재임 기간 내내 교회가 저지른 잘못에 대해 사과하거나 유감을 표명했다.[468] 2000년 대희년을 소개하는 문서에서 교황은 회심과 과거에 대한 '기억의 정화'를 촉구했다. 교황은 교회의 거룩함과 오랜 세월에 걸친 교회의 거룩함의 증거를 주장하면서도, 교회 구성원들이 실제로 죄를 지었고 과거의 많은 끔찍한 일들에 책임이 있음을 인정했다.

> 우리의 죄는 많은 사람들의 마음에서 성령의 역사를 방해했다. 우리의 빈약한 신앙으로 인해 많은 사람들이 무관심에 빠지고 그리스도와의 진정한 만남에서 멀어졌다. 베드로의 후계자로서 나는 이 자비의 해에 교회가 주님으로부터 받은 거룩함에 강건하여 하느님 앞에 무릎을 꿇고 자녀들의 과거와 현재의 죄에 대해 용서를 간청할 것을 요청한다.[469]

발터 카스퍼는 희년 사순 첫 주일에 있었던 요한 바오로 2세의 강론을 논평하면서 교황이 "교회 안에 있는 개인의 죄악뿐만 아니라 교회 안에 있는 죄의 구조(죄스러운sinful 구조가 아니라!)에 대해서도 말했

467 Congar, "La Chiesa È Santa," 573.

468 "List of Apologies Made by Pope John Paul II," Wikipedia.

469 John Paul II, *Incarnationis Mysterium*, Bull of Indiction of the Great Jubilee Year 2000, November 29, 1998.

다"고 지적했다.[470] 몇 주 후 요한 바오로 2세는 예루살렘의 야드 바셈에서, 비록 사과는 하지 않았지만, 여러 시대에 걸쳐 그리스도인들이 유대인을 증오하고 박해한 것에 깊은 슬픔을 표명했다.[471] 1986년 캐나다 연합교회가 캐나다 원주민에게 사과한 것을 비롯하여, 2008년 호주교회협의회는 원주민과 토레스 해협 섬 주민을 대하는 교회의 죄책감을 인정했다.[472] 다른 그리스도교 교회에서도 사과를 표명했다.

2022년 7월에 프란치스코 교황은 19세기부터 20세기까지 기숙학교에서 자행된 "원주민 학대와 강제 동화"[473]에 대한 가톨릭교회의 역할에 대해 직접 사과하기 위해 캐나다로 "참회 순례"[474]를 떠났다. "이 비참한 악에 직면하여 교회는 하느님 앞에 무릎을 꿇고 자녀들의 죄에 대한 용서를 간청한다. 저 자신도 부끄럽고 분명하게 이를 재확인하고자 한다. 수많은 그리스도인들이 원주민에게 저지른 악에 대해 겸손히 용서를 구한다."[475]

프란치스코의 캐나다 방문은 정말 특별했다. 2022년 7월 27일, 〈America〉는 이 지역 원주민들이 '신의 호수'라고 부르는 세인트 앤 호

---

470 Kasper, *The Catholic Church*, 171. 2000년 3월 12일 "용서의 날Day of Pardon" 교황 강론과 국제신학위원회의 중요 문서인 *Memory and Reconciliation: The Church and the Faults of the Past*, December 1999를 참조.

471 John Paul II, Speech at the Yad Vashem Holocaust Museum, March 23, 2000.

472 United Church of Canada, "The Apologies [to Indigenous Peoples]" (1998); National Council of Churches in Australia, "Indigenous Peoples Also Have the Right to Dignity and Justice: A Statement of the National Council of Churches in Australia" (2008).

473 Editors' Introduction, "Full Text: Pope Francis' Apology to Indigenous Peoples in Canada," *America Online*, July 25, 2022.

474 Pope Francis, "Meeting with Indigenous Peoples: First Nations, Métis, and Inuit," July 25, 2022.

475 Pope Francis, "Meeting with Indigenous Peoples."

수 옆에서 휠체어에 홀로 앉아 있는 교황의 사진을 게재했다. 제럴드 오코넬Gerald O'Connell은 그 순간에 대해 "교황이 눈을 감고 깊은 기도에 잠긴 채 그곳에 앉아 있었고, 행사를 위해 온 수백 명의 원주민 순례자들도 조용히 지켜보며 기도하고 있었다"라고 썼다. 호숫가에 홀로 서서 하느님께 치유를 간구하는 교황의 모습은 이 참회 순례의 상징적인 이미지로 남을 것이다.[476] 이러한 참회는 교회의 진정한 거룩함이 무엇인지를 엿볼 수 있게 해 준다.

교회는 거룩하다

그럼에도 불구하고 교회의 명백한 죄와 부패의 역사를 고려할 때, 어떻게 교회가 "변함없이 거룩하다"(LG 39)고 정직하게 말할 수 있을까? 50여 년 전에 쓰였지만, 교회의 죄성과 거룩성에 대한 한스 큉의 성찰은 시대를 초월하여 신학자들이 이 질문에 답한 다양한 방식을 살펴보는 데 여전히 유용하다. 큉은 교회에 죄성이 존재하는 것에 대해 세 가지 설명을 제시하는데, 큉에 따르면 이 모든 설명은 궁극적으로 교회가 교회를 구성하는 구성원들과 분리된 어떤 실체가 아니라는 사실을 회피하고 있다.[477] 기본적으로 내가 나름대로 수용하는 큉의 이러한 견해는 교회가 사람들로 이루어진 구체적인 공동체로서 죄인일 수 있다는 점을 인정한다. 그러나 그 죄성 안에서 오히려 교회의 성스러움이 드러난다.

거룩한 교회에서 죄를 생각하는 첫 번째 방법은 거룩함을 배반하

---

476 Gerald O'Connell, "The Most Profound Images and Words of Pope Francis's Canada Trip (So Far)," *America*, July 27, 2022.

477 여기서 큉의 사상을 요약하면서 나는 그의 두 번째와 세 번째 요점을 순서대로 바꿨다. 나는 이 방식이 교회의 거룩함에 대한 이해의 발전을 더 명확하게 만든다고 생각한다.

는 교인을 배제하는 것이다. 교회가 존재한 첫 세기에는 물질과 정신의 엄격한 이원론을 주장한 영지주의자와 몬타누스주의자, 박해 시대에 교회를 배반한 자의 재세례를 요구한 도나티스트들 사이에서 이러한 배제가 실행되었다. 중세에는 순수한 사람들을 의미하는 카타르파 같은 그룹이 계급적 교회의 부패로부터 스스로를 분리했다. 종교개혁 기간과 그 이후에 개신교에서는 재세례파나 청교도, 가톨릭에서는 얀센주의자 같은 그룹이 등장했다. 이들이 제시한 하느님상과 엄격한 도덕적 이해로 인해 그들은 더 "느슨한lax" 그리스도교인들과 차별화되었다. 오늘날 가톨릭교회에서도 교회의 가르침에 대한 특정 해석에 동의하지 않는 사람들을, 예를 들어 정치인들을, 성체성사에서 배제하려는 움직임이 있다. 하지만 이처럼 순수한 교회가 실제로 존재할 수 있을까? 큉은 아니라고 말한다. "자신을 의롭다고 여기고 다른 죄인들을 위해 참회하고 있다고 생각하는 사람들이야말로 자신이 더 큰 죄인이 아닌지 스스로 살펴봐야 할 사람들이다…고백할 죄가 없는 교회는 존재하지 않는다."[478]

스위스 신학자이자 훗날 추기경이 된 샤를 주르네Charles Journet가 주장한 두 번째 접근 방식은 교회 구성원 개개인에게 거룩한 부분과 죄가 있다고 주장한다. 그리스도인이 은총을 받은 한에서 그 사람은 교회의 구성원이지만, 그리스도인이 죄를 짓는 한 그는 교회의 일원이 아니라고 말한다.[479] 즉, 교회는 그 안에 죄인을 포함하지만 교회 자체는 죄가 없다. 콩가르가 지적한 바와 같이 "사실상 우리는 둘로 나뉘어져 있다. 우리의 일부는 교회 안에 있고 일부는 세상에 있다."

---

478 Küng, *The Church*, 322.

479 Küng, *The Church*, 323.

한편 큉은 이러한 주장이 일종의 실체론적 입장, 즉 교회를 플라톤주의라는 시각에서 바라보는 것이라고 비판한다.[480] 이에 비해 콩가르는 큉의 주장만큼 나가지는 않지만, 교회를 추상적으로만 생각하는 것으로는 충분하지 않다는 입장을 견지한다. 콩가르는 오히려 교회는 "역사적 실재이며 구체적인 것"이라고 말한다. 실제 여성과 남성은 교회의 실체이며, "그들은 영적으로 눈이 멀고 둔하며 수천 가지 면에서 불완전한 죄인이다."[481] 큉이 다소 설득력 있게 표현한 것처럼, "그리스도인이 죄인인 것은 분할할 수 없는 인격을 가진 연합되고 분열되지 않은 한 인간으로서이다. 그리고 비참한 죄인으로서 그는 교회의 구성원이다."[482]

교회에서 죄와 거룩함을 조화시키려는 세 번째 방법은 거룩한 교회와 죄 많은 교인을 구별하는 것이다. 이브 콩가르의 주장이 이러한 입장에 속하는 듯 보인다. 콩가르는 "죄인은 교회에 속해 있지만 매우 불완전한 그리스도인의 삶 또는 매우 불완전한 거룩함을 가지고 있다"는 의견을 제시한다.[483] 그리스도인이 저지르는 죄는 교회 밖에 있지만 죄 많은 그리스도인은 참회와 성화를 제공하는 은총 가득한 공동체에 대한 신앙으로 연결된 교회 안에 있다. 이 관점에서 교회는 죄인들이 참여하는 실재로 보이지만, 그 전체 실재는 개별 구성원의 합보다 더 넓고 깊은 것으로 이해된다. 콩가르는 칼 라너Karl Rahner가 "죄인들의 거룩한 교회"에 대해 말한 것을 인용한다.[484] 이것이 아마

480 Congar, "La Chiesa È Santa," 565.

481 Congar, "La Chiesa È Santa," 565.

482 Küng, *The Church*, 323.

483 Congar, "La Chiesa È Santa," 566.

484 Congar, "La Chiesa È Santa," 564. Congar는 참고자료를 제시하지 않았지만, 라너의 다음 논문을 참고할 수 있다. Karl Rahner, "The Church of Sinners," *Theological Investiga-*

도 교회의 가르침이 지지해 온 관점일 것이다. 교회는 순례자 교회이며, 하느님의 나라가 마침내 확립될 때 그 성취를 향해 나아가는 여정이다(LG 48). 그 과정에서 앞서 언급했듯이 교회는 "참회와 쇄신의 길을 끊임없이 따르며", 비록 "그림자"가 있더라도 "결국에는 완전한 빛으로 드러날 때까지"(LG 8) 하느님의 신비를 세상에 계속 드러낸다. 교황 요한 바오로 2세는 회칙 [하나되게 하소서Ut Unum Sint]에서 교회 구성원들의 연약함을 고백한다(UUS 3항).

그러나 이 절의 서두에서 언급한 바와 같이, 이러한 이해의 공통적인 잘못은 교회와 교회를 구성하는 인간을 별개의 존재로 간주하는 데 있다. 하느님의 백성, 그리스도의 실제 몸, 성령의 구체적인 성전인 교회를 구성하는 인간은 모든 결점과 죄를 포함하는 구체적인 인간이다. 그리스도교인은 흔히 자신과 교회를 분리시키는 큰 유혹에 빠진다. 이보다 위험한 유혹은 교회가 서품받은 지도자로 구성된다는 시각이다. 그러나 이 책의 서두부터 주장했듯이, 그리고 교회에 대한 다양한 신학적 설명들 안에서도 거듭 강조되듯이, 우리가 바로 교회이다. 하느님의 삼위일체 생명에 참여하는 세례를 통해 놀랍게도 은총을 받았지만, 좌충우돌하며 살아가는 불완전한 인간 이외에 다른 교회는 없다. 누구도 교회 회원이 될 자격이 없다. 우리는 모두 죄인이다. 죄는 "교회 안에 있는, 교회의, 교회에 의해 일어나는" 실재이다. 죄는 우리 모두가 직면해야 하는 현실이다.[485] 우리는 하느님

tions, vol. 6, 253-69 (Baltimore: Helicon, 1969), 265.

485 Natalia Imperatori Lee, "Sin, Intimacy, and the Genuine Face of the Church: A Response to Ormond Rush," *Fifty Years On: Probing the Riches of Vatican II*, ed. David G. Schultenover, 175-79 (Collegeville, MN: The Liturgical Press, A Mi-chael Glazier Book, 2015), 177. 러시가 작성한 원래의 논문은 이 책 155-74쪽에서 "Ecclesial Conversion after Vatican II: Renewing 'the Face of the Church' to reflect 'the Genuine Face of God"라는 제목으로 나타난다.

의 자비로 인해 죄인임에도 불구하고 교회이다.

궁극적으로 하나님의 자비가 교회를 거룩하게 만든다. 한스 우르스 폰 발타사르Hans Urs von Balthasar처럼 콩가르도 교회를 순결한 창녀casta meretrix로 묘사하는 교부적 이미지를 참고한다.[486] 이 이미지는 라합이나 다말과 같은 인물들에서 나타난다. 그러나 내가 보기에 이러한 이미지는 진정으로 죄 많은 교회를 더 잘 묘사한다. 즉 교회 구성원들에게 죄가 있고 권력의 사용과 때로는 그 구조 자체에서도 죄가 있지만, 교회는 하나님의 사랑과 자비와 은총으로 거룩해지고, 언제 어디서나 그리스도인들과 그들이 구성하는 가시적 일치로 거룩해질 수 있다는 교회 이해와 이 이미지가 연결될 수 있다. 이런 의미에서 교회는 simul justus et peccator, 즉 의로우면서도 동시에 죄인이라는 이중적인 본성을 가진다. 다시 말해 교회는 죄를 지으면서도, 하나님의 활동으로 거룩해지는 존재이다. 큉이 표현한 것처럼, "죄성과 거룩성은 단순히 교회의 양면이 아니라 교회의 역사적인 관점에서 보면, 교회의 과거와 미래이다. 그러나 이 둘은 교회 안에 항상 존재하며, 교회의 미래가 이미 시작된 것처럼 과거도 계속된다."[487]

발터 카스퍼는 다음과 같이 서술한다.

> 교회의 역설적인 본질은 바로 교회의 거룩함 때문에 교회를 죄인처럼 보이게 만든다는 데 있다. 이는 교회가 공격과 상처에 노출되는 이유이기도 하다. '죄인이 교회에 속해 있음에도 불구하고 교회가 거룩하다'고 말하려는 것이 아니다. 정확히 짚어 말하자면, 죄인이 교회에 속해 있고, 교회가

486 이 책의 제3장를 보라. 또한, Congar, "La Chiesa È Santa," 567. Hans Urs von Balthasar, "Casta Meretrix," *Explorations in Theology*, vol. 2, *Spouse of the Word*, trans. John Saward (San Francisco: Ignatius Press, 1991), 193-288 참조.

487 Küng, *The Church*, 328.

이러한 죄인을 치유하고 거룩하게 하기 위해 그들의 죄를 짊어지기 때문에 교회는 거룩하다.[488]

그러나 내 생각에 카스퍼는 거기서 더 나아가지 못한다. 솔직히 말해서 다른 그리스도인들과 예언자적 교회 구성원들, 불신자들이 교회를 부정적으로 비판하는 이유를 알기 위해서는 죄인이 교회를 구성하고 있음을 고백해야 한다. 성공회 신학자 로버트 S. 히니Robert S. Heaney와 윌리엄 L. 색스William L. Sachs가 강조한 것처럼 거룩함은 순수한 선물이다. "교회를 거룩하게 만드는 것은 생명을 주는 간증과 죽음을 다루는 행위의 역사 속에서 끊임없이 교회를 하느님의 은총과 화해시키는 하느님의 현존이다."[489] 교회의 거룩함은 성사성과 밀접하게 연결되어 있다고 리처드 레넌Richard Lennan은 말한다. 이러한 연관성 때문에 "교회를 성사로 보는 관점이 실패에 대한 오만한 맹신이나 자축적인 자만감의 원천이 되어야 할 필요는 없다. 교회를 성사로 보는 태도는 회심을 촉진하고 더 충실한 신앙인이 되려는 의지를 북돋울 수 있다."[490]

결과적으로 교회의 거룩함은 겸손하게 받아들여져야 한다. 그러나 바로 그 겸손이 교회의 거룩함을 드러낸다. 지난 수십 년 동안 교회의 지도자들이 교회의 이름으로 한 고백은 하느님의 백성이 스스로를 정화하고 세상에서 그리스도와 성령의 현존을 더욱 분명하게 드러낼 수 있는 방법이다. 프란치스코 교황은 사도 권고 [사랑의 기

488 Kasper, *The Catholic Church*, 173.

489 Robert S. Heaney and William L. Sachs, *The Promise of Anglicanism* (London: SCM, 2019), 201.

490 Richard Lennan, *The Tilling of the Church: Theology for an Unfinished Project* (Collegeville, MN: The Liturgical Press, A Michel Glazier Book, 2022), 80.

쁨Amoris Laetitia」에서 모든 인간이 처한 어렵고 죄 많은 상황을 다루는 방식에서 교회의 거룩함이 드러나며, 이 방식이 모든 그리스도인, 나아가 모든 인류에게 하느님의 사랑과 자비를 반영하는 교회의 가장 깊은 거룩함을 드러낸다고 말한다(AL 291-312 참조). 프란치스코의 접근 방식은 자신의 죄와 실수를 솔직하게 인정하는 데서 시작되며, 이러한 겸손은 그의 교황 사도직을 끊임없이 특징짓고 있다.[491] 루이스 안토니오 타글레Luis Antonio Tagle 추기경의 말을 빌리자면, 겸손한 교회가 자신의 죄성을 인정하면 세상은 그리스도의 얼굴을 더 분명하게 볼 수 있을 것이다.[492]

교회의 거룩함은 선교의 표지이다.

거룩함은 사도성, 보편성 그리고 일치성과 마찬가지로 교회의 선교적 표지나 차원 중 하나이다. 앞서 설명한 것처럼, 교회는 은총 속에서, 그리고 역설적으로 거룩하다. 그러나 교회 내 모든 수준과 구조에서 죄와 불완전함이 항상 존재하기 때문에, 교회는 자신의 거룩함을 주장하고 거룩해지도록 부름을 받는다. 이러한 방식으로 교회는 하느님의 혁명적인 친밀성의 통치 안에서 생명력과 번영-즉 거룩함-을 구현하고 보여 준다. 자신이 되어가는 것이 교회의 내부적 사명ad intra이다. 하지만 교회의 거룩함의 사명은 또한 외부적 사명ad extra으로, 교회 밖 세상에서도 이루어진다. 교회는 온 세상 사람들의 거룩함을 위해 노력해야 하며, 자신의 경계를 넘어 다른 그리스도교 교회들과 다른 신앙을 가

491 Pope Francis, interviewed by Antonio Spadaro, *A Big Heart Open to God: A Conversation with Pope Francis* (New York: HarperOne/America Press, 2013), 7.

492 Archbishop Luis Antonio G. Tagle, "Intervention," October 9, 2012, Holy See Press Office, "Synodus Episcoporum Bulletin," XIII Ordinary General Assembly of the Synod of Bishops, October 7-28, 2012.

진 사람들, 그리고 창조된 우주의 거룩함을 가리키고 선포해야 한다.

거룩함의 선물

세례를 받음으로써 그리스도인은 하느님의 생명 속으로 뛰어들고 그 은총으로 거룩해진다. 이렇게 세례를 받은 사람들은 거룩한 공동체, 즉 성스러운 공동체로 들어간다. 삼위일체 하느님과 마찬가지로 그리스도인은 그 공동체 안에서만 그리스도인이며, 그 공동체는 인간이 진정으로 무엇인지 드러낸다. 사람은 스스로 세례를 받는 것이 아니라 공동체 안에서 그리고 공동체 안으로만 세례를 받는다. 하느님의 거룩함은 교회라는 공동체에 의해 공유된다. 세례성사 예식이 증명하듯이, 신학은 지혜롭게 그리고 전통적으로 이 공동체의 구성원들이 그리스도에게 속하게 되었고, 그리스도께서는 결코 그들을 당신 소유에서 놓아주지 않으실 거라고 가르쳐왔다. 디모데에게 보내는 두 번째 편지는 이를 시적으로 선포한다.

> 우리가 그분과 함께 죽었으면 그분과 함께 살 것이고
> 우리가 견디어 내면 그분과 함께 다스릴 것이며
> 우리가 그분을 모른다고 하면 그분도 우리를 모른다고 하실 것입니다
> 우리는 성실하지 못해도 그분께서는 언제나 성실하시니
> 그러한 당신 자신을 부정하실 수 없기 때문입니다(2디모 2,11-13)

하느님의 지속적인 자비로 인해 우리가 거룩하다. 곧 교회가 거룩하다. 프란치스코 교황의 아름다운 표현처럼, "하느님은 우리를 용서하는 데 결코 지치지 않으시고, 오히려 우리가 하느님의 자비를 청하는 데 지쳐 버린다."(EG 3) 거룩

함은 우리의 불신앙과 죄악에도 불구하고 하느님이 교회에 주시는 돌이킬 수 없는 선물이다.

거룩함의 증인

그러나 거룩함 또한 하나의 과제이며, 거룩함을 위해 노력하는 것은 그리스도인이 매일, 항상 해야 하는 일이다. "하늘에 계신 너희 아버지의 완전하심과 같이 너희도 완전한 사람이 되어야 한다."(마태 5,48) 물론 완전으로 가는 길은 긴 여정이며 하느님의 근본적 킨십의 통치가 완전히 시작될 때에만 완성된다는 것을 알고 있지만, 아름다운 찬송가처럼 "그 여정은 우리의 운명이다."[493] 중요한 것은 함께 걸어가면서 서로 더 가까워지고, 세상의 필요에 더 민감해지고, 개인과 교회로서 자신을 더 분명하고 더 정직하게 바라보는 것이다. 노래는 계속된다. "아무도 혼자 걷지 않게 하소서. 여정은 우리를 하나로 만듭니다."

여정은 개인으로서, 그리고 교회로서 우리 자신의 죄성을 인정하는 데서 시작되고 계속된다. 우리는 항상 현존하는 하느님의 자비를 끊임없이 인식함으로써 그 안에서 자양분을 얻으며, 특히 성체성사를 시작할 때와 때때로 화해의 성사에 의지할 때 기도를 통해 이를 기념한다. 우리는 프란치스코 교황이 자주 말한 것처럼, 사랑으로 우리를 '바라보시는' 하느님을 염두에 두고 관상 안에서 바치는 마음 챙김을 실천함으로써 성체성사의 영양분, 즉 우리의 거룩함에 대한 보상보다 우리의 나약함에 대한 영약(EG 47)으로 여정을 계속한다.[494]

---

493 Gary Daigle, Rory Cooney, and Theresa Donohoo, "Jerusalem My Destiny," *Safe Harbor*, GIA Publications (c1990/2015), YouTube.

494 Pope Francis, *A Church of Mercy: A Vision for the Church* (Chicago: Loyola University Press, 2014), 16. Stephen Bevans, "Images and Ideas of Prayer," *Emmanuel* 126, no. 2 (March/April 2020): 107-8.

우리는 시성된 성인과 시성되지 않은 성인, 그리스도인이든 비그리스도인이든 위대한 "증인의 구름"(히브 12,1)으로부터 영감을 받고 도전받으며 거룩함을 향해 성장해 간다. 도러시 데이Dorothy Day, 요세피네 바키타Josephine Bhakita, 스탠리 로더Stanley Rother, 디트리히 본회퍼Dietrich Bonhoeffer, 오스카르 로메로Óscar Romero, 마하트마 간디Mahatma Ghandi, 하페즈Hafez, 일본과 베트남과 우간다의 순교자, 틱낫한Thich Nhat Hanh, 우리의 부모와 조부모, 친구, 교사 등 수많은 사람들이 그 증인의 구름에 속한다. 우리는 서로를 섬기고 도움이 필요한 사람들, 특히 가난한 사람들을 위해 봉사하며 세상의 필요를 위해 기도함으로써 거룩함을 키워간다. 교회는 ecclesia congregans(결합한 교회), 즉 성사나 위대한 그리스도교 영성 전통과 같은 "거룩함의 수단"을 통해 우리를 거룩함으로 부르는 공동체이면서, 동시에 ecclesia congregata(결합된 교회), 즉 앞서 언급된 이들처럼 우리의 여정이 어디로 향하는지를 보여 주는 남성과 여성들의 공동체이다.[495]

여정에서 성장하는 것은 우리 자신만을 위한 것이 아니다. 그것은 또한 선교의 실천이기도 하다. 우리의 정직과 회개, 과거의 개인적-구조적 죄에 대한 사과, 공동체 생활, 가난한 이들을 위한 봉사, 전례의 아름다움, 끊임없이 용서받는 기쁨을 통해 우리는 참된 인간의 삶이 무엇인지 세상에 증거한다. 우리는 분명 완벽하지 않지만, 그 점을 인정하고 하느님의 은총을 인정함으로써 세상 사람들에게 신뢰를 줄 수 있다. 헨리 나우웬Henri Nouwen의 아름다운 표현을 빌리자면, 우리는 "상처 입은 치유자"[496]로서 세상을 치유한다. 우리의 연약함이 바

495 Congar, "La Chiesa È Santa," 559, 앙리 드 뤼박이 제안한 구별을 재인용.

496 Henri Nouwen, *The Wounded Healer: Ministry in Contemporary Society* (New York: Doubleday Image Books, 1979).

로 우리의 매력이다. 거룩함으로 성장하는 것은 우리의 내부적 사명 ad intra이며, 그로 인해 우리의 증거가 모든 사람이 볼 수 있도록 바깥을 향하여ad extra 더욱 빛날 수 있다. 4장에서 교황 바오로 6세의 말을 인용하여 "복음화의 첫 번째 수단은 진실한 삶의 증거"(EN 41)라고 주장했듯이 말이다. 복음화의 첫 번째 수단은 진정한 삶을 살기 위해 노력하는 교회의 증거라고 말할 수도 있다.

교회 밖의 거룩함을 위해 일하고 거룩함을 가리키기

그러나 선교적 렌즈를 통해 거룩함의 차원을 바라보면, 교회는 세상의 성화를 위해 일하고 보편적 구원의 성사(LG 1, 48)로서 교회 경계 밖 세상에서 거룩함이 나타나는 모든 곳에서 거룩함을 가리킬 것을 요청받고 도전받는다. 그리스도인의 예언자적 행동과 말씀 선포는 죄에 대한 진실을 알리고 회개를 촉구한다. 이러한 방식으로 교회는 가난하고 소외된 사람들에게 힘을 실어주고, 인종차별, 성차별, 탐욕, 이성애주의, 모든 피조물의 생명에 대한 위협을 포함한 모든 종류의 인간 생명에 대한 억압에 반대하기 위해 행동할 것을 약속한다. 물론 그리스도교인들도 이러한 죄를 짓고 있지만, 겸손하게 이를 인정하고 악으로부터 해방된 세상을 위해 일하고 모든 피조물에게 번영을 제공하는 거룩함 속에서 살도록 그들을 부르신 자비로우신 하느님을 인정한다. 교육과 의료에 대한 교회 공동체의 헌신 또한 모든 민족의 거룩함을 인정하고 그들의 온전함과 온전한 인간성을 위해 일하는 거룩한 일이다.

거룩한 교회의 일은 다른 종교적 방식으로 현존하고 활동하는 거룩함을 인식하고, 감사하고, 배우는 것이다. 이것은 그리스도인들이 참여하는 다양한 형태의 대화, 특히 영성 대화의 맥락에서 표현된다. 예를 들어, 이슬람교와 불교의 영적 전통의 풍요로움과 토착 전통에 담긴 고대의 지혜는 그리스도인들을 성화시킬 수 있으며, "모든 사람을 깨우치는 진리"(NA 2)에서 발견되는 더 깊은 경이로움과 인식으로 불러들일 수 있다. 교회는 초월적 실재에 대한 명백한 신앙은 없지만 모범적이고 때로는 영웅적인 삶을 사는 사람들, 심지어 적으로 보이는 사람들로부터도 인정하고 감사하며 배울 수 있다. 음악, 문학, 영화, 그림, 드라마의 숨 막히는 아름다움과 변화하는 진실을 인정하고 홍보함으로써 모든 사람들을 풍요롭게 할 수 있다. 세상 사람들이 모든 원자, 모든 꽃, 광활한 우주, 자연의 아름다움과 복잡성 속에서 거룩함을 볼 수 있도록 격려할 수 있다.

선교하는 제자 공동체인 교회는 홀로 거룩하신 하느님과 동역하여 거룩한 창조세계를 완성하는 하느님의 역사를 구현하고, 보여 주고, 선포하는 하느님의 거룩한 백성이 되어야 마땅하다. 교회는 끔찍한 과거가 현재에도 이어지고 있는 죄인들의 공동체이다. 그러나 하느님의 놀라운 은총과 자비로 인해 교회는 거룩하며, 그 거룩함 안에서 성장하고, 그 거룩함을 위해 일하며, 그 거룩함을 가리켜야 한다. 그러나 그것은 끊임없이 그것을 창조하시는 성령의 역사에 열려 있을 때만 가능하다. 피조물에 대한 하느님의 사랑, 즉 하느님의 거룩함의 본질인 헤아릴 수 없는 신비가 거룩한 교회라는 신비로 흘러넘친다.

선교하는 교회는 하나다

"교회는 하느님이 하나이시기 때문에 하나이다."(TCTCV 22)[497] 그러나 하

497 World Council of Churches (Commission on Faith and Order), *The Church: Toward a Common Vision* (Geneva: WCC, 2013); Yves Congar, "La Chiesa È Una," *Mysterium Sa-*

느님의 일치는 고독한 것이 아니다. 오히려 신적 일치는 친교의 일치, 공유된 존재의 일치, 다양성 속의 일치와 일치 속의 다양성, 역동적인 상호 관계의 perichoresis이다. 하느님의 일치는 모든 복잡성, 모든 급진적 관계성, 모든 아름다움과 눈부신 다양성 속에서 전체 피조물의 일치에 반영되어 있다. 하느님의 일치는 하느님의 형상대로 창조된 인류의 일치에도 반영되어 있다. 여성과 남성은 서로, 그리고 모든 피조물과의 관계를 위해 창조되었다. 역사를 통틀어 인류의 비극은 하느님의 영광을 특별하고 놀라운 방식으로 반영하는 이 일치를 항상, 아니 대부분의 경우 인식하지 못했다는 것이다.

하느님의 일치는 교회를 구성하는 그리스도인들이 공유한다. "신자들은 성령 안에서 아들과 친교를 나누고, 그 안에서 아버지와 친교를 나누기 때문에 하나이다."(UUS 9) 신자들은 세례를 통해 하느님의 일치의 삶 속으로 뛰어들고, 공동체 생활에 이를 반영하며, 그 완성을 위해 하느님의 동반자로서 일하고, 분열된 세상의 일치를 위해 헌신한다. 교회는 하느님의 친교에 참여할 뿐만 아니라 창조를 완성하는 하느님의 사명에 동참하여 예수님께서 하느님의 통치라고 하신 번영의 공동체를 향한 하느님의 역사에 동참하기 때문에 하느님의 일치를 공유한다. 교회는 인류와 하느님의 연합과 온 인류의 일치를 이루는 성사, 즉 표징이자 도구이다(LG 1). 교회는 "성부, 성자, 성령의 일치 안에서 하나가 되었으며,"(LG 4) 따라서 삼위일체 하느님과 마찬가지로 친교 그 자체이다. 교회는 문화적, 국가적, 성적, 세대적, 신학적, 영적 정체성이 뚜렷한 사람들로 구성된 풍부한 가톨릭적 다양성의 친교이다. 콩가르가 아름답고 간결하게 표현한 것처럼, 교회는 삼

---

lutis, vol. 7, ed. Johannes Feiner and Magnus Löhrer (Brescia: Queriniana, 1972), 451-52.

위일체 하느님과 인류 공동체로부터 "삼위일체 안에서 그리고 인류 공동체 안에서de Trinitate and ex hominibus" 그 존재를 발견한다.[498] 삼위일체 하느님은 "하느님의 부르심의 다양성을 통해, 교회에 주어진 성령의 은사의 다양성을 통해, 다양한 구성원과 그 기능을 통해 다양성 속의 일치"가 되기를 교회에 요구한다.[499]

이러한 일치의 개념은 또한 교회의 다양성을 요구하고 암시한다. 리처드 가일라데츠Richard Gaillardetz는 일치의 차원에 대한 자신의 성찰을 지역 교회가 처음부터 존재했던 더 넓은 교회 네트워크의 일부로 인식하는 역동성에서 찾는다. 초대 교회가 때때로 핍박을 받는 소수 집단으로 존재했던 당시의 제한된 통신 및 이동 조건으로 인해 "특정 지역 사회 내에서 다른 지역 신자들과 강한 유대감을 형성하는 것은 당연한 일이었다"고 말한다. 그러나 가일라데츠는 이러한 지역 공동체가 "엄격하게 자율적이고 자립적이었다는 증거는 거의 없다"고 말한다. 그는 오히려 "초기 그리스도교 공동체는 이러한 유대의 성격이 항상 명확하게 드러나지는 않았더라도 다른 그리스도교 공동체와 영적으로 함께 묶여 있다고 보는 경향이 있었다"[500]고 주장한다. 교회를 획일적인 보편성이 아니라 다양한 공동체로 바라보는 입장은 교회의 신비한 일치라는 은사와 그 일치를 자신과 세상 속에서 더욱 뚜렷하고 가시적으로 만들어야 하는 과제를 이해하는 데 핵심적인 열쇠를 제시한다.

---

498 Congar, "La Chiesa È Una," 483.

499 Küng, *The Church,* 274.

500 Richard R. Gaillardetz, *Ecclesiology for a Global Church: A People Called and Sent,* rev. ed. (Maryknoll, NY: Orbis Books, 2023), 89.

역사 속 교회의 (불)일치

요한복음은 예수님께서 죽기 전날 밤 제자들의 일치를 위해 기도하시면서 이를 아버지와의 일치와 연결하고, 선교의 진정한 증거와도 연결하여 기도하셨다고 서술하고 있다. “그들이 모두 하나가 되게 해 주십시오. 아버지, 아버지께서 제 안에 계시고 제가 아버지 안에 있듯이, 그들도 우리 안에 있게 해 주십시오. 그리하여 아버지께서 저를 보내셨다는 것을 세상이 믿게 하십시오.”(요한 17,21) 예수님이 체포되어 죽임을 당한 후 제자들이 공포에 질려 도망치면서 그 연합은 곧 깨졌지만, 예수님이 죽은 자 가운데서 부활하신 후 다시 모인 공동체에 성령을 아낌없이 주시고 사명을 나누고 이어 가라고 당부하시면서 회복되었다(요한 20,21; 마태 28,18; 마르 16,15; 루카 24,46-49; 사도 1,8; 사도 2,1-36). 사도행전에는 여러 구절에서 초기 공동체가 “한 마음과 한 뜻이 되어” 모든 것을 공동으로 소유했다고 언급하고 있다(사도 4,32). 특히 "사도들의 가르침을 받고 친교를 이루며, 빵을 떼어 나누고 기도하는 일"에 헌신함(사도 2:42, 43-47)으로써 그들의 단결이 표현되었고, 의심할 여지 없이 유지되었다.

갈등은 표면적으로는 음식의 불평등한 분배에서 시작되었다. 그러나 2장에서 살펴본 것처럼 사회적, 언어적, 심지어 성별 다양성에서 비롯된 문제가 드러나면서 긴장이 필연적으로 고조되었다. 바오로가 여러 지역 교회에 일치를 촉구한 것은 그 중요성과 취약성을 모두 보여 준다. 예를 들어, 코린도 교인들에게 보낸 첫 번째 편지는 분열의 위험에 대해 경고하고(1,10-30), 공동체의 파벌과 분열로 인해 그들의 모임이 진정한 주님의 만찬의 축제가 아니라고 담대하게 말한다(11,17-22). 그러나 바오로는 그리스도와 성령으로 인해 교회 공동체에 존재하는 깊은 연합을 지적한다. 많은 사람이 “그리스도 안에서 한 몸”이고(로마 12,3-8), 한 성령이 많은 은사를 부여하며(1코린 12, 특히 4), 세례는 그리스도인들을 그리스도로 입히고 문화, 계층, 성별과 관계없이 연합을 구축한다(갈라 3,27-28). 7장에서 언급했듯이 우리는 에페소 교인들에게 보내는 편지를 주의해서 읽어야 하지만, 바오로 서한에 담긴 권고에서 영감을 얻을 수 있다. "그리스도의 몸도 하나이고 성령도 한 분이십니다. 주님도 한 분이시고 믿음도 하나이며 세례도 하나이고, 만물의 아버지이신 하느님도 한 분이십니다. 그분은 만물 위에, 만물을 통하여, 만물 안에 계십니다."(에페 4,4-6)

예수님의 열렬한 기도가 그랬고 또한 신약성경이 하나됨을 거스를 수 없는 선물이자 지속적인 과제로 강조했음에도 불구하고, 적어도 가시적인 측면에서 교회의 역사는 하나됨이 아닌 분열의 역사를 보여 준다. 과거에도 완전한 가시적 연합을 향한 치열한 노력이 있었지만, 그리스도인들이 그 어느 때보다 더 치열하게 교회와 세상을 하느님이 만드신 모습으로 만들기 위해 함께 일하기 시작한 것은 실제로 지난 세기부터이며, 오늘날 교회는 그 신성한 꿈이 온전히 실현될 수 있도록 계속 일하고 있다.

유대교와의 비극적인 단절

교회의 첫 번째 주요 분열이자 여전히 지속되고 있는 분열은 교회와 회당의 분리였다. 분열의 원인이 구원의 역사에서 예수의 역할에 대한 깊은 의견 불일치였다는 점을 감안하면 분열은 어쩌면 불가피했을 수 있다. 그럼에도 불구하고 이 분열은 돌이킬 수 없는 하나의 언약의 약속으로 결합된 형제자매의 분리였기에 비극적인 일이었다. 에이미-질 레빈Amy-Jill Levine은 "콘스탄티누스 시대 이후에도 교회와 회당 사이의 유동성이 존재했다"[501]고 주장했다. 하지만 결국 분리는 일어났다. 그러나 7장에서 언급했듯이, 2015년에 발표된 바티칸 교황청의 교서 [The Gifts and Calling of God Are Irrevocable하느님의 은사와 소명은 돌이킬 수 없다]에서 우리는 유대인과 그리스도교의 관계를 다룬 이 문서가 그리스도교 일치와 관련된 교황청 부서에서 발표되었음을 인정할 필요가 있다. 교황 요한 바오로 2세에 따르면 유대인은 그리스도인의 형제와 자매이며, 그 대화는 비유로만 "종교 간" 대화라고 불리기 때문이다(GCGI 14-15항 참조). 아마도 하느님의 선택된 백성의 분열은 종말이 올 때까지 치유되지 않겠지만, 적어도 우리는 상호 존중과 영감을 확립하고 과거의 끔찍한 증오의 죄를 치유하기 위해 노력하면서 아주 멀리 왔을 것이다.

세 가지 주요 그리스도교 분열

발터 카스퍼는 이 "원초적 분열" 이후 "그리스도교 내에서 수많은 분열"[502]이 일어났으며, 이는 교리적 문제뿐만 아니라 문화와 정치 등 여러 비신학적 요인으로 인해 발생했다고 지적한다. 이러한 분열 중 일부는 오랜 기간 지속되었지만 아리우스파나 도나티스트와 같은 많은 분열은 지속되지 않았다. 그러나 카스퍼는 "오늘날까지 크게 세 가지 분열이 남아있다"[503]고 짚어낸다.

카스퍼가 제시하는 첫 번째 분열은 431년 에페소공의회 이후 동시리아(소위 네스토리우스) 교회가 분리된 것과 20년 후 칼케돈공의회 이후 콥트, 시리아, 아르메니아, 에티오피아, 말란카라 교회(단성론 또는 이단론

---

501 Amy-Jill Levine, *The Misunderstood Jew: The Church and the Scandal of the Jewish Jesus* (New York: HarperOne, 2006), 86.

502 Kasper, *The Catholic Church*, 157.

503 Kasper, *The Catholic Church*, 157.

교회)가 분리된 것을 중심으로 정리할 수 있다고 말한다. 서방에서는 이 분열이 너무 복잡해서인지 그다지 관심을 기울이지 않았다.[504] 그러나 빈스 반투는 이들 교회와 로마 제국의 지원을 받는 교회 사이에 존재했던 반목의 충격적인 초상을 스케치하면서 그 피해의 대부분이 '서구 그리스도교 정체성 정치'의 부상 때문이라고 강조했다.[505] 여러 면에서 오늘날에도 여전히 존재하는 이 고통스러운 분열은 교회의 구체적인 일치를 특징지어야 하는 다양성을 부정하는 데 그 근원을 두고 있다.

그리스도교인들의 마음속에 훨씬 강렬하게 남아있는 분리는 거의 천 년에 걸친 동방 정교회와 서방 교회, 특히 이들 교회와 로마 가톨릭교회 사이의 지속적인 분리이다. 이 분리나 분열은 "흔히 1054년의 상호 파문 사건과 상징적으로 연결지어 이해된다. 그러나 카스퍼는 그 뿌리가 그보다 훨씬 이전으로 거슬러 올라가며 교회의 정치, 문화, 종교적 관행, 신학적 발전의 결과라고 설명한다."[506] "자매 교회"(UUS 55-58) 간에 진행된 이러한 점진적인 소원함이 1204년 제4차 십자군 원정 당시 콘스탄티노폴리스를 점령하고 파괴한 사건에서 끔찍하게 드러났다.[507] 서방의 그리스도인들이 같은 신앙을 가진 동방의 그리스도인들을 학살하고 약탈한 것이다. 로마 교회는 두 교회 사이의 간극을 좁히기 위해 여러 차례 시도했는데, 1279년 리옹공의회와 1439년 피렌체공의회에서 그랬다. 그러나 이 두 시도는 모두 실패로 끝났다. 이는 주로 로마가 동방 교회에 요구한 양보가 로마 자

---

504 이에 관한 간략한 설명은 Bevans and Schroeder, *Constants in Context*, 102쪽 참조.

505 Bantu, *A Multitude of All Peoples*, 9-71.

506 Küng, *The Church*, 277-79.

507 Kasper, *The Catholic Church*, 157.

신이 해야 할 양보보다 훨씬 많았기 때문이다. 이러한 시도들은 동방 교회가 받아들이기 어려운 "복귀return"라는 수사학적 표현으로 주도되었기에 결국 실패로 끝난 것은 당연한 일이었다.[508]

세 번째로 오래 지속된 분리는 16세기에 서양에서 일어났다. 이 시기는 로마 교회의 도덕적, 재정적, 신학적 부패가 극심했던 시기로, 개혁의 노력이 시작되었지만 마르틴 루터, 장 칼뱅Jean Calvin, 필리프 멜란히톤Philip Melanchthon, 울리히 츠빙글리Ulrich Zwingli와 같은 뛰어난 신학자들과 헌신적인 교회 개혁자들의 거센 도전을 막기에는 역부족이었다. 카스퍼는 서구의 이러한 일치의 상실이 동방과의 분열과 크게 다르지 않다고 지적한다.[509] 양쪽 모두 상대방이 원래의 복음 메시지에서 벗어났다고 주장했다. 종교개혁자들은 로마가 성경에서 복음의 신선함을 잃었고, 거짓되고 때로는 우상 숭배적인 관습과 의식으로 복음을 타락시켰다고 주장했다. 로마 가톨릭교회는 종교개혁자들이 교황의 권위를 부정하고 성사의 수를 줄임으로써 교회를 훼손했다고 주장했다. 특히 트렌트공의회(1545~63년) 이후 로마교회는 교회의 일치를 엄격한 통일성에서 찾았다. 루터나 칼뱅과 같은 종교개혁가들에게 교회의 일치는 감춰져 있거나 보이지 않는 것이었고, 결코 제도적이거나 가시적인 것이 아니었다. 20세기 중반까지 로마 가톨릭교회는 그리스도의 참된 교회가 자신과 동일하며, 교회에서 "떠난" 사람들이 "돌아올" 때에만 일치를 찾을 수 있다고 주장했다. 1943년, 비오 12세 교황은 [그리스도의 신비체Mystici Corporis Christi]에서 오직 로마 교회만이 그리스도의 유일하고 거룩하며 보편적이고 사도적인 교회

508 Gaillardetz, *Ecclesiology for a Global Church*, 104.

509 Kasper, *The Catholic Church* , 157.

와 동일하기 때문에 가톨릭 신자만이 신비한 그리스도의 몸의 "구성원"이라고 썼다.[510]

그러나 19세기 후반에는 변화의 바람, 아니 성령의 바람이 전 세계와 교회에 불고 있었다. 정교회, 성공회, 개신교, 가톨릭, 그리고 결국 복음주의자들과 오순절주의자들까지도 분열된 그리스도교가 "다채로울 수는 있지만" "신뢰성과 선교적 매력에 큰 피해를 주는 혼란스럽고 모순적인 만화경"이라는 것을 깨닫기 시작했다.[511] 이러한 깨달음 속에서 우리 시대의 교회 일치를 위한 큰 희망인 에큐메니칼 운동이 시작되었다.

교회의 일치와 에큐메니칼 운동

에큐메니칼 운동의 뿌리는 19세기로 거슬러 올라간다. 그러나 오늘날 우리가 알고 있는 에큐메니칼 운동은 1910년 에든버러에서 열린 세계 선교사 회의에서 시작된 것으로 일반적으로 받아들여진다. 천여 명이 넘는 사람들(대부분 백인 유럽인과 북미인이었고, 각국의 대표성은 거의 없었다)이 모인 이 획기적인 회의는 주최자 중 한 명인 존 모트John R. Mott의 말처럼 현세대에 세계가 복음화되는 새로운 선교 시대를 목전에 두고 있었다.[512] 이 회의에서는 선교와 관련된 많은 이슈(전도, 타 종교, 정부 등 총 8개)

510 Susan K. Wood, "Ecumenism," *The Cambridge Companion to Vatican II*, ed. Richard R. Gaillardetz (Cambridge: Cambridge University Press, 2020), 282-83. 이 언급은 비오 12세의 Mystici Corporis Christi 13항을 가리킨다.

511 Kasper, *The Catholic Church*, 157.

512 에든버러 회의의 역사에 대한 심도 있는 논의는 Brian Stanley, *The World Missionary Conference, Edinburgh 1910* (Grand Rapids, MI: Eerdmans, 2009); Kenneth R. Ross, "The World Missionary Conference, Edinburgh 1910-A Fountainhead," *Ecumenical Missiology: Changing Landscapes and New Concep-tions of Mission*, ed. Kenneth R. Ross, Jooseop Keum, Kyriaki Avtzi and Rodrick R. Hewitt (Oxford: Regnum Books, 2016), 7-42쪽 참조.

가 논의되었지만 특히 한 이슈가 지속적인 영향을 미쳤다. 바로 제8위원회가 제시한 '협력과 일치 증진'이라는 주제였다.[513] 에든버러 대회의 아이러니는 자신을 위대한 새로운 선교적 전환기의 시작점에 서 있다고 보았다는 점이다. 그러나 실제로는 15세기 말 식민주의 시대가 시작된 이래의 선교 운동이 자신을 이해해 온 방식에 종말을 고하는 자리가 되었다. 1914년 유럽을 시작으로 전 세계 대부분 지역에서 세계 대전이 발발하면서 식민주의, 유럽의 패권주의, 선교사들의 오만함이 종식되고 아프리카와 아시아 국가들에게 마침내 자립에 대한 희망이 싹트기 시작했다.

에든버러 대회가 끝날 무렵, 선교 사업의 단결이 필요하다는 위원회의 보고에 따라 상설 지속위원회를 설립하자는 재권고가 제안되었고, 이 결의안은 만장일치로 승인되었다. 전쟁이 끝난 후 1921년 뉴욕의 모홍크 호수에서 열린 회의에서 이 위원회가 발족되었고, 국제선교위원회International Missionary Council(IMC)로 명명되었다. IMC는 이후 몇 년 동안 다섯 차례의 중요한 회의를 개최하여 20세기 선교와 교회론에 대한 이해는 물론 우리 시대의 선교와 교회에 대한 이해를 여러 가지 면에서 형성했다.[514]

1925년 스웨덴의 루터교 주교 나탄 쇠데르블롬Nathan Söderblom은 스

---

513 Ross, "The World Missionary Conference," 39-42.

514 Ross, "The World Missionary Conference," 40; 43-73쪽에 있는 국제선교협의회(IMC) 회의 요약을 참조하라. 회의 주제에는 교회와 하느님의 통치, 비그리스도교 종교와 선교의 이해, 전통적인 유럽/북미 선교 교회들과 다수 세계 교회들 간의 관계, 그리고 선교가 우선적으로 하느님의 사명이라는 혁신적 개념이 포함되었다. 다음 자료들을 참고하라. Risto Jukko, ed., *Together in the Mission of God: Jubilee Reflections on the International Missionary Council* (Geneva: WCC Publications, 2022); *A Hundred Years of Mission Cooperation: The Impact of the International Missionary Council 1921-2021* (Geneva: WCC Publications, 2022); *The Future of Mission Cooperation: The Living Legacy of the International Missionary Council* (Geneva: WCC Publications, 2023).

톡홀름에서 생명과일회의Life and Work Conference를 창립하는 데 중요한 역할을 했고, 미국의 헨리 찰스 브렌트Henry Charles Brent 주교는 에든버러에서 경험한 일치에 깊은 감동을 받아 1927년 스위스 로잔에서 신앙과직제회의Faith and Order Conference를 창립하는 데 주도적인 역할을 했다. 1948년 이 두 단체는 합병하여 세계교회협의회WCC를 설립했고, 1961년 뉴델리 총회에서 WCC는 IMC를 회원으로 받아들였다. 오늘날, '신앙과직제'는 여전히 위원회로서 존재한다. 이 위원회는 세례와 성찬례 및 성직에 관한 주요하고 영향력 있는 연구서를 출간했으며, 2013년에는 교회 일치에 관한 중요한 문서인 [교회: 공동의 비전을 향하여]를 발표한 바 있다. 매우 서구적인 관점을 지녔던 '생명과일'은 WCC의 교회와사회부Department of Church and Society와 국제문제에관한교회위원회Commission of the Churches on International Affairs의 작업으로 발전하였다. IMC의 작업은 WCC의 세계선교및복음화위원회CWME에서 계속되고 있다. 가톨릭교회는 "압도적인 규모, 세계적인 조직, 국제적 성격과 외교적 지위 때문에" WCC의 회원이 되지 못했다.[515] 그러나 공식 옵서버로서 WCC 행사에 참여하고 있으며 신앙과직제위원회와 세계선교및복음화위원회의 정회원이다.

교회 일치와 제2차 바티칸공의회

가톨릭교회는 에큐메니즘에 대한 이해와 실천에 있어 먼 길을 걸어왔다. 1928년, 비오 11세는 회칙 [사멸한 사람들의 영혼Mortalium Animos]을 통해 가톨릭 신자들의 에큐메니칼 운동 참여를 금지했다. 교황은 이 문서를 통해 분리된 모든 그리스도인들이 하나의 참된 교회인 로마 가

515 Wood, "Ecumenism," 282. Ross, "New Delhi 1961-Integration of International Missionary Council and World Council of Churches," Ross, *Ecumenical Missiology,* 74-81.

톨릭교회로 돌아와야 한다고 주장했다. 이미 살펴본 바와 같이 비오 12세는 가톨릭교회만을 그리스도의 신비한 몸으로 인정하고, 가톨릭교회에서 분리된 이들은 로마에 대한 "무의식적 욕망과 갈망"(MCC 103)이라는 "특정한 관계"를 누리고 있다고 덧붙였다. 일치는 오직 "복귀 에큐메니즘return ecumenism"에 의해서만 이루어질 수 있었다.[516] 그러나 성령께서 일하고 계셨다. 1921년부터 1925년까지 벨기에 말린에서 잠정적인 대화가 열렸고, 이브 콩가르는 그리스도교 분열과 재결합의 가능성에 대해 깊이 연구하여 획기적인 저서 『분열된 그리스도교Divided Christendom』로 정점을 찍었다.[517]

1961년 12월 25일 제2차 바티칸공의회를 공식 발표하면서 교황 요한 23세는 공의회의 목표 중 하나가 "신적인 구속자의 소원에 부합하는 모든 그리스도인의 가시적 일치를 재건하는 데 있음"을 강조했다. 공의회는 "분리된 형제들에게 일치로 돌아가고자 하는 소망을 더욱 생생하게 하고 그 길을 원활하게 하는 방식으로 이를 수행할 것이다."[518] 수전 우드Susan Wood는 제2차 바티칸공의회 개회 연설에서 교황 바오로 6세가 자매와 형제들의 지속적인 분리에 대해 "깊은 슬픔"을 표하고 가톨릭교회의 잘못에 대해 용서를 구했다고 보고했다. 우드는 공의회가 발표한 첫 번째 문서인 전례에 관한 문서의 첫 줄에 공의회의 목표 중 하나로 그리스도인 일치의 목표가 명시적으로 언급되어 있음을 지적한다(SC 1).[519] 여기서 우리는 모든 그리스도인이 돌

---

516 Wood, "Ecumenism," 282-83.

517 Wood, "Ecumenism," 282; Yves Congar, *Divided Christendom: A Catholic Study of the Problem of Reunion* (London: Geoffrey Bles, 1939).

518 John XXIII, "Pope John Convokes the Council," *The Documents of Vatican II,* ed. Walter M. Abbot, 703-9 (New York: Herder and Herder, 1966), 706.

519 Wood, "Ecumenism," 284.

아가도록 부름받은 것은 가톨릭교회가 아니라 일치라는 점에 주목해야 한다.

공의회의 문서들은 내용뿐만 아니라, 특히 존 오말리John O'Malley가 공의회의 '정신'과 동일시하는 어조에서도 일치의 목표를 달성하기 위해 많은 노력을 기울였다.[520] 우리는 그 정신이 많은 문서에서, 특히 교회와 에큐메니즘에 관한 문서에서 신학적이고 에큐메니칼하게 표현된 것을 발견할 수 있다. [인류의 빛]은 교회의 가시적 실체와 영적 실체를 모두 긍정하지만, 중요한(그리고 나중에 다소 논란이 된) 문구에서[521] "그리스도의 하나의 교회는 가톨릭교회 안에 존재한다subsists"(LG 8)고 선언한다. 리처드 가일라데츠의 의견에 따르면(나도 동의한다), "공의회는… 그리스도의 교회가 역사 속에 항상 존재해 왔고 로마 가톨릭 교회에서도 계속 그렇게 하고 있지만 그리스도의 교회는 로마 가톨릭의 경계를 넘어선다는 사실을 확인하고자 했다."[522] 이 때문에 [인류의 빛]은 "성화와 진리의 많은 요소들이 가시적인 경계 밖에서 발견된다. 이것들은 그리스도의 교회에 속한 은사이므로 가톨릭 일치를 향해 나아가는 힘이다"(LG 8)라고 말한다. 가일라데츠는 이 subsists라는 용어가 다른 그리스도교 단체를 가톨릭교회와 동등한 위치에

---

520 John W. O'Malley, *What Happened at Vatican II* (Cambridge, MA: The Belknap Press at Harvard University Press, 2008), 43-52.

521 2000년, 신앙교리성(CDF)은 Dominus Iesus라는 문서를 발행하며 그리스도의 교회가 "오로지 가톨릭교회 안에서만 완전하게 지속된다continues to exist fully only in the Catholic Church"고 명시했다(DI 16항). 그러나 가일라데츠는 제2차 바티칸공의회 어디에서도 subsistit라는 용어가 "오로지 완전하게 존재한다to exist fully only"라는 의미로 해석된다고 명시하지 않았다고 주장한다. 가일라데츠는 subsistit를 가톨릭교회 안에서 교회가 독특하게 존재한다고 해석한다. Gaillardetz, *Ecclesiology for a Global Church*, 116). Francis A. Sullivan, "A Response to Karl Becker, SJ, on the Meaning of 'subsistit in,'" *Theological Studies* 67 (June 2006): 395-409. 이 구절에 대한 매우 신중한 언급은 Kasper. *The Catholic Church*, 159-62쪽을 참조하라.

522 Gaillardetz, *Ecclesiology for a Global Church*, 115.

두지 않는다고 경고한다. 이 문서는 또한 이러한 "교회와 교회 공동체"에는 가톨릭교회에서 충분히 이용할 수 있는 구원의 수단이 부족하다고 지적한다.[523] 그러나 우리는 [사멸한 사람들의 영혼Mortalium Animos]과 [그리스도의 신비체Mystici Corporis Christi] 이후 먼 길을 걸어왔다. [인류의 빛]은 교회 구성원이라는 용어 대신 '합체된incorporated'이라는 표현을 사용하여 교회 소속을 보다 유동적으로 이해할 수 있도록 했다(LG 14).[524] 이런 방식으로 교회의 완전하고 가시적인 일치는 모든 그리스도인 사이의 긴밀한 친교 발전과 연결될 수 있다.

공의회의 [일치의 재건](일치 운동에 관한 교령)은 일치를 향한 가톨릭교회의 접근 방식을 세 개의 장으로 나누어 설명한다. 첫 번째 장에서는 일치를 위한 가톨릭의 노력의 근간이 되는 원칙을 제시한다. 수전 우드가 요약한 것처럼, 공의회는 모든 그리스도인 일치의 뿌리를 삼위일체 일치에 대한 그리스도인의 참여에 두고 있다. 또한 이 일치는 성체성사에 참여하고 교회 지도자들과의 친교를 통해 촉진되고 양육된다고 언급한다(UR 2 참조). 또한 이 교령은 "분리된 교회들"(UR 3)은 구원의 모든 수단을 소유하고 있지는 않지만 가톨릭교회와 실질적이지만 불완전한 친교를 맺고 있으며 가톨릭 신자들과 많은 공통점을 가지고 있고 "그리스도인이라고 불릴 권리가 있다"(UR 3)고 명시하고 있다. 성령께서 교회 일치 운동에서 활동하시므로 가톨릭 신자들은 다른 그리스도인들에 대해 관심을 갖고 그들을 위해 기도함으로써 더 긴밀한 친교를 증진할 수 있다. 그러나 그들의 주된 의무는 교회의 진리를 증거하기 위해 자신의 집을 정리하는 것이다(UR 4). 우드는 "마지막으로 에큐메니칼 행동의 원칙은 본질적인 일치, 다양한 형태

523 Gaillardetz, *Ecclesiology for a Global Church*, 116.UR 3.

524 Wood, "Ecumenism," 287.

의 영적 삶, 규율, 전례, 계시된 진리에 대한 신학적 표현의 자유, 그러나 모든 것에서의 자선"[525](UR 5)이라고 썼다.

제2장에서는 "내적 회개 없이 진정한 일치 운동이 이루어질 수 없다"(UR 7)고 강조한다. 그리스도교 일치를 위한 공동 기도는 일치를 표현해야 한다는 것과 일치를 위해 기도해야 하는 은총이라는 두 가지 원칙에 따라 다소 조심스럽게 권장된다. "일치의 표현은 일반적으로 성사교류를 금지하지만", "일치의 은총을 얻기 위한 기도는 때로 권장된다"(UR 8)는 것이다. 적절한 대화를 위해서는 다른 교회의 가르침과 신학을 잘 아는 것이 필요하며, 선교사들은 "특히 이 시대에 에큐메니칼 운동이 사도직에 영향을 미치는 문제와 유익을 알아야 한다."(UR 10) 이 장은 특히 사회와 개발 문제에 관한 공동 증언을 요청하는 것으로 마무리된다(UR 12).

3장에서는 먼저 가톨릭과 관련하여 "참된 성사"와 "사도적 계승"(보다 전통적인 의미의 교리 및 주교적 연속성)을 보유하고 있어 "특별한 위치"를 차지하고 있는 동방 교회에 초점을 맞춘다(UR 14-15). 그런 다음 초점은 "서구의 분리된 교회와 교회 공동체"(UR 19)로 이동한다. 수전 우드는 '교회'와 '교회 공동체'의 구분이 다소 논쟁의 여지가 있음을 지적하면서도 이를 보다 긍정적으로 이해해야 한다고 지적한다. 그녀에 따르면, 일부 신학자들은 그러한 구분이 개신교 자매 형제를 교회라고 칭하지 않기 위함이 아니라 "스스로를 교회라고 칭하지 않는 공동체들(예: 구세군)을 포용"하기 위한 공의회의 방식이었다고 제안한다.[526] 발터 카스퍼는 '일상적인 사용'에서는 프로테스탄트교회라는 언급이 적절할 수 있지만, 여기서 '교회'는 다른 의미로 사용된다

525 Wood, "Ecumenism," 291.

526 Wood, "Ecumenism," 293.

는 점을 알아야 한다고 지적한다.[527] 이러한 공동체와 가톨릭 신자 사이에는 불완전한 친교만 존재하지만 가톨릭 신자들은 세례, 성체, 성경, 그리스도에 대한 신앙, 심지어 마리아에 대한 공경devotion 등 매우 많은 공통점을 가지고 있음을 인정한다(UR 19-23). 이 문서는 에큐메니칼 운동의 "피상성과 무분별한 열심"에 대해 경고하면서 끝을 맺지만, 일치의 작업이 계속 진행되기를 희망한다(UR 24).

제2차 바티칸공의회 이후의 발전

일부에서는 공의회 이후 몇 년간을 "교회 일치의 겨울"[528]이라고 말하지만, 실제로는 그 이후 60년 동안 많은 일이 이루어졌다. 여기에서는 이 시기 개신교, 복음주의, 오순절주의, 그리고 이들 그리스도교 공동체와 가톨릭교회 사이에서 나타난 주요 운동과 문서 몇 가지만 간략하게 요약해 보겠다. 에큐메니칼 신학자 토머스Thomas Best는 지난 몇 년간 가장 중요한 에큐메니칼 발전은 1982년에 발표된 신앙과직제위원회의 문서 [세례, 성찬, 직제Baptism, Eucharist, and Ministry][529]라고 말한다.[530] 이 문

---

527 Kasper, *The Catholic Church*, 161.

528 예를 들어, Rev. Dr. Olav Fykse Tveit (WCC General Secretary at the Institute for Ecumenical Studies, St. Thomas Aquinas Pontifical University), "Ut Unum Sint: Between Winter and Spring, Reality and Prophecy, 1995-2020," lecture, December 13, 2019를 참조하라.

529 '세례, 성찬, 직제'는 1982년 세계교회협의회(WCC) 신앙과 직제(Faith and Order)위원회에서 발행된 중요한 에큐메니칼 문서이다. 이 문서는 그리스도교 내 다양한 전통을 가진 교회들이 세례, 성찬, 직제에 대한 공통된 이해를 바탕으로 신학적 합의를 이루는 것을 목표로 한다. BEM 문서는 세례와 성찬, 직제에 대해 각 교회가 공통적으로 갖고 있는 신앙을 확인하고, 차이점을 넘어 교회 일치를 촉진하기 위한 토대를 마련하려는 시도로 큰 반향을 일으켰다. 이후 다양한 교단에서 이 문서에 대해 응답을 제출했으며, 에큐메니칼 대화에 중요한 진전으로 평가받고 있다.

530 Thomas F. Best, "Ecclesiology and Ecumenism," *The Routledge Companion to the Christian Church*, ed. Gerard Mannion and Lewis S. Mudge, 402-20 (New York: Routledge, 2008), 408. Best는 이 장에서 최근 몇 년간의 에큐메니칼 발전, 특히 개신교 사이에서의 발전에 대한 훌륭한 요약을 제공한다.

서는 가톨릭교회를 비롯한 여러 교회 단체에서 작업하고 승인했기 때문에 그의 말이 맞을 수 있다. 2000년까지 이 문서는 약 40개 언어로 번역되었고 190개 교회가 이 문서에 응답했다.[531] 2013년에 신앙과직제위원회는 교회론에 관한 중요한 문서인 [교회: 공동의 비전을 향하여The Church: Toward a Common Vision][532]를 발간했다. 이 문서는 하느님의 선교와 교회의 선교적 본질에 대한 인식에 확고하게 뿌리를 둔, 짧지만 완전한 교회론을 제시한다. 이 문서에 대한 반응은 이전 문서인 [세례, 성사, 직제]에 비해 많지 않았다. 또한 이 문서를 둘러싸고 좀 더 선교 지향적이고 실제적인 행동에 맞춰져 있었으면 좋았을 것이라는 아쉬움이 언급되었다. 그러나 이 문서는 풍부하고 강력한 내용을 담고 있어 면밀한 연구가 필요하며 이 책을 집필하는 데 많은 도움이 되었다.[533] 2013년에 WCC 세계선교및복음화위원회는 [함께 생명을 향하여: 변화하는 환경 속에서의 선교와 전도]를 발표했다. 이 문서는 비록 교회론에 관한 문서는 아니지만, 특히 선교적 교회론에 있어서는 많은 교회론적 함의를 담고 있다.[534] 이 WCC 문서는 광범위한 에큐메니칼 협력과 협의의 결실이며, 그 과정 및 최종 집필에 있어서 다수 세계의 많은 여성과 남성이 주요 기여자로 참가했다는 사실은 강조할 가치가

531 Best, "Ecclesiology and Ecumenism," 408.

532 '교회: 공동의 비전을 향하여'는 2013년 세계교회협의회(WCC) 신앙과직제위원회(Faith and Order Commission)에서 발표된 중요한 교회론 문서이다. 이 문서는 그리스도교 공동체들이 교회의 본질과 사명에 대해 공통된 이해를 이루기 위한 신학적 논의를 담고 있다. 다양한 교단들이 교회를 어떻게 이해하는지에 대한 공통점과 차이점을 분석하며, 이를 통해 교회 일치를 향한 길을 모색하고자 한다. 이 문서는 에큐메니칼 운동에서 교회의 역할과 존재 방식을 성찰하고, 더 깊은 상호 이해와 협력을 촉진하는 데 기여한 문서로 평가된다.

533 World Council of Churches (Commission on Faith and Order), *What Are the Churches Saying about the Church?* Faith and Order Paper no. 236 (Geneva: WCC, 2021), 9-11, 22-24.

534 WCC, *Together Towards Life: Mission and Evangelism in Changing Landscapes* (Geneva: WCC, 2013).

있다.

2009년에 발터 카스퍼는 1967년부터 출판일까지 루터교, 감리교, 성공회, 개혁교회와의 가톨릭 대화를 요약하고 앞으로 나아갈 길을 제시한 『Harvesting the Fruits열매의 수확』를 출간했다.[535] 제2차 바티칸 공의회 이후의 에큐메니칼 노력에 대한 또 다른 훌륭한 요약은 [일치의 재건]에 대한 에드워드 이드리스 캐시디의 논평에서 찾을 수 있다.[536] 가톨릭교회는 1972년부터 오순절교회와 7차례의 대화를 진행해 왔다. 가장 최근에 이루어진 대화는 2018년의 대화이다. 이 대화에서 쌍방은 오순절주의 자체, 치유, 방언, 친교 또는 코이노니아koinonia신학, 개종 활동 및 공동 증언과 같은 주제를 다뤄 왔다. 2018년 대화의 주제는 "기도하는 대로 믿는다Lex Orandi, Lex Credendi"였다.[537] 2011년에는 교황청 종교간대화평의회, WCC, 세계복음주의연맹이 공동으로 [Christian Witness in a Multi-Religious World: Recommendations for Conduct 다종교 세계에서의 그리스도교 증언: 행동에 대한 권고사항]라는 짧지만 중요한 문서를 발표했다. 이 문서는 다종교적 상황에서 일하는 그리스도교인을 위한 기초를 마련하고, 원칙을 명확히 했으며, 재권고사항을 제시했다. 이 문서는 아마도 그 현명한 내용만큼이나 전 세계 그리스도교인들의 기여로 문서가 작성된 과정만으로도 주목할 만하다.[538]

---

535 Walter Kasper, *Harvesting the Fruits: Basic Aspects of Christian Faith in Ecumenical Dialogue* (New York: Continuum, 2009).

536 Edward Idris Cardinal Cassidy, *Ecumenism and Interreligious Dialogue* (Mahwah, NJ: Paulist Press, 2005), 20-121.

537 Bevans and Schroeder, *Constants in Context*, 327-30; Dicastery for Promoting Christian Unity, "International Catholic-Pentecostal Dialogue," July 12-18, 2018.

538 Pontifical Council for Interreligious Dialogue, World Council of Churches, and World Evangelical Alliance, *Christian Witness in a Multi-Religious World: Recommenda-*

제2차 바티칸공의회가 가톨릭교회를 에큐메니칼 운동에 참여시킨 이후 수년 동안 훨씬 더 많은 대화가 이루어졌고 수많은 문서가 작성되었다. 정교회 지도자, WCC, 복음주의 단체, 교황들은 페이지에 적힌 글보다 더 설득력 있는 많은 훌륭한 제스처를 취했다. 그 예로 교황 요한 바오로 2세와 캔터베리 대주교가 두 개의 동일한 의자에 나란히 앉아 있는 모습이나 요한 바오로 2세와 콘스탄티노플 총대주교가 니케아 신조의 정교회 버전을 낭송하는 모습을 들 수 있다. 이 중 가장 중요한 가톨릭 문서는 아마도 1995년 요한 바오로 2세의 에큐메니즘에 관한 회칙인 [하나되게 하소서Ut Unum Sint]일 것이다. 이 따뜻하고 심오한 문서는 가톨릭의 신념을 정리하고 검토하며, 에큐메니칼 참여의 많은 결실을 되돌아보고, 미래에 대한 문제점과 희망을 제시한다. 회칙 말미에서 요한 바오로 2세는 교황으로서의 역할에 대해 공개적이고 솔직하게 말하고, 그리스도교 일치에 대한 자신의 의지를 표명하며, 그리스도교 일치에서의 교황의 역할에 대한 "인내심 있고 형제애적인 대화"에 교회 지도자들을 초대한다(UUS 95-96).

거의 60년에 걸쳐 교회 일치 운동에 헌신한 끝에 우리는 완전한 가시적 일치에 가까워졌을까? 물론 요한 바오로 2세가 UUS의 세 번째이자 마지막 장의 제목을 "Quanta Est Nobis Via", 즉 '우리가 얼마나 더 가야 할까'라고 붙인 것처럼, 아직 갈 길이 멀기는 하다! 그러나 우리가 어렴풋이나마 분별할 수 있는 것은 완전하고 가시적인 일치를 향한 길은 한 교회가 다른 교회로 돌아가서 자신의 진리와 전통을 버리는 것이 아니라는 점이다. 오히려 그 길은, 곧 순례의 길은 다

---

tions for Conduct, International Bulletin of Missionary Research 35, no. 4 (October 2011): 194-96. 이 문서 발행 10주년(2021년)을 기념하여 교황청 종교간대화평의회는 다음 책을 출간했다. *Christian Witness in a Multi-Religious World*, ed. J. Indunil and K. Kodithuwakku (Rome: Libreria Editrice Vaticana, 2022).

양성 속의 일치라는 방향으로 뻗어가고 있으며, 세계의 교회들이 함께 일하여 서로 다른 교회들의 친교, 또는 친교들의 친교가 되기 위한 방향으로 나아가는 것을 인식하고, 그러한 인식을 더욱 키워 나가는 데 있다.[539] 그러한 협력은 궁극적으로 우리가 신앙과 세례를 통해 이미 한 삼위일체 하느님 안에서 가지고 있는 일치를 발견하는 가운데, 그리고 세상이 완성된 창조세계의 완전한 번영을 믿고 발견하도록 일치된 교회라는 예수님의 꿈을 이루기 위해서 헌신하는 가운데 드러난다. 또한 교회가 선교를 위해 함께 일할 때 더 큰 그리스도교적 연합이 가능해진다.

교회의 선교적 차원으로서의 하나됨

4장에서 우리는 교회의 선교의 본질을 설명하면서 [만민에게Ad Gentes]에 복음을 구현하고, 보여 주고, 선포하려는 교회의 헌신과 "그리스도인 일치 회복을 위한 노력"을 잇는 "밀접한 연관성"이 있음을 지적했다. "그리스도인들 사이의 분열은 모든 피조물에게 복음을 전파하는 가장 거룩한 대의를 훼손하고 많은 사람이 신앙에 이르는 길을 막는 것이기 때문"(AG 6항)이다. 요한 바오로 2세는 [교회의 선교 사명Redemptoris Missio] 33에서 선교의 세 가지 '상황'을 열거하면서 교회 일치를 위한 활동을 선교의 일부로 포함하지는 않았다. 그러나 그는 [하나되게 하소서Ut Unum Sint]에서 우리 시대의 교회 일치 운동이 "선교적 전망"(UUS 98)으로 특징지어졌다고 언급하면서 가시적 일치를 위한 노력을 선교와 연결시켰다. 선교와 일치는 함께 속해 있으며, 오늘날의 세계에서는 그 필요성이 더욱 절실하다.[540]

539 Gaillardetz, *Ecclesiology for a Global Church*, 119-21.

540 John Gibault and Knud Jørgensen, eds., *Called to Unity for the Sake of Mission*

하나됨의 선물

교회의 일치는 교회의 모든 차원과 마찬가지로 순수한 선물이며 순수한 은총이다. 교회 일치는 세례와 성체성사로 우리를 끌어안고 양육하시는 하느님이 우리에게 베푸시는 은총이다. 교회의 일치는 하느님의 삼위일체적 정체성과 삶의 핵심인 다양성 속의 일치에 뿌리를 둔 다양성이 특징인 일치이다. 이러한 일치는 "각 나라와 족속과 백성과 언어에서 온 큰 무리"(계시 7,9)로 구성된 교회의 다양성 측면에서 표현된다. 이 일치는 지역의 풍부하고 다양한 문화·연령·성적 지향·교육·신학·영성과 함께 어우러진 지역 교회의 생명력과 그 자체의 다양성 및 지역 교회의 친교인 보편 교회로 표현된다. 하느님은 모든 민족의 다양성을 위해 일하시기 때문에 하느님의 다양성-일치는 항상 선교적 다양성-일치이다. 하느님께서 교회와 공유하는 것은 바로 이러한 선교적 다양성이다. 필연적으로 교회의 다른 모든 차원과 마찬가지로 교회의 풍부하고 다양한 일치의 은사는 선교적 과제라는 과제로 이어진다.

하나됨의 증인

교회는 먼저 교회다워져야 한다. 이것이 내부를 향하는Ad intra 교회의 선교이며, 이를 통해 교회는 모든 사람에게 빛과 희망의 등대, 증거자가 될 수 있다. 이것은 쉬운 일이 아니다. 교회에는 "하느님의 숨은 현존"이 깃들어 있지만,[541] 연약하고 불완전하며 죄 많은 인간으로 구성되어 있기 때문에 "교회의 일치는 항상 성취해야 할 과제"[542]이다. 하느

(Oxford: Regnum Books, 2015); Jan van Butselaar, "Mission and Unity," *The Ecumenical Review* 52, no. 3 (July 2000).

541 Paul VI, Opening Address of the Second Session of Vatican II, *Enchiridion Vaticanum* (Bologna: Edizioni Dehoniane, 1968), 97.

542 Congar, "La Chiesa È Una," 497.

님께서 교회에 은총을 베푸시는 친교를 통한 일치는 먼저 교회의 공교회성 측면에서 가시적이고 만질 수 있는 현실이 되어야 하며, 이를 통해 교회의 모든 사람(지역적으로나 전 세계적으로)의 목소리와 경험이-교회 지도자의 것이든 가장 단순하고 가난한 세례받은 선교사 제자의 것이든- 귀 기울여지고 존중받아야 한다. 모든 사람은 선교사 제자의 존엄성을 지니고 있으며, 가르칠 것이 많고 모든 그리스도인은 특히 교회와 사회의 주변부에 있는 사람들로부터 배워야 할 것이 많다. 모두는 프란치스코 교황께서 자주 말씀하시는 신앙 감각을 갖추고 있다(EG 119-120, 198항 참조). 이것은 전통적으로 계급적 친교라고 불리는 것을 새롭게 생각하는 방식일 수 있다.

두 번째로 육성해야 할 것은 그리스도인들 안에서, 특히 지역 교회에서 진정한 공동체 의식을 함양하는 것이다. 항상 긴장이 있겠지만, 사람들의 은사를 존중하고 계발하며, 서로를 인격과 친구로 알고, 예배나 봉사를 위해 모일 때 그리스도인들이 서로를 즐겁게 하는 공동체를 형성하기 위해 노력해야 한다. 프란치스코 교황은 종종 만남의 문화, 신뢰와 대화의 분위기, 문화 간 개방성의 배양에 대해 이야기한다. 프란치스코 교황이 강조한 이러한 대인 관계 중심의 공동체에 대한 요청은, 특히 그리스도인들이 환대와 지원을 경험하며, 모든 이가 환영받고 받아들여지는 지역 교회 공동체에서 더욱 중요하다.[543] 앞서 언급했듯이, 교황은 그러한 공동체를 모든 점이 중심에서 등거리에 있는 원이 아니라 "여러 면이 다양한 일치를 이루는" 기하학적 도형인 다면체로 이미지화한다. 이 "다면체는 의견의 불일치와 유보 속에서

---

543 Stephen Bevans, "Becoming Prophets of Encounter: The Culture of Encounter and Religious Life Today," *Verbum SVD 59*, no. 4 (2018): 339-59. 예를 들어, *Fratelli Tutti*에는 "culture of encounter"와 종종 연결되는 "encounter"라는 단어가 49번이나 나타난다.

도 서로를 보완하고 풍요롭게 하며 호혜적으로 비추는 차이가 존재하는 사회[공동체]를 나타낼 수 있다. 우리 각자는 다른 사람들로부터 무언가를 배울 수 있다."(FT 215) 이런 종류의 일치를 위해 노력하고 때로는 성취하는 공동체만이 사람들이 세상을 향해 "서로 사랑하는 모습을 보라!"고 외칠 수 있는 가치 있고 매력적인 증인이 될 수 있다.

교황 요한 바오로 2세는 회칙 [하나되게 하소서Ut Unum Sint]에서 교회 일치에 대한 헌신이 "교회의 전통적인 활동에 추가되는 일종의 '부록'이 아니다"라는 점을 분명히 밝혔다. 오히려 그것은 교회의 모든 활동의 '유기적 부분'으로서 교회의 존재와 활동을 특징짓는 것이어야 한다(UUS 20항). 완전하고 가시적인 연합은 오랜 시간 동안 이루어지지 않을 수 있지만, 우리는 하느님의 뜻인 일치에 따라 교회를 만들기 위해 끊임없이 노력해야 한다. 이러한 분열은 복음 전파를 방해하는 세상의 스캔들이다(UR 1). 콩가르는 교회의 일치에 대한 신학적 성찰을 "에큐메니칼 당위성The Ecumenical Imperative"이라는 짧은 절로 마무리한다.[544] 콩가르에 따르면, 교회 일치를 위한 투신은 "교회의 역사와 맞물려 있는 오랜 고된 작업이며, 교회에 순수성과 완전성을 추구하는 두 가지 노력을 요구하고, 이는 또한 재탄생, 개방과 대화, 개혁과 확장의 폭넓은 활동을 포함한다. 교회가 오늘날 전적으로 그리고 특별한 방식으로 이 과제에 부름 받았다는 점은 분명하다."[545] 일치에 대한 우리의 노력이 느슨해질수록, 세상 앞에서 우리의 일치 고백은 점점 더 믿기 어렵게 될 것이다. 일치를 위한 노력은 분명히 시급한 선교적 과제이며, "세상이 믿게 하려 함"(요한 17,20)이다.

544 Congar, "La Chiesa È Una," 551-52.

545 Congar, "La Chiesa È Una," 552.

세상의 일치를 위해 일하기

교회 내부의 진정한 친교와 그리스도인들 사이의 완전하고 가시적인 일치를 위해 일하는 것은 교회의 내부를 향한ad intra 선교이며, 동시에 교회 밖을 향한ad extra 복음 증거를 가능케 하는 조건이다. 그러나 일치의 선교적 차원은 또한 교회가 세상의 일치를 위해 일할 것을 약속한다. 일치의 교회에는 일치의 과제가 있다. 이브 콩가르는 교회가 "성사, 즉 하느님과의 친교와 전 인류의 일치에 대한 표징이자 도구"(LG 1)라고 상기시킨다. 콩가르는 "이렇게 볼 때 교회의 일치는 그 자체에 목적이 있는 것이 아니라, 하느님과의 연합에 국한되지 않고 인류의 일치를 전망하는 그 표징이자 수단이다"라고 썼다. 이러한 관점은 일치의 문제를 "하느님의 계획과 구원경륜의 문제"[546]라는 가장 넓은 지평에서 바라보게 한다. 하나의 교회는 하나의 세계, 창조의 완성, 급진적 킨십에 대한 하느님의 꿈을 위해 일한다.

오늘날 분열되고 양극화된 세계에서 교회는 가장 구체적인 지역 수준에서, 특정 교구 교회 수준에서, 지역적으로, 그리고 전 세계적으로, 평화 만들기, 모든 피조물을 위한 정의, 화해, 종교 간 대화(함께 생활하고 일하며 서로의 신앙을 알아가고 적절하게 함께 기도하는 것)에 전념해야 한다. 위르겐 몰트만Jürgen Moltmann은 이렇게 힘주어 말한다.

> 교회가 가난한 사람들과 신자들의 교제, 소망 있는 사람들과 병든 사람들의 교제, 사랑하는 사람들과 억압받는 사람들의 교제가 아니라면 교회는 그리스도를 온전히 증거하지 못할 것이다. 억눌린 자의 해방, 권리 없는 자의 정의, 사회적 갈등에서의 평화를 이루지 않는다면 그 일치는 더 이상

546 Congar, "La Chiesa È Una," 497-98.

구원의 시대의 '술어'가 될 수 없다. 교회는 그 자체를 위한 '하나'가 아니라, 다가올 하나님 나라에서 분열된 인류의 평화를 이루기 위한 '하나'이다.[547]

547 Jürgen Moltmann, *The Church in the Power of the Spirit* (Minneapolis: Fortress Press, 1993), 345.

결론

교회의 죄와 분열의 역사에 비추어 볼 때, 거룩하고 하나인 교회를 고백하는 것은 분명 현실 세계에 존재하고 지금까지 존재해 온 실제 교회를 외면하는 것처럼 보인다. 그러나 이 장에서 주장했듯이 교회의 거룩함과 하나됨은 겉으로 드러나는 것이 아니라 하느님의 은총의 신비 안에서 발견된다. 교회는 죄를 고백하고, 하느님의 자비를 받아들이고, 그 자비의 빛 안에서 성장하기 위해 노력하고, 하느님의 세상의 거룩함을 위해 일하고 이를 가리킬 때 비로소, 비록 참으로 죄가 있지만, 거룩한 교회가 된다. 교회는 삼위일체 하느님의 다양성 안에서의 일치를 인정하고, 자신과 분열된 그리스도교 안에서 공동체와 친교를 구축하는 노력에 동참하며, 인류와 모든 피조물의 일치를 위해 봉사하기 위해 자신을 비울 때 참으로 분열되어 있지만 하나이다. 우리는 그리스도인들이 교회의 죄성을 인식하고, 매우 구체적인 상황에서 사과하고, 거룩하고 헌신적인 다른 그리스도교 교회 사람들을 만나면서 일치를 경험하는 것에서 이를 구체적으로 볼 수 있다.[548] 그리스도인들은 하느님의 숨겨진 현존, 선교적 현존에 충만한 교회를 믿는다. 교회가 사도적이고 보편적이며 거룩하고 하나인 교회를 믿는다는 것은 하느님과 함께 끊임없이 선교적 증거를 하고, 참된 보편성을 축하하고 이를 위해 일하며, 하느님의 은총과 자비를 드러내고 전파하고, 하나된 교회와 하나된 세상을 위해 헌신하는 것을 의미한다.

이 장을 끝으로 우리는 신비로서의 교회, 선교하는 제자 **공동체**로서의 교회에 대한 성찰을 마쳤다. 이 책의 세 번째이자 마지막 부분에서는 선교하는 **제자** 공동체로서의 교회에 초점을 맞추어 그러한 제자도가 어떻게 교회의 사명에 봉사하는 구조가 되고 질서 있는 친교의 토대가 되는지 성찰할 것이다.

548 예를 들어, 프란치스코 교황이 교회가 퍼스트 네이션과 다른 원주민을 위한 기숙학교에서 저지른 끔찍한 학대에 대해 사과하기 위해 캐나다를 방문한 여정을 보라. (프란치스코 교황, “Meeting with Indigenous Peoples: First Nations, Métis, and Inuit,” July 25, 2022“) 세계선교및복음화위원회에서 8년간 활동한 경험은 내게 로마 가톨릭 신자로서 다른 그리스도교 공동체들과의 차이를 분명히 인식하게 해 주었을 뿐만 아니라, 동시에 우리가 그리스도인으로서 얼마나 많은 공통점을 가지고 있는지 또한 분명히 깨닫게 해 주었다.

3부

교회의 구조

선교하는 **제자들의** 공동체

도입

이 책의 서두에서 주장했듯이 교회는 "본질적으로 선교적"(AG 2)이다. 교회는 동일한 성령의 부여를 받아 예수의 사명을 공유하고 이어감으로써 하느님의 선교에 참여하기 때문에 교회인 것이다. 교회는 순례자이자 선교사인 공동체이고, 그리스도의 지속적인 현존이며, 모든 시대에 새롭게 하느님의 선교에 참여하게 하는 창조주 성령의 끊임없는 역사로 존재하는 교회이다. 교회는 하느님 자신의 파견과 파견됨에 뿌리를 둔 공동체이고, 다양성 속의 풍성한 일치와 일치 속의 다양성, 하느님의 자비로운 거룩함, 그리고 온 세상을 가톨릭적이고 거룩하며 하나로 만들기 위한 헌신에 기초한 공동체이다.

이 책의 세 번째 부분에서는 크레이그 밴겔더Craig van Gelder의 표현대로 "하는 일을 조직화하는" 선교 공동체로서의 교회의 구조를 살펴본다.[1] 교회는 본질적으로 선교적이기 때문에 그 구조는 선교에 봉사해야 한다. 교회 공동체의 모든 측면은 하느님의 통치가 약속한 근본적인 킨십, 즉 복을 구현하고, 보여 주고, 선포하기 위해 교회의 선교적 본성에 초점을 맞춰야 한다. 하느님의 통치, 곧 하느님의 선교에 비추어 볼 때, 교회가 개발하거나 소유하는 모든 구조는 "이차적이며 심지어 삼차적으로 중요하다."[2]

교회의 선교하는 구조를 포착하기 위해 3부에서는 선교하는 **제자** 공동체로서의 교회를 성찰할 것이다. 제자도는 교회가 실제로 어떻게 **질서화**되어 있는지를 표현하는 용어가 되겠지만, 그 질서는 위계 질서가 아니라 친교,[3] 즉 선교하는 친교로서의 질서이다. 11장에서는 세례받은 선교사 제자도라고 부르는 일반적 제자도에 대해 살펴볼 것이다. 이 제자도의 형태 안에 나는 서원한 제자, 즉 수도 또는 봉헌된 삶을 배치할 것이다. 모든 제자는 세례를 받음으로써 교회의 선교에 적극적으로 참여하지만, 일부 제자는 사목하는 선교사 제자도로 부름을 받아 교회에서 어떤 종류의 리더십에 참여한다. 그렇기 때문에 13장에서 사목하는 선교사 제자도에 대해 살펴보기 전에 12장에서 리더십의 일반적 성격과 교회 내 리더십에 대해 살펴볼 것이다. 14장과 15장에서는 전통적인 세 가지 형태인 주교episcopate, 사제presbyterate, 부제diaconate에 기반한 서품받은 선교사 제자도의 역사를 살펴보고, 오늘날 선교하는 교회를 위한 제자 훈련에 기초한 축성된 이를 위한 사목 신학을 제시할 것이다.

---

1 Craig van Gelder, *The Essence of the Church: A Community Created by the Spirit* (Grand Rapids, MI: Baker Academic, 2000), 37. David Power는 자신의 저서 *Mission, Ministry, Order: Reading the Tradition in the Present Context* (New York: Continuum, 2008), 2쪽에서 제목의 단어가 배열된 순서가 지닌 신학적 의미를 언급한다.

2 Hans Küng, *The Church* (New York: Sheed and Ward, 1967), 363.

3 Edward P. Hahnenberg, *Ministries: A Relational Approach* (New York: Continuum, 2003), 122-50; Richard R. Gaillardetz, "The Ecclesiological Foundations of Ministry within an Ordered Communion," *Ordering the Baptismal Priesthood*, ed. Susan K. Wood (Collegeville, MN: The Liturgical Press, 2003), 26-51.

이 책에서 때때로 **평신도**laity와 **성직자**clergy라는 전통적인 용어를 사용하지만, 이보다는 **discipleship**(제자도, 제자직)이라는 용어를 사용함으로써 교회 안에 유지되어 온 교인 간의 구분을 피해 보고자, 또는 최소한 모호하게 하고자 한다. 교회론에서 세례는 그리스도인 정체성의 근본 성사로 간주되며, 그리스도인은 보다 집중적인 제자도 훈련이나 활동에 대한 부르심에 응답할 때에도 선교사 제자로서의 기본 정체성을 잃지 않는다.[4] 따라서 세례받은 모든 사람과 교회의 질서를 책임지는 사람들에게 제자 또는 제자도를 유지하는 것은 이 근본적인 평등을 강조하고 적어도 신학적으로는 계급주의나 성직주의의 유혹을 피하기 위함이다. 교회는 그 구조에서도 보편적 구원의 성사로서, 하느님의 '킨덤kin-dom'인 번영하는 공동체의 활기찬 표징이자 도구로서 자신을 드러낸다. 모든 형태의 제자도는 번영의 공동체를 이루기 위한 하느님의 선교에 참여하기 위한 그리스도인의 응답으로 나타난다.

4 EG 104, 120. Cardinal Blase J. Cupich, "Ordination Does Not Annihilate Our Baptism," Keynote Address at the Association of US Catholic Priests, July 26, 2019, *Catholic Outlook* (July 20, 2019). Kathleen A. Cahalan, *Introducing the Practice of Ministry* (Collegeville: The Liturgical Press, 2010), xi; Richard R. Gaillardetz, *Ecclesiology for a Global Church: A People Called and Sent*, rev. ed. (Maryknoll, NY: Orbis Books, 2023), 180-215; Stephen Bevans, "The Church in Mission," *The Cambridge Companion to Vatican II*, ed. Richard R. Gaillardetz (New York: Cambridge University Press, 2020), 146-47. Richard Lennan은 제2차 바티칸공의회가 교회를 "거룩한 사제직"이라고 언급함으로써 일반적인 성직자-평신도의 구분을 피한다고 지적한다. 나는 이 방향이 올바르다고 생각하지만, 사제직은 교회가 그리스도/하느님의 사명에 참여하는 삼중 역할 중 하나일 뿐이다. 사제직은 교회가 그 사명을 어떻게 구현하는지를 설명하는 한 가지 방식이지만, 교회가 그 사명의 메시지를 어떻게 보여 주고 선포하는지까지는 표현하지 않는다. 제자도라는 용어는 내가 생각하기에 이 세 가지를 모두 포함한다.

11장

세례받은 선교사 제자도

아이러니하게도 선교하는 교회의 구조에 대한 신학적 논의는 교회가 갖는 근본적인 구조가 실제로는 구조가 아니라는 진술로 시작해야 한다. 교회는 실제로 질서 있는 친교이다. 그러나 여기서 항상 강조해야 할 바는 친교라는 교회의 본질이다. 교회는 사도적 친교, 선교적 친교, 선교하는 제자 공동체, 함께 길을 가는 순례자 공동체이다. 교회는 세상 안에서 하나님 나라의 충만한 번영을 구현하고, 보여 주고, 선포하는 공동체이다.

세례와 제자도

빈센트 도노번Vincent Donovan 선교사는 자신이 사목했던 탄자니아의 마사이족에게 가르침을 받은 대로 세례가 모든 것이라고 주장했다.[5] 교회의 모든 구성원은 세례로 인해 선교하는 제자이며(EG 120), 세례는 각자에게 다른 모든 사람과 근본적인 평등성을 부여한다. [인류의 빛]은 이를 설득력 있게 표현한다.

> 그러므로 선택된 하느님 백성은 하나뿐이다. "주님도 한 분이시고 믿음도 하나이며 세례도 하나이다."(에페 4,5) 그리스도 안에서 새로 난 지체로서 동일한 존엄성을 공유하며, 동일한 자녀의 은총을 받는다.… 따라서, 그리스도 안에서, 또한 교회 안에서 민족이나 국가, 사회적 신분이나 성별에 따른 불평등이 결코 있을 수 없다(LG 32).

> 교회 안의 역할이나 신앙 교육의 수준에 상관없이(EG 120) 우리의 위대한 존엄은 모든 이에게 열려있는 세례에서 온다.(EG 104)[6]

성경의 증언에 깊이 뿌리를 두는 제자도의 개념은 그리스도교 전통에서 새로운 개념은 아니다.[7] 그러나 신학이나 교회론에서 제자도라는 개념은 하느님의 신실한 백성이 누리는 근본적인 평등을 지칭하는 용어로서 큰 주목을 받지 못했다. 그럼에도 불구하고 제자라는

---

5 Vincent J. Donovan, *Christianity Rediscovered* (Maryknoll, NY: Orbis Books, 1978), 122, 156.

6 Cardinal Blase Cupich, "Ordination Does Not Annihilate Our Baptism," Keynote Address to the Association of US Catholic Priests, June 26, 2019, *Catholic Outlook* (July 20, 2019).

7 John F. O'Grady, *Disciples and Leaders: The Origins of Christian Ministry in the New Testament* (Mahwah, NJ: Paulist Press, 1991); David R. Bauer, "Disciple, Discipleship," *The New Interpreter's Dictionary of the Bible, D-H*, vol. 2, ed. Katherine Doob Sakenfeld et al. (Nashville, TN: Abingdon Press, 2007), 128-31; Hans Weder, "Disciple, Discipleship," *The Anchor Dictionary of the Bible, vol. 2, D-G*, ed. David Noel Freedman et al. (New York: Doubleday, 1992), 207-10.

용어는 그리스도인 소명의 본질을 표현하는 용어로 우리 시대에 등장했으며, 프란치스코 교황의 가르침과 세계교회협의회WCC에서 강조되고 있다.[8] 프란치스코 교황의 가르침과 WCC 문헌에서 제자도는 선교적이고 변혁적인 힘을 지니며, 세례로 인해 모든 그리스도인이 근본적으로 일치하고 평등하다는 점을 가리킨다. 또한 이들에게서 제자도는 그리스도인 삶의 역동적이고 선교적인 본질을 나타내는 용어로서 그리스도 안에서 지속적인 영적 성장을 의미한다. 제자도는 역사 속에서 예수님의 사명을 공유하고 이어 가는 제자로서 세상을 변화시키기 위한 헌신을 요구한다. 제자도는 또한 교회를 새로운 모습과 새로운 방향으로 인도하시며 역사 속에서 교회의 창조를 계속하시는 성령의 끊임없는 현존과 영감에 대한 개방성을 요구한다. 나는 이러한 접근이 교회의 선교적 구조를 이해하는데 새로운 방식을 제시한다고 생각한다.

이 장에서는 제자도의 개념이 제2차 바티칸공의회의 문헌에서 어떻게 나타나는지, 2007년 브라질 아빠레시다에서 열린 라틴아메리카 및 카리브해 주교총회에서 선교적 제자도라는 용어가 어떻게 등장했는지, 프란치스코 교황의 사도적 권고 [복음의 기쁨]에서 어떻게 다뤄졌는지, 그리고 최근 프란치스코 교황이 교회의 본질적인 요소로서 이해하는 시노달리타스와의 관련성을 탐구한다. 여기에 더해, 세계교회협의회 문헌에 등장하는 변화시키는 제자도라는 용어의 새로운 중심성에 대한 성찰도 포함된다. 마지막으로, 몇몇 현대 신학자들의 제

---

8 이 장에서 프란치스코 교황과 WCC의 제자 이해를 다루지만, 특별히 [복음의 기쁨]의 24항과 "The Arusha Call to Discipleship"(ACD)에 주목하려 한다. 여기서 교황은 선교하는 제자도를 언급하며, WCC는 변혁하는 제자도를 언급한다. 이와 관련하여 *Intentional Discipleship and Disciple-Making: An Anglican Guide for Christian Life and Formation* (London: Anglican Consultative Council, 2019)도 참조하라.

자도에 관한 중요한 성찰을 다루는 부분이 이 장의 결론을 이룬다.

제2차 바티칸공의회와 제자도

제자disciple라는 용어는 제2차 바티칸공의회의 특정 문서에는 자주 등장하지만, 이 공의회의 다른 많은 문서에서는 한 번도 언급되지 않는다.[9] 이 용어가 [인류의 빛]에서 19번, [만민에게]에서 11번, [기쁨과 희망]과 [인간 존엄성]에서 각각 5번씩 사용되었다는 사실은 그다지 놀라운 일이 아니다. [기쁨과 희망]의 첫 문장은 "우리 시대 사람들의 기쁨과 희망, 슬픔과 고뇌가 그리스도 제자들의 기쁨과 희망, 슬픔과 고뇌와 어떻게 동일한지"에 대해 이야기한다. 그런데, 이때 이 문서가 "제자들"을 표현할 때 사용한 공식 라틴어 텍스트는 discipulorum이다. 이 용어는 종종 예수님의 공생애 동안의 제자들을 지칭하지만, 오늘날 그리스도의 제자들, 즉 교회 구성원, 하느님의 백성을 가리키는 경우가 훨씬 더 많다. 공의회가 이 용어를 이런 의미로 사용할 때, 이는 분명히 평신도, 수도자, 성직자로 이해되기보다는 모든 그리스도 신자를 의미한다. 이런 맥락에서 이 문헌에서 제자는 세례받은 제자를 의미한다.

그러나 공의회 문헌 전체에서 이러한 동일성을 명시적으로 언급하는 구절이 딱 한 곳에서 발견된다. [사제품Presbyterorum Ordinis](사제의 교역과 생활에 관한 교령)이라는 단 하나의 문헌에서 제자라는 용어가 세 번 등장한다. 이 문헌은 사제들이 "하느님 백성 가운데서" 그 백성을 위해 아버지와 스승의 임무를 수행한다는 점을 인정하면서도 "사제들

9 모든 문헌을 컴퓨터로 검색한 결과, 해당 용어가 SC, DV, CD, UR, PC, DE, IM, GE에는 등장하지 않음을 확인했다. 흥미롭게도 AA의 8항에 두 번 나타난다.

이 모든 그리스도인과 더불어 주님의 제자가 되고, 그들을 부르신 하느님의 은총으로 하느님 나라에 참여하게 되었다. 사제 또한 세례의 샘에서 거듭난 모든 사람과 함께 서로서로 형제이고 모두 그리스도의 하나된 몸의 구성원으로서 그 몸을 세우는 일은 이 모든 이들에게 요구된다"(PO 9)고 천명한다. 이 문헌에 따르면 사제는 성품성사를 받은 제자이기 이전에 세례받은 제자이다.

그리스도의 삼중 직분에 참여하는 제자도

6장에서 언급했듯이, 제2차 바티칸공의회에서 중요한 순간은 교회의 계층과 평신도 회원에 대해 말하기 전에 하느님의 백성으로서의 교회에 대해 말하기로 결정한 것이다. 이 때문에 하느님의 백성에 관한 모든 언급은 "평신도, 수도자, 성직자에게 동등하게 적용된다."(LG 30) 공의회의 "세례로 돌아서기"[10]때문에 계급적 구별이 아니라 세례 평등에 기초한 일종의 근본적인 교회 구조가 존재한다. 존 오말리John O'Malley의 말을 상기하자면, "교회의 첫 번째 실재는 세례받은 모든 이들로 구성된다. 다시 말해 구별됨이나 상하관계 없이 수평적이다."[11] 우리는 교회를 그리스도교 신앙에 충실한 그리스도인Christifideles이라고 부른다.[12]

이러한 평등성 때문에 "몸 전체의 사명에 참여하지 않는 지체는 하나도 없다."(PO 2) [인류의 빛]은 하느님의 백성에 관한 장의 여러 단락을 할애하여 교회의 모든 사람, 즉 모든 제자가 사제, 예언자, 왕으로

10 Stephen Bevans, "The Church in Mission,"*The Cambridge Companion to Vatican II*, ed. Richard R. Gaillardetz (Collegeville, MN: The Liturgical Press, 2020), 46-47.

11 John W. O'Malley, *What Happened at Vatican II* (Cambridge, MA: The Belknap Press, 2010), 178.

12 Amanda C. Osheim, "The Christian Faithful," Gaillardetz, *The Cambridge Companion to Vatican II*, 211-31.

서의 그리스도의 삼중 직분을 나눔으로써 어떻게 그 사명에 직접 참여하는지를 고찰한다(LG 10-12, 31 참조).[13] 세례받은 각 제자가 그리스도의 직분을 나누는 방식은 성령께서 부여하신 은사와 공동체에서 각자가 맡은 책임에 따라 다르다. 그렇지만, 바오로가 주장한 것처럼 교회의 모든 은사와 임무는 전체의 유익을 위해 필요하다(1코린 12,14-26 참조).

제2차 바티칸공의회 이후

공의회 이후 몇 년 동안 세례의 중심성과 모든 그리스도인의 근본적인 평등성은 계속해서 분명하게 표현되었다. 몇 가지 예를 들자면, 교황 요한 바오로 2세는 1979년 회칙 [인간의 구원자Redemptor Hominis]에서 교회를 "제자들의 공동체community of disciples"(RH 21)라고 말했다. 1988년 사도적 권고 [평신도 그리스도인Christifideles Laici]에서 교황 요한 바오로 2세는 그리스도의 몸으로서의 교회라는 바오로 이미지와 포도나무와 가지라는 요한 이미지로 표현되는 모든 제자들 상호 간의 활기찬 친교를 언급하며(CF 12), 거룩함(성덕)을 향한 보편적 부르심을 "그리스도의 제자에게 부여된 존엄성에 대한 가장 위대한 증거"(CF 16)라고 천명한다. [현대의 사제 양성Pastores Dabo Vobis][14]에서 그는 제자도를 모든 그리스도인의 보편적 사제직(PDV 13)과 연결한다. 이 보편 사제직은

13 Osheim, "The Christian Faithful," 222-25.

14 '현대의 사제 양성'은 성 요한 바오로 2세 교황이 1992년에 발표한 사도적 권고로, 성직자 양성에 관한 중요한 지침을 제공하는 문헌이다. 이 제목은 예레미야 3장 15절에서 유래한 "내가 목자들을 주리라"는 구절에서 비롯되었다. 문헌은 모든 그리스도인이 참여하는 보편 사제직과 교회 안에서 특별히 사목적 역할을 수행하는 직무 사제직의 관계를 다루며, 성직자가 보편 사제직을 섬기기 위해 존재한다는 점을 강조한다. 또한 성직자의 인간적, 영적, 지적, 사목적 양성이라는 네 가지 차원을 균형 있게 발전시키는 것이 중요하다고 설명한다. 이 문헌은 성직자들이 자신의 소명과 책임을 깊이 이해하고, 이를 실천할 수 있도록 돕는 중요한 자료로 평가받고 있다.

직무 사제직의 기초가 되며, 직무 사제직이 존재하는 이유는 보편 사제직을 돌보는 데 있다(PDV 17). 이처럼 제자도라는 용어가 항상 전면에 등장한 것은 아니다. 그러나, 그리스도인이 그리스도와 가까워지고 그분 안에서 성장하며 그분의 고유한 사제직과 예언자직, 종의 왕직royal office of servanthood을 그분의 백성으로서 공유한다는 근본적인 평등을 표현하는 방식으로 제자도라는 개념이 지속적으로 사용되었다.

아빠레시다와 프란치스코 교황

제자도라는 개념은 2007년에 개최된 제5차 라틴아메리카 및 카리브해 주교총회에서 새로운 중요성과 차원을 갖게 되었다. 이 회의의 대주제는 "예수 그리스도의 제자이자 선교사로서 우리 민족이 그분 안에서 생명을 얻도록Disciples and Missionaries of Jesus Christ So That Our Peoples May Have Life in Him"이었다.[15] 다소 긴 이 문서에서 제자도라는 용어는 거의 300번이나 등장하는데, 대부분 "제자와 선교사" 또는 "선교하는 제자"로 사용되었다. 이로써 제자도의 개념은 그리스도를 개인적으로 깊이 따르는 것을 가리키는 것 외에도 보다 역동적이고 선교적인 성격을 띠게 되었다. 베네딕토 16세 교황은 이 회의를 개회하는 연설에서 세례와 제자도의 연관성을 강조했다. 교황은 "그리스도인은 세례를 받음으로써 예수 그리스도의 제자이자 선교사로 부름을 받았다. 이는 그분을 따르고, 그분과 친밀하게 살며, 그분의 모범을 본받고 증거하는 것을 의미한다"(IA 3)고 말했다.

15 Fifth General Conference of the Bishops of Latin America and the Caribbean, Concluding Document, May 13-31, 2007, https://www.celam.org/aparecida/ingles.pdf.

아빠레시다의 주요 인물 중 한 명이자 최종 문헌의 주요 저자는 아르헨티나 부에노스아이레스의 추기경 대주교 호르헤 마리오 베르고글리오Jorge Mario Bergoglio였다. 그는 2013년 3월 베네딕토 16세의 뒤를 이어 프란치스코 교황으로 선출되었다. 2013년 11월에 발표된 프란치스코 교황의 사도적 권고 [복음의 기쁨Evangelii Gaudium]에서는 교회의 선교적 본질을 설명하는 데 있어 제자도의 언어가 중심을 차지한다. 프란치스코는 "'출발'하는 교회는 선교하는 제자들의 공동체로, 첫 걸음을 내딛고, 뛰어들고, 함께 가며, 열매 맺고, 기뻐한다"(EG 24)고 썼다. 문서 후반부에서 프란치스코는 베네딕토 16세의 개회사를 분명히 언급하며 글을 쓴다.

> 하느님 백성의 모든 구성원은 그들이 받은 세례에 힘입어 선교하는 제자가 되었습니다(마태 28,19 참조). 세례받은 모든 이는 교회 안의 역할이나 신앙 교육 수준에 상관없이 복음화의 능동적인 주체입니다. 따라서 복음화가 전문가에 의해 수행되고, 나머지 신자들은 그저 수동적인 수용자로 간주한다면 복음화 계획을 꾸려가는 데 충분하지 않을 것입니다.… 우리는 더 이상 "제자"와 "선교사"가 아니라 언제나 '선교하는 제자'라고 말합니다(EG 120).

아빠레시다와 프란치스코 교황은 모두 하느님 백성으로서의 교회 이미지(앞서 언급했듯이 프란치스코가 가장 좋아하는 교회 이미지)[16]와 세례, 제자도 사이의 강한 연관성을 지적한다. 블레이즈 큐피치Blase Cupich 추기경이

16 Antonio Spadaro, *A Big Heart Open to God: A Conversation with Pope Francis* (New York: HarperOne/America Press, 2013), 25. Drew Christiansen, "The People of God, at Long Last," Spadaro, *A Big Heart Open to God*, 123-26.

교황 즉위 초기에 프란치스코의 인터뷰에 대한 논평에서 이를 다음과 같이 언급한다. “프란치스코 교황은 아빠레시다 회의에서 자신을 복음의 신선한 증인으로 드러내며, 새로운 열정과 목적을 가지고 동료 제자로서 함께 여정을 떠나도록 우리 마음을 움직인다. 그의 말과 증언은 세상 속에서 일하시며, 그리고 하느님의 소유로 부름받은 사람들 안에서 일하시는 하느님을 찾으라고 우리를 초대한다.”[17]

시노달리타스

하느님 백성의 이미지, 세례, 선교하는 제자의 연관성에서 우리는 시노달리타스에 대한 프란치스코 교황의 이해를 ‘교회의 구성적 차원’에 정위시킬 수 있다.[18] 프란치스코 교황에 따르면, 시노달리타스는 [인류의 빛] 제12항에서 강조된 신앙 감각에 그 뿌리를 둔다. 시노달리타스는 “함께 걷는 모든 사람들을 의미한다. 이것이 내가 오늘날 이냐시오 성인이 말한 ‘교회와 함께 생각하기’라는 방식으로 이해하는 바이다. 하느님의 백성과 주교와 교황 사이의 대화가 이 길을 진실하게 걸어갈 때 그 발걸음을 성령이 도와주신다.”[19] 프란치스코는 시노달리타스가 바로 “하느님께서 3천년기의 교회에 기대하시는 것”이라고 주장한다.[20] 리처드 R. 가일라데츠가 말한 대로, 그것은 그의 교황직의 반복 주제

---

17 Cardinal Blase Cupich, “Francis the Witness,” 78-81, Spadaro, *A Big Heart Open to God*, 78.

18 Pope Francis, *Talk at the Fiftieth Anniversary of the Synod of Bishops*, October 17, 2015; Pope Francis, *Apostolic Constitution on the Synod of Bishops*, Episcopalis Communio, September 15, 2018, 6.

19 Spadaro, *A Big Heart Open to God*, 25-26.

20 Pope Francis, *Talk at the Fiftieth Anniversary of the Synod of Bishops*.

leitmotif이다.[21] 프란치스코 교황은 2021년 10월 9일 2021-23 시노달리타스를 위한 시노드 개막 연설에서 2년 동안의 행사를 특징짓는 세 가지 핵심 단어인 친교communion, 참여participation, 선교mission를 강조했다. 교회는 삼위일체적 친교와 삼위일체적 선교에 뿌리를 두고 있으며, 친교가 실현되고 선교가 효과적으로 수행되기 위해서는 모든 구성원이 친교에 온전히 참여하는 것이 필수적이다. 교황은 다음과 같이 천명한다.

> 하느님 백성의 진정한 참여가 없다면 친교에 대한 이야기는 그저 독실한 소망으로만 남을 위험이 있다. 이와 관련하여 우리는 몇 가지 진전을 이루었지만 여전히 어려움이 남아 있으며, 많은 사목자, 교구 및 본당 협의체 구성원, 그리고 종종 변두리에 남아 있는 여성들이 느끼는 좌절감과 조급함을 인정해야 한다. 모든 사람이 참여할 수 있도록 하는 것은 교회의 필수적인 의무이다! 세례받은 모든 사람들이 참여할 수 있어야 한다. 이는 세례가 우리의 신분증이기 때문이다.

프란치스코는 교회가 어쩌다 이따금씩이 아니라 교회의 본질적인 구조 자체로서 '경청하는 교회', '함께 가는synodal 교회'가 되어야 한다고 말한다. 프란치스코는 이 용어를 사용하지 않았지만, 그가 세례

---

21 Richard R. Gaillardetz, "Implementing Synodality: Reflections on Two Recent Contributions," *Worship* 95 (April 2021): 100. 시노달리타스에 관한 문헌은 방대하다. Rafael Luciani, *Synodality: A New Way of Proceeding in the Church* (Mahwah, NJ: Paulist Press, 2022);Pope Francis, *Walking Together: The Way of Synodality* (Maryknoll, NY: Orbis Books, 2023). 시노달리타스를 더 맥락적으로 설명하려는 흥미로운 시도는 Stan Cho Ilo, "Exploring the Possible Con-tributions of African Palaver towards a Participative Synodal Church," *Exchange: A Journal of Contemporary Christianity in Context 50* (December 2021): 209-37. Amirah Orozco, "Learning from Las Hermanas: How a Chicana Feminist Group Modeled Synodality before Anyone Was Talking about It," *Commonweal* 149, no. 1 (January 2022): 27쪽 참조.

받은 선교사 제자도의 교회에 대해 이야기하고 있음은 분명하다. 2021년 9월에 발표된 시노드 준비 문서에서도 이러한 연관성을 확인할 수 있다. 이 문서는 "**시노달리타스는 모든 회원들이 참여하도록 부름받은 교회의 사명을 위해 봉사하는 것**"이라고 명시한다. 이러한 맥락에서 이 문서는 "우리가 모두 선교적 제자라면, 세례받은 사람 각각은 그 사명에서 어떻게 주역으로 부름받고 있는가?"를 묻는다.[22]

교회 내 일부 계층주의 성향의 구성원들 사이에서 시노달리타스에 대한 거센 반대가 있었지만(모든 계층의 구성원이 그런 것은 아니다!), 2023년과 2024년 두 차례의 시노드 준비 과정은 상당히 성공적으로 진행되었다. 이미 호주에서는 가톨릭교회의 성직자 성추행 조사 이후 3년의 준비 기간을 거쳐 호주 교회의 모든 구역이 폭넓게 참여한 가운데 2021년과 2022년에 총회가 열렸다. 시드니에서 열린 두 번째 공식 회의 직전에 쓴 글에서 주교회의 의장인 티머시 코스텔로Timothy Costello 대주교는 이를 잘 표현했다. "우리는 교회라고 부르는 제자 공동체의 자매와 형제로서 이 여정을 시작했고, 우리가 듣고 있는 많은 목소리를 통해 우리를 부르시는 하느님의 영을 인식하도록 주님께서 도와주실 것을 믿으며 서로의 말에 깊이 그리고 정중하게 귀를 기울였다."[23] 프랑스에서는 평신도 여성과 남성(세례받은 선교사 제자)과 서품받은 신학자 한 명이 프란치스코 교황의 회칙 [모든 형제들Fratelli Tutti][24]

---

22 Preparatory Document, For a Synodal Church: Communion, Participation, *Mission*, V.

23 Archbishop Timothy Costello, "Welcome Message to the Framework of Motions," *Motions and Amendments,* June 29, 2022, i.

24 '모든 형제들'은 2020년 프란치스코 교황이 발표한 회칙으로, 형제애와 사회적 우애를 주제로 한다. 교황은 이 문헌에서 인간의 존엄성과 공동선을 위해 모든 인류가 형제자매로서 평화롭게 공존해야 한다고 강조한다. 또한, 이민과 난민 문제, 사회적 대화, 고립된 현대 사회의 문제를 해결하기 위한 형제애와 연대의 중요성을 다루고 있다.

과 관련된 묵상집을 시노드에 기여하기 위해 출판했다.[25] 이들의 글은 세례받은 제자들의 의견과 경험을 억압하고 사소하게 여기는 성직주의에 반대하는 강력한 목소리이며, 프란치스코 교황이 촉구하는 시노달리타스 정신에 따라 쓰여졌다.

2022년 8월에 열린 아프리카 신학 학회에서는 시노드 과정이 아프리카 교회를 진정으로 새롭게 하고 있다는 공감대가 형성되었다. 이 학회에 참석한 많은 사목 지도자와 신학자들은 "시노드 과정이 교회의 지도층뿐 아니라 그 밖의 공동체에서도 체감되고 경험한 과정"이라는 데 동의했다.[26] 나이로비의 필립 니올로Philip Nyolo 대주교는 회의에서 케냐의 수도에 거주하는 500만 명 중 실제로 200만 명이 시노드 과정에 적극적으로 참여했다고 말했다.[27] 2023년 1월 인도 벵갈루루에서 열린 회의에서도 시노드 과정의 활력을 목격할 수 있었다. 제임스 키넌James Keenan은 "이 회의는 프란치스코 교황이 촉구한 대로 세계 교회가 '함께 걷는' 시노달리타스 과정이 매우 활발하게 진행되고 있음을 보여 주었다"[28]고 보고했다.

2022년 10월, 바티칸이 선정한 그룹은 전 세계 100여 개 주교회의의 보고서를 취합하고 요약하는 어려운 작업을 수행했다. [천막의 공간을 넓혀라Enlarge the Space of Your Tent(이사 54,2)][29]라는 문서에서 저자들은

---

25 Hervé Legrand and Michel Camdessus, *Una Chiesa Trasformata dal Popolo: Alcune proposte alla luce di Fratelli tutti, Presentazione di Andrea Grillo* (Milan: Paoline, 2021). Gaillardetz, "Implementing Synodality."

26 Christopher White, "'Synodal Spirit Is Alive in Africa,' Say Speakers at Major Theological Summit," *NCR Online* (August 11, 2022).

27 White, "Synodal Spirit Is Alive in Africa."

28 James F. Keenan, "Bangalore Conference Urged Leaders to Embrace Synodality, Listening," *NCR Online* (January 27, 2023).

29 '천막의 공간을 넓혀라'는 2022년 시노드 준비 문서로, 이사야서 54장 2절에 기반하여 교회의 포용성과 참여를 강조한다. 문서는 다양한 사람들, 특히 주변부에 있는 이들을 환영하고 포함해야 한다

가톨릭 세계 각지에서 지지적이고, 비판적이며, 도전적인 의견이 제출되었기 때문에 "전 세계적으로 모든 예상을 뛰어넘는 참여"[30]가 이루어졌다고 밝혔다. 이 문서에는 여성과 남성, 교회 지도자, 수도자 모두 이전에는 경험하지 못했던 방식으로 의견을 들을 수 있는 기회에 열광했다는 내용이 인용되어 있다. 에베인 교구의 한 보고서는 **"이번 시노드 경험은 많은 사람들이 그리스도인의 삶에서 경험할 수 있었던 가장 보람 있는 경험 중 하나였다. 시노드 활동이 시작된 첫 순간부터 지금에 이르기까지 하느님의 백성들 사이에 큰 열정이 있었다."**[31] 시노달리타스는 오늘날 교회에서 선교하는 제자도를 표현하고 심화할 수 있는 진정한 방법이다.

제자도와 세계교회협의회

제자도의 개념은 오늘날 세계교회협의회가 그리스도교 선교에 대해 생각하는 주요한 방식으로 부상했다. 2013년 한국 부산에서 열린 제10차 총회에서 WCC는 [함께 생명을 향하여: 변화하는 환경 속에서의 선교와 전도Together towards Life: Mission and Evangelism in Changing Landscapes](TTL)[32]를 공표했다. 이 문서는 세계선교및복음화위원회(CWME) 위원들이 작성한 것이다. 이 문서에는 제자와 제자도라는 용어가 여러 번

고 촉구하며, 평신도, 여성, 청년 등 교회의 여러 구성원이 더 활발히 참여할 수 있는 여건을 마련할 것을 제안한다. 또한, 교회가 영적, 사회적, 인간적 지원을 제공하는 공동체로 확장될 필요성을 강조한다.

30 General Secretariat of the Synod, *Enlarge the Space of Your Tent (Is 54,2): Working Document for the Continental Stage,* For a Synodal Church, 2021-24 (October 2022), 5.

31 General Secretariat of the Synod, *Enlarge the Space of Your Tent,* 16.

32 WCC, CWME, *Together towards Life: Mission and Evangelism in Changing Landscapes* (Geneva: WCC Publications, 2013).

등장하는데, 예를 들어 "교회는 그리스도의 제자들의 공동체적 교제communion로서 반드시 포용적인 공동체가 되어야 하고 세상에 치유와 화해를 전하기 위해 존재한다"(TTL 10)는 문구가 있다. 그러나 여기서는 "거의 발전되지 않은"[33] 상태이다. 이 문서의 주요 주제는 성령의 역사, 선교에서 피조물 돌봄의 중심성, 선교는 사회의 중심에서 소외된 여성과 남성으로부터 시작되고 이들에 의해 수행되어야 한다는 생각에 초점을 맞추고 있다.

CWME는 2018년 탄자니아 아루샤에서 대규모 선교 콘퍼런스를 기획하면서 TTL에 대한 이해를 심화하기 위해 제자도의 주제인 "성령 안에서 움직이기: 변혁하는 제자도로 부르심"을 선택했다. CWME 회원들은 이 주제를 묵상하면서 제자도는 세례를 통해 모든 그리스도인에게 주어진 역동적이고 선교적인 임무라는 사실을 발견했고, 이는 프란치스코 교황의 선교하는 제자도에 대한 이해와 잘 맞아떨어졌다. 또한 제자도는 아루샤 회의에서 '그리스도와 연결된 삶의 방식'이라고 명명한 바에 대한 헌신을 통해 하느님의 은총 안에서 성장하기 위해 끊임없이 열려 있어야 하는 지속적이고 영적인 과제라는 것을 발견했다.[34] 제자도는 인간과 제도적 죄에 뿌리를 둔 하느님의 창조세계의 왜곡을 식별하고 세상의 구속과 변혁을 위한 헌신을 요구하기도 한다는 것을 깨달았다. 따라서 제자도는 오늘날 세상의 '변화하는 풍경'에서 교회의 사명을 상상하는 신선한 방법이자 그 세상에서 그리스도인의 공통된 과제를 말하는 훌륭한 방법이 되었다. 아루샤 콘퍼런스의 최종 문서인 [제자도를 향한 아루샤 부르심](ACD)에

33 "The Arusha Conference Report," *Call to Discipleship: Mission in the Pilgrimage of Justice and Peace*, ed. Risto Jukko, 15-30 (Geneva: World Council of Churches, 2021), 18.

34 "The Arusha Call to Discipleship," 13.

대한 케네스 로스Kenneth Ross의 실질적인 논평에서 제자도의 용어는 "게임 체인저"가 되었다. "예수님께서 사람들을 부르셔서 자신을 따르라고 하셨고, 그렇게 따랐던 사람들을 '제자'라고 불렀다는 사실은 공통의 기억 어딘가에 있다. 아루샤 대회Arusha Conference는 이 부르심을 다시 한번 중심 무대로 끌어올려, 이것이 우리 세상이 절실히 필요로 하는 변화의 동력이 될 수 있다고 제안했다."[35]

[제자도를 향한 아루샤 부르심The Arusha Call to Discipleship][36]은 서문, 제자도에 대한 열두 가지 항목 또는 측면, 그리고 결말 기도로 구성된 매우 짧은 문서이다. 이 열두 가지 항목 각각은 창조세계를 돌보고, 전일적인holistic 복음화를 수행하며, 인간성을 파괴하는 권력에 저항하고, 주변화된 이들의 지혜와 주체성을 인정하며, 다른 종교를 존중하고, 십자가를 지고, 섬기는 리더십을 실천함으로써 개인과 교회가 제자도를 실천하도록 요청한다. 이 문서와 WCC가 지속적으로 제자도에 대해 성찰하는 과정[37]에서 우리는 제자도가 역동적이며, 선교적이고, 영적이며, 참여적인 방식으로 이해되는 것을 목격할 수 있다. 이

---

35 Kenneth R. Ross, *Mission Rediscovered: Transforming Disciples-A Commentary on the Arusha Call to Discipleship* (Geneva: World Council of Churches/Globalethics.net, 2020), 10.

36 [제자도를 향한 아루샤 부르심]은 2018년 탄자니아 아루샤에서 열린 세계교회협의회의 선교및복음화위원회에서 발표된 문서로, 제자도의 중요성을 새롭게 강조하고 있다. 이 문서는 모든 그리스도인이 예수 그리스도의 제자로서 살아가야 하며, 선교가 특정 집단의 역할에 국한되지 않고 모든 신자의 사명임을 제시한다. 특히 정의와 평화를 이루기 위한 적극적인 사회적 참여를 요구하며, 불의에 맞서고 소외된 이들을 돌보는 책임을 강조한다. 또한, 교회 내의 모든 신자가 동등한 제자로서 공동체와 사회의 변혁에 참여해야 한다는 점을 부각시킨다. 이 문서는 단순한 복음 전파를 넘어서, 그리스도인이 세상 속에서 구체적인 변화를 이루는 삶을 살아야 함을 촉구하는 중요한 전환점으로 평가받는다.

37 Jukko, *Call to Discipleship*, 특히, "Study Paper: Missiological Exploration on the 2022 WCC Assembly Theme Christ's Love Moves the World to Reconciliation and Unity and Ongoing Work of CWME," 31-46; "Study Paper: Converting Discipleship: Dissonance and Metanoia," 47-56쪽과 *International Review of Mission* 107, no. 2 (December 2018)에 실린 논문 전체를 참조하라. 해당 호에는 Mission Quo Vadis?라는 제목이 붙었다.

장에서 다루는 세례받은 선교사 제자도라는 주제와 관련하여, 제자도가 교회의 구조에 대해 성찰하는 강력한 개념이 될 수 있음을 확인할 수 있다.

세례받은 선교사 제자도의 신학

제자 공동체

윤리학자 드루 크리스티안슨Drew Christiansen은 2013년 안토니오 스파다로Antonio Spadaro가 프란치스코 교황을 인터뷰한 내용을 언급하며 프란치스코의 교회론을 '큰 장막' 교회론으로 설명한다. 그에 따르면 프란치스코 교황의 교회는 관계의 그물망인 공동체이다. 이와 관련하여 크리스티안슨은 다음과 같이 언급한다. "교회를 '제자들의 공동체'로 보는 모델은 고故 덜레스Dulles 추기경이 가장 좋아했던 교회 모델이다. 프란치스코 교황은 바로 이 모델을 수용한다."[38] 여기서 그가 언급하는 것은 1981년에 에이버리 덜레스Avery Dulles가 처음 발표한 다소 고전적인 논문에 나타나는 다섯 가지 교회 모델-제도로서의 교회, 공동체로서의 교회, 성사로서의 교회, 전령herald로서의 교회 그리고 섬기는 자로서의 교회-이다.[39] 이 모델들은 모두 성서에 그 뿌리를 두며, 각각 서로 다른 모델을 조명하고 비판할 수 있는 여지를 담는다.

---

38 Christiansen, "The People of God, at Long Last," 123.

39 Avery Dulles, "Imaging the Church for the 1980s," *Thought* 56, no. 221 (June 1981): 121-38. 같은 내용이 다음 책에도 실려 있다. Avery Dulles, *A Church to Believe In: Discipleship and the Dynamics of Freedom* (New York: Crossroad, 1982), 1-18. (Garden City, NJ: Image Books, 1987). 덜레스는 *Models of the Church* (Garden City, NJ: Image Books, 1987) 확장판에서 제자 공동체라는 이미지를 여섯 번째 모델로 추가했다.

덜레스는 교황 요한 바오로 2세의 첫 회칙인 [인간의 구원자Redemptor Hominis]의 한 구절에서 힌트를 얻었는데, 앞서 언급했듯이 교황은 교회를 "각기 다른 방식으로, 때로는 매우 의식적으로 일관되게, 그리스도를 따르는 제자들의 공동체"(RH 21)로 표현했다. 덜레스도 이 이미지가 "가톨릭 교회론에서는 일반적이지 않다"[40]고 인정하지만, 성경적 근거가 있으며, 특히 사도행전에서 제자라는 용어는 오늘날 우리가 교회라고 부르는 것과 기본적으로 동의어이다. 물론 복음서에서도 제자라는 용어가 자주 등장하며, 여기서 제자도의 의미에 대한 단서를 찾을 수 있다.

덜레스에 따르면 제자 공동체로서의 교회 이미지는 그리스도의 몸으로서의 교회나 하느님의 백성으로서의 교회 같은 이미지와 비교할 때 몇 가지 장점이 있다. 우선, 제자 공동체로서의 교회 이미지는 교회의 순례자적 성격을 반영할 수 있는 이미지이다. "제자는 정의상 아직 도착하지 않은 사람, 완전한 회심과 축복된 삶으로 나아가는 길에 있는 학습자이다." 교회가 함께 모일 뿐만 아니라 세상으로 파송되는 모습을 그린다는 점에서 이 이미지에는 선교적인 차원이 포함된다. 또한 제자공동체라는 이미지는 영적인 차원도 제공한다. "제자도의 개념은 교회의 각 구성원이 예수님의 영을 닮아야 할 개인적인 의무를 지고 있음을 분명히 한다." 한편, 제자도에는 반反문화적인 차원도 있다. "그리스도교적 가치와 점점 더 멀어지는 세상에서 그리스도인으로서 살아가는 것은 갈등을 예견한다." 제자도는 또한 질서 있는 공동체 내에서 일정한 평등을 의미한다. 사목이 중요하고 필요하지만, "제자도의 개념은 교회의 일부가 군주이자 주인이라는 환상

---

40 Dulles, "Imaging the Church for the 1980s," 7.

을 약화시킨다. 교황과 주교조차도 교회에서 누구도 절대적인 의미에서 교사, 아버지, 스승으로 불려서는 안 된다는 예수님의 훈계를 진지하게 받아들여야 한다."(마태 23,8-10)[41] 프란치스코 교황은 덜레스의 책이 출판된 후 "우리는 모두 선교하는 제자"(EG 119-21 참조)라고 표현했다.

세례받은 선교사 제자도

특히 캐슬린 카할란Kathleen Cahalan의 글은 프란치스코 교황의 이 간결한 표현을 예상하고 확장하며 덜레스의 중요한 통찰을 바탕으로 넓은 범위로 확장된다. 카할란은 "세례의 물을 통해 그리스도인들은 함께 하느님의 부르심에 귀를 기울이고 공통의 삶의 방식, 즉 선교를 위해 친교를 나누는 제자도의 삶을, 받아들이기로 약속한다"라고 말한다. 제자도는 "그리스도인의 가장 기본적이고 원초적이며 근본적인 실체, 정체성, 약속이다. 바로 이 제자도가 백성을, 곧 거룩한 백성이며 하느님의 백성을 구성한다."[42] 다시 말해, 모든 제자는 세례를 받은 선교사 제자이다.

카할란은 제자도의 일곱 가지 특징을 제시한다. 제자는 따르는 자이다. 제자는 예배를 드리는 자이며 증인이고 예언자이다. 제자는 이웃이며, 용서하는 사람이고 청지기이다. 다음에서 우리는 이 일곱 가지 "중심적 측면"[43]을 사용하여 제자의 정체성을 발전시키려 한다. 이러한 정체성은 모든 그리스도인에게 속한 정체성으로서 그리스도인

41 Dulles, "Imaging the Church for the 1980s," 10, 11, 12.

42 Kathleen A. Cahalan, *Introducing the Practice of Ministry* (Collegeville, MN: The Liturgical Press, 2010), 27.

43 Cahalan, *Introducing the Practice of Ministry*, 5.

이 선교사 제자 공동체에서 다양한 다른 책임을 맡을 때 결코 잃어버리지 않는 정체성을 의미한다. 이제부터 세례받은 선교사 제자라고 부를 제자들이 4장에서 살펴본 선교의 여섯 가지 구성 요소에 어떻게 적극적으로 참여하는지 살펴볼 것이다.

따르는 사람들

제자는 무엇보다도 예수 그리스도를 따르는 사람, 즉 추종자이다. 교황 요한 바오로 2세가 에이버리 덜레스에게 영감을 준 구절에서 언급했듯이 제자도는 예수님의 초대에 대한 응답에서 시작된다. "우리는 무엇보다도 먼저 그리스도께서 공동체 구성원 각자에게 '나를 따르라'고 말씀하시는 것을 보아야 한다."(RH 21) 그리스도를 따르는 것은 선교적 제자도를 영성에 뿌리내리게 하며, 모든 그리스도인이 성덕으로 부름받았음을 인식하게 한다. 이 성덕은 "지상 사회에서도 더욱 인간다운 삶으로 이끄는 것"(LG 40)이다. 또한 이는 모든 그리스도인이 그리스도와의 관계 속에서 끊임없는 성장을 요구받는다는 것을 의미한다. "제자도는 변화를 위한 소명이다."[44] 개인적, 공동체적 성덕을 세상에 증거하는 것은 세례받은 선교사 제자도의 필수적인 차원이다.

그리스도를 따르는 것은 네 가지 실천으로 특징지어질 수 있는데, 이 모두는 제자들의 삶에서 끊임없이 심화되고 배양되어야 한다. 첫째, 따름은 배움에 대한 헌신을 의미한다. "제자"는 "배우다"라는 뜻의 라틴어 discere에서 유래한다. 제자들은 주의를 기울이고, 묵상과 Lectio Divina[45]와 학습을 통해 배운다. "예수님이 성령에 의해 형성

44 "The Arusha Conference Report," 20.

45 'Lectio Divina'는 라틴어로 "거룩한 독서"를 의미하며, 성경을 읽고 묵상하며 기도하는 전통적인 영적 실천이다. 성경을 천천히 읽는 Lectio, 그 말씀을 묵상하는 Meditatio, 하느님께 기도하는

되고 인도되었듯이(루카 4,18-19 참조), 모든 그리스도인 제자들도 그와 연결되어 있을 때 동일한 성령에 의해 이끌리고 형성된다."[46] 둘째, 따름은 모방에 대한 헌신을 의미한다. 제자들은 예수님의 발치에 앉아 배울 뿐만 아니라, 비유적으로 말해 그의 "신발"을 신고, 그의 "멍에"(마태 11,30)를 지며, 그의 비전, 그의 자비, 정의를 위한 열정, 포용적인 태도, 기도의 실천을 받아들인다. 그들은 또한 과거의 성인들과 예언자들, 그리고 그리스도 공동체 안팎의 다른 제자들과 거룩한 인물들을 모방함으로써 예수님을 따라간다. 셋째, 따름은 통합에 대한 헌신을 의미한다. 처음에 예수님의 신발은 너무 클 수 있지만, 날마다 신다 보면 발에 익숙해져 결국 우리 자신의 것이 된다. 모방으로 시작한 것이 점차 통합으로 변화하며, 우리는 세례를 통해 이미 "다른 그리스도"가 된 자신을 발견하게 된다. 온 마음으로 예수님을 따르며, 결국 그의 십자가를 받아들이게 될 때 우리는 바오로처럼 말할 수 있다. "나는 그리스도와 함께 십자가에 못 박혔습니다. 이제는 내가 사는 것이 아니라 그리스도께서 내 안에 사시는 것입니다"(갈라 2, 19-20). 넷째, 그리스도를 따름은 혁신에 대한 헌신을 의미한다. 제자들이 배운 것과 모방한 것을 통합하면서, 그들은 "그리스도의 마음"(필립 2,5)을 가지게 되는데, 이는 그의 자기 비움뿐만 아니라, 때로는 놀랍고 혼란스럽게 다가오는 성령을 따르는 그분의 방식도 포함된다(루카 4,18-19; 마태 15,21-28). 제자들은 사도행전의 제자들처럼 자신들의

Oratio, 그리고 하느님의 현존 속에서 침묵과 평화를 경험하는 Contemplatio의 네 단계로 구성된다. 이 실천은 하느님의 뜻을 더 깊이 이해하고, 그분과의 관계를 깊게 하는 데 목적이 있다. 개인적으로나 공동체에서 실천할 수 있으며, 그리스도인들이 성경을 통해 하느님의 음성을 듣고 응답하는 중요한 영적 훈련이다.

46 Stephen Bevans, "Transforming Discipleship and the Future of Mission: Missiological Reflections after the Arusha World Mission Conference," *International Review of Mission* 107, no. 2 (407) (December 2018): 364.

시대와 상황 속에서 성령의 인도를 따르며, 예상치 못한 방식으로 상상력을 변화시키도록 성령께 맡긴다. 기술, 과학, 주변부 사람들, 타 종교인 혹은 신앙을 갖지 않은 사람들과 같은 새로운 질문과 가능성이 나타난다. 진정한 선교 제자들은 창의성과 비판적 분별력을 풍부하게 가지고 있다. 궁극적으로, 따름은 하나의 예술이다.[47]

예배하는 사람들

캐슬린 카할란은 "예수님은 제자들에게 따르고 본받아야 할 모델을 제시함으로써 예배하는 사람이 된다는 것이 무엇을 의미하는지를 온전히 구현하셨다"[48]고 말한다. 그 모델에는 분명 기도를 실천하는 것이 포함된다(마르 6,31; 루카 9,18, 29; 11,2-13; 22,32 참조). 그러나 예배하는 사람들이 무엇을 의미하는지는 아마도 하느님께 마음을 완전히 열고, 하느님을 신뢰하며 살아가는 삶을 통해 가장 잘 이해될 수 있다. 직무 사제직에 관한 고전적인 글에서 요셉 라칭거Joseph Ratzinger는 참된 예배란 자기 자신을 완전히 바치는 행위이며, 이는 오직 예수님만이 십자가에서 자신의 몸을 바침으로써 실천할 수 있었던 것이라고 설명한다. 라칭거는 극적으로 말한다. "법적으로는 평신도였지만, [히브리서에 따르면] 예수님은 실제로 세상의 유일한 참된 사제였다." 예수님의 죽음은 "세상

47 Stephen Bevans, "Transforming Discipleship and the Future of Mission," 362-77; Stephen Bevans, "Discipleship," "The Future of Mission: Points of Convergence?" comp. Kenneth R. Ross, *Together in the Mission of God: Jubilee Reflections on International Missionary Council*, ed. Risto Jukko (Geneva: WCC Publications, 2022), 266-69. 나는 테런스 틸리의 독창적인 그리스도론 접근이 제자도를 구성하는 예수에 대한 개인적 지식에서 상상력이 어떤 역할을 하는지를 보여준다고 생각한다. 제자들은 예수님의 "화해의 실천"인 악령 축출과 치유, 가르침, 용서, 포용에 참여하는 가운데 예수님이 누구인지, 그리고 그들이 제자도를 통해 어떻게 그의 사명을 계속 이어갈 수 있는지를 가장 완전하게 알게 된다. 이러한 실천들은 이 장에서 이어질 내용에서 기본적으로 다뤄진다. Terrence W. Tilley, *The Disciples' Jesus: Christology as Reconciling Practice* (Maryknoll, NY: Orbis Books, 2008).

48 Cahalan, *Introducing the Practice of Ministry*, 6.

의 유일한 참된 전례"였다. 왜냐하면 예수님은 "이것이나 저것을 바친 것이 아니라, 자신을 바쳤기 때문이다.… 그는 자신의 존재 전체를 바쳤다."[49]

모든 선교적 제자들은 세례를 통해 그리스도의 참된 사제 직분을 공유하며, 그리스도를 통해 일상생활 속에서 하느님을 "영과 진리 안에서" 예배할 수 있다(요한 4,23). 이는 곧, 일상의 봉헌을 상징하는 예식에 참여하는 것을 의미한다. 다시 말해, 제2차 바티칸공의회의 표현대로, "세례받은 사람들은 새로 남과 성령의 도유를 통하여 신령한 집과 거룩한 사제직으로 축성되었다."(LG 10) 저명한 신약학자 알베르 반호이Albert Vanhoye가 짚어낸 바와 같이 모든 그리스도 신자에게 속하는 이 사제직이 "진짜real" 사제직이다.[50] 에드워드 하넨버그Edward Hahnenberg도 "이러한 사제직은 "성품성사를 받은 사제직의 정체성보다 더 기본적인 그리스도인의 정체성이다. '사제직'은 첫째로 그리스도께, 둘째로 그리스도의 백성에게 해당한다. 성품성사를 받은 사제직은 이 두 가지 관점에서 이해되어야 한다"고 주장했다.[51] 따라서 모든 그리스도인은 공동체 안에서 그리스도의 하나 된 사제직에 직접적으로

49 Joseph Ratzinger, "Priestly Ministry: A Search for Its Meaning," *Emmanuel* 76 (1970): 444.

50 Albert Vanhoye, "Common and Ministerial Priesthood," Theology Digest 25, no. 2 (Summer 1977): 157-61쪽 참조. 원래는 "Sacerdoce commun et sacerdoce ministériel: distinction et rapports"라는 제목으로 *Nouvelle revue théologique* 97, no. 3 (March 1975): 193-207쪽에 발표되었다. John Paul II, *Apostolic Exhortation Pastores Dabo Vobis*, 17; David N. Power, "Priesthood Revisited: Mission and Ministries in the Royal Priesthood," *Ordering the Baptismal Priesthood: Theologies of Lay and Ordained Ministry*, ed. Susan K. Wood, 87-120 (Collegeville, MN: The Liturgical Press, 2003), 89쪽도 참조하라.

51 Edward P. Hahnenberg, *Ministries: A Relational Approach* (New York: Crossroad, Herder and Herder, 2003), 172. Rafael Luciani는 Santiago Madrigal을 인용하면서 모든 신자의 사제직이 지닌 "존재론적 우선성"에 대해 언급한다. Luciani, *Synodality*, 61; Santiago Madrigal, *Unas Lecciones sobre el Vaticano II* (Sala-manca: Christiandad, 2007), 289-331.

참여하며,[52] 신약성경에서 유일하게 사제라고 불리는 이는 바로 그리스도이시다.[53] 신품을 받은 사제직은 이 사제직의 성사sacrament이다. 이러한 사제직은 모든 그리스도인들이 공유하는 사제직을 양육하고 형성하는 것을 의미한다. 이것이 바로 성품성사를 받은 사제직이 보편 사제직과 "본질적으로, 단순한 정도로 다른 것이 아니라 본질적으로 다르다"(LG 10)고 하는 이유이다.[54] 제자도는 모든 그리스도인이 첫째로 예수 그리스도의 사제직에 참여함을 의미한다.

세례받은 자들의 사제직은 모든 제자들이 공유한다. 이 사제직은 우선 그리스도인들이 기도와 증언, 봉사의 삶을 통해 하느님께 영적 제물을 드리는 것을 의미한다. 요셉 라칭거가 강조한 것처럼, 그리스도처럼 하느님의 뜻에 대한 자기 비움과 순종의 삶이 참된 예배를 구성한다(히브리 10,1-10).[55] 여러 곳에서 이를 언급하는 바오로뿐 아니라 베드로도 같은 내용을 강조한다. "여러분의 몸을 하느님 마음에 드는 거룩한 산 제물로 바치십시오. 이것이 바로 여러분이 드려야 하는 합당한 예배입니다."(로마 12,1; 필립 2,17; 4,18; 1 베드 2,5 참조)

둘째, 그리스도의 사제직에 참여한다는 것은 모든 제자가 하느님께 직접 접근할 수 있다는 것을 의미한다. 그리스도의 사제직에 참여

---

52 Walter Kasper, *The Catholic Church: Nature, Reality, and Mission* (London: Bloomsbury, 2015), 199.

53 Raymond E. Brown, *Priest and Bishop: Biblical Reflections* (Eugene, OR: Wipf and Stock, 1999), 13. Power, "Priesthood Revisited," 96-97.

54 이 구문의 라틴어 원어는 essentia et non gradu tantum differant이다. 나는 통용되는 영어 번역이 다소 오해를 불러일으킨다고 항상 생각해 왔다. 더 나은 번역은 두 사제직이 "본질적으로 다르고 단순히 정도의 차이가 있는 것이 아니다"일 것이라고 믿는다. 본질적으로 다르다면, 번역이 암시하듯이 정도의 차이도 있을 수 없다. "보편 사제직"이라는 표현은 "특별"에 반대되는 의미가 아니다. 라틴어로는 sacerdotium commun이며, 이는 모든 그리스도인에게 공통된 사제직을 의미한다. 평신도의 사제직이라고 말하는 것은 부정확하다. 보편 사제직은 서품받은 이들을 포함한 모든 그리스도인이 공유하는 것이다.

55 Ratzinger, "Priestly Ministry," 443.

하는 제자들은 자신과 하느님 사이에 인간 중개자가 필요 없다. 한스 큉Hans Küng은 "그리스도인들은 거룩한 중개자인 사제를 통해 두려움과 떨림으로 은혜를 구걸하는 불결한 사람들처럼 성전 문턱에 서 있는 것이 아니다. 그리스도인은 하느님과 직접 소통할 수 있는 하느님의 선택받은 거룩한 사제로서 하느님의 거룩한 성전 한가운데 서 있다"[56]고 말한다.

이처럼 제자들이 하느님께 열린 마음으로 접근할 수 있기 때문에 교회의 세례 사제직에 대한 이해는 모든 그리스도인이 전례 예배에 적극적으로 참여하는 것을 가리킨다. 이는 제2차 바티칸공의회도 강조하는 부분(SC 14항 참조)이며, 특히 성체성사에 참여하는 데서 나타난다. 『가톨릭교회 교리서Catechism of the Catholic Church』는 "성사는 그리스도의 신비체로서 머리이신 그리스도와 결합되어 있는 공동체 전체가 거행한다. 전례를 거행하는 이는 세례받은 이들의 공동체이다"(참조: CCC 1140, 1141)라고 명시한다. 보편 사제직에 담긴 이러한 전례적 차원은 성체성사 이외의 성사 거행에서도 나타난다. 예를 들어 교중미사에서 거행되는 세례식에 공동체가 참여하거나, 화해성사를 공동으로 거행할 때, 또는 서품 대상자들의 적합성을 공동체가 증언할 때 보편 사제직을 볼 수 있다. 물론, 이러한 예에서 공동체 구성원들은 각각의 은사와 책임에 따라 전례에서 다른 역할을 수행한다. 예를 들어 미사를 집전하는 역할이나 독서직, 시종직, 성가대 등 각자의 역할을 수행한다. 그러나 성사에서 수동적인 구성원은 없다. 모든 이가 세례받은 모든 그리스도인, 즉 모든 선교적 제자들이 고유한 방식으로 세례받은 사제직을 수행한다.[57]

---

56 Hans Küng, *The Church* (New York: Sheed and Ward, 1967), 373.

57 Power, "Priesthood Revisited," 117.

한스 큉은 보편 사제직의 중개적 역할에 대해 설명하며, 공동사제직은 궁극적으로 교회의 사명, 즉 하느님의 선교에 참여하는 것이라고 말한다. 특히 세례와 성찬은 선교의 성사이므로, 그리스도인들은 세례를 통해 사명을 받고 성찬을 통해 양육받아 세상 속에서 다른 그리스도가 됨으로써 사제직을 수행한다.

> 이러한 방식으로 모든 신자는 하나뿐인 중재자의 중재적 사명에 흡수된다. 그들의 역할은 하느님의 숨겨진 역사를 드러내고 그분의 능력 있는 행위를 실현함으로써 하느님과 세상 사이를 중재하는 것이다.… 모든 신자의 사제직은 신자들이 세상 앞에서 하느님과 그분의 뜻을 증언하고, 세상을 섬기는 데 자신의 삶을 바치는 활동으로 구성된다.[58]

그리스도인들이 공통으로 공유하는 사제직은 세례받은 그리스도의 선교사 제자들의 사제직이다.

증인과 예언자

큉이 강조하듯이, 세례받은 사제직의 중재 기능은 세상 앞에서 하느님과 하느님의 뜻을 신실하게 증거하는 데까지 나아간다. 루카복음 말미에 예수님은 제자들에게 나타나 "마음을 여시어 성경을 깨닫게 하시고 메시아가 고난을 겪고 사흘 만에 죽은 이들 가운데서 다시 살아나야 하며, 죄의 용서를 위한 회개가 그의 이름으로 예루살렘에서부터 시작되어 모든 민족에게 선포되어야 한다"(루카 24,45-48)고 말한다. 진정한 의미에서 선교하는 제자가 된다는 것은 증인이 되는 것이며, 하느님

---

58 Küng, *The Church*, 381.

의 나라의 혁명적인 친밀함을 구현하고, 보여 주고, 선포하는 삶을 의미한다. 4장에서 우리는 이 제자도의 과제를 말 없는 증거와 언어적 선포라고 말했지만, 여기서는 이 두 가지를 종합해 볼 수 있다. 제자도는 다양한 방식으로 실현될 수 있다. 진실한 신앙과 봉사의 삶을 살면서 때때로 대화 중에 제자로서 비공식적으로 설교하는 개인의 증언이나 (EG 127 참조), 사람들을 환영하거나 활기찬 전례를 거행하는 공동체의 증언, 또는 잘 준비되고 사려 깊은 강론을 설교하는 안수받은 사람의 증언과 이주민과 난민을 돌보는 데 헌신하는 수도 공동체, 대학에서 공개 강연을 하는 신학자, 자녀에게 기도를 가르치는 부모를 통해서 실현될 수 있다. 이 모든 제자도는 예수님 안에서 하느님의 사랑과 자비의 변화시키는 메시지를 전달한다.

효과적이고 신뢰할 수 있는 증인이 되기 위해, 제자들은 교육과 양성을 받아야 한다. 교회는 젊은 구성원들에게 탄탄한 종교 교육을 제공할 필요가 있을 뿐만 아니라, 모든 구성원을 평생에 걸쳐 지속적으로 양성하고 교육해야 한다. 그리스도인 공동체, 즉 본당은 신앙을 성장시킬 수 있는 정기적인 기회를 제공해야 하며, 여기에는 유능한 신학자들의 피정, 강연, 강의, 본당 소식지의 좋은 묵상 글, 적절한 서적, 정기간행물, 비디오 자료를 갖춘 도서관, 그리고 물론 훌륭한 전례와 강론이 포함된다. 또한 다양한 단체와 새로운 교회 운동이 장려되고, 여러 직무에 종사하는 구성원을 위한 신학적 성찰의 시간도 제공되어야 한다. 수도 공동체뿐만 아니라 주교, 사제, 부제 등 성품성사를 받은 이들도 지속적인 쇄신과 교육을 받아야 한다. 세례받은 선교사 제자든, 사목하는 선교사 제자든, 서품받은 선교사 제자든, 모두 이러한 양성과 교육을 받을 의무와 권리가 있다.

캐슬린 카할란은 증인으로서의 제자와 예언자로서의 제자를 구분한다. 그러나 이 두 측면은 매우 밀접하게 연결되어 있어서, 예언자적 측면에 대한 논의도 증인의 차원에 포함시키는 것이 타당하다. 제2차 바티칸공의회는 "하느님의 거룩한 백성은 그리스도의 예언자직에도 참여한다. 특히 믿음과 사랑의 생활로 또한 그분의 이름을 고백하는 입술의 열매로 하느님께 찬미의 제사를 바침으로써 그리스도를 살아 있는 증거로 퍼뜨린다(히브 13,15 참조)"라고 천명한다(LG 12). 선교사 제자들은 예언자로서 비언어적 증거와 언어적 증거를 모두 한다. 5장의 예언에 대한 논의에서 우리는 예언을 어려운 상황에서 희망의 행동과 말을 제공하는 것으로 이해한 바 있다. 예언은, "기회가 좋든지 나쁘든지 꾸준히 사람들을 가르치고 타이르는 실천"(1티모 4,2 참조)이다. 또한 예언자는 상황과 문화에 맞춰 복음의 메시지를 관련성 있게, 도전적으로 전달하고, 악과 불의에 맞서 행동하고 선포한다. 카할란이 말했듯이 "제자는 공동체 내에서 예언적 목소리를 내며, 동료 구성원들에게 그리스도 안에서의 충만한 삶으로 나아가라고 부를 수 있다."[59] 그러나 선교사 제자들의 예언적 임무는 단순히 교회 내부로 향하는ad intra 지점에 머무르지 않는다. 선교사 제자가 지닌 예언적 의무는 교회의 경계를 넘어 밖으로도 말하는 임무를 포함한다.

[인류의 빛]은 그리스도의 예언직에 참여하는 하느님의 백성 전체에 대한 간략한 논의에서, 특히 제자들이 교회 공동체 안에서 삶을 살아갈 때 모든 그리스도인 제자가 가질 수 있는 '신앙 감각sense of the faith'에 대해 성찰한다. "거룩하신 분으로부터 도유를 받는 신자 전체는(1요한 2,20, 27 참조) 믿음에서 오류를 범할 수 없다. 신자들은 믿음을 온전히 지키며, 올바른 판단으로 그 믿음을 더욱 깊이 깨닫고 실생활

59 Cahalan, *Introducing the Practice of Ministry*, 19.

에 더욱 충만히 적용한다."(LG 12) 교회가 증거하고 고백하는 진리는 교회의 한 부분에만, 즉 안수를 받고 교회의 가르치는 직분을 수행하는 사람들에게만 속한 것이 아니다. 진리는 "주교부터 마지막 신자에 이르기까지"(LG 12, 아우구스티누스 인용) 교회 전체에 속한다. 교회의 신앙에 대한 이러한 이해에는 교회의 모든 사람이 다른 사람들의 예언자적 목소리에 귀를 기울여야 한다는 필요성이 내포되어 있다. 프란치스코 교황은 특히 안토니오 스파다로와의 인터뷰[60]와 회칙 [복음의 기쁨] 119항에서 이 '본능' 또는 '신앙 감각'을 교황 재임 기간 내내 강조해 왔다. 선교사 제자들의 마음 깊은 곳에 있는 신앙 감각에 대한 교리는 앞서 살펴본 바와 같이 프란치스코 교황 사도직의 중심 관심사가 된 시노달리타스를 이해하고 실천하는 토대가 된다.[61] 2021-2023 시노드 웹사이트에 나타난 것처럼 "교회는 함께 걷고 그 여정을 함께 성찰함으로써 앞으로 경험할 내용으로부터 어떠한 과정에 친교를 실천하고 참여를 이루며 선교에 자신을 개방하는 데 도움이 될지를 배울 수 있을 것이다."[62]

이웃

프란치스코 교황은 2020년에 반포한 회칙 [모든 형제들Fratelli Tutti](FT 56-86)에서 예수의 길 위의 나그네 비유를 형제/자매 관계와 사회적 우정에 관한 가르침의 성경적 근거로 삼고 있다. 예수님께서는 "누가 저의 이웃입니까"라는 질문에 이 비유를 끌어 대답하셨다(루카 10,25-37). "예수님 시대의 사회에서 '이웃'이라는 말은 보통 가장 가까운 집단과 자기

60 Spadaro, *A Big Heart Open to God*, 25.

61 Preparatory Document, *For a Synodal Church*, 10-15.

62 2021-2023 Synod on Synodality, https://www.synod.va/en.html.

인종에 속하는 사람들을 의미했다. 또한 도움은 자기 집단이나 민족의 구성원에게 베풀어져야 한다고 받아들여졌다. 그러나 예수는 이러한 접근을 바꿨다. 예수는 누가 우리에게 가까운 이들인지를 결정하지 말고 차라리 우리 자신이 그들의 이웃이 되라고 요청한다."(FT 80)

다시 말해, 이웃은 우리가 돕기로 결정한 사람이 아니라 우리가 다가가서 이웃이 되는 사람이다. 예수님은 "모든 차이를 내려놓고 고통 앞에서 그 어떤 사람에게라도 가까이 다가가라고 우리에게 도전한다. 따라서 나는 도와줄 이웃이 있다고 말하는 것이 아니라, 나 자신이 다른 이들의 이웃이 되어야 한다."(FT 81)

선교하는 제자도는 그리스도인들이 "사회적 범주에 따라 사람이나 집단을 차별하지 않고 모든 사람을 환영하며"[63] 공동체의 경계를 넘어 그들을 섬기고 연대하는 개방성 속에서 실천된다. 2장에서 살펴본 바와 같이, 교회의 존재 자체가 성령의 인도하심에 따라 민족, 인종, 국적의 경계를 넘어 예루살렘과 유대, 사마리아를 넘어 "땅 끝까지"(사도 1,8) 가라는 그리스도의 명령에 순종하도록 부름받았다는 공동체의 자기 이해에 달려 있다. 누구도 교회 회원 자격에서 배제되어서는 안 된다. 누구도 교회의 사목 활동에서 선험적으로 배제되어서는 안 된다.

세례받은 선교사 제자도의 필수적인 부분은 이웃이 되는 것이다. 이웃이 된다는 것은 근본적으로 포용적인 제자 공동체에서 생활하고 활동하는 것을 수반한다. 이 공동체는 인종, 계급, 카스트가 분열의 원인으로 작용하지 않고, 진정한 문화 간 일치를 이루기 위한 노력의 원인이 되는 공동체이다. 9장에서 살펴본 것처럼, 이러한 상호

63 Cahalan, *Introducing the Practice of Ministry*, 12.

문화성에 대한 헌신은 교회의 보편성이 우리에게 요구하는 교회 내부를 향한ad intra 선교적 과제에 대한 헌신을 의미한다. 우리 교회 공동체가 다양한 문화로 구성된 공동체이든, 이주민과 난민을 '환영, 보호, 증진, 통합'하기 위해 노력하는 공동체이든, 전 세계의 다양한 국가와 문화에서 온 구성원들과 서약한 공동체이든, 우리의 임무는 서로의 이웃이 되는 것이다. 이는 서로의 다름을 통해 풍요로워지고, 그 다름으로부터 도전을 받으며, 인종 차별에 반대하고 문화 간 소통과 대화에 점점 더 능숙해지는 여성과 남성이 되기 위해 끊임없이 노력하는 것을 의미한다. 앤서니 기틴스Anthony Gittins는 문화 간 삶을 통해 이웃이 되는 것은 "자연스러운 일"이 아니라 "어쩌면 초자연적인 일"이라고 쓴다.[64] 이웃이 되는 일은 힘들지만 그만한 가치가 있다. 교회는 궁극적으로 "모든 나라와 부족과 서로 다른 언어의 사람들"(묵시 7,9)로 구성된 하느님의 통치인 킨십을 증거할 수 있는 교회가 되어야 한다. 이는 우리가 서로의 이웃이 되는 제자가 될 때만 가능하다.

용서하는 자

프란치스코 교황은 [자비의 얼굴Misericordiae Vultus]에서 예수님을 "자비의 얼굴"(MV 1)이라고 표현하며, 예수가 펼친 활동의 대부분은 죄의 용서를 구현하고, 보여 주고, 선포하는 것이었다고 말한다. 세리들과 죄인을 포용했던 식탁의 교제는 하느님의 용서를 생생하게 구현했다(예: 마태 9,13, 루카 15,1-2, 19,1-10). 루카복음에 나오는 중풍병자와 "큰 사랑을 보여 준" 여인에게도 그들의 죄가 용서되었다고 선포하셨다(마태 9,2-8; 루카

64 Anthony J. Gittins, *Living Mission Interculturally: Faith, Culture, and the Re-newal of Praxis* (Collegeville, MN: The Liturgical Press, A Michael Glazier Book, 2015), 5.

7,36-50).[65] 또한 1장에서 살펴본 바와 같이, 예수가 전해준 많은 비유는 하느님께서 죄인을 찾으시고 그들을 환영하고 용서하신다는 내용을 담는다(예: 루카 15,3-32). 그리고 예수님은 사실상 마지막 숨을 거두시면서 자신을 처형하게 만든 사람들을 용서하셨다(루카 23,34).

예수를 따르며 선교하는 제자들은 세례를 통해 예수의 사명을 나누고 이어받아 용서하는 사람이 되어야 한다. "너희 아버지께서 자비하신 것처럼 너희도 자비로운 사람이 되어라."(루카 6,36) 루카복음에서 용서는 선교하는 제자들에게 주어진 사명의 일부이다. "성경에 기록된 대로, 그리스도는 고난을 겪고 사흘 만에 죽은 이들 가운데에서 다시 살아나야 한다. 그리고 회개와 죄의 용서가 그의 이름으로 예루살렘에서부터 시작하여 모든 민족들에게 선포되어야 한다. 너희는 이 일의 증인이다(루카 24,45-48).

프란치스코 교황은 교회가 선교하는 제자들의 공동체로서 교회는 "모든 이가 환대와 사랑과 용서를 받고 복음의 선한 삶을 살도록 격려를 받는다고 느낄 수 있는 자리"(EG 114)가 되어야 한다고 주장했다. 고해소는 "고문실이 아니라 오히려 최선을 다하도록 북돋아 주는 주님의 자비를 만나는 장소"(EG 44)이어야 하며, 성찬례는 "완전한 이들을 위한 보상이 아니라 나약한 이들을 위한 영약이며 양식"(EG 47)이라고 주장해 왔다. 선교하는 제자 공동체는 "마음이 열린 어머니"(46항)나 "항상 문이 활짝 열려 있는 아버지의 집"(47항)과 같은 공동체가 되어야 한다. 프란치스코는 사도적 권고 [사랑의 기쁨Amoris Laetitia]에서 많은 사람들이 교회가 "불규칙한 상황"에 처한 부부에게 너무 관대하

---

65 이 구절에 대하여 Barbara Reid가 중요한 해석을 해 주었다. Barbara Reid, *Choosing the Better Part? Women in the Gospel of Luke* (Collegeville, MN: The Liturgical Press, 1996), 107-23. Barbara Reid and Shelly Matthews, *Luke 1-9, Wisdom Commentary, vol. 43A* (Collegeville, MN: The Liturgical Press, A Michael Glazier Book, 2021).

다는 비판한다는 사실을 인정하면서도 예수님은 자비가 넘쳐나는 교회를 원하시고(AL 308항 참조), 너무 엄격한 것은 "복음을 훼손하는 최악의 방법"(AL 311항)이라고 주장한다.

선교사 제자들은 하느님의 용서를 구현하고, 보여 주고, 선포해야 하지만 용서하는 법을 배워야 한다. 즉 "이웃과의 불화 속에서 화해하는 것은 우리가 죄를 저지른 사람에게 용서를 구하고, 우리에게 죄를 지은 사람을 용서하는 것을 포함한다. 용서의 큰 춤 속에서, 제자들은 하느님의 용서를 구하고 받는다."[66] 이렇게 함으로써 제자들은 자신의 관계와 삶에서 하느님 나라의 급진적인 친밀함을 엿볼 수 있게 한다. 제4장에서 우리는 우간다 여성 안젤리나 아티암Angelina Atyam이 그리스도인으로서, 자신의 딸을 납치한 게릴라 군인들을 용서하며 "다른 논리"를 증언한 강력한 증언을 보았다. 우리는 또한 2000년 대희년 동안 요한 바오로 2세 교황이 역사적으로 그리스도인들이 저지른 많은 죄에 대해 용서를 구하는 겸손을 목격했다.[67] 그리고 2022년 프란치스코 교황이 캐나다의 원주민들에게 사과한 겸손도 보았다.[68] 모든 세례받은 선교적 제자의 예가 이처럼 극적이지는 않을지 모르지만, 용서를 베풀고 용서를 구하는 것은 개인적인 과제일 뿐만 아니라 선교적인 과제이다.

---

66 Cahalan, *Introducing the Practice of Ministry*, 13.

67 John Paul II, *Homily on the "Day of Pardon,"* March 12, 2000. Alessandra Stanley, "Pope Asks Forgiveness for Errors of the Church over 2,000 Years," *New York Times*, March 13, 2000.

68 Jason Horowitz, "Papal Visit to Canada: Francis Begs Forgiveness for 'Evil' Inflicted on Indigenous People," *New York Times*, July 25, 2022.

청지기

캐슬린 카할란은 "예수님은 신실한 청지기 직분을 제자도와 연결시키셨다"고 지적한다.[69] 청지기는 자신의 소유가 아닌 사람이나 재화를 관리하고 돌볼 책임을 부여받은 사람을 뜻한다. 청지기 직분은 신뢰를 바탕으로 한 직책이다. 카할란은 "제자들은 창조세계의 재화와 사회가 생산하고 사용하는 재화의 청지기이며, 그리스도교 공동체의 자원-조직 구조, 절차, 물질적 재화, 재정 자원을 포함한-을 돌보고 관리하는 역할을 한다"고 말한다. 청지기 정신은 선교에 필수적이며,[70] 세례받은 선교사 제자도의 중요한 요소이다. 한편으로 청지기로서 세례받은 선교사 제자들에게는 자연 세계를 돌볼 책임이 있다. 물론 그들은 자신들이 하느님의 세계 위에 있거나 그것을 지배하는 존재가 아니라는 것을 인식한다. 그들은 그 일부이다. 그러나 창세기는 그들이 하느님의 형상으로서 창조세계를 경작하고 보호하는 임무를 맡았음을 강조한다. 현대 성서학자들이 지적하듯이 창세기 1장 26절과 28절의 '지배'라는 단어는 착취나 억압이 아니라 "돌봄, 심지어 양육"을 의미한다.[71] 프란치스코 교황은 획기적인 회칙 [찬미받으소서]에서 아름답지만 위기에 처한 우리 지구에서 인류가 "생태 시민 의식ecological citizenship"을 키워야 한다고 촉구했다. 교황은 생태 교육을 통해 "생활 방식의 진정한 변화"를 가져올 수 있는 "작은 일상적 행동"을 촉구한다. 교황의 말처럼,

> 환경에 대한 책임 교육은 환경 보호에 직접적이고 중요한 영향을 끼치는

---

69 Cahalan, *Introducing the Practice of Ministry*, 21.

70 Cahalan, *Introducing the Practice of Ministry*, 21.

71 Terrence E. Fretheim, "The Book of Genesis: Introduction, Commentary, and Reflections," *The New Interpreter's Bible*, ed. Leander E. Keck et al., vol. 1 (Nashville, TN: Abingdon, 1994), 346. LS 67도 참조하라.

다양한 행동을 고무할 수 있다. 예를 들어 플라스틱이나 종이 사용을 삼가고, 물 사용을 줄이고, 쓰레기 분리수거를 하고, 적당히 먹을 만큼만 요리하고, 생명체를 사랑으로 돌보며, 대중교통을 이용하거나 승용차 함께 타기를 실천하고, 나무를 심고, 불필요한 전등을 끄는 등의 행동이 그러하다. 이 모든 것이 인간 최상의 면모를 보여 주는 관대하고 품위 있는 창의력에 속한다. 뜻깊은 동기에서 물건을 쉽게 내버리지 않고 재활용하는 것은 우리 자신의 존엄을 표현하는 사랑의 행위가 될 수 있다. (LS 211)

창조세계에 대한 청지기 직분은 세례받은 선교사 제자도의 진정한 실천이며, 모든 그리스도인은 자신이 할 수 있는 방식으로 이에 응답할 부름을 받았다. 예를 들어, 평범한 여성과 남성은 교황이 말한 "작은 일상적 행동"을 실천할 수 있고, 정치인들은 모든 수준에서 생태 친화적인 법률을 제정하고 정부의 지원을 확보할 수 있으며, 과학자들은 더 깨끗한 교통수단과 에너지를 연구할 수 있고, 사목하는 선교사 제자들과 서품받은 선교사 제자들은 교실과 강단에서 교육을 제공할 수 있다. WCC가 강조하듯이, 창조세계의 청지기 직분은 교회의 선교에 필수적인 부분이다(TTL 19-23).

반면에 카할란이 지적한 것처럼 청지기직은 모든 제자가 교회 공동체의 일에서 적극적인 역할을 하도록 부름을 받았다는 것을 의미한다. [인류의 빛] 2장에서 하느님의 백성 전체가 사제 직분과 예언자 직분을 어떻게 공유하는지에 대해 묵상한 다음에는 리처드 가일라데츠Richard Gaillardetz가 그리스도인의 "그리스도의 왕직에 대한 공유"[72] 또는 통치 권한에 대해 "훨씬 덜 발전된 묵상"이라고 묘사한 내용이

72 Richard R. Gaillardetz, *The Church in the Making: Lumen Gentium, Christus Dominus, Orientalium Ecclesiarum* (Mahwah, NJ: Paulist Press, 2006), 49.

이어진다. 이 '묵상'은 교회의 카리스마적 구조에 대한 성찰의 형태를 취하는데, 성령은 "모든 계층의 신자들에게 특별한 은총도 나누어주신다. 성령께서는 그러한 은총으로 교회의 쇄신과 더욱 폭넓은 교회 건설을 위하여 유익한 여러 가지 활동이나 직무를 받아들이는 데에 알맞도록 신자들을 준비시킨다."(LG 12) 교회의 카리스마적 구조에 대한 생각은 평신도에 관한 제4장에서 다시 등장하는데, 평등은 강조되지만 하느님 백성의 대다수인 평신도는 "목자와 교사에게 기꺼이 협력해야 한다"(LG 32)고 말한다. 그러나 이러한 열렬한 협력은 단지 수동적인 순종만을 의미하는 것은 아니다. 안수를 받지 않은 평신도들도 교회에서 중요한 목소리를 낼 수 있다는 의미도 있다.

> 평신도는 모든 그리스도인과 마찬가지로 교회의 영적 보화에서 특히 하느님의 말씀과 성사들의 도움을 거룩한 목자들에게 풍부히 받을 권리가 있으며, 하느님의 자녀들과 그리스도 안의 형제들에게 걸맞은 자유와 신뢰로, 자기들의 필요와 소원을 목자들에게 표명하여야 한다. 평신도들은 그들이 갖춘 지식과 능력과 덕망에 따라 교회의 선익에 관련되는 일에 대하여 자기 견해를 밝힐 권한이 있을 뿐 아니라 때로는 그럴 의무까지도 지닌다. (LG 37)

청지기는 세례받은 선교사 제자도의 한 측면으로, 교회 공동체의 선교를 다스리고 계획하고 방향을 정하는 데 적절한 역할을 담당한다.[73]

그러나 로마 교황청의 개혁에 관한 2022년 문서인 [복음을 선포하

73 Osheim, "The Christian Faithful," 224.

여라Praedicate Evangelium]에서는 이러한 제자도의 측면이 새로운 방식으로, 심지어 놀라운 방식으로 표현된다. "부나 기구의 특수한 관할권과 통치권과 임무를 유의하여 모든 신자가 부나 기구를 주재할 수 있습니다."(PE II 5) 오스틴 아이버레이Austen Ivereigh는 『커먼웰Commonweal』에 기고한 글에서 이 개혁 문서를 반추하며 이 움직임의 급진성에 주목한다.[74] 그에 따르면 이 내용은 교회에서 통치권이 성품성사에서만 주어지는지 아니면 정식 선교, 이 경우에는 교황의 위임에 의해 주어지는지에 대한 지속적인 논쟁의 맥락에서 볼 필요가 있다. 이 문서를 소개하는 기자회견에서 정경학자이자 현재 추기경인 잔프랑코 기를란다Gianfranco Ghirlanda는 후자(정경 사명에 의한)가 맞다고 분명히 밝혔다. 즉, 안수 때문이 아니라 세례를 받았기 때문에 적절한 권한을 부여받으면 누구나 로마 교황청에서, 그리고 교회의 어느 곳에서든 통치권을 행사할 수 있다는 결론을 내렸다. 아이버레이는 이렇게 말한다. "성직주의가 이렇게 치명적이고 최종적인 타격을 받은 적은 없었다."[75] 이런 맥락에서 볼 때, 세례받은 선교하는 제자도가 교회 구조에서 이토록 근본적인 역할로 인정받은 것은 [복음을 선포하여라] 이전까지는 없었다.

---

74 Austen Ivereigh, "Rome on Mission: Pope Francis Reforms the Curia," *Commonweal* 149, no. 5 (May 2022): 10-12.

75 Ivereigh, "Rome on Mission," 11.

결론

"하느님의 백성 대다수"(EG 102)는 세례를 받은 선교하는 제자들로서, 하느님 나라인 공동체 안에서 번성하는 것을 구현하고, 보여 주고, 선포하는 교회의 사명에 직접 참여한다. 그들은 신실한 추종자, 신뢰할 수 있고 명료한 증인과 예언자, 배려심 있고 민감한 이웃, 용서받고 화해하며 자유롭게 용서하고 화해하는 용서자, 창조세계와 성령의 은사를 받은 카리스마의 청지기라는 진정한 그리스도인의 삶을 살면서 이를 수행한다. 이들은 부모, 배우자, 건설 노동자, 교사, 의료 종사자, 버스 운전사, 식료품점 계산원, 농부, 소매상, 과학자, 정치인, 바텐더, 배우, 학생, 음악가로서 선교사 제자들이다. 이들은 4장에서 살펴본 선교의 여섯 가지 요소에 진정성 있는 방식으로 참여하고 있다.

대부분의 세례받은 선교 제자들은 일상생활 속에서, 즉 일, 여가, 예배, 놀이 속에서 제자도를 실천한다. 그러나 일부는 공동체 생활을 의도적으로 선택하여 함께 살고 일하며, 심지어 특정한 서약이나 약속-독신 생활, 소박한 삶을 받아들이고, 공동체의 필요에 따라 자신이 어디에서 어떻게 살고 일할지를 결정하는 것-을 통해 세례에 대한 헌신을 "강화"한다. 이들은 더 나은 제자나 더 거룩한 제자가 되기 위해 이러한 서약을 하는 것이 아니라, 자신이 할 수 있는 한 제자도를 최대한 완전하게 살아가기 위해 끊임없이 상기하려는 목적으로 이를 한다. 그렇게 함으로써 교회 공동체의 나머지 구성원들에게 증언을 한다. 이들 중에는 교사, 과학자, 학자, 음악가도 많으며, 이는 몇 가지 예에 불과하다.[76] 우리는 이들을 서약한 선교 제자라고 부를 수 있다.

캐슬린 카할란은 제자도를 그리스도인의 기본 소명 또는 공동의 소명이라고 말한다. 그런데, 그녀는 이와 동시에 제자도를 특별한 소명이라고 말한다. 그에 따르면, 제자도는 "우리 소명의 특수성, 즉 각자가 자신의 재능, 은사, 환경이 주어졌을 때 충실하게 살도록 하느님으로부터 부름받은 방식"이다.[77] 세례받은 선교사 제자가 된다는 것은 모든 그리스도인과 함께 제자, 증인, 예언자, 청지기로 부름받는 것이다. 그러나 이러한 기본 소명 안에는 부모, 학자, 과학자, 서원 생활자, 건설 노동자, 음악가 등의 구체적인 소명도 있다. "그리스도인 제자로서의 세례 정체성과 소명은 우리의 소명을 구성하는 구체적인 소명 안에서 그리고 그 소명을 통해 이루어진다."[78]

이보다 더 구체적인 소명의 이해 안에서, 우리는 사목에 대한 소명

76 축성된 또는 서원한 수도자의 삶에 관해서는 엄청나게 많은 자료들이 있다. John Paul II, Apostolic Exhortation, *Vita Consecrata*를 참조하라. 봉헌 생활에 대한 현대의 고전으로는 Sandra Schneiders의 삼부작 *Religious Life in a New Millennium* (Mahwah, NJ: Paulist Press, 2000, 2001, 2013)이 있다. Maria Cimperman의 *Religious Life for Our World: Creating Communities of Hope* (Maryknoll, NY: Orbis Books, 2020)도 참조하라.

77 Cahalan, *Introducing the Practice of Ministry*, 28.

78 Cahalan, *Introducing the Practice of Ministry*, 28.

을 찾을 수 있다. 교회의 모든 구성원은 제자도로 부름받는다-세례받은 선교사 제자도로. 그러나 일부는 사목으로 부름받아, 사목하는 선교사 제자도나 서품받은 선교사 제자도로 나아간다. 카할란이 정확히 지적했듯이,

> 다른 소명보다 더 우월한 소명은 없다. 이는 특히 사목에 해당하는데, 그리스도교 전통에서는 종종 사목이 가장 높은 소명 또는 유일한 소명으로 정의되곤 했다. 그러나 사목은 더 높은 소명도, 더 거룩한 소명도 아니다. 사목은 분명 구별되는 소명이지만, 사실 모든 소명은 서로 다르며, 각 소명은 그 사람의 자기 정체성과 특정한 방식으로 봉사에 영향을 미치는 은사와 카리스마에 대한 충분한 설명을 필요로 한다.[79]

교회 안에서의 사목은 "세상의 하느님 사명을 위해 제자들의 삶을 이끄는" 소명이라는 점에서 다른 소명과 구별된다.[80] 사목은 리더십의 소명이며, 섬기는 리더십의 소명이다. 교회에서 책임의 수준이 높아질수록 이 리더십은 더욱 분명해지고 중요해진다. 우리는 선교사 제자 공동체로서의 교회 구조에 대해 계속 성찰하면서, 사목하는 선교사 제자도와 서품받은 선교사 제자에 대해 더 깊이 성찰할 것이다. 그러나 먼저, 12장에서 리더십의 의미에 대해 성찰할 것이다.

---

79 Cahalan, *Introducing the Practice of Ministry*, 50.
80 Cahalan, *Introducing the Practice of Ministry*, 50.

12장

선교하는 제자들을 위한 리더십

그는 때로는 백성 앞에서 길을 가리키고 희망을 북돋아 줄 것이다. 또한 때로는 앞에 나서지 않고 백성 가운데에서 오로지 인자한 모습으로 머물 것이다. 또 다른 상황에서라면 그는 백성 뒤에 걸어가며 뒤처진 사람들을 돕고 무엇보다도 양떼가 새로운 길로 나아갈 수 있도록 해줄 것이다[복음의 기쁨].

위에 인용한 구문에서 프란치스코 교황은 주교에 관해서 그리고 주교가 어떻게 "항상 교구 교회에서 이러한 선교적 친교를 증진"(EG 31)해야 하는지에 대해 말한다. 이 내용이 발표되기 약 한 달 전, 교황은 사제나 주교의 리더십을 설명하기 위해 비슷한 단어를 사용했다. 이 구절에서 그는 사제가 공동체 뒤에서 걷는 이유는 "사람들에게 '코'가 있기 때문"이라고 말한다. 사람들은 냄새를 맡고, 새로운 방법을 발견하고, 신학자들이 말하는 '신앙 감각'을 가지고 있다."[81]고 언급한 바 있다.

나는 이 말이 교회의 모든 활동가에게, 캐슬린 카할란Kathleen Cahalan이 말한 것처럼, "하느님의 선교를 위해 세상에서 제자도의 삶으로" 세례받은 선교사 제자들을 이끄는 모든 활동가에게 해당한다고 생각한다.[82] 다음 장에서 사목하는 선교사 제자도와 서품받은 선교사 제자도라고 부를 교회에서의 활동은 리더십에 관한 이야기라고 할 수 있다. 그러나 프란치스코 교황도 잘 알고 있듯이, 리더십은 항상 세례받은 선교사 제자도의 근본적인 평등에 기초한다. 리더십은 크리스 로우니Chris Lowney가 주장한 것처럼 "모든 사람이 리더"[83]라는 확신에 뿌리를 두고 있다.

이 장에서는 선교적 교회에서 리더십의 카리스마에 초점을 맞춘다. "선교하는 제자들을 위한 리더십"이라는 제목은 의도적으로 모호하게 설정되었다. 한편으로 리더십은 봉사이다. 이는 특별한 세례받은 선교사 제자들이 받은 은사로서, 학생, 부모, 의료 종사자, 노동자, 컴퓨터 프로그래머 등 세례를 받고 평범한 삶을 살아가는 대다수의 그리스도인들뿐만 아니라 다른 활동가들에게도 유익을 주기 위한 은사이다. 이러한 리더십은 세례받은 제자들이 "안정에 머물지 않고, 다른 사람들과 삶을 나누는 사명"(EG 10)[84]에 열정을 품고, 양육되

---

81 Pope Francis, "주변부까지 다가가 듣고, 걷고, 선포하자To Listen, to Walk, and to Proclaim Even to the Outskirts," 성직자, 수도자, 그리고 교구 사목 평의회 회원들과의 만남, 아시시의 성 루피노 대성당, 2013년 10월 4일, *Disciples Together on the Road: Words of Pope Francis for Priests* (Rome: Libreria Editrice Vaticana, 2016), 27. 프란치스코는 2022년 6월 29일, 세계 여러 곳에서 새로 임명된 대주교들에게 팔리움(역자주: Pallium은 대주교들의 권위를 상징하는 교회의 전통적인 의복이며, 매년 6월 29일 성 베드로와 성 바오로 축일에 새로 임명된 대주교들에게 주어진다)을 축복하는 미사에서 비슷한 표현을 사용했다.

82 Kathleen Cahalan, *Introducing the Practice of Ministry* (Collegeville, MN: The Liturgical Press, 2010), 50.

83 Chris Lowney, *Everyone Leads: How to Revitalize the Catholic Church* (Lanham, MD: Rowman and Littlefield, 2017).

84 The Aparecida Document 재인용, CELAM website.

도록 도전한다.

그러나 리더십 또한 그러한 봉사의 소명을 삶에서 깨달은 제자들에게 주어진 임무이자 직무이다. 이 책의 마지막 세 개의 장에서 살펴보겠지만, 이러한 리더십은 매우 단순하고 자발적이며 일시적인 것일 수도 있고, 다양한 수준의 신학적, 사목적, 인간적, 영적 훈련이 필요하며 교회 공동체에서 영구적이고 전문적인 것으로 인정받는 사목이 될 수도 있다. 사목 리더십은 감독하는 리더십으로서 특별한 분별력, 깊은 지혜, 전통에 대한 창의적인 이해, 정의에 대한 헌신과 가난한 사람들과의 동일시를 필요로 한다. 이 직무가 지역 또는 교구 공동체 전체를 이끄는 지도자의 역할일 때, 이는 성사적 서품에 의해 특징지어진다. 이는 서품받은 선교사 제자들이 살아가는 직무로, 주교, 사제, 그리고 부제의 직무이다

이 장에서 우리는 성경, 특히 신약성경의 리더십에 대해 간략하게 살펴본 후, 오늘날 선교적 교회에 필요한 리더십의 종류에 대한 기본적인 이해를 개략적으로 설명하려 한다. 그런 다음 그리스도교 리더십이 요구하는 여러 가지 기술 또는 관행에 초점을 맞출 것이다. 마지막으로, 그리스도교 선교사 제자 공동체에서 리더십을 특징짓는 여러 가지 기본 태도, 즉 리더가 개발하도록 부름받은 습관이나 덕목에 대해 성찰한다. 궁극적으로 그리스도교 리더십은 세례받은 선교사 제자들의 근본적인 평등에 대한 확신에 뿌리를 두는 동시에 하느님의 성령의 능력과 지혜로 이끄셨던 나자렛 예수님에게서 계시된 하느님의 마음에 뿌리를 둔 "영적 리더십"[85]이다.

---

85 Leonard Doohan, *Spiritual Leadership: The Quest for Integrity* (Mahwah, NJ: Paulist Press, 2007).

성서에 나타난 리더십

도널드 시니어Donald Senior는 성경 안에 다양한 유형의 리더가 "모든 페이지에 등장"한다고 말한다.[86] 시니어는 아브라함과 요셉, 모세와 아론, 다윗과 솔로몬, 에스라와 느헤미야 등 구약성경에 등장하는 수많은 리더를 열거한다. 미리암, 드보라, 룻, 에스더와 같은 성경 속 지도자들도 언급할 수 있다.

하지만 구약성서에는 이러한 인물 외에도 다양한 리더십 모델이 등장한다. 어떤 리더는 자신이 이끄는 사람들의 필요를 잘 파악하고, 겸손하며 하느님의 뜻에 열려 있고, 이스라엘의 유익을 위해 일하는 리더이다. 반면 탐욕에 사로잡혀 자신의 이익을 추구하며 억압적인 권력을 행사하는 리더십은 결코 리더십이 아니라는 것을 보여 주는 모델도 있다. 첫 번째 유형의 예로는 앞서 언급한 리더들이 있다. 두 번째 유형의 리더는 다윗의 반역자 아들 압살롬이나 아합과 그의 아내 이세벨 같은 타락한 통치자들이다. 이스라엘의 많은 지도자들은 이 두 가지 유형이 혼합된 모습이었다. 성경의 위대한 지도자 중 일부는 심각한 결점이 있었다. 사울은 다윗에 대한 시기심에 사로잡혔다(1사무 18,6-16). 다윗은 바쎄바를 향한 욕망에 이끌려 그녀의 남편인 우리야를 죽였다(2사무 11,1-12,15). 솔로몬은 하느님의 율법을 버리고 이방 아내들의 신을 숭배했다(11,1-8). 그러나 이 모든 과정에서 이스라엘의 진정한 지도자는 이스라엘의 하느님이었다. 하느님은 종종 이스라엘의 불충실함 때문에 분노하고 좌절하며 때로는 복수하시는 분으로 묘사된다. 그러나 궁극적으로 하느님은 "사랑이 영원히 지속되

---

86 Donald Senior, *The Gift of Administration: New Testament Foundations for the Vocation of Administrative Service* (Collegeville, MN: The Liturgical Press, 2016), 27.

는"(시편 136) 자비와 인내, 그리고 친절이 가득하신 분이다. 이스라엘의 하느님은 하느님의 백성이나 지도자가 아무리 바른길에서 멀어져도 결코 포기하지 않으신다.

이러한 "리더십의 목록은 신약성경에서도 계속되며, 결정적으로 그리고 가장 근본적으로 예수님 자신에게로 이어진다."[87] 제사장도, 학자도, 통치자도 아니셨지만, 예수는 서기관들이 말하는 대로가 아니라 마음에서 우러나온 말씀을 하셨기 때문에(마태 7,28-29), 그의 삶과 가르침에는 그를 따르는 군중들을 놀라게 하는 권위가 있었다. 그는 "초대 교회의 모든 삶과 활동에 영감을 준 탁월한 지도자"로 묘사된다.[88] 시니어는 예수님의 리더십에 대한 강력한 초상화를 제시한다. "예수는 유대 전통의 가장 깊고 정통적인 가르침을 바탕으로, 그의 말을 듣는 사람들에게 하느님이 주신 존엄성을 깨닫게 해 주었다." 우리가 1장에서 살펴본 것처럼, 예수는 비유를 통해 다채롭고 도전적인 이야기를 들려주었고, 이는 "사람들의 마음에 불을 붙이고 그에게 끌리는 사람들의 영혼을 감동시키는 동시에 독하게 반대하는 자들이 할 말을 잃게 만들었다." 그는 사회에서 소외되고 버림받은 사람들의 편에 서서 그들을 육체적, 심리적, 영적으로 치유하고 불의의 피해자인 그들의 편을 들어주셨다. 그는 "섬김을 받으러 온 것이 아니라, 적대적인 종교 지도자들과 로마 제국의 잔인한 권력에 의해 계획된 십자가 처형까지도 감수하면서 타인을 섬기기 위해 오셨다." 예수의 리더십은 "대부분의 사람들이 지도자들에게서 경험했던 억압적이고 착취적인 권력을 혼란스럽게 하는 메시아적 권위의 행사"였

87 Senior, *The Gift of Administration*, 28.

88 Senior, *The Gift of Administration*, 28.

다.[89] 캐나다 소설가 루디 위베Rudy Wiebe의 말을 빌리자면, 제자들은 자신들이 "예수 모임Jesus society"에 속한다는 것을 깨닫기 시작했다.

> 다른 사람들과 함께 사는 인간에 대한 모든 오래된 생각을 뒤집는 새로운 사회는 너무 낯선 사회여서, 이러한 사회를 만드는 것은 지구상에서 가장 어리석은 일이거나 인간의 일반적인 생각 너머 신의 계시로만 올 수 있는 것처럼 보인다.… 이러한 사회에서 우리는 모든 것에 대해, 모든 사람에 대해, 모든 존재에 대해-자연에 대해, 자신이 속한 국가에 대해, 여성에 대해, 노예에 대해- 새로운 태도를 갖게 된다.[90]

모든 그리스도인 리더십은 예수님을 리더십의 모델로 삼아야 한다. "제자는 오직 스승처럼 되기 위해 노력할 수 있다."[91] 2장에서 살펴본 것처럼 사도행전의 요점은 예수 공동체가 성령의 감동으로 유대교를 넘어 "땅 끝까지"(사도 1,8) 예수님의 선교를 이어 가는 모습을 보여 주는 데 있다. 우리는 열두 제자(사도)의 설교와 치유뿐만 아니라 그들의 리더십 방식에서도 이를 확인할 수 있다. 공동체의 대변인이자 리더인 베드로는 코르넬리우스와 그의 가족에게 세례를 베풀고 그들과 식탁 교제를 나누는 대담한 행동으로 예루살렘 공동체에 책임을 지게 된다(사도 11,1-18). 사도행전 15장에서 베드로와 야고보의 지도력 아래 공동체 전체가 이방인이 할례의 율법이나 유대인의 여러 식습관을 따를 필요가 없다고 결정할 때 사도적 리더십의 양상이

89 Senior, *The Gift of Administration*, 28-29.

90 Rudy Wiebe, *The Blue Mountains of China* (Toronto: McClelland and Stewart, 1970), 258.

91 Senior, *The Gift of Administration*, 29.

특히 두드러지게 드러난다. "다음 몇 가지 긴요한 사항 외에는 여러분에게 다른 짐을 더 지우지 않는 것이 성령과 우리의 결정입니다."(사도 15,28) 바오로는 때때로 강력한 방식으로 리더십을 발휘하고 필요할 때는 말을 아끼지 않지만(예: 1코린 5,9-13, 갈라 1,6-10), 로마인들에게 보낸 편지의 마지막 장에서는 그의 협력 정신도 엿볼 수 있다. 여기서 바오로는 집사 포이베와 그의 동료 일꾼 프리스카와 아퀼라, 마리아, 안드로니코스와 유니아, 페르시스에 대해 이야기한다. 로마서 초반부에서 바오로는 공동체에 부여된 다양한 은사, 즉 "우리에게 주신 은혜에 따라 다른 은사, 즉 예언은 믿음의 정도에 따라서 써야 하고, 봉사하는 일이라면 봉사하는 데 써야 하고, 가르치는 일이라면 가르치는 데, 격려하는 자는 격려하는 데, 희사하는 사람은 순수한 마음으로 해야 하고, 지도자는 열성을 다해서 해야 하고, 자선을 베푸는 사람은 기쁜 마음으로 해야 한다"(로마서 12,6-8)고 강조하고 있다. 코린도1서에서 바오로는 지혜, 지식, 믿음, 병 고치는 능력, 기적을 행하는 능력, 하느님의 말씀을 받아서 전하는 직책, 성령의 활동을 가려내는 힘, 이상한 언어를 말하는 능력 등 성령께서 주신 은총의 선물을 인정한다(1코린 12,8-10). 데살로니가 교인들에게 보낸 편지에서 바오로는 사목을 위한 그리스도교 리더십의 본질을 표현하는 말을 쓴다. "아시다시피 우리는 지금까지 아첨하는 말을 쓴 적도 없고 속임수로써 탐욕을 부린 일도 없습니다. 하느님께서 이 사실을 잘 알고 계십니다.… 우리는 그리스도의 사도로서 권위를 내세울 수도 있었으나 여러분과 함께 있을 때에는 마치 자기 자녀를 돌보는 어머니처럼 여러분을 부드럽게 대했습니다. 이렇게 여러분을 극진히 생각하는 마음에서 하느님의 복음을 나누어줄 뿐만 아니라 우리의 목숨까지도 바칠 생각이었습니다. 우리는 그토록 여러분을 사랑했습

니다."(1데살 2,5, 7b-8)

1장에서 예수님께서 "평등한 제자 공동체" 안에서 "동등한 이들 중 첫째"로 묘사된 것에 대해 언급한 바 있다.[92] 이는 아마도 최후의 만찬에서 예수님이 제자들의 발을 씻기신 모습에서 가장 잘 드러난다(요한 13,1-20). 우리는 이러한 리더십의 유형을 구약성경의 가장 훌륭한 지도자들뿐만 아니라 신약성경이 기억하는 초기 그리스도교 공동체의 지도자들에서도 목격할 수 있다.

현대에 선교하는 제자들의 리더십

우리가 이미 언급한 바 있는 2007년 저서 『영적 리더십Spiritual Leadership』의 서두에서 레너드 두핸Leonard Doohan은 "오늘날 우리가 갖는 리더십에 대한 이해와 리더의 경험은 완전히 변했다. 그 변화가 너무 커서 저자와 실무자 모두 패러다임 전환이나 변화 또는 새로운 자각awakening 등을 언급하고 일부는 단순히 '새로운 리더십'이라고 칭하기도 한다"고 썼다.[93] 용어에서 알 수 있듯이 이러한 '새로운 리더십'은 "사람들이 일반적으로 이해해 온 방식의 리더십이 아니다."[94] 실제로 과거에는 리더로 여겨졌던 사람들 중 일부는 오늘날의 사고방식에 비추어 볼 때 더 이

---

92 Terrence W. Tilley, *The Disciples' Jesus: Christology as Reconciling Practice* (Maryknoll, NY: Orbis Books, 2008), 123; Elisabeth Schüssler Fiorenza, *In Memory of Her: A Feminist Reconstruction of Christian Origins* (New York: Crossroad, 1983).

93 Doohan, *Spiritual Leadership*, 2.

94 Doohan, *Spiritual Leadership*, 35. 이 부분은 2015년 6월 전미평신도사목협회National Association for Lay Ministers 연례 대회에서 기조연설로 처음 발표된 후, 이전에 출판된 논문의 수정본이다. Stephen Bevans, "A Theology of Leadership, Not Management: Trinitarian Mission and Baptismal Dis-cipleship," *Annales Missiologici Posnanienses* 22 (2017): 9-19.

상 리더로 간주되지 않는다. 오늘날의 리더십 연구는 "경쟁, 생산성, 구조, 권력, 권위"에 대해 이야기하고 리더 개인에 초점을 맞추지 않는다. 그 대신 그 초점은 "공유된 비전으로 사람들에게 영감을 주고, 신앙, 희망, 사랑을 통해 사람들에게 영향을 미치며, 필요할 때 구조를 바꾸고, 모범을 보이는 기술을 배우는 데 맞춰져 있다."[95] 두핸은 리더십 전문가 잭 하울리Jack Hawley의 말을 인용하는데, 하울리는 "오늘날의 관리자와 리더들에게 중요한 질문은 더 이상 과업이나 구조의 문제가 아니라 정신에 관한 질문이다"[96]라고 말한다.

하울리가 비록 관리자와 리더에 대해 이야기하고 또한 훌륭한 리더가 되기 위해서 훌륭한 관리의 기술을 연습해야 하지만, 여기서 중요한 점은 관리와 리더십은 전혀 같지 않음을 강조하는 데 있다. 두핸은 "리더십의 모델을 종교, 예술, 정치, 사랑"[97]이라고 제안한 피터 코스텐바움Peter Koestenbaum의 말을 인용한다. 티머시 브라운Timothy Brown과 퍼트리샤 설리번Patricia Sullivan은 이를 다음과 같이 표현한다. "리더십의 예술은 다른 사람들을 새로운 이해와 상호작용 및 헌신의 차원으로 이끌고, 안내하며, 그들을 방향 지우는 것을 포함한다. 따라서 리더와 관리자의 차이는 다른 사람들을 동기 부여하거나 영감을 줄 수 있는 능력, 즉 비전을 제시하는to give vision 능력이 있느냐에 달려있다."[98] 리더는 선교에 집중하는 반면, 관리자는 경영에 초점을 맞추는 경향이 있다. 이 장의 서론에서 언급한 바와 같이, 크리스 로우니는

---

95 Doohan, *Spiritual Leadership*, 35.

96 Jack Hawley, *Reawakening the Spirit in Word* (San Francisco: Berrett-Koehler, 1993), 11, Doohan, Spiritual Leadership, 35쪽에서 인용.

97 Peter Koestenbaum, *Leadership: The Inner Side of Greatness* (San Francisco: Jossey-Bass, 1991), 50.

98 Timothy Brown and Patricia Sullivan, *Setting Hearts on Fire: A Spirituality for Leaders* (New York: Alba House, 1997), 5.

"모든 사람이 리더가 된다"고 강조하는데, 훌륭한 리더라면 이를 기꺼이 인정한다. 이와 관련하여 리더십 전문가 제임스 스필레인James Spillane은 "분산 리더십"을 언급한다.[99]

리더십 자문가인 페기 맥앨리스터Peggy McAllister도 2015년 인터뷰에서 거의 같은 말을 했다. 맥앨리스터는 우리가 관리라고 부르는 '반응적 형태의 리더십'과 오늘날의 올바른 리더십 방식인 '창의적 상태의 리더십'을 구분한다. 그에 따르면 반응적 리더십은 "문제를 예방하고, 위협적으로 느껴지는 것을 방지하며, 안전지대를 유지하는 데 초점을 맞춘다." 이런 종류의 리더십은 우리에게 "완전히 완벽해지거나", 다른 사람을 통제하거나, "착한 여자"가 되어 우리의 힘을 포기하도록 촉구한다.[100] 반면에 창의적 리더십은 "무언가를 실현하려고 노력하는" 기술을 실천한다. 맥앨리스터는 이러한 리더십 방식에서 "우리는 우리 자신과 다른 사람들에게 다른 질문을 던지고, 무언가를 보호하려고 노력하는 대신. 우리 자신보다 훨씬 더 큰 무언가를 위해 봉사하면서 결과를 창출하려고 노력한다"[101]고 정리한다. 리더는 "우리는 무엇을 위해 봉사하고 있으며, 지금 그것을 어떻게 표현해야 하는가… 우리가 하는 모든 일에서 개방성, 커뮤니티, 협업을 어떻게 모델링할 것인가? 어떻게 모든 목소리를 한자리에 모을 수 있을까? 이 미스터리를 어떻게 함께 풀어나갈 수 있을까?"[102]와 같은 질문을 던져야 한다.

---

99 Lowney, *Everyone Leads; James P. Spillane, Distributed Leadership* (San Francisco: Jossey-Bass, 2006).

100 Annemarie Sanders, IHM, "Readying Congregations for New Understandings of Leadership," Peggy McAllister와의 인터뷰, The Occasional Papers, Leadership Conference of Women Religious 44, no. 2 (Summer 2015), 24.

101 Sanders, "Readying Congregations for New Understandings of Leadership," 25.

102 Sanders, "Readying Congregations for New Understandings of Leadership," 28.

이에 비해, 레너드 두핸은 충성도와 성과에 대한 보상을 약속하는 '거래적 리더십'과 비전과 사명을 제공하는 '변혁적 리더십'을 구분한다.[103] 두핸은 변혁적인 리더십에 대한 이해가 교회 직무 수행의 뿌리를 기술의 습득이 아니라 "타인에 대한 태도 변화와 회심, 세상을 바라보는 새로운 방식에 두며,… '리더십의 핵심'은 리더의 마음에 있다"[104]고 주장한다.

이러한 리더십 이해는 분명히 권력에 대한 다른 관점을 반영한다. 창의적이고 변혁적이며 영적인 리더에게 권력은 '제로섬' 개념이 아니며, 공유하지 않으면 잃는다는 신념을 가지고 신중하게 다루어야 할 대상이다. 오히려 권력은 공유될수록 성장하고 확장되는 것으로 이해된다.[105] 영성 작가 토머스 무어Thomas Moore는 "우리는 다른 사람의 권력을 보호할 때 우리의 권력을 유지한다"[106]고 쓴다. 두핸의 말을 다시 한번 인용하자면, "리더십은 권력과 지혜가 함께 모일 때에만 존재한다. 이때 리더는 권력과 지혜라는 두 가지 요소가 구성원 전체의 대화를 통해 성취된다는 것을 알고 있다. 이 구성원들은 자기 자신의 리더십을 발견한 사람들이다."[107] 리처드 매코믹Richard McCormick은 "진정한 리더십은 어떠한 형태로든 리더가 이끄는 사람들 안에서

---

103 Doohan, *Spiritual Leadership*, 21-22.

104 Doohan, *Spiritual Leadership*, 12. Lee G. Bohman and Terrence E. Deal, *Leading with the Soul: An Uncommon Journey of Spirit* (San Francisco: Jossey-Bass, 1995), 6쪽을 인용.

105 권력에 대한 이러한 고전적인 언급은 Bernard Loomer, "Two Conceptions of Power," *Process Studies* 6, no. 1 (Spring 1976): 5-32쪽에서 확인할 수 있다. Margaret J. Wheatley, *Leadership and the New Science: Discovering Order in a Chaotic World* (Oakland, CA: Berrett-Koehler Publishers, 2006), 39-40쪽도 참조하라.

106 Thomas Moore, *Care of the Soul: A Guide for Cultivating Depth and Sacredness in Everyday Life* (New York: HarperCollins, 1992), 126. Brown and Sullivan, Setting Hearts on Fire, 15쪽도 참조.

107 Doohan, *Spiritual Leadership*, 15-16.

최고의 것을 불러일으킨다. 리더의 리더십은 그들을 개인과 집단으로서 그들의 잠재력을 최대한 발휘할 수 있게 해준다"[108]고 쓴다.

이것이 바로 선교사 제자 공동체에서 필요한 리더십이며, 세례를 받은 모든 제자의 근본적인 평등을 인정하는 리더십이다. 이러한 리더십은 제자들이 제자, 예배자, 증인, 예언자, 이웃, 용서자, 청지기로서의 소명을 키워가도록 그들을 양육하고, 영감을 주고, 도전한다. 이 리더십은 교회 안의 모든 이들이 그들의 세례를 통해 선교하는 제자로서 더욱 충만하고 기쁨으로 참여하도록 부른다. 즉 누군가 자신의 삶과 직업에서 진정성과 단순한 증거를 통해 참여하든, 자원봉사자로 참여하든, 완전한 훈련을 받고 전임으로 활동하든, 신품성사를 통해 교회 공동체에 대한 책무를 받든, 세례받은 선교사 제자도에 더욱 완전하고 기쁘게 참여하든, 이 모두가 선교하는 제자로서 기쁘게 제자도에 참여하게 하는 리더십이다. 또한 이 리더십은 자신을 위해서가 아니라 하느님의 선교의 동반자라는 공동체의 사명에 봉사하기 위해 자신의 권위를 인정하는 리더십이다.

선교사 리더십의 훈련practices

베테랑 사목 상담가인 폴 디터리히Paul Dietterich는 선교사 리더십에 관한 그의 훌륭한 책에서 사목 리더십에 대한 전통적인 이해와 우리가 세례받은 선교사 제자도를 최대한 존중하고 진지하게 받아들이는 리더십을 대조한다. 보다 전통적인 이해는 다음과 같은 문구로 표현된다.

---

108 Richard A. McCormick, "Authority and Leadership: The Moral Challenge," *America* 175, no. 2 (July 20-27, 1996): 14-15.

"하느님은 → 교회를 이끄는 → 사목자[활동가]를 부르시고 보내신다."

사목 또는 사목자 리더십의 더 적절한 모델은 다음과 같이 표현할 수 있다.

"하느님은 하느님의 통치의 표징, 예표, 도구가 되도록 → 하느님의 백성인 교회를 부르시고 보내신다 → 이를 지원하는 사목자[활동가]는 교회가 하느님의 선교에 참여할 수 있도록 준비시킨다."[109]

이러한 리더십의 핵심은 리더가 하느님의 통치의 혁명적 친밀함을 구현하고, 보여 주고, 합당하게 선포하는 공동체를 형성할 수 있는 여러 가지 "리더 행동" 또는 실천을 배양하는 것이다. 이러한 모든 관행이 교회의 모든 활동가에게 동일하게 적용되는 것은 아니다. 환대 직무나 강론 직무에 종사하거나 성가대에서 단원으로 음악 활동에 참여하는 사람들은 종교 교과목을 가르치거나 공동체의 전례 생활을 지도하거나 본당이나 교구를 사목하는 사람들에 비해 가시성과 책임감이 비교적 적다. 그러나 이러한 환대, 독서, 노래 활동은 공식적인 책임이 적지만 그리스도교 공동체 내에서 매우 중요한 봉사이며 공동체 전체가 선교적 제자도를 더 깊이 인식하고 성장하도록 이끄는 역할을 한다. 또한 이러한 역할은 리더의 변화된 마음을 가지고 진행해야 한다.

디터리히의 사례를 설명할 때 나는 그의 용어와 초점에 다소 변화를 주었다. 디터리히는 6가지 실천 사항을 나열했지만, 나는 마지막

109 Paul M. Dietterich, *Foretaste: Leadership for the Missional Church* (Eugene, OR: Cascade Books, 2019), 38, 39.

세 가지 실천 사항을 하나로 합쳐서 네 가지만 간략히 설명하겠다. 그러나 나는 그의 말이 다음에 이어질 내용을 생각하도록 내게 영감을 주었으며, 선교 교회 공동체에서 사목의 리더십을 실천할 사람들에게, 어떤 그리스도교 전통이든, 통찰력 있고 도전적인 내용을 제공한다고 생각한다.

사람들의 존엄성과 영재성을 인정하고 권한을 부여하기

이러한 리더십을 실천하는 첫 번째 방안은 공동체 구성원 개개인의 존엄성과 은사를 인정하고 권한을 부여하는 것이다. 디터리히는 "사목자와 다른 주요 리더들이 취할 수 있는 가장 중요한 행동은 '지지적 관계의 원칙'을 실천하는 것"[110]이라고 말한다. 여기서 중요한 단어는 관계이다. 특정 그리스도교 공동체의 다양한 구성원들의 배경을 알고, 그들의 가치관을 알고, 그들의 영성을 인정하고, 그들의 어려움을 알고, 그들의 문화적 정체성을 존중하고 존경을 표하며, 그들의 업적을 인정하려면 시간과 많은 경청 그리고 인내가 필요하다. 프란치스코 교황은 훌륭한 사제는 본당에 있는 모든 개의 이름을 다 안다고 농담하지만,[111] 이런 친밀한 지식은 사목 지도자가 발전시켜야 할 지지적인 관계를 상징한다. 사람은 완벽하지 않으며, 어떤 사람은 더 많은 관심을 필요로 한다. 하지만 모든 사람이 제공할 수 있는 무언가가 있다는 확신이 있다면 리더는 시간을 들여 노력할 것이다.

공동체를 알아가면서 사람들의 잠재적 은사를 분별하는 것도 리더의 임무이다. 리더는 공동체의 '평범한' 사람들, 즉 좋은 부모, 훌륭한 교사, 믿을 수 있는 배관공, 목수 등이 훌륭한 리더가 될 수 있

110 Dietterich, Foretaste, 54.

111 Pope Francis, "To Listen, to Walk, and to Proclaim Even to the Outskirts," 27.

다는 것을 알게 된다. 이처럼 자신이 이끄는 사람들 가운데 다른 리더를 알아보는 것은 세례받은 선교사 제자 리더의 가장 중요한 임무 중 하나이다. 이러한 임무는 리더가 이끄는 사람들과 진정한 관계를 맺을 때에만 가능하다. 우리는 이를 15장에서 분별의 은사라고 부를 것이다.

또한 리더는 의사결정이 이루어지는 테이블에 아무도 빠지지 않도록 해야 한다. 마거릿 휘틀리Margaret Wheatley는 다음과 같이 말한다. "우리는 점점 더 많은 의견을 수렴해야 한다. 우리는 끊임없이 '여기 또 누가 있어야 하는가', '또 누가 이 문제를 바라봐야 하는가'를 물어야 한다."[112] 특히 다문화 공동체에서 리더는 문화와 민족, 세대, 성적 지향, 성 정체성, 장애인의 관점에서 문화 간 포용을 위해 노력해야 한다. 이러한 방식으로 사람들은 서로를 통해 깊이 풍요로워지고 도전을 받아 종종 놀라운 방식으로 성장할 수 있다.[113]

디터리히의 말처럼,

> 지지적인 교회 리더는 함께 일하는 사람들을 신뢰하고, 그들의 의견과 견해에 참여적인 자세를 취하며, 단호함이 요구될 때는 단호하지만 위협적이거나 적대적이지 않고, 그들의 말을 주의 깊고 참을성 있게 경청하며, 필요할 때 자신을 제공하고, 다른 사람들의 성취를 적절하게 인정하는 모습을 보여준다.[114]

---

112 Wheatley, Leadership and the New Science, 66.

113 Roger Schroeder, SVD, "Interculturality as a Paradigm of Mission," *Intercultural Living: Explorations in Missiology*, ed. Lazar T. Stanislaus, SVD, and Martin Ueffing, SVD (Maryknoll, NY: Orbis Books, 2018), 172-85.

114 Dietterich, Foretaste, 61.

개방성과 투명성 실천하기

지지적 관계의 실천은 지도자가 어떤 사람인지에 따라 달라지며, 선교사 제자 공동체 내의 지도자는 디터리히가 "수용성"이라고 부르는 개방성과 투명성을 갖춘 사람일 것이다.[115] 그리스도교 신앙 공동체를 포함한 모든 조직에서 소통은 가장 중요하다. 소통은 지도자로부터 "아래로" 뿐만 아니라 공동체 내의 다양한 그룹(예: 사회 정의 활동, 종교 교육, 전례 또는 음악 부문에서 활동하는 사람들), 특히 회원들로부터 지도자에게로 "위로" 이루어지는 소통이다. 이렇게 하면 리더는 자신이 이끄는 사람들의 태도뿐만 아니라 우려 사항과 문제에 대해 지속적으로 정보를 얻을 수 있으므로 그들과 공감하고 더 효과적으로 그들을 이끌 수 있다. 마거릿 휘틀리는 정보는 권력이 아니라 영양분이라고 말한다.[116] 다시 한번 강조하지만, 모두가 리더이고 모두가 기여할 수 있으며 모두가 지혜의 한 조각을 가지고 있다. 프란치스코 교황이 거듭 강조하는 바와 같이 모두가 신앙 감각을 공유하며, 이것이 시노드 과정의 기초가 된다.[117]

따라서 개방적이고 투명한 지도자는 공동체 전체에 현존하는 성령을 식별하고 이 성령이 공동체를 이끌어 갈 수 있는 기본 실천을 개발해야 한다. 그 첫 번째 실천 방식은 접근 가능성available이다. 리더는 다른 사람들이 그와 의미 있는 대화를 나눌 수 있도록 자신의 시

---

115 Dietterich, Foretaste, 62-71.

116 Wheatley, Leadership and the New Science, 101.

117 Antonio Spadaro, *A Big Heart Open to God: A Conversation with Pope Francis* (New York: HarperOne, America Press, 2014), 25; EG 119, Preparatory Document for the 2021-2023 Synod of Bishops, 14. 아프리카 맥락에서의 의사 결정에 관한 흥미로운 논문은 Stan Chu Ilo, "Exploring the Possible Contributions of the African Palaver towards a Participatory Synodal Church," *Exchange* 50 (2021): 209-37쪽을 참조하라.

간을 내주어야 한다.[118] 디터리히는 두 개의 사무실을 두어, 그 하나에서는 공부하고 설교를 준비하고 독서를 하며 다른 사무실에서는 교구 직원, 방문객, 교우들과 함께하는 사목자의 예를 제시한다. 두 번째는 다가가기 쉬운 친근함approachability이다. "수용적인 리더는 다른 사람들에게 다가서며 친근하고 비공식적인 방식으로 다른 사람들이 자신에게 쉽게 접근할 수 있도록 한다. 이러한 리더는 역할과 지위, 권력과 권위의 장벽을 자신과 다른 사람들 사이에 세우지 않는다." 세 번째는 존재presence의 실천이다. "존재한다는 것은 주의가 산만하거나, 위축되거나, 자신에게만 집중하거나, 당면한 과제 때문에 다른 모든 것을 잊어버릴 정도로 의제에 집중하는 것과는 반대되는 것이다." 프란치스코 교황은 이를 "만남"의 실천이라고 부를 것이다.[119] 넷째, 수용적 리더는 취약성vulnerability을 실천해야 한다. 즉, 디터리히가 언급한 '취약성의 실천"을 개발하기 위해 노력해야 한다. 리더는 자신이 완벽하지 않다는 것, 즉 인간이라는 사실을 인정해야 한다. 리더는 사목자이기 이전에 먼저 사람이다. "그룹이 직면한 대부분의 문제에 대해 자신을 모범이자 전문가로 설정하고 자신을 보호하고 방어하는 리더는 그룹의 다른 사람들로부터 나올 수 있는 우수한 아이디어로부터 자신을 격리하고 그룹과의 의미 있는 상호작용으로부터도 자신을 격리한다는 것을 알게 될 것이다." '모든 것을 다 아는' 사목자, 자신의 경험이나 지위 뒤로 물러앉아 있는 사목자나 주교는 공동체의 다른 구성원들과 자신이 이끄는 동료 사목자들로부터 최고의 아이디어가 나오도록 허용할 수 없다.

디터리히가 제시한 또 다른 수용성의 실천들은 개인적인 실천보다

118 이 절에서 언급하는 Dietterich는 Foretaste, 66-70쪽에 나와 있다.

119 Pope Francis, Morning Meditation, "For a Culture of Encounter," September 13, 2016.

는 리더가 회의에서 개발해야 할 실천과 기술들에 가깝다. 이러한 회의에는 직원회의, 본당 사목회 회의, 자문 위원회 등이 포함된다. 이러한 실천에는 토론을 지배하지 않고 다른 사람들이 공유하도록 장려하고, 민감하고 사려 깊은 질문을 연습하고, 다른 사람이 말하는 바를 명확히 하려고 노력하는 것이 포함된다. 이것이 바로 창의적인 사고를 자극하는 회의 운영의 기술이다. 이는 *아이디어를 공유할 수 있는 안전한 분위기를 조성*하는 기술이다. 또한 수용적인 리더는 *다른 사람의 아이디어를 바탕으로 아이디어를 발전시키고 그 공로를 인정한다.* *이들은 그룹에 대한 비평을 위한 아이디어를 제공*하는데 이는 행동에 대한 청사진이 아니라 그룹이 성찰할 수 있는 논점을 제시하는 것을 의미한다. 다시 한번, 우리는 리더십이 세례받은 선교사 제자라는 동료로서 그룹의 지혜를 인정하고 존중하는 방식을 보게 된다.

탁월함을 지향하기

이 장의 앞부분에서 "진정한 리더십은 그 형태가 무엇이든 간에 이끄는 사람에게서 최고를 이끌어낸다"[120]라는 리처드 매코믹의 말을 인용한 바 있다. 물론 이러한 탁월함을 지향하는 것은 리더 자신으로부터 시작된다. 사목자들은 사목을 준비하는 과정에서 교황 요한 바오로 2세와 미국 가톨릭 주교들이 인간적, 영적, 지적, 사목적 양성이라고 언급한 바를 접할 필요가 있다.[121] 사목자는 자신과 자신이 이끄는 사람

120 McCormick, "Authority and Leadership," 14-15.

121 Pope John Paul II, *Pastores Dabo Vobis*, 43-59; United States Catholic Bishops, *Co-Workers in the Vineyard of the Lord* (Washington, DC: United States Conference of Catholic Bishops, 2005).

들 모두를 위한 탁월함에 대한 비전을 갖고, 공부와 지속적인 교육 및 기타 감독 기술을 중시하는 여성과 남성으로서 자신을 계속 성장시키려는 진정한 헌신을 가져야 한다. 리더 자신에게는 상담할 수 있고, 지원과 비판을 아끼지 않고, 지속적인 비전과 사목 기술에 대해 조언해 줄 수 있는 개인적 수퍼바이저가 있어야 한다.[122]

리더가 스스로에게 요구하는 것은 자신이 이끄는 사람들에게도 요구되어야 한다. 제2차 바티칸공의회는 모든 교회 구성원이 거룩함에로 불리워졌음을 강조했다. 리더는 이 점을 깊이 인식하여 공동체 구성원이 거룩함을 향하는 것을 위한 최고의 목표를 세워야 한다. 사제들은 자신이 이끄는 모든 세례 제자들이 더 나은 부모, 더 나은 직업인, 더 나은 교사, 더 나은 학생, 더 나은 선교사 제자가 될 수 있도록 그들의 은사를 계발해야 한다. 지속적인 전례, 성경, 신학 교육은 필수이다. 다른 활동가들을 이끄는 사람들은 동료 활동가들이 계속 배우고, 기술을 연마하고, 영적 삶과 활동에 더 깊이 헌신할 수 있도록 영감을 주어야 한다. 리더는 자신이 이끄는 활동가들이 자신의 인간적, 영적, 지적, 사목적 삶에서 계속 성장할 수 있도록 신앙 형성의 기회를 제공하고, 콘퍼런스 참석이나 책 읽기, 웨비나 참석 또는 토론 그룹을 구성하는 기회를 제공해야 한다.

전 세계적으로 자원의 질과 양이 매우 다양하다는 것은 의심할 여지가 없다. 북미, 호주, 뉴질랜드 또는 유럽의 커뮤니티에서 리더와 책임자가 가질 수 있는 기회는 라틴아메리카, 아시아 또는 아프리카의 일부 지역에서의 기회만큼 크지 않을 수 있다. 하지만 진정으로 최고를 지향하는 리더는 창의적이고 수완이 뛰어나다. 그들은 자신

122 Sarah Balogh, "'Ministry Supervision': What It Is and Why Your Ministry Needs It," The Gospel Coalition Australia, May 11, 2021.

이 교육을 받고 동료들과 함께 지속적인 독서와 토론을 함으로써 지식을 공유할 수 있다. 현재 인터넷에서 동영상과 웨비나로 제공되는 놀라운 리소스도 많은 도움이 될 수 있다.

디터리히는 일부 그리스도교 공동체가 "그저 빈 자리를 채우는 데 만족하고, 교회의 운영을 계속하기 위해 충분한 수의 구성원들을 설득하는 것에 그치는" 경우가 있음을 인정한다.[123] 그가 한탄하듯이 우리는 너무 자주 평범함을 용인한다. 하지만 그러면 안 된다! "교회 지도자들이 교회에 대해 흥미를 느끼지 못하고 최선을 다하지 않는다면, 사목 그룹에 참여하는 회원들도 최선을 다할 동기를 부여받지 못할 것이다. 사람들에게 하느님의 선교에 참여하기 위해 자신의 은사를 인식하고, 키우고, 활용할 수 있는 기회를 주는 것은 높은 소명이며 최선을 다할 만한 가치가 있는 일이다."[124]

사람들이 함께 일하도록 격려하기[125]

리더십 팀 구축을 다룬 장의 도입부에서 디터리히는 젊은 시절 자신이 참석했던 연합감리교회의 교회 리더십에서 들었던 앨프리드 윌켄Alfred Wilken의 비공식적인 발언을 인용한다. "이 팀은 낙타가 위원회에 의해 만들어진 말이라는 오래된 농담을 파괴한다. 나는 그 말을 뒤집어서 이 팀이 낙타를 잡기 전에는 말이 낙타였다고 말해야 한다고 생각한다. 그룹 마인드를 통해 아이디어는 항상 강화되고 개선된다. 이 점이

---

123 Dietterich, *Foretaste*, 94.

124 Dietterich, *Foretaste*, 94.

125 이 소절에서 나는 Dietterich가 제시한 네 번째, 다섯 번째, 여섯 번째 훈련을 참고한다. "Building Missional Leadership Teams," "Facilitate Work," and "Practice Group Decision Making." Dietterich, *Foretaste*, 95-145.

나를 흥분하게 만든다."[126] 훌륭한 리더는 그룹을 믿고 최고의 일은 함께할 때 이루어진다고 믿는 사람이다.[127] 디터리히에 따르면 현명한 리더는 교구 협의회나 공동체의 삶과 사명에 대해 계획하고 결정하는 기타 그룹을 개발하는 데 많은 시간과 에너지를 투자한다.[128] 실제로 사람들이 함께 일하고 함께 결정하도록 격려하는 것은 리더십의 필수 과제이다.

메리 베넷 매키니Mary Benet McKinney는 그룹 의사결정에 관한 통찰력 있는 저서에서 그룹 리더의 세 가지 중요한 임무를 제시한다. 첫째, 리더는 그룹 구성원들이 스스로의 주체성과 권한을 인정하도록 돕는다는 의미에서 그룹에 권한을 부여한다. 이는 '구성원들이 자기 생각과 감정에 충실할 수 있도록 자유를 주고, 이를 생각할 기회를 주며, 그룹 내에서 가치 있다고 느끼도록 도와주는 것'을 의미한다. 또한 이는 그룹의 모든 구성원이 나머지 구성원들과 지혜를 공유할 수 있도록 동등하거나 최소한 적절한 시간을 허용하는 것이다."[129] 여기서 리더의 기술은 누구도 그룹을 지배하지 않도록 하고 사람들이 너무 빨리 지나친다고 말하는 것들을 끌어올리는 것이다. 매키니는 그룹 구성원 모두가 지혜를 가지고 있으며, 그룹이 함께 일하고 구성원들이 서로의 말에 귀를 기울일 때 시너지가 발생해야만 좋은 결정이 나올 수 있다고 거듭 강조한다. 리더의 임무는 그룹의 감정, 특히 부정적인 감정을 모니터링하고 표현하는 것이라고 그녀는 덧붙이다.

---

126 Dietterich, *Foretaste,* 95.

127 Stephen Bevans, *An Introduction to Theology in Global Perspective* (Maryknoll, NY: Orbis Books, 2009), 83.

128 Dietterich, *Foretaste,* 95.

129 Mary Benet McKinney, *Shfared Wisdom: A Process for Group Decision Making* (Allen, TX: Tabor Publishing, 1987), 86.

"감정과 소통하는 데 소요되는 시간은 결코 낭비되지 않는다. 감정을 방치하면 그룹이 많은 일을 하는 데 방해가 될 수 있다."[130] 이것이 바로 분별력이라는 리더십의 재능이자 기술이다.

둘째, 숙련된 리더는 과정을 통해 그룹을 안내한다. 리더는 종종 절차를 기계적으로 따르기보다는 예술에 가까운 방식으로 일을 한다. 리더는 "그룹이 새로운 주제와 아이디어를 시작하도록 이끌고, 정보를 구하고 제공하는 모범을 보이며, 토론에서 최소한의 의견 충돌이 있을 때 설명을 요구하고, 주제에서 벗어난 사람들을 지속적으로 추적한다."[131] 또한 리더는 결정이 내려진 것처럼 보일 때 명확하게 표현하고 투표 또는 합의의 표현을 요구할 수 있다고 매키니는 지적한다.

셋째, 리더의 임무는 그룹을 정직하게 유지하는 것이다. 리더는 어느 시점에서 가장 나이가 많든, 가장 많이 배운 사람이든, 다른 사목적 리더이든 간에 그룹 구성원의 역기능적인 행동에 직면해야 할 수도 있다. 매키니는 이 작업은 사적으로 이루어져야 하지만 반드시 필요하다고 조언한다. "내가 경험한 바에 따르면 그룹에서 부적절한 행동을 하는 사람들은 자신의 행동 패턴이 그룹에 미치는 파괴적인 영향에 대해 거의 알지 못한다. 따라서 꾸짖거나 위협하거나 비하하는 것이 아니라 역기능의 몇 가지 예를 들면서 친절하고 명확하게 알려주어야 한다."[132]

그룹 프로세스의 이상적인 결과는 강력한 합의이며, 이는 행동과 실행을 위한 에너지를 제공한다. 하지만 항상 그런 결과가 나오는 것은 아니다. 때로는 리더가 최종 결정을 내려야 할 수도 있으며, 여기

---

130 McKinney, *Shared Wisdom*, 86.

131 McKinney, *Shared Wisdom*, 86.

132 McKinney, *Shared Wisdom*, 87.

에는 기술뿐만 아니라 용기도 필요하다. 이러한 결정은 문제나 제안의 모든 측면을 주의 깊게 경청한 결과일 수 있으며, 종종 신뢰할 수 있는 친구나 조언자와의 소규모 협의의 결과일 수도 있다. 물론 신중한 생각과 깊은 기도의 결과일 것이다. 그것은 단순히 리더의 결정이 아니라 성령이 인도하신 결실이다. 매키니의 표현대로 이 결정은 "모임의 하느님"[133]을 반영하는, 즉 세례받은 선교사 제자들의 하느님을 반영하는, "거룩한 무관심"과 내려놓음의 결과일 것이다.

자신이 이끄는 사람들을 알고, 존중하고, 부르고, 그들에게서 배우고 도전을 받고, 그들이 상상하지 못했던 탁월함을 향해 이끌어 주고, 함께 일할 수 있는 그룹을 형성하는 것, 이것이 선교사 제자 공동체에서 가치 있게 활동하기 위해 리더가 끊임없이 노력해야 하는 필수 기술이다. 리더십의 책임은 공동체에서 맡은 역할에 따라 다르지만, 모든 활동가는 어떤 식으로든 사람들 앞에 나아가 그들 가운데서 새로운 길을 발견하도록 이끌도록 부름을 받았다.

선교하는 제자를 이끌기 위한 리더의 습관

훌륭한 지도자는 덕을 갖춘 사람으로, 세례받은 선교사 제자들에게 영감을 주고, 영양을 공급하고, 도전하여 풍부한 인간성과 세상에 봉사하는 삶으로 성장하도록 돕는 태도와 행동의 기본 습관을 개발하는 데 진지하고 인내심을 가지고 노력하는 사람이다. 앞서 살펴본 리더십의 실천에는 의미 있는 관계를 형성하는 사람에 대한 배려, 신

---

133 이 마지막 내용에 대해서는 McKinney가 제시한 현명한 성찰을 보라. McKinney, "Spiritual Leadership," *Shared Wisdom*, 55-63. "God of the Gathering"에 대해서는 11-17쪽 참조.

뢰로 이어지는 개방성, 평범함을 넘어 탁월함으로 이끄는 상상력, 더 깊은 공동체 참여로 이끄는 관심과 회복력 등 많은 습관이 포함되어 있다. 이러한 미덕의 삶으로 나아가기 위해 리더십을 뒷받침하는 다른 여러 가지 리더십 습관에 대해 간략히 살펴보고자 한다.

리더십의 영적 차원에 관한 책에서 레너드 두핸과 앤 가리도Ann Garrido가 제시한 두 가지 덕목 목록이 이 섹션에 영감을 주었다.[134] 두핸은 이를 "핵심 가치"라고 말한다. 가리도는 이를 "영적 습관"이라고 명명한다. 도널드 시니어는 행정 리더십에 관한 자신의 저서에서 가리도의 목록을 되풀이하면서 이를 "마음의 습관"이라고 말하는데, 이 제목 역시 두핸의 열거를 잘 표현할 수 있다고 생각한다.[135] 이러한 "마음의 습관"에 대한 나의 고찰은 두핸이나 가리도를 선형적으로 따르지 않을 것이다. 그보다는 아일랜드 시인 존 오도너휴John O'Donohue의 리더를 향한 아름다운 축복의 말과 함께 그들의 생각을 엮어 보겠다.[136]

두핸은 리더는 "소명 의식과 내면의 진실성을 가져야 한다"[137]고 했다. 가리도에게는 진실성의 습관도 포함되어 있다. 리더십은 야망이나 더 높은 지위나 명성에 대한 욕구가 아닌 소명, 즉 깊은 부르심의 결과이다. 오도너휴는 자신이 축복하는 리더가 되기를, 곧 "오만함이 아닌 섬김으로 행동하기를" 축원한다.[138]

---

134 Doohan, *Spiritual Leadership*, 30-33; Ann M. Garrido, *Redeeming Adminis-tration: Twelve Spiritual Habits for Catholic Leaders* (Notre Dame, IN: Ave Maria Press, 2013).

135 Senior, *The Gift of Administration*, 135-47.

136 John O'Donohue, "For a Leader," *To Bless the Space between Us: A Book of Blessings* (New York: Doubleday, 2008), 151-52.

137 Doohan, *Spiritual Leadership*, 57, 65-73.

138 O'Donohue, "Blessing for a Leader," 151.

서원한 종교 공동체에서 우리는 종종 상급자가 되려는 사람은 상급자로 선출되어서는 안 되는 사람이라고 말한다. 교회에서 리더십을 발휘하는 직책에 대해서도 마찬가지이다.

리더십은 "리더 자신을 절대로 중심에 두지 않는 것."[139] 즉 공동체의 모든 사람이 공동의 비전[140]과 공동의 사명을 공유하며 공동체에 기여하도록 이끄는 것이다.

하지만 리더는 "시야의 폭"[141]이 넓어야 한다.

선구자를 사랑하는 마음을 지닌다면
일상의 시선 너머 광활하게 펼쳐진
눈부신 들판을 불러올 수 있습니다.[142]

가리도는 이 비전을 기르는 리더십 습관 중 하나로 성찰을 포함시킨다.[143] 그녀는 위대한 영성 작가 앤서니 드 멜로Anthony de Mello가 언급한 한 사건을 예로 든다. 한 사제가 드 멜로에게 고백한 놀라운 내용은 서품을 받은 지 50년이 지난 후에도 실제로는 단 1년의 경험을 50번 반복했을 뿐이라는 것이었다.[144] 이러한 결과는 자신의 일을 (물론 공동체와 함께) 평가하기 위해 한 발 뒤로 물러서는 습관을 배우지 못하는 리더가 직면하는 운명이다. 또한 이는 끊임없이 독서하고, 기도하며, 동료들과 대화하는 시간을 가지지 않는 리더들의 운명

139 O'Donohue, "For a Leader," 151.

140 Doohan, *Spiritual Leadership*, 31.

141 Garrido, *Redeeming Administration*, 13-25.

142 O'Donohue, "For a Leader," 152

143 Garrido, *Redeeming Administration*, 107-20.

144 Garrido, *Redeeming Administration*, 109-10.

이기도 하다. 오도너휴는 이렇게 쓴다.

마음의 선물을 소중히 간직하며
독서와 창의적 사고를 통해
낡음에서 새로운 뜻을 끌어내는
개척자로서 봉사하는 삶을 살아가기를
결코 특정 업무를 수행하는 사람이 되지 않기를 기도합니다.[145]

가리도는 작가 제임스 볼드윈James Baldwin의 말을 인용한다. "위대한 소설가는 '감당할 수 있는 만큼의 진실을 기꺼이 말하고, 그다음에는 조금 더 말할 수 있어야 한다'… 우리의 작품은 대부분의 사람들이 두려워할 정도의 정직함을 실천하도록 우리를 유혹하지만, 동시에 우리 모두를 유혹한다."[146] 이것이 가리도와 두핸이 모두 용기를 목록에 포함시킨 이유이다. 용기는 진실을 자기 자신에게도, 공동체에게도 숨기지 않는 선택을 요구한다. 리더는 어려운 질문을 하거나, 인기 없는 결정을 내리거나(물론 항상 함께 일하는 사람들과 폭넓은 협의를 거친 후) 갈등에 직면하는 것을 주저해서는 안 된다. 리더는 "책임에 걸맞은 대응 능력을 배양해야 한다."[147]

그러나 용기는 겸손[148]을 동반해야 한다. 즉 자신을 너무 심각하게 생각하지 않고 유머 감각을 가지며,[149] 일을 개인적으로 받아들이거

145 O'Donohue, "For a Leader," 151-52.

146 Garrido, *Redeeming Administration*, 71-72.

147 Garrido, *Redeeming Administration*, 94.

148 Garrido, *Redeeming Administration*, 81-92.

149 Garrido, *Redeeming Administration*, 121-135.

나 원한을 품어서는 안 된다는 의미에서 "업무와 사람으로부터 거리를 유지하는 능력"[150]을 키우는 것으로 단련되어야 한다. 즉, 개인적인 것과 그렇지 않은 것을 구별하는 법을 배우면서 친절하게 행동할 수 있는 은혜와 지혜가 있기를, 비판에 친절하게 대할 수 있기를,[151] 또한 깊은 경청의 지혜, 건전한 말의 치유, 감사하는 시선의 격려, 품위 유지의 예의, 암울한 질문의 봄날을 알 수 있기를 바란다.[152]

리더는 실수를 하고, 때때로 이성을 잃고, 때로는 의도적이든 아니든 자신이 이끌도록 부름받은 사람들에게 불쾌감을 줄 수 있다. 이를 인정하고 용서를 구하거나 화해를 위해 노력하려면 우리의 결점투성이 인간성과 연약함이 초래할 수 있는 피해를 인정하는 겸손함이 필요하다.

겸손은 가리도가 죽음의 포용이라고 부르는 것을 포함한다.[153] 모든 그리스도인의 삶과 마찬가지로 리더십은 파스카 신비에 참여하는 것을 포함한다. 예를 들어, "겸손을 실천할 때 관리자는 자신의 결점과 한계를 새롭게 인식하게 되면서 필연적으로 자아의 죽음을 경험하게 된다. 신뢰를 배우면 통제에 대한 욕구가 사라지고, 봉사하는 기관에는 관리자가 참여할 수는 있지만 결코 완전히 관리할 수 없는 독자적인 삶이 있다는 것을 깨닫게 된다.… 관리 직무의 대부분은 중단에 있는 것으로 밝혀졌다."[154]

이에 대한 또 다른 견해는 "빨리 실패하라"는 크리스 로우니의 조

150 Doohan, *Spiritual Leadership*, 33.

151 O'Donohue, "For a Leader," 151.

152 O'Donohue, "For a Leader," 152.

153 Garrido, *Redeeming Administration*, 153-68.

154 Garrido, *Redeeming Administration*, 154.

언이다. 성공할 것으로 기대했던 프로젝트가 제대로 진행되지 않을 때, 훌륭한 리더는 용기를 내어 신속하게 중단할 수 있어야 한다. "죽은 나뭇가지에 물을 주기보다는 교훈을 얻고 앞으로 나아가야 한다."[155] 겸손에는 용서도 포함된다.[156] 그리스도교인 공동체를 포함한 모든 공동체에서 오해, 잘못된 의사소통, 분노, 질투는 필연적으로 일어날 수밖에 없다. 도널드 시니어의 말처럼, "상사나 동료의 날카로운 말 한마디, 직원들의 노고에 대한 경영진의 감사 부족, 권위를 가진 사람들에 대한 일부의 끊임없는 비판, 소중한 아이디어나 제안에 대한 동료의 찬물 끼얹기 등 그 목록은 길어질 수 있다. 어떤 사람에게는 사소한 일이지만 다른 사람에게는 곪아 터진 상처가 될 수도 있다."[157]

이전 장에서 언급했듯이 모든 그리스도인 제자는 '용서하는 자'로 부름을 받았으며, 리더는 모범을 보여야 한다. 누군가가 당신에게 실패하거나 실망했을 때, 당신이 베푸는 은혜가 그들에게 쇄신과 연단의 계단이 되기를 바라는[158] 오도너휴의 축복처럼 말이다. 종종 관대하게 용서를 베풀면 관계가 새로운 차원으로 발전하고 커뮤니티가 사명의 비전에 더욱 헌신할 수 있다.

가리도가 제시한 영적 습관 목록의 마지막 항목은 망덕望德이다.[159] 희망과 낙관주의를 구분하는 것은 흔한 일이지만, 이는 매우 중요한 구분이다. 희망은 현실을 직시하며 무관심, 저조한 성과, 부

155 Lowney, *Everyone Leads*, 153.

156 Garrido, *Redeeming Administration*, 137-52.

157 Senior, *The Gift of Administration*, 144.

158 O'Donohue, "For a Leader," 151.

159 Garrido, *Redeeming Administration*, 169-86.

족한 예산, 성체성사 참석률 감소 등 선교의 장애물을 인식한다. 그럼에도 불구하고 희망은 계속 나아가고, 공동체의 여성과 남성들을 격려하며, 선의 힘, 진리의 힘, 하느님의 미래에 대한 약속을 신뢰하면서 그들의 은사를 계속 불러낸다. 가리도는 브라질 신학자 레오나르도 보프Leonardo Boff가 성령을 희망의 적절한 이미지로 묘사한 다음 구문을 인용한다. "장작더미 아래서 타오르는 작은 불씨. 더 많은 쓰레기가 쌓이고, 비가 불길을 꺼뜨리며, 바람이 연기를 날려 보내지만, 그 모든 것의 밑바닥에는 여전히 꺼지지 않는 불씨가 타오르고 있다."[160] 리더는 미덕을 갖춘 사람이어야 하며, 계속해서 성장해야 한다. 그들의 눈앞에는 항상 선한 목자이자 발을 씻기시는 예수님의 모습이 있어야 한다. 리더의 직책이 무엇이든, 리더의 눈앞에는 항상 세례받은 선교사 제자 공동체 안에서 봉사하는 모습이 있어야 한다.

---

160 Garrido, *Redeeming Administration*, 171. Leonardo Boff, *Trinity and Society* (Maryknoll, NY: Orbis Books, 1988), 217.

결론

이 장에서는 리더십에 관한 다양한 자료를 살펴보고, 리더가 지속적으로 연마해야 하는 구체적인 기술과 리더가 지속적으로 실천하고 발전시켜야 하는 구체적인 가치, 습관 또는 덕목에 대한 성찰을 몇 가지 자료를 중심으로 살펴봤다. 이 장에서 리더십을 이해하는 핵심은 리더의 역할이 자신을 돋보이게 하는 것이 아니라 세례받은 선교사 제자 공동체 안에 있는 지혜와 능력을 존중하고 배양하는 데 있다는 확신에 뿌리를 두고 있다는 것이다.

구조는 선교에 봉사한다. 이 책의 마지막 장에 다다를 때까지 우리는 그리스도인들이 구체적인 활동에서 리더십을 발휘하는 다양한 방법을 떠올리면서, 이 점을 항상 명심하고 마음에 새겨야 한다.

13장

사목하는 선교사 제자들

Ministerial Missionary Disciples

리처드 레넌Richard Lennan에 따르면, 제2차 바티칸공의회 이전에는 "사제직이 성직의 표준이었다."[161] 다음 장에서 살펴보겠지만, 부제는 사제 서품을 위한 마지막 준비 단계로 축소되었고, 주교직은 사제 생활의 성사적-정신적 현실에 더 이상 아무것도 추가하지 않는 것으로 많은 사람들에게 이해되었다. 발터 카스퍼Walter Kasper는 교회의 역사 전반에 걸쳐 교회 내외에서 적극적으로 봉사한 여성들과 남성들이 항상 있었다고 지적한다. 초기 교회와 중세 교회의 수도사와 수녀들, 중세의 베긴Beguines과 베가르Beghards,[162] 탁발수도회의 제3회Third Order 여성과 남성들, 트렌트공의회 이후의 평신도 신심단체Sodalities, 그리고 19세기의 가

161 Richard Lennan, "Ministry in the Church," *The Cambridge Companion to Vatican II*, ed. Richard R. Gaillardetz, 248-65 (Cambridge: Cambridge University Press, 2020), 248.

162 베긴과 베가르는 중세 유럽에서 활동한 평신도 영성 공동체다. 이들은 수도 서원을 하지 않고도 영적 생활과 자선 활동에 헌신했다. 특히 베긴은 여성들로 이루어진 자발적인 신앙 공동체로, 당시 여성들이 교회 규율에서 벗어나 독립적인 종교 생활을 할 수 있는 기회를 제공했다.

톨릭행동Catholic Action[163] 등이 그 예이다.[164] 그러나 이들은 오늘날 우리가 성직을 이해하는 방식으로 인정받은 것은 아니다. 평신도 사도직의 진정한 옹호자였던 교황 비오 11세도 평신도 사도직을 "성직자 사도직에 대한 평신도의 참여"라고 표현했다.[165] 서품을 받지 않은 사람들은 성직자의 조력자였다. 그들은 성직자로서 제대로 된 역할을 수행하지 못했다.

사도직에서 사목으로

제2차 바티칸공의회는 19세기 말, 특히 20세기 전반기에 출현한 가톨릭행동, 젊은 그리스도인 일꾼 운동, 포콜라레Focolare 운동,[166] 그레일Grail 운동,[167] 그리스도인 가족 운동Christian Family Movement(CFM),[168] 가톨릭

163 가톨릭행동은 19세기 말부터 20세기 중반까지 교회의 지도 아래 평신도들이 사회적, 정치적 활동에 참여하도록 장려한 운동이다. 이 운동은 주로 교회의 권위를 강화하고, 가톨릭 교리와 사회 정의를 실천하는 데 중점을 두었다. 특히 노동자 권리와 경제 정의를 강조하면서도, 반공주의와 전통적 사회 질서를 옹호하는 보수적 성향을 띠었다. 그러나 평신도의 적극적인 사회 참여와 가난한 자들에 대한 연대라는 진보적인 측면도 함께 지녔다.

164 Walter Kasper, *The Catholic Church: Nature, Reality, and Mission* (London: Bloomsbury, 2015), 204-7.

165 Pius XI, Letter to Cardinal Schuster, August 28, 1934, *Acta Apostolicae Sedis* (AAS) 26 (1934), 586.

166 포콜라레 운동은 1943년 이탈리아에서 키아라 루빅에 의해 시작된 가톨릭 운동이자 운동 단체를 일컫는다. 이 운동은 '일치를 위한 운동'으로 불리며, 개인, 가정, 공동체, 그리고 사회 전반에서 평화와 일치를 촉진하는 것을 목표로 한다. Focolare 운동은 세계 곳곳에서 활동하며, 다양한 종교, 문화, 국가 간의 대화를 통해 협력과 공동체 형성을 추구한다.

167 그레일 운동은 1921년에 네덜란드에서 시작된 가톨릭 영성 운동이다. 이 운동은 여성의 역할을 증진하고 그리스도교적 생활을 통해 세상에 긍정적인 변화를 일으키는 것을 목표로 시작되었다. Grail 운동은 특히 여성의 사회적, 영적 리더십에 중점을 두며, 교육과 사회 정의 활동에도 적극적으로 참여하고 있다.

168 그리스도인 가족 운동은 1940년대 미국에서 시작된 가톨릭 운동이다. 이 운동은 가정을 중심으로 신앙을 더 깊이 실천하고, 가정 내 신앙생활을 강화하며, 사회적 책임을 다하는 방법을 모색한

노동자 운동 등 많은 평신도 운동에 비추어 평신도에 대한 새로운 이해[169]를 정리했다. 이러한 이해는 세례가 그리스도인 생활의 기본 성사이며 모든 그리스도인이 사제와 예언자, 왕으로서 그리스도의 삼중 직무(하느님의 통치를 구현하고, 보여 주고, 선포하는 것)에서 적절한 몫을 차지한다는 인식에 기반을 두고 있다. 평신도 여성과 남성은 성직자의 단순한 조력자가 아니라 "교회와 세상에서 하느님 백성의 선교에 자신의 몫이 있다."(AA 2) 평신도는 단순히 서품을 받지 않은 사람이 아니라 세례받은 선교사 제자이다.

공의회는 평신도 사도직에 대해 말하지만, 평신도 사목을 지칭하는 것은 결코 아니다. 레넌이 지적했듯이, "공의회에서 '성직자'와 '사목ministry'을 사용한 사례 중 소수의 사례만이 교회의 평신도에게 적용 가능하다."[170] 엘리사 리네르Elissa Rinere는 공의회 문서에서 사용된 200여 개의 사목 용어 중 19개만이 일반 세례 제자들에게 적용할 수 있고, 이 중에도 몇몇은 올바른 의미에서 사목을 다시 언급하지 않는다고 지적한다.[171] "공의회 문헌에서 '성직'은 성직자가 하는 일이고 평신도에게는 '사도직'이 있다."[172]

다. CFM은 가족의 역할을 강화하기 위한 다양한 프로그램과 활동을 제공하며, 가정과 사회의 관계를 강조한다.

169 Dolores Leckey, *The Laity and Christian Education: Apostolicam Actuositatem and Gravissimum Educationis* (Mahwah, NJ: Paulist Press, 2006), 3-9.

170 Lennan, "Ministry in the Church," 262.

171 Elissa Rinere, "Conciliar and Canonical Applications of 'Ministry' to the Laity," *The Jurist* 47 (1987): 204-27; Thomas P. Rausch, "Ministry and Ministries," *Ordering the Baptismal Priesthood: Theologies of Lay and Ordained Ministry*, ed. Susan Wood (Collegeville, MN: The Liturgical Press, 2003), 62n2. David Power는 공의회가 서품된 이의 직무에 대해 말할 때 ministerium/ministeria라는 용어를 사용하고, 평신도의 일에 대해 말할 때는 munus/munera라는 용어를 사용한다고 언급한다. David Noel Power, *Mission, Ministry, Order: Reading the Tradition in the Present Context* (New York: Continuum, 2008), 86.

172 Edward P. Hahnenberg, Ministries: A Relational Approach (New York: Crossroad, 2003), 12.

그러나 공의회의 '세례로의 전환'[173]은 놀랍게도 의도하지 않은 효과를 가져왔다. 교회 내 사목이 사실상 '폭발적으로'[174] 증가하게 된 것이다. 이 폭발은 "거의 예상치 못한 일이었고, 순식간에 일어났다." 이는 "바티칸의 명령이나 국가적인 사목 계획의 결과물이 아니었다. 그 대신, 지역 사회의 확대된 필요에 하느님 백성들의 새로운 적극적 참여 의식이 충족되면서 사목 형태가 바닥에서부터 성장했다."[175]

내가 전통적인 평신도 활동이 아니라 사목하는 선교사 제자도라고 부르고 싶은 바는 바로 이 놀라운 교회의 새로운 현실이다. 이는 11장 마지막에 대략적으로 살펴본 것처럼 교회에서 특수한 리더십으로 부름을 받은 세례받은 선교사 제자들로 구성된다. 제자도는 성직자든 아니든 모든 그리스도인이 공통적으로 가지고 있는 제자도의 실체를 강조하기 때문에 평신도/성직자 이분법을 피하는 데 도움이 되는 용어라고 생각한다. 이러한 리더십은 아주 미미할 수도 있고, 그리스도교 공동체를 이끌거나 교구의 총회장으로 봉사하는 무거운 책임감을 수반할 수도 있다. 그러나 모든 직분은 교회의 질서에 대한 궁극적인 책임이 있는 서품받은 선교사 제자들의 지도 아래에서, 그리고 그들과 협력하여 봉사한다.

---

173 Stephen Bevans, "The Church in Mission," Gaillardetz, *The Cambridge Companion to Vatican II*, 146-47.

174 Thomas F. O'Meara, *Theology of Ministry*, 2nd ed. (Mahwah, NJ: Paulist Press, 1999), 6-12.

175 Edward P. Hahnenberg, "Learning from Experience: Attention to Anomalies in Theology of Ministry," *A Church with Open Doors: Catholic Ecclesiology for the Third Millennium*, ed. Richard R. Gaillardetz, 159-80 (Collegeville, MN: The Liturgical Press, A Michael Glazier Book, 2015), 165, 159.

교회에서의 사목

사목은 언제나 선교를 위한 또는 선교에 참여하기 위한 것이다. 리처드 맥브라이언Richard P. McBrien은 다음과 같이 말한다. "사목자가 되기 위해, 즉 사목자 상태에 들어가기 위해 사목자가 되는 것이 아니다. 사목을 하기 위해 사목자가 된다."[176] 제자들은 그리스도의 사명을 수행하기 위해 사목자가 되며, 하느님의 순례하는 백성을 형성하고, 영감을 주고 이끌어 그들이 추종자, 예배자, 증인과 예언자, 화해자, 이웃, 그리고 청지기로서 더 진정한 선교적 제자가 되도록 돕거나, 선교하는 교회의 변혁적인 사목에 참여하기 위해 스스로를 헌신하게 된다.[177] "나는 누구인가?"라는 질문은 "세상에 내가 어떤 봉사를 제공하는가?" 라는 질문과 분리되거나 따로 대답할 수 없다.[178]

물론 사목에 대한 정의는 여러 가지가 있다. 캐슬린 카할란Kathleen Cahalan은 11장에서 살펴본 것처럼 제자들이 세상에서 하느님의 선교에 더 깊이 참여하도록 이끄는 것을 사목으로 정의한다.[179] 에드워드 하넨버그의 정의는 교회 내에서 제자들의 리더십과 교회 밖에서 사목자들이 세상에서 수행하는 일을 모두 포함한다. 그에게 사목이란 하느님의 통치를 위해 교회를 대신해 이루어지는 모든 활동을 말한다. 이는 "서품을 받은 사람들의 활동"보다 더 넓은 개념이지만, "그리스도인이 행하는 모든 선행과 같은 것은 아니다." 사목은 사명을

176 Richard P. McBrien, *Ministry* (San Francisco: Harper and Row, 1987), 8.

177 Kathleen Cahalan, *Introducing the Practice of Ministry* (Collegeville, MN: The Liturgical Press, 2010), 5-22. 독자는 기억하겠지만, 우리는 11장에서 제자도의 이 일곱 가지 측면에 대해, 그리고 4장에서 사명의 여섯 가지 요소에 대해 성찰한 바 있다.

178 Cahalan, *Introducing the Practice of Ministry*, 48.

179 Cahalan, *Introducing the Practice of Ministry*, 50.

포함하며, 교회 공동체와의 관계와 책임을 수반한다.[180] 사목자가 된다는 것은, 하넨버그에 따르면, 성령 안에서 그리스도를 통해 하느님에 의해 부름을 받아 다른 이들과 함께, 그리고 다른 이들을 위해 존재하는 것이다.[181] 사목은 일정한 의도성을 지니고 있으며, 그리스도 공동체나 세상에서의 중요성에 따라 다를 수 있고, 교회 공동체에 의해 사목으로 인식된다.[182] 토머스 오마라Thomas O'Meara는 교회의 사목을 특징짓는 여섯 가지 측면을 다음과 같이 제시한다. "(1) 어떤 일을 수행하는 것, (2) 하느님의 나라의 도래와 현존을 위해서, (3) 공적으로, (4) 그리스도 공동체를 대신하여, (5) 믿음, 세례, 서품[나는 여기서, 어떤 공식적인 입문 의식을 말하는 것이 더 적절하다고 본다]을 통해 받은 선물로서, (6) 고유한 한계와 정체성을 가지며 다양한 사목 활동 내에 존재하는 행위로서." 모든 사목의 정의를 뒷받침하는 것은, 사목이 교회 안에서나 세상 안에서나, 그 어원에서 드러나듯이, 서비스(섬김)라는 확신이다. 이 섬김은 예수님이 죽기 전날 밤 제자들의 발을 씻기신 것으로 가장 잘 상징된다(요한 13,1-20). "너희는 나를 스승 또는 주라고 부른다. 그것은 사실이니 그렇게 부르는 것이 옳다. 그런데 스승이며 주인 내가 너희의 발을 씻어주었으니 너희도 서로 발을 씻어주어야 한다. 내가 너희에게 한 일을 너희도 그대로 하라고 본을 보여준 것이다."(요한 13,12b-15)[183]

사목은, 특히 막중한 책임이 따르는 사목은, 힘과 권위를 모두 포함하지만, 사목의 힘은 다른 사람의 힘과 존엄성을 인정하고 불러일

---

180 Edward P. Hahnenberg, *Theology for Ministry: An Introduction for Lay Ministers* (Collegeville, MN: The Liturgical Press, 2014), 109.

181 Hahnenberg, *Ministries*. 이 문장은 그의 책의 내용을 요약해준다. vii를 보라.

182 Hahnenberg, *Ministries*, 180.

183 O'Meara, *Theology of Ministry*, rev. ed. (Mahwah, NJ: Paulist Press, 1999), 141.

으키는 힘, 곧 '함께 하는 힘'이다. 이러한 방식으로 사목자는 권위를 행사하여 다른 사람들이 교회에 맡겨진 하느님의 사명에 스스로 참여하도록 돕고, 해방과 치유를 제공한다.[184] 프란치스코 교황이 힘주어 강조한 바와 같이,

> 예수님께서는 사도 베드로를 "반석"으로 삼아(마태 16,18 참조) 사도단을 교회의 머리로 세우심으로써 교회를 창립하셨고, 그는 형제들을 믿음 안에서 굳건하게 할 임무를 받았습니다(루카 22,32 참조). 그러나 이 교회에서는 거꾸로 된 피라미드처럼, 가장 높은 위치가 가장 아래에 있습니다. 따라서 권위를 행사하는 사람들은 "사목자ministers"라고 불리며, 그 이유는 그 단어의 원래 의미에서 그들이 모두 중에서 가장 낮은 자이기 때문입니다. 하느님의 백성을 섬기는 데 있어서, 각 주교는 [사실, 나는 모든 사목자가 그러하다고 말하고 싶다] 그에게 맡겨진 양떼의 부분을 위해 그리스도의 대리자, 즉 최후의 만찬 때 사도들의 발을 씻으셨던 예수님의 대리자가 됩니다(요한 13,1-15 참조). 같은 맥락에서 베드로의 후계자는 하느님의 종들의 종일 뿐입니다.[185]

오마라와 하넨버그는 성직자와 평신도의 "구분선 모델"에서 "다양한 사목이 존재하는 공동체가 나타나는 순환 모델"로 전환한 이브 콩가르Yves Congar가 개척한 길을 따른다.[186] 콩가르는 사목을 복수로

---

184 Richard A. McCormick, "Authority and Leadership: The Moral Challenge," *America* 175, no. 2 (July 20, 1996): 12-17; Bernard Loomer, "Two Conceptions of Power," *Process Studies* 6, no. 1 (Spring 1976): 5-32.

185 Pope Francis, Talk at the Fiftieth Anniversary of the Synod of Bishops, October 17, 2015.

186 Hahnenberg, *Ministries*, 10, 36.

이해하는 것이 "필수적"이라고 서술한다. 이는 하느님의 교회가 공식적인 사제직의 활동에 의해 세워지는 것이 아니라, 더 안정적이거나 덜 안정적일 수도 있고, 더 자발적이거나 덜 자발적일 수도 있으며, 때로는 인정받거나 성별되기도 하지만 성사적 서품에는 이르지 못하는 다양한 방식의 봉사로 세워진다는 것을 의미한다.[187]

여기서 콩가르는 특히 평신도 사목에 초점을 맞추고 있지만, 오마라와 하넨버그는 그들의 이해를 교회의 모든 직무로 확장하여, 사목에 대한 동심원 모델을 제안한다.[188] 그 중심에는 주교, 사제, 부제가 포함된 감독 및 일반적인 리더십 사목이 있다. 그다음으로는 특별히 준비된 교육과 전문적인 준비를 요구하며, 장기간 또는 평생의 헌신이 필요한 전임 사목이 있다(독서직, 시종직, 교리교사와 같은 "교회 안에서 활동하는 사목" 즉 "평신도 교회 사목"). 마지막으로, 짧지만 적절한 준비가 요구되는 다양한 강도의 시간제 사목이 있다.[189]

모든 그리스도인이 이미 사목자가 된 것은 아니지만, 많은 세례받은 선교사 제자들이 삶의 어느 시점에서 가끔씩 사목에 참여하기도 한다. 카할란과 마찬가지로 나도 모든 세례받은 선교사 제자가 사목자로 부름을 받는 것은 아니라는 점을 강조하고 싶다. 카할란은 오히려 다음과 같이 주장한다. "사목은 성령께서 일부에게 사목의 카리스마를 주시기 때문에 많은 소명 중에서 하나의 특별한 소명이다.… 제자가 사목자가 아니라고 말하는 것은 제자에게 소명이 없거나 사목에 부름을 받지 않았다는 뜻이 아니다. 제자 공동체는 다양한 소

187 Yves Congar, "My Pathfindings in the Theology of Laity and Ministries," *The Jurist* 32 (1972), 176.

188 O'Meara, *Theology of Ministry,* 153; Hahnenberg, *Ministries,* 127; Hahnenberg, *Theology for Ministry,* 119.

189 Hahnenberg, *Ministries,* 126.

명으로 구성되어 있으며 사목은 그 소명 중 하나에 불과하다."[190]

그렇다면 나는 기본적으로 오마라와 하넨버그의 동심원 모델에 몇 가지 수정을 가하여 지지하려 한다. 그들의 모델은 서품받은 사목자를 원의 중심에 배치하고 더 넓은 원에 더 영구적인 사목과 덜 영구적인 사목을 배치한다. 내가 제시하려는 모델은 세례받은 선교사 제자도를 가운데에 놓고 이 제자도가 전체 원을 포괄하는 것으로 묘사할 수 있다. 사목에 대한 더 큰 책임은 결코 제자도에 대한 이 기본적인 헌신을 포기하는 것을 의미하지 않는다. 그런 다음, 나는 사목에 적합한 사목, 즉 사목하는 선교사 제자도를 가운데를 둘러싼 좁은 띠에 배치한다. 마지막으로, 나는 서품받은 선교사 제자도를 원의 가장자리에 있는 더 좁은 띠에 배치한다. 원의 중심으로부터의 거리는 사목자가 맡는 책임과 리더십의 다양한 수준을 나타낸다. 사목의 범위는 고정되어 있지 않고 투과성이 있어, 하넨버그가 사목 실천에서 "변칙"이라고 부르는 것을 허용하여 성령께서 교회를 계속 창조해 가실 때 더 깊은 성찰과 심지어 놀라움으로 이어질 수 있다(아래 그림 참조).[191] 교회는 섬기고 변화시키도록 부름받은 세상에서 은혜와 영감을 발견하고 거기서 배울 수 있기 때문에 교회의 경계도 고정되어 있지 않다(GS 44). 우리가 3장에서 주장했듯이 하느님의 급진적 킨십의 통치는 교회에만 국한되지 않는다.

나는 다음의 그림과 같은 예를 제시한다. 밝은 회색 배경은 교회가 존재하고 속한 세상을 의미하고, 원은 교회를 나타낸다. 중앙의 흰색은 교회의 모든 구성원이 참여하는 세례받은 선교사 제자도를 의미한다. 이 흰색은 원의 주변부까지 계속된다. 흰색 영역을 둘러싼

190 Cahalan, *Introducing the Practice of Ministry*, 51.

191 Hahnenberg, "Learning from Experience," 159-80.

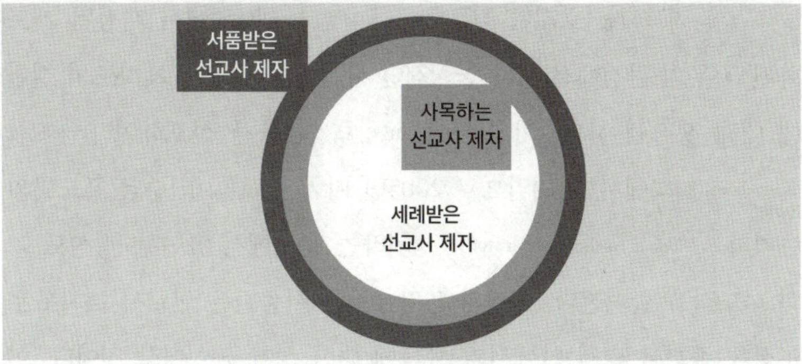

사목 모델

서로 다른 명도의 회색 띠는 각각 사목하는 선교사 제자도와 서품받은 선교사 제자도를 의미한다. 이 스펙트럼은 서로 구별되는 선교사 제자도의 다양성을 보여 주는 동시에 모든 그리스도인은 그 기초가 되는 선교사 제자도에 참여하고 있음을 나타낸다. 즉, 모든 사목자는 세례받은 선교사 제자도에 참여한다. 서품받은 선교사 제자들은 모두 사목에 참여하지만, 본당, 교구, 서원한 선교사 제자 공동체 등 그리스도교 선교사 제자들을 지도하고 감독하는 더 큰 책임이 있다는 점에서 구별된다.

사목하는 선교사 제자도

이 장의 나머지 부분에서는 교회에서 사목하는 선교사 제자도가 실행되는 다양한 방식에 초점을 맞춘다. 먼저 사목하는 선교사 제자들이 참여하는 많은 비공식적인 사목의 실천에 대해 생각해 본다. 그런 다음, 교황 바오로 6세가 1972년에 반포한 자의교서 [일부 직무Ministeria Quaedam](MQ)에서 처음 제시하고, 2021년의 자의교서 [주님이신 성령

Spiritus Domini](SD)과 [오래된 직무Antiquum Ministerium](AM)에서 개정된 '제도화된' 직무의 관점에서 보다 공식적인 사목하는 선교사 제자도의 실천에 대해 생각해 본다. 이에 이어, 교황령 [복음을 선포하여라Praedicate Evangelium](2022)에서, 마지막으로 2005년 미국 주교들이 [주님 포도밭의 동역자Co-Workers in the Vineyard of the Lord]라는 문서에서 표현한 '평신도 교회 사도직'을 살펴본다. 14장과 15장에서는 서품받은 선교사 제자도로 초점을 좁혀서 교회 안에서의 사목에 대한 성찰을 이어갈 것이다. 이 사목은 세례받은 선교사 제자도, 사목하는 선교사 제자도 모두와 단지 "정도만이 아니라 본질에서도 다르다."(LG 10 참조)[192] 세례받은 모든 사람은 교회의 미션에 참여한다. 모든 사목자는 사목이라는 동일한 성소에 참여한다. 서품을 받은 사람들은 교회 전체가 세상을 위해 존재해야 할 바인 성사가 되어 식별과 기억, 감독과 지혜, 정의라는 특별한 사목 안에서 교회에 봉사한다.

에드워드 하넨버그Edward Hahnenberg는 "오늘날 가톨릭교회에서는 역사상 그 어느 때보다 많은 사람들이 더 많은 종류의 직무에 참여하고 있다"면서 이는 다른 그리스도교 교회에서도 마찬가지일 것이라고 말한다. "수 세기 동안 가톨릭 신자[와 다른 그리스도교인]가 성직을 서품받은 사제[또는 목사]와 좁게 동일시했던 것과는 달리, 오늘날 교회는 수많은 성직자와 다양한 사목에 직면해 있다. 이러한 상황이 점점 더 현실화되고 있다."[193] 직무는 비교적 책임이 적고 최소한의 리더십 역할만 수행하는 매우 비공식적이고 비정기적인 활동

192 *Lumen Gentium* 10항은 모든 신자가 가진 보편 사제직과 서품된 직무 사제직 간의 상호 관계를 언급한다. 여기서는 이 구분을 간단히 언급하면서, 사목하는 선교사 제자도와 서품받은 선교사 제자도 간의 연속성을 강조하려 한다. 이는 모든 직무가 세례받은 선교사 제자도와 연속성을 가지면서도 유사성과 차이를 인정하는 것과 같다.

193 Hahnenberg, *Ministries*, 1, 2.

부터 리더십, 감독, 교육, 관리 등 공식적이고 책임이 큰 역할에 이르기까지 다양하다. 종종 세례받은 선교사 제자도와 사목하는 선교사 제자도의 차이는 사목하는 선교사 제자도와 서품받은 선교사 제자도의 차이와 마찬가지로 다소 모호한 경우가 많다.

그러나 다양성과 책임의 정도에도 불구하고 교회의 모든 사목은 동등한 가치를 지니고 있으며 동등한 존중을 요구한다. 바오로는 모든 그리스도인의 은사에 대해 기록하고 있으며, 이는 모든 그리스도인 사목에도 해당된다. "은총의 선물은 여러 가지이지만 그것을 주시는 분은 같은 성령이십니다. 주님을 섬기는 직책은 여러 가지이지만 우리가 섬기는 분은 같은 주님이십니다. 일의 결과는 여러 가지이지만 모든 사람 안에서 모든 일을 이루어주시는 분은 같은 하느님이십니다. 성령께서는 각 사람에게 각각 다른 은총의 선물을 주셨는데 그것은 공동 이익을 위한 것입니다."(1코린 12,4-7) "직무 간의 구별은 하느님의 백성의 일치에 비하자면 부차적인 것이지만, 교회 내 다양한 직무의 정체성과 기여를 확인하는 데는 이러한 구별이 중요한 의미를 지닌다."[194] 이 장에서 초점을 맞추고 있는 사목하는 선교사 제자도는 비공식적으로도 공식적으로도 수행된다.

사목하는 선교사 제자도의 비공식적인 훈련

사목하는 선교사 제자도의 일부는 매우 작고, 일반적인 제자도와 성직 사이에 놓인 일종의 모호한 영역에 있을 수 있다. 예를 들어, 내가 20년 넘게 섬긴 공동체에서는[195] 30명의 어린 아이들(첫영성체 연령 이전)이

194 Hahnenberg, *Ministries*, 124.

195 내가 감사의 글에서 언급했듯이, 이 공동체는 일리노이주 오크파크에 있는 Saint Giles Family Mass Community다. 이 공동체는 1972년부터 더 넓은 본당 내에서 독립된 공동체로

성체성사의 시작 예식과 시작 기도 중에 미사를 돕는다. 같은 나이의 어린이는 복음을 읽을 때 암보ambo[196]앞에 불이 켜진 촛불을 들고, 한두 명은 선물을 준비한 후 주례자가 손을 씻을 때 물을 붓고 수건을 잡는다. 대림 시기에는 성체성사가 시작될 때 어린아이들(보통 여자아이들이지만 항상 그런 것은 아님)이 대림 화환을 만드는 춤을 추고, 강론자가 암보에 다가가기 전에 어린아이가 제1독서의 한 대목을 선포한다. 때때로 어린이들의 참석을 강조하는 성체성사 예식에서는 어린이가 독서와 신자들의 기도를 낭독하기도 한다. 첫 영성체 후에는 나이가 많은 어린이가 성인 영성체 봉사자로서 '접시 봉사자'가 되어 사회자가 공동체에게 성체 빵을 나누어 준다. 어린이들은 신앙에 대한 이해가 성장함에 따라 더 책임감 있는 직무를 맡게 된다. 그러나 이 모든 것은 분명히 가끔씩 하는 일이며 특별한 축복이나 임명이 필요하지 않다. 그럼에도 불구하고 성체성사는 공동체의 모든 성체성사 예식에서 드러나는 다양한 사목의 일부이다. 매 성체성사 때마다 약 30명의 성인과 어린이가 사목적인 역할을 담당한다.[197]

특정한 주일 미사의 경우 2주 전에 준비팀이 모여 다가오는 예식을 준비하고, 그 주일의 성경 말씀을 나누며, 각자 다양한 사목적인 역할을 자원한다. 가능하다면 주례 신부도 이 모임에 참석한다. 커피를 만들고 때로는 (세례나 첫영성체와 같은 특별한 날에는) 도넛이나 케이크를 제공하는 것부터 본당 사무실에서 주보를 가져오고, 신자들

존재해 왔으며, 공동체 구성원들에 의해 관리되고 재정적으로 지원된다. 구성원은 약 200명 정도이다. 본당 신부가 공동체의 공식 사목자이며, 다른 서품된 성직자들도 집전자로 환영받으며 다른 사목적 책임을 맡지만, 이들 역시 공동체의 일원이다.

196 암보는 가톨릭 미사 중에 복음이나 성경을 봉독하는 강대상을 말한다. 주로 제대 근처에 위치하며, 미사 중에 독서직이 서서 독서(성경 봉독)를 하는 장소이다.

197 "St. Giles Family Mass Community," *The Arrow* (Bulletin of St. Giles Parish), 7. 이 글은 공동체의 캐슬린 플래너건Kathleen Flanagan에 의해 작성되었지만 서명되지 않았다.

의 기도문을 작성하거나 성체성사를 위한 빵을 굽는 일까지 그 역할이 다양하다. 보통 주례자가 강론을 하지만, 강론을 위해 특별히 훈련받고 감독을 받은 공동체의 여성과 남성이 복음 선포 후 묵상을 하는 경우도 많다. 특정 전례 절기에 적합한 전례 환경을 조성하는 특별 자원봉사자도 있다. 전례 원탁회의는 이러한 절기에 맞는 전례를 준비하고 전문 전례 감독과 함께 전례 행사를 감독하는데 이들은 급여를 받는 직책에 속한다.

선출된 사목팀의 구성원은 전례 사목 외에도 공동체의 영적 필요를 돌본다. 성찬식이 끝날 때 누군가가 상담을 원하거나 공동체 전체와 함께 나눌 수 있는 특별한 기도를 요청할 경우 항상 한 명의 회원이 참석한다. 공동체 위원회는 정기적으로 회의를 열어 공동체 정책을 시행하고, 기금을 분배하며, 공동체 구성원이나 그룹에서 발생하는 아이디어에 대한 공론의 장 역할을 한다. 공동체에는 전례(이미 언급했듯이), 교리 교육, 환대, 봉사, 선교를 위한 여러 코디네이터가 있다. 여러 합창단의 활기찬 음악 사목, 세례 준비 사목, 슬픔에 빠진 친구나 사랑하는 사람을 위한 활동, 질병으로 고통받거나 수술을 받은 사람들에게 아름다운 손뜨개 숄을 선물하는 기도 목도리 활동 등이 있다. 더 큰 본당과 함께 지역사회의 성인 그룹은 매년 고등학생들과 함께 미국의 가난한 애팔래치아 지역으로 여행을 떠나 건물 수리 및 건설에 참여할 뿐만 아니라 봉사하는 지역 주민들의 신앙에 대해 열린 마음을 갖는다. 또한 회원들이 의류 및 기타 물품을 가지고 방문한 과테말라의 한 마을과도 특별한 관계를 맺고 있다. 이 관계는 지역 사회의 필수적인 부분인 과테말라 이민자 대가족이 여러 명 존재하면서 발전했으며, 그 구성원들이 지역 사회의 사목 생활에 점점 더 많이 참여하고 있다.

이러한 장면은 지난 20년 동안 나를 개인적으로 성장시키고 서품받은 선교사 제자도를 형성한 활기찬 그리스도교 공동체의 스냅숏이다. 그 외에도 많은 다른 사목들이 그 안에 있다.[198] 예를 들어, 줌Zoom을 통해 주일 성찬식을 방송하는 새로운 활동이 있다. 전 세계에는 이와 유사한 다른 많은 공동체가 있으며, 비공식적이고 종종 단순하지만 큰 책임을 지고 숙련된 리더십을 필요로 하는 활기찬 직무가 많이 있다는 것은 의심할 여지가 없다. 환대 봉사자는 본당 회원이나 전례 집회 방문객을 환영하는 단순하지만 필수적인 역할을 수행한다. 성가대원은 음악감독의 지휘 아래 전례 행사에서 공동체를 기도하는 노래로 인도한다. 교리교사는 종교 교육 책임자의 지휘 아래 청소년, 청소년 사목, 이주민 사목을 위한 신앙 교육을 제공한다. 결혼 준비 사목자는 약혼한 부부에게 실용적이고 영적인 지혜를 제공한다. 사목자들은 병자에게 성찬을 베풀거나 병원 방문에 참여하고, 다른 사목자들은 사회 정의에 헌신하는 중요한 활동과 함께 노숙자 여성과 남성 또는 학대하는 배우자의 피해자를 위한 무료 급식소와 쉼터에 참여한다. 많은 본당에서는 회원들을 영적으로 지도할 수 있는 기회를 제공하며, 종종 자원봉사자뿐만 아니라 고도로 훈련된 동료 교역자들도 영적 지도를 담당한다.

2022년 바티칸 교황청 주교부에 임명된 여성, 마리아 리아 세르비노María Lía Zervino는 경청의 사목자, 보건의 사목자, 생태 행동의 사목자 등 여성과 남성 모두를 위한 몇 가지 상상력 넘치는 사목 활동 아이디어를 제시했다.[199] 호주에서는 가톨릭교회와 다른 교회의 성 학

198 이들 사목 중 많은 부분은 이른바 "Pink Sheets"에 상당히 자세하게 설명되어 있다. 이는 공동체 내에서 돌고 있지만, 공식적으로 출판되지는 않았다.

199 Justin McLellan, "Women Helping Pick Bishops Help Whole Church, Says New Vat-

대 위기를 조사한 왕립위원회가 모든 사목자와 종교학교의 교사에게 사목 감독자를 고용하도록 의무화했으며, 이 직무는 대부분 적절한 훈련을 거쳐 공식적으로 수행되지만 비공식적으로도 이루어지고 있다.[200] 2019년 범아마존 시노드에서는 아마존 지역 교회 회원들의 활기차고 창의적인 사목 생활이 드러났으며, 이러한 활동의 대부분은 여성들이 수행하고 있다.[201] 나이지리아 법학자 이켄가 K. E. 오래그부남Ikenga K. E. Oraegbunam은 여전히 다소 주저하지만, 우리가 세례받은 선교사 제자라고 부르는 이들을 위한 보다 공식적인 직무의 필요성을 인식하고 있다.[202]

이 장의 요점은 이러한 비공식 사목들을 모두 나열하거나 목록을 제시하는 것이 아니라, 제2차 바티칸공의회 이후 60년 동안 교회에서 "폭발적으로"(오마라) 생겨난 매우 비공식적이고 비정기적인 사목의 다소 놀라운 다양성에 대한 개요를 제시하는 것이다. 이 장의 다음 절에서 살펴볼 것처럼 이러한 비공식적 사목 중 일부는 보다 공식적이고 영구적이며 공식적으로 인정받는 사목으로 발전하기도 했다. 그러나 교회에서 중요한 사목적 응답의 대부분은 선교가 필요한 상황에서 자발적으로, 시간제로, 간헐적으로, 비공식적으로 이루어진다. 이는 교회의 지속적인 창조 과정에서 성령의 영감을 받아 이루어

---

ican Dicastery Member," *NCR Online,* July 27, 2022.

200 Rebecca Abbot, "Who's Pastoring the Pastors?" August 23, 2019, https://www.eternitynews.com.au/in-depth/whos-pastoring-the-pastors/.

201 Pan-Amazonian Synod의 최종 문헌인, *Amazonia: New Paths for the Church and for an Integral Ecology* (November 6, 2019), 특히 V장을 보아라.

202 Ikenga K. E. Oraegbunam, "Family of God on Mission in Nigeria: Roles of Pastoral Agents," Academia.edu (no date). 비공식적인 사목(공식적인 사목에 대해서도)에 관한 다른 사례는 Power, *Mission, Ministry, Order,* 11-65쪽을 참조하라. 비록 2008년에 작성되었지만, 나는 이 조사가 여전히 유용한 개관이라고 생각한다.

지는 사목하는 선교사 제자도의 진정한 실천이다. 이러한 사목은 공식적인 의식이나 축복을 통해 기념될 수도 있고, 그렇지 않을 수도 있다.

사목하는 선교사 제자도의 공식적인 훈련

지난 수십 년 동안 사목하는 선교사 제자도에 대한 보다 공식적인 인식에 중요한 발전이 있었다. 한편으로는 교황 바오로 6세와 프란치스코의 지도력 아래, 세례에 뿌리를 두었지만 서품받은 선교사 제자로서 사목을 수행하지 않거나 수행할 의사가 없는, 명백히 '평신도'인 여성과 남성들에 대한 '제도화된' 사목의 공식적 표현이 여럿 등장했다. 서품받은 교회 지도부에 의해 공식적으로 인정받는 다양한 사목의 가능성이 있었지만, 이러한 '제도화된' 사목은 성별에 대한 원천적인 제한이나 주교 지도부의 관심 부족 그리고 로마 교황청이 주저하는 바람에 교회 안에 매우 더디게 뿌리를 내렸다. 하지만 2021년에는 성별 제한이 폐지되어 새로운 공식 사목이 등장할 가능성이 더욱 높아졌다.

한편, 적어도 미국에서는 평신도 교회 사목lay ecclesial ministry이라는 명칭으로 보다 공식적이고 영구적이며 합당하게 구성된 사목자들이 주교회의의 공식 인정을 받고 있다. 결국 다양한 구체적인 제도적 사목(예: 음악감독, 교구의 행정관, 사회사목국장)으로 이어질 수 있기 때문에 2005년 미국 주교들이 발표한 중요한 문서인 [주님 포도밭의 동역자](CWVL)를 되돌아볼 필요가 있다. 이 문서와 평신도 교회 사목자로 자처하는 여성과 남성의 경험은 전 세계 교회의 다른 많은 부분에서 발전하고 있는 사목에 대한 보다 공식적인 이해에 깊이와 느낌을 전해

줄 수 있다.

제정된 직무Instituted Ministries

[일부 직무Ministeria Quaedam]. 1972년 8월 15일, 교황 바오로 6세는 교황 교서 [일부 직무Ministeria Quaedam]를 반포했다.[203] 데이비드 파워David Power는 이 문서가 "성직과 평신도 활동의 관계에 대한 새로운 이해"[204]를 제시했다고 평가한다. 이는 우리가 여기서 사용하고 있는 표현으로 서품 받은 선교사 제자도와 사목하는 선교사 제자도 사이의 관계를 제시했다고 말할 수 있다. 이 교서에서 교황은 교회 초기부터 다양한 전례 및 성찬 직무가 "신자들에게 맡겨졌다"고 언급하며 출발한다. 그러나 특히 특정 전례 활동, 즉 수문품, 구마품, 강경품, 지종품, 차부제품[205]은 "서서히 성직 서품을 받기 위한 훈련 준비로 여겨지게 되었으며" 이는 "부제서품"이라고 불렸다. 한편, 교황이 이 문서에서 제안한 바는 "이 관행을 재검토하고 현대의 필요에 맞게 조정"하는 작업이었는데, 이러한 재검토는 "교회의 선교와 복음 증거에 대한 발전하는 비전에 의해 크게 촉발"[206]되었다.

---

203 Paul VI, *Apostolic Letter Ministeria Quaedam*.

204 David N. Power, *Gifts That Differ: Lay Ministries Established and Unestablished* (New York: Pueblo Publishing Company, 1985), 13.

205 수문품(Porter), 구마품(Exorcist), 강경품(Lector), 지종품(Acolyte), 차부제품(Subdeaconate)은 초기 교회의 소품(小品) 중 하나로, 각각 고유한 기능을 담당하였다. 수문품(Porter)은 성당의 문을 지키고, 부적합한 사람들의 출입을 통제하는 역할을 하였다. 구마품(Exorcist)은 악령을 몰아내는 역할을 수행하였다. 강경품(Lector)은 예배 중에 성경을 낭독하며 하느님의 말씀을 준비하는 역할을 하였다. 지종품(Acolyte)은 제대에서 사제의 미사 집전을 보조하고, 제대 준비와 성물 관리에 참여하였다. 차부제품(Subdeaconate)은 부제와 사제를 돕고 장엄 미사에서 중요한 보조 역할을 담당하였다. 제2차 바티칸공의회 이후, 교황 바오로 6세는 1972년의 교서 Ministeria Quaedam을 통해 소품을 대대적으로 개정하였고, 수문품, 구마품, 차부제품은 폐지되었으며, 강경품(독서직)과 지종품(시종직)은 여전히 유지되지만 품(品)이 아닌 직무(職務)로 변경되었다. 이후 독서직과 시종직은 평신도도 수행할 수 있게 되었다.

206 Power, *Mission, Ministry, Order*, 15.

이에 따라 문서는 성품 후보자가 성직자가 되는 의식인 '톤수어tonsure(삭발례)'를 폐지하고, 부제 서품 때 성직자가 된다고 규정하고 있다. 소품小品은 이제 '직무'로 불리며, 이전의 네 가지 소품 중 두 가지만 전 세계 교회에서 유지된다. 이러한 직무는 더 이상 성품 후보자에게만 한정되지 않고, '평신도 그리스도인들에게도 부여될 수 있다.' 또한 이 직무를 행하는 상태로 진입하는 것은 더 이상 '서품'이라고 불리지 않고, '제정制定'으로 불리게 되었다.

교황은 지역 교회의 필요에 따라 더 많은 성직이 제안될 수 있다고 제시하며, "부제에게 부여되지 않았던 자선 사업에 헌신하는 이들에게도 수문품, 구마품, 강경품, 지종품 등의 성직이 부여될 수 있다"는 예를 들었다. 따라서 교황이 구상한 사목의 범위는 전례에만 국한된 것이 아니다.[207] 교황은 [일부 직무]에서도 독서직lector과 시종직acolyte 모두 "성사를 합당하게 받을 수 있도록" 신자들을 가르치고, 정식으로 서품을 받지 않은 이들이 경전을 읽고 전례 의식을 돕도록 준비시키는 교육적 기능을 가지고 있다고 지적하고 있다. 교황은 [일부 직무]를 발표한 지 몇 년 후, 기도와 노래 지도자, 도움이 필요한 이들을 돕는 사람들, 소규모 공동체의 수장, "사도직의 책임을 맡은 다른 사람들"(EN 73) 등 몇 가지 다른 가능성을 제시한다.

그러나 안타깝게도 [일부 직무]는 독서직과 시종직 및 기타 가능한 직무의 제정을 남성으로 제한하여 여성을 배제했다. 또한 교황은 서품 성직을 준비하는 이들은 독서직과 시종직으로 임명받고 봉사해야 한다며 이를 의무화하고 있다. 이러한 모호성 때문에 성직에 대한 더 넓은 이해를 위한 바오로 교황의 비전이 "현실에서는 거의 실현되

207 Power, *Mission, Ministry, Order*, 14-15.

지 못했다."[208] 더 많은 수의 평신도가 공식적으로 독서직과 시종직으로 임명되고, 세례받은 제자들이 공식적으로 성직자로 인정받는 새로운 방법을 제안하는 주교회의의 상상력이 부족했던 것일 수도 있다. 실제로 미국 주교들은 로마에 교리교사/종교 교사 및 음악 사목자 직분을 제정해 줄 것을 제안했지만, 이러한 미국 주교의 요청은 로마로부터 긍정적인 응답을 받지 못했다.[209] 아마도 다른 주교회의도 같은 방식으로 요청했다면 동일한 결과를 보았을 것이다.

그러나 이러한 모호함의 일부는 프란치스코 교황이 2021년과 2022년에 발표한 세 가지 문서를 통해 명확해졌으며, 이는 "바오로 6세가 반포한 자의교서의 실질적인 적용이 시작"된 장면이라 말할 수 있다.[210] 이 문서 중 첫 번째 문서인 [주님이신 성령Spiritus Domini](2021년 1월)는 여성에게 독서와 시종 직무를 개방했다. 두 번째 문서인 자의교서 [오래된 직무Antiquum Ministerium](2021년 5월)은 교리교사 직무를 공식적으로 확립했다. 세 번째 문서인 교황령 [복음을 선포하여라Praedicate Evangelium](2022년 3월)는 세례받은 선교사 제자에게 로마 교황청의 모든 직위를 개방하여 교회의 관할권 또는 통치권의 본질에 대한 폭넓은 논의를 마무리했다.

[주님이신 성령Spiritus Domini](SD). 리타 페론Rita Ferrone은 여성에게 독서 직무와 시종 직무를 허용하는 제도의 뿌리는 전례에 관한 제2차

208 Hahnenberg, *Ministries*, 160.

209 National Association for Lay Ministry (NALM), "Initial Reflections on Antiquum Ministerium and Archbishop Roche's Letter to Presidents of Episcopal Conferences on the Rite of Institution of Catechists" (December 3, 2021), 9.

210 Cesare Giraudo, "The Ministry of Women in the Liturgy: 'Sound Tradition' and 'Legitimate Progress,'" *Catholic Outlook: News from the Diocese of Paramatta* (April 15, 2021). 이 글의 초판은 "La Ministerialità della Donna nella Liturgia: tra 'sana tradizione' e 'legittimo progresso'"라는 제목으로 *Civiltà Cattolica* 172, 4098 (March 20-April 3, 2021): 586-99쪽에 발표되었다.

바티칸공의회의 문서 시행에 관한 세 번째 지침으로 거슬러 올라간다고 지적한다. 이 문서에 따르면 여성은 성찬례에서 복음 전 낭독문을 읽고, 해설자가 될 수 있으며, "노래 인도자, 오르간 연주자, 안내자로 봉사하고 행렬을 조직하고 수집을 맡을 수 있다"고 명시되어 있다. 또한 여성은 "사제가 성찬식을 집전할 수 없는 경우 성찬을 예비한 성찬에서 말씀의 예배를 집전"할 수 있도록 허용되었다. 그러나 이러한 활동은 비공식적인 행사로 "공식적으로" 인정되지 않았다. 페론이 지적했듯이, 이 사목은 딱 여기까지만 진행되었다.[211]

프란치스코 교황은 이 문서에서 2008년 하느님의 말씀에 관한 시노드(교서 17항)와 2019년 범아마존 시노드 최종 문서(95항)에서 주교들이 여성을 독서직과 시종직으로 제정해 달라는 공식 요청이 있었음을 인정한다.[212] 교황은 "이러한 평신도 성직 직무는 세례성사에 기초하기 때문에 남성이든 여성이든 적합한 모든 신자에게 맡길 수 있다"고 적시하고, 교회법(230조 1항)의 개정을 명령한다.

프란치스코가 여성을 정식 독서직과 시종직으로 인정하기로 한 결정은 '세례 사제직'(세례받은 선교사 제자도)과 '공동체에 대한 봉사'(리더십으로서의 성직에 대한 이해)라는 '두 기둥'에 근거를 두고 있다. 프란치스코 교황은 서품 성직을 추구하는 이들에게도 여전히 독서직과 시종직의 수행이 요구되지만, "그들이 세례받은 다른 남녀 세례자들과 함께 나누는 사목에 참여하는 사람이라는 것을 더 잘 이해하기 위해 요청된다"고 말한다. 그리하여 "모든 신자에게 합당한 사제직과 서품받은

211 Rita Ferrone, "A Wonderful Complexity: What Does Instituting Women in Ministries Really Mean," Commonweal 149, no. 4 (April 2022): 11.

212 John L. Allen Jr., "Synod: Final Propositions of the Synod of Bishops on the Bible," NCR Online (October 27, 2008); "Final Document of the Amazon Synod"를 참조하라.

성직자의 사제직이… 교회의 교화와 복음 증거를 위해… 더 분명하게 상호 연관될 수 있도록"(SD) 해야 한다고 천명한다. 프란치스코 교황은 바오로 6세 교황이 구상한 제도화된 다양한 직무에 대해 언급하면서 "교황청의 승인과 해당 지역 복음화의 필요성에 따라… 제도화된 것으로 간주될 수 있는 다른 성직에 대한 남녀 후보자의 식별과 준비를 위한 적절한 기준을 수립하는 것은 주교회의의 책임이 될 것이다"(SD)라고 썼다. 페론은 글 말미에 체사레 지라우도Cesare Giraudo의 말을 빌린다. [주님이신 성령]은 "교회의 삶을 긍정적으로 표시하는 데 실패하지 않을 이정표이자 돌아올 수 없는 지점"[213]을 나타낸다.

[오래된 직무Antiquum Ministerium](AM). 프란치스코 교황이 성직의 다른 가능성에 대해 열린 태도를 보인 것은 [주님이신 성령]을 출간한 지 몇 달 후이다. 이때 교황은, 교리교사라는 공식 성직을 제도화한 자의교서 [오래된 직무]를 발표하면서 성직의 다양성을 구체적인 현실로 나타냈다. 이 짧은 문서는 교회 복음화 사명의 중심인 교리교사 사명의 성경적, 역사적 토대를 요약하는 것으로 시작한다(AM 1-4). 교리교사 사도직은 신앙을 가르치고 전달하는 지도적 역할에서 세례받은 선교사 제자도(우리가 부르는 대로)를 실천하는 특정한 여성과 남성에 의해 수행되는 평신도 사도직이라고 프란치스코는 주장한다(AM 7 참조). 이 직무에는 "분명한 성소적 측면이 있으므로, 주교의 적절한 분별력을 요구한다. 이 직무는 사실 지역 교회 직권자가 파악한 사목적 필요에 따라 해당 지역 교회에 제공하는 안정적인 형태의 봉사이지만, 직무의 본질에 따라 평신도의 임무로서 수행된다."(AM 8 참조)

---

213 Ferrone, "A Wonderful Complexity," 13; Giraudo, "The Ministry of Women in the Liturgy."

2021년 12월, 당시 교황청의 경신성사성 장관이었던 아서 로시Arthur Roche 추기경은 전 세계 주교회의 의장들에게 이 새로운 교리교사 직무의 제정 예식에 관한 서한을 보냈다. 이 서한에서 로시 추기경은 새로 제정된 교리교사 성직의 본질에 대해 성찰하며 기본적으로 두 가지 형태의 교리교사 성직에 대해 언급한다. "어떤 이들은 교리 교육이라는 구체적인 임무를 맡고, 다른 이들은 서품받은 사목자들과 협력하고 그들의 지도에 순종하면서 다양한 형태의 사도직에 참여하는 보다 광범위한 임무를 맡는다."[214] 이 두 번째 교리교사 사도직은 신앙을 가르칠 뿐만 아니라 "사목자들의 지도 아래 많은 기능을 수행하는 사도직이다. 공동체 기도, 특히 사제나 부제가 없을 때 주일 전례를 인도하고, 병자를 돕고, 장례식을 인도하고, 다른 교리교사들을 훈련하고 지도하고, 사목 활동을 조정하고, 교회의 사회 교리를 홍보하고, 가난한 이들을 돕고, 공동체와 서품받은 사제들 사이의 관계를 증진하는 것"[215]이 모두 포함된다. 추기경이 제도화된 사목이 되어야 한다고 말하는 것은 바로 이 후자의 교리교사 직무 수행이다. 평신도 사도직이기 때문에 부제 후보자나 사제 후보자에게는 주어지지 않는 것이 바람직하며, 남녀 수도자, 교회 운동의 구성원, 학교에서 종교를 가르치는 이들에게도 주어져서는 안 된다.[216]

전미평신도사목협회(NALM)가 미국가톨릭주교회의에 제출한 백서에 따르면 로시 추기경이 설명하는 것은 주교들이 평신도 교회 사도

214 Cardinal Arthur Roche, "Letter of the Congregation for Divine Worship and the Discipline of the Sacraments to the Presidents of the Episcopal Conferences on the Rite of Institution of Catechists," December 13, 2021, 6.

215 "Letter of Cardinal Roche."

216 "Letter of Cardinal Roche," 8.

직LEM[217]이라고 명명한 것과 동일한데 이는 아래의 내용에서 더 자세히 설명하겠다. 왜냐하면 [주님 포도밭의 동역자]와 같은 문서들은 "보편 교회의 문서들과 함께 읽으면… 제도화된 교리교사 성직에 적합한 후보자는 본당이나 교구 내에서 폭넓은 교리 지도 역할을 맡은 자, 세례에 뿌리를 둔 깊은 성소적 헌신을 가진 자, 서품자들과 긴밀하게 상호 협력하는 자로 특징지어지는 평신도 교회 사목자라고 제안"[218]하기 때문이다. NALM 문서는 주교들에게 평신도 교회 사목자를 위한 제도화된 공식 직무를 주기를 제안한다.[219] 그러나 이것이 의미하는 바는 다른 평신도 교회 사목도 제도화된 직무로 간주될 수 있다는 것이다.

[복음을 선포하여라Praedicate Evangelium](PE). 2022년 3월 19일, 오랫동안 기다려온 로마 교황청의 개혁에 관한 문서가 [복음을 선포하여라]라는 제목의 교황령으로 발표되었다. 마시모 파졸리Massimo Faggioli는 이 문서를 프란치스코 교황의 교황직에서 가장 중요한 문서 중 하나로 꼽는다.[220] 이 문서에는 성congregation이나 평의회pontifical councils라고 불렸던 용어의 순서와 목록에 몇 가지 변화가 있다는 점에서 주목할 만하다. [복음을 선포하여라]는 이 모든 기관을 부서dicasteries(그리스어 Massimo Faggioli에서 유래한 "정의justice"라는 뜻)라고 부르는 데 이 개념은 법정, 사목 또는 부서를 의미하는 다소 모호한 단어이다. 관심을 기울일 대목은 이 부서의 나열 순서이다. 특히 복음화부Dicastery for Evangelization

217 LEM은 lay ecclesial ministry와 lay ecclesial ministers 모두를 의미한다.

218 NALM, "Initial Reflections on Antiquum Ministerium," 4.

219 NALM, "Initial Reflections on Antiquum Ministerium," 28.

220 Massimo Faggioli, "Historical-Theological Introduction," *The Apostolic Constitution "Preach the Gospel"* (Praedicate Evangelium) (Collegeville, MN: The Liturgical Press, 2022), ix.

가 신앙교리부Dicastery for the Doctrine of the Faith보다 앞에 배치되어 있다는 점은 교리가 선교에 봉사하는 것이지 그 반대가 아니라는 점을 미묘하게 표현한 것일 수도 있다. [복음을 선포하여라]의 서문은 교회의 선교적 성격에 대한 몇 가지 진술이 핵심을 이루고 있다(PE 1-4 참조). 파졸리는 "한때 신앙교리성이 맡았던 주요 역할은 이제 복음화부서가 그 역할을 맡음으로써, 보다 선교적인 교회를 위한 교황청 행정기관을 정립하는 것이 개혁의 목표가 되었다"[221]고 말한다.

그러나 아마도 가장 큰 변화이자 언론의 주목을 가장 많이 받은 것은 교황청 행정기관curia이 "교회의 보편적 성격을 반영하는" 사람들로 구성되어야 할 뿐만 아니라 성직자, 수도자, 평신도 여성과 남성(세례받은 선교사 제자 및 사목하는 선교사 제자) 중에서 선출될 수 있다는 [복음을 선포하여라]의 선언이다(PE III, 14, 3항). 다시 말해, "부나 기구의 특수한 관할권과 통치권과 임무를 유의하며 모든 신자나 부나 기구를 주재할 수 있다."(PE II.5)

파졸리와 오스틴 아이버레이Austen Ivereigh가 지적한 바와 같이, [복음을 선포하여라]가 일반에게 공개되는 기자 회견장에서 저명한 정경학자 잔프랑코 기를란다Gianfranco Ghirlanda는 평신도가 모든 수준의 교황청 행정에 임명될 수 있다는 것은 교회법 129조를 재해석하는 것에 해당한다는 사실을 지적한 바 있다. 오랫동안 신학자들과 교회법학자들 사이에서는 교회의 관할권이나 통치권을 서품을 받은 남성만 가질 수 있는지에 대한 논의가 있었다. 이 논쟁을 집중적으로 연구해 온 기를란다에 따르면 이제 이 문제가 해결되었다. 그의 말을 빌리자면, [복음을 선포하여라]는 "교회의 통치권이 신품성사가 아니라 교

221 Faggioli, "Historical-Theological Introduction," xi.

회법적인 사명에서 나온다는 것을 확인시켜 준다."[222] 파졸리는 프란치스코 교황의 움직임에 대해 몇 가지 중요한(그리고 현실적인!) 주의 사항을 제시하지만 전반적으로 놀라운 일이라고 할 수 있다. 아이버레이는 이를 두고 "교황이 기를란다에게 공식적으로 교황령을 발표하라고 요청했다는 사실은 바로 이 광범위한 의미가 교황이 의도한 바이며, 이것이 교황령이라는 것을 의미할 수밖에 없다. 성직주의가 이렇게 치명적이고 최종적인 타격을 받은 적은 없었다"[223]고 되돌아본다.

신학자 필리스 자가노Phyllis Zagano가 가톨릭신학연합대학원의 패널 토론에서 지적했듯이, 많은 교황청 직책이 사목보다는 행정직에 가깝다는 것은 사실이다.[224] 그러나 평신도 여성과 남성이 교황청의 고위직에 임명되고 세례와 교황의 정식 사명을 통해 교회 통치에 참여할 수 있다면, 그들은 실제로 사목하는 선교사 제자의 일을 하고 있으며 공식적인 인정을 받고 있는 셈이다.

교회가 하느님 말씀의 주일을 기념하는 주일인 2022년 1월 23일, 프란치스코 교황은 전 세계 여러 나라에서 온 수많은 여성과 남성들을 독서 직무와 신설된 교리교사 직무에 엄숙히 임명했다. 리타 페론 수녀의 설명에 따르면, 새 독서직들에게는 성경 한 권이, 새 교리교

222 Catholic News World, "Vatican Press Conference Explains Pope Francis's New Apostolic Constitution 'Praedicate Evangelium' on the Roman Curia and Its Service to the World," "Speech by Prof. Gianfranco Ghirlanda."; Faggioli, "Historical-Theological Introduction," xliii-iv; Austen Ivereigh, "Rome on Mission: Pope Francis Reforms the Curia," *Comonweal* 149, no. 5 (May 2022): 11.

223 Ivereigh, "Rome on Mission," 11. Faggioli의 주석 내용은 "Historical Theological Introduction," xliii-v를 참조하라.

224 Panel Discussion at Catholic Theological Union, October 5, 2022, "Discerning about Women and the Diaconal Vocation," https://learn.ctu.edu/discerning-about-women-and-the-diaconal-vocation/.

사들에게는 십자가가 주어졌다.[225] 프란치스코 교황은 2014년부터 평신도 남성과 여성을 교황청 직책에 임명해 왔는데, 이는 [복음을 선포하여라]가 발효되기 전이었다. 이 중 한 명인 알레산드라 스메릴리Alessandra Smerilli 수녀는 [복음을 선포하여라]가 반포된 다음 날에 '온전한인간발전촉진부Dicastery for Promoting Integral Human Development'의 차관보로 임명되었다. 또한 2022년 7월에는 세 명의 여성(수도자 2명, 평신도 1명)이 주교부Dicastery for Bishops에 임명되었다.[226]

이제 공식적으로 사목하는 선교사 제자도의 새로운 시대가 열렸으며, 앞으로 사목하는 선교사 제자들에게 더 많은 가능성이 열릴 것으로 기대된다. 이러한 가능성 중 일부는 앞서 언급한 바와 같이 평신도 교회 사목이라는 장의 출현으로 실현되고 있다. 이제 이 사목에 대해 더 자세히 살펴보겠다.

평신도 교회 사목

평신도 교회 사목은 미국과 캐나다 교회에서 등장한 용어이지만,[227] 전 세계 보편적 교회의 모든 부분에 존재하는 현상을 일컫는 말이다. 그것은 교회의 여러 문화적, 경제적 맥락에 따라 다르고 다양하지만, 사목하는 선교사 제자도의 실체를 파악한 공동체에서 성령의 역사를 나타내는 현상이다.[228] 전 세계 교회에서 비슷한 문서가 나온 것은 의

---

225 Ferrone, "A Wonderful Complexity," 10.

226 Faggioli, "Historical-Theological Introduction," xliii-ivnn62, 63.

227 United States Conference of Catholic Bishops, *Co-Workers in the Vineyard of the Lord: A Resource or Guiding the Development of Lay Ecclesial Ministry* (CWVL) (Washington, DC: United States Conference of Catholic Bishops, 2005); Bishop Jacques Berthelet, CSV, Intervention at the Synod of the Americas, 1997.

228 Edward P. Hahnenberg, "Think Globally, Act Locally: Responding to Lay Ecclesial Ministry," *New Theology Review* 17, no. 4 (November 2004): 52-65; Power, Mission,

심할 여지가 없지만, 2005년 미국 주교들이 발표한 [주님 포도밭의 동역자](CWVL)는 사목하는 선교사 제자도의 신학적 기초, 본질, 양성 규범, 실제적 측면을 특별히 심도 있게 성찰한 문서이다.

여기서는 이 문서를 중점적으로 살펴본다. [주님 포도밭의 동역자]는 오랜 기간에 걸쳐 작성되었다.[229] 1980년에 미국 주교들은 제2차 바티칸공의회의 평신도 사도직에 관한 교령인 [사도직 활동Apostolicam Actuositatem] 이후 15년 동안 급성장한 평신도 사도직을 반영하는 문서를 발표했다. [소명과 은사Called and Gifted]라는 제목의 짧은 문서에서 주교들은 "교회에서 전문적인 성직을 준비해 온 평신도, 즉 교회 사목자는 새로운 발전을 상징한다. 우리는 이를 교회의 선물로 환영한다"[230]고 언급했다. 이 문서와 15년 후인 1995년에 발표된 후속 문서에서 주교들은 전임과 파트타임, 자원봉사 성직자를 엄격하게 구분하지 않는 것 같다. 그러나 이 후자의 문서에서는 '교회 평신도 사목자'에 대해 이야기한다(어순에 유의!).

> 지난 15년 동안, 우리는 수많은 평신도 활동가들이 성가대와 음악 감독, 독서직, 성찬 집례자, 제단 봉사자 등으로 전례에 참여하는 것을 보았다. 또한 일부 지역에서는 평신도가 사제가 없을 때 주일 예배를 인도하기도

Ministry, Order, 11-65; Julie Trinidad, "The Holy Spirit and Lay Ecclesial Ministry: Reflections on the 2020 Plenary Council," *The Australasian Catholic Record* 96, no. 3 (July 2019): 345-58.

229 이 소절에서 언급되는 사건의 연대적인 정리에 대해서 나는 Sheila McLaughlin, "Lay Ecclesial Ministry," *Catholics on Call: Discerning a Life of Service in the Church*, ed. Robin Ryan (Collegeville, MN: The Liturgical Press, 2010), 98-112쪽과 Amy M. Hoey, RSM, "How Co-Workers Came to Be Written," *Reflections on Renewal: Lay Ecclesial Ministry and the Church, ed. Donna M. Eschenauer and Harold Daly Horell* (Collegeville, MN: The Liturgical Press, a Michael Glazier Book, 2011), 11-18쪽에 많이 의존했다.

230 US Catholic Bishops, *Called and Gifted*. 인용한 내용은 "Ministry in the Church"에 나타난다.

한다.… 평신도 신자들은 다른 종류의 직무에도 참여하고 있다. 평신도들은 성인뿐만 아니라 젊은이들을 가르치며 교회의 신앙을 나누고, 평화와 정의 네트워크, 무료 급식소 및 쉼터, 결혼 준비, 사별 프로그램, 별거 및 이혼한 사람들을 위한 사목에서 봉사한다. 이러한 모든 활동은 예수의 이름으로 행해지고 교회의 후원 아래 시행될 때 성역의 한 형태가 된다.[231]

주교들은 계속해서 "교회의 평신도 활동가들은 그들의 일과 봉사를 단순한 직업이 아니라 소명으로 이야기하며, 하느님께서 그들을 이 직무로 부르셨다고 믿는다. 그리고 종종 본당 신부가 이 소명을 식별하는 도구가 된다"고 말한다.[232] 이러한 직무에 대한 소명으로서의 이해는 1998년 주교회의 평신도사목소위원회가 주최한 컬로퀴엄의 결과로 출판된 논문 모음집 [함께 하느님의 봉사 안에서: 교회의 평신도 사목에 대한 신학Together in God's Service: A Theology of Ecclesial Lay Ministry]에서 다시 한번 부각되었다. 이 책의 첫 번째 장에서 저명한 신학자 제니 폭스Zeni Fox는 대부분의 교회의 평신도 활동가들이 자신의 직무에 만족하며, 자신들이 하느님의 부름에 응답하고 있다고 이해하고 있으며, 그들의 직무가 세례와 견진성사, 즉 그들의 세례받은 선교사 제자도에 뿌리를 두고 있다는 사실을 강조한다.[233]

한편, 1999년에 평신도사목소위원회는 [평신도 교회 사목: 질문의 현황Lay Ecclesial Ministry: The State of the Questions]이라는 제목의 보고서를 주

231 US Catholic Bishops, *Called and Gifted for the Third Millennium*. 인용한 내용은 "Lay Ministry in the Church"에 나타난다.

232 US Catholic Bishops, *Called and Gifted for the Third Millennium*, "Lay Ministry in the Church" 소절의 마지막 부분.

233 Zeni Fox, "Ecclesial Lay Ministers: An Overview," *Together in God's Service* (Washington, DC: United States Catholic Conference, 1998), 3-22.

교들에게 제출했다.[234] 우리가 주목해야 할 점은 이전 문서와 비교할 때 현재 우리 시대에 맞게 어순이 바뀌었다는 점이다. 문서에 따르면 이 어순이 중요한 이유는 이 새로운 제목이 강조하는 바가 곧 이 그룹에 속한 사람들은 먼저, 그리고 항상 평신도라는 사실이기 때문이다.[235] 주교들이 이 보고서를 논의할 때, 다수의 주교들은 "평신도 교회 사목에 대해, 특히 그러한 개인들의 적절한 준비에 관해 미 주교회의(USCCB)의 추가적인 지침을 원한다고 분명히 밝혔다."[236] 그 결과가 2005년 문서 [주님 포도밭의 동역자]이다.

주교들은 이 문서를 다소 잠정적인 방식으로 발표한다. 주교들은 이 문서를 "교회의 신학과 교리 전통에 충실하고 현대 사목의 필요와 상황에 부응하는 방식으로 평신도 교회 사목의 발전을 지속하기 위한 공통의 기준"이라고 설명한다(CWVL, 6).[237] 이 문서는 분명히 "규범을 제안하거나 특정한 법을 제정하지는 않는다."(6) 단지 "고려해야 할 개념, 역할, 자원, 전략 및 아이디어"(6)를 제안하며, 지역 주교의 재량에 따라 현지에 맞게 적용하고 실행할 것을 촉구한다. 이 지침은 평신도 교회 사목자라는 용어를 일반적이고 설명적인 용어로 제시한다. 그러나 이 용어가 "평신도들 사이에 새로운 계급이나 질서를 확립하기 위해"(11) 사용되지는 않는다.

모든 평신도 활동가가, 즉 우리가 이해하는 사목하는 선교사 제자가, 평신도 교회 사목자로 간주되는 것은 아니다. 실라 매클로플린

234 USCCB Subcommittee on Lay Ministry, Lay Ecclesial Ministry: The State of the Questions Washington, DC: United States Catholic Conference, 1999).

235 USCCB Subcommittee on Lay Ministry, Lay Ecclesial Ministry, 7.

236 Hoey, "How Co-Workers Came to Be Written," 13.

237 *Co-Workers in the Vineyard of the Lord.* 이 소절에 표기된 숫자는 해당 문서의 페이지를 가리킨다.

Sheila McLaughlin은 평신도 교회 사목자가 "음악이나 전례 책임자, 사목 협력자, 학교 교장 등 다양한 역할을 포괄하는 개념"이라고 표현한다. 모든 활동가가 일종의 지도자이지만, 평신도 교회 사목자는 지도자 중의 지도자이다. "이 용어는 무료 급식소나 쉼터에서 봉사하는 등 지역사회의 다양한 다른 활동에는 적용되지 않지만"[238] 본당에서 사회 활동이나 사회 정의 활동을 하는 기관의 기관장을 지칭할 수 있다. 위에서 살펴본 바와 같이, 임명된 교리 교역자는 본당에서 종교 교육의 조정자 또는 책임자 역할을 하지만 일반 교리교사나 수도자가 아니기 때문에 평신도 교회 사목자이다. 평신도 교회 사목자는 성가대에서 노래를 부르는 사람이 아니라 매클로플린이 지적했듯이 음악 감독에게 그 직책이 주어진다. 주님의 포도원의 공동 일꾼인 수도자 남성 또는 여성도 평신도 교회 사목자가 아니며, "그들은 기관의 성격에 따라… 봉헌의 은총으로 가득 찬 자신의 직함으로 교회 사목에 참여"(13)하기 때문이라고 명시하고 있다. 교구의 교구장이 수도자도, 부제도, 사제도 아닌 경우, 평신도 교회 사목자로 간주될 수 있다.

[주님 포도밭의 동역자]는 평신도 교회 사목에 대한 명확한 정의를 제시한다. 우선, 평신도 교회 사목에서 평신도인 이유는 이 사목이 세례받은 선교사 제자도에 뿌리를 두기 때문이다. 한편, 평신도 교회 사목이 교회적인 이유는 교회 공동체에 의해 인정되고 일종의 공적인 예식을 통해 지역 감독의 승인을 받으며 감독 및 다른 서품받은 사목자들과 긴밀히 협력하여 수행되기 때문이다. 마지막으로 평신도 교회 사목이 사목인 이유는 사제, 예언자, 왕이라는 그리스도

238 McLaughlin, "Lay Ecclesial Ministry," 105.

의 삼중 직무에 직접 참여하기 때문이다. 또는 평신도 교회 사목은 우리가 표현했듯이 하느님 나라의 친밀한 킨십을 구체화하고 시연하고 선포하는 그리스도의 역할을 의미한다. 평신도 교회 사목에는 일정한 영속성이 있지만, 성품성사(성직자로서의 제자도)의 요건인 평생의 헌신을 반드시 수반하는 것은 아니다(12).

주교들은 평신도 교회 사목에 대한 '부름'과 적절한 식별력이 필요하다고 말한다(29). 그러나 다소 이상하게도 평신도 교회 사도직에 대한 '소명'에 대해서는 말하지 않고, 세례에서 비롯되는 제자직에 대한 기본 소명과 수도 생활, 부제, 사제직에 대한 소명에 그 용어를 유보하고 있는 것 같다. 그럼에도 불구하고, 앞서 언급했듯이 사목하는 선교사 제자는 단순한 직업이나 직책이 아니라 전인격이 관련된 일이라는 인식이 강하게 배어 있다.[239] 주교들은 이를 인식하고 평신도 교회 사목과 공동체, 성직 지도자들의 깊은 분별을 촉구하는 것 같다. 주교는 평신도 교회 사목자에게 깊은 개인적 성숙, 전문적이고 학문적인 훈련과 적절한 학위, 초기 및 지속적인 영성 훈련과 영적 지도력, 특정 봉사 분야에서의 사목적 역량을 포함하는 강력한 준비와 양성을 요구한다(33-52).

[주님 포도밭의 동역자]는 평신도 교회 사목이 "공동체의 삶에서 시작되는" "새로운 관계"를 강조하기 위해 일종의 축복이나 의식이 필요하다는 것을 인식하고 있다. 문서는 "평신도 교회 사목을 위한 인증 요건을 충족한 사람들을 인정하는 것은 종종 특별한 전례의 맥락에서 이루어진다"(59)고 언급한다. 이 문서는 그러한 전례에 대한 몇

239 평신도 교회 사목자들의 사목과 영성에 대한 성찰에 관해서는 Maureen R. O'Brien and Susan Yanos, eds., *Emerging from the Vineyard: Essays by Lay Ecclesial Ministers* (Astor, FL: Fortuity Press, 2014)를 참조하라. "Lay Ecclesial Ministry," 108-11쪽에 있는 Sheila McLaughlin의 개인적인 성찰도 참조하라.

가지 출처를 제시하고 있지만, [주님이신 성령]과 [오래된 직무]에 견주어 볼 때 프란치스코 교황이 교리교사 성직에 대해 명령하고 전미평신도사목협회National Association for Lay Ministry(NALM)가 진정한 평신도 교회 성직으로 지정한 적절한 임명에 대해 말하는 것이 우리 시대에 적절할 수 있다.[240] 교리교사 사목은-몇 가지만 예를 들어보자면- 음악 감독, 전례 감독, 사회 정의 사목 감독, 본당 행정관 등의 교회 지도자들의 사목을 축하하고 위촉하기 위해 개발할 수 있는 특별한 의례 중 한 예가 될 수 있다.

240 NALM, "Initial Reflections on Antiquum Ministerium," 2.

결론

미국 주교들이 주장하듯이 평신도 교회 사목자는 평신도들 사이에서나 교회 내에서 새로운 계층은 아니지만, 일반적으로 사목하는 선교사 제자도가 그렇듯이 선교에서 나타나는 새로운 구조적 현실을 대표한다. 교회에서 사목의 '폭발적 증가'는 단순히 '사제 부족'에 대한 대응이 아니라 세례받은 선교사 제자들이 다양한 방식으로 교회의 리더십으로 부름을 받았다는 인식에서 비롯된다. 또한 이러한 변화는 교회가 하느님 나라를 구현하고, 보여 주고, 선포하는 사명을 모든 그리스도인 신자들 사이에서 더욱 진정성 있고 의식적으로 실천할 수 있다는 점을 깨달은 결과이다. 앞서 말했듯이 이러한 활동은 모두 어떤 형태로든 리더십을 수반하며, 교회 공동체와 교회가 선교에 참여하는 세상 안에서 그 책임이 커진다. 대부분의 선교사 제자들은 비공식적으로, 자원봉사로, 그리고 때때로 직무를 수행한다. 그러나 일부는 더 공식적으로 직무에 응답하며, 종종 보다 오랜 기간에 걸쳐 전문적이고 학문적이며 사목적인 양성을 거친 후에만 사목자로 임명된다. 비공식적이든 공식적이든 이러한 사목하는 선교사 제자도의 실행에서, 우리는 진정으로 선교적인 교회의 밝은 미래를 볼 수 있다.

다음 두 장에서는 신품성사, 즉 서품받은 선교사 제자도에 대해 생각해 보겠다. 세례받은 선교사 제자도에 뿌리를 둔 교회에서 이 사목은 그리스도인 제자들을 감독하고 지도하는 직무를 수행하는 사람들에 의해 구별된다. 이들은 식별력을 발휘하고, 교회의 전통을 기억하고 보존하며, 교회의 신앙을 전달하는 지혜를 지니고 있고, 정의에 대한 헌신과 가난한 이들과의 동일시를 통해 공동체를 이끈다. 14장에서는 서품받은 선교사 제자도의 출현과 발전에 초점을 맞추어 교회 사목의 역사를 집중적으로 살펴본다. 이 역사의 역사적, 상황적 특성을 통해 교회 질서가 항상 지금 우리가 경험하는 것과 같지는 않았으며, 성령의 인도하심에 따라 오늘날 새롭고 더 적절한 형태를 취할 수 있다는 것을 알 수 있을 것이다. 구조는 선교에 봉사해야 한다. 그런 다음 15장에서는 제2차 바티칸공의회에 비추어 세 가지 서품받은 선교사 제자직인 주교직, 장로직presbyterate(사제직priesthood), 부제직에 대한 신학적 성찰을 제시할 것이다.

14장

서품받은 선교사 제자도-I: 역사와 그 맥락에서 살펴보는 (서품받은 이의) 사목

수업을 시작할 때 나는 학생들에게 교회 사목의 역사를 추적하는 두 가지 이야기를 자주 한다. 첫째는 그 역사가 아주 단순한 역사라는 점이다. 처음에는 많은 여성과 남성들이 지역 사회에서 많은 직무를 수행했다. 그러나 점차적으로 이러한 직무는 서품을 받은 사람들이 맡거나 그들의 지시를 받는 사람들이 맡게 되었다. 이는 기본적으로 제2차 바티칸공의회와 우리 시대로 이어지는 쇄신의 시작을 볼 수 있는 19세기(예: 가톨릭행동)까지는 그러했다.[241] 안타깝게도 이러한 발전으로 인해 사목의 역사는 기본적으로 서품받은 성직자의 역사이다. 그래서 이 장의 부제에는 괄호가 필요하다. 물론 다른 활동도 교회 역사에 항상 존재해 왔지만, 역사의 발전 과정에서 서품을 받지 않은 제자들이 서품을 제자도를 해석하는 핵심으로 보는 교회에서 인정을 받기 위해 끊

241 Edward Schillebeeckx, *The Church with a Human Face* (New York: Crossroad, 1985), 121-23.

임없이 투쟁한 것이지 그 반대가 아니었다.[242]

둘째, 사목의 역사는 상황 신학을 전개하는 작업contextual theologizing과 그 실천의 완벽한 예이다. 데이비드 파워David Power의 표현처럼, 사목을 수행하는 다양한 방식이 장소와 시대에 따라 발전해 왔다. 실제로 "전통은 동질적이지 않고 다양한 역사적 상황과 관련되어 있으며 성령의 끊임없는 창조력을 보여준다."[243] 토머스 오마라Thomas O'Meara는 이와 관련하여 역사적, 상황적 관점의 중요성을 현명하게 반영한다.

> 사목의 역사를 이해하는 것은 직무가 어떻게, 그리고 왜 역사를 통해 살아남는지를 이해하는 것이다. 교회의 삶의 주요 시기는 한때 사목으로 여겨졌던 것들을 보여준다. 지금 영원한 그리스도교의 행위로 여겨지는 것이 바로크 시대의 일면일 수도 있고, 분석해 보면 초대교회의 것으로 간주되던 것이 중세의 것일 수도 있다.… C. S. 루이스C. S. Lewis는 "비역사적인 사람들은 대개 자신도 모르게 비교적 최근의 과거에 사로잡혀 있다"고 썼다.[244]

역사가 가진 맥락적 특성은 오늘날의 사목, 특히 서품받은 이의 사목을 선교사 제자 공동체 내에서 오늘날의 필요에 부응하는 방식으로 해석할 수 있게 해준다.

---

242 Kenan B. Osborne, *Ministry: Lay Ministry in the Roman Catholic Church* (Mahwah, NJ: Paulist Press, 1993), 164-65.

243 David Noel Power, *Mission, Ministry, Order: Reading the Tradition in the Present Context* (New York: Continuum, 2008), 117; Schillebeeckx, The Church, 1-3.

244 Thomas F. O'Meara, *Theology of Ministry* (Mahwah, NJ: Paulist Press, 1983), 96-97. C. S. Lewis, "De Descriptione Temporum," *They Asked for a Paper* (London: Geoffrey Bles, 1962), 23.

복잡한 역사

이제부터 이어지는 내용에서 우리는 두 가지 발전 과정을 살펴볼 것이다. 서구의 로마 가톨릭교회로 범위를 한정하더라도 모든 세부 사항을 다룰 수 있는 방법은 없다. 성직의 역사에 대해 잘 아는 사람이라면 이 주제에 관한 문헌이 방대하고 파워의 말대로 "압도적"이라는 것을 알고 있다.[245] 이 간략한 개요에서는 주로 파워 자신과 케넌 오즈번Kenan Osborne, 폴 버니어Paul Bernier의 연구와, "대체할 수 없는, 어쩌면 대체 불가능한" 에드바르트 스힐레벡스Edward Schillebeeckx의 중요한 저작[246]을 따르되 다른 많은 학자들의 도움을 받도록 하겠다.

(서품받은) 성직의 역사는 매우 복잡하며, 적어도 가톨릭 신자들은 그 복잡성을 항상 깨닫지 못했다. 예를 들어, 로마에서 신학을 공부할 때 성사 신학 교수님은 최후의 만찬의 요한복음 이야기(요한 13장 1-16절)에서 예수님이 제자들의 발을 씻기실 때 디아코니아가 제정되었다고 설명해 주셨다. 또한 사제직 또는 장로직은 루카가 서술한 최후의 만찬 이야기에서 예수가 제자들에게 "나를 기념하여 이것을 행하라"(루카 22,19)고 말씀하셨을 때 제정되었으며, 오순절에 성령이 열두 제자(마리아나 다른 제자들은 참석하지 않았을 것으로 추정)에게 내려오면서 그들이 주교가 되었다고 설명해 주셨다.

이러한 단순화된 이해는 교회와 주교에 관한 제2차 바티칸공의회의 문서에서도 더 미묘하게 발견된다. 레이먼드 브라운Raymond Brown은

245 Power, *Mission, Ministry, Order,* 121.

246 Power, *Mission, Ministry, Order,* ; Kenan B. Osborne, *Priesthood: A History of the Ordained Ministry in the Roman Catholic Church* (Mahwah, NJ: Paulist Press, 1988); Paul Bernier, *Ministry in the Church: A Historical and Pastoral Approach,* 2nd ed. (Maryknoll, NY: Orbis Books, 2015); Schillebeeckx, *The Church.*

그의 고전적인 논문인 「사제와 주교」에서 한 저명한 개신교 학자가 [인류의 빛] 18장과 [주님이신 그리스도] 2장이 쓰여질 당시 주석가들이 어디에 있었는지 물었다고 회상한다. 브라운 자신도 "제2차 바티칸공의회의 교부들은 현대의 성경적 통찰에 잘 대응했지만, 사도의 후계자로서 주교를 논의할 때 보게 될 것처럼 문서에 나오는 많은 진술은 성경적으로 순진하다"[247]고 적었다. 우리도 9장에서 교회의 사도성을 논의할 때 그러한 미묘한 이해를 보았다.

서품 사목의 역사는 간략한 개요이지만, 우리는 그 복잡성과 결정적인 중요성을 이해할 필요가 있다. 이러한 관심은 서품받은 선교사 제자도와 선교적 교회에서의 서품 사목의 가능성에 대해 더 깊이 이해할 수 있게 해 줄 뿐만 아니라 지난 장에서 살펴본 사목하는 선교사 제자도의 성경적, 역사적 뿌리에 대한 통찰력을 제공해 줄 것이다.

신약성경의 뿌리

예수님과 제자들의 사목

"예수님 자신의 활동은 서품받은 활동이든 서품받지 않은 활동이든 모든 그리스도교 사목의 지속적인 원천이자 모델이며 역동성이다." 그러므로 사목에 대한 성찰이나 사목의 역사는 "당연히 예수님으로부터 시작된다."[248] 1장에서 우리는 예수님의 활동을 세 가지로 설명했다. 예수님은 하느님의 "킨덤kin-dom"의 급진적인 친밀함에 대한 메시지를 구

---

247 Raymond E. Brown, *Priest and Bishop: Biblical Reflections* (Mahwah, NJ: Paulist Press, 1970), 47-48, 15n8.

248 Osborne, *Priesthood*, 3.

체화했다. 그 자신이 그 '킨덤'의 은유였으며, 주변부에 있는 사람들을 포용하고 식탁에서 교제하는 그의 개인적인 실천은 모든 사람이 환영받고 자격 없는 사람이 없는 하느님의 통치를 가리켰다(예: 마르 1,40-42; 2,13-17; 15,1-2; 루카 19,1-10). 예수님의 치유와 마귀를 쫓는 행위는 하느님의 통치를 보여 주는 비유로, 하느님의 구원이 육체의 온전함과 악의 세력으로부터의 해방을 포함하는 것임을 가리켰다(마태 11,2-6; 마태 12,22-28 참조). 특히 놀랍고 도발적인 이야기를 통해 하느님의 통치를 선포한 예수는 하느님의 은혜와 자비(예: 루카 15; 마태 20,1-16; 루카18,9-14)를 선포하고 사람들이 용서받고 용서하는 공동체에서 살도록 초대했다. 예수님의 삶은 섬김의 삶이었다. 예수님은 "섬김을 받으려 함이 아니라 도리어 섬기러 왔다"(마르 10,45)고 말씀하셨고, 말과 행동으로, 무엇보다도 모범을 보이셨다(DV 2, 4).

예수님은 생전에 하느님의 통치를 위한 활동을 제자들과 함께 나누었다. 그중에서도 열두 제자는 신중하게 선택되어(루카 6,12-13, 마르 3,13) 동반자(마르 3,14)이자 동료(마르 3,14-15, 마태 10,1, 루카 9,1-2)가 되었다. 또한 루카복음에 따르면 예수님은 추가로 70명(또는 72명)을 임명하여(루카 10,1) 귀신을 쫓는 권세와 능력을 부여했다(루카 10,16~20). 열두 제자가 모두 남자였다는 것은 분명하지만, 다른 제자들에 대해서는 성별에 대한 언급이 없다. 어쨌든 여성은 예수님의 가장 충성스러운 제자 중 하나였으며, 예수님의 활동에 "중심적으로 관여"[249]했던 것은 확실하다(예: 루카 8,1-3). 예수님이 처형당한 후 혼란스러운 시기에 여성

249 Barbara E. Reid, OP, and Shelly Matthews, *Luke 1-9, Wisdom Commentary, vol. 43A* (Collegeville, MN: The Liturgical Press, A Michael Glazier Book, 2021), 247. Hervé Legrand, "La fraternità cristiana: superamento della relazione gerarchica tra donne e uomini nella Chiesa," *Una Chiesa Trasformata dal Popolo: Alcune proposte alla luce di* Fratelli Tutti, ed. Hervé Legrand and Michel Camdessus, ed. Andrea Galli (Milan: Pauline, 2021), 145-46.

들, 특히 막달라 마리아(마태 28,7, 루카 24,9-12, 요한 20,17)는 흩어진 제자들에게 예수님의 부활을 선포하는 임무를 맡았다.

사도행전에서의 사목

제자들이 죽은 자 가운데서 부활하신 예수님을 경험한 후 수개월에 걸쳐 베드로가 이끄는 열두 제자가 공동체의 지도자로 등장했으며(사도 1,15-26, 2,14, 4,33, 6, 2), 사도행전의 전체 역동성은 2장에서 지적했듯이, 예수의 제자 공동체가 처음에는 유대교에, 그다음에는 유대교를 넘어 사마리아와 "땅 끝까지,"(사도 1,8) 하느님의 통치를 위해 예수가 보여준 섬김의 사명을 이어 가도록 성령께서 부르신 사람들이라는 확신에 기초하고 있다. 사도행전에서는 또한 공동체 내의 다양한 직무, 즉 공동체 내의 질서를 확립하고 공동체를 이끌며 예수님의 활동을 이어 가는 사목을 엿볼 수 있다. 6장에서는 일곱 제자의 위임에 대해 이야기한다. 스테파노(사도 6,8-7,60)와 필립보(사도 8,4-8, 26-40)의 이야기에서 알 수 있듯이, 나중에 역사에 등장하게 될 집사 직분과 "아주 미약하게"[250] 연결된 이 그리스어 사용 남성들은 음식 분배자 이상의 기능을 수행했다. 사도행전에는 안티오키아의 유대인들에게만 복음을 전한 것이 아니라 "헬라인들에게도 말하여 주 예수를 선포"(11,19-30)한 이름 없는 전도자들에 대해 이야기한다. 사도행전은 또한 공동체 내에서 봉사하는 남성및 여성 예언자와 교사들을 언급한다(11,27, 13,1, 21,9). 또한 안티오키아(11,30), 데르베, 리스트라, 이고니온(14,19-23), 예루살렘(15,4, 6, 23, 16,4), 밀레투스(20,17)의 원로presbyters(장로elders)에 대한 언급도 있다. 사도행전 20장 28절에서 이 장로들은 주교episcopoi라고 불리지만, 이 역시 나

250 Osborne, *Priesthood*, 67. Bernier, *Ministry in the Church*, 34.

중에 발전되어 사용되는 의미의 주교를 뜻하지는 않는다.

사도행전 후반부의 주인공은 열두 사도와 함께 사도의 직함과 권위를 주장하는 바오로이다(갈라 1,1, 로마 11,13, 1코린 15,9-10, 2코린 11,12). 레이먼드 브라운은 다른 많은 학자들과 마찬가지로 사도에 대한 루카의 이해와 바오로의 이해를 모두 이야기한다. 루카는 이 용어를 열두 제자로 한정하고 있지만, 바오로의 글과 초대 교회의 다른 문서에서 분명하게 드러나듯이 이 용어는 훨씬 더 광범위한 실체를 내포하고 있다. 열두 제자의 사목은 본질적으로 행정적인 성격이 강했으며, 그들의 죽음과 함께 사라진 것으로 보인다. 다른 사도들의 사목은 선교적이었으며 여러 면에서 초기 공동체에서 보다 공식적인 사목의 기원이 되었다.[251] 바오로는 자신의 사도적 사목을 웅변적으로 표현한다. "하느님께서는 그리스도 안에서 세상을 자신과 화해시키시고 … 화해의 이치를 우리에게 맡기셨다. 하느님께서 우리를 통해 호소하고 계시므로 우리는 그리스도의 사절이다."(2코린 5,19-20)

바오로 서간에 나타나는 사목

교회의 다양한 직무는 신약성경의 다른 문헌에도 반영되어 있다. 코린도1서의 12장에서 바오로는 공동체 안에는 서로 다른 '은사', '사목', '일'이 있지만 동일한 신적 근원인 '성령', '주님', '하느님'으로부터 나온 것이며 각각 모두의 유익을 위한 것이라고 말한다(1코린 12,4-7). 바오로는 이러한 직무를 설교하고 가르치는 능력, 치유와 기적을 행하는 능력, 예언, 영 분별, 방언 통역의 은사(1코린 13,8~10)라고 명명한다. 바오로는 필립비 교인들에게 보낸 편지에서 "예수 그리스도 예수를 믿는 필립비의

251 Brown, *Priest and Bishop*, 47-73; Schillebeeckx, *The Church*, 55-57; Osborne, *Priesthood*, 53-65.

모든 성도들과 교회 지도자들과 그 보조자들에게"(필립 1,1) 인사한다. 이미 언급했듯이 이러한 사목은 다음 세기에 발전한 사목과 동일시해서는 안 된다.[252]

바오로 공동체의 다양한 사목을 명확하게 순간 포착한 장면은 바오로가 로마인에게 보낸 편지에서 찾을 수 있다. 바오로가 코린도1서에서 그리스도의 몸인 교회에 대해 언급한 내용을 반영하는 말로 로마서는 공동체의 "우리에게 주신 은혜에 따라 다른 은사"(로마 12,6)에 대해 이야기한다. 16장에서 바오로는 먼저 "겐크레아 교회에서 봉사하는 부제deacon인 우리 자매 베베"를 언급한다(로마 16,1). 그런 다음 바오로는 공동체에 자신의 동료 또는 동역자인 프리실라와 아퀼라에게 인사를 전하라고 요청한다(16,9의 우르바노, 1테살 3,2와 1코린 16,10의 티모테오, 필립 2,25의 에바프로디도에게도 사용한 표현이다). 로마서에서는 "여러분 가운데among 애를 많이 쓴"(16,6) 마리아, "사도들 가운데서 두드러진"(16,7) 안드로니코스와 유니아에 대해 언급한다. 그 외에도 아펠레스(16,10), "주 안에서 일꾼"(16,12)인 트리패니와 트리포사, "주 안에서 열심히 일한" 페르시스(16,12), 루포스(16,13) 등이 언급된다. 스힐레벡스는 바오로가 "형제나 자매가 아니라 '우리 형제자매'라고 말하는 것은 '동료 그리스도인'이 아니라 '개인적인 동료 일6꾼'이라는 의미"로 이해되어야 한다고 지적한다. "이들은 바오로 공동체의 공동 리더십에 속한 형제자매이다." 바오로는 그의 서신에서 "공동체를 위해 수고한" 약 80명의 이름을 언급한다.[253]

제2바오로 문헌에서도 한편으로는 동일한 다양한 사목을 볼 수 있다. 그러나 다른 한편에서, 시간이 지남에 따라 교회가 열두 사도

---

252 Osborne, *Priesthood*, 44-53, 67-70.

253 Schillebeeckx, *The Church*, 58.

와 바르나바, 유니아 같은 사도들의 리더십으로부터 점점 멀어지면서 사목 리더십에 대한 실질적인 성찰이 이루어지게 되는 장면을 볼 수 있다. 에페소서는 바오로의 코린도1서와 로마서를 반영하는 구절에서 하느님의 은혜는 "그리스도께서 주신 은혜의 양에 따라"(4,7) 주어진다고 말한다. 이러한 '은총'은 몇 구절 후에 교회 안에서 그리고 교회를 위한 사목의 은사임이 분명해진다.

그러나 제2바오로 문헌에서 보이는 중요한 발전은 "그리스도교적 변용이 거의 없는 그리스-로마 가문의 비그리스도교적이고 이교적인 가부장적 가정 규범"[254]을 도입한 것이다. 스힐레벡스가 관찰한 것처럼, 이 규범은 헬레니즘 문화권에 속한 사람들을 그리스도교 신앙으로 이끌려는 사목적이고 선교적인 이유로 도입되었지만, 그 자체로 계급과 성직자 특권을 향한 운동의 시작이었다.[255]

사목 서간에 나타난 사목

교회의 초기 회원들이 죽기 시작하면서 건전한 "사도적" 교리를 수호할 수호자가 더욱 필요해졌다.[256] 이러한 상황은 티모테오와 티토에게 보낸 서신에 잘 반영되어 있다. 이 편지에서 티모테오는 자신에게 주어진 사명에 다시금 충실할 것을 촉구받는다. "그대가 지닌 은사, 곧 원로단의 안수와 예언을 통하여 그대가 받은 은사를 소홀히 여기지 마십시오."(1티모 4,14) "내 안수로 그대가 받은 하느님의 은사를 다시 불태우십시오. 하느님께서는 우리에게 비겁함의 영을 주신 것이 아니라, 힘과

---

254 Schillebeeckx, *The Church*, 67-68.

255 chillebeeckx, *The Church*,, 67, 69. Elisabeth Schüssler Fiorenza, "Author's Introduction," *Ephesians, Wisdom Commentary*, vol. 50 (Collegeville, MN: The Liturgical Press, a Michael Glazier Book, 2017), xlv-lxxxii.

256 Power, *Mission, Ministry, Order*, 142.

사랑과 절제의 영을 주셨습니다."(2티모 1,6-7) 저자는 좋은 감독bishop(episkopos)과 부제의 자격 요건을 제시한다. "그러므로 감독은 나무랄 데가 없어야 하고 한 아내의 충실한 남편이어야 하며, 절제할 줄 알고 현명하고 단정하며 손님을 잘 대접하고 또 가르치는 능력이 있어야 하며, 난폭하지 않고 온순하며, 돈을 사랑하지 않고, 가정을 관리할 줄 알고, 사회에서 좋은 평가를 받는 사람"의 자질도 갖춰야 한다(1티모 3,2-7). 부제는 "한 입으로 두 가지 말을 하지 않는 진지한 사람"이어야 하며, 과음하지 않고 부정한 이득을 탐내지 않아야 한다. 부제는 한 여자만을 아내로 가져야 하고 자기 자녀들과 자기 가정을 잘 다스리는 사람이어야 한다(1티모 3,8-10, 12). 이어지는 구절에서 성서 저자는 "여자"(집사?)[257]도 남을 험담하지 않고, 절제할 줄 알고, 모든 일에 성실해야한다"(1티모 3,11)고 말한다. 한편, 티모테오전서 5,17~22에서 저자는 원로presbyters들에 대해 말하지만, 반드시 감독과 별개의 그룹으로 구분하지는 않는다. 티토에게 보낸 편지에서 원로와 감독은 분명히 상호 교환 가능한 직함이다(티토 1,5-9). 이 때문에 학자들은 원로-감독이라고 칭하기도 한다.[258]

다시 한번 말하지만, 우리는 감독, 집사, 장로와 얼마 후 교회사에 등장하는 직분을 동일시할 수 없다. 오히려 이러한 직무는 서로 겹치는 것처럼 보인다.[259]

257 Gary Macy, "Women Deacons: History," Gary Macy, William T. Ditewig, and Phyllis Zagano, *Women Deacons: Past, Present, Future* (Mahwah, NJ: Paulist Press, 2011), 10-11.

258 Brown, *Priest and Bishop*, 34-40.

259 Bernier, *Ministry in the Church*, 35.

사제직과 성찬례 집전

신약성경은 후대의 교회 지도력 발전을 다루면서 두 가지 점을 언급하지 않았다. 첫째, 신약성경은 개별 그리스도인을 사제라고 부르지 않는다.[260] 예수 그리스도는 히브리인들에게 보낸 서신에서 대사제(4,14-5,10)로 불리며, 베드로 1서와 묵시록에서는 전체 그리스도인 공동체를 "왕 같은 사제직"(1베드 1,9)과 "사제"(묵시 1,6; 5,10; 20,6)로 말한다. 그러나 유대인의 사제직이 여전히 유효하다고 여겨졌기 때문에 그리스도교인 개개인을 그렇게 지칭한 적은 없다. 신약 시대(그리고 첫 천 년 동안)에 사제직은 세례를 통해 그리스도와 동일시되기 때문에 모든 그리스도교인에게 공통된 것으로 이해된다(로마 6,3-11, 갈라 2,20, 2코린 5,17 참조). 그리스도인들은 봉사와 참된 삶에 헌신하는 진정한 삶을 통해 이 사제직을 실천했다(로마 12,1, 필리 4,18, 1베드 2,5 참조).[261] 예수님의 사제직이나 모든 신자의 사제직은 구약의 아론 사제직과 연속성을 가지고 있다.[262] 앞으로 살펴보겠지만 3세기에는 주교가 사제로 불리기 시작했고 그 이후에도 장로들이 그 직분을 두고 경쟁을 벌이게 될 것이다. 그러나 신약성경은 섬기는 지도자에 대해 이교도 용어를 피하는 경향이 있다.[263]

둘째, 신약성경은 누가 성찬식을 집례하는지 명시하지 않는다. 원로-감독이 집례하는 것에 대해서는 언급된 바가 없으며, 바오로 자신도 이를 언급한 적이 없다(사도행전 20장 11절은 이런 식으로 해석할 수 있지만). 또한 성찬식 집전은 열두 사도 중 어느 누구에게도 귀속된 적이 없

---

260 Brown, *Priest and Bishop*, 13-20.

261 Power, *Mission, Ministry, Order*, 255-57.

262 Joseph Ratzinger, "Priestly Ministry: A Search for Its Meaning" (New York: The Sentinel Press, 1971), *Emmanuel* 76 (1970): 442-53, 490-505; Power, *Mission, Ministry, Order*, 258-59. 세례받은 선교사 제자들을 "예배자"로서 논의한 내용은 11장을 참조하라.

263 Osborne, *Priesthood*, 47.

다. 브라운은 "우리가 합리적으로 확신할 수 있는 유일한 것은 누군가 성찬식을 주재했어야 하고, 참여한 사람들이 그의 주재권을 인정했어야 한다는 것이다"[264]라고 썼다. 브라운은 주재자가 남성이었을 것으로 추정한다. 다른 학자들은 그리스도교인들이 모인 가정 교회에서 사회자는 남성 또는 여성일 수 있는 호스트였을 것이라고 제안한다.[265]

교부 시대

예수님의 원래 제자들이 이미 세상을 떠난 후인 사도 바오로와 사목서간 시대에도 직무에 대한 보다 공식적인 이해와 실천으로 나아가는 움직임을 볼 수 있다. 스힐레벡스가 지적했듯이,

> 이러한 상황에서 성직을 사실적으로 제도화하지 않은 공동체(책임 있는 상황에서 성직을 유연하게 발전시키는 공동체)는 사도성과 궁극적으로 그 기원의 그리스도교적 성격을 영원히 잃을 위험이 있다는 것을 알 수 있다.… 사목은 끊임없이 변화하는 상황 속에서 공동체의 그리스도인 정체성을 보존하는 특별한 관심사와 연결되어 있다.[266]

---

264 Brown, *Priest and Bishop*, 41.

265 Janet H. Tulloch, "Women as Leaders of Households and Christian Assemblies," *A Woman's Place: House Churches in Earliest Christianity*, ed. Carolyn Osiek, Margaret Y. McDonald, and Janet H. Tulloch, 144-63 (Minneapolis, MN: Fortress Press, 2006). Schillebeeckx, *The Church*, 119-20.

266 Schillebeeckx, *The Church*, 91-92.

상황이 변하면서 더욱 제도적이고 표준화된 방식으로 발전된 성직은 2세기 초에 쓰여진 비정경 문서와 3, 4세기에도 계속된다. 우리는 이 시기에 이르러 우리에게 더 익숙한 교회 질서가 등장하기 시작하는 것을 보게 된다.

코린도 교인들에게 보낸 클레멘스의 편지

우리가 알고 있는 가장 오래된 비정경 문서는 아마도 기원후 90년에서 100년 사이에 쓰인 클레멘스의 편지일 것이다.[267] 클레멘스는 로마 교회의 주교 중 한 명으로, 특히 뛰어난 주교였을 것이다.[268] 그는 한 무리의 젊은이들이 주교를 해임했거나 해임할 의도가 있다는 소식을 전해 듣고 코린도 교회 공동체를 훈계하기 위해 편지를 보냈다(1). 클레멘스는 이 대담한 움직임에 대해 비난의 말을 아끼지 않았다. "'명예롭지 못한 자'가 '명예로운 자'를 대적하고, 명성 없는 자가 명성 있는 자를 대적하고, 어리석은 자가 지혜로운 자를 대적하고, '젊은이가 장로를 대적하여' 일어났다."(3) 그는 원로들은 그리스도께서 직접 임명하신 사도들(열두 사도)에 의해 임명된 신성한 권리로 교회를 다스리기 때문에(42) 이런 식으로 해임될 수 없다고 주장한다. 클레멘스는 이 원로들을 주교와 부제라고 부르는데, 이는 사목적 직분에 대한 유동성이 여전히 존재한다는 증거이다(42).[269] 어쨌든 이 젊은 반역자들은 공동체의 질서와 형제애가 회복될 수 있도록 장로들에게 복종해야 한다(40, 48, 57).

---

267 Clement, *The Letter to the Corinthians, in The Apostolic Fathers*, ed. Francis X. Glimm, Joseph M.-F. Marique, and Gerald G. Walsh, trans. Francis X. Glimm (New York: CIMA Publishing Co. 1947), 3-58. 날짜에 대한 내용은 Osborne의 Priesthood, 93쪽을 참조하라. 인용은 본문에 괄호로 표시되며, 서신의 장을 가리킨다.

268 Robert B. Eno, *The Rise of the Papacy* (Wilmington, DE: Michael Glazier, 1990), 28-29.

269 Bernier, *Ministry in the Church*, 48; Schillebeeckx, *The Church*, 125-26.

오즈번은 몇 가지 중요한 사실을 지적한다. 첫째, 클레멘스의 직무는 "근본적으로 그리스도 중심적"[270]이기 때문에 젊은이들이 시도했던 방식처럼 직무에 스스로 임명되는 것과 같은 사례는 없다. 공동체는 임직 과정에서 어느 정도 발언권을 갖지만(아직 서품이라고 부르지는 않음),[271] 임직appointment은 궁극적으로 그리스도 자신에게서 나온다(42, 44). 둘째, 원로들은 공동체의 머리이며 복음을 전파하도록 임명되었으므로(42), "공동체에 대한 회장직은 전례에 대한 회장직의 기초가 된다."[272] 원로들을 "대사제", "사제", "레위인"으로 언급하고 있지만, 오즈번은 그들을 "'성직적' 인물"로 말하는 것은 "증거를 확장하는 것"이라고 말한다.[273] 성전 숭배에 대한 언급은 부수적이며 비교는 공동체 질서에 대한 것이다.[274] 같은 구절(42)에서 "평신도"라는 용어는 그리스도교 문서에서 처음으로 사용된다. 그러나 "100년 후 (알렉산드리아의) 또 다른 클레멘스가 등장할 때까지 아무도 이 차이를 포착하지 못할 것이다."[275] 마지막으로, 이 코린도 분쟁에 개입한 것은 로마 교회이지만, 오즈번은 이것이 "'로마 관할권'에 근거하여 이루어진 것 같지는 않다"[276]고 말한다.

이 초기의 공식적인 직무(정경의 최신 문서와 여전히 겹치는 시기)는 여전히 유동적이다. 그러나 주교, 원로, 부제, 사제, 평신도 등 향후 몇 년 동안 더 중요해질 요소와 어휘가 등장하고 있다.

---

270 Osborne, *Priesthood*, 96.
271 Osborne, *Priesthood*, 96.
272 Osborne, *Priesthood*, 96.
273 Osborne, *Priesthood*, 96.
274 Osborne, *Priesthood*, 96.
275 Bernier, *Ministry in the Church*, 48.
276 Osborne, *Priesthood*, 96.

디다케

교회 질서에 대한 또 다른 초기 자료는 '디다케Didache 또는 열두 사도의 가르침The Teaching of the Twelve Apostles'으로 불리는 책이다.[277] 이 책은 1873년 오늘날의 이스탄불에서 발견되었으며, 디다스칼리아Didascalia나 사도 헌법Apostolic Constitutions과 같은 다른 초기 자료에서 인용된 오래 전에 사라진 문서로 즉시 인정받았다. 디다케는 서로 관련이 없는 듯 보이는 두 부분으로 이루어져 있다. 첫 번째 부분(1-6)은 '두 가지 길'에 대한 아주 오래된 도덕 논문을 담는다. 이에 비해 두 번째 부분은 전례 규칙과 교회 질서를 담은 7-16인데, 그 안에는 성체성사로 사용되었을 법한 아름다운 기도문(9-10)이 포함되어 있다. 디다케의 편찬 연대에 대해서는 학자들마다 의견이 분분하다. 어떤 이들은 기원 70년 초에 작성된 것으로 보고, 다른 이들은 기원 180년 후반에 작성된 것으로 주장한다.[278] 버니어는 첫 번째 부분은 더 일찍 작성되었고 두 번째 부분은 시리아 또는 팔레스타인에서 유래한 것으로 추정한다. 스힐레벡스는 이 문서를 마태오복음 전통에 위치시킨다.[279]

디다케는 과도기에 있는 교회의 모습을 엿볼 수 있게 해준다. 이 문서의 중심에는 "사도와 예언자"가 있는데, 이들은 순회 설교자이자 선교사이며 공동체에서 높은 존경을 받는 사람들로 보인다(11~13). 그들은 심지어 "대사제"(13)라고 불리기도 하지만, 이는 단지 지나가는 말로 은유적으로 표현된 것이다. 그들은 또한 제 15장에서 "교사"라고 불리기도 하는데, 이 장은 두 번째 부분의 다른 장들보다 나중에

---

277 Didache 또는 Teaching of the Twelve Apostles는 Glimm, Marique, and Walsh, *The Apostolic Fathers*, 167-84쪽 참조. 인용은 본문에서 괄호 안에 표시.

278 Didache, "Introduction," 67-68.

279 Bernier, *Ministry in the Church*, 49; Schillebeeckx, *The Church*, 90.

쓰인 장으로 보인다. 이 장에서 공동체는 "주께 합당한… 주교와 부제를 선출하라… 그들도 예언자와 선생의 직무를 맡아 너희를 섬기느니라"라는 요청을 받는다. 파워는 이것이 아마도 "사도시대 이후에는 보다 안정적인 관리 형태와 지도자 임명의 필요성을 느낀" 지역사회에서 보다 지역적인 활동을 위한 움직임이었으리라고 제안한다.[280] 다시 한번, 상황과 사명이 발전의 이유이다. 이 주교와 부제(원로는 언급되지 않음)의 역할은 명확하지 않다. 서품에 대한 증거도 없고 성직에 대한 이해도 없다. 그들의 정체성과 권위는 다음에 살펴볼 안티오키아의 이냐시오의 저술에 나타나는 것처럼 뚜렷하지 않다. 아마도 이냐시오의 교회 질서는 시리아 교회와 소아시아 전역(현재의 터키)에서 나타나기 시작했을 것이다.[281]

안티오키아의 이냐시오 편지

110년경, 우리는 안티오키아의 이냐시오의 편지에서 군주 주교제, 즉 장로presbyter(또는 연장자elder)와 부제의 도움을 받아 특정 공동체를 다스리는 한 명의 주교가 출현하는 장면을 볼 수 있다. 이 질서는 결국 (3세기 말)[282] 서방의 로마 제국뿐만 아니라 동방의 페르시아 제국과 아프리카의 교회에서도 각자의 방식으로 교회의 표준적인 사목 구조로 자리 잡게 된다. 시리아 안티오키아의 유일한 주교였던 이냐시오는 신앙을 위해 순교하고자 포로가 되어 로마로 향하고 있었다. 그는 소아시아를 지나면서 에페소와 마그네시아, 트랄리아, 필라델피아, 서머나에 있는 그리스도교 공동체와 지도자들에게 편지를 썼고, 서머나의

---

280 Power, *Mission, Ministry, Order,* 154.

281 Bernier, *Ministry in the Church,* 50.

282 Osborne, *Priesthood,* 98; Schillebeeckx, *The Church,* 127.Trallians

감독 폴리카르푸스에게 개인적인 서한을 보냈다. 또한 로마의 교회에도 편지를 썼다. 당시 이 교회들은 모두 군주제 주교를 두고 있었는데,[283] 흥미롭게도 로마를 제외하고는 여전히 장로회의 통치를 받는 것처럼 보였다.[284]

예를 들어, 우리는 마그네시아인에게 보낸 편지에서 감독의 권위를 하느님(아버지)의 권위에, 주교들의 권위를 "사도들의 공회"에, 부제의 직무를 예수님의 활동에 비교하는 등 교회의 3중 구조를 묘사하는 것을 볼 수 있다.[285] 에페소서 1-2장, 마그네시아 2장, 트랄레스서 2장, 필립복음서 1, 4, 7장, 서머나서 8장, 폴리카르푸스 6장에도 비슷한 묘사가 나타난다.[286] 디다케서와 달리 이냐시오는 자신이 글을 쓰는 공동체 내에서 예언자와 교사(또는 다른 어떤 직무)에 대해서도 전혀 언급하지 않는다. 주교는 이 교회들의 중심인물이며, 장로들로 구성된 자문위원회와 부제들은 "일종의 대사적 지위, 즉 선교사적 지위에서 설교하고 가르치는 중요한 역할을 하지만 무엇보다도 지도자적 역할을 한다."[287] 주교와 부제들은 "기능적" 역할을 하는 반면, 감독과 협의하는 장로들은 "지위"가 있다고 버니어는 썼다. "장로들은 교회 직무를 수행하거나 특정한 직업을 가지고 있기 때문이 아니라 그들의 삶이 성숙한 신앙을 드러내기 때문에 존경을 받는다.… 성역을

---

283 Power, *Mission, Ministry, Order,* 177.

284 Eno, *The Rise of the Papacy,* 26-29; Schillebecckx, *The Church,* 128.

285 Ignatius, "To the Magnesians," 6, *The Epistles of St. Clement of Rome and St. Ignatius of Antioch,* trans. James A. Kleist (Westminster, MD: The Newman Bookshop, 1946), 70-71.

286 이 모든 편지는 *The Epistles of St. Clement of Rome and St. Ignatius of Antioch*에 있다.

287 Osborne, *Priesthood,* 101.

수행하는 사람들은 주교와 부제이다."[288]

주교는 전례 사목을 담당하며, 보통 성체성사 전례를 집전하는 사람이다. 이냐시오는 공동체가 "우리 주 예수 그리스도의 육신 안에서 하나"이고 "우리를 그분의 피로 연합시키는 하나의 잔과 하나의 제단"이 있는 것처럼, "노회와 나의 동료 종들인 부제들의 도움을 받는 한 명의 주교"도 있다고 쓴다.[289] 오즈번은 성찬례 집전권은 공동체에 대한 지도력 때문에 주교에게 속한 것이지 그 반대의 것이 아니라고 지적한다. 따라서 주교의 리더십은 서품 의식에 기인하지 않는다고 그는 말한다.[290] 그러한 의식에 대한 증거는 2세기 후반의 증거를 제공하는 히폴리투스의 저술에만 나타난다.

파워는 이 세 가지 직분 구조로 점진적으로 이동한 것을 다음과 같이 설명한다. 이러한 이동은 의심할 여지 없이 "하나의 사도적 전통을 따르는 신앙의 순수성을 보장하기 위한" 필요성에 대한 응답이다. "박해가 심하고 그리스도에 대한 교리가 여전히 불안정했던 이 시대에 여러 가정과 그 지도자들이 가르치는 내용이 다양했을 가능성이 높다.… 하나의 교회, 하나의 성체, 하나의 주교를 주장하는 것은 모두 신앙의 일치와 공동생활의 조화를 지지하는 것이다."[291]

---

288 Bernier, *Ministry in the Church*, 51.

289 Ignatius, "To the Philadelphians," 4, *The Epistles of St. Clement of Rome and St. Ignatius of Antioch*, 86.

290 Osborne, *Priesthood*, 102.

291 Power, *Mission, Ministry, Order*, 178.

3세기에 이루어진 발전

오리게누스와 테르툴리아누스

이미 2세기 말 알렉산드리아의 신학자 클레멘스(150-215)의 저술에 삼중직의 직무 구조에 대한 증거가 나타난다. 또한 클레멘스의 제자 오리게누스(185-253)는 자신의 저작에서 이 구조를 당연한 것으로 받아들였다.[292] 따라서 이냐시오의 교회 질서 모델은 그 무렵에는 북아프리카 전체는 아니더라도 알렉산드리아에서 표준이 되었다.[293] 그러나 오즈번은 오리게누스가 "그 이전의 다른 어떤 작가들보다" (장로와 집사를 포함한) 사제들의 종종 부패한 관행에 대해 부정적으로 썼음에도 불구하고 그리스도 중심적이고 사제적인 사목 신학을 제시했다고 평가한다. 여기서 우리는 직무의 역사에서 새로운 전환점을 발견할 수 있는데, 이는 의도적으로 구약의 사제적 언어로 암시되고 있다. 그러므로 오리게누스의 글에서, 우리는 비록 그것에 부응하지는 않지만, 그럼에도 불구하고 거룩한 삶의 방식으로 부름받은 신흥 '성직자 계급'의 증거를 볼 수 있다.[294]

오리게누스과 동시대인 테르툴리아누스(155-220)는 로마 율법 전통에 심취하여 성직자를 하나의 직분으로 묘사하고 "서품"을 통해 공식적으로 성직에 입문하는 것이 중요하다고 말했지만, 그 예식을 그렇게 묘사하지는 않았다. 그러나 이러한 표현을 통해 교회는 '서품받은 자'의 직분에 속한 사람과 그렇지 않은 사람, 즉 평신도를 구분할 수

292 Osborne, *Priesthood,* 111-12. 이집트 교회에 관해서는 Schillebeeckx, *The Church,* 129-30쪽을 참조하라.

293 Schillebeeckx, *The Church,* 129-33쪽을 참조하라.

294 Osborne, *Priesthood,* 113-14.

있게 되었다. 이때부터 이 구분은 점점 더 보편화되어 다음 세기 콘스탄티누스 시대에 일반적인 사목자 담론이 되었다.[295] 즉, 서품된 사목과 사목자 계급이 뚜렷하게 등장했다.

히폴리투스의 사도적 전통

사목의 성장과 변화에 대한 이 두 증인과 거의 같은 시기에 주교, 장로, 부제의 서품 의식을 기록한 가장 오래된 문서로는 로마의 히폴리투스가 쓴 [사도적 전통Apostolic Tradition](235년)이 있다.[296] 히폴리투스의 작품은 로마 교회의 서품 의식에 대한 기록으로 2세기까지 거슬러 올라가며 그 이후 교회에 큰 영향을 미쳤다.[297]

주교는 "모든 백성의 선택을 받은 후에야"(2) 서품받아야 한다. 다른 교회의 여러 주교와 장로들이 "주일에 사람들과 함께"(2) 모두 동의한 후, 참석한 주교들이 후보자에게 안수한다(2). 그런 다음 감독 중 한 명이 새 감독을 예수님과 사도들의 사목과 연결하는 기도문을 낭독한다. 이 기도문은 그에게 공동체의 지도력, 전례 직무, 죄 사함을 위한 대사제의 권위를 달라고 간구한다(3).[298] 따라서 우리는 주교를 선택하는 일이 전체 교회에 의해 이루어지지만, 그럼에도 불구하고 사목자와 일반인 사이에는 분명한 구분이 있으며, 주교는 사제적 봉사를 위해 부름받았다는 것을 알 수 있다. 기름부음이나 특별한 예복은 없으며, 이 부분은 나중에 의식에 추가될 예정이다.

장로 성임식에서는 오직 주교만 장로의 머리에 손을 얹고 장로는

---

295 Osborne, *Priesthood*, 114-17.

296 *The Apostolic Tradition of Hippolytus*, trans. Burton Scott Easton (Cambridge: Cambridge University Press, 1934). 참고문헌은 본문에서 괄호 안에 표시.

297 Osborne, *Priesthood*, 117; Schillebeeckx, *The Church*, 133.

298 Osborne, *Priesthood*, 122.

주교에게 손을 대고 있다."(8) 그런 다음 주교는 하느님께 "그에게 사제의 은총과 지혜의 성령을 허락하시어, 깨끗한 마음으로 주의 백성을 지탱하고 다스릴 수 있게 하소서"라고 기도한다(8). 오즈번은 이에 대해 이렇게 논평한다. "성사적 기능에 대한 언급은 전혀 없다. 당시의 자료들과 그 후 두 세기 동안의 기록에 따르면, 장로들은 주로, 때로는 전적으로 에피스코포스(주교)의 자문위원회 역할을 했다. 그들은 오늘날 우리가 이해하는 바와 같은 성사의 집전자도, 말씀의 집전자도 아니었다."[299]

부제가 성임될 때는 주교만이 그에게 서품한다. 부제는 신권을 위해 성임된 것이 아니라 주교를 섬기고 주교의 명령을 수행하기 위해 성임된 것이기 때문이다. 그는 성직자 평의회에 참여하지 않으며, 자신의 직무에 충실하고 주교들에게 "필요한 일"(8)을 알려야 한다. 그런 다음 주교는 성령께서 부제에게 "주의와 부지런함"을 주셔서 "주께서 임명하신 사제들이 주께 드리는 선물"(8)을 바칠 수 있도록 해달라고 기도한다.

본문에는 몇 가지 다른 직무가 언급되어 있다. 고백자는 신앙 때문에 핍박을 받은 사람들이다. 그들은 장로로 봉사하기 위해 서품을 받을 필요는 없지만, 주교직에 선출되면 서품을 받아야 한다(10). 과부, 독서직, 부부제subdeacon, 치유자의 직분으로 임명된 자는 서품받을 수 없다(11-15). 우리는 오늘날 우리에게 훨씬 더 친숙하지만 정식 서품이 필요하지 않은 많은 직무를 포함하는 교회 직분을 보기 시작했다. 그러나 앞으로 몇 년 동안 주교는 사제적 분위기를 훨씬 더 많이 띠게 될 것이고, 부제는 특히 자선 활동에서 주교의 보조자로서 더

299 Osborne, *Priesthood*, 123-24.

큰 역할을 맡게 될 것이며, 장로들은 빠르게 성장하는 교회에서 주교를 대신하여 성찬식을 주재할 권한이 주어지면서 사제라는 직책을 맡게 될 것이다. 여성 사목은 점차 사그라들다가 마침내 사라질 것이며, 다른 사목은 사제 서품을 향하는 부제 서품의 과정에 포함될 것이다.

기성 교회에서 서품받은 성직자

3세기 내내 교회는 로마 제국으로부터 불충실하다는 의심을 받고 심지어 무신론적 종파라는 비난을 받는 박해받는 소수 집단이었다. 그러나 그리스도교는 여러 가지 요인으로 인해 빠르게 성장하고 있었는데, 그중 가장 큰 요인은 그리스도인 스스로의 증언이었다. 4세기 초에 그리스도인은 로마 제국 인구의 10분의 1에 해당하는 약 천만 명에 달했다. 그리스도교는 10년마다 40%씩 성장하여 수년 내에 제국의 다수 종교가 될 것으로 예상되었다.[300] 이러한 상황에서 갈레리우스 황제와 콘스탄티누스 황제는 311/313년에 그리스도교를 합법화했다. 콘스탄티누스는 황제가 된 후 교회 주교들을 로마의 고관대작으로 대우하며 교회에 호의를 보이기 시작했다. 381년 테오도시우스 황제는 그리스도교를 공식 국교로 선포했다. 교회는 전에 없이 번성했고 성직자 구조는 더욱 세분화되고 신성화되었다. 스힐레벡스는 이러한 발전이 이미 2세기에 일어나고 있었으며, 교회 질서가 세속적 시민 질서를 반영하고 있었다고 주장한다. 이제 제국에 의해 정당화되면서 그 구조는 더욱 분명하게 제국을 반영하고 있다.[301]

---

300 Rodney Stark, The Rise of Christianity (San Francisco: HarperCollins, 1996).

301 Schillebeeckx, *The Church*, 132-33, 142-43.

위대한 주교의 시대

이 시기는 강력하고 거룩하며 학식이 풍부한 주교들이 그리스도교 신학을 발전시키고, 중요한 '에큐메니칼' 공의회(니케아, 콘스탄티노플, 에페소, 칼케돈)와 수많은 지역 공의회에서 모이는 등 가톨릭교회의 위대한 황금기였다.[302] 제2차 바티칸공의회에서 부활한 신학인 공동체Collegiality는 아마도 이 시대에 가장 정점에 달했었을 것이다. 제국의 주요 도시에 주교들이 있었고, 그들은 각 지역에서 특별한 지도력을 발휘했다. 그러나 거의 모든 소도시 지역에도 주교가 있었기 때문에 당시의 주교는 오늘날의 담임 목사와 비슷했다. 버니어는 411년 카르타고에서 열린 공의회에 참석한 가톨릭(정통) 주교가 268명, 도나티스트 주교가 279명으로 현재 미국보다 더 많은 주교가 있었다고 말한다. 기적의 일꾼 그레고리는 그리스도교인이 17명밖에 없는 한 마을의 주교였다.[303] 오즈번은 "당시 교회 생활에서 주교는 리더십과 사목의 구심점이자 중심이 되었다"[304]고 적었고, 스힐레벡스는 가난한 사람들을 위한 사회적 지원뿐만 아니라 정치적, 심지어 군사적 역할까지 포함하는 리더십이었다고 지적한다.[305]

우리는 이미 교회의 지도자 직분과 우리가 세례받은 선교사 제자라고 부르는 평범한 사람들 사이에 점점 더 격차가 커지고 있음을 보았다. 이 시기에는 성직자, 수도자, 평신도라는 용어가 굳어질 정도로 그 격차가 커졌다.[306] 물론 수도회는 평신도 운동이었고, 많은 수

302 Osborne, *Priesthood,* 141.

303 Bernier, *Ministry in the Church,* 81.

304 Osborne, *Priesthood,* 130.

305 Schillebeeckx, *The Church,* 149-51.

306 Bernier, *Ministry in the Church,* 96.

도자들이 교회 지도자로서 거룩함을 높이 평가하면서도 교회 직분의 서품을 거부했다.[307]

초기에는 주교를 비롯한 교회 지도자들이 일반 직장에서 일하는 경우가 많았지만 그리스도교를 국가가 인정하면서 변화가 일어나기 시작했다. 마찬가지로 황실은 예배를 인도하는 데 직접적으로 관여하는 성직자에게 병역, 세금, 민사 법정에서의 기소를 면제해 주기 시작했다. 5세기부터 성직자들은 평신도와 구별하기 위해 특별한 의복을 입기 시작했고, 성찬도 의무화되기 시작했다. 서품식에는 기름 부음과 특별한 성직 예복 수여식이 포함되기 시작했다. 다음 세기에 점차적으로 독신주의가 제안되고 요구되었지만 저항을 받았다. 일반 그리스도인들은 주교 임명이나 교회의 다른 문제에 대한 발언권이 점점 줄어들었다. 히폴리투스가 3세기에 기록한 내용은 점차 사라져 갔다. 주교는 더 이상 "모든 사람의 선택을 받은 후"[308]에야 성임되지 않았다.

계속되는 성직자화Sacerdotalization

세례받은 제자직과 서품받은 제자직 사이의 거리가 멀어진 것은 주교직의 성직자화가, 그리고 궁극적으로는 장로들의 성직자화가 점진적으로 하지만 꾸준히 전개된 결과였다. 우리는 이미 그 시작을 보았지만, 사제직의 신성함에 대해 고상한 용어로 말하는 것은 특히 4세기 후반에 요한 크리소스토무스John Chrysostom의 『사제직에 관하여On the Priesthood』 이후 점점 더 표준이 되었다. 크리소스토무스에게 사제는 주교이며, 주

307 Hervé LeGrand, "Ampliare la modalità della chiamata al ministerio," Legrand and Comessus, *Una Chiesa Trasformata dal Popolo*, 126-30.

308 *The Apostolic Tradition of Hippolytus*, 2; Schillebeeckx, *The Church*, 147-49.

교는 하느님과 온 세상 사이의 중재자로 묘사된다. "사제의 존엄성은 천사보다 더 크며, 거룩함과 순결을 요구하고 부여하는 것은 성체성사에 대한 친밀함이었다."[309]

이제 합법화된 교회의 수가 증가함에 따라 한 마을에 둘 이상의 성체성사 모임이 필요하게 되었고, 도시 중심이었던 그리스도교가 시골 지역으로 확산되면서 사목 지도와 성체성사 주재와 같은 주교적 임무를 맡게 된 장로들은 더 많은 성체성사를 집전해야 했다. 이 때문에 장로들은 사제sacerdotes 또는 사제priests라고도 불렸고, 사제직priesthood은 성찬 주례와 밀접한 관련이 있었다(공동체는 여전히 '집전자'로 이해되었지만).[310] 그러나 이 중요한 사목 또는 선교적 발전의 "결과 성사적으로 주교와 사제의 차이가 실제로 문제가 되었고, 사목자는 사실상 본당의 주교와 같은 존재가 되었다."[311] 중세 사제직 신학에서 신학적으로 표현된 내용은 그 결론으로 볼 수 있다.

그러나 스힐레벡스는 당시 교회 직분에 대한 서품은 결코 공동체와 무관하지 않았다고 단호하게 말한다. 칼케돈공의회(451년)의 캐논 제6조에 따르면, 절대적인 서품은 있을 수 없었다. 이는 "성직은 본질적으로 교회적 용어로 정의되는 것이지, 교회의 구체적인 상황과 별개로 성직자 개인의 존재론적 자격으로 정의되는 것이 아님"[312]을 의미한다. 장로(사제)나 부제가 되는 것은 장로나 부제가 되기 위해서가 아니라 그리스도인 제자의 종이 되기 위해서이다. 그러나 이것 역시

---

309 Osborne, *Priesthood,* 150. John Chrysostom, *On the Priesthood,* Book VI, 4, and Book III, 4.

310 Schillebeeckx, *The Church,* 141-42, 144-47.

311 Schillebeeckx, *The Church,* 136.

312 Schillebeeckx, *The Church,* 155-56."The Council of Chalcedon (A.D. 451)," Session XV, Canon 6.

중세 신학에서 변화할 것이다.

부제와 여성 부제

이 시기는 여러 면에서 장로보다 더 중요하고 영향력 있는 부제들의 황금기이기도 했다. 부제들은 주교의 오른팔 역할을 하며 가난한 사람들에게 자선을 베풀고, 나그네를 환영하며, 다른 교회에 주교를 대표하여 파송되었다. 예를 들어, 로마에서는 적어도 9세기까지는 로마의 대부제가 주교나 교황으로 선출되는 경우가 많았다.[313] 니케아공의회에서 알렉산드리아의 부제였던 아타나시우스의 강력한 영향을 볼 수 있으며, 아타나시우스는 알렉산더의 뒤를 이어 주교가 되었다. 동방에서는 위대한 신학자 에프렘을 인정하는데, 그 역시 부제였다.

그러나 안타깝게도, 이 부제들은 때때로 권한을 남용하여 장로의 주장과 충돌했고, 이에 대항하여, 당시 장로들은 주교의 직함인 '사제'를 스스로 맡으며 권위를 행사하기 시작했다. 예리한 필체를 가진 장로였던 제롬은 "주교는 할 수 있고 장로는 할 수 없는 일은 서품을 주는 것 외에는 없다"며 장로의 존엄성을 강하게 주장했다.[314] 결국 부제들은 그들의 권한을 완전히 상실하게 되었고, 중세 시대에는 부제직이 사제 서품을 받기 전의 마지막 단계로만 여겨지게 되었다.[315]

4세기 말 동방에서는 『사도 헌장Apostolic Constitutions』에 여성 부제 서품에 대한 의식이 포함되어 있으며(20장), 서방에서는 적어도 12세기까지 여성 부제직이 번성한 것으로 보인다. 그러나 이 세기 동안 언

313 Bernier, *Ministry in the Church,* 82.

314 Bernier, *Ministry in the Church,* 83. Jerome, "To Evangelus," Letter 146, 1.

315 Edward J. Enright, "The History of the Diaconate," *The Deacon Reader,* ed. James Keating (Mahwah, NJ: Paulist Press, 2006), 7-26.

제나 여성 부제직에 대한 많은 반대가 있었고, 결국 여성 부제직은 "남성이 여성보다 본질적으로 우월하거나 우선한다는 믿음"의 희생양이 되어 사라졌다.[316] 여성 부제들의 활동은 특히 여성들 사이에서 이루어졌으며, 병자를 방문하고, 가르치며, 여성의 세례에서 중요한 역할을 했다. 그러나 여성 부제들이 성찬례에서 강론하거나 복음을 읽었다는 증거도 있다.[317]

중세 신학에서의 서품 사목

계급으로서의 사목

수 세기 동안 아레오파고스 디오니시우스(위-디오니시우스)로 알려진 익명의 시리아 수도사는 5세기 말에서 6세기 초 사람이지만, 중세 직무 신학에 대한 이 섹션은 그의 두 저작, 『천상의 위계The Celestial Hierarchy』와 『교회의 위계The Ecclesiastical Hierarchy』로 시작하는 것이 적절하다.[318] 이 두 저서는 서방 교회의 대 알베르토(1200-1280)와 토마스 아퀴나스(1224-1274), 동방 교회의 그레고리 팔라마스(1296-1359) 같은 신학자들에게 엄청난 영향을 미쳤다. 특히 서방에서 디오니시우스의 신플라톤주의적 관점은 천사들의 질서정연한 계층 구조에 빗대어 교회의 두 가지 위계적 수준을 제시했다. 첫 번째 계층에는 주교, 사제, 부제가 포함되며, 두 번째 계층에는 수도자, 평신도, 예비신자, 피퇴마자energumens(아직 퇴마

316 Bernier, *Ministry in the Church*, 85.

317 Macy, "Women Deacons: History," 9-36. Phyllis Zagano, "Catholic Women Deacons: The State of the Question, Part 1: Learning from Scripture and History," *Doctrine and Life* 72, no. 9 (November 2022): 2-12.

318 Dionysius the Areopagite, *On the Heavenly Hierarchy; Ecclesiastical Hierarchy.*

되지 않은 사람들), 그리고 참회자들이 속해 있다고 설명했다. 이러한 질서는 봉건 사회의 구조와 당시의 위대한 성당 건축에서 볼 수 있는 중세의 질서 의식을 아름답게 반영한다.[319] "이러한 형태와 역동성이 교회에 적용될 때, 직무는 오직 아래로만 말하고 행동한다.… 부제와 사제는 주교에게 아무런 기여도 할 수 없다. 더 높은 직분과 질서는 더 낮은 직분을 포함한다."[320] 이에 근거하여, 12세기 교회법 학자 그라티안의 [교령집Decretals]에서는 "두 종류의 그리스도인", 즉 하나님의 선택을 받은 성직자와 악을 피하고 선행을 행하면 실제로 구원받을 수 있는 평신도에 대해 말할 수 있었다.[321]

우리는 여기서 세례 제자도와는 거리가 멀지만, 사목이 매우 특별한 맥락에 따라, 즉 신플라톤주의적 계층주의와 조화를 이루는 북유럽의 봉건주의에 의해 어떻게 형성되었는지를 알 수 있다. 스힐레벡스는 이러한 위계적 관점이 "교회의 역사적 필요에 따라 사목적으로 필요하다고 생각되는 교회의 다방면의 전문 직무를 평가절하했다"[322]고 평가한다. 이제 교회의 모든 직무는 가장 높은 직무로 나아가는 과정의 한 단계로 간주되었고, 따라서 더 이른 시기에 기원했음에도 불구하고 문지기, 교사, 엑소시스트, 시종직, 부부제라는 '작은 직분'은 사제직을 향한 단계가 되었으며, 그 최종 단계는 부제 직분이 되었다.[323] 이에 비해 사제직은 이제 강론과 사목보다는 성사, 특히 성

---

319 David L. Edwards, *Christianity: The First Two Thousand Years* (Maryknoll, NY: Orbis Books, 1997), 244-45. Thomas F. O'Meara, *Theology of Ministry*, 2nd ed. (Mahwah, NJ: Paulist Press, 1999), 104-11.

320 O'Meara, *Theology of Ministry*, 107.

321 Gratian, *Decretum*, Causa XII, Quaestio 1, Causa VII.

322 Schillebeeckx, *The Church*, 158.

323 Schillebeeckx, *The Church*, 158; Osborne, *Priesthood*, 199.

체성사를 지향했기 때문에 관할권 문제를 제외하고는 모든 면에서 주교직과 동등했다. 이러한 생각은 토마스 아퀴나스[324]와 다른 주요 스콜라 신학자들의 신학에도 존재했다.[325]

지위와 권력으로서의 사제직

오즈번은 중세 시대 사제직의 정의를 구성하는 요소로 세 가지를 꼽았다. 첫째, 앞서 언급했듯이 사제직은 성체성사를 지향했다. 둘째, 사제 서품은 권능, 즉 빵과 포도주를 그리스도의 몸과 피로 변화시키는 성별의 권능을 부여하는 것으로 이해되었다. 그렇기 때문에 셋째, 성찬은 주교가 아니라 사제에게서 완성되었다.[326] 주교와 사제를 구별하는 것은 더 큰 '관할권'이며,[327] 사제에게 강론하고 죄를 용서할 수 있는 권한을 부여하는 것은 바로 이 법적 권능이다.

이러한 이해의 함의는 사제직이 직무ministry가 아니라 상태state라는 것이다. 서품은 봉사의 삶을 살 수 있는 은혜를 부여하는 것이 아니라, 특별한 권능과 함께 더 높고 거룩한 삶의 상태로 승격하는 것을 의미한다. 이는 "존재론적 변화"라는 개념으로 표현되기도 한다. 칼케돈 캐논 제6조에도 불구하고 사제는 성체성사를 거행하는 책임만 지는 '절대적' 서품을 받기 시작했다. 스힐레벡스는 사제직의 "지울 수 없는 성격"이라는 사상을 당시 스콜라 학파의 탓으로 돌리지는 않지만, "스콜라 교리에는 훨씬 후에 사제직의 마법 같은 '성직화'에

324 Aquinas, *Summa Theologiae* (ST), III Supplement, 37, 2; and 40, 5.

325 Osborne, *Priesthood,* 208.

326 Osborne, *Priesthood,* 208.

327 Bernier, *Ministry in the Church,* 142-43.

기여하는 요소들이 포함되어 있었다"고 인정한다.[328]

개인 미사 관행이 발전하면서[329] 사제의 제의적cultic 정체성에 거의 전적으로 초점을 맞추게 되었다. 이러한 양상은 수도원[330]에서든 프랑크 왕국이 사유한 교회에서든 사제가 주교의 직접적인 영향력에서 벗어나는 데 기여했다. 이와 함께 연옥 교리가 부상하고, 죽은 자를 위한 미사가 등장하고 성유해relics 숭배의 중요성이 커지면서 사제 혼자 '집전'하는 매일 미사가 증가하게 되었다.[331] 이러한 변화 과정 안에서 원래 모든 사람이 함께하는 공동의 예식이었던 성체성사가 이제는 사제만이 독점적으로 바치는 제사로 이해되었다. 평신도들은 '가림막rood screen'[332] 뒤에서 미사가 진행되는 동안 지켜보거나 그저 구경만 했다.[333]

스힐레벡스는 "성직자와 백성 사이에 이미 생겨난 간극이 거의 의도적으로 강조되었다고 말할 수 있다. 성찬식에서 사제는 백성에게 등을 돌리고 신자들은 더 이상 손으로 영성체를 받지 않고 혀로 영성체를 받았으며 전문 음악가로 구성된 성가대Schola cantorum가 찬송을 맡게 되었다"[334]고 지적한다. 아퀴나스는 성사가 부여하는 '수동적' 성격과 '능동적' 성격에 대해 말하면서, 백성들은 사제로부터 은혜를 받을 수 있는 힘을, 사제들은 사람들에게 은혜를 베풀 수 있는 힘을

328 Schillebeeckx, *The Church*, 191.

329 Osborne, *Priesthood*, 169-78.

330 Schillebeeckx, *The Church*, 159-67.

331 Schillebeeckx, *The Church*, 159-60.

332 "루드 스크린(rood screen)"은 중세 교회에서 성소와 신자석을 구분하는 장벽으로, 주로 십자가나 성화가 장식되어 있었다. 이 구조물은 평신도가 성소에서 진행되는 미사를 직접 보지 못하게 차단하며, 성직자만이 성소에서 미사를 집전하는 모습을 볼 수 있도록 했다.

333 Edward Foley, *From Age to Age* (Chicago: Liturgy Training Publications, 1991), 96.

334 Schillebeeckx, *The Church*, 161.

부여받았다고 말했다. 즉, 사제를 통해서만 하느님이 은혜를 전달할 수 있었다.[335]

단순함과 봉사보다는 지위와 권력을 강조하는 것은 부패를 불러왔고, 중세 후기 교회와 성직자들에게는 부패가 만연했다. 주교는 교구에 거주하지 않았고, 사제들은 대체로 충분한 교육을 받지 못했으며, 성체성사와 면죄부의 힘에 대한 미신적인 믿음이 널리 퍼져 있었다. 이 모든 일은 많은 그리스도인들이 성경과 초기 그리스도교의 사상과 실천으로 돌아가기를 갈망하는 분위기 속에서 일어났다. 역사에서 개신교 종교개혁이라고 부르는 시기를 전후로 가톨릭교회 내에서 일어난 개혁 운동의 배경에는 부패한 교회와 부패한 성직자가 있었다.

개신교 종교개혁과 트렌트공의회에서의 사제직

소위 '개신교 종교개혁' 이전에도 가톨릭교회 내에 여러 개혁 운동이 있었다. 이러한 개혁의 움직임은 신비주의자들이나 개혁 성향의 추기경들 또는 수도회 회원들 심지어 공의회를 통해서도 추진되었다. 만약 이들 중 어떤 개혁이라도 성공했다면 개신교 종교개혁은 아예 일어나지 않았을 것이다. 그러나 오즈번의 말처럼 16세기에 이르러 개혁은 "허리케인의 힘으로 교회 안으로 들어오기 시작했다."[336] 로마의 권위

335 Bernier, *Ministry in the Church,* 137, 146. Aquinas, *ST, III,* 63, 2.

336 Osborne, *Priesthood,* 220. Osborne은 Samuel Harrison Thompson, *Europe in Renaissance and Reformation* (New York: Harcourt, Brace and World, 1963), 459쪽의 인상적인 한 단락을 인용한다.

는 뿌리째 흔들렸지만 종교개혁자들의 도전은 중세 시대에 발전해 온 사목 신학을 공고히 하는 역할을 했을 뿐이다. 트렌트공의회(1545-63)는 주교단과 사제직에 대한 실제적인 개혁을 위해 헌신했지만, 그 신학은 종교개혁자들의 움직임에 대한 응답이 아닌 반발로 정립되었다.

루터와 칼뱅의 신학에 나타난 사목

아이러니하게도 사목 신학은 개혁주의 의제의 중심이 아니었다. 그러나 사목 신학은 신앙에 의한 칭의, 성경의 우위, 교황권의 역할, 로마 교회의 부패 등과 같은 종교개혁의 중심 관심사와 깊은 관련이 있었다.[337] 여기서는 오즈번이 다룬 것처럼(비록 훨씬 간략하게 다루지만), 마르틴 루터와 장 칼뱅Jean Calvin의 사목 신학에 집중한다.

학자들은 루터의 사목 신학이 명확하게 발전된 것은 아니는 데 대체로 동의하는 것 같다. 많은 면에서 그것은 가톨릭 사상과 일치하지만, 중요한 부분에서 크게 다르다. 우선, 흔히 생각하는 것과 달리, 루터에게 있어서 공식적인 사목 직무는 모든 신자의 사제직과 동일하지 않으며, 그에 의존하지도 않는다. 그럼에도 불구하고, 루터는 신약성경이 "신품성사"를 인정한다고 보지 않았다. 루터는 신품성사를 로마 교회의 창작물로 판정했다. 또한, 그는 그리스도가 단 한 번 죽었으므로 미사가 희생 제사의 성격을 가진다는 개념을 부정했다. 더불어, 루터에게 성찬례는 연옥에서 죄로 인한 "현세적 벌"을 제한하는 효력을 갖지 않는다. 주교 서품이 사제 서품의 유효성을 위해 반드시 필요한 것도 아니다. 루터의 신학에서 하느님의 말씀은 탁월하며, 이는 성찬례뿐만 아니라 특히 강론이 중요하다는 것을 의

337 Osborne, *Priesthood*, 219; Bernier, *Ministry in the Church*, 155.

미한다.[338]

루터와 마찬가지로, 장 칼뱅은 교회에서 사목의 중심적인 중요성을 인정했다. 그러나 칼뱅이 이를 성사로 간주하는지는 명확하지 않다. 오즈번은 칼뱅이 사목의 성사성에 대해 개방적인 태도를 보이지만, 동시에 이 문제를 "회피하려는 태도를 취한다"고 지적한다.[339] 어쨌든 루터의 신학에서와 마찬가지로, 칼뱅에게서도 사목은 모든 신자의 사제직에서 파생된 것이 아니다. 그러나 칼뱅에게 있어 사목은 그 자체로 하느님에게서 기원한다. 버니어는 칼뱅의 사상에서 진정한 사목은 네 가지 직무-목사, 교사, 장로, 집사-로 이루어져 있으며, 이 직무들은 예수님에게로 거슬러 올라간다고 언급한다. 목사의 기본 임무는 가르치는 것이며,[340] 따라서 루터와 마찬가지로 말씀이 중심적이다. 칼뱅은 또한 십자가 희생의 충분성과 행위보다 신앙의 우위를 주장하면서 미사의 희생적 성격을 거부한다.[341] 그는 또한 화체설doctrine of transubstantiation을 거부하지만, 성찬례에서 그리스도의 실재적 현존과 성찬을 통한 그리스도와의 진정한 교제는 받아들인다.[342] 칼뱅은 소품小品을 거부하지만, 주교, 사제, 부제는 신약성경에 그 기원을 두고 있기 때문에 문제 삼지 않는다. 칼뱅이 제기한 문제는 "이 직무를 조롱하는 로마 교회의 부패였고, 이 부패가 그에게 큰 슬픔과

338 Osborne, *Priesthood,* 225-26. Osborne은 가톨릭 신학자인 Peter Manns의 "Amt und Eucharistie in der Theologie Martin Luthers," Peter Bläser, et al., *Amt un Eucharistie* (Paderborn: Bonifacius-Druckerei, 1973), 68-173(특히 87-101)쪽을 요약한다. Bernier, *Ministry in the Church,* 157-58쪽도 참조하라.

339 Osborne, *Priesthood,* 246.

340 Bernier, *Ministry in the Church,* 161. Power, *Mission, Ministry, Order,* 227.

341 Osborne, Priesthood, 245.

342 Bernier, *Ministry in the Church,* 162.

분노를 불러일으켰다."[343]

트렌트공의회의 반응

로마 교회는 종교개혁자들의 도전에 느리게 반응했다. 종교개혁은 1517년 루터가 비텐베르크의 여러 교회 문에 95개 논제를 못 박은 (신화적인?) 사건으로부터 시작되었다. 트렌트공의회는 루터가 사망하기 1년 전인 1545년에야 시작되어, 여러 차례의 중단을 거쳐 칼뱅이 사망하기 1년 전인 1563년에 종료되었다. 스힐레벡스의 말처럼, 공의회의 "최종 성명서는… 거부된 내용만을… 표현하고자 했을 뿐"이었다. 실제로 트렌트공의회 참가자들은 종교개혁자들의 입장을 제대로 연구하지 않았다. 그들이 이해한 것은 단지 요약된 정보였고, 때로는 잘못된 이해에 기반한 것이었다. 사실 그들의 신학은 루터와 칼뱅의 신학과 많은 부분에서 일치했음에도 불구하고, 그 공통점에는 관심을 두지 않고 단지 반대 입장을 견지했다. 이러한 자세는 특히 사목과 성품성사에 관한 문제에서 분명하게 드러났다.[344]

트렌트공의회 문건에서 특히 두 개의 교령과 그에 따른 캐논 규정들이 성직 서품 신학을 다루고 있다.[345] 1551년 10월 11일에 열린 제13차 회기에서, 공의회는 성찬례에 관한 결론을 공포했다. 여기서 그리스도가 축성된 빵과 포도주 안에 참으로 현존한다고 선언했으며(성

343 Osborne, *Priesthood,* 245.

344 Schillebeeckx, The Church, 197-98.

345 Norman Tanner, ed., *Decrees of the Ecumenical Councils,* vol. II (Washington, DC: Georgetown University Press, 1990). Council of Trent, "Decree on the Most Holy Sacrament of the Eucharist," 693-97; "Canons on the Most Holy Sacrament of the Eucharist," 697-98; "The True and Catholic Doctrine of the Sacrament of Order, to Condemn the Errors of Our Time," 742-43; "Canons on the Sacrament of Order," 743-44. 인용은 "성찬례" 또는 "서품"이라는 교령의 명칭과 장 번호, 캐논과 조문 번호로 제시할 것이다.

찬례, 제1장, 693; 캐논 제1조, 697), 이 현존이 바로 실체 변화Transubstantiation라는 사실을 명시했다(성찬례, 제4장, 695; 캐논 제2조, 697). 1563년 7월 15일, 제23차 회기에서 [서품성사에 관한 교령]이 공포되었고, 이 교령은 "그리스도의 몸과 피를 성별하고 봉헌하며 집전하고, 또한 죄를 용서하거나 유보하기 위해" 참된 사제직이 존재한다고 선언했으며, 이는 단지 복음을 전하는 것만을 위한 직분이 아님을 명시했다(서품, 제1장, 742; 캐논 제1조, 743). 또한 소품小品이 실제로 존재하며(서품, 제2장, 캐논 제2조), 서품을 통해 참된 성사가 부여된다는 사실을 가르쳤고(서품, 제3장, 캐논 제3조), 서품받은 자에게는 지워지지 않는 성격이 새겨진다고 가르쳤다(서품, 제4장, 캐논 제4조). 더 나아가, 제4장은 주교가 "사제보다 더 높은 지위에 있으며" 견진성사를 집전하고 다른 성직자를 서품할 수 있다는 점을 강조했다. 하위 성직자들은 이러한 권한을 가지지 않는다(서품, 제4장, 캐논 제6조 및 제7조). 존 오말리John O'Malley의 언급처럼, 공의회의 가르침은 "최소한의 선언이자, 오랫동안 유지되어 온 교리들의 간결한 재확인"[346]이었다.

또한, 공의회의 서품에 대한 논의는 18장으로 구성된 긴 [개혁에 관한 교령]을 추가로 제시했다.[347] 오즈번이 나열한 바에 따르면, 이 교령에는 주교의 거주 규정(개혁, 제1장, 744), 주교 임명과 성별 사이의 기간(개혁, 제2장, 746), 주교가 성직자들을 서품할 의무(개혁, 3장, 746), 소품 수여 조건(개혁, 제5장, 746), 소품·부제 및 사제 서품의 연령(개혁, 제12장, 748), 사제 서품을 위한 부제의 요구 조건(개혁, 제14장, 749), 서품되기

346 John W. O'Malley, *Trent: What Happened at the Council* (Cambridge, MA: The Belknap Press of Harvard University Press, 2013), 223.

347 Tanner, *Decrees,* Council of Trent, "Decree on Reform," 744-53. "Reform"으로 인용되며, 정관과 페이지 번호가 함께 표시된다.

전 사목적 필요의 중요성(개혁, 제16장, 749-50) 등이 포함되어 있다.[348] 이 장의 마지막 부분과 관련해 특히 중요한 교령은 각 교구가 자원의 범위 내에서 "영구적인 하느님의 성직자 양성소"로 기능할 신학교를 설립해야 한다는 지침이다(개혁, 제18장, 751).

버니어는 트렌트공의회에 관한 장을 "더 많이 제거된 평신도"라는 제목으로 마무리한다. 트렌트공의회는 성경과 고대의 교리를 부정하지는 않았지만 모든 신자의 사제직이 발전하는 것을 확실히 두려워했다. 그러나 만인 사제직은 종교개혁자들의 사역 신학에 필수적인 교리였기 때문에 공의회 교부들은 어떤 식으로든 그들의 견해에 편승한다는 인상을 주고 싶지 않았다. 이로 인해 우리가 '세례받은 제자로서의 삶'이라고 부르는 것이 분명히 어려움을 겪게 되었다. 버니어는 트렌트공의회 문헌에서 평신도는 주일과 의무 축일에 미사에 참석해야 할 의무와 결투 금지 규정, 결혼 최소 연령 설정과 관련된 사항에만 국한되어 언급되어 있다고 지적한다. 즉, "트렌트 정신에 영감을 받은 신실한 그리스도인이 어떤 모습이어야 하는지에 대한 그림은 전혀 그려지지 않았다."[349] 세례받은 제자로서의 삶은 수동적인 것이었다. 유일한 실제적 사목은 성직 서품을 받은 제자의 사목이었다.

트렌트 이후의 서품 사목

트렌트공의회가 종교개혁자들의 반대를 무릅쓰고 중세의 성직 서품 신학을 받아들임으로써 이후 400년 동안 가톨릭의 사제직에 대한

348 Osborne, *Priesthood*, 275-76.

349 Bernier, *Ministry in the Church*, 173.

이해를 형성하는 데 큰 영향을 미쳤다. 앞에서 언급한 바와 같이, 신학교 설립에 관한 교령 제18장은 공의회가 이루고자 했던 위대한 개혁에 큰 영향을 미쳤다. 공의회 성공의 핵심은 교회의 '중간 관리'에 해당하는 교구 및 수도회 사제들의 개혁이었다.

특히 프랑스에서는 피에르 드 베륄Pierre de Bérulle, 샤를 드 콩드렝Charles de Condren, 장 외드Jean Eudes, 그리고 장-자크 올리에Jean-Jacques Olier의 지도 아래 신학교들이 번창했고, 대부분의 경우 신학교들은 엄격한 규율 속에서 유능하고 열정적이며 성스러운 사제들을 양성했다. 오늘날 우리가 말하듯, 이 신학교들은 "총체적 기관"이었다.[350] 랄프 깁슨Ralph Gibson은 19세기 프랑스 가톨릭의 사회사를 다루며, 1789년 프랑스 혁명 직전의 "신학교에서 교육받은 본당 신부들curés"의 초상을 그린다.

> [그들은] 일반적으로 그들의 선임들에게서 발견되었던 결함들을 가지고 있지 않았다. 그들은 자신들의 본당에 거주했으며, 이 승리는 주로 17세기에 달성된 것이었다. 많은 경우, 그들은 평생 동안 같은 본당에서 머물렀다.… 그들의 수입은 매우 다양했지만, 대개 지역의 저명한 인사로서의 지위를 부여받았다. 반反성직주의자들의 고정된 강박관념과는 달리, 대부분의 사제들은 여러 사람과 잠자리를 가지거나 심지어 자신들의 하인들과 함께 자지도 않았다. 신학교 교육은 성직자의 성적 욕망을 억제하는 데 놀라울 정도로 성공적이었다. 18세기 프랑스 성직자들은 대체로 순결하고, 본당에 거주하며, 성실한 사제들이었다. 사제들은 세속 사회와 단절하고, 강론,

---

350 "Seminary Education," *the New Catholic Encyclopedia,* vol. 12, 2nd ed. (Detroit: Gale, 2003), 896; Kenan B. Osborne, "Priestly Formation," *From Trent to Vatican II: Historical and Theological Investigations,* ed. Raymond F. Bulman and Frederick J. Parrella (Oxford: Oxford University Press), 117-35.

고해성사, 그리고 교리 교육을 통해 매우 독특한 형태의 그리스도교를 전파하는 데 헌신했다.[351]

그런데 트렌트공의회 이후 신학교는 이와 같이 "총체적 기관"이었을 뿐만 아니라, 신학생들의 머리와 마음에 사제직에 대한 매우 고상한 비전을 심어주는 곳이기도 했다. 스힐레벡스는 이러한 이미지가 사제 서품을 교회의 머리이신 인간 그리스도가 아니라 그리스도의 신성에 일치시키는 신학의 결과라고 주장한다. 스힐레벡스에 따르면 그 결과 사제들이 서품을 통해 "매우 신비롭고, 고도로 신비주의적인 권능"을 공유하게 되었다.[352] 예를 들어, 장 외드는 "하느님의 아들이… [사제들에게] 하느님과 인간 사이의 중재자로서의 자격, 세계의 최고 심판관으로서의 가치, '세계의 구세주'라는 이름에 참여하게 한다"고 썼다.[353] 또는 장-자크 올리에는 서품을 준비하는 피정에서, 사제의 위대함은 "세상의 구원을, 모든 피조물의 성화를, 전 세계의 권고를, 모든 성인의 의무를, 천국 전체의 기도를 자신의 손에 담고 있다는 점"이라고 외쳤다.[354] 이러한 사제직에 대한 찬사는 19세기 헨리 매닝Henry Manning 추기경과 제임스 기번스James Gibbons 추기경이 사제직에 관해 저술한 대중 서적에서도 찾아볼 수 있다.[355] 1935년, 비오 11

351 Ralph Gibson, *A Social History of French Catholicism, 1989-1914* (New York: Routledge, 1989), 16-17.

352 Schillebeeckx, *The Church*, 202.

353 Schillebeeckx, *The Church*, 203n99, Eudes from Pierre Pourrat, *Le Sacerdoce: Doctrine de l'Ecole Français* (Paris, 1943), 44ff.

354 Jean-Jacques Olier, *Traité de Saints Ordres* (Paris: Seminaire de Saint Sulpice, 1929), 408. Osborne은 이 책을 "유럽과 아메리카 전역의 신학생들에게 필수적인 안내서(vade mecum)"로 언급한다. 나는 감히 베트남과 프랑스어권 아프리카 같은 프랑스 식민지에서도 마찬가지라고 말할 수 있다.

355 Henry Edward Manning, *The Eternal Priesthood* (Baltimore: J. Murphy and Co.,

세는 회칙 [가톨릭 사제직에 관하여Ad Catholici Sacerdotii]에서 사제의 "말로 다 할 수 없는 위대함"은 "예수 그리스도의 몸에 대한 권능"이며, 그것을 우리의 제대 위에 현존하게 한다고 서술한다. 1970년대에 나는 한 주교가 서품 미사에서 강론을 하면서 이 사제의 권능을 "하느님을 제대 위로 강제적으로 내리게 하는 능력"이라고 말하는 것을 들은 적이 있다.

엄격한 신학교 환경에서 사제직을 이처럼 높게 평가하는 입장이 400년 동안 사제들이 교육받은 방식이다. 아르헨티나의 부에노스아이레스, 미국의 볼티모어, 베트남의 사이공, 필리핀의 마닐라, 가나의 케이프코스트 등 전 세계 어디에서나 훈련과 신학은 동일했다. 여러 면에서 이러한 사제직의 이미지가 오늘날에도 여전히 존재하고 있지만,[356] 제2차 바티칸공의회는 이를 보다 사목적인 방향으로 근본적으로 재정립했다.

1883); James Gibbons, *The Ambassador of Christ* (Baltimore: J. Murphy and Co., 1896).

356 Hervé Legrand의 사제직에 대한 강력한 성찰은 "Il potere sacerdotale deve essere compreso, secondo la grande Tradizione, come un ministero del unico sacerdozio di Cristo"에서 찾아볼 수 있으며, 이는 Legrand와 Comessus의 *Una Chiesa Trasformata del Popolo* 131-42쪽에 수록되어 있다.

결론

이 장에서는 (서품받은) 사목의 복잡한 역사를 간략하게 그려보았다. 이는 항상 특정한 맥락과 문화적 발전에 뿌리를 두고 있었다. 토머스 오마라가 말했듯, 많은 "변모metamorphoses"가 있었다.[357] 우리는 수도원 운동과 교황권의 부상과 같은 중요한 발전들을 건너뛰거나 간단히 언급했을 뿐이다. 그러나 기본적인 패턴은 서서히 서품받은 자들이 사목을 흡수하는 방향으로 발전해 왔으며, 그 결과로 13장의 도입부에서 언급했듯이, "사목의 표준은 사제직"이 되었다.[358] 수도원, 베긴회, 제3회, 신심 단체에서도 평범한 세례받은 제자들에 의해 이루어진 사목이 항상 있었지만, 이들마저도 서품받은 남성들의 지시나 의심 아래 놓였다. 이런 점을 반영할 때 세례받은 제자직의 존엄성은 상실되었다고 말

357 O'Meara, *Ministry*, 81-138.

358 Richard Lennan, "Ministry in the Church," *The Cambridge Companion to Vatican II*, ed. Richard R. Gaillardetz (Cambridge: Cambridge University Press, 2020), 248.

할 수 있다. 비오 10세는 1906년 그의 회칙 [프랑스의 분리법에 관하여]Vehementer Nos에서 교회는 "목자들과 양떼"로 구성되어 있으며, "대중의 유일한 의무는 자신이 인도되도록 허락하고, 온순한 양떼처럼 목자들을 따르는 것"이라고 쓸 수 있었다(8항).

이 장의 초벌본을 읽은 내 친구 중 한 명은 이 장이 무섭다고 말했다. 실제로 이 장의 내용은 무서운 면이 있다. 오늘날 여러 측면에서 교회의 진정한 지속적인 창조를 방해하는 것은 서품받은 사목에 대한 비맥락적이고 비역사적인 이해이다. 과거에 서품 사목이 어떻게 발전해 왔는지에 대한 복잡성을 인식하는 것만이, 미래의 서품 사목을 이해하는 데 도움을 줄 수 있을 것이다. 이러한 이해는 계급, 지위, 특권에 뿌리를 두는 것이 아니라, 세례받은 선교사 제자들의 평등성에 뿌리를 두어야 한다.

이에 따라 이 책의 다음 장에서는 사목을 수행하는 서품받은 선교사 제자도에 대한 신학을 발전시키려 한다. 이 신학은 다른 사목자들(사목하는 선교사 제자들)을 양성하고, 그들로부터 풍요롭게 되며, 그들과 협력하여 세례의 은총으로 그리스도인의 삶을 살아가는 선교사 제자들을 이끌고, 형성하며, 풍요롭게 만드는 방식으로 사목에 참여한다. 이 신학은 제2차 바티칸공의회의 사목 신학에 뿌리를 두고 있으며, 교황 프란치스코와 현대 신학의 통찰을 통해 더욱 깊이 발전될 수 있다.

15장

서품받은 선교사 제자도-II: 선교하는 교회 안에서 서품받은 선교사 제자에 관한 신학

지난 장의 말미에서 언급했듯이, 프랑스 영성학파French School of spirituality[359]의 발전과 더불어 중세 사제직 신학은 약 400년 동안 성직에 대한 표준적인 이해로 자리 잡았다. 그러나 19세기를 거쳐 20세기에 들어서면서 가톨릭교회는 "무수한 쇄신과 계몽의 세계"[360]에 관여하

359 프랑스 영성학파는 17세기 프랑스에서 형성된 가톨릭 영성 운동으로, 피에르 드 베륄Pierre de Bérulle(1575-1629)에 의해 시작되었다. 이 학파는 육화의 신비를 중심으로 하여, 하느님의 무한한 위대함과 인간의 겸손을 강조하며, 특히 성직자의 성화를 중시했다. 피에르 드 베륄은 성직자가 그리스도의 겸손과 순종을 본받아야 한다고 가르쳤고, 그의 제자인 장-자크 올리에Jean-Jacques Olier(1608-1657)는 사제 양성을 위한 신학교를 설립하며 이 영성을 실천에 옮겼다. 뱅상 드 폴Vincent de Paul(1581-1660)은 자선 활동과 실천적 사목을 통해 이 영성의 사회적 적용을 확장시켰으며, 장 외드Jean Eudes(1601-1680)는 예수 성심에 대한 신심을 발전시켰다. 프랑스 영성학파는 깊은 내면적 기도 생활과 실천적 사도적 활동을 조화시키는 영성을 지향했다. 성직자들이 내적으로 성화됨으로써 교회와 사회에 봉사할 수 있는 기초를 제공했으며, 그 영향은 오늘날에도 가톨릭 성직자 교육에 남아 있다. 이 학파는 성직자와 평신도 모두에게 그리스도의 신비를 깊이 묵상하고 실천을 통해 신앙을 살아내도록 하는 중요한 역할을 했다.

360 Gabriel Flynn, "Theological Renewal in the First Half of the Twentieth Century," *The Cambridge Companion to Vatican II*, ed. Richard R. Gaillardetz, 19-40 (Cambridge: Cambridge University Press, 2020), 20.

기 시작했고, 교회사가 질 루티에Gilles Routhier는 이를 "운동의 시대"[361] 라고 불렀다.

운동의 시대

19세기 중반에 베네딕토회 수도자인 프로스페르 게랑제Prosper Guéranger(1805-75)를 비롯한 인물들에 의해 전례 운동이 시작되었다. 이후 랑베르 보뒤앵Lambert Beauduin(1873-1960)과 오도 카젤Odo Casel(1886-1948)도 이 운동에 동참했다. 이 분야의 학문적 연구는 초기 전례의 공동체적 성격과 중세 시대에 추가된 요소들을 밝혀냈다. 도미니코회 성서학자인 마리 조제프 라그랑주Marie Joseph Lagrange(1855-1938)는 19세기 말과 20세기 초에 성서 운동을 이끌며 신약성서의 교회 질서의 복잡성을 연구하고, 모든 신자의 사제직(베드로전서 2,4)을 재발견했다. 예수회 학자인 장 다니엘루Jean Daniélou(1905-74)와 도미니코회 신학자 이브 콩가르Yves Congar(1904-95)는 20세기 초 교부학 부흥을 주도했으며, 바티칸의 반대에도 불구하고 역사적 연구를 계속했다.[362] 그들의 연구는 교회의 초기 시기에 세례받은 신자들의 제자직과 교회 활동에의 적극적인 참여가 중요함을 보여 주었다. 이러한 운동들은 가톨릭행동과 다른 평신도 운동에서 세례에 대한 새로운 이해와 함께 제2차 바티칸공의회에서 전 교

361 Gilles Routhier, Philippe J. Roy, and Karim Schelkens, "Introduction," *La théologie catholique entre intransigence et renouveau: la réception des mouvements préconcilaires à Vatican II,* ed. Gilles Routhier et al., 5-9 (Louvain-La-Neuve: Collège Érasme, 2011), 5.

362 John W. O'Malley, *What Happened at Vatican II* (Cambridge, MA: The Belknap Press of Harvard University Press, 2008), 75, 86-87; Flynn, "Theological Renewal," 22-23.

회에 가시적으로 나타날 쇄신의 기초를 마련했다.[363]

이러한 움직임 뒤에는 신학적 요인 외에도 비신학적 요인들이 작용하고 있었다. 민주주의는 전 세계적으로 특권과 지위에 기반한 삶에 도전하고 있었다.[364] 19세기와 20세기 초반에 유럽을 포함한 교회는 노동 계층을 잃었고, 이는 노동사제 운동의 탄생과 유럽이 선교지가 되었다는 인식을 불러일으켰다.[365] 더 부유한 국가의 남녀들은 더 교육을 받고 독립적으로 사고하기 시작했으며, 식민지 국가의 교육받은 남녀들은 교회가 그들 문화의 풍요로움과 성스러움을 인정할 것을 요구하기 시작했다. 이러한 변화는 두 차례의 끔찍한 세계대전과 세계 경제대공황, 아시아·아프리카·라틴아메리카에서 계속되는 분쟁, 그리고 냉전의 긴장이라는 배경에서 이루어졌다.[366]

이러한 상황과 그 밖의 여러 가지 요건으로 인해 교황 요한 23세는 성경의 감도를 받은 지혜로 교회의 교리와 사목에 있어 근본적인 쇄신이 시급하다는 것을 깨달았다. 이에 그는 교회의 선교를 새롭게 하기 위해 "두 시대 사이의 전환점"이 될 에큐메니칼 공의회를 소집하여 "교회를 트리엔트공의회 이후의 시대에서 벗어나… 증언과 선포의 새로운 단계로 이끌어가려"[367] 했다. 이러한 전환적 여정에는 세례와 교회의 선교적 본질에 뿌리를 둔 신학, 즉 서품받은 선교사를

---

363 lynn, "Theological Renewal," 20-38; O'Malley, *What Happened at Vatican II,* 53-92.

364 O'Malley, *What Happened at Vatican II,* 83-84.

365 Oscar L. Arnal, *Priests in Working-Class Blue: The History of the Worker Priests* (1943-1954) (Mahwah, NJ: Paulist Press, 1986); Henri Godin and Yvan Daniel, *France, pays de mission?* (Paris: Éditions du Cerf, 1943).

366 Stephen Schlosser, "Against Forgetting: Memory, History, Vatican II," *Theological Studies* 67 (2006): 275-319.

367 Giuseppe Alberigo, "The Announcement of the Council: From the Security of the Fortress to the Lure of the Quest," *History of Vatican II,* vol. 1, ed. Giuseppe Alberigo and Joseph A. Komonchak, 1-54 (Maryknoll, NY: Orbis Books, 1995), 42.

위한 새로운 신학이 필요했다. 이 새로운 신학은 공의회에서 발전한 성소 사목 신학과 공의회 이후 몇 년 동안의 투쟁과 발전을 통해, 그리고 프란치스코 교황의 활동에 제2차 바티칸공의회의 신학이 새롭게 적용되면서 주요한 발전을 이루었다.

제2차 바티칸공의회에 나타나는 서품받은 이의 사목

과도기적 여정은 처음부터 순탄치 않았다. 우리는 이미 앞에서 교회에 관한 문서의 초안이 승리주의적이고, 법리적이고, 성직자적인 것으로 거부된 과정을 확인했다.[368] 주교에 관한 문서의 초안은 주교직을 주로 법리적인 용어로 규정하여 기본적으로 중세와 트리엔트공의회의 접근 방식을 재현했다.[369] 사제직에 관한 문헌의 초안도 단순히 교황의 발언과 로마 전통 신학을 요약하여 "트렌트공의회 시대의 성직 모델이 확고하게 유지"[370]되는 모습을 보여 주었다.

그러나 이후 회기에서는 이러한 관점이 모두 바뀌게 된다. 교회 문서는 완전히 개정되었고, 위계 구조에 대한 장에 앞서 하느님의 백성에 관한 장이 배치되었다. 이는 서품 직무를 세례받은 제자의 역할과 하느님의 백성을 섬기는 활동으로 자리매김하는 중요한 변화였다(참조: LG 18; CD 1). [교회 헌장]Lumen Gentium과 [주교직의 사목적 임무에 관

368 Gérard Philips, "Dogmatic Constitution on the Church," "History of the Constitution," *Commentary on the Documents of Vatican II*, vol. 1, ed. Herbert Vorgrimler (New York: Herder and Herder, 1967), 109.

369 Richard R. Gaillardetz, *The Church in the Making: Lumen Gentium, Christus Dominus, Orientalium Ecclesiarum* (Mahwah, NJ: Paulist Press, 2006), 33.

370 Maryanne Confoy, *Religious Life and Priesthood: Perfectae Caritatis, Optatam Totius, Presbyterorum Ordinis* (Mahwah, NJ: Paulist Press, 2008), 9.

한 교령](Christus Dominus) 모두 교회의 사명과 삶에서 주교직의 핵심적인 역할을 인식했다(참조: LG 23-25; CD 5-11; Ad Gentes 20, 29). 또한, [사제의 교역과 생활에 관한 교령](Presbyterorum Ordinis)에서는 사제의 사목presbyteral ministry을 모든 신자의 사제직 활동 안에 두고 "전체 몸의 사명에 참여하지 않는 구성원은 존재하지 않는다"(PO 2)는 점을 분명히 밝혔다. 공의회에 참석한 여러 선교사 주교들의 영향으로 부제직이 사목에서 행하는 역할도 인정되었다. 또한 이 공의회에서 부제직은 단순히 사제직으로 가는 마지막 단계가 아니라 교회의 영구 직무로서 회복되었다(참조: LG 29; AG 19). 제2차 바티칸공의회는 성품성사 신학을 상태나 지위로서가 아닌 직무로 이해하는 방향으로 전환시켰다. 주교와 사제에 관한 교령의 제목에서도 이러한 변화를 볼 수 있다. 이를테면 주교에 관한 교령의 제목은 [주교직의 사목적 임무에 관한 교령The Pastoral Office of Bishops]이고, 사제에 관한 교령의 제목은 [사제의 교역과 생활에 관한 교령Ministry and Life of Presbyters(Priests)][371]이다.[372]

공의회에서의 주교직

제1차 바티칸공의회에서도 교회 내에서 주교의 역할을 다루려고 시도했다. 그렇지만 교회를 다룬 내용이 담긴 제안서는 "교황권에 관한 부분만 계속 논의한다"는 조건하에 수정작업을 위해 위원회로 송부되었다.[373] 결국 이 내용이 교황의 수위권과 무류성을 다룬 [영원한 목자Pastor Aeternus]로 발표되었다. 하지만 1870년 프랑스-프로이센 전쟁

371 한국천주교주교회의는 이 교령을 번역하면서 "이 교령에서 '사제'로 옮긴 말은 교회법적으로 주교와 구별되는 '신부'(Presbyter)이다"라는 설명을 덧붙이며 사제로 번역했다.

372 Richard Lennan, "Ministry in the Church," Gaillardetz, T*he Cambridge Companion to Vatican II,* 251.

373 Gaillardetz, *The Church in the Making,* 29.

이 발발하면서 공의회가 중단되었고, 성직에 대한 추가적인 문서는 발표되지 않았다. 그 결과 주교들은 단순히 "교황의 대리인"이라는 인식을 남겼다.

제2차 바티칸공의회는 이러한 인식을 바꾸고, 주교들이 성품성사 신학에서 더 중요한 위치를 차지하도록 했다. 공의회는 "성품성사의 중심을 사제직에 두는 천년 전통"을 뒤집었다.[374] [인류의 빛Lumen Gentium] 21장은 주교직의 성사성을 명확하게 주장하며, "주교 축성으로 충만한 성품성사가 수여된다""고 선언한다. 또한 초기 교회 신학자들이 주교직을 "대사제직, 거룩한 봉사 직무의 정점"이라고 불렀음을 언급한다. 주교 서품은 "성화의 직무와 함께 가르치고 다스리는 직무도 부여"하지만, 이 직무들은 모든 다른 주교들과의 일치, 그리고 교황과의 연합 속에서만 행사될 수 있다(이에 대해서는 아래에서 살펴볼 것이다). 이 표현은 상당히 법적으로 들릴 수 있지만, 이 내용에서 주교 사목의 세 가지 측면 모두 단순히 교황의 관할권이 아니라 성사 자체에 의해 부여된다는 점에 유의하는 것이 중요하다. 주교의 직분office(라틴어로 'officium'은 임무task 또는 '봉사service'라는 뜻)은 본질적으로 사목이다. 그것은 "성서에서 diakonia 또는 사목이라고 매우 명시적으로 부르는 진정한 봉사"(LG 24)이다.

두 번째로, 주교는 성품성사의 충만함을 온전히 받지만, 주교직은 개별적으로 행사되는 것이 아니라 공동체적으로 수행된다. 주교 서품은 전 세계의 다른 주교들과 함께 공동 사목을 나누는 하나의 단체로 서품되는 것이며, 그 공동체적 일치의 표지인 교황과 결합된다. 이는 주교들의 공동체성에 관한 내용의 핵심적인 부분으로서, 토머

374 Gaillardetz, *The Church in the Making,* 74.

스 라우시Thomas Rausch는 이 교리가 "공의회의 가장 중요한 신학적 진보를 대표한다"고 언급한다.[375]

주교단의 단체성은 주교의 권위와 책임의 공동체적 성격과 교황의 권위와 책임 사이에서 미묘한 춤을 추는 것과 같다. 이 춤의 섬세함은 1964년 공의회 제3차 회기가 끝날 무렵에 특히 두드러졌다. [인류의 빛Lumen Gentium]에 대한 승인을 앞두고 있을 때, 교황 바오로 6세는 공동체를 어떻게 이해해야 하는지를 설명하는 '해설서Explanatory Note'를 통해 개입했다.[376] 공의회는 "개별 주교는 자기에게 맡겨진 하느님 백성의 몫에 대해 사목적인 직무를 행사한다"(LG 23)고 선언했다. 주교는 "스스로 소유한 권한을 행사하기 때문에 로마 교황의 대리자가 아니다."(LG 26) 그러나 주교회의의 일원으로서 "각 주교는 보편 교회를 위해 관심을 기울인다."(LG 23) 그들은 전체 교회의 신앙을 유지하고, 특히 정의를 옹호한다는 측면에서 전 세계의 교회 구성원, 특히 가난하고 고통당하며 옳은 일을 하다가 박해를 받는 지체들을 사랑하도록 가르쳐야 한다. 이들은 자신의 교구뿐만 아니라 전 세계 주교들과 친교를 나누는 선교사로 부름받았다. 그들은 "직접 또는 개인적으로, 또는 신자들의 열렬한 협력을 불러일으켜 수확할 일꾼과 영적, 물질적 원조를 제공"함으로써 다른 교회를 도와야 한다(LG 23). 주교회의

375 Thomas P. Rausch, "Leadership and Governance in the Church," Gaillardetz, *The Cambridge Companion to Vatican II*, 233; Gaillardetz, *The Church in the Making*, 77-82쪽 참조.

376 Rausch, "Leadership and Governance," 234-35. collegiality에 대한 확장된 설명은 Joseph A. Komonchak, "Toward an Ecclesiology of Communion," Alberigo and Komanchak, *History of Vatican II*, vol. 4 (Maryknoll, NY: Orbis Books, 2003), 62-86쪽을 참조하라. Luis Antonio G. Tagle, "The 'Black Week' of Vatican II (November 14-21, 1964)," Alberigo and Komanchak, 388-452쪽과 "Preliminary Explanatory Note" *Vatican Council II: Constitutions, Decrees, Declarations*, ed. Austin Flannery (Collegeville, MN: The Liturgical Press, 1996), 93-95쪽도 참조하라.

의 단체성은 "모든 주교가 참여할 권리가 있는 에큐메니칼 공의회에서 장엄한 양식으로 행사"(LG 22)되며, 모든 주교는 이 공의회에 참여할 권리가 있다(Christus Dominus 4). 1965년 9월 교황 바오로 6세가 발표한 문서에 따르면, 주교 시노드에 참여하는 것은 단체성의 표시이다(CD 5 참조).[377]

여기서 우리는 공식 공의회 문서에 포함되지는 않지만, '카타콤 협정The Pact of the Catacombs'이라는 제목의 특별한 문서를 언급할 수 있다.[378] 이 문서는 공의회 한 달 전, 교회가 '가난한 이들의 교회'가 되어야 한다는 교황 요한 23세의 요청에 따라 공의회 기간 동안 정기적으로 모임을 가진 여러 주교들이 만든 결과물이다.[379] 1965년 11월 16일, 로마의 성 도미틸라 카타콤에서 열린 공동 집전 미사에서 40명의 주교들이 이 협정에 서명했다. 주로 라틴아메리카 출신의 주교들로 구성된 서명자 중에는 브라질 레시페의 엘데르 카마라Dom Hélder Câmara와 아르헨티나 라리오하 교구의 엔리케 앙헬레리Enrique Angelelli 주교가 있었다. 앙헬레리 주교는 1976년에 순교하였고, 2019년에 시복되었다.[380]

주교들은 이 협약에서 가난하게 살고, 자신들이 섬기는 사람들과 가까이 지내며, 소박한 옷을 입고, 자신의 이름으로 된 건물이나 은

---

377 Paul VI, Apostolica Sollicitudo. 그러나 Christus Dominus는 이 점에 대해 상당히 모호하다. 이후 문서들은 시노드를 "단체성(collegiality)의 도구"라고 부를 것이다. 자세한 내용은 Holy See Press Office, General Information on the Synod, Preamble을 참조하라.

378 Xabier Pikaza and José Antunes da Silva, eds., *The Pact of the Catacombs: The Mission of the Poor in the Church* (Estella, Spain: Editorial Verbo Divino, 2015), 14-19. 이 책은 이 놀라운 문서에 대한 여러 논문을 제공한다.

379 John XXIII, Radio Address, September 11, 1962.

380 "Bishop Bl. Enrique Ángel Angelelli Carletti," https://www.catholic-hierarchy. org/bishop/bangca.html.

행 계좌를 소유하지 않겠다고 서약했다. 또한, 재정 문제에 있어 평신도들과 협력하고, "존엄하신eminence"이나 "각하excellency"와 같은 호칭을 거부하겠다고 다짐했다.[381] 이들은 이러한 약속을 "인류의 2/3에 해당하는 신체적, 문화적, 도덕적 빈곤에 처한 대다수에 대한 공동봉사"[382]를 실천하는 방법으로 간주한다.

우리는 교황이 법적으로 부여한 추가 권한을 가진 일종의 '슈퍼 사제'로서의 중세 주교에 대한 이해에서 멀리 떨어진 지점에 도달했다. 공의회 문서가 보여 주는 다소 법적인 어조에도 불구하고, 제2차 바티칸공의회에서 볼 수 있는 것은 주교가 교회의 사도성에 기반을 두고 모든 교역, 심지어 서품받은 교역의 공동체성을 보장하는 역할을 한다는 점이다. 교황의 교역조차도 주교단의 단체성이라는 교리의 맥락에서 보면 교회의 친교를 보장하는 일치의 사목으로 드러난다. 주교단이 교황 없이 존재할 수 없다면, 교황이 주교단의 수장으로서 독립적으로 행동할 수 있다 하더라도 주교단 없이 교황이 존재할 수 없다는 것은 당연한 이치이다.[383]

공의회에서의 사제직

공의회에서 주교직에 대한 신학적 회복이 충분히 이뤄진 점을 두고 일각에서는 상대적으로 사제직에 대한 공의회의 성찰을 외면하고 심지어 사제직 자체를 '격하'했다고 평가하기도 한다.[384] 실제로 페터 휘네

381 *Pact of the Catacombs,* paragraphs 1, 2, 3, 4, 5.

382 *Pact of the Catacombs,*paragraph 11.

383 *Lumen Gentium*의 appendix 로 붙은 "Preliminary Explanatory Note"의 paragraphs 3과 4를 참조하라.

384 Paul Bernier, *Ministry in the Church: A Historical and Pastoral Approach* (Maryknoll, NY: Orbis Books, 2015), 245.

르만Peter Hünermann은 사제직에 관한 공의회의 교령을 "공의회의 소외된 자녀 중 하나"[385]로 묘사한 바 있다. 그러나 이 문서가 다소 피상적이고 일관성이 없더라도,[386] 공의회가 진행되면서 발전한 내용은 오늘날 사제직을 새롭게 이해하는 데 매우 중요한 역할을 하게 되었다.

이 교령의 역사는 교훈적이다. [교회 헌장Constitution on the Church]과 마찬가지로 이 교령도 여러 차례 수정을 거쳐 공의회 마지막 회기에야 비로소 승인되었다. 위에서 언급했듯이 첫 번째 초안의 제목은 "성직자에 관하여On Clerics"였으며, 기본적으로 트리엔트공의회에서 반포된 교리 중 사제직에 관한 교리를 재탕한 것이었다. 두 번째 초안인 "사제에 관하여On Priests"는 "주로 사제의 성사 사목에서 파생된" 10가지(결국 12가지) 원칙을 명시했다.[387] 그 뒤를 이어 "사제의 생활과 교역에 관하여On the Life and Ministry of the Priest"라는 제목의 세 번째 초안이 제시되었으나 격렬한 비판을 받았다. 마지막으로 세 번째 초안의 제목의 어순을 바꾼 네 번째 초안이 제안되었다. 이제 이 문서는 "사제의 교역과 생활에 관하여On the Ministry and Life of Priests"라는 제목을 갖게 되었고, 여기에는 최종 문서의 기본 문안이 포함되었다. 여기서 "'교역'을 '생활'에 앞서 배치한 것은 사제의 '인격'에서 파생되는 지위보다 사목 활동을 강조한 것으로 볼 수 있다."[388]

여기서 "사제"로 번역되는 단어를 바꾼 것도 중요한 변화였다. 두 번째와 세 번째 초안에서 사용되었던 사제sacerdos라는 단어 대신, 최

---

385 Peter Hünermann, "The Last Weeks of the Council, IV. A Half-Hearted Reform: The Decree on the Ministry and Life of Priests," *History of Vatican II*, vol. 5, ed. Giuseppe Alberigo and Joseph A. *Komonchak*, 363-483 (Maryknoll, NY: Orbis Books, 2006), 457.

386 Hünermann, "The Last Weeks of the Council," 457-58.

387 Lennan, "Ministry in the Church," 250.

388 Lennan, "Ministry in the Church," 251.

종 문서에서는 [인류의 빛]에 따라 장로prebyter(이 문헌의 라틴어 제목은 Presbyterorum Ordinis이다)라는 용어를 사용했다. 비록 사제 양성에 관한 교령 [온 교회의 열망Optatam Totius]에 사제sacerdos라는 용어가 다시 등장하지만, 이러한 용법은 이 교령의 사목적 성향을 더 잘 반영한다.[389] 이 문서에는 사제(장로)와 성체의 동일시 및 사목 정체성 측면에서 약간의 모호함이 있다(PO 2, 5; 그리고 LG 28 참조). 그럼에도 불구하고 이 문서는 사제 사목의 뿌리를 사제, 예언자, 왕/종 지도자로서의 그리스도의 삼중직에 두고 있으며, 이는 교회 전체가 공유하는 것이다(교령 1, 2, 4-6). 제자도와 선교는 사제 정체성의 기초를 형성한다.[390]

한편, 주교들이 주교단에 편입되어 그들의 직무를 받는 것처럼, 사제들도 그들의 주교의 사목에 속하고 사제단에 편입되어 서품된다. Presbyterorum Ordinis 2장은 "주교직의 사목이 하위 직급으로 사제들에게 맡겨졌으며, 그들은 사제 서품Ordine presbyteratus을 받아 주교단과 협력하여 그리스도가 교회에 맡기신 사도적 임무를 올바르게 수행하도록 한다"고 설명한다. 즉, 사제들은 독립적인 계약자가 아니라 주교와 명확히 연결되어 있는 존재이다.[391] 그럼에도 불구하고, 사제직은 "특별한 성사"를 통해 부여되며, 이를 통해 성사적 품성이 부여되고 그리스도를 본받아 "그리스도의 머리 역할을 수행할 수 있게 된다"고 강조된다(PO 2).

사제직이 지닌 사목적이며 선교적 의미는 교령 전반에 걸쳐 분명하게 드러난다. 교령 3항은 사제가 "사람들 가운데서 선택되어 하느님을 섬기는 일을 맡아 다른 사람들과 형제처럼 살아간다"는 점을 강

389 Lennan, "Ministry in the Church," 260.

390 Confoy, *Religious Life and Priesthood,* 29.

391 Lennan, "Ministry in the Church," 253.

조한다. 사실, 사제는 "어떤 방식으로든 구별되어 있지만", 그럼에도 불구하고 이러한 구별은 "하느님의 백성 안에" 있으며, 구분 자체를 위해서가 아니라 봉사하기 위한 구별이다. 한편으로 사제는 세상 안에 머무는 것을 넘어서는 삶을 증거한다. 그러나 "다른 한편으로 보자면, 만약 사제가 세상의 삶과 환경에 무관심하다면 사람들을 섬기는 힘을 가질 수 없다." [사제 양성에 관한 교령]의 한 구절이 여기에 해당한다. 사제직을 준비하는 이들은 "권력과 명예를 위한 삶이 아니라, 온전히 하느님과 사목적 교역에 헌신하는 삶"을 지향해야 한다(Optatam Totius 9). 사제 정체성의 가장 기본적인 요소는 세례와 인성이다. 사제의 사목은 세례 제자도와 인간적 성숙에서 비롯된다.

매리앤 콘포이Maryanne Confoy는 12장에서 언급한 요셉 라칭거Joseph Ratzinger의 글을 인용한다. 라칭거는 "이 문서 전체의 강조점은 분명히 두 번째 장, 즉 사제직의 진정한 본질에 관한 문제에 있다"[392]고 적었다. 나는 사제의 세 가지 임무를 설명하는 제2장의 첫 번째 부분이 특히 그렇다고 믿는다. 여기서 사제의 "첫 번째 임무"는 "모든 사람에게 하느님의 복음을 전하는 것"(PO 4)이다. 사제는 비신자에게 복음을 선포하거나, 그리스도인이 신앙에 대해 더 깊은 지식과 인식을 갖도록 인도하고, 신학적 성찰에 참여하는 등 다양한 방식으로 이를 실천할 수 있다. 말씀을 전하는 사목 활동은 상황적, 선교적 과제이다. 사제는 "일반적이고 추상적인 방식이 아니라 복음의 영원한 진리를 구체적인 삶의 상황에 적용하여 하느님의 말씀을 설명해야 한다."(PO 4) 두 번째로 사제는 성사를 집전하는 자이며 성사를 증거하는 자이다. 이 모든 성사는 성체성사를 중심으로 이뤄진다. 그러나 여기서

---

392 Confoy, *Religious Life and Priesthood,* 28쪽은 Joseph Ratzinger, "Priestly Ministry: A Search for Its Meaning," *Emmanuel* 76 (1970): 490쪽을 인용한다.

분명한 점은 성체성사가 "사제가 주재하는 신자들의 모임"(PO 5)에서 거행된다는 것이다. 사제의 사제직은 사목적인 사제직이다. 사제로서의 교역은 그리스도인 제자들이 전례와 기도에 더 깊이 참여하도록 이끌며 사제 스스로도 보다 깊은 영성 공부를 수행하고 기도를 하도록 부른다. 마지막으로 사제는 주교의 사목 직무에 참여하며 자신이 돌보는 지역 교회를 세울 수 있는 권한을 부여받는다. 사제는 자신이 돌보는 사람들의 신앙을 "개인적으로나 혹은 다른 사람들을 통해"(이 부분에서 평신도 사도직에 대한 암시가 드러난다) 키우고 깊게 해야 한다. 사제의 임무는 신자들이 "그들의 소명을 온전히 발전시키고, 진실하고 적극적인 사랑과 그리스도께서 우리에게 주신 자유를 실천하도록 돕는 것이다."(PO 6) 사제는 특히 가난한 이와 청소년, 부부, 부모, 서약한 여성과 남성, 병든 사람과 죽어가는 사람을 돌봐야 한다. 사목의 책임에는 돌보는 사람들을 하나의 공동체로 형성하는 것이 포함되며, 이 공동체는 "지역 교회뿐만 아니라 보편적 교회를 포용해야 한다. 지역 공동체는 단순히 자기 신자들의 돌봄을 증진하는 데 그치지 않고 선교 정신으로 충만해야 하며 모든 사람이 그리스도께로 가는 길을 원활하게 해야 한다."(PO 6) 서품받은 성직자의 임무는 우리의 용어로 말하자면, 세례받은 이들의 선교적 제자도를 기르고 발전시키는 것이다. 이는 세례와 서품 사목을 통해 신자들이 선교적 소명을 온전히 실천하고, 그리스도 안에서 성숙해지는 것을 목표로 한다.

제2차 바티칸공의회가 사제직을 다루는 방식은 교회가 중세 교회와 트렌트공의회의 좁은 이해를 넘어 초대 교회와 신약성경 자체에 뿌리를 둔 사제직을 회복하는 길을 열어 주었다. 사제직에 대한 이해가 단순한 컬트적이고 권력 중심적인 지위에서 견고하고 봉사 중심적인 사목적 활동으로 옮겨졌다. 그러나 이러한 변화에서 한 가지 큰 약점은 제2차 바티칸공의회가 교구 사제직에 대한 성찰에 거의 독점적으로 집중했다는 점이다. 교구 사제직과 수도 사제직의 차이점을 인정하지만, 이를 그다지 중요하게 여기지 않는 것처럼 보인다. 지난 수십 년 동안 이러한 차이점을 강조하고 사제직의 '두 전통'이 교회에 제공하는 풍요로움을 강조하기 위해 노력해 왔다.[393] 이에 대해서는 나중에 자세히 살펴보겠지만, 이 시점에서 사제 사도직과 삶에 대한 공의회의 놀라운 쇄신에서 이 중요한 결함을 지적하는 것은 중요한 의미가 있다.

공의회에서의 부제Diaconate

[인류의 빛] 29항에는 세례를 집전하고, 성체를 보존하고 분배하며, 혼인을 주례하고 축복하며 죽음이 임박한 이들에게 병자 성체를 모셔 가거나 장례식을 주재하는 등의 부제 소임이 열거되어 있다. 그러나 [인류의 빛]은 "오늘날 라틴 교회의 현행 규율대로는 많은 지역에서 그 이행이 어려울 수 있으므로, 부제직은 앞으로 교계의 고유하고 영구적인 품계로서 복구될 수 있을 것"(LG 29)이라고 덧붙인다. 이러한 복구는 관할 지역 주교회의의 승인을 받아 시행될 수 있으며, 교황의 승인을 받으면 이들 종신 부제직은 결혼할 수도 있다.[394]

393 John W. O'Malley, "One Priesthood: Two Traditions," A Concert of Charisms: Ordained Ministry in Religious Life, ed. Paul K. Hennessy (Mahwah, NJ: Paulist Press, 1997), 9-24. 이 책 전체가 이 주제에 관해 중요한 성찰을 제공한다. Stephen Bevans and Robin Ryan, eds., *Priesthood in Religious Life: Searching for New Ways Forward* (Collegeville, MN: The Liturgical Press, 2018); and Christian Raab, *Understanding the Religious Priesthood: History, Controversy, Theology* (Washington, DC: The Catholic University of America Press, 2021).

394 공의회에서의 부제를 둘러싼 논의의 역사에 관해서는 William T. Ditewig, "The Contemporary Renewal of the Diaconate," *The Deacon Reader*, ed. James Keating (Mahwah,

리처드 가일라데츠Richard Gaillardetz는 이 결정이 "중대한 결정"이었다고 말한다.[395] 분명히 이 결정은 사목ministry을 사제직이나 주교직으로 나아가는 과정으로 이해하던 관행을 해체하는 첫걸음이었다. 결국 14장에서 살펴본 바와 같이, 교황 바오로 6세는 소품minor orders을 폐지하고, 고유한 정체성을 지니고 교회의 카리스마적 구조에 뿌리를 둔 사목 직무를 만들었다. 또한 이 조항에서 주목할 점은 성직에 반드시 독신 생활이 필요하지 않다는 것을 인정하는 중요한 단계라는 데 있다. 물론 교회 안에서 결혼한 부제의 문제가 항상 부상했지만, 이러한 현실이 여기서 분명하게 완화된 것이다. 이로써 "공의회는 사실상 결혼 서약 생활을 통해 성스러움에 대한 보편적 소명을 이행하면서 서품 성직에 대한 교회의 부르심에 응답하는 것이 가능하다고 말한 것이다."[396]

한편, [만민에게]는 [인류의 빛]이 가리킨 바 있는 종신 부제직의 회복을 주교회의가 실천하도록 장려했다. 주교들은 [인류의 빛] 29항에 기술된 부제의 많은 기능을 교리교사나 다른 비성직자들이 실제로 수행하는 '선교 교회'의 맥락에서 다룬다. 여기서 주교들은 자신들의 교역이 "부제직의 성사적 은총을 통해 더욱 풍성해질 것"이라고 제안한다(AG 16항). 이러한 추론은 서품이 단순히 사목의 은총을 부여하는 것뿐만 아니라, 이미 이루어지고 있는 사목을 인정하는 과정이라는 이해를 반영한다. 그리고 이 방식으로 신학적으로 접근하는 자세는 이후에 교회가 서품 사목을 이해하는 방식에 큰 영향을 미칠 수 있는데, 이는 교회 전체가 이러한 논리에 기반하여 선교하는 제자

NJ: Paulist Press, 2006), 27-55쪽을 참조하라.

395 Gaillardetz, *The Church in the Making*, 86.

396 Gaillardetz, *The Church in the Making*, 87.

공동체로 이해될 수 있기 때문이다.

공의회 이후의 문헌에 나타나는 서품받은 이의 사목

공의회 이후의 주교들

위에서 언급한 바와 같이, 교황 바오로 6세는 1965년 공의회 제4차 회기가 시작될 때 자의교서 [사도적 염려Apostolica Sollicitudo]를 공표함으로써 주교 시노드를 제정했다. 이 문서는 "주교들의 임무에 관한 교령의 초안을 작성한 위원회 위원들에게도 비밀에 부쳐졌다."[397] 이 때문에 일부 주교들은 시노드가 교황의 재량에 따라 기능하고 자문 역할만 한다고 예측하며 교황에게 실망을 표시했다. 그러나 요셉 라칭거는 "교황의 형제 주교들이 교황 자신의 사목에 포함되기 때문에" 시노드가 교황직에 "새로운 측면"을 부여할 것이라고 지적했다.[398] 이와 관련하여 토머스 라우시는 시노드를 "새로운 공동체의 도구"[399]라고 명명했다.

그러나 라우시는 프란치스코가 교황이 되기 전까지는 이 시노드가 "대체로 실망스러운 모습을 보여 왔다"고 말한다. 그는 3~4년마다 시노드가 열렸지만 교황과 교황꾸리아에 의해 엄격하게 통제되었고 "자유로운 토론이 거의 없었다"[400]고 지적한다. 2013년 프란치스코 교황은 주교 시노드를 더욱 역동적으로 만들기 위해 "시노드의 방식

---

397 Gilles Routhier, "Finishing the Work to Be Done: The Trying Experience of the Fourth Period," Alberigo and Komonchak, *History of Vatican II*, vol. 5, 56.

398 Joseph Ratzinger, *Theological Highlights of Vatican II* (Mahwah, NJ: Paulist Press, 2009), 204.

399 Rausch, "Leadership and Governance," 240.

400 Rausch, "Leadership and Governance," 241; Gaillardetz, *The Church in the Making*, 130-32.

을 바꿀 때가 되었다"고 제안했다.[401] 이에, 교황은 2015년에 시노드 50주년 기념식 연설에서 시노달리타스가 교회의 본질적인 요소임을 강조했다. 2018년, 그는 [주교들의 친교Episcopalis Communio]를 발표하여 시노드를 보다 참여적인 방식으로 개혁했고, 이후 2023-24년의 시노드 회기에서 이 변화를 정점에 이르게 했다. 이 시노드의 주제는 "친교Communion, 참여Participation, 사명Mission"이었다.[402]

주교회의는 공의회 이후 공동체성을 실천하는 또 다른 방식으로 자리 잡았다. [전례 헌장Constitution on the Liturgy]에서는 이들이 전례 개혁에서 중요한 역할을 할 것으로 기대했으며, [주님이신 그리스도Christus Dominus]와 [만민에게Ad Gentes]에서도 그 유용성을 인정했다(CD 36; AG 38). 국가별 주교회의나 라틴아메리카주교회의연합(CELAM), 아시아주교회의연합(FABC)과 같은 지역 주교회의는 공의회 이후 교회의 사명에 중요한 기여를 하게 되었다.

그러나 1970년대에 이르러, 주교회의의 권위와 공동체적 역할이 의문에 붙여지기 시작했으며, 특히 요셉 라칭거 추기경에 의해 비판을 받았다. 1998년, 요한 바오로 2세는 교황교서 [그분의 사도들Apostolos Suos][403]을 발표하여, 주교회의가 "부분적인 공동체성의 실천"이지만, 그 권한은 제한적이라고 명확히 했다. 이에 반하여, 프란치스코 교황은 다시 한번 주교회의의 중요성을 강조하며, 교회 내에서 그들

---

401 Pope Francis, *A Big Heart Hope to God: A Conversation with Pope Francis,* interview by Antonio Spadaro, SJ (New York: HarperOne/America Press, 2014), 39.

402 The Preparatory Document of the Synod on Synodality, Sepember 7, 2021.

403 '그분의 사도들'은 주교회의의 신학적·법적 성격을 규정한 교황 요한 바오로 2세의 1998년 교황교서로, 주교회의가 독립적인 교의적 권위를 행사하지 않으며, 단지 교황의 승인하에서만 그 권위를 인정받을 수 있음을 명확히 했다. 주교회의는 중앙집권적 기구가 아닌 주교들 간의 협력을 위한 기구로, 각 지역의 특성과 문화적 맥락에 맞는 사목적 조치를 취할 수 있도록 지원한다는 점에서 중요한 역할을 하고 있다.

의 역할을 재정비할 것을 촉구했다. 2017년 프란치스코 교황은 주교회의에 해당 지역의 전례서를 작성하고 승인할 수 있는 권한을 부여하고 로마의 승인만 받도록 했다.[404] 이 모든 과정에서 프란치스코 교황은 "선교라는 중심축 안에서 사목적인 교역"(EG 33)을 행사하고 있다.

공의회 이후의 사제들

잘 알려진 바와 같이 공의회가 지지한 개혁과 새로운 신학은 교회에 큰 희망을 불러일으켰다. 그러나 전례, 수도 생활, 사제 양성, 신학 등의 갑작스러운 변화로 인해 많은 혼란이 일어나기도 했다. 수많은 신자들이 신앙생활에서 혼란을 겪었을 뿐 아니라 사제직에서, 때로는 주교직에서 이탈하는 사태가 발생했다. 공의회 이전 신학에서는 사제직이 높은 지위를 차지하다가 공의회를 통해 이 지위가 강등되어 주교의 교역에 종속적인 역할로 축소되었다. 또한 세속 세계에 대한 공의회의 보다 긍정적인 태도가 사제의 '특별성'에 도전하고 독신의 필요성에 대한 의문을 제기했다. 또한, 공의회가 모든 세례받은 이들의 근본적인 평등을 강조하고 예상치 못한 평신도 사목이 급증하면서, 일부 사제들은 자신의 교역 정체성에 대해 혼란을 겪게 되었다.

이처럼 혼란스러운 상황에서 교황 바오로 6세는 1971년 주교 시노드에서 "사제직에 대한 논의를 할 것을 제안"[405]했다. 최종 문서는 사제직에 관한 공의회의 가르침이 가져온 많은 긍정적인 결과를 인정했

---

404 Rausch, "Leadership and Governance," 242; Pope Francis, *Magnum Principium* (September 3, 2017).

405 Second Synod of Bishops, *The Ministerial Priesthood, Vatican Council II, Vatican Collection, Volume 2, More Post Conciliar Documents,* ed. Austin Flannery (Collegeville, MN: The Liturgical Press, 1982), Introduction (672-94).

다(서론). 그러나 이 문서는 [인류의 빛]과 [사제품Presbyterorum Ordinis]으로 열린 새로운 시각을 지지하고 강력하게 옹호하기보다는 (트렌트공의회의) 전통적인 사제직 이해에 더 초점을 맞춘 다소 방어적인 문서로 비쳐졌다.

오늘날 1971년 주교 시노드의 문서 [The Ministerial Priesthood]는 거의 잊혀져 있다. 반면, 같은 시노드에서 발표된 [Justice in the World]는 바티칸 웹사이트에 올라와 있다.[406] 그러나 사제직에 대한 문제는 여전히 중요하다. 지난 50여 년 동안 [인류의 빛]과 사제직에 관한 교령 [사제품Presbyterorum Ordinis]이 제시한 방향에서 벗어나, 성사적 서품의 존재론적 변화와 전통적 성직복을 강조하는 경향(예: 카삭이나 수탄, 사제 예복에 대한 집착)이 지속되고 있다. 서품받은 성직의 독특함을 강조하는 것은, 결과적으로 세례받은 이들의 선교적 제자도와 서품받은 제자도를 선교적 활동으로 이해하는 인식을 희생시키는 결과를 낳는다. 이는 선교적 교회에서 서품된 성직자들이 선교적 역할을 수행해야 한다는 공의회의 비전에서 벗어나, 사제직의 특수성에만 집중하게 되는 문제를 일으킨다.

공의회 이전의 서품 사목에 대한 이해가 지속되고 있지만, 이는 공식적 또는 준공식적 교회 문서에서 완전히 승인된 것은 아니다. 예를 들어, 1977년에 아시아주교회의연합(FABC)은 교회 내 직무에 대한 컬로퀴엄을 개최하면서, "교회에는 다양한 기능, 봉사, 직무가 존재하더라도 모든 사람이 평등하고, 공동 책임을 지며, 상호 의존적인

---

406 1971 Synod, *Justice in the World; Catholic Social Thought: Encyclical and Documents from Pope Leo XIII to Pope Francis*, 3rd ed., ed. David J. O'Brien and Thomas A. Shannon (Maryknoll, NY: Orbis Books, 2016), 304-18.

봉사의 공동체"임을 강조했다.[407] 이 맥락에서 사제직은 말씀 선포와 전례 집전, 특히 성찬례와 사목적 돌봄을 통해 표현된다.[408] 같은 해, 미국 주교들은 서품받은 사목자, 특히 사제가 교회 안에서 봉사하는 많은 이들 중 하나임을 강조하는 매우 아름다운 문헌, [As One Who Serves]를 발표했다.[409] 이 문헌에서 미국 주교들은 사제의 역할은 교회에서 필수적이지만 유일하거나 가장 중요한 활동으로 간주되기 보다는 교회의 다양한 직무들의 조정이라는 관점에서 이해되어야 한다고 주장했다.

한편, 교황 요한 바오로 2세는 종종 다소 전통적인 사제직 신학을 주창한 인물로 분류되는데, 이는 여러 측면에서 사실이다. 사제직에 관한 교황의 주요한 언급은 1990년 사제 양성 시노드 이후 1992년에 반포된 사도적 권고 [현대의 사제 양성Pastores Dabo Vobis]에서 찾을 수 있다.[410] 이 문서에는 사제직에 관한 두 가지 신학이 존재하며, [사제품Presbyterorum Ordinis]에서 발견되는 것과 같은 긴장 관계에 있는 것으로 보인다. 우선 이 문헌의 전반부에서는 먼저 전통적인 이해가 제시된다. 사제는 그리스도와 일치된 존재로서, 머리이자 목자, 교회의 종이자 신랑이라는 존재론적 개념으로 표현된다(PDV 3, 16, 22, 29 참조). 요한 바오로 2세에게 사제직은 분명히 그리스도 안에 뿌리를 두고 있으

---

407 FABC, "Asian Colloquium on Ministries in the Church: Conclusions," *For All the Peoples of Asia: Federation of Asian Bishops' Conferences, 1970-1991* (Maryknoll, NY: Orbis Books, 1992), 73, par. 30.

408 FABC, "Asian Colloquium," 86, 103.

409 US Bishops, *As One Who Serves: Reflections on the Pastoral Ministry of Priests in the United States* (Washington, DC: United States Catholic Conference, 1977), 5.

410 *Pastores Dabo Vobis*에 대한 감사의 논평은 Ronald D. Witherup, *Gold Tested in Fire: A New Pentecost for the Catholic Priesthood* (Collegeville, MN: The Liturgical Press, 2012), 7-18쪽을 참조하라.

며, 그리스도와 마찬가지로 사제도 교회의 봉사 안에서 살아가는 삶으로 자신의 정체성을 찾는다. 그러나 이 문서를 통해서라면 마치 사제의 중재를 통해서만 그리스도가 그 안에 현존한다는 인상을 받을 수 있다. "그러므로 사제들은 한 분 대제사장이신 그리스도의 현존을 연장하고, 그분의 삶의 방식을 구현하며, 그들의 보살핌을 맡은 양떼 가운데서 그리스도를 가시화하도록 부름을 받았다"(15항). 사제는 교회와 모든 신자의 사제직을 위해 봉사하지만, "교회의 최전방에 있는"(16) 존재로 그려진다. 이러한 관점에서 일부 사람들은 "요한 바오로 2세 사제"를 "영웅적 사제직heroic priesthood"에 참여하는 이로 일컫는다.[411]

그러나 사제직에 대한 또 다른 신학적 힌트는 분명 그리스도론적이면서도, 아마도 제2차 바티칸공의회의 사제직 비전과 더 일치할 것이다. 이 비전은 그리스도론적일 뿐만 아니라 깊은 교회론적 측면을 갖고 있다. 요한 바오로 2세는 [현대의 사제 양성] 전반에 걸쳐 라틴어 공식 문헌에서 sacerdos("사제")와 presbyter라는 단어를 모두 사용함으로써 공의회 용어의 중요한 변화를 적어도 어느 정도는 수용한다. 그렇지만 사제직에 대한 요한 바오로 2세의 비전은 단순히 전해 내려오던 것을 잇는 지점에 서지 않는다. 바오로 2세의 사제직 이해에서 사제가 그리스도에 대한 신심을 드러내는 이유는 교회에 대한 봉사라고 제시된다. 사제직에 대한 교황의 고귀한 비전은 모든 그리스도인의 세례적 존엄성을 배제하지도 않는다. 그는 서품받은 사제의 직무 사제직과 모든 신자의 보편 사제직 사이의 밀접한 연관성을 자주 언급한다(PDV 3, 16, 17, 37). 요한 바오로 2세는 [현대의 사제 양성]

411 Bishop Robert Barron, "Heroic Priesthood," Word of Fire, https://www. youtube. com/watch?v=TaoqdKz4m5E.

17항에서 이 점을 분명히 한다. 그는 모든 신자의 사제직과 성직 사제직이 [인류의 빛]에 나타난 바와 같이 "서로 안에서 질서를 갖는ordered to one another" 관계임을 암시하며 이를 매우 분명하게 표현한다. "사실, 성직 사제직은 그 자체로 신자들의 일반 사제직과 관련하여 더 높은 수준의 거룩함을 의미하는 것이 아니라, 그를 통해 그리스도께서는 성령 안에서 사제에게 특별한 은사를 주셔서 하느님의 백성들이 받은 일반 사제직을 충실하고 온전히 행사할 수 있도록 도와주신다." 다시 말해, 서품받은 사제직의 임무는 자신이 섬기는 그리스도인들의 세례와 사목적 선교 제자도를 배양하는 데 있다.

사제 성직에 대한 프란치스코 교황의 접근 방식은 이 두 번째 노선을 더 따르고 있다. 프란치스코에게 예수님이 사제 삶의 중심이 되어야 한다는 점은 의심의 여지가 없다.[412] 그러나 그의 사목 신학의 기초는 교회를 "거룩하고 신실한 하느님의 백성"으로 이해하는 데 있다고 나는 생각한다.[413] 프란치스코 교황에게 가장 중요한 것은 모든 그리스도인을 "선교하는 제자"로 만들고 그들에게 어떤 "신성한 실재와의 친밀성"을 부여하는 세례이다([복음의 기쁨] 119-20항 참조). "직무 사제직은 예수님께서 자신의 백성에게 봉사하시고자 쓰시는 하나의 수단이다. 분명 우리가 지닌 존엄성은 모든 이에게 열려있는 세례에서 온다. 그러나 사제가 머리이신 그리스도께로 구성되었다는 것은 사제를 다른 사람들보다 더 높이는 승격을 의미하지 않는다(EG 104)"라고 그는 썼다.

---

412 Pope Francis, "Jesus Must Be at the Center of Life," *Disciples Together on the Road: Words of Pope Francis for Priests* (Washington, DC: United States Conference of Catholic Bishops, 2016), 55-60.

413 Pope Francis, *A Big Heart Hope to God,* 25.

그러나 이는 '진정으로' "사제의 삶과 사목은… 관계relationshep에 관하여 의미를 갖는다"[414]는 점을 나타낸다. 프란치스코 교황에게 중요한 것은 '공동체'이다. 그가 "나는 항상 공동체를 찾고 있었다. 나는 혼자서는 사제가 될 수 있다고 생각하지 않았다. 내게는 공동체가 필요하다." 프란치스코는 비슷한 인용구로 12장을 시작하며 사제에 대해 다음과 같이 말한다. "때로는 앞에서, 때로는 중간에서, 때로는 뒤에서 사람들과 함께 걷는 존재, 즉 앞에서는 공동체를 인도하고, 중간에서는 격려와 지원을 하며, 뒤에서는 공동체를 단결시키기 위해 걷는 존재이다. 또 다른 이유도 있다. 사람들에게 '코'가 있기 때문이다! 사람들은 냄새를 맡고, 새로운 길을 발견하며, 신학자들이 말하는 '신앙 감각'을 가지고 있다."[415] 사제는 '양의 냄새'를 맡아야 한다는 말이 자주 인용된다.[416] [복음의 기쁨] 24항에서 프란치스코는 사제가 모든 그리스도인과 마찬가지로 선교하는 제자이며, 사제 서품을 받은 선교사 제자임을 다시 한번 강조하면서 이 임무를 모든 복음 전파자에게 적용하고 있다.

우리는 앞 절에서 교구 사제직에 중점을 두어 수도 생활에서의 사제직, 즉 서원한vowed 세례 제자직이 사실상 배제된 것이 [사제품]의 결함이라고 지적한 바 있다. 수도 사제들 사이에서는 종종 무시되는 사제직의 이 차원, 즉 주교회의의 풍부한 사목적 이해를 보완하는

---

414 Robin Ryan, "Perspectives from Pope Francis on Priesthood in Religious Life," Bevans and Ryan, *Priesthood in Religious Life,* 125.

415 Pope Francis, "To Listen, to Walk, and to Proclaim Even to the Outskirts," *Disciples Together on the Road,* 27.

416 Pope Francis, "With the Odor of the Sheep," *Disciples Together on the Road*,5; 아프리카가 이 문제에 대해 보이는 태도는 Antoine Kambanda, "'If You Want Cows, You Must Sleep Like a Cow': The Bishop in the Church of Pope Francis,"*The Church We Want: African Catholics Look at Vatican II,* ed. Agbonkhianmeghe E. Orobator (Maryknoll, NY: Orbis Books, 2016), 65-76쪽을 참조하라.

차원에 대해 더 충분히 성찰하려는 노력이 있었다. 서원한 세례 제자들은 공동체 생활을 통해 형성된 사제직을 실천하기 때문에 성직주의에 덜 민감하고 서품받지 않은 다른 제자들과 더 잘 어울릴 수 있다. 또한 이들의 서원과 수도 생활의 카리스마적 특성은 보다 덜 제도적이면서 동시에 보다 더 예언자적인 교역을 할 수 있게 해준다. 이들은 지역 주교에게 충성하지만, 교회의 가장자리에서 더 많은 활동을 하고, 가난한 사람들, 종종 소외된 사람들(예: 장애인 여성과 남성 또는 성소수자)과 더 많이 동일시되는 사목에 참여하고, 상황적 신학화와 전례 혁신 및 실험에 더 개방적일 수 있다. 다양한 수도회의 카리스마는 교육과 장학, 관상 생활이나 해외 선교, 평화 또는 생태 정의 사목에 중점을 두는 사제들을 형성할 수 있다. 종종 국제적인 성격을 띠는 수도회의 특성은 세계 교회를 더 염두에 두고 포용하는 성직자가 되게 하여, 성직자들에게 더 넓은 세계관과 더 깊은 문화 간 인식을 전수할 수 있다. 물론 교구사제들도, 대다수는 아닌 일부라 하더라도, 이러한 약속을 공유하기는 한다. 그러나 사제 서원을 한 선교사 제자들의 경우, 수도 생활에 대한 헌신이 이러한 가치에 충실하기를 요청하기 때문에 그들이 사제나 주교, 또는 부제로서 활동하는 방식을 형성할 수 있다.[417]

공의회 이후의 부제들

공의회는 부제를 다루는 명확한 신학을 제시하지는 않았다. 그러나 1967년 교황 바오로 6세가 공식적으로 제정한 자의교서 [거룩한 부제

417 Stephen Bevans and Robin Ryan, "Introduction: A Priesthood Shaped by Re-ligious Life," Bevans and Ryan, *Priesthood in Religious Life,* ix-xviii; Stephen Bevans and Robin Ryan, "Why the Catholic Church Needs Two Different Kinds of Priesthood," *America: The Jesuit Review* (April 1, 2019).

직Sacrum Diaconatus Ordinem]에서 부제의 직무를 설명하고 종신 부제직을 회복하려는 움직임에 대해 간단히 설명했다. 부제 신학은 여전히 진행 중인 작업이지만, 리처드 가일라데츠는 부제가 우리 시대에 "교회 생활의 가장 극적인 발전 중 하나"라고 말한다.[418] 미국에서 부제에 대한 반응은 압도적이었으며, 복원 이후 수천 명의 (특히) 기혼 남성들이 품을 받았다. 특히 사제 부족 현상이 심화되고 있는 상황에서 부제의 업무 대부분은 전례에 관한 것이지만, 행정 및 사회 업무도 담당하고 있다. 이들은 교구 사무실, 본당의 전례, 사회봉사 또는 사법부 사목 책임자, 병원과 교도소의 원목으로 봉사한다.

가일라데츠는 멕시코 남부 치아파스주의 유명한 주교 사무엘 루이스Samuel Ruiz의 사목을 집중 조명한다. 멕시코 주교들이 부제 제도를 승인하자 루이스는 마야 문화의 맥락에서 부제들과 그들의 아내들을 훈련하기 시작했다. 가일라데츠는 부제 한 명과 부제 후보자 여러 명이 지역사회에서 저명했던 죽어가는 여성을 위해 기도하기 위해 미끄러운 산길을 오르는 이야기를 들려준다. 그들이 도착했을 때, "이 부제 후보자들은 이미 지역 사회에서 존경받는 영적 지도자였음이 분명했다."[419] 서품받은 선교사 제자도는 이러한 원주민의 맥락에 분명히 뿌리를 두고 있으며 그들의 지혜와 영적 뿌리를 통해 세례받은 선교사 제자도를 충실히 섬기고 있다.

회복된 부제가 전 세계 모든 교회에서 번성하지는 않았지만, 2019

---

418 Gaillardetz, *The Church in the Making,* 139.

419 Richard R. Gaillardetz, *Ecclesiology for a Global Church: A People Called and Sent,* rev. ed. (Maryknoll, NY: Orbis Books, 2023), 166. Michel Andraos, "Praxis of Peace: The Pastoral Work and Theology of Bishop Samuel Ruiz and the Diocese of San Cristobal, Chiapas, Mexico," doctoral dissertation, University of St. Michael's College, Toronto, Canada, 2000.

년 범아마존 시노드는 아마존 교회의 "긴급한 문제"로 부제의 형성과 지원을 언급하고 있다. 아마존의 부제들은 "통합적인 생태학, 인간 개발, 사회 사목, 취약성과 빈곤의 상황에 처한 사람들을 위한 봉사를 장려하고, 종 되신 그리스도를 모델로 삼아 자비롭고 사마리아인적이며 연대적이고 부제적인 교회가 될 것"[420]을 권장받는다.

최근 전 세계 곳곳에서 여성도 부제에 입후보할 수 있게 해달라는 요청이 있었는데, 이 주제는 곧 다룰 예정이다.

공의회 이후의 교황

공의회에서 진행된 공동체를 둘러싼 논의에서 교황과 주교들의 역할 사이에 긴장이 발생했음을 앞에서 간략하게 언급했다. 1964년 공의회의 세 번째 회기가 시작될 무렵, 교황 바오로 6세는 여러 추기경과 총대주교가 서명한 11페이지 분량의 문서를 전달받았다. 이 문서는 [인류의 빛] 초안에서 공동체를 다루는 내용이 "약하고, 오류가 있으며, 일관성이 없고, 교회의 일치에 위험하다"[421]고 지적했다. 교황을 주교회의의 수장으로 배치했다는 사실[422]은 제1차 바티칸공의회에서 개진된 교황의 우위성과 무류성을 약화시킬 수 있는 위협으로 인식된다는 내용을 담고 있었다. 그 결과 [인류의 빛] 발간 시점에 해설 노트가 추가되었다. 바오로 6세가 마리아를 교회의 어머니로 선언한 것(이전에는 공의회가 이를 승인하지 않았다)[423]과 주교 시노드 설립을 깜짝 발표한 것은 공동

---

420 *The Amazon: New Paths for the Church and for an Integral Ecology: Final Document,* October 26, 2019, 104.

421 Rausch, "Leadership and Governance," 234.

422 Gaillardetz, *The Church in the Making,* 78.

423 Gaillardetz, *The Church in the Making,* 25. 교황 바오로 6세는 1964년 11월 21일, 제3차 회기를 마치는 연설에서 마리아를 교회의 어머니로 선포했다. Paul VI declared Mary the Mother of the Church at his speech at the close of the third session, November 21,

체의 맥락에서 교황의 권위에 대한 그의 신중한 태도를 드러내는 장면이다.

교황 요한 바오로 2세는 특히 130여 개국의 '성지를 순례'하고 수많은 회칙과 강력한 교도권 선언을 통해 교황 재위 기간 동안 교황으로서의 직무를 강조했다. 그러나 10장에서 살펴본 바와 같이, 요한 바오로 2세는 회칙 [하나되게 하소서Ut Unum Sint]에서 그리스도교 일치에 있어서 교황의 역할에 대해 "인내심 있는 형제적 대화"를 촉구했다(UUS 95-96항). 요한 바오로 2세의 초대에 대해 헤르만 포트마이어Hermann Pottmeyer와 같은 신학자는 세계 교회가 된 상황에서 교황 사도직에 대한 새로운 이해를 요구한다고 평했다. 또한 존 퀸John Quinn 대주교는 교황의 요청을 주교단의 단체성에 대한 더 깊은 이해와 연결시킨다.[424] 리처드 가일라데츠는 이 회칙에 제시된 교황권의 자리가 베드로 사도직의 촉진적facilitative 활동과 개입주의interventionist 활동을 유용하게 구분했다고 평가한다. 이는 공동체성, 지역 교회의 우선성, 선교에 비추어 교황권을 새롭게 이해한다면 촉진적 운동을 훨씬 더 강조하게 되는 반면, 개입주의 운동은 정중하고 드물게 사용하게 된다는 점을 인식하게 된다[425]고 보았기 때문이다.

나는 가일라데츠의 사상이 프란치스코 교황의 교황직에서 구체화되었다고 생각한다. 6장과 서품 사목에 대한 성찰에서 표현했듯이 프란치스코 교황은 교회와 사목에 대한 이해를 하느님 백성의 이미지에 닻을 내리고 있다. 이 때문에 신앙/신자라는 개념은 교회의 모

1964, 30.

424 Hermann J. Pottmeyer, *Towards a Papacy in Communion: Perspectives from Vatican Councils I and II* (New York: Crossroad, 1998), 19, 111-36; John R. Quinn, *Reform of the Papacy: The Costly Call to Christian Unity* (New York: Crossroad, 1999).

425 Gaillardetz, *The Church in the Making*, 176-78.

든 종류의 권위, 그리고 이러한 맥락에서 교황의 권위에 대한 이해의 중심에 자리 잡는다. "백성과 주교와 교황" 사이에 진정한 대화가 있을 때 교회는 "성령의 도움을 받는다"는 대담한 주장은 위계와 교황 권위에 대한 기계적인 이해를 피하는 것이라고 가일라데츠는 말한다.[426] [복음의 기쁨]에서 프란치스코는 주교에게 "교구 교회에서… 선교적 친교를 육성"하라고 촉구하면서 다음과 같은 내용을 덧붙인다. "내가 다른 이들에게 요청하는 것을 나도 실천하도록 부름받았기 때문에 나 또한 교황직의 쇄신에 대해서도 생각한다. 로마 주교로서 나의 의무는, 예수 그리스도께서 원하셨던 의미와 복음화의 현재적 요구에 더욱 충실하도록 나의 직무 수행을 도울 수 있는 제안에 열려 있는 자세를 갖추는 것이다."(EG 31-32) 교황직에 대한 프란치스코의 비전은 "법정의 모든 외양을 제거하고 진정한 사목에 충실하게 하는 것"이다."[427]

[사랑의 기쁨Amoris Laetitia]의 서두에서 프란치스코는 '모든 교리, 도덕, 사목 문제가 교도권의 개입으로 해결될 필요는 없다'(AL 3)고 분명히 밝히고 있다. 또한 교황은 [복음의 기쁨]에서 "교황이 지역 주교들을 대신하여 그들의 영역에서 발생하는 모든 문제를 분별하는 것은 바람직하지 않다"고 썼다(EG 16). 가일라데츠가 인정한 것처럼, 프란치스코 교황의 교황직은 "지역 교회에 권한을 부여하는 것으로 특징지어졌지만, 전체 교회의 복지가 교황의 활동을 요구할 때는 행동하는

---

426 Pope Francis, *A Big Heart Open to God*, 26; Richard R. Gaillardetz, *An Unfinished Council: Vatican II, Pope Francis, and the Renewal of Catholicism* (Collegeville, MN: The Liturgical Press, 2015), 122.

427 Christopher White, "Catholic Paradigm Shift: 10 Years of Pope Francis Dismantling the Papal Court," *NCR Online* (March 8, 2023).

것을 두려워하지 않는다."[428]

교황청 경신성사부Dicastery for Divine Worship 장관인 아서 로시Arthur Roche 추기경은 프란치스코가 교황으로 선출된 이유는 "내성적인 태도를 버리고 교회의 본질이 선교적이라는 것을 재발견해야 한다"는 당시 베르고글리오Bergoglio 추기경의 주장 때문이었다고 말한다.[429] 교회의 선교적 본질을 강조하는 것은 경청하고 시노드적인 교회를 만드는 것과 밀접한 관련이 있으며, 이는 교황직의 핵심이 되어 왔다. 우리는 여기서 진정한 "하느님의 종의 종"인 선교사 서품을 받은 제자의 리더십 스타일을 볼 수 있다. 호주 브리즈번의 마크 콜리지Mark Coleridge 대주교는 프란치스코 교황을 일컬어 "두려움이 없고 자유롭다"[430]고 표현한다.

여성과 서품된 이의 사목

1963년, 교황 요한 23세는 회칙 [지상의 평화Pacem in Terris]에서 "여성들은 자신들의 존엄성을 날이 갈수록 더욱 분명하게 의식하고 있다. 그들은 도구로서 취급받거나 무시당하는 것을 용납하지 않으며, 한 인간으로서 가정생활과 정치적이고 사회적인 생활에서 대접받기를 요구하고 있다"는 점을 인정했다(PT 41). 이러한 인식은 [기쁨과 희망Gaudium et Spes]의 여러 곳(GS 8, 55, 60)에서 반영되었다. 전 세계 문화의 이러한 발전과 세례로 인한 모든 그리스도인의 근본적인 평등성에 대한 제2차 바

428 Gaillardetz, *Ecclesiology for a Global Church*, 319.

429 White, "Catholic Paradigm Shift."

430 White, "Catholic Paradigm Shift."

티칸공의회의 강조에 비추어, 공의회 이후 몇 년 동안 여성들은 서품 성직 입문을 포함하여 교회의 모든 수준에서 온전히 참여하고자 하는 열망을 표명하기 시작했다.

이러한 요구는 서구, 특히 1975년 여성서품회의Women's Ordination Conference(WOC)[431]의 설립과 함께 미국에서 시작되었고,[432] 전 세계로 확산되었다.[433] 2022년 10월에 발표된 2021-2024 시노달리타스를 위한 시노드 대륙 단계 실무 문서(이 장이 작성되고 있는 시점의 가장 최근 문서)는 "거의 모든 보고서에서 여성의 완전하고 평등한 참여 문제를 제기"하고 있음을 인정하고 있다. 이러한 움직임이 의미하는 바는 각국의 보고서마다 크게 다르지만, 많은 보고서가 교회의 중요한 의사 결정, 본당에서의 강론 준비와 부제 허가 등에 여성을 포함하는 것에 대해 지속적인 분별력을 요구하고 있다. 여성의 사제직 서품에 대해서는 의견이 분분하지만, 중요한 것은 전 세계 거의 모든 지역 교회에서 이 문제가 논의되고 식별되고 있다는 점이다.[434]

이 글을 쓰는 현재에도 여성 부제의 가능성에 대해서는 어느 정도 열려 있는 상태이다. 학자들이 주장하듯이, 전통적으로 여성 부제직

---

431 1975년에 설립된 여성서품회의는 로마 가톨릭교회 내 여성의 사제 서품을 촉구하는 단체로, 그해 미국 디트로이트에서 첫 회의가 열렸다. 이 회의는 가톨릭교회 내 성직에서의 성별 불평등 문제를 제기하며, 여성도 사제로 서품될 수 있어야 한다는 신학적, 교회법적 논의를 중심으로 진행되었다. 비록 교황청은 이를 반대해 왔으나, WOC는 여전히 교회 내 성평등을 위한 활동을 지속하고 있다.

432 WOC movement에 관한 더 많은 내용은 Women's Ordination Conference website를 참조하라.

433 Witness the presence and voice of women in two conferences on Synodality in 2022 and 2023: Christopher White, "'Synodal Spirit Is Alive in Africa,' Say Speakers at Major Theological Summit," *NCR Online* (August 11, 2022); James F. Keenan, "Bangalore Conference Urged Church Leaders to Embrace Synodality, Listening" *NCR Online* (January 27, 2023).

434 General Secretariat of the Synod, *Enlarge the Space of Your Tent (Is 54,2): Working Document for the Continental Stage, For a Synodal Church, 2021-24* (October 2022), 64.

이 존재했다는 분명한 역사적 증거가 있으며, 남성 부제직의 회복과 관련하여 [만민에게]가 지적했듯이, 여성은 이미 교회의 여러 곳에서 부제직을 수행하고 있다.[435] 또한 여성은 이제 공식적으로 독서직, 시종직, 교리교사직을 수행하고 있으며, 로마교황청Roman Curia[436]에서 최고 직책을 맡을 자격을 갖추게 되었다. 또한 서원한 여성 수도자가 사제 서품과 부제 서품을 받는 것이 적절한지에 대한 논의도 있다.[437]

그러나 여성의 사제 서품에 대한 교도권의 반응은 일관되게 부정적이었다. 1976년에 교황청 신앙교리성이 발표한 [명백한 징표 가운데서Inter Insigniores][438]는 교회가 "여성의 사제 서품을 인정할 권한이 없다고 생각한다."[439] 이를 둘러싸고 많은 신학자들이 이 결정에 반대하는 목소리를 계속 냈다. 이에 대해 1994년 교황 요한 바오로 2세는 1976년의 성명을 지지하고 여성 안수가 그리스도의 뜻에 위배된다고 명시한 교황교서 [남성에게만 유보된 사제 서품에 관하여]Ordina-

---

435 Gary Macy, William T. Ditewig, and Phyllis Zagano, *Women Deacons: Past, Present, Future* (Mahwah, NJ: Paulist Press, 2011). Phyllis Zagano, "Catholic Women Deacons: The State of the Question: Part 2, Contemporary Analyses," *Doctrine and Life*, 72, no. 10 (December 2022): 35-50.

436 로마 교황청(Roman Curia)은 교황의 통치와 교회의 행정을 돕는 주요 기관으로, 교황청은 교회법적, 외교적, 신학적 사안을 다루는 다양한 부서로 구성되어 있다. 이 기관은 전 세계 가톨릭교회를 관리하고 지도하는 역할을 수행한다.

437 Doris Gottemoeller, "The Priesthood: Implications in Consecrated Life for Women," Hennessy, *A Concert of Charisms, 127-38; Phyllis Zagano, Women Religious, Women Deacons: Questions and Answers* (Mahwah, NJ: Paulist Press, 2022).

438 '명백한 징표 가운데서'는 1976년 교황청 신앙교리성이 발표한 문서로, 여성 사제 서품을 금지하는 이유를 설명한다. 문서는 예수 그리스도가 남성을 사도로 선택한 것이 신학적 의미를 지닌다고 주장하며, 교회는 이 사도적 전통을 따르기 때문에 여성 사제직을 인정할 수 없다는 입장을 명확히 한다. 이 입장은 1994년 교황 요한 바오로 2세의 Ordinatio Sacerdotalis에서 재확인되었다.

439 Sacred Congregation for the Doctrine of the Faith, *Inter Insignores*, October 15, 1976.

tio Sacerdotalis를 반포했고 교회 안팎에서는 이 교서가 교황의 무류성을 행사하는 것으로 비칠 수 있다는 논의가 제기되었다.[440] 프란치스코 교황도 "토론의 여지가 있는 문제가 아니다"라고 주장하며 교도권의 입장을 일관되게 지지해 왔다(EG 104). 그러나 라인하르트 마르크스 Reinhardt Marx 추기경의 말처럼, "교도권에 의해 이미 논의가 종결되었다는 단순한 진술만으로는 충분하지 않다는 데 의심할 여지가 없다. 논의가 분명하게 종결되지 않았다는 사실은 여전히 남아 있다."[441]

아마도 여성의 부제 서품과 장로 서품에 대한 논의에서 앞으로 나아갈 길은 이 책에서 여러 차례 강조했듯이 교회의 구조가 삼위일체 하느님의 선교에 참여하는 사명에 봉사해야 한다는 사실을 깨달아가는 데 있다. 이 질문은 역사에 의존해서는 답을 찾을 수 없다. 오늘날 세계에서 여성 평등 의식이 부상하고 있다는 점, 우리가 세례에 대한 인식을 새로이 하고 있다는 점, 그리고 교회가 시작된 이래 사목의 역사적, 상황적 특성을 감안할 때, 성령은 교회의 사명을 위해 새롭고 놀라운 방식으로 교회를 계속 창조하기 위해 일하고 계실 수 있다. 이어지는 내용에서는 성령께서 사목에 대한 새로운 비전을 포함하도록 교회를 계속해서 새롭게 창조하시는 방법에 대하여 성찰하려 한다. 이러한 성찰을 통해 전통의 발전에 충실하면서도, 우리 시대의 상황과 은총에 적절하게 응답하는 교회의 사목 방식을 살펴보기로 한다.

---

440 Congregation for the Doctrine of the Faith, *Response to Dubium,* October 28, 1995.

441 Reinhard Cardinal Marx, "Renewing the Conversation on Priestly Ministry," *Priestly Ministry and the People of God: Hopes and Horizons,* ed. Richard R. Gaillardetz, Thomas H. Groome, and Richard Lennan, 54-58 (Maryknoll, NY: Orbis Books, 2022), 57.

서품받은 선교사 제자: 현대의 서품 직무 신학

오늘날 교회 안에 성직에 대한 새로운 이해를 반대하고 트리엔트공의회 신학에 기초한 성직 이해로 되돌아가려는, 결코 가벼이 넘길 수 없는 움직임이 많은 이들 가운데 일어나고 있다. 일부 주교들 사이에서, 적어도 서구에서는 그리고 전 세계적으로도 젊은 사제 후보자들 사이에서 이러한 반대가 매우 강하게 나타나서 이에 굴복하고 싶은 유혹이 존재한다.

그러나 나는 제2차 바티칸공의회와 그 여파가 교회에 그리스도의 제자도를 실천하는 이 특별한 방식을 제공했다고, 즉 선교사 제자 공동체 전체에 선교의 본질적 본질을 반영하는 제자도를 이해하는 새롭고 신선한 방법을 제공했다고, 주장하고 싶다. 공의회가 천명한 "세례로 돌아섬"[442]과 교회의 선교적 본성에 대한 재발견 및 서품 직무의 사목적 본성을 회복하는 것은 교회가 예수님이 하느님 나라라고 부르셨던 급진적 킨십에 대한 하느님의 꿈의 표징이자 도구인 "비경쟁적noncompetitive"[443] 공동체가 되도록 도전해 왔다.

핵심에 자리 잡은 제자

나는 이러한 오늘날의 도전에 답하는 열쇠가 이 책의 마지막 부분에서 다루는 내용의 기반이 되는 제자discipleship라는 개념이라고 생각한다. 프란치스코 교황이 주장했듯이, 제자는 선교하는 제자(EG 24)이며,

---

442 Stephen Bevans, "The Church in Mission," Gaillardetz, *The Cambridge Companion to Vatican II*, 146-47.

443 Richard R. Gaillardetz, "A Noncompetitive Theology of the Church," Gaillardetz, *An Unfinished Council*, 91-114.

WCC의 용어를 빌리자면 변혁하는transforming 선교사 제자도이다.[444] 세례받은 그리스도인으로서 우리 모두는 제자의 존엄성을 공유한다. "대다수"(EG 102)의 제자들은 진정한 그리스도인의 삶을 살고, 삶과 행동으로 증거하며, 때때로 "소망의 이유"(1베드 3,15 참조)에 대해 간증함으로써 교회의 선교에 참여한다. 우리는 이들을 세례받은 선교사 제자baptismal missionary disciples라고 불렀다. 이 제자들 가운데는 리더십의 은사를 받은 사람들이 등장하는데, 이들은 추종자, 예배자, 예언자적 증인, 이웃, 용서자, 청지기로서 점점 더 깊은 선교하는 제자 공동체를 형성하고 격려하며 도전하고 모범이 되는 사람들이다. 이들은 비공식적으로 또는 보다 공식적으로 직무를 수행하는 사목하는 선교사 제자들ministerial missionary disciples이다. 이러한 제자 중 일부는 전체 그리스도교 공동체를 이끌 수 있는 더 큰 권위를 가진 은사를 받기도 한다. 이 사목 제자들은 그들의 임무를 위해 서품을 받음으로써 특별히 사명을 부여받았다. 물론 모든 제자가 그리스도를 닮아 세상 속에서 그분의 형상을 지니지만, 서품받은 사목 제자들은 교회의 지도자이자 머리이시며 목자이신 그리스도를 닮아가도록 부름받았다. 프란치스코 교황의 표현대로, 이들은 "지극히 작은 자"이기 때문에 "사목자들"라고 불리는 역피라미드의 맨 아래에 있다.[445] 모든 그리스도인은 제자도를 공유하며, 이에 대한 인식은 평신도와 성직자 구분의 이원론과 이분법을 뛰어넘는 것이다. 교회의 기본 '질서'는 세례에 의해 결정되며,[446] 여성과 남성은 다양

444 World Council of Churches, "The Arusha Call to Discipleship," Kenneth R. Ross, *Mission Rediscovered: A Commentary on the Arusha Call to Discipleship* (Geneva: World Council of Churches/Globethics.net, 2020), 13-15.

445 Pope Francis, "Homily on the Occasion of the Celebration of the Synod of Bishops," October 17, 2015.

446 Gaillardetz, "A Noncompetitive Theology," 107.

한 사목 은사를 인정받아 교회에서 새로운 '직책'[447]을 맡게 되지만 세례의 기본 제자도를 잃지 않는다. 가일라데츠는 "세례를 통한 질서정연한 관계"의 세 가지 차원에 대해 이야기한다. 첫째, 우리는 세례를 통해 삼위일체 하느님과 관계를 맺는다. 둘째, 세례는 우리를 형제자매로서 서로 연합시켜 하나로 묶어준다. 셋째, 하느님과 서로 간의 이러한 친교는 제자들을 "선교 안에서 세계로 나아가게 한다."[448] 이 책의 이 부분(이 절) 전체에서 주장했듯이 모든 선교사 제자들은 교회의 선교에 직접 참여한다.

자격 및 교육

서품받은 선교사 제자들은 무엇보다도 제자이므로 제자도의 자질이 서품받은 사목의 자격이 되어야 한다. 심각한 자질 부족이나 고질적인 도덕적 결함을 제외하면, 연령, 성별, 문화적 정체성, 장애, 혼인 상태, 성적 지향 등은 제자됨의 기준이 될 수 없다.[449] 제자는 일상의 신비가로서 하느님과의 깊은 관계와 공동체 내 다른 사람들과의 관계, 권위 있는 사람으로서 존경받는 모습, 선교에 있어서 교회를 이끄는 열정과 창의성을 통해 제자도의 세 가지 특성(구체화, 시범, 선포)을 모범적으로 증거하기만 하면 된다. 특별한 직분이나 특별한 복장은 필요하지 않다.

서품받은 선교사 제자들의 사목에 대한 소명은 공동체에서 나오는 것이지, 개인의 "소명감"이나 "소명"에서 나오는 것이 아니다. 에르

447 Richard R. Gaillardetz, "Ecclesial Foundations for Ministry within an Ordered Communion,"*Ordering the Baptismal Priesthood: Theologies of Lay and Ordained Ministry,* ed. Susan K. Wood (Collegeville, MN: The Liturgical Press, 2003), 36-38.

448 Gaillardetz, "A Noncompetitive Theology," 106-7.

449 이 사안에 대한 나의 생각이 처음 정리된 글은 "Ordained Discipleship"으로 Gaillardetz, *Groome, and Lennan, Priestly Ministry and the People of God,* 132-39쪽에 실려 있다.

베 르그랑Hervé Legrand은 그리스도교 1세기와 2세기에 "사제가 되고자 하는 열망을 드러낸 사람은 아무도 없었다. 교황의 지침을 포함한 모든 문헌은 특정 그리스도교인을 사목자로 삼는 것이 공동체의 소망이었으며, 심지어 새로 서품받은 사람에게 무력을 행사할 정도로 항상 존중받았던 소망이었다는 사실을 증명한다"[450]고 주장한다. 르그랑은 본인의 의지와 무관하게 오직 대중의 지지로 서품된 사례로 암브로시우스(밀라노)와 아우구스티누스(히포)를 제시한다. 물론 우리 시대에는 매우 다른 상황에서 그렇게 할 수 없겠지만 "이러한 예는 더 나은 교리적 균형을 재발견하도록 우리를 초대할 수 있다."[451] 이런 점에서, 성소에 대한 에드워드 하넨버그Edward Hahnenberg의 정의는 매우 유용하다. "성소는 다른 사람을 통한 그리고 다른 사람을 위한 하느님의 개인적인 부르심이다."[452]

일단 공동체의 부름을 받아 선택된 이들은 엄격한 훈련을 받아야 하지만, 그 훈련은 공동체 안에서 이루어지며 교회의 풍부한 신학적, 영적 전통과 다른 종교적 전통을 바탕으로 리더십, 의사소통, 신학적 성찰의 기술을 개발하는 훈련이 될 것이다.[453]

---

450 Hervé Legrand, "Ampliare la modlità della chiamata al ministero,"*Una Chiesa Trasformata dal Popolo: Alcune proposte alla luce di Fratelli Tutti*, ed. Hervé Legrand and Michel Comdessus, ed. Andrea Grillo (Milan: Pauline, 2021), 126-27.

451 Legrand, "Ampliare la modalità della chiamata al ministero," 127.

452 Edward P. Hahnenberg, *Awakening Vocation: A Theology of Christian Call* (Collegeville, MN: The Liturgical Press, 2010).

453 미래의 사제에 대해서는 Boston College의 seminar에서 발표된 "To Serve the People of God: Renewing the Conversation on Priesthood and Ministry," Gaillardetz, Groome, and Lennan, *Priestly Ministry and the People of God*, 19-25쪽을 참조하라. 또한 영국 성공회의 혁신적인 Pioneer Program에 대해서는 Jonny Baker and Cathy Ross, *The Pioneer Gift: Explorations in Mission* (Norwich, UK: Canterbury Press, 2014)과 Jonny Baker and Cathy Ross, "In the Name of Christ the Innovator," Imagining Mission with John V. Taylor (London: SCM, 2020), 23-45쪽을 참조하라.

감독, 식별, 기억, 지혜, 정의에 대한 헌신

서품받은 선교사 제자들은 감독, 분별, 기억, 지혜, 정의의 활동을 통해 다른 사목자들과 교회 공동체를 이끌며 교회에 봉사한다. 어떤 면에서 리더십의 이 다섯 가지 측면은 모든 사목자의 리더십에 공통적으로 적용된다. 그러나 서품받은 선교사 제자들은-서품을 받고 위임을 받아- 세례받은 제자 공동체 전체와 그 안에 있는 사목하는 선교사 제자 그룹의 신앙 성장과 선교를 책임져야 할 임무를 부여받았다.

서품받은 선교사 제자 중 특별한 이들은 차례로 더 넓은 책임의 직무를 맡게 된다. 이 장의 앞부분에서 언급했듯이 교황의 직무는 '하느님의 종들의 종'으로서 전 세계 그리스도인들을 선교적 사명으로 부름으로써 이를 촉진하고 때때로 개입하는 역할을 수행하는 것이다. 주교, 적어도 교구의 주교는 자신이 맡은 교구에서 세례받은 선교사 제자들, 사목하는 제자들, 사제들, 그리고 부제들을 이끈다. 사제Priests/presbyters는 강론 활동을 통해, 기도의 지도자로서, 성직자 선교 제자들의 코디네이터 및 양성자로서, 공적인 자리에서 교회의 공식 대표자로서 (다양한 형태의) 지역 공동체를 이끈다.[454] 부제는 특별히 자선과 정의 사목에서 주교의 사절로서 강론과 기도, 조정 및 양성 활동을 통해 공동체를 이끌 수 있다.[455] 서품받은 선교사 제자도의 다섯 가지 측면 중 하나는 교회에서 서품받은 신부의 책임 수준에 따라 더 강하게 실현될 수 있다. 그러나 "비경쟁적 교회"에서는 서품받은 선교사 제자로서 주교와 사제, 부제라는 세 직무 모두가 이

454 "To Serve the People of God," 3-27.

455 Walter Kasper, "The Diaconate," *Leadership in the Church: How Traditional Roles Can Serve the Christian Community Today* (New York: Crossroad, 2003), 13-44.

다섯 가지 측면을 모두 공유한다. 여기서 논의되는 것은 국가나 권력 수준이 아니라 사목의 실천이다.

물론 정식 서품이나 위임 없이 실제로 이 사목에 참여하는 선교사 제자들도 많이 있다. 서품받은 선교사 제자와 사목하는 선교사 제자 사이의 경계가 다소 모호한 경우가 많다. 그리스도교 공동체를 이끄는 평신도 남성 또는 수도자 여성, 자신이 돌보는 환자들의 치유와 위로를 위해 기도하는 병원 사목자, 교도소에서 사목하거나 지역사회의 사회 정의 사목을 이끄는 기혼 여성 또는 남성을 고려해 보자. 어쩌면 이러한 여성과 남성은 그 활동을 인정받고 정식으로 성직자로 서품을 받아야 할 것이다. 그렇게 함으로써 그들의 활동은 "성사 은총을 통해 더욱 풍성한 결실을 맺을 수 있을 것이다."(AG 16)

감독의 직무

서품받은 선교사 제자의 직무에는 감독이 포함된다. 이는 다른 사목자, 즉 어떤 경우에는 서품받은 선교사 제자, 어떤 경우에는 사목하는 선교사 제자를 선택하고, 양성하고, 평가하고, 도전하고, 격려하는 사목이다. 서품받은 제자들은 잠재적인 사목자 또는 서품받은 선교사 제자로서 사목의 은사를 가진 여성과 남성을 항상 "주의 깊게 살펴야on the lookout" 한다. 보다 구체적으로 이들이 적절한 인격적, 영적, 지적, 사목적 양성을 받을 수 있는 계기를 보장해 주고(CWVL 36-49, PDV 43-59 참조) 워크숍과 콘퍼런스, 평생교육과정에 참석하여 적절한 지속적인 훈련을 받을 수 있도록 해야 한다. 감독supervision에는 정기적인 평가가 수반되며, 이를 통해 사목자는 어려움과 실패에도 불구하고 계속 성장하도록 도전을 받거나 격려를 받는다.

감독의 사목에서 중요한 것은 관계이다. 예를 들어 주교와 그가 관할하는 교구 내의 사제 및 부제의 관계, 사목자와 다른 서품받은 제자들이나 직무 제자들과의 관계, 혹은 교육 또는 의료 사목의 책임자와 그들의 교수진, 교목, 혹은 사목자들 사이에서 형성되는 관계가 중요하다. 관계를 돌보는 사목은 서품받은 제자들과 그들과 함께 일하는 사람들 간의 건강한 협력을 요구한다. 감독자가 행사하는 권위는 "위에서 누르는 권력"이 아니라 "함께하는 권력"이어야 한다. 감독의 사목에서는 감독받는 사람만 성장하는 것이 아니라, 감독하는 사람도 함께 성장한다.[456] 어맨다 오스하임Amanda Osheim은 주교의 사목에 대해 말했지만, 이는 사제들과 부제들에게도 적용될 수 있다. 서품받은 제자는 사목을 *위해서* 성장할 뿐 아니라, 사목을 *통해서*도 개인적, 영적으로 성장한다.[457]

식별의 직무

서품받은 선교사 제자도는 식별의 사목이다. 서품받은 제자들은 모든 제자 안에 역사하시는 성령의 현존을 인정하기 때문에, 의사 결정에는 일반적으로 합의를 위해 노력하는 공동체적 식별이 수반된다. 그들은 서로의 말을 경청하고 존중하며 서로의 도전을 받으려 노력할 때 하느님의 백성 안에 존재하는 진리와 지혜에 대한 무한한 본능인 신앙 감각sensus fidei을 깊이 신뢰하게 된다.[458] 이 장에서 이미 언급했듯이 프란치스코 교황은 성령이 교회 지도자들에게 영감을 주는 것뿐만 아니라 진정 지혜에 열려 있는 공동체 안에서 그리고 공동체를 통해 일하신다

---

456 "To Serve the People of God," 16-17.

457 Amanda C. Osheim, *A Ministry of Discernment: The Bishop and the Sense of the Faithful* (Collegeville, MN: The Liturgical Press, A Michael Glazier Book, 2016), 86-88.

458 Osheim, *A Ministry of Discernment,* 1-42.

고 강조한다. 공동체의 어느 누구도, 심지어 지도자조차도 모든 지혜를 가질 수 없다. 모두가 지혜의 일부를 가지고 있고, 모두가 서로 다른 지혜의 일부를 지닌다.[459]

이러한 식별력과 합의는 서구 민주주의에서는 찾아볼 수 없다. 선교사 제자들의 공동체인 교회는 공화국이 아니라 친교 공동체communion이다. 서품받은 선교사 제자들, 특히 교회에서 더 큰 책임을 맡은 제자들은 진정한 권위를 가진다. 그러나 위에서 언급한 바와 같이 권위는 "공동체 위에 서서 내리누르는 힘"을 행사하는 것이 아니라 "공동체와 함께 힘을" 행사하는 것을 의미한다. 권위authority는 사람들이 "저자author"가 되도록 돕는 능력, 즉 스스로 권위를 주장할 수 있도록 돕는 능력이라고 한다. 대부분의 경우 서품받은 제자의 리더십은 공동체의 합의를 이끌어낸다. 그러나 때로는 이러한 식별의 리더십은 완전한 합의에 이르지 못할 수도 있다. 이런 경우에 식별의 리더십은 공동체의 이해를 대변하는 입장을 밝히거나 결정을 내리는 것을 의미한다. 때로는 사명을 위한 이러한 결정이 그룹 대다수의 의견에 반하는 것이어서 예언자의 자세를 취해야만 하는 경우도 있다.

식별의 사목은 예술이다. 식별하기 위해서는 하느님의 백성 안에 계신 성령의 현존에 대한 신앙이 요청된다. 이러한 신앙은 기계적으로 전달되지도 않고, 더욱이 직분과 함께 자동으로 주어지지도 않는다. 식별하기 위해서는 상상력과 창의력이 필요하지만 무엇보다도 공동체의 지혜에 대한 깊은 경청과 존중이 반드시 필요하다. 이 책의 앞 장에서 예언자적 대화와 공론의 중요성에 대해 언급한 바 있다. 이 두 가지 모두 식별력을 기르는 훈련이며 선교적 목표를 가지고 있

---

459 Pope Francis, *A Big Heart Open to God*, 26; Mary Benet McKinney, *Sharing Wisdom: A Process for Group Decision Making* (Valencia, CA: Tabor, 1987), 12-13.

다. 이 두 가지 모두 서품받은 선교사 제자의 숙련되고 오묘한 리더십을 필요로 한다. 서품받은 선교사 제자는 공동체에서 주요한major "신학 작업을 하는 자theologizing person"이다.[460]

리처드 가일라데츠는 아프리카의 만자Manja 부족에 대해 쓴 나이지리아 신학자 엘로추쿠 우주쿠Elochukwu Uzukwu의 글을 인용하며, 이 부족의 추장은 큰 귀를 가진 토끼 토템을 가지고 있다고 기술한다. 가일라데츠는 이를 두고 "추장은 경청자이며 신과 조상, 공동체의 말에 귀를 기울여야 하기 때문"이라고 설명한다. 또한 그는 "어쩌면 사도직의 갱신은 우리에게 보다 '큰 귀를 가진' 리더십을 키우라는 부름일지도 모른다"[461]고 말해준다.

기억의 직무

서품받은 선교사 제자도는 기억의 사목이다. 서품받은 제자들은 그리스도교 전승과 성서전에서 발견되는 교회의 집단적 기억, 교회의 교리 전통, 거룩한 여성과 남성의 삶, 오랜 세월 동안 그리스도교 선교사 제자들에게 전해진 신앙의 환경이나 분위기를 보존하고 증언하는 임무를 맡게 된다. 서품받은 제자들은 이러한 전통에 흠뻑 젖어 있고, 그 전통에 의해 형성되었으며, 이를 설명하고 가르칠 수 있어야 한다.

"나를 기념하여 이를 행하라"(루카 22,19)는 예수님의 명령은 서품받

460 Eugene C. Kennedy, "The Theologizing Person," *The Pastoral Presence of the Church* (New York: Sheed and Ward, 1968), 137-51; Kevin Dowling, "Bishops as Theologians: Listening, Discerning, and Dialogue," *Orobator, The Church We Want,* 3-10.

461 Richard R. Gaillardetz, *Ecclesiology for a Global Church,* 299, 300. Elochuku E. Uzukwu, *A Listening Church: Autonomy and Communion in African Churches* (Maryknoll, NY: Orbis Books, 1996), 129-30.

은 선교사 제자들의 기억 사도직의 주요 측면 중 하나인 성체성사와 다른 성사 안에서 예수에 대한 "위험한 기억"[462]의 제정을 의식적으로 이끄는 것을 가리킨다.[463] 서품받은 선교사 제자는 전례와 기도를 주재하며 전례 안에서 독서, 음악 및 기타 사목의 다양한 선물을 인식하면서 축하하는 공동체를 기도 안으로 이끌고, 전례 예식을 집전한다.

성찬례 집전자로서 서품받은 제자(사제 또는 주교)는 모든 제자가 그리스도의 사제직을 공유하며 모두 함께 성찬의 진정한 축하자라는 것을 인식한다. 공동체가 말씀을 선포하고 경청할 때 하느님의 통치의 방사적 친밀함을 구현하고, 보여 주고, 선포하는 예수님의 삶을 함께 기억하고, 죽기 전날 밤 빵과 포도주로 자신을 내어주신 것을 기억하고, 부활과 제자들에게 성령을 선물하신 것을 기억한다. 이 가운데 공동체는 이 세상에서 그분의 몸으로 '다시 기억'되고 그분의 사명을 나누고 이어 가도록 부름을 받는다.

서품받은 제자는 다른 성사의 집전자, 봉사자 또는 증인으로서 교회의 성사적 삶이라는 보물을 관리하는 청지기로서 공동체 구성원들이 세례의 은총과 사명을 항상 기억할 수 있게 해준다, 견진성사에서는 그리스도의 선교에 대한 헌신, 화해성사에서는 하느님의 자비, 혼인성사에서는 교회를 향한 그리스도의 사랑, 병자성사에서는 하느님의 치유와 용서의 현존, 성품성사에서는 교회를 향한 그리스도의 목양적 관심 등을 기억하게 한다.

---

462 강력한 이 구문은 Johann Baptist Metz가 사용한 표현이다. Johann Baptist Metz, *Faith in History and Society: Towards a Practical Fundamental Theology* (New York: Crossroad, 1980), 88-99.

463 "To Serve the People of God," 38-39.

서품받은 선교사 제자들은 제자가 결코 역사가 없는 존재가 아니라는 사실을 증언한다. 제임스James와 에벌린 화이트헤드Evelyn Whitehead의 훌륭한 표현을 빌리자면,[464] 제자도는 은총과 과오로 점철된 전통의 일부이며, 과거의 것일 뿐만 아니라 성령께서 교회를 계속 창조하시는 변화의 과정 속에서 지금도 항상 중요한 존재이다.

지혜의 직무

서품받은 선교사 제자도는 지혜의 사목이다. 서품받은 제자들은 공동체의 지혜자로서 다른 제자들의 말을 경청하고 공감하며 건전한 조언과 상담을 제공할 수 있는 능력을 소중히 여겨야 한다. 그러나 이러한 지혜가 특히 빛을 발하는 곳은 전례, 특히 성체성사에서의 정기적인 설교이다.[465] 앞서 언급했듯이, 수련과 지속적인 연구와 기도를 통해 교회의 풍부한 성서적, 신학적, 영적 전통에 깊이 빠져들게 된다. 이로써 그들의 강론은 모든 그리스도인 제자들이 경전을 자신의 삶과 연결시키고 더 깊은 선교적 증언으로 부르도록 돕는 방식으로 공동체에 진정으로 성경을 열어줄 것이다. 프란치스코 교황의 멋진 표현을 빌리자면, 서품받은 선교사 제자들은 "사람들에게 귀를 기울이며"(EG 154-55) 준비하고 설교할 것이다.

그러나 서품받은 선교사 제자들은 지혜가 자신만의 전유물이 아니고 이 지혜가 공동체 전체에 아낌없이 베풀어지는 것임을 알아야 한다. 따라서 강론은 모든 제자, 특히 성직자 제자들에게 요청될 수 있는 일이 될 수 있다. 서품받은 제자들은 공동체가 여성, 청소년, 신

---

464 James D. Whitehead and Evelyn Eaton Whitehead, *Method in Ministry: Theological Reflection and Christian Ministry*, rev. ed. (Kansas City, MO: Sheed and Ward, 1995), 8.

465 "To Serve the People of God," 14-15.

학자들의 목소리를 지혜롭게 들어야 하며, 특히 젊은이들을 위한 축하 행사나 성가정 축일, 어머니의 날, 아버지의 날 같은 행사에서 그들의 목소리를 들어야 한다는 것을 알게 될 것이다.

정의의 직무

서품받은 선교사 제자도는 정의의 사목이다. 이는 가난한 사람들을 포용하고 그들을 옹호하는 사목이다(EG 186-216 참조). 모든 제자와 마찬가지로, 서품받은 제자도 가난한 이들에게 복음을 전해야 하며, "그들 안에서 그리스도를 발견하고 그들의 대의에 목소리를 빌려줄 뿐만 아니라 그들의 친구가 되어 그들의 말을 들어주고 그들을 대변하며 하느님께서 그들을 통해 나누고자 하시는 신비한 지혜를 받아들여야"(EG 198) 한다. 서품된 제자들은 우선 가톨릭 사회 가르침에 대해 교육하고 강론에서 정의 문제에 집중함으로써 가난한 이들과 연대하도록 공동체를 촉구해야 한다. 서품된 제자들은 이웃과 도시, 국가를 위한 정의 활동에 참여함으로써 다른 선교사 제자들이 이 일에 동참하도록 이끌 것이다. 또한 인종 정의를 옹호하고 함께 사목하는 사람들이 반인종주의에 헌신하도록 촉구할 것이다. 특히 경제적 또는 정치적 이유로 고국을 떠나야만 했던 이주민들의 편에 설 것이다. 성직자가 자행한 성적 학대 피해자의 편에 설 것이다. 무엇보다도 서품받은 선교사 제자들은 환경 문제에 헌신할 것이며, 강론에서도 이 문제를 정기적으로 다룰 것이다. 서품받은 선교사 제자들은 "길거리의 진흙으로 신발이 더러워지는 것"(EG 45)을 결코 주저하지 않을 것이다.

결론

이 마지막 장에서 우리는 제2차 바티칸공의회가 천명한 세례로의 돌아섬과 공동체적 주교직, 사목 사제직, 회복된 부제에 대한 비전에 뿌리를 둔 서품받은 선교사 제자도의 신학을 전개하려는 노력을 시도했다. 우리는 제자도의 개념이 모든 구성원의 선교적 잠재력을 부정함으로써 세상에서의 교회 선교에 해를 끼친 성직자/평신도 이분법을 초월할 수 있는 개념이라는 확신을 가지고 이를 위해 노력해 왔다. 이러한 작업에서 그리스도인의 주요 소명이 세례받은 선교사 제자도라는 사실을 항상 기억해야 한다. 이 점이 중요하다. 공동체에서 다양한 직무가 등장할 때 교황의 사목도, 수도 생활도, 주교직도 아닌 이 일차적인 그리스도인의 정체성보다 더 중요한 것은 없다. 구조는 항상 선교에 봉사해야 한다.

선교적 교회는 세례에 기반하여 모두 동등한 선교사 제자들의 교회이며, 지위나 그리스도를 더 가까이 따르느냐가 아니라 선교에 대한 책임으로 차별화된다. 서품된 선교사 제자는 교회의 부름을 받아 전체 지역 교회(교구, 본당 또는 기타 공동체)의 선교를 책임지는 직무를 맡은 제자이며, 그럼에도 불구하고 다른 지역 교회와 친교를 맺고 있는 제자이다. 로마 가톨릭교회에서는 이 모든 것을 로마 주교가 주재하며, 주교의 임무는 모든 사람의 일치를 촉진하는 것이다. 이러한 방식으로 서품받은 선교사 제자들은 전체 교회가 선교사 제자 공동체로서 하느님 나라의 급진적인 킨십을 구현하고, 보여 주고, 선포하는 예수님의 미션을 이어 가도록 우리를 초대한다.

선교하는 제자 공동체

계속되는 교회의 창조

Community of Missionary Disciples

The Continuing Creation of the Church

결론

하지만 속지 마세요
교회는 동사입니다

고드프리 러스트Godfrey Rust의 현명하고 도발적인 말은 이 책 전체 내용을 통해 교회를 성찰하는 시작점이었고 지금까지 나의 생각을 이끌어 왔다. 나의 목표는 이 책의 서문을 장식한 제2차 바티칸공의회, 교황 바오로 6세, 프란치스코 교황의 문헌에 담긴 세 개의 강력한 발언을 풀어내는 것이었다. 이들 모두는 각자의 방식으로 교회를 만드는 것은 하느님 통치의 급진적 킨십을 구현하고, 보여 주고, 선포하는 급진적인 선교적 본질이라고 주장했다. 교회는 바로 그 일을 하기 위해 부활하신 그리스도를 믿도록 성령의 부르심을 받은 순례자들이며, 선교하는 제자 공동체가 되어야 한다.

이 책에서 몇 번이고 강조한 것처럼 교회가 사명을 갖는 것이 아니다. 오히려 선교가 교회를 갖는다. 다시 말해 삼위일체 하느님의 선교가 교회를 갖는다. 하느님의 선교는 창조의 첫 나노초에 시작되었다. 즉 선교는 말씀과 성령의 영원한 춤이 우리가 창조라고 부르는 유한한 현실을 위한 공간을 만들었을 때 시작되었다. 수십억 년 동안 하느님의 선교는 현재와 미래까지 창조세계의 모험을 안내하고 설득하며 구애해 왔다. 행성이 형성되고 적어도 이 땅에서 생명체가 출현할 때, 성스러운 신비의 말씀과 성령은 갈망하는 초월로 여성과 남성의 마음을 감동시키며 특히 이스라엘 민족을 지구상의 모든 민족에게 축복이 되라고 부르셨다.

그리고 "때가 다다르자"(갈라 4,4) 말씀은 나자렛 예수 안에서 육신이 되었다. 그는 성령으로 충만하고 하느님의 사랑과 급진적 킨십에 대한 하느님의 약속, 즉 창조 완성을 향한 하느님의 꿈인 하느님의 통치라고 부르는 킨십으로 불타오른 사람이 되셨다. 로마가 점령한 이스라엘 땅에서 이 꿈을 구현하고, 보여 주고, 선포한 예수는 부패하고 협력하는 유대 지도자들의 공모로 로마법에 따라 처형당했다. 예수님은 십자가에서 죽음을 맞이하셨지만, 흩어진 제자들은 오래 지나지 않아 예수님을 인도하고 영감을 주셨던 동일한 성령에 의해 용기를 얻어 예수의 사명이 이제 자신들의 사명임을 깨닫고 예수가 살아있음을 경험했다. 이 느리고 때로는 고통스러운 깨달음 속에서 그리스도교 교회가 탄생했다.

교회는 *선교하는* 제자들의 공동체이다. 교회는 이미 실현되었지만 아직 실현되지 않은 하느님의 꿈을 위해 봉사하고, 그 꿈을 더 잘 구현하고 보여 주기 위해 노력하고, 신뢰할 수 있고 단합된 공동체가 되기 위해 노력하고, 길을 잃은 사람들에게 신앙을 되살리기 위해 노력하고, 모든 피조물에게 하느님이 약속하신 구원의 성사가 되기 위해 이방인 가운데서 일할 때 그 존재가 유지된다. 교회는 증거와 선포, 축하와 기도, 정의와 평화, 개방과 대화, 관련성 있는 소통, 사랑의 화해의 작품이다. 교회는 대화적이고 예언적이며, 존중하고 경청하며,

참여적이고 공교회적인 과정에서 영감을 얻은 작업이다.

교회는 선교하는 제자들의 *공동체*이다. 교회는 스스로를 "하느님의 숨겨진 현존이 깃든 신비"[466]로 인식하며, 특권이 아니라 봉사를 위해 선택된 하느님의 특별한 백성, 그리스도의 현존과 역사를 이어가는 그리스도의 몸, 성령의 창조물이자 성전으로 자신을 이미지화한다. 교회는 사도적 사명에 뿌리를 두고 있으며, 지역적이고 구체적인 현실과 보편적인 풍요로움 모두에 헌신한다. 또한 죄악에도 불구하고 하느님의 사랑을 인식하는 데서 오는 거룩함, 그리고 정체성과 다양성을 소중히 여기는 일치에 헌신한다.

교회는 선교하는 *제자들의* 공동체이다. 교회는 질서가 있는 공동체이지만 그 질서는 삼위일체 하느님과 공유하는 사명에서 비롯되고 그 사명을 위해 봉사한다. 교회는 세례의 근본적인 평등에 뿌리를 둔 구조이며, 교회의 사목 활동은 이 구조 안에서 자신이 헌신하는 사명을 섬기기 위해 시작된다. 선교적 교회는 유연하고 창의적인 구조로, 봉사하는 상황에 맞춰 끊임없이 적응하며 하느님의 선교와 세상을 향한 하느님의 꿈에 대한 충실도를 끊임없이 평가한다.

선교적 교회는 끊임없이 설립되는 교회이다. 예수님에게 그 기초를 두고 있지만, 예수님처럼 성령의 인도를 받아 계속 새롭게 설립되고 있다. 사도행전에 나타난 교회를 향한 운동은 모든 시대에서 교회가 스스로를 향해 나아가는 운동의 패러다임이다. 하느님의 통치를 섬기는 세상은 인간 지성의 천재성이 하느님의 창조에 대한 새로운 비밀을 발견하고, 인간 죄의 비극이 도전과 저항, 대결을 요구함에 따라 끊임없이 변화하는 세상이다. 교회는 미래를 바라보며 함께 여행

466 Paul VI, Opening Address of the Second Session of Vatican II, Enchiridion Vaticanum (Bologna: Edizioni Dehoniane, 1968), 97.

하는 진정한 순례자이며, 예수님의 이야기와 아버지에 대한 사랑, 성령에 대한 개방성에 그 뿌리를 깊게 내린다.

이것이 바로 선교적 교회가 된다는 것의 의미이다. 수년 전 위대한 이브 콩가르Yves Congar가 말했듯이 교회의 사명은 궁극적으로 단지 교회 자체가 되는 것이다. 그러나 그것은 온 마음을 다해서 해야 하는 일이라고 그는 말한다.[467] 이 책을 마무리하는 데 고드프리 러스트의 이 말보다 더 좋은 말은 없을 것 같다.

그러나 속지 마십시오.
교회는 동사입니다.[468]

467 Yves Congar, *Power and Poverty in the Church* (Baltimore: Helicon, 1964), 131.

468 © Godfrey Rust 2003, godfrey@wordsout.co.uk.

찾아보기

ㄴ

ㄷ

ㄹ

ㅁ

ㅂ

ㅅ

ㅇ

ㅊ

ㅋ

ㅌ

ㅍ

ㅎ